公司法实务操作丛书

公司章程设计指引

条款剖析与关键细节

（第2版）

曹志龙◎编著

GUIDELINES FOR THE DESIGN OF COMPANY ARTICLES

ARTICLE ANALYSIS AND KEY DETAILS

中国法制出版社
CHINA LEGAL PUBLISHING HOUSE

再版序：公司的“良法善治”

2020 年 2 月 5 日，今年春节刚过，我即收到了韩璐玮老师“特殊”的新年问候，韩老师说这本书的第 1 版已经售罄，问我是否再版。我欣然同意，于是在预防新冠肺炎疫情之余，我启动了本书的改版。

本次改版的初心，仍然是推动公司制定自身的“完美章程”，推动公司“依法治企”“良法善治”。首次出版时，我还是有点担心这本书的“命运”的，不知是否有人愿意参阅、运用这本书。我知道大家都形成了参考“通用版”的习惯，不少人对章程重要性的认识还不够，对于依法治企、良法善治还有不同的理解。令人惊喜的是，首次出版后，各大书店和网店纷纷销售，有次我到北京王府井书店还看到了它；有不少公司邀请我前去讲课，还有不少公司启动了章程修改工作；不少律师同行也纷纷把它当作工具书，我为它感到高兴和欣慰——这本书真的能够帮助大家，“爱出者爱返，福往者福来”。就在这期间，我也越来越深刻地认为到公司的确需要更好的章程和内部管理制度，“良法善治”已逐渐被大家所接受和追求，推行法治、善用法治思维，对公司的发展越来越重要。

提倡良法善治，古已有之。我们经常想起古希腊哲学家亚里士多德关于法治的名言，他认为作为多数人的统治方式，“法治应当优于一人之治”，同时提出“法治应当包含两重意义：已成立的法律获得普遍的服从，而大家所服从的法律本身又应该是制定得良好的法律”。无独有偶，我国北宋王安石在其《王安石文集·周公》中也提到：“立善法于天下，则天下治；立善法于一国，则一国治。”这应该是我国较早提到“善法”的思想家、政治家、改革家。亚里士多德和王安石虽然生活的时代不同、国别不同，但对法治、“良法”或“善法”的认识和重视，却具有相通性，两位算是推崇良法善治的知己，也是我们应该研究的现象。我们认为，法治不仅是“规则”之治，而且必须是“良法”之治，“良”既是道德层面之“善良”，又应是价值层面之“优良”。

“法律是治国之重器，良法是善治之前提”，我们党的十八届四中全会决议提出了全面推进依法治国的总目标和具体任务，并旗帜鲜明地提出了我们的法治是“良法善治”。我认为，良法（good law）、善治（good governance）是法治的核心含义，对公司章程也应如此，既要有章程又应是善良、优良的章程；好的章程如同“良法”，运用好的章程来治理可谓“善治”。同时我想说的是，良法可能会有许多标准，但有一个标准是我认为非常重要而且需要坚持的，那就是良法的导向性、预测性、预判性。良法不仅可以“护航”，而且可以“导航”，不仅可以在事后处理纠纷，而且可以进行事前预防和预判、事中检测和跟踪。只有能够导航、能够预判的法律、章程才是“良法”。这是因为法律本身应当为我们提供三种行为模式：哪些行为可以做，哪些行为禁止做，哪些行为必须做，这本身就是在为人类社会“导航”。前一条是权利，不做也不违法，但最好按法律导向去做；后面两条则是义务，违背法律的导向就要受到法律的干预、制止或惩罚。我想再次重申，法治思维中权利、义务、责任、程序四大要素，如同路标、航线、灯塔，一直在发挥着导航的作用；而就公司而言，我所理解的公司应当遵守之“法”，既包括广义的法律法规和规范性文件、国际公约、双边条约、行业惯例，也包括公司章程及内部控制制度，荀子有云“法者，治之端也”。

与国家一样，公司也要推进自身治理能力和治理体系现代化，方能应对挑战、拥抱机遇、转危为机。本次改版具有明显的时代特点，我坚持目标导向、问题导向、价值导向。一是首次出版后一年多的时间里，法治的宏观、中观、微观层面都发生着巨变。如“法治国家、法治政府、法治社会一体建设”陆续落地生根，推进国家治理体系和治理能力现代化成为全面深化改革的总目标，习总书记明确指出了“法治是最好的营商环境”。公司走出去战略更需要自身硬，对公司治理能力和治理体系提出了新的更高要求。我认为，公司健康与否、发展如何，关键就在于治理能力如何和治理体系是否科学和完善，而这一切都与公司章程这一“总纲”密切相关，纲举方能目张。二是新的法律法规、规范性文件陆续颁布，自2019年起最高人民法院陆续发布的《最高人民法院关于适用〈中华人民共和国公司法〉若干问题的规定（五）》（以下简称《公司法司法解释五》）、《全国法院民商事审判工作会议纪要》（以下简称《九民会议纪要》)、2020 年 1 月 1 日起施行的《外商投资法》、2020 年 3 月 1 日施行的新修订的《证券法》及 2021 年 1 月 1 日起施行的《民法典》等法律的背景下进行的，与上述相关的内容，公司章程势必需要及时、相应地适度调整或者续造。三是公司运行、治理过程中出现的新问题、新风险，对于公司内控制度、合规体系建设也提出了新的要求，“大合规”日渐为公司所重视和践行。四是新冠肺炎疫情作为突发事件，对于公司治理特别是“三会一层”的运行，产生了不同程度的影响，促使公司积极考虑公司突发事件应对，设立专门的机构，制定专门的制度。这些都是本次改版需要思考、修改和完善的内容。

我深深地体会到，本次新冠肺炎疫情，让我们度过了不同寻常的春节，为本该回家、本该家人团聚、举国欢庆的节日蒙上了异样的气氛，也让我们的理念、价值观乃至行为方式发生着变化。一方面我们在无限悲痛中默默送走因为病毒而离去的同胞，另一方面我们又无比勇敢地站起来、站到第一线，携手共进、共克时艰、战胜疫情。灾难带给了我们悲痛，也让我们安静下来，更加冷静、理性地思考我们遇到的巨大变化。作为法律人，我们自觉地开启了律师与医生之间专业化、职业化的对话。我将铭记 2020 年 2 月 9 日这一天，就在这一天，上海再一批医护人员毅然前往武汉援助，他们剃光了头、带上了尿片，感动之余我在键盘上敲下了《庚子年支援武汉有感》：“削发以明誓，忽闻卿欲行。泪目相拥紧，沙场谁点兵？念君团圆时，白衣要出征……挥别江城日，英雄暖申城。”我坚信我们的战“疫”必胜，我们的公司也将在这场疫情中“凤凰涅槃”。

不忘初心，方得始终，有目标就不会迷路。改版期间，我的小女儿曹一迅一直陪伴在我身边，她的支持、陪伴、纯真乃至调皮给了我动力，也时刻提醒我作为一名法律人编著和改版这本书的初心——希望公司能够真正依法治企、良法善治。知易行难，知行合一更难。我一直说法律风险是可以识别、预见、预判、控制的，但这是对有心人、有识别力的人而言的，不是人人都可以，而且往往又是容易被忽略的。特别是公司处于“顺境”、没有制度、没有组织、没有专门人员察觉、预防和管理时，所谓“事当极盛之际，必有阴伏之机。其机藏于至微，人不能觉。而及其既著，遂积重而不可返”。

善于预防和管理法律风险者，必须有“不治已病治未病，不治已乱治未乱”之意识、理念和能力。我讲课时，经常将法律风险防范与企业健康发展，比作公司的“刹车”和“油门”，不仅两者缺一不可，而且两者要协调配合好。

"油门"不行，公司发展不快；"刹车"失灵，随时可能"车毁人亡"，所有"业绩""利润"都可能归"0"。我们也可以把合规、良法善治比作数字最前面的"1"，"1"没了，后面再多的"0"也都将归"0"。

预见未来的最好方式就是创造未来。公司治理的最终目的，是促进公司健康快速发展，这需要公司自身合规、自身硬，需要自备合规制度和形成合规体系，需要定良法与成善治，而这一切都要从完美的章程开始。

最后我想说，"定下良法者，方能成善治"！祈愿所有的公司都能良法善治！

序

公司章程是股东共同的意思表示，是公司最根本与最重要的“契约”、公司的“宪法”，载明公司设立、组织和活动的基本准则。

根据我国《公司法》规定，设立公司必须依法制定公司章程。但在实践中，股东在设立公司时大多采用工商行政部门推荐的通用版公司章程，而忽视公司章程个性化内容、忽视公司章程中可以根据股东意志而规定的任意性条款。由于通用版章程对于“三会一层”的权利、义务、责任、程序、议事规则等都只是进行了高度原则性规定，导致在公司经营过程中，一旦发生纠纷，公司章程只有原则性规定没有针对性制约。处理纠纷时，往往只能适用《公司法》等法律法规的强制性规定，所以公司章程成了可有可无的文件。

实际上，公司章程对公司的设立、运营、纠纷解决乃至解散均具有十分重要的意义。其一，从公司本身角度来看，作为公司组织与行为的基本准则，公司章程对公司、股东、董事、监事、高级管理人员具有法律约束力。其二，从管理层角度来看，目前依法治企、依章治企是大势所趋，实施章程管理、建立以公司章程为核心的公司治理制度已然成为越来越多公司的共识。其三，从法律风险管理角度来看，公司章程是承上启下、联通内外的重要法律文件，是界定“三会一层”及各相关主体权利、义务、责任、程序边界的基础法律文件。其四，从公司法律思维培育而言，公司章程是公司法治思维运行的基础性文件。公司法治思维要素由各相关主体的权利、义务、责任、程序所组成，每个主体的四个要素交叉融合、对立统一、边界合分、治理平衡，构成了公司基本法律关系生态体系。公司治理是人合、资合的调整与统一，公司纠纷是人合、资合的失衡与修复，公司解散是人合、资合的重构与根本性破坏。

可以说，公司章程的好坏就像一粒种子的优劣。没有一份完善的章程，公司就是法治思维、公司治理的瘸子。一份完善的章程，是一家公司长治久安、不断发展的安全阀。一份完善的章程，会让股东们好合好散、定分止争。我们一直倡导，律师担任公司法律顾问，其目标是“公司无讼”，或者退一步说是“有争可解”。

作为一名法律人，有着自己的使命与关怀：希望解决公司章程法律地位与现实适用的尴尬，帮助公司拟定一份属于自己公司的“完美章程”，从而为公司治理提供充分的依据与支持。

“完美章程”是我受中国法制出版社之邀，决定编著这本书的“起心动念”，尽管愿望与现实之间还有不小的距离。我们利用自己律师执业过程中遇到的各种问题和心得，从原理、条款设计示例、案例剖析、实务问题等方面进行了梳理、分析与建议，并针对不同的公司形式和实践中常见的问题编著了本书。

本书分为上、下两部分，上部为第 1 章至第 12 章，主要围绕有限责任公司章程从 12 个方面分块梳理了公司章程的一般特点，后半部分从第 13 章至第 18 章对不同类型的公司章程进行了个性化设计。我想说，希望每位读者都能从这本书中得到启发并有所借鉴。

在这里我要感谢马金风老师、韩璐玮老师、朱洪超老师等人的建议，感谢徐培龙、金冰一、屠磊、丁峰、刘俊、林丽娟、罗广建、杨和龙、周学敏、周维能、聂彦萍、盖晓萍、肖娟、潘雄、高懿的支持，还要感谢我的同事及家人在这本书编著过程中给我的鼓励与陪伴。

“但愿人无讼，何妨我独闲！”希望这本书对公司及法律界的各位同人在今后的工作中有所裨益。

是为序。

目录

上篇　公司章程设计原理与条款剖析

第一章　公司章程概述 / 003

第一节　公司章程的定义、特征及效力 / 003

一、公司章程的定义及特征 / 003

二、公司章程的法律效力 / 004

三、公司章程的意义 / 005

四、章程条款个性化 / 006

第二节　公司章程的制定 / 009

一、公司章程制定程序 / 009

二、公司章程的必备条款 / 011

三、公司章程的任意性条款 / 012

第二章　公司章程总则 / 013

第一节　公司宗旨 / 013

一、公司宗旨的内容 / 013

二、公司宗旨的意义 / 014

第二节　公司的名称与住所 / 016

一、公司的名称 / 016

二、公司住所 / 017
第三节　经营期限与经营范围 / 022
一、公司经营期限 / 022
二、公司经营范围 / 023

第三章　公司的注册资本、出资方式和出资时间 / 028
第一节　注册资本及出资方式 / 028
一、公司注册资本的定义及特征 / 028
二、公司注册资本的方式 / 029
第二节　注册资本的缴纳方式及期限 / 039
一、注册资本缴纳方式及特征 / 039
二、注册资本的缴纳期限 / 040
第三节　瑕疵出资、抽逃出资股东的责任、股东间的出资填补责任 / 043
一、瑕疵出资 / 043
二、股东抽逃出资 / 046
三、股东间的出资填补责任 / 047
第四节　瑕疵出资、抽逃出资股东权利限制 / 051
一、股东权利内容 / 051
二、瑕疵出资股东权利限制的形式和范围 / 051

第四章　股东的权利与义务 / 055
第一节　股东权利、股东义务概述 / 055
一、股东权利、股东义务的定义及分类 / 055
二、股东权利义务的特点 / 057
第二节　股东享有权利、履行义务的依据 / 058
一、法律依据 / 058
二、章程依据 / 060
三、其他依据 / 062
第三节　股东的权利 / 063
一、确认股东会、董事会决议效力、不成立及撤销的权利 / 063

二、股东知情权 / 066
三、股东质询权 / 070
四、股东代表诉讼 / 074
五、股东直接诉讼 / 078
六、股权转让权 / 082
七、股东优先购买权 / 084
八、异议股东股权回购请求权 / 089
九、股东会召集请求权、自行召集主持权 / 093
十、股东提案权 / 096
十一、股东表决权 / 097
十二、新股优先认购权 / 101
十三、利润分配请求权 / 104
十四、申请公司解散权、申请公司清算权 / 108
十五、公司剩余财产分配请求权 / 113
第四节 股东的主要义务 / 114
一、股东出资义务 / 114
二、股东忠诚义务 / 123
三、控股股东（实际控制人）诚信义务 / 126
四、股东清算义务 / 131
五、股东约定义务 / 134

第五章 法定代表人 / 142
第一节 法定代表人制度 / 142
一、法定代表人的概念 / 142
二、我国法定代表人制度的特点及渊源 / 142
三、法定代表人的任职资格 / 144
四、法定代表人的内部任免方式 / 147
五、法定代表人登记备案手续及相关法律责任 / 149

第二节 法定代表人的职责 / 156
一、法定代表人的签字权 / 156
二、法定代表人参与诉讼的职责 / 158
三、法定代表人承担的法律责任 / 159
第三节 约束与管理 / 165
一、约束法定代表人权力的必要性 / 165
二、约束与监督方案 / 166

第六章 公司的机构及其产生办法、职权、议事规则 / 172
第一节 股东会 / 172
一、股东会的概念 / 172
二、股东会的特点 / 172
三、股东会的职权 / 174
四、股东会会议流程及决议产生办法 / 176
五、股东会决议的瑕疵问题 / 186
第二节 董事会 / 194
一、董事会的概念 / 194
二、董事会的产生办法及任期 / 194
三、董事会的特点 / 195
四、董事会的职权 / 196
五、董事会会议流程及决议产生办法 / 199
六、董事会决议的瑕疵问题 / 202
第三节 日常经营管理机构 / 205
一、高级管理人员的概念 / 205
二、经理的聘任、解聘及任期 / 206
三、经理的职权 / 207
四、财务负责人的聘任、解聘及任期 / 209
五、财务负责人的职权 / 210
六、其他高级管理人员的职权 / 211

第四节 监事会 / 213
一、监事会的概念 / 213
二、监事会的产生办法 / 213
三、监事会的职权 / 213
四、监事会决议产生办法 / 214

第七章 董事、监事及高级管理人员的资格、义务及法律责任 / 220
第一节 任职资格 / 221
一、董事、监事及高级管理人员的任职条件 / 221
二、董事、监事及高级管理人员的任职限制 / 226
三、外部董事的任职限制 / 229
第二节 忠实勤勉义务 / 234
一、忠实义务和诚信原则 / 234
二、不得从事的行为 / 236
三、不得指使他人从事相关行为 / 239
四、勤勉义务 / 242
第三节 法律责任及追究 / 245
一、赔偿责任 / 245
二、公司内部处分 / 249
三、其他责任 / 252

第八章 财务与会计制度 / 258
第一节 财务会计制度概述 / 258
一、财务会计制度的基本规定 / 258
二、建立规范的财务会计制度的作用 / 261
第二节 财务负责人 / 265
一、财务负责人的定义 / 265
二、财务负责人的任职资格 / 266
三、财务负责人的法定职责和义务 / 269

第三节 财务会计报告 / 271

一、财务会计报告的定义和构成 / 271

二、财务会计报告的编制 / 274

三、财务会计报告的对外提供与分析利用 / 280

第四节 公积金和利润分配 / 282

一、公积金的概念和分类 / 282

二、公积金的用途 / 284

三、公司的利润分配 / 285

第九章 劳动人事 / 296

第一节 劳动合同制度 / 296

一、概念与特征 / 296

二、劳动合同制度的制定及制作要点 / 299

第二节 工资制度 / 311

一、工资制度的概念与意义 / 311

二、工资构成与工资标准的规定 / 313

三、工资发放 / 315

四、工资制度设计流程和设计方法 / 319

第三节 设立工会 / 322

一、工会组织 / 322

二、工会组织结构 / 324

三、工会与职工（代表）大会的关系 / 324

第四节 听取工会、职工意见 / 325

第五节 保护职工合法权益 / 326

第十章 公司社会责任和突发事件处理 / 329

第一节 公司社会责任 / 329

一、公司社会责任概念与性质 / 329

二、公司社会责任的基本特征 / 330

三、公司社会责任记载于章程的意义 / 331
第二节 安全生产 / 333
一、安全生产概念 / 333
二、安全生产的基本原则 / 334
第三节 公司突发事件处理 / 336
一、公司突发事件概念与突发事件处理 / 336
二、公司突发事件特征 / 336
三、突发事件的预防和应对 / 337
四、突发事件处理条款进入章程规定的意义 / 338

第十一章 公司的解散事由与清算办法 / 341
第一节 公司的解散事由 / 341
一、公司解散、清算与终止 / 341
二、公司解散的事由 / 342
第二节 清算组的成立 / 347
一、公司清算程序 / 347
二、清算组的职权 / 348
三、清算组成员的义务 / 350
四、清算组成员的法律责任 / 350
第三节 债权申报通知及公告 / 353
一、通知、公告程序 / 353
二、申报债权 / 354
三、补充申报债权 / 355
第四节 清算方案、清算期间对财产分配的限制 / 358
一、清算方案 / 358
二、分配剩余财产 / 358
第五节 清算报告与公司终止程序 / 360
一、制作清算报告，报请股东会或人民法院确认 / 360

二、办理注销登记手续 / 361
第六节 宣告破产 / 362

第十二章 其他事项 / 365
第一节 信息披露 / 365
一、信息披露的含义、作用和方式 / 365
二、信息披露制度要求及在章程中的体现 / 368
第二节 公司章程修改 / 379
一、公司章程修改的法律程序 / 379
二、公司章程修改要点 / 380
第三节 公司章程解释与生效、用语释义、未尽事宜 / 389
一、公司章程解释与生效 / 389
二、公司章程用语释义 / 396
三、公司章程未尽事宜 / 397

下篇 各类公司章程设计指引

第十三章 有限责任公司的章程设计 / 403
第一节 公司注册资本 / 403
第二节 股东转让出资的条件 / 404
第三节 其他事项 / 408
一、管理者及其章程选择 / 408
二、董事及其相关规则 / 410
三、公司僵局的解决路径 / 413

第十四章 股份有限公司的章程设计 / 436
第一节 股份公司概述 / 436
一、股份有限公司的概念及特征 / 436
二、设立股份有限公司的条件 / 437

三、股份有限公司章程需载明的事项 / 438
四、股份有限公司章程章节目录 / 438
第二节 总则 / 439
第三节 经营宗旨和范围 / 440
第四节 股份 / 440
一、股份是股份公司均分其资本的基本计量单位 / 440
二、股份是股东的出资份额，代表相应的股权权益 / 440
三、公司设立方式、股份发行及认购情况 / 441
四、股份增减和回购 / 441
五、股份转让 / 442
第五节 股东与股东大会 / 443
一、股东 / 443
二、股东大会 / 445
第六节 董事会 / 452
一、董事 / 452
二、董事会的组成 / 454
三、董事的任期及其职权 / 454
四、董事会会议 / 455
第七节 经理及其他高级管理人员 / 456
第八节 监事会 / 458
一、监事 / 458
二、监事会 / 458
三、监事会会议 / 459
第九节 财务会计制度、利润分配和审计 / 460
一、会计制度 / 460
二、利润分配 / 461
三、审计 / 461
第十节 通知 / 462

第十一节　合并、分立、增资、减资、解散和清算 / 462
一、合并、分立 / 462
二、增资、减资 / 463
三、解散、清算 / 464
第十二节　修改章程 / 466
第十三节　附则 / 466

第十五章　国有独资公司的章程设计 / 476
第一节　国有独资公司概述 / 476
第二节　总则 / 477
一、目的和效力 / 477
二、开展经营活动 / 477
三、对外投资及限制 / 477
第三节　出资人 / 478
第四节　公司的机构及其产生办法、职权、议事规则 / 480
一、出资人职权 / 480
二、董事会 / 483
三、日常经营管理机构 / 487
四、“三重一大”决策制度 / 488
五、监事会 / 489
六、公司党组织 / 493

第十六章　国有控股公司的章程设计 / 527
第一节　概述 / 527
一、概念与分类 / 527
第二节　出资人 / 529
一、履行出资人职责的机构 / 529
二、出资人的权利和义务 / 530
第三节　股东的出资方式、出资额和出资时间 / 531
一、出资方式 / 531

二、出资额 / 532
三、出资时间 / 532
第四节 法定代表人 / 532
一、不得担任公司法定代表人的情况 / 533
二、法定代表人的产生 / 533
三、法定代表人的职权和禁止行为 / 533
第五节 国有控股公司股权转让与清产核资 / 535

第十七章 上市公司的章程设计 / 547
第一节 股份 / 548
一、股份发行 / 548
二、股份增减和回购 / 550
三、股份转让 / 552
第二节 股东和股东大会 / 555
一、股东 / 555
二、股东大会的一般规定 / 558
三、股东大会的召集 / 560
四、股东大会的提案与通知 / 562
五、股东大会的召开 / 563
六、股东大会的表决和决议 / 565
第三节 董事会 / 572
一、董事 / 572
二、董事会 / 574
第四节 经理及其他高级管理人员 / 576
一、经理的设立 / 576
二、经理的职权 / 577
第五节 监事会 / 578
一、监事的任免 / 578
二、监事会的组成 / 578

三、监事会的职权 / 579
四、监事会的召开 / 580

第十八章 三资企业的章程设计 / 581
一、投资总额和注册资本 / 582
二、权力机构 / 582
三、投资和利润分配 / 583
第一节 中外合资经营企业的章程设计 / 584
一、中外合资经营企业的概述 / 584
二、中外合资经营企业的设立 / 584
三、中外合资经营企业合同 / 587
四、中外合资经营企业章程 / 590
第二节 中外合作企业的章程设计 / 594
一、中外合作经营企业概述 / 594
二、中外合作经营企业的设立 / 595
三、中外合作经营企业合同 / 597
四、中外合作经营企业章程 / 599
第三节 外资企业章程设计 / 603
一、外资企业概述及特点 / 603
二、外资企业的设立 / 603
三、外资企业的章程 / 606

附件一 中外合资经营企业章程条款设计示例 / 618
附件二 中外合作企业章程条款设计示例 / 625
附件三 外资企业章程条款设计示例 / 632

上篇 公司章程设计原理与条款剖析

第一章　公司章程概述

《公司法》第 11 条规定："设立公司必须依法制定公司章程。公司章程对公司、股东、董事、监事、高级管理人员具有约束力。"因此，从公司内部控制制度的效力上，我们可以说公司章程就是公司的"宪法"，是公司的最基本的法律文件，是公司内部管理制度的总纲，是公司其他内部管理制度的"上位法"。也就是说，除非公司章程本身违反法律法规规定，否则其他的公司内部管理制度都不得与公司章程相悖。

但在我国目前公司治理的实践中，大部分公司的章程内容特别是个性化条款与关键细节的设计，并未得到应有的重视，并未提升到依"法"治企"总纲"的高度，这既不符合股东权利保护与完善公司治理的要求，也不利于公司自身的快速发展和我国营商环境的优化。正因为公司章程本身的欠缺，导致"宝万之争""SOHO 外滩"股权转让合同纠纷及大量对赌合同纠纷、股东权益纠纷等各种公司纠纷。2018 年本书第一次出版时笔者发现，打造符合公司自身发展需要的完善的公司章程，并进一步完善以公司章程为核心的公司内部制度和公司治理，已逐渐成为法律人和企业界的共识。特别是《公司法司法解释五》《九民会议纪要》及 2020 年 3 月 1 日施行的新修订的《证券法》等新的法律法规、规范性文件陆续颁布之后，更是如此。

第一节　公司章程的定义、特征及效力

一、公司章程的定义及特征

所谓公司章程，是指公司的股东或发起人依法制定的、规定公司的名称、住所、经营范围、经营管理制度等重大事项的基本文件，是以书面形式记载并固定下来的公司组织及经营活动的基本规则。

公司章程载明了公司的基本组织架构和经营活动基本准则，因此公司章程有着严格的形式与内容要求，具有法定性、自治性和公开性等基本特征。

1. 法定性。法定性主要表现为《公司法》等法律法规对公司章程的法律地位、主要内容及修改程序、效力等均进行了强制规定，任何公司都必须遵守，否则章程部分条款将可能被认定为无效或被撤销。公司章程是公司设立的必备条件之一，设立任何形式的公司，其前提条件都必须由公司的全体股东或发起人订立公司章程，并在公司设立登记时提交公司登记机关进行登记。

2. 自治性。自治性主要体现在公司章程可以依照股东或发起人的合意进行任意性约定，而且在法律规定空白的情况下此类约定显得越发重要：其一，公司章程作为公司、股东、董事、监事和高级管理人员应遵循的行为规范，是由公司的股东或发起人依法自行制定的；其二，公司章程是一种法律以外的行为规范，由公司自行执行，无须国家强制力来保证实施；其三，公司章程作为公司内部规章，其效力仅及于公司和相关当事人，对其他公司或第三人一般没有约束力。

3. 公开性。公开性主要是指公司章程的内容不仅要对投资人公开，还应通过向工商主管部门备案后对一般社会公众公开，而且每次章程修正案也应当进行备案、公开。

二、公司章程的法律效力

关于公司章程的法律效力，理论界与实务界存在的共识是既有内部效力，又有外部效力。所谓内部效力，是指公司章程一经生效，即对于公司及公司内部机关发生法律约束力，对公司、股东（包括隐名股东）以及公司的董事、监事、高级管理人员均具有法律约束力。具体而言：

1. 对公司的效力。公司章程是公司构建组织架构与开展经营活动必须遵循的基本准则，公司根据公司章程的规定对股东承担义务，同时也享有权利。若公司侵犯股东的权利与利益，股东可以依据公司章程的规定对公司提起诉讼。

2. 对股东的效力。公司章程是根据公司股东一致意思表示制定的自治性规范，每一个股东（无论是发起设立公司、参与公司初始章程制定的股东，还是后续加入公司的股东），均应遵循公司章程规定并对公司负有义务。若股东违反规定，公司可以依据公司章程对其提起诉讼。但若股东以其他身份与公司发生法律关系，则公司不能依据公司章程的规定要求其承担股东义务。

3. 对股东相互之间的效力。通常情况下，公司章程的实质可认为是股东之间的契约。因此，如果某位股东的权利被其他股东侵害，则可依据公司章程向其他股东提出赔偿请求。但是股东提出请求的依据应当是股东之间的权利义务。如果股东违反对公司的义务，则其他股东不能对该股东直接提出权利请求，而只能通过公司或以公司的名义进行。

4. 对高级管理人员的效力。公司的董事、监事、经理等高级管理人员对公司负有忠实义务、勤勉义务与注意义务，若公司的高级管理人员违反公司章程，则公司可以依据公司章程对其直接提起诉讼。

所谓公司章程外部效力，事实上主要是围绕合同效力展开的，即公司代表人超越章程授权范围与交易相对人签订的合同是否有效？我国《合同法》第50条规定："法人或者其他组织的法定代表人、负责人超越权限订立的合同，除相对人知道或者应当知道其超越权限的以外，该代表行为有效。"该条文以交易相对人是否为善意作为边界确立了公司代表人越权行为的处理原则：若交易相对人为善意，则公司不能以法定代表人越权提出抗辩，基于交易安全保护的需要，应认可合同的效力；反之，则公司可以提出抗辩，交易相对人的信赖利益不受保护。相对人是否为善意的判断标准一般是基于交易相对人是否知道或者是否应当知道公司代表人超越权限。由于公司章程是内部自治性规则，如果公司章程没有登记公示，交易相对人自然无从知道，也不应当知道公司授权与限权的相关内容，交易相对人显然为善意。那么，在公司章程登记公示的情况下，与公司交易的相对人是否具有查看的义务？如果相对人没有查看，是否可以推定其知道公司章程的规定？也即公司章程是否具有"推定知道"的效力？因此，公司章程对外效力问题的实质就是公司章程是否具有"推定知道"的效力。对此，笔者基于商事外观主义及交易双方权利义务的平衡，认为除非法律法规另有规定，应当适度采用"推定知道"的效力。

三、公司章程的意义

公司章程是公司设立、运行、解散、纠纷处理等必不可少的法律文件。

1. 公司章程是设立公司的必要文件。公司的设立程序通常以公司全体股东或发起人订立公司章程开始，以设立登记完成结束。依据我国《公司法》

第 11 条规定，制定公司章程是公司设立的必要条件。审批和登记机关对公司章程进行审查后决定是否给予批准或者登记。

2. 公司章程可以确定公司的权利、义务。公司章程经核准登记后即对外产生法律效力。公司依公司章程确定的权利义务享有权利、承担义务。

3. 公司章程是公司对外经营的基本依据。公司章程规定了公司的组织架构、活动准则，如经营目的、财产状况、权利与义务关系等，为投资者、债权人和第三人与公司的经济往来提供资信依据。凡依公司章程而与公司进行经济往来，依法可得到有效的保护。

四、章程条款个性化

《公司法》第 25 条和第 81 条分别对有限责任公司和股份有限公司的公司章程“应当载明”的事项作出了列举性规定。

公司章程的记载事项，根据记载条款的性质，可分为以下三种：第一，强制性记载事项，即《公司法》规定必须在章程中载明的事项，如公司名称、住所、发起人的姓名或者名称、法定代表人等。第二，推荐性记载事项，即《公司法》未规定“应当载明”，但是建议载明的事项，如股东的权利与义务、公司利润分配办法等。第三，任意性记载事项：即根据股东、公司需要进行特别约定的事项，如董事会专门委员会、对外投资与担保的限制等。

公司章程的任意性记载条款是指《公司法》未强制要求记载，但公司的股东或出资人认为具有重要意义，经过一致意思表示决定在公司章程中予以记载的条款。公司法兼具公法与私法的双重属性，为了市场经济健康发展，必须给市场主体足够的自治空间。公司章程对记载条款进行个性化设计的空间主要体现在任意性记载事项中。“如果某一条款很不寻常和特别重要，那么把它写入章程中作为公开记录，就能获取最大的法律效力。”① 可以说，公司管理越完善，任意性记载条款要求就越多。

公司的设立、运行和解散等整个过程中除了应遵守《公司法》及其他相关法律法规之外，还必须受公司章程的调整。因此公司的股东或发起人在制定公司章程时，必须结合公司情况作出明确且详细的规定，使公司章

---

① ［美］罗伯特·W.汉密尔顿：《公司法概要》，李存捧译，中国社会科学出版社1998年版，第40页。

程做到规范化。然而，许多公司在设立之初制定公司章程时，并不重视对公司章程条款进行符合自身情况的个性化设计，而是直接采用工商部门提供的“格式”章程，这就使得公司纠纷发生时没有可以执行的章程依据，争议无法得到有效妥善解决；同时也未能为本公司内部制度制定和公司治理提供“上位法”依据。因而，设立公司之前应根据《公司法》及其他相关法律法规之规定，起草符合自身特性的公司章程。个性化的公司章程具有如下功能：

1. 补充功能。“公司法大多是任意性规范，只能就公司普遍问题对公司行为作出一般性规定，而不可能兼顾每个公司的特殊性。”[①]《公司法》对于公司章程中的一些事项规定往往是比较普遍和概括性的，所以《公司法》对具体公司的运行具有一定的局限性，而公司章程的任意性条款可以补充法律规定之不足。公司章程是公司内部行为规则，公司制定章程可以在《公司法》和其他法律法规未明确禁止的范围内，针对自己公司的成立目的、主营业务、股权构成、股东权利和义务等，确定公司具体的活动和组织规则，制定公司章程的任意性条款。

比如股东会会议的表决权，《公司法》第 42 条规定：“股东会会议由股东按照出资比例行使表决权；但是，公司章程另有规定的除外。”这项规定主要针对控股股东滥用控制权问题作出。因此，一些公司开始考虑新的表决制度，如实行累积投票制度、一票否决制度等，由于《公司法》没有强制规定表决一定要遵守“资本多数决”，公司章程可以规定股东自行讨论决定实行的表决制度，以保障各股东尤其是中小股东的权益。

2. 自治功能。公司章程中的任意性条款保证公司的运行不偏离全体股东的基本意志，最终实现公司和股东利益最大化。[②]公司章程任意性条款是由全体股东协商并经投票表决通过的自治性条款，不同于《公司法》规定的公司章程内必须含有的其他强行性规定。因而体现了公司所有股东的意志，也体现了公司的自治性。公司章程的制定者可以利用公司章程的任意性条款的设计实现真正的依“法”治企，从而提高公司运营、管理的效力，达到促进创新、节约成本等目的。

---

① 参见王双：《论公司法律制度中的私法自治》，中国政法大学2006年博士学位论文。

② 参见包世荣：《论公司章程与公司自治》，吉林大学2007年博士学位论文。

典型案例

案例：公司章程对隐名股东亦具有约束力

2007 年，A 公司与吴某签订资产转让协议一份，约定以吴某与其他股东所得 A 公司资产作为出资设立 B 公司（改制企业），并与 B 公司签订新的劳动合同，同时将其获得的资产全部置换为 B 公司股权等。

受《公司法》中有限责任公司股东人数所限，B 公司依据 A 公司指导意见，由出资人推荐若干名显名股东，由若干名显名股东和占股本 3% 及以上的出资人作为公司注册登记的股东，行使股东权利。吴某委托孙某为显名股东，吴某为隐名股东，有关的责任和义务也由吴某承担。在孙某参加股东会及行使其代理权利以前，必须将股东会将要表决的全部内容告知吴某，孙某应按吴某的意见在股东会上发表意见。

后 B 公司依法通过《B 公司章程》《公司股权管理办法》约定：公司股东因故（含辞职、辞退、退休、死亡等）离开公司，其全部出资按公司上一年年末财务报表中的所有者权益进行计算，按公司章程办理转让手续等。

2013 年 10 月，B 公司与吴某解除劳动合同关系并办理了退休手续，但 B 公司要求吴某按约办理股权转让手续时，吴某拒不办理，致 B 公司诉至法院。吴某辩称：1. 公司章程中所规定的退休、辞职、死亡等因素必须退出股东身份，这一规定未经其参与并认可，因而对其没有法律约束力；2. 公司股权属于股东财产权，该规定强制股东退出违反《公司法》规定。

【律师剖析】

1. 吴某与孙某签订的股权代持协议，是当事人双方的真实意思表示，且符合法律规定，应为有效协议。因此，对吴某将其在 B 公司名下的股权登记在孙某名下并由孙某代其行使有关股东权利的效力，以及吴某在 B 公司设立之初具有 B 公司隐名股东资格，应予以确认。

2. B 公司依照《公司法》的相关规定，在孙某等股东召开的股东大会上通过《B 公司章程》和《公司股权管理办法》，体现了全体股东的共同意志，是公司、股东的行为准则，对全体股东有普遍约束力。因而对吴某也有法律约束力，吴某应予以遵守，吴某辩称的意见不能成立。

第二节　公司章程的制定

一、公司章程制定程序

制定公司章程是公司设立的前提条件之一。公司章程合法有效的程序性条件就是制定公司章程必须严格遵循法定程序。根据我国《公司法》、三资企业法等法律法规的规定，公司章程的制定主体和程序因公司类型的不同而有所不同：

（一）有限责任公司章程的制定程序

《公司法》第 23 条规定："设立有限责任公司，应当具备下列条件……（三）股东共同制定公司章程……"因此，有限责任公司章程的制定者是"股东"即出资人。出资人在制定的章程上签字盖章表示接受章程内容，标志章程制定程序结束。"共同制定"并不要求每一个出资人都参与章程的起草、讨论，只要在章程上签字或盖章，就认定为参与了制定并同意所签字或盖章的章程文本。

（二）股份有限公司章程的制定程序

《公司法》第 76 条规定："设立股份有限公司，应当具备下列条件……（四）发起人制订公司章程，采用募集方式设立的经创立大会通过……"由于股份有限公司有发起设立和募集设立两种方式，故其章程制定程序也有所不同。

1. 发起设立

根据《公司法》第 77 条第 2 款规定，发起设立的股份有限公司的全部股份由发起人认购，社会公众并未参与投资，故发起人制定的章程文本就是公司登记前的最后文本。因此，发起设立的股份有限公司章程的制定者是发起人。与有限责任公司一样，发起人在所制定的章程上签字或盖章，表示其同意接受章程的内容，标志章程制定程序的完成。

2. 募集设立

根据《公司法》第 76 条、第 90 条等规定，募集设立的股份有限公司章程由发起人制定，并经创立大会通过。因此，公司章程必须经过创立大会以决议方式通过章程，反映公司设立阶段的所有投资者的意志，公司章程经创立大会通过标志章程制定程序完成。

（三）国有独资公司章程的制定程序

《公司法》第 65 条规定："国有独资公司章程由国有资产监督管理机构制定，或者由董事会制订报国有资产监督管理机构批准。"因此，国有独资公司的章程制定有两种方式，或由国有资产监督管理机构制定并签署标志公司章程制定程序结束，或由董事会制定并报国有资产监督管理机构批准后标志公司章程制定程序完成。

（四）三资企业公司章程的制定程序

1. 中外合资经营企业章程的制定

《公司法》第 217 条规定，"外商投资的有限责任公司和股份有限公司适用本法；有关外商投资的法律另有规定的，适用其规定"。另《中外合资经营企业法》第 3 条规定，合营各方签订的合营协议、合同、章程，应报国家对外经济贸易主管部门审查批准。

因此，中外合资经营企业章程的制定者是"合营各方"。合营各方制定章程后，报国务院对外经济贸易主管部门或者国务院授权的机关审查批准后标志章程制定程序完成。

2. 中外合作经营企业章程的制定

根据《公司法》第 217 条规定，"外商投资的有限责任公司和股份有限公司适用本法；有关外商投资的法律另有规定的，适用其规定"。另根据《中外合作经营企业法》第 5 条规定，申请设立合作企业，应当将中外合作者签订的协议、合同、章程等文件报国务院对外经济贸易主管部门或者国务院授权的部门和地方政府审查批准。

因此，合作企业如设为有限公司，其章程的制定者是"中外合作者"。中外合作者制定章程后，报国家有关审查批准机关审查批准后标志章程制定程序完成。

3. 外资企业章程的制定

《公司法》第 217 条规定："外商投资的有限责任公司和股份有限公司适用本法；有关外商投资的法律另有规定的，适用其规定。"

二、公司章程的必备条款

公司章程必备条款分为绝对必要记载事项和相对必要记载事项。绝对必要记载事项是《公司法》强制规定的公司章程中必须记载的事项；相对必要记载事项是《公司法》列举的公司章程中可以记载的事项。

绝对必要记载事项是公司章程中必须记载、不可缺少的法定事项，缺少其中任何一项均将导致整个公司章程的无效。这些事项一般为涉及公司根本性质的重大事项，其中有些事项是各种公司都必然具有的共同性事项。各国公司法对章程的绝对必要记载事项都做了明确规定，这些事项通常包括公司的名称、住所、宗旨、注册资本等。

相对必要记载事项是公司法列举规定的可以记载的部分事项，由章程制定人自行决定是否予以记载。如果予以记载，则该事项将发生法律效力；如果记载违法，则仅该事项无效，不会导致整个公司章程无效；如不予记载，也不影响整个公司章程的效力。确认相对必要记载的事项，主要目的在于使相关条款在公司与股东或发起人、公司与认股人、公司与其他相关第三人之间产生拘束力。

我国《公司法》第 25 条第 1 项至第 7 项对有限责任公司章程的绝对必要记载事项进行列明，第 81 条第 1 项至第 11 项对股份有限公司的章程绝对必要记载事项进行了列明。

《公司法》第 25 条规定："有限责任公司章程应当载明下列事项：（一）公司名称和住所；（二）公司经营范围；（三）公司注册资本；（四）股东的姓名或者名称；（五）股东的出资方式、出资额和出资时间；（六）公司的机构及其产生办法、职权、议事规则；（七）公司法定代表人；（八）股东会会议认为需要规定的其他事项。股东应当在公司章程上签名、盖章。"第 81 条规定："股份有限公司章程应当载明下列事项：（一）公司名称和住所；（二）公司经营范围；（三）公司设立方式；（四）公司股份总数、每股金额和注册资本；（五）发起人的姓名或者名称、认购的股份数、出资方式和出资时间；（六）董事会的组成、职权和议事规则；（七）公司法定代表人；（八）监事会的组成、职权和议事规则；（九）公司利润分配办法；（十）公司的解散事由与清算办法；（十一）公司的通知和公告办法；（十二）股东大会会议认为需要规定的其他事项。"

目前，我国《公司法》没有规定相对必要记载事项，因此本书就该部分内容不进行展开。

三、公司章程的任意性条款

公司章程的任意性条款是指《公司法》未明确规定是否需记载，由公司章程制定人根据公司具体情况选择记载的事项。公司章程任意性条款，只要不违反法律法规的强制性规定即为有效并发生法律效力，公司和股东及董事、监事、高级管理人员等相关各方均须遵守。任意记载事项如不予记载，虽然不影响整个章程的效力，但在争议解决、公司内部管理制度制定等方面影响其作用的发挥。如我国《公司法》第 25 条第 8 项和第 81 条第 12 项“股东会或股东大会认为需要规定的其他事项”这一兜底条款即属于任意记载事项，即我们通常所称的任意性条款。

第二章　公司章程总则

公司章程总则，顾名思义是整个公司章程的基本原则，通常作为公司章程的“第一章”，从适用法律、设立目的、经营范围等方面高度概括了这是一家什么样的公司，主要内容包括公司宗旨（或称为目的）、效力、责任承担、分支机构、名称与住所、经营期限与经营范围等内容。实践中不少人认为公司章程总则可有可无，好比聋子的耳朵，这不仅是一种误解，还会严重影响企业的生存与发展。笔者认为公司章程总则是公司设立的目标、方向，不仅要有而且要宗旨明确、时时对照，就好比大海中的灯塔，时刻指引着船航行的方向，具有“导航”作用，没有方向的航行难以到达理想的彼岸。对于公司宗旨的重要性，笔者非常愿意援引邓正来先生在《中国法学向何处去》中的一段话：“我认为，不知道目的地，选择走哪条路或者确定如何走某条路都是无甚意义的；然而，不知道目的地的性质，无论选择哪条路还是确定如何走某条路，却都有可能把我们引向深渊。”可谓一语中的。

第一节　公司宗旨

一、公司宗旨的内容

公司宗旨是整个公司发展的最终目标或愿景。公司宗旨涉及公司的长远目标、具体业务、公司文化、公司精神、经营理念等。正常情况下公司的发展不能偏离公司宗旨。

公司宗旨是公司战略中最重要的部分。因此公司宗旨应涵盖其所有基本内容，而且能记载于公司章程之中。公司宗旨必须说明三个问题：一是公司的基本目标；二是用以达到这些目标的措施；三是公司同其外部环境的关系。公司章程必须把握如下三个基本原则：

1. 目标全面原则。公司的基本目标不仅应包括公司的业务增长率和利润率等财务目标，还应包括技术进步的速度、为客户服务的质量等无形的目标。若公司宗旨关于目标的陈述中不包括无形的领域，公司管理层会将他们的努力集中于明确衡量的目标，而技术进步或为客户服务等无形目标就将逐渐萎缩而不能实现。因此，为了公司的长远和综合发展，无论是有形目标还是无形目标，短期目标还是长期目标，量化目标还是非量化目标，都应当进行表述。

2. 手段正当原则。就达到目标的手段而言，应当说明公司管理层和普通员工如何分享权力，如何作出决策等。如果对目标作了有力的陈述和监督，而对经营手段却没有规定，公司管理层可能会采用任何手段以实现目标。有些手段的恶果在短期内可能被隐蔽起来，但最终将对公司的整体利益产生巨大损害。明确规定达到目标所应采取合理、正当的手段，就是要防止"不择手段"。

3. 关系和谐性原则。就公司同社会的关系来说，应当描绘出公司同管理层、员工、客户以及同一般公众的恰当关系。

二、公司宗旨的意义

目前，不是所有的公司章程都有公司宗旨，但将公司宗旨明确表述出来并记载于公司章程当中具有重要意义：

1. 明示公司价值标准，确保公司内部人员对实现公司目标的主要行动达成共识。公司宗旨中关于公司根本目的的陈述，为全体员工树立了共同为之奋斗的价值标准。个人的行为和目标，部门的行为和目标乃至整个公司的行为和目标是否符合公司发展的方向，均应以是否能实现公司的根本目的作为判断标准。

2. 为确定公司战略目标、战略选择、政策制定等提供方向性指导。公司宗旨中公司经营范围或经营领域、公司发展方向的表述，为公司选择实现目标的手段与战略方案提供了依据。

3. 建立公司区别于其他公司的独有形象与品牌。公司宗旨中的公司经营行为准则，有利于树立鲜明而唯一的公司形象。

条款设计示例[①]

第【×】条　依据《公司法》及有关法律、法规的规定，设立A有限责任公司（以下简称公司）。为维护公司、股东和债权人的合法权益，规范公司的组织和行为，经全体股东讨论，共同制定本章程。公司章程对公司、股东、董事、监事、高级管理人员具有约束力。

第【×】条　公司的宗旨是：（填写公司宗旨。如美国的戴登－赫德森零售公司的宗旨是："作为消费者的购买代理人，满足他们对商品和服务的需要和期望；为我们的雇员提供个人和职业上的发展；为我们的股东提供一种有吸引力的财务收益；为我们在其中经营的社区提供服务等。"）

【设计指引】

1. 第一条是总括性表述，要求在遵守法律法规的基础上设立公司与制定公司章程，并强调公司章程的效力及于公司、股东、董事、监事及公司高级管理人员，突出公司章程作为公司"宪法"的重要地位。第一条内容虽然较为原则，但是规定了公司章程的法律依据、制定目的及适用范围，也确立了公司类型，有利于公司、股东及高级管理人员等树立法律思维，并规范公司经营与发展，因此其地位是极其重要的，不同类型的公司章程该条内容会有所不同。

2. 第二条是将公司的宗旨记载于公司章程。将公司的价值标准、定位、形象、战略目标等记载于公司章程并通过工商行政部门批准后，对社会公众公示，便于公司的潜在合作者了解公司，亦可起到对公司的宣传作用。实际上许多著名的或者成功的公司，往往有着不同寻常的公司宗旨，对于这些公司而言，公司章程能够为公司的后续运营提供源源不断的动力支持，对于公司的法律风险防范也有着重要的指引作用。

---

① 以有限责任公司为例，本书所有举例的条款序号均为"【×】"。

第二节 公司的名称与住所

一、公司的名称

公司的名称是《公司法》规定的公司章程的绝对必要记载事项，即必备条款。

公司名称对一个公司而言至关重要，因为公司名称不仅关系到公司在行业内的影响力，还关系到公司所经营的产品或服务投放市场后，客户群对该公司的认可度；若品牌命名或公司名称符合行业特点、有文化底蕴能引起市场的共鸣或者是广大消费者熟知的、有中国特色的名称，公司的竞争力就明显高于行业内的其他公司，为打造知名品牌奠定了基础。

公司的名称权是公司人身权的重要组成部分，必须合法、规范，否则无法通过核名，或者虽然可以使用但容易引起社会公众的误认、引发不必要的纠纷等。

（一）公司名称的构成

根据《企业名称登记管理规定》的规定，企业名称应当由行政区划名称、字号、行业或者经营特点、组织形式四项基本要素构成。

例如：上海（行政区划）+XX（字号，如“合力”）+YY（行业特点，如“贸易”）+ 有限公司（组织形式）。具体说明如下：

1. 行政区划：是指县以上行政区划的名称，不包括乡、镇和其他地域名称。在不会造成误认的情况下，企业名称冠以行政区划名称时可以省略“省”“市”“县”等字。

2. 字号：是一个企业区别于其他企业的重要标志。字号应由 2 个或以上的汉字组成。

3. 行业特点：企业应根据自己的经营范围或经营方式确定名称中的行业或者经营特点字词。该字词应具体反映企业生产、经营、服务的范围、方式或特点，不能单独使用“发展”“开发”等字词；使用“实业”字样的，一般应有下属三个以上的生产、科技型企业。企业确定名称中的行业或经营特点字词，可以依照国家行业分类标准划分的类别使用一个具体的行业名称。

4. 组织形式：企业应当根据自己的组织结构或责任形式，在企业名称中标明组织形式。目前我国企业使用的组织形式大体有两类：公司类的“有限责任公司”和“股份有限公司”；一般企业类的“中心”“厂”“店”“馆”“所”“社”等。具备法人条件的企业，如需在其名称中的组织形式前使用“总”字，必须下设三个以上与该企业名称中组织形式相同的直属分支机构。依照《公司法》设立的有限责任公司、股份有限公司，无论是否设有分公司，均不得使用“总”字。

（二）公司名称登记管理

1. 国家市场监督管理总局登记管辖范围：（1）冠以“中国”“中华”“全国”“国家”“国际”字样的；（2）在名称中间使用“中国”“中华”“全国”“国家”等字样的；（3）不含行政区划的。

2. 省级、直辖市、自治区市场监管部门登记管辖范围（以上海市为例）：（1）市人民政府批准设立或者行业归市管理部门审查同意由政府各部门设立的企业；（2）企业集团；（3）专业从事进出口业务、劳务输出业务、对外承包工程的企业或者资产评估机构、验资机构、审计机构、典当机构、中小企业信用担保机构、工商注册代理机构、专业经纪组织、因私出入境中介机构、境外就业中介机构、人才中介机构、征信机构；（4）股份有限公司；（5）国有独资公司；（6）注册资本 3000 万元（含）人民币以上的有限责任公司；（7）出资额在 3000 万元（含）人民币以上的个人独资企业；（8）外商投资企业。

二、公司住所

公司住所是《公司法》规定的公司章程绝对必要记载事项。公司住所是指公司的主要办事机构所在地。公司住所的变更必须履行法定的变更登记手续，否则不得对抗第三人。

公司主要办事机构一般是指公司董事会等重要机构，因为董事会是公司的经营管理决策机构。公司可以建立多处生产、营业场所，但是经公司登记机关登记的公司住所只能有一个，并且这个公司住所应当是在为其登记的公司登记机关的辖区内。

（一）公司住所的法律意义

从法律上确定公司住所，具有多重意义：

1. 确定诉讼管辖。我国《民事诉讼法》规定，对企业事业单位、机关、团体提起民事诉讼，由被诉单位所在地人民法院管辖。公司属于企业的一种，以公司为被告的民事诉讼，由被告（即公司）住所地人民法院管辖。

2. 确定法律文书的送达地。根据我国民事诉讼法的规定，人民法院送达诉讼文书时，应直接送交受送达人；直接送达法律文书有困难的，可以邮寄送达。对公司来说，无论是直接送达还是邮寄送达，均以公司住所地为受送达处所。

3. 确定债务履行地。按照我国《民事诉讼法》的规定，履行地点不明确的债务，给付货币的，接受给付一方的所在地为合同履行地；其他标的，履行义务一方的所在地为合同履行地。对公司来说，其所在地应为其住所地。

4. 确定公司登记管辖。根据《公司登记管理条例》关于登记管辖的规定，除依法应由国家市场监督管理总局或省、自治区、直辖市市场监督管理局核准注册的公司外，其他公司由所在市、县（区）市场监管部门核准登记。

5. 确定涉外诉讼的准据法。在涉外经济及民事诉讼中，当按属人法原则适用当事人本国法律时，一般按公司的住所所在国确定适用何国法律。

（二）公司住所的要求

《企业法人登记管理条例施行细则》第 31 条规定："申请营业登记，应根据不同情况，提交下列文件、证件……（四）经营场所使用证明……"在实际操作即公司注册登记时，各地对公司住所的要求进行了细化。

以上海市为例，《上海市企业住所登记管理办法》第 6 条规定："企业办理住所登记时使用自有房屋的，应当提交房屋产权证；租赁他人房屋的，应当提交房屋产权证和租赁协议。提供经备案租赁合同的，可以免于提交房屋产权证。企业使用的住所无法提交房屋产权证的，可以提交以下相关证明材料：（一）属于公有非居住用房的，提交公有非居住房屋租赁合同；（二）属于公用民防工程的，提交民防管理部门出具的有关文件；（三）属于旅馆、宾馆房间的，提交旅馆、宾馆营业执照；（四）属于商品交易市场内场所的，提交市场经营管理企业营业执照；（五）属于商业网点用房的，提交商业网点管理部门批准文件；（六）已竣工未取得产权证的房屋，提交建设工程竣工验收备案证明及房屋用途证明文件；（七）区（县）人民政府规定的其他证明文件。"

一般来说，普通企业注册对场地需求为：公司租赁期必须是一年以上，租赁地址必须是商用、商铺、办公室等商用性质，必须是有着街道办或出租屋管理中心正规备案的地址。特殊性质企业对场地要求为：一般纳税人 30 平方米以上，酒类批发企业 50 平方米以上，中型餐馆需要 150 平方米以上等。但部分地区出台了同一地址可以注册两家或以上公司的相关政策。

条款设计示例[①]

第【×】条 公司名称：（以公司实际确定的名称为准，如上海合力贸易有限公司）

第【×】条 公司住所：（以公司实际确定的住所为准）

【设计指引】

1. 公司的名称选定应符合名称构成的规定，同时不可与已注册的公司名称重复。实践中，部分公司字号相同的企业或者具有关联性或者后注册的公司征得了先注册公司的同意。

2. 公司住所应提供符合公司注册地工商管理主管部门要求的注册场地文件，避免公司注册时因为公司住所不符合要求而受阻。

实务问题

1. 如何查询拟注册的公司名称是否已被注册

查询规则：第一，同行业公司字号不能同名同音；第二，两个字以上的字号，查名时需拆开，比如“合力高”，查名时会查“合力”“力高”“合力高”三次，如果有一次重复，就不能通过。

查询途径：可到当地市场监管部门企业相关部门查名，一般在公司注册前的第一个步骤就是查名；或者可先在全国企业信用信息公示系统进行查询拟注册公司名称是否已被注册。另外，根据《国家工商总局关于开放企业名称库有序推进企业名称登记管理改革的指导意见》（工商企注字〔2016〕203 号）的规定，各县（含旗及县级市、区）、区（指市辖区）企业登记机关应当至迟于 2016 年 12 月 1 日向社会公众开放企业名称数据库，提供企业名称查询服务。因此，可以尝试在各县、区企业登记机关互联网网站或者县、区政府网站（或公共服务平台）或上级市、省登记机关网站进行查询。

---

① 以有限责任公司为例。

2. 公司变更名称需要哪些材料

（1）法定代表人签署的《公司变更登记申请书》（公司加盖公章）。

（2）《企业（公司）申请登记委托书》（公司加盖公章），应标明具体委托事项和被委托人的权限。

（3）有限责任公司提交股东会决议，内容包括：决议事项、修改公司章程相关条款，由股东盖章或签字（自然人股东）；股份有限公司提交股东大会决议内容包括：决议事项、修改公司章程相关条款，由发起人盖章或出席会议的董事签字。国有独资有限责任公司提交董事会决议，内容包括：决议事项、修改公司章程相关条款，由董事签字。

（4）法律、行政法规规定变更名称必须报经有关部门批准的，提交有关部门的批准文件。

（5）公司章程修正案；有限责任公司由股东盖章或签字（自然人股东）。股份有限公司由发起人盖章或出席会议的董事签字确认。国有独资有限责任公司由投资人盖章。

（6）公司营业执照副本复印件。

以上各项未注明提交复印件的一般均应提交原件；提交复印件的，应由公司加盖公章并注明与原件一致。

3. 同一地址是否可以注册两家或以上公司

原则上，同一个地址不能登记两家及以上公司，但是如果该地址在房地产登记部门备案分割过，则根据分割后的数量、面积等条件可以登记注册为两家或以上的公司。近年来，随着《国务院关于印发注册资本登记制度改革方案的通知》（国发〔2014〕7号）相关政策的落实，为了合理释放各类场地资源，降低创业成本，激发市场主体活力，部分地方出台了相关政策，允许符合条件的企业在同一地址上登记两个以上企业的住所。比如《上海市企业住所登记管理办法》就规定，股权投资企业及承担对其管理责任的股权投资管理企业，或者企业之间有投资关系并使用相同住所办公的，可以将同一地址的非居住用房登记为两个以上企业的住所。另外，区（县）人民政府或者其授权单位可以指定一处或多处非居住用房为集中登记地，供本区（县）内从事不扰民、不影响周边环境和公共安全经营项目的企业登记住所。

4. 何谓虚拟地址注册

虚拟地址是隶属于各招商园区，经国家允许只为企业工商登记注册而存在的地址，是国家为了扶持中小企业创业而批准的、在工商税务等部门已经备案的用以注册公司的地址。公司用虚拟注册地址办理工商登记后，经营可在任意地方。

5. 公司注册地址与实际经营地址不一致有何法律风险，如何处理

《公司法》规定公司应以其主要办事机构所在地为住所。此外，《公司登记管理条例》第 12 条明确规定经公司登记机关登记的公司住所只能有一个。公司的住所应当在其公司登记机关辖区内。

关于公司注册地址与实际经营地址不一致，首先应当考量公司在登记的住所外的实际经营地址经营是否需要履行法定义务。根据《国家工商行政管理局对企业在住所外设点从事经营活动有关问题的答复》（工商企字〔2000〕第 203 号）第 2 条的规定，依照《公司法》和《公司登记管理条例》设立的公司在住所以外的场所从事经营活动，应当向该场所所在地公司登记机关申请办理设立分公司登记。虽然该规定已于 2006 年 6 月 23 日废止，但根据现行法律法规规定，公司在登记的住所之外的场所开展经营活动仍然需要办理分公司登记，理由如下：

《公司登记管理条例》第 45 条规定，分公司是指公司在其住所以外设立的从事经营活动的机构。因此，原则上公司在登记的住所之外的场所开展经营活动，应当按设立分公司处理。《公司法》第 14 条规定，公司可以设立分公司。设立分公司，应当向公司登记机关申请登记，领取营业执照。《公司登记管理条例》第 47 条规定，公司设立分公司的，应当自决定作出之日起 30 日内向分公司所在地的公司登记机关申请登记；法律、行政法规或者国务院决定规定必须报经有关部门批准的，应当自批准之日起 30 日内向公司登记机关申请登记。分公司的公司登记机关准予登记的，发给《营业执照》。《公司法》第 210 条以及《公司登记管理条例》第 74 条规定，未依法登记为有限责任公司或者股份有限公司的分公司，而冒用有限责任公司或者股份有限公司的分公司名义，由公司登记机关责令改正或者予以取缔，可以并处 10 万元以下的罚款。综合上述法律法规的规定，公司在登记的住所之外的场所开展经营活动应当办理分公司登记，否则将面临相关行政处罚。

根据上述规定，公司注册地和实际经营地不一致，除上述可能存在的相关风险外，还有可能存在的法律风险主要有：

第一，经市场监督管理机关查处，可能被处以 1 万元以上 10 万元以下的罚款。（处罚依据：《公司登记管理条例》第 68 条第 1 款：公司登记事项发生变更时，未依照本条例规定办理有关变更登记的，由公司登记机关责令限期登记；逾期不登记的，处以 1 万元以上 10 万元以下的罚款……）

第二，受到警告、限期办理登记、责令停业整顿、扣缴营业执照甚至吊销营业执照等行政处罚。（处罚依据：《企业法人登记管理条例施行细则》第 60 条第 3 项：擅自改变主要登记事项，不按规定办理变更登记的，予以警告，没收非法所得，处以非法所得额 3 倍以下的罚款，但最高不超过 3 万元，没有非法所得的，处以 1 万元以下的罚款，并限期办理变更登记；逾期不办理的，责令停业整顿或者扣缴营业执照；情节严重的，吊销营业执照……）

第三，如果公司涉及诉讼事项，对公司提起的诉讼，由该公司住所地法院管辖，而法院的司法文书也将送达该住所地址。如果因为公司经营地址变更而未收到法院司法文书，经由法院缺席判决就有可能承担败诉风险（法律规定见我国《民事诉讼法》第 21 条）。

第四，在债务履行上，对于履行地点不明确的债务，给付货币的，在接受货币一方所在地履行；交付不动产的，在不动产所在地履行；其他标的，在履行义务一方的所在地履行，上述所在地一般即认为是公司住所。实践中，公司住所往往即认定为公司的注册登记地，如果注册登记地和实际经营地不一致，可能会导致债权人和债务人对债务履行地存在分歧（法律规定参见我国《民法典》第 602 条）。

为了避免上述法律风险，建议企业：第一，变更工商登记，将公司注册地址变更为经营所在地；第二，设立分公司，即将实际经营场所登记为分公司的场所；第三，若涉及税收优惠，流转税可以在实际经营地缴纳，也可以由总公司汇算清缴，所得税由总公司汇算清缴；第四，注册地址应有文书信函收发联络人，签收的文书信函能及时转发至公司的管理层。

第三节　经营期限与经营范围

一、公司经营期限

经营期限是指公司存续的有效时间，分为有期限和无期限两种。有期限又分两种：一是自拟期限，指股东或发起人意思表示一致后在章程上载明的经营期限；二是法定期限，指管理机关要求在章程上必须标明的期限；而无期限是法律不强制要求公司表明存续期。

经营期限的法律意义主要表现为：

1. 经营期限届满是公司解散的法定原因。期限届满股东会没有达成修改公司章程使公司存续的决议，公司进入清算过程，此时的期间是清算期间。

2. 经营期限届满股东会通过决议修改章程使公司存续的，对股东会该项决议投反对票的股东可以请求公司按照合理的价格收购其股权。

二、公司经营范围

经营范围是指国家允许公司生产和经营的商品类别、品种及服务项目，反映公司业务活动的内容和生产经营方向，体现公司民事权利能力和行为能力的核心内容。

公司经营范围一经核准登记，公司就具有了在这个范围内的权利能力，同时承担不得超越范围经营的义务，一旦超越，不仅不受法律保护，而且要受到处罚。核定的公司经营范围是区分合法经营与非法经营的法律界限。

（一）公司法对经营范围的要求

《公司法》第 12 条规定："公司的经营范围由公司章程规定，并依法登记。公司可以修改公司章程，改变经营范围，但是应当办理变更登记。公司的经营范围中属于法律、行政法规规定须经批准的项目，应当依法经过批准。"

《公司法》对公司的经营范围有以下要求：1. 公司的经营范围由公司章程规定，不能超越章程规定的经营范围申请登记注册。2. 公司的经营范围必须进行依法登记，即公司的经营范围以登记注册机关核准的为准。公司应当在登记机关核准的经营范围内从事经营活动。3. 公司的经营范围中属于法律、行政法规限制的项目，在进行登记之前，必须依法经过批准。

（二）公司变更经营范围的法律程序

公司经营范围依法进行登记后，公司决策变更经营范围的必须依法办理变更登记。公司设立后，应当在经过登记的经营范围内从事经营活动。然而由于主客观情况的变化，公司可依法根据实际需要更改自己的经营范围，或者扩大经营范围，或者缩小经营范围，但是公司决定更改自己的经营范围，应当经过法定的程序。

公司变更经营范围需要经过的法定程序：1. 由股东会（股东大会）依法修改公司章程，对经营范围做出变更；2. 向公司登记机关提出变更经营范围的申请；3. 由公司登记机关依法进行变更登记。

如果经营范围属于法律、行政法规规定须经批准的项目，则应当在依法取得批准后，再向公司登记机关提出变更经营范围的申请。

依据我国的相关规定，企业的经营范围应当包含或者体现企业名称中的行业或者经营特征。跨行业经营的企业，其经营范围中的第一项经营项目所属的行业为该企业的行业。企业未经批准、登记从事经营活动的，依照有关法律、法规的规定予以查处。企业申请登记的经营范围中属于法律、行政法规或者国务院决定规定在登记前须经批准的经营项目的，应当在申请登记前报经有关部门批准后，凭审批机关的批准文件、证件向企业登记机关申请登记。企业申请登记的经营范围中属于法律、行政法规或者国务院决定等规定在登记后须经批准的经营项目的，依法经企业登记机关核准登记后，应当报经有关部门批准方可开展后置许可经营项目的经营活动。企业应当参照《国民经济行业分类》选择一种或多种小类、中类或者大类自主提出经营范围登记申请。对《国民经济行业分类》中没有规范的新兴行业或者具体经营项目，可以参照政策文件、行业习惯或者专业文献等提出申请。企业的经营范围应当与章程或者合伙协议规定相一致。经营范围发生变化的，企业应对章程或者合伙协议进行修订，并向企业登记机关申请变更登记。

条款设计示例[1]

第【×】条 公司的经营期限为×年，自××年××月××日至××年××月××日。公司经营期限届满前六个月，经代表三分之二以上表决权的股东同意可延长公司的经营期限，不同意延长公司经营期限的股东有权以合理的价格要求公司收购其股权。

第【×】条 公司的经营范围是：（以确定的公司实际经营范围为准，如科技类公司的经营范围可包括：技术开发、技术转让、技术咨询、技术服务、

---

① 以有限责任公司为例。

计算机领域、计算机技术咨询服务、计算机硬件、网络科技、网络技术等。)

【设计指引】

1. 公司登记过程中经营期限是法定的登记事项，因而在公司的章程中确定经营期限，便于实际操作。同时在章程中规定经营期限届满后，约定可以延长公司的经营期限以及延长经营期限的方式等，给予公司股东自由选择权，同时可避免经营期限届满后因各股东的分歧导致公司是否延期走向不明以及产生各类争议。

2. 公司的经营范围是公司章程的必备条款。在注册公司之前应明确公司的经营范围，经营范围应全面详细且符合法律法规之规定。因为经营范围一旦确定，公司只能在经营范围内进行经营，否则涉嫌非法经营。

典型案例

案例：公司经营期限届满后股东可以约定或决议延长

A 公司设立于 2000 年 8 月 25 日，公司章程记载的经营期限为 15 年。A 公司目前的股东为甲、乙、丙、丁四人，注册资本为人民币 300 万元，四名股东各出资 75 万元。A 公司章程约定股东会的决议需经代表二分之一以上表决权的股东通过；但有关公司增加或者减少注册资本、分立、合并、解散或者变更公司形式及修改公司章程的决议必须经代表三分之二以上表决权的股东通过；股东各方均同意延长经营期限的，应由股东会作出决议，并在经营期限届满前六个月报原审批部门批准，然后向公司登记管理机关办理变更登记及其他注册手续。

2015 年 3 月，A 公司作出《临时股东会决议》，决议第一款内容为：审议“关于延长公司经营期限使其存续经营”之议案。乙、丙、丁三名股东表示同意延长公司经营期限使其存续经营，甲表示不同意，故该项议案未能审议通过。决议第 2 款内容为：审议“关于同意延长公司经营期限的股东应以合理价格受让不同意延长公司经营期限的股东持有的全部股份，不同意延长公司经营期限的股东应以合理价格转让其持有的全部股份的相关事宜”之议案，会议形成决议如下：(1) 同意延长公司经营期限的股东乙、丙、丁按合理价格受让不同意延长公司经营期限的股东甲持有的 25% 公司股权，其中：乙受让 9% 公司股权，丙受让 8% 公司股权，丁受让 8% 公司股权；(2) 股东各方于本协议生效之日起 3 日内协商股权转让价格及其他事宜，若股东各方无法就股权转让价格达成一致，则股东各方应于前述3日期满后的2日内共同聘请评估公司对公司资产及股权转让价格进行评估并依据该评估价格作为股权转让价格；（3）若股东各方在上述期限内无法就股权转让的相关事宜达成一致，则任何一方股东均有权向公司住所地人民法院提起诉讼。该项决议表决情况为，同意的股东：乙、丙、丁，占总股权的75%；不同意的股东：甲，占总股权的25%，该股东拒绝签字。该份《临时股东会决议》落款处有乙、丙、丁签字及A公司盖章，甲未签字。

【律师剖析】

1. 甲不同意延长公司经营期限，并不意味着A公司必然解散，A公司可以召开股东会会议通过决议修改公司章程使公司存续。在甲对修改章程使公司存续的决议投反对票时，可以请求公司按照合理的价格收购其股权，请求收购股权是甲的权利而并非义务。

2. 甲合法持有A公司的股权，合法的民事权益受法律保护，任何组织和个人不得侵犯。甲对于其所持有的股权，有完全的处分权，2015年3月的《临时股东会决议》第2款内容，在甲未同意的情况下，约定由甲将其股权转让给其他股东，无法律依据，违反了我国《民法典》的相关规定，应属无效。

实务问题

1. 公司章程未规定经营期限的情形下如何认定经营期限

《公司法》既未规定公司的最长经营期限，又未规定公司章程对经营期限加以规定，如《公司法》第25条第1款规定公司章程应当载明的8种事项中并没有包括公司经营期限。但中外合资公司中，则明确规定了哪些行业和情况应当约定经营期限，除此之外可以不约定合营期限。因此，有的公司章程中未规定经营期限。在此情形下，可以按以下规则认定经营期限：（1）如果公司章程对经营期限进行补充规定，则补充规定的经营期限就应成为认定的依据。（2）如果公司章程对经营期限没有进行补充规定，公司在设立过程中需要向登记机关申请公司登记，而公司登记过程中经营期限是法定的登记事项，对此，《公司登记管理条例》第9条第7项有明文规定。这种法定要求体现在公司设立过程中需要填写《公司设立登记申请书》，该文件中自然包括公司的经营期限，如果公司设立过程中推选出的法定代表人或者指定的代表或者委托代理人在该申请书内明确了经营期限，则该经营期限就应当成为认定公司经营期限的依据和标准。

2. 延长公司经营期限提交哪些申请材料

第一，法定代表人签署的《公司变更登记申请书》（原件 1 份，公司盖章）；第二，委托书，应标明具体委托事项和被委托人的权限；第三，有限责任公司提交股东会决议，内容包括：决议事项、修改公司章程相关条款，由股东盖章或签字（自然人股东）（原件 1 份，打印，企业盖章）；第四，公司章程修正案；有限责任公司由股东盖章或签字（自然人股东）（原件 1 份，打印，企业盖章）；第五，法律、行政法规规定变更经营期限必须报经有关部门批准的，提交有关部门的批准文件；第六，公司营业执照（原件、复印件）。以上各项未注明提交复印件的一般均应提交原件；提交复印件的，应由公司加盖公章并注明与原件一致。

第三章　公司的注册资本、出资方式和出资时间

公司资本制度是公司诸多制度的核心内容，注册资本及出资构成了资本制度的主要内容，根据我国《公司法》等法律法规规定，注册资本和出资是公司章程的必备条款。在实缴资本制下公司的注册资本、出资方式和出资时间本身就是公司章程的核心条款，而在我国《公司法》确立认缴资本制度后对于公司的注册资本、出资方式和出资时间的规定就显得更为重要。实践中，笔者发现目前频发的公司出资、增资、股权转让合同纠纷、股东侵权责任纠纷主要是认缴资本下的公司注册资本增加或减少、出资方式与时间的频繁变更、股权的转让与出资未到位情况交叉等原因所导致的。可以说，设计好公司章程中的注册资本、出资方式、出资时间与变更、未出资或未足额出资而进行股权转让的责任承担等条款，对于良好的公司治理、对于减少公司与股东、股东之间、原股东与新股东之间、股东与债权人之间的纠纷很有帮助，甚至在一定程度上可以杜绝出资纠纷。

第一节　注册资本及出资方式

一、公司注册资本的定义及特征

（一）公司注册资本的定义

关于注册资本的定义，《公司注册资本登记管理规定》（2014 年 2 月 20 日国家工商行政管理总局令第 64 号公布）第 2 条有明确规定：

有限责任公司的注册资本为在公司登记机关依法登记的全体股东认缴的出资额。股份有限公司采取发起设立方式设立的，注册资本为在公司登记机关依法登记的全体发起人认购的股本总额。股份有限公司采取募集设立方式

设立的，注册资本为在公司登记机关依法登记的实收股本总额。法律、行政法规以及国务院决定规定公司注册资本实行实缴的，注册资本为股东或者发起人实缴的出资额或者实收股本总额。

上述规定，清晰地界定了注册资本在不同形式公司的不同体现方式。

（二）公司注册资本的特点

1. 公司注册资本是公司自有的独立财产。任何法人组织都必须拥有独立的财产，公司法上的注册资本仅指公司自己所有、不受他人支配的独立财产。资本也是公司的原始财产，公司成立后会有多种财产来源，但一般来说，最初的财产就是公司的注册资本。

2. 公司注册资本是一个抽象的财产金额。资本总是表现为资本额，即一定的财产金额。资本是抽象的价值金额，而不是具体的财产形式。

3. 公司的注册资本来源于股东的出资。公司注册资本是公司全体股东的永久性投资，只能由股东出资构成。经营积累或接受赠与等形成的财产，虽属公司自有资产，但非属股东出资而不能直接计入公司资本。需要指出的是，资本作为股东出资总额，在特殊情况下有所例外。公司溢价发行股份情况下，发行价格高于股份的票面金额，而公司的资本额按全部股份的票面金额计算，股东的实际出资总额会高于甚至远远高于公司的资本额，超出资本额的股东出资要计入公司的资本公积金中。

4. 公司注册资本是在公司成立时由公司章程决定的。任何公司成立时都必须制定章程，而公司注册资本是章程必须记载的事项。此种资本数额是由公司发起人或公司股东通过协商进行确定并写入公司章程的。

5. 公司注册资本一经确定，即不能随意改变。公司成立后，可能盈利，也可能亏损，其资本可能增值，也可能贬值，从而导致其资产数额的变化，但并不自然改变其注册资本额。如果需要改变，则必须依照法定程序增加资本或减少资本，通知、公告债权人，经股东会作出有效决议、修改章程，并办理注册登记方可变更。

二、公司注册资本的方式

2013 年我国《公司法》修改，取消了普通有限责任公司在设立登记时的验资要求，也取消了货币财产占出资比例的强制性规定。随着《公司法》修订，《公司注册资本登记管理规定》也明确规定，实物、知识产权、土地使用权、股权、债权等可以用货币估价并可以依法转让的非货币财产可以作价出资，但劳务、信用、自然人姓名、商誉、特许经营权等不能作价出资。但用于出资的非货币财产要同时满足两个条件：（1）可以用货币估价；（2）可以依法转让。

《公司法》要求对作为出资的非货币财产应当评估作价，此类评估应由评估机构来评估还是股东自行评估，在实践中存有争议。有人认为[①]，2005年《公司注册资本登记管理规定》曾明确指出非货币财产出资的应由具有评估资格的资产评估机构评估作价；但2013年修订《公司注册资本登记管理规定》时却取消了非货币财产出资的应由具有评估资格的资产评估机构评估作价的规定。对非货币财产进行评估的目的是确定其货币价值。从股东与股东之间、股东与公司之间的利益关系而言，对非货币财产的价值认同系内部关系，属于股东意思自治的范畴；从股东与债权人的利益关系而言，正如注册资本认缴制取消了强制验资程序一样，保证出资真实性也是股东责任。在非货币财产出资中，《公司法》专门规定了股东间（或发起人间）对非货币财产价值明显高估作价的补缴连带责任。如强制要求在出资时对非货币财产由中介机构进行评估，那么中介机构的评估最终会沦为股东虚高出资并逃避法律责任的工具，更不利于保护债权人的利益。另外，从2013年新订《公司注册资本登记管理规定》中取消了“非货币财产出资的应由具有评估资格的资产评估机构评估作价”的内容来看，这显然是对2005年规定由资产评估机构评估的否定。因此认为，对非货币财产出资的评估是股东自行估价还是委托评估机构估价，属于股东自治的范畴，应由股东自行决定。

就此争议问题，《最高人民法院关于适用〈中华人民共和国公司法〉若干问题的规定（三）》（以下简称《公司法司法解释三》）第9条规定，“出资人以非货币财产出资，未依法评估作价，公司、其他股东或者公司债权人请求认定出资人未履行出资义务的，人民法院应当委托具有合法资格的评估机构对该财产评估作价。评估确定的价额显著低于公司章程所定价额的，人民法院应当认定出资人未依法全面履行出资义务”。此后，2016年7月2日颁布，2016年12月1日执行的《资产评估法》对“依法作价评估”和“具有合法资格的评估机构”进行了相应的规范。由此，笔者认为，股东以非货币财产出

① 参见苏长素：《我国公司注册资本认缴制度研究》，中国社会科学院2015年硕士学位论文。

资应当根据《资产评估法》，委托具有合法资格的评估机构对非货币财产进行作价评估，以此确定出资财产的价值，从而完成非货币财产的出资义务。未经依法评估的，则根据上述司法解释的规定进行处理和认定。

（一）货币出资

在各种出资方式中，以货币方式缴付出资，其法律关系最为简单、当事人之间最少发生争议，只要当事人按约定的金额和期限，将货币交付于公司，或以“投资款”等名义汇入公司的账户，即为履行出资义务。

（二）实物出资

实物出资指以民法上的物出资，包括房屋、车辆、设备、原材料、成品或半成品等。用于出资的实物，首先应具有财产价值、使用价值，其次出资的实物可以是为公司经营所需，也可以与公司的经营使用无关，允许股东使用实物出资的目的在于公司可以对其变现支配并实现其财产价值。此种实物是否可以用作出资，应由股东协商确定。实物出资在实践中较为普遍，在许多情况下，直接的实物出资既为公司经营所需，也可免去公司成立后自行购买的负担，甚至如果作价合理，还可能降低公司购买的成本。在我国，许多国有企业和集体企业改制组建的公司，国有或集体投资主体往往是以原国有或集体企业的实物资产作为出资。而在许多公司中，它构成了出资总额中的绝大部分。实物出资在外商投资公司中的认定存在较为复杂的情况。一些中外合资公司虽然在合同和章程中规定外国投资者以外汇货币出资，但实际上往往是由外国投资者在中国境外购买设备或生产线向合资公司投入，在此种情况下需根据资金的流动和支付确定属于货币出资还是实物出资。根据我国外汇管理的规定，不允许合资公司直接将外国投资者的出资在境外支付。如果购买设备的资金从未进入合资公司账户，而是由外国投资者直接支付，应认定为实物出资。如果资金是从合资公司账户付出，尽管在境外是由外国投资者安排购买，也认定为货币出资。

以实物出资的，在实践中需要注意如下情况：第一，房屋、车辆等需要办理过户登记手续的，根据《公司法司法解释三》第10条规定，已经交付公司使用但未办理权属变更手续，公司、其他股东或者公司债权人主张认定出资人未履行出资义务的，人民法院应当责令当事人在指定的合理期间内办理权属变更手续；在前述期间内办理了权属变更手续的，人民法院应当认定其已经履行了出资义务；出资人主张自其实际交付财产给公司使用时享有相应股东权利的，人民法院应予支持。第二，实物出资的价格，应依法评估确定。第三，实物出资后，应向公司办理出资交付手续。所出资的实物符合章程规定，公司接受并出具出资证明书，方可作为出资手续履行完毕。

（三）知识产权出资

知识产权出资包括工业产权出资和著作权出资。狭义的工业产权仅指商标权和专利权。广义的知识产权范围较为广泛，根据《保护工业产权巴黎公约》第1条规定，工业产权的保护对象至少包括专利、实用新型、外观设计、商标、服务标记、厂商名称、货源标记等。实践中普遍采用的工业产权出资是商标权和专利权出资。对于工业产权出资，一般只要符合工业产权的规定即可作为股东出资，但在特殊情况下，法律对此有特别的要求或限制。

（四）土地使用权出资

土地使用权是公司实践中非常重要的出资标的之一，这是由中国土地制度和土地使用权本身的特点所决定的，从而又形成了对土地使用权出资的特殊法律要求。

1. 土地的出资，不是所有权的出资，而是土地使用权的出资。在中国，土地是一种十分特殊的财产，土地的国家所有和集体所有是公有制的基础，只有国家和集体组织才能作为土地所有权的主体。

2. 用于出资的土地使用权只能是国有土地的使用权，而不能是集体土地的使用权。如果集体组织欲以集体所有的土地对外投资，则必须首先将集体土地通过国家征用的途径变为国有土地，再从国家手里通过土地出让的方式获得国有土地的使用权，然后，才能进行有效的投资。

3. 用于出资的土地使用权只能是出让土地的使用权，而不能是划拨土地的使用权。在中国，国有土地的使用权分为划拨土地使用权和出让土地使用权，前者为各种社会组织基于其特定的社会职能从国家那里无偿取得，后者则是以向国家缴纳土地出让金的方式而有偿取得。以土地使用权出资，是土地使用者营利性的投资行为，因而只能以有偿取得的出让土地使用权出资，划拨的土地使用权只能用于划拨用途，不能擅自进入市场流通，因而不能用于对外出资。

4. 用于出资的土地使用权应是未设权利负担的土地使用权。因使用者的经营行为，土地使用权经常会背负如抵押权之类的权利负担，这种土地使用权不仅在权利的行使和处置上受到法律和抵押权人等其他权利人的限制，而且因其可能被其他权利人追索而在财产价值上发生贬损，甚至完全失去投资的价值。这种存在权利瑕疵的权利如用于出资，将使投资者或股东的出资变得不实，违反《公司法》的资本确定原则，在内部会损害其他投资者的利益，在外部则会损害公司债权人的利益。因此，出资的土地不应背负权利负担，而且，在出资之后，出资人亦应继续承担免除土地负担的义务。

就此，《公司法司法解释三》第 8 条规定，出资人以划拨土地使用权出资，或者以设定权利负担的土地使用权出资，公司、其他股东或者公司债权人主张认定出资人未履行出资义务的，人民法院应当责令当事人在指定的合理期间内办理土地变更手续或者解除权利负担；逾期未办理或者未解除的，人民法院应当认定出资人未依法全面履行出资义务。

（五）股权出资

股权出资是指投资人以其持有的企业股权作为出资，向其他企业进行投资的行为。股东以其对另一公司享有的股权投入公司，并由公司作为股东取得和行使另一家公司的股权，这种出资本质上属于股权的转让，是将股东对另一公司拥有的股权转让给公司。

股权有其特殊性，由于股权的价值并不取决于其自身，也不取决于股东获得股权时原始投入的出资额，而取决于股权价值，或者是股权所在公司的价值，同时，股权的价值并不稳定，随其所在公司的经营结果和资产变化而变动。因此，以股权出资，应充分认识其财产的性质和特点。若要对其财产价值作出客观的评价，通常需要对股权所在公司进行全面的资产评估和财务审计。在股权出资后，因各种情况变化导致股权价值的变化或最终不能实现时，不应因此而认定出资不真实。股权出资的真实性应根据出资当时股权的实际价值和情况认定。

基于股权出资的特殊性和实践中出现的问题，《公司法司法解释三》第 11 条规定，股权出资必须符合下列条件：（1）出资的股权由出资人合法持有并依法可以转让；（2）出资的股权无权利瑕疵或者权利负担；（3）出资人已履行关于股权转让的法定手续；（4）出资的股权已依法进行了价值评估。如果不符合这些条件或者在合理期限内未补正这些条件，将认定股东未履行出资义务。

就股权出资登记的相关问题，上海市工商行政管理局2007年就曾制定颁布了《关于规范本市内资公司股权出资登记的试行意见》(沪工商注〔2007〕217号文)，在此之后，广东、江苏、湖北等省市也分别出台了相关规定。投资人如果以股权出资，则需要对应当地规定，使其出资符合当地规定的条件，并办理评估、变更登记等手续。

国家市场监督管理总局发布的《股权出资登记管理办法》规定了股权出资的基本程序，在投资人以股权方式进行出资时，应当执行该程序。

(六)债权出资

债权出资是指股东以其对第三人享有的债权投入公司，并由公司取代股东作为债权人对第三人享有债权，债权出资本质上属于债权让与或称债权转让，是将对第三人的债权从股东转让给公司。

债权是投资者拥有的重要财产，具备法定出资的形式要件。我国公司实践中，债权出资的情况已比较多见。在国有企业改制组建的上市公司中，一些国有企业就是以原有的债权作为出资。在商业银行改革和资产重组的过程中所实行的“债转股”，也是债权出资的一种形式。这种“债转股”就是将银行对债务人公司所享有的债权按约定的方法折抵为对该公司一定金额的股权，银行由此从债权人变成该公司的股东，该公司的此项债务由此消灭。债权出资的特殊性与股权出资类似，虽然债权的价值或债权金额是确定无疑的，但债权的实现却具有较大的或然性，债务人的商业信用或支付能力对债权的实现起着决定性的作用，除债务人对债权本身的存在和数额可能存有异议、必须通过司法或仲裁程序加以裁决的情形外，即使已经获得司法或仲裁胜诉裁决的债权，甚至已经处于法院强制执行之下的债权，都可因债务人丧失客观的偿付能力或陷入破产而无法实现，在债务人恶意逃债成习的恶劣商业环境下，债权更具有很大的落空风险。在股东有意将已经无望实现的债权甚至连债务人都不见踪影的不良债权充作出资的时候，相应部分的资本事实上就变成了虚假资本。因此，对债权出资的价值评估应充分考虑其不能实现的风险。但需要注意的是，债权出资完成后，因各种情况变化导致债权最终不能实现的，不应仅因债权不能实现而认定出资为不真实。

出于对公司利益的保护，在设置章程条款时，可以对这部分出资不能实现时，该股东如何担责进行特别约定。

（七）非专利技术出资

“非专利技术”又称专有技术，一般指未经公开也未申请专利，但为发明人所拥有并采取措施予以保密的，具有实用价值的各种技术和经验。如设计图纸、资料、数据、技术规范、工艺流程、材料配方、管理制度和方法等。

《最高人民法院关于正确处理科技纠纷案件的若干问题的意见》第51条第2款规定：“非专利技术成果应具备下列条件：（1）包含技术知识、经验和信息的技术方案或技术诀窍；（2）处于秘密状态，即不能从公共渠道直接获得；（3）有实用价值，即能使所有人获得经济利益或竞争优势；（4）拥有者采取了适当保密措施，并且未曾在没有约定保密义务的前提下将其提供给他人。”

以非专利技术出资，需要注意两个方面：一是作为非货币财产出资，仍然需要依法进行评估；二是基于该等财产处于秘密状态，对公司发展是否具有巨大作用，以及是否权属清晰，如何办理财产转移，需要股东和公司加以注意。

（八）土地承包经营权

土地承包经营权是一种用益物权，来源于农民集体所有和国家所有由农民集体使用的权属。《民法典》第330条规定：“农村集体经济组织实行家庭承包经营为基础、统分结合的双层经营体制。农民集体所有和国家所有由农民集体使用的耕地、林地、草地以及其他用于农业的土地，依法实行土地承包经营制度。”

（九）海域使用权、探矿权、采矿权

《民法典》第三分编用益物权将海域使用权、探矿权、采矿权均定为用益物权。有些学者认为这些权利属于“准物权”的概念。对于这些权利是否可用于出资、如何进行出资须加以分析。

探矿权、采矿权出资效力，可依据《矿产资源法》第6条：“除按下列规定可以转让外，探矿权、采矿权不得转让：（一）探矿权人有权在划定的勘查作业区内进行规定的勘查作业，有权优先取得勘查作业区内矿产资源的采矿权。探矿权人在完成规定的最低勘查投入后，经依法批准，可以将探矿权转让他人。（二）已取得采矿权的矿山企业，因企业合并、分立，与他人合资、合作经营，或者因企业资产出售以及有其他变更企业资产产权

的情形而需要变更采矿权主体的，经依法批准可以将采矿权转让他人采矿。前款规定的具体办法和实施步骤由国务院规定。禁止将探矿权、采矿权倒卖牟利。”

与土地承包经营权不同的是，探矿权、采矿权的投资入股受限制是基于行政行为。探矿权、采矿权的取得是基于行政许可取得，转让需要经行政批准，投资入股是特殊的转让方式，需要经过行政批准。经行政批准能够进行权属变更的，应当承认其出资效力。[①]

（十）禁止出资的范围

2014年2月20日颁布的《公司注册资本登记管理规定》（国家工商行政管理总局令第64号公布）第5条第2款规定，“股东或者发起人不得以劳务、信用、自然人姓名、商誉、特许经营权或者设定担保的财产等作价出资”。

《公司登记管理条例》（根据2014年2月19日《国务院关于废止和修改部分行政法规的决定》进行修订，并自2014年3月1日起施行）第14条规定，“股东的出资方式应当符合《公司法》第二十七条的规定，但是，股东不得以劳务、信用、自然人姓名、商誉、特许经营权或者设定担保的财产等作价出资”。据此，劳务、信用、自然人姓名、商誉、特许经营权或者设定担保的财产不得用于作价出资。

实务问题

1. 以违法犯罪所得的非货币财产出资的法律效力

根据《公司法司法解释三》第7条第1款规定，出资人以不享有处分权的财产出资，出资效力应当参照《物权法》第106条[②]关于善意取得的规定予以认定。以违法犯罪所得货币出资取得股权的，鉴于货币财产作为种类物和可替代物的特性，应当认定出资的效力，追究违法犯罪人的责任时，可对股权进行相应的处置。但是，对于以违法犯罪所得的非货币财产出资的法律效力，该条司法解释没有明确规定。

《物权法》第106条规定了善意取得的三个要件：第一，受让人受让该不动产或者动产时是善意的；第二，以合理的价格转让；第三，转让的不动产或

---

① 胡田野：《公司法律裁判》，法律出版社2012年版，第188页。

② 对应《民法典》第311条。

者动产依照法律规定应当登记的已经登记，不需要登记的已经交付给受让人。从以上善意取得构成要件来看，并不涉及无权处分的财产来源是否合法。《最高人民法院关于审理诈骗案件具体应用法律的若干问题的解释》规定："行为人将诈骗财物已用于归还个人欠款、货款或其他经济活动的，如果对方明知是诈骗财物而收取，属恶意取得，应当一律予以追缴；如确属善意取得，则不再追缴。"最高人民法院、最高人民检察院、公安部和国家工商行政管理局联合发布的《关于依法查处盗窃、抢劫机动车案件的规定》规定："对明知是赃车而购买的，应将车辆无偿追缴；对违反国家规定购买车辆，经查证是赃车的，公安机关可以根据《刑事诉讼法》第一百一十条和第一百一十四条规定进行追缴和扣押。对不明知是赃车而购买的，结案后予以退还买主。"这些司法解释，实际上肯定了违法犯罪所得的善意取得。

鉴此，如果出资人以违法犯罪所得的非货币财产出资设立公司，只要符合《物权法》第 106 条关于善意取得的构成要件，就应当认定出资有效，公司依法取得该非货币财产的所有权。对违法犯罪人追究责任时，可以对股权进行相应的处置，以补偿受害人的损失。

2. 已经设定抵押的财产可否出资

对于所有权上设有抵押的财产可否作为出资，我国《公司法》并未作出明确规定。但 2005 年 12 月和 2014 年 2 月两次修订的《公司登记管理条例》均规定，股东不得以设定担保的财产作价出资。如果允许设定了抵押的财产用于出资，一旦抵押权人要求实现抵押权，则该种出资的效力将会受到影响，违反了资本确定原则，导致公司和债权人利益受损。

典型案例

案例：以非法财产出资股东资格认定与盈余分配权[①]

2001 年 11 月，昌邑市铁矿改制为华星公司。华星公司的公司章程载明，公司由姜某先等 49 名股东共同出资成立，注册资金为 50 万元，其中姜某先出资 14 万元，占注册资本的 28%。后因姜某先挪用公司资金被判决挪用资金罪，赃款由人民检察院发还给华星公司。2003 年 10 月 4 日，华星公司召开第二次股东大会，39 名股东（无姜某先）出席会议，以举手表决方式

① 参见《中华人民共和国最高人民检察院公报（2010）》第 3 期，网址：http://www.chinalaw.gov.cn/article/fgkd/xfg/aljx/201012/20101200330385.shtml。

一致通过了股东大会决议，其中决议第2条内容为“根据公司法和有关规定，以及（2003）昌刑重字第1号判决书的判决，姜某先因挪用企业资金，犯了挪用资金罪，不得担任公司的董事、经理、董事长，并因其14万元属于挪用的企业资金，所以不享有股权，取消其股东资格”。同日，该公司的董事会推选赵某会为新的董事长。华星公司拥有的原姜某先投入资本14万元全部由其他7位投资人认购。2003年11月26日，华星公司制定了新的公司章程，在新的股东名录中无姜某先之名。2003年11月26日，华星公司向昌邑市工商行政管理局申请变更公司董事长、经理、并重新认购部分股权的登记，但该局只对董事长的变更进行了登记，对其他材料进行了备案。为请求华星公司支付分红和股权利息，以及确认股东资格，姜某先向潍坊市中级人民法院提起诉讼，潍坊市中级人民法院和山东省高级人民法院作出判决确认姜某先的股东资格未支持其他诉请。最高人民检察院提出抗诉。2009年11月17日，山东省高级人民法院作出（2009）鲁民再字第4号再审判决认为：华星公司系由政府主导下进行的国有企业改制而来，鉴于姜某先在华星公司的14万元出资系挪用改制前的国有企业资金的犯罪行为且已被判处刑罚，其14万元出资款已全部被没收追缴，昌邑市体改委和经贸局组织有关部门研究决定取消了姜某先的股东资格，由其他人认购该14万元出资份额，华星公司也就此召开股东会并形成决议，取消姜某先股东资格，由赵某会等人认购该部分出资并已完成出资验证。鉴于上述情况以及参照2006年施行的《公司法》第27条关于非法财产不得作为出资的规定精神，应认定姜某先股东资格无效。

【律师剖析】

该案件一审、二审观点认为，华星公司设立时的公司章程中载明姜某先是股东之一，认定其具有股东资格，但姜某先的这种货币投资非法，不能合法地构成公司法人财产权。故认定出资没有到位，以未实缴出资故无法获得分红的理由未支持其分红的主张。检察院抗诉的理由主要是，姜某先在主观上明知自己是挪用国有企业的财产作为个人的出资，并没有实际出资，而虚构以自己个人资产出资的事实，构成欺诈的故意。同时该虚假出资行为损害的是国家利益，当某欺诈行为损害的是国家利益时，该民事行为是无效的。任何人都不得因自己的犯罪行为而获利，如果承认姜某先以针对该公司犯罪行为获取的非法所得而形成的该公司的股东资格合法有效，损害了国家利益，对华星公司而言也是不公平的。山东省高级人民法院的终审判决既采纳了检察院的抗诉意见也兼顾了有限公司人合性原则：1. 就姜某先出资时点的出资行为如何认定？适用 2006 年施行的《公司法》第 27 条关于非法财产不得作为出资的规定精神，认定姜某先股东资格无效。2. 华星公司是改制而来，姜某先的出资是因犯罪行为，且出资款已被没收追缴，昌邑市体改委和经贸局组织有关部门研究决定取消了姜某先的股东资格，并由公司其他股东认缴补足该被追缴没收的出资，公司决议确认取消姜某先的股东资格、其他股东认购和出资、验资均已完成。此种自力救济方式并不违反公司法的相关规定。

第二节　注册资本的缴纳方式[①]及期限

一、注册资本缴纳方式及特征

依据我国公司资本制度，目前公司注册资本分为认缴资本与实缴资本两类。我国 2013 年修订《公司法》后，实行注册资本“认缴”登记管理制度，公司登记机关不再对公司实收资本（即实缴资本）进行登记管理。

公司注册资本认缴制是指公司的注册资本为在公司登记机关登记的全体股东认缴的出资或股本总额，股东按照公司章程规定的认缴数额、时间、方式向公司履行出资义务，股东以其认缴的出资或股本为限对公司承担法律责任的制度。

现行注册资本认缴制度的主要特征：（1）无最低注册资本限额规定，股东可以根据公司经营需要，在公司设立时自主决定注册资本数额；（2）无首次最低实缴资本比例的要求，股东可以自主约定认缴资本的分期缴纳期限和方式。股东或发起人可以一次缴纳，也可以根据公司开设、运营的进展逐步缴纳；（3）无现金出资比例的要求，股东可以全部用实物、知识产权等非货币资产出资；（4）无验资程序，股东全部认缴资本并进行登记，公司即得以设立，简化了设立程序；（5）不再登记实收资本，以募集方式设立股份有限公司的除外。

---

① 参见苏长素：《我国公司注册资本认缴制度研究》，中国社会科学院硕士学位论文。

我们知道，实缴资本制度一直遵循公司资本的三原则，即公司资本的资本确定原则、资本维持原则、资本不变原则，那么这里需要探讨的是，注册资本认缴制度是否改变了资本三原则呢？对此问题有不同的意见。笔者认为，我国的注册资本认缴制度没有改变公司资本的三原则，也就是说公司资本的三原则在注册资本认缴制度下仍然有效。这是因为，我国公司制度是以人合性、资合性为前提的，公司的信用基础在于资本的真实和稳定，这样才能保障交易的安全，维护其他股东、公司及债权人等各方的利益。所以有人提出的注册资本认缴制度改变了公司注册资本三原则的观点与我国现行《公司法》是不符的。

二、注册资本的缴纳期限①

我国公司注册资本的缴付方式主要经历了以下三种模式：1. 公司设立时注册资本必须全额实缴（1993 年《公司法》）；2. 公司设立时必须认缴公司全部注册资本，可分两期以上缴纳，但第一次缴纳的资本不得少于全部应缴纳资本的法定比例，剩余部分在两年内缴清，投资公司可在五年内缴清（2005 年《公司法》）；3. 公司设立时必须认缴公司全部注册资本，无须实际缴付（2013 年修订 2014 年施行的《公司法》）。其中，2014 年施行的《公司法修正案》将注册资本认缴后实缴的期限规定为由股东在章程中自主约定，《公司法》不再作强制性规定。毋庸置疑，将注册资本实缴的期限交由股东自主约定，股东可自主根据公司的实际需要逐渐投入资金，能够降低公司成立之初股东的资金成本，提高资金的使用效率。但由此也引发出一个问题，股东能否任意约定或者通过修订章程变更注册资本的分期缴付期限呢？

（一）股东能否任意约定注册资本的分期缴纳方式

我国《公司法》明确规定股东以其认缴的出资额或股本为限对公司承担责任，也即认缴资本是划定股东法律责任的边界。但是法律对实缴的期限没有作出强制性规定。因此从理论上说，股东是可以在营业期限之内任意约定认缴注册资本实缴的分期方式但不得约定为无期限，因为无认缴期限的约定实质上违背了资本确定原则。

---

① 参见苏长素：《我国公司注册资本认缴制度研究》，中国社会科学院硕士学位论文。

（二）认缴注册资本缴纳期限的变更

股东认缴出资的行为包括认缴出资的数额和缴付的期限。股东在章程或发起协议中认缴出资的行为构成民商法上的承诺，公司一经成立，即构成不可撤销的契约义务。该承诺的对象除了共同设立股东、公司，也包括公司的债权人。股东认缴出资后，在已到缴付期限或未到缴付期限的情形下，可否通过修订章程提前或推迟缴付期限，现行《公司法》对此未作出规定。

通过修订章程提前缴付认缴资本不损害公司和债权人的权益，应属于股东意思自治的范畴。但是通过修订章程延长认缴资本的缴付期限，却不利于对公司和债权人权益的保障。如前所述，股东认缴出资的行为构成对公司和债权人的承诺，即使股东一致同意（延长认缴资本的缴付期限），也会构成对债权人利益的侵害。《公司法司法解释三》第13条规定，债权人对未履行出资义务的股东享有直接请求权。但是如果股东可通过修订章程来延长注册资本缴付期限，那么公司债权人也就不可能获得该直接请求权。是否可通过立法规定股东修订章程延长注册资本缴付期限的行为应当参照公司减少注册资本的程序，向债权人履行通知义务，并赋予债权人请求公司清偿债务或提供相应担保的权利及对未履行出资义务股东的直接请求权。

条款设计示例[①]

第【×】条　股东的姓名（名称）、出资额、出资方式和出资时间如下：

序号	股东姓名（名称）	出资额（人民币）（单位：万元）	股权比例（%）	出资方式
1				
2				
3				
4				
5				
合计	—		100.00	—

① 以有限责任公司为例。

全体股东认缴出资应于【　】年【　】月【　】日前缴清。

第【×】条 股东未按时实缴全部出资，经催告仍未缴纳出资的，股东会决议可解除该股东的股东资格。股东会决议解除股东资格的，公司将依法办理法定减资程序或者由其他股东受让该部分股权。

如股东实缴出资不符合约定的，即缴付金额不足，则经股东会作出决议，可降低其享有的股权比例，并要求未履行或未完全履行出资义务的股东向公司承担赔偿损失的责任。

第【×】条 公司成立后，应当向股东签发出资证明书；公司置备股东名册，记载于股东名册的股东，可以依股东名册主张行使股东权利。

第【×】条 如公司运营中流动资金不足以支持公司正常运营，且股东出资尚未届至缴付期限的，经董事会或执行董事提议召开股东会，要求未出资股东提前缴付出资。各股东应按照股东会决议通知的缴付期限完成出资。未完成出资的，按照第××条规定可降低股权比例。

实务问题

1. 公司原认缴出资未缴足，公司可否增资

公司注册资本的设置，对外相当于承担责任的一种承诺。实践中很多公司会以注册资本作为企业实力的象征。当原有注册资本尚未到期，出于吸引投资人的需要，或者出于发展业务的需要，公司需要增加资本。但有的市场监督管理机关明确要求公司原认缴出资到位后，公司才可以增资。

笔者认为，如公司出于增资扩股的需要，不论原股东出资是否已届至缴付期，新股东均可直接增资；在新股东进入之前和之时，应在公司章程中明确原股东的缴付出资义务，这属于当事人意思自治的范畴。

如公司出于业务需要进行增资，则应在章程中明确规定原出资的处理方式，也将同时对增资部分的期限进行规定。同时需要注意的是，《公司法》第34条“股东按照实缴的出资比例分取红利；公司新增资本时，股东有权优先按照实缴的出资比例认缴出资。但是，全体股东约定不按照出资比例分取红利或者不按照出资比例优先认缴出资的除外”。既然按实缴出资比例认缴出资是有优先权的，那么至少可以理解未实缴出资的股东也当然享有增资、认缴增资的权利，只是优先级不同而已。

2. 股东会决议可否要求加速到期出资

股东在设立公司、签署章程时约定出资期限，是对其自有资金、能力和

履行出资义务时点的一种承诺和约定。该种承诺和约定，是以公司章程的方式固定下来，法律准予，公司认可，各方接受。当股东出资期限尚未到期时，股东拒绝公司加速到期的要求，并不违反法律也不违反公司章程，换句话说既不违法也不违约。

但公司可通过事前在公司章程中规定，如符合一定条件的情况下，要求股东加速到期出资，当股东签署此种章程时，作为附条件的法律行为，当该章程规定的条件成就时，公司可要求加速到期出资。

那么如果全体股东均同意加速到期出资，并签署了股东会决议，该决议也可发生具有要求股东加速到期出资的法律约束力。但，如仅有部分股东形成股东会决议，对拒绝同意该股东会决议的股东，是否具有加速其出资的约束力，对此有不同的观点。

笔者认为，公司运营需要资金，解决资金的方式不但包括股东出资，还包括其他多种方式。如仅以股东拒绝签署加速到期出资的股东会决议可能影响到公司现金流、影响公司运行，其法律依据不够充分。且股东出资是股东法定义务，股东有义务在约定期限内履行，加速到期实质上是变更合同的行为，变更合同应经各方协商一致，否则变更不发生法律效力，仍应按原合同执行。

特别是《九民会议纪要》第 6 条的规定更加明确："在注册资本认缴制下，股东依法享有期限利益。债权人以公司不能清偿到期债务为由，请求未届出资期限的股东在未出资范围内对公司不能清偿的债务承担补充赔偿责任的，人民法院不予支持。但是，下列情形除外：(1)公司作为被执行人的案件，人民法院穷尽执行措施无财产可供执行，已具备破产原因，但不申请破产的；(2)在公司债务产生后，公司股东（大）会决议或以其他方式延长股东出资期限的。"

第三节　瑕疵出资、抽逃出资股东的责任、股东间的出资填补责任

一、瑕疵出资

（一）瑕疵出资的概念及方式

瑕疵出资，通说是指股东的出资存在不符合法律或者公司章程规定的缺

陷。出资瑕疵包括了几种情况：其一，股东完全未出资；其二，股东未完全出资；其三，股东出资不实，指的是股东以非货币财产出资时，其评估价值远高于其实际价值；其四，股东出资后抽逃出资等。

（二）公司债权人追究瑕疵出资股东出资责任的理论依据

由于股东瑕疵出资的时间不同，《公司法司法解释三》第13条和第14条对于不同情况下的追责方式，分别作了规定。公司债权人有权请求股东在瑕疵出资本息范围内对公司债务不能清偿的部分承担补充赔偿责任。那么，关于公司债权人追究瑕疵出资股东出资责任的理论根据是什么，目前学理上存在一定的分歧，主要有债权人代位权说和第三人侵害债权说两种不同的观点。

债权人代位权说认为，股东瑕疵出资，损害公司的利益，公司对其享有补足出资或者返还出资的债权，当公司怠于行使该债权，导致公司债权人的债权受到损害时，公司债权人有权行使代位权，以自己的名义追究瑕疵出资股东的出资责任。如我国台湾著名学者史尚宽教授认为，“公司因设立行为或加入契约，对于发起人或股东所生之出资请求权，一般不得作为代位权之客体，但股金缴纳请求权，其出资额既已确定，而且已届清偿期，或因履行之催告已具体化之特定出资额，则成为普通债权，得代位行使”。[①] 第三人侵害债权说则认为，公司应以其全部财产对公司债务承担责任，股东瑕疵出资，造成公司财产减少，导致公司财产不足以清偿公司债务时，就会侵害公司债权人的债权，应当向公司债权人承担侵权赔偿责任。传统民法理论将权利划分为物权和债权，强调物权的不可侵犯性，但物权与债权之间的区别是否真的不可逾越，这一点受到了许多学者的质疑，正如拉伦茨教授所说：“问题不在于所请求的作为或不作为，也不在于履行所负担的给付，而只在于法律地位上，债权也是要受到每个人的尊重的。”[②]

在我国，越来越多的学者认为应当在一定范围内承认债权不可侵犯性的合理存在。主要理由有：第一，现代民法中，绝对权与相对权的界限已经变得有些模糊；第二，债权作为一种重要的财产权，也有被侵害的可能，而这种被侵害的情况通过合同责任的形式很难给予受害人以救济，因此，有必要对第

---

① 史尚宽：《债法总论》，中国政法大学出版社2000年版，第469页。

② ［德］卡尔·拉伦茨：《德国民法通论》（上册），王晓晔、邵建东、程建英、徐国建、谢怀栻译，法律出版社2003年版，第300页。

三人侵害债权的情况在侵权法上予以规制；第三，任何正当利益都应受到法律的保护，债权作为一种合法的财产利益自不例外。债权不可侵犯的理论，为第三人侵害债权制度的确立提供了最有力的理论支持。

适用第三人侵害债权原理追究瑕疵股东的出资责任，既突破了传统民法关于侵权法与合同法的界限，更有利于保护债权人利益，又将第三人承担的侵权责任限定在过错的范围以内，也符合法律关于促进交易的价值判断。

（三）股东瑕疵出资责任中的补充责任与连带责任

根据《公司法司法解释三》第13条、第14条、第15条规定，股东瑕疵出资，公司债权人有权请求该股东在瑕疵出资本息范围内对公司债务不能清偿的部分承担补充赔偿责任，并有权请求公司发起人、董事、高级管理人员、实际控制人以及垫资第三人与该股东承担连带责任。

关于补充责任，学者们有不同的见解。有的学者认为其是指，“在责任人的财产不足以承担其应负的民事责任时，由有关的人对不足部分依法予以补充的责任。”① 有的学者认为“侵权补充责任是指多数行为人就基于不同发生原因而产生的同一给付内容的数个责任，各个负担全部履行义务，并因行为人之一的履行行为而使全体行为人的责任均归于消灭的侵权责任形态”。② 一般认为，补充责任具有以下特征：（1）存在区分主责任人与补充责任人的多数责任人；（2）因主责任人与债权人之间的合同约定或法律规定的特殊关系引起；（3）权利人仅得在主责任人无法承担全部责任时才能对补充责任人主张权利。

关于连带责任，理论上也有不同的定义。有的学者认为：“所谓连带责任，是指根据法律规定和当事人约定，应当由两个以上的当事人分别承担共同责任，或者由两个以上当事人中的二人或数人对其他人的民事责任承担、分别或顺序承担的法律制度。”③ 有的学者认为：“连带责任，即由违反连带债务或共同侵权行为产生的民事责任。”④ 一般认为，连带责任具有以下特征：（1）连带责任是一种共同责任，责任主体必须为两个或两个以上的能独立承担民事责任的主体；（2）连带责任是一种牵连责任，共同责任人之间在承担责任时是

---

① 魏振瀛：《民法》，北京大学出版社、高等教育出版社2000年版，第48页。

② 杨立新：《侵权责任形态研究》，载《河南省政法管理干部学院学报》2004年第1期。

③ 寇孟良：《论〈民法通则〉中的连带责任》，载《中国法学》1998年第8期。

④ 李由义：《民法学》，北京大学出版社1998年版，第628页。

一种牵连关系；（3）连带责任具有共同目的，一个责任人承担责任后，其他责任人对原债权人的责任消灭。

股东瑕疵出资会损害公司的利益，但是，只要公司财产足以清偿债务，则不会侵害公司债权人的债权。只有当股东瑕疵出资导致公司财产不足以清偿公司债务时，才会侵害公司债权人的债权。因此，公司债权人应当首先向公司主张债权，只有在公司不能足额清偿其债权时，才能请求瑕疵出资股东对公司债务不能清偿的部分承担补充赔偿责任。此时，瑕疵出资股东承担的是补充责任，主责任人是公司，补充责任人是瑕疵出资股东。对于瑕疵出资股东以外的其他主体，当其违反法定义务或者协助股东抽逃出资，导致公司债权人的债权受到损害时，与瑕疵出资股东构成共同侵权，债权人有权要求包括瑕疵出资股东在内的所有共同侵权人对公司债务不能清偿的部分连带承担补充赔偿责任。此时，就责任范围而言，共同侵权人承担的仍然是补充责任，主责任人是公司，补充责任人是所有共同侵权人；就责任方式而言，共同侵权人之间承担的是连带责任，每个共同侵权人连带承担补充赔偿责任。

二、股东抽逃出资

（一）抽逃出资的概念及方式

抽逃出资，是指在公司成立或资本验资之后，将已缴纳的出资抽回，其性质亦属欺诈。在上述行为中，较为复杂的是抽逃出资行为的认定，《公司法司法解释三》第12条规定，公司成立后，公司、股东或者公司债权人以相关股东的行为符合下列情形之一且损害公司权益为由，认定该股东抽逃出资：（1）制作虚假财务会计报表虚增利润进行分配；（2）通过虚构债权债务关系将其出资转出；（3）利用关联交易将出资转出；（4）其他未经法定程序将出资抽回的行为。

上述行为本质上都是没有合法根据而将公司财产转移给股东，虽然具备了民事交易、利润分配等形式上看似合法的理由，但都是为了实现股东抽逃出资的目的。

（二）抽逃出资的法律责任

《公司法》修订后，全国人大对刑法中关于资本犯罪的两个条款也作了相应解释，即《刑法》第 158 条、第 159 条的规定，只适用于依法实行注册资本实缴登记制的公司。同时，《最高人民检察院、公安部关于严格依法办理虚报注册资本和虚假出资抽逃出资刑事案件的通知》规定，自 2014 年 3 月 1 日起，除了依法实行注册资本实缴登记制的公司以外，对申请公司登记的单位和个人不得以虚报注册资本罪追究刑事责任；对公司股东、发起人不得以虚假出资、抽逃出资罪追究刑事责任。根据《国务院关于印发注册资本登记制度改革方案的通知》的规定，目前只有金融机构、准金融机构、募集设立的股份有限公司等 27 类企业仍实行注册资本实缴登记制。

虽然《刑法》中关于“两虚一抽”犯罪的规定不再适用于实行认缴登记制的公司，但现行法律尚未免除股东、发起人的民事及行政责任。根据修改后的《公司法》规定，有限责任公司的股东以其认缴的出资额为限对公司承担责任；股份有限公司的股东以其认购的股份为限对公司承担责任。公司是企业法人，有独立的法人财产，享有法人财产权，公司以其全部财产对公司的债务承担责任。这一规定说明股东对公司的出资是公司的财产来源之一，在股东实际出资到位之前，股东认缴的出资成为公司对股东享有的债权，如果股东在缴纳出资后又非法将其缴纳的全部或部分出资抽回的，仍然属于抽逃出资行为，根据《公司法司法解释三》第 14 条的规定，股东抽逃出资，公司或者其他股东请求其向公司返还出资本息、协助抽逃出资的其他股东、董事、高级管理人员或者实际控制人对此承担连带责任的，人民法院应当支持。另外，根据《公司法》第 200 条的规定：公司的发起人、股东在公司成立后，抽逃出资的，由公司登记机关责令改正，处以所抽逃出资金额百分之五以上百分之十五以下的罚款。由此，现行法律虽免去了认缴出资公司股东、发起人抽逃出资的刑事责任，但其仍需承担相应的民事及行政责任。①

三、股东间的出资填补责任

股东出资填补责任，是指在公司成立时，如果出资的非货币财产作价过高，使公司的实际资本显著低于公司登记的资本时，出资股东或发起人应对

① 苏楠：《论公司法修改后股东抽逃出资的法律责任》，载《法制博览》2015年12月。

不足的部分承担连带填补责任。履行差额填补责任的发起人或股东可以向出资不实的股东行使求偿权。

《公司法》第 30 条规定，有限责任公司成立后，发现作为设立公司出资的非货币财产的实际价额显著低于公司章程所定价额的，应当由交付该出资的股东补足其差额；公司设立时的其他股东承担连带责任。可见，资本充实责任不仅是不履行出资义务的股东的法律责任，而且是全体发起人的责任。

股东以非货币财产出资的，在公司成立时，按照公司章程规定履行了非货币财产的评估和移交手续；公司成立后，因市场行情的变动，而导致其所出资的非货币财产显著低于出资时的价款，此时，是否应当按照《公司法》第 30 条的规定履行呢？一般认为，“非货币财产的实际价额显著低于公司章程所定价额”的情况，并不区分出资人有无过错。公司法出资制度的规定，立法意图就是为了确定资本三原则，以保护债权人的利益，维护交易安全。基于此，只要非货币财产的实际价额显著低于公司章程所定价额，无论出资人有无过错，都必须履行填补责任。当然，如果出资人以符合法定条件的非货币财产出资后，确因市场变化或者其他客观因素导致出资财产贬值，则应根据《公司法司法解释三》第 15 条不应认定为瑕疵出资。

公司法有关股东出资填补责任的规定，与允许股东或发起人非货币出资的规定相辅相成。它是对因某些股东或发起人出资不实致其他股东或发起人不利的救济手段，也是对债权人因公司注册资本不实所致的危害的一种救济手段。

另外，公司法有关股东出资填补责任的规定，不能理解为只有设立公司时的非货币财产出资不实，股东才负有填补责任。在公司增加注册资本时，作为增资出资的非货币财产不实的，也应当由交付该出资的股东补足其差额，其他同期的股东承担连带责任。

根据《最高人民法院关于审理民事案件适用诉讼时效制度若干问题的规定》第 1 条规定，基于投资关系产生的缴付出资请求权不适用诉讼时效制度，因此为履行出资义务的出资人提起诉讼时效抗辩时，法院不予支持。《公司法司法解释三》第 19 条也作了详细规定，公司股东未履行或者未全面履行出资义务或者抽逃出资，公司或者其他股东请求其向公司全面履行出资义务或者返还出资，被告股东以诉讼时效为由进行抗辩的，人民法院不予支持。公司债权人的债权未过诉讼时效期间，其依照本规定第 13 条第 2 款、第 14 条第 2 款的规定请求未履行或者未全面履行出资义务或者抽逃出资的股东承担赔偿责任，被告股东以出资义务或者返还出资义务超过诉讼时效期间为由进行抗辩的，人民法院不予支持。除了时效问题外，这里与《公司法司法解释三》第 18 条有关的还有一个非常重要的问题，即有限责任公司的股东在出资期限届满前即转让了股权，而受让人未履行或者未全面履行出资义务，受让人对于该股东未履行或者未全面履行出资义务知道或者应当知道，公司请求该股东履行出资义务、受让人对此承担连带责任的，应该如何处理？对此问题实务中争议很大。一种观点认为，因为该股东是由于出资期限尚未届满而转让而无须再承担连带责任；另一种观点则认为，虽然该股东是出资期限尚未届满而转让但还是应当承担连带责任。笔者同意后一种观点，也就是说虽然该股东在出资期限届满前即转让了股权，但由于该股东未履行或者未全面履行出资义务，而受让人知道或者应当知道，该股东、受让人应当承担连带责任。这符合公司的资本三原则的本意及《公司法司法解释三》第 18 条的立法本意，也有利于促使股东依法转让股权和维护债权人合法利益，同时已被相关生效判例所佐证。

典型案例

案例：股东抽逃出资应在抽逃出资范围内对公司债务承担责任①

甲公司欠黄某 87 万余元的债务，王某系甲公司股东，2013 年黄某以王某抽逃对甲公司出资 200 万元为由，要求王某在抽逃出资的范围内对甲公司的债务承担责任。王某认为，其已经履行了出资义务，200 万元是王某出资后，甲公司又向黄某借款，不是王某抽逃的出资，王某不应承担责任。

法院经审理认为，王某作为甲公司股东，认缴出资 408 万元，王某的出资经办理验资后，于 2010 年 6 月 22 日转入甲公司基本账户，并于当日将注册资金中的 200 万元转入王某个人账户。王某将出资款项转入公司账户验资后又转出的行为，构成对出资的抽逃，是一种抽逃出资的行为，即使存在借款关系，王某将已转入甲公司账户验资后的款项，又转出进入王某账户，该资金由王某进行控制，王某的行为，已构成抽逃出资行为，王某应承担相应的赔偿责任。根据《公司法》及相关司法解释之规定，王某应在所抽逃资本 200 万元的范围内对甲公司债务承担赔偿责任。

---

① 案例来源：威科数据库，2015 年山东省青岛市中级人民法院发布青岛中院商事审判十大典型案例之案例一。

【律师剖析】

公司资产是公司债权人实现债权的重要保障，股东抽逃出资的行为必然会削弱公司清偿债务的能力，并增加债权人的风险，从而对公司债权人造成侵害。公司成立后，股东抽逃出资的，在公司不能清偿债务时，股东应在所抽逃资本范围内承担清偿责任。股东一旦将出资投入公司，该出资即成为公司的财产，非法定事由股东不能抽回，否则构成抽逃出资，要承担相应的法律责任。值得注意的是，新公司法修改后，尽管股东出资成立公司不再需要验资，也没有最低出资数额要求，但是股东的出资责任并未免除；股东仍然需要在公司章程中明确公司的出资数额、缴纳认缴出资的时间等。有人认为，公司法修改后因为不再限制股东的出资时间，因此无论认缴的注册资本数额有多高，反正不用缴纳，就随便认缴，可能会产生严重后果，导致在公司不能按期偿付对外债务时，股东对公司债务承担责任。因此如果股东未按照公司章程约定的时间足额缴纳认缴的出资，仍构成虚假出资，在此情况下仍应承担虚假出资的法律责任。同理，如果股东在缴纳出资后又非法将其缴纳的出资全部或部分抽回的，构成抽逃出资，要承担抽逃出资的法律责任。

实务问题

以土地使用权的部分年限出资，期满收回土地是否构成抽逃出资

这个问题之前存有不同的意见。抽逃出资是指在公司验资注册后，股东将所缴出资暗中撤回，却仍保留股东身份和原有出资数额的一种欺诈性违法行为。期满土地收回的案例中往往都是政府招商部门或授权机构作为出资人以土地使用权作为出资，那么政府收回土地，往往是政府出于某种目的，有意为之，也与该招商部门或授权机构不作为直接相关；由此，有人认为，土地收回直接导致公司偿债能力下降，符合抽逃出资的要件。同时，既然土地使用权用于出资，当然要确保该出资资产由标的公司行使全部的权利，用于出资的股东（投资人）应采取措施，确保在公司存续期间该财产对公司持续发生效用，形成公司财产，产生价值。因此，有法院认定期满收回土地构成抽逃出资。也有观点认为，在现有法律规制下，土地使用权因其用途不同，本来就是有确定年限的，对于期满后土地可能会由政府相关部门收回，或从合同履行角度来考虑期满财产权属发生变动，作为公司和股东，应有预判；出资人在进行出资的时候所计算的价值仅可能包括期满前的价值，而土地使用权期满后的年限本不应计算其资产价值，对该部分期满后的价值也就不存在认缴，更不存在抽逃；期满收回土地的行为是政府相关部门依法依照合同进行，不应被认定为违法或违约，当然也不应构成抽逃出资。土地使用权的价值在交付给公司使用的那部分期限内，已经转化和凝结为公司的财产。期满后，出资人收回土地使用权，是取回自己财产的行为，与出资人出资后再将原出资的资本抽回的行为，有着本质区别。

最高人民法院民二庭2009年7月29日以（2009）民二他字第5号函，《“股东以土地使用权的部分年限对应价值作价出资，期满后收回土地是否构成抽逃出资”的答复》对上述争议给予了明确，不认定为抽逃出资，且“发起人取回剩余年限的土地使用权后，公司的资本没有发生变动，无须履行公示程序”。

第四节 瑕疵出资、抽逃出资股东权利限制

一、股东权利内容

所谓股东权利，指公司给予股东的各种权益或者所有的权利，具体是指股东基于股东资格而享有的从公司获取经济利益并参与公司管理的权利。我国《公司法》第4条规定：“公司股东依法享有资产收益、参与重大决策和选择管理者等权利。”第37条罗列了有限责任公司股东会行使的11项权利。归纳起来主要包括：表决权、选举和被选举权、依法转让出资或股份的权利、知情权、利润分配请求权、向人民法院提起诉讼的权利等。

二、瑕疵出资股东权利限制的形式和范围

根据《公司法司法解释三》第16条的规定，公司有权根据公司章程或者股东会决议对瑕疵出资股东的利润分配请求权、新股优先认购权、剩余财产分配请求权等股东权利作出相应的合理限制。

关于瑕疵出资股东权利限制的范围，一般认为应当从股东权利行使目的或权利内容方面来考虑。以股东权利行使目的或权利内容为标准，股东

权利可以分为自益权和共益权。自益权主要包括股东获取财产利益的权利，而共益权则是股东对公司的重大事务参与管理的权利。自益权主要包括利润分配请求权、新股认购权、剩余财产分配请求权等，这些权利与股东出资有关，理论上可以限制。共益权主要是表决权、股东会出席权、股东会议召集和主持权、提案权、质询权等，这些权利与股东身份有关，原则上不应当限制。

但表决权这种共益权具有特殊性，它既是共益权，同时又具有自益权的某些特性。表决权作为股东的一项重要共益权利，是股东身份的重要体现，原则上不应当对其限制。但是表决权又是公司经营管理控制权的重要体现，如果让没有履行出资义务的股东通过行使表决权控制公司，将不符合利益与风险一致的原则。因此通说认为，应对瑕疵出资股东的表决权进行限制。

典型案例

案例：瑕疵出资的股东可否提起解散之诉①

原告磊鑫公司诉称：被告袁记公司成立于1995年8月18日，注册资金为人民币50万元，其中被告袁某春出资30万元，袁某光和王某利各出资10万元，但实际均未出资。2004年8月9日，袁某春追加出资270万元，袁某光和王某利各追加出资90万元，但上述追加出资的450万元系由雪杰公司垫资，验资完成后即予退还。2005年4月11日，原告同意向袁记公司增资558万元，此款亦由雪杰公司垫资。2005年4月14日，原、被告办理了工商登记手续，原告成为袁记公司股东。因上述出资行为均系虚假出资，袁记公司自始不具有法人资格，且袁记公司严重资不抵债，股东会无法正常召开，无法达成一致决议。公司经营管理发生严重困难，如继续存续会使股东利益受到重大损失，故请求判令被告袁记公司自始不具有法人主体资格、设立无效；判令袁记公司予以解散。

法院判决："关于被上诉人是否为适格的原告问题。被上诉人作为袁记公司的股东，持有袁记公司52.74%的股权，符合法律规定的'单独或者合计持

① 案件来源：威科数据库案号：（2009）沪二中民三（商）终字第330号，网址：http://law.wkinfo.com.cn/case-analysis/detail/MkExMDAwMDIzOTQ%3D?searchId=12bac7ecbf4a4f5d948b451e0e4b4797&index=11&q=%E8%A1%A8%E5%86%B3%E6%9D%83%20%E9%99%90%E5%88%B6。

有公司股东全部表决权的十分之一以上股东’要求，其有权作为本案的原告提起公司解散之诉。至于被上诉人是否投资到位，并不影响其行使请求解散公司的权利，法律也没有禁止未出资的股东提起该诉讼，故被上诉人有权提起本案诉讼……”

【律师剖析】

未出资到位的股东是否符合《公司法》第182条中规定的提起公司解散之诉的股东资格要求。该条款规定提起公司解散之诉的股东必须持有公司全部股东表决权百分之十以上，本案原告持有公司52.74%股权，但由于其实际未出资，其作为瑕疵出资的股东对其表决权是否有限制是本案双方当事人争议焦点之一。股东权利按行使目的不同可分为自益权和共益权。自益权主要体现股东自身的经济利益，多具财产权的内容。《公司法》第34条规定，除全体股东约定不按照出资比例分取红利以外，股东按照实缴的出资比例分取红利。这说明应限制瑕疵出资股东行使自益权，并以实际出资额为计算标准。这样，投资收益和投资风险之间存在关联关系，符合公平、正义的原则。共益权主要体现为股东对公司经营的参与和监督，多具有管理权的内容。瑕疵股东是否可行使共益权是争议颇多的问题，有的观点认为共益权具有管理权性质而无财产权性质，没有必要限制。有的观点认为只有补足出资后才能行使共益权。我们认为还是需要区别对待。以查阅权、质询权为代表的共益权，属于知情权的范围，允许股东行使不会对公司、其他股东甚至债权人产生实质性的威胁和损害，而且有利于公司的正常经营和运作，对这些共益权无限制行使的必要。对于表决权、代表诉讼提起权是作为自益权的手段而行使，兼具自益权和共益权的特点。《公司法》第42条规定：“股东会会议由股东按照出资比例行使表决权，但是，公司章程另有规定的除外。”但是没有在“出资”之前使用“实缴的”作定语限制，表明立法对于表决权行使的要求较自益权宽松。以“不禁止即为允许”的原则分析，应当无限制其行使的意图。对于公司解散案件而言，公司僵局是由于股东之间发生分歧或纠纷，矛盾冲突激烈，且彼此不愿妥协而处于僵持状况。在公司不能作出任何决议的情况下，股东的各项法定权利都失去了行使的条件，公司的存在本身就是对股东权益的持续冻结和变相剥夺，将会使股东利益受到重大损失。因此，公司僵局的持续，对于瑕疵出资的股东亦会产生其利益不断受损的情况。如认定其瑕疵出资而限制其表决权，则其无法通过其他有效的机制退出。因此，本案认定原告提起公司解散之诉符合法律规定的主体资格。关于被告的主体问题，《最高人民法院关于适用〈中华人民共和国公司法〉若干问题的规定(二)》(以下简称《公司法司法解释二》)已作出明确规定。由于本案的受理是在司法解释出台之前，故将公司、股东均列明为被告。二审根据司法解释的规定，驳回了对于公司其余股东的诉讼。

第四章　股东的权利与义务

股东权利义务既是《公司法》的核心内容，也是公司章程的核心内容，但是实践中股东囿于自身法律知识，并不能将共同意志准确地用法律术语表达出来，通常是采用行政管理机关推荐的格式版本，相对条款比较单薄、格式化，缺乏股东真实意志和实际操作性。故本章提倡依据《公司法》及其他法律法规，依照法律逻辑将股东的法定权利义务及设定权利义务均表达在公司章程中。

第一节　股东权利、股东义务概述

一、股东权利、股东义务的定义及分类

（一）股东权利

股东权利，是指在按《公司法》注册的企业中，企业财产的一个或多个权益所有者拥有哪些权利和按什么方式、程序来行使权利。相对于所有权、产权、出资人权利，股东权利是最清楚、明确的权利，简称股权，泛指公司给予股东的各种权益或者所有的权利，具体是指股东基于股东资格而享有的从公司获取经济利益并参与公司管理的权利，集财产与经营两种权利于一体的一种综合性新型独立的权利形态。

1. 按照股东权利的内容，可以分为自益权和共益权。这是最基本的分类。自益权是指股东以自己的利益为目的而行使的权利，如请求分配公司盈余的权利，请求分配剩余财产的权利。这类权利无须其他股东的配合即可以行使。共益权是指凡股东以自己的利益兼以公司的利益为目的而行使的权利。共益权主要是公司管理决策权，体现股东个人意志，具有社员性，可归类为人身权。

主要包括表决权、代表诉讼提起权、临时股东大会召集请求权、提案权、质询权、任免董事等公司管理人员请求权、要求法院宣告股东会决议无效请求权，以及对公司董事、监事提起诉讼的权利等。

自益权与共益权的界限是相对的。自益权旨在维护股东的个体利益，共益权则以维护公司利益和股东整体利益为目的，自益权主要与财产利益相关，共益权则主要与公司治理利益相关。自益权均为单独股东权，而共益权则不受此限。从本质上说，两类权益的最终目的均在于确认和保护股东利益，具有同一性。

2. 按照股东权利的来源，可以分为法定权利和约定权利。法定权利是指《公司法》等明确规定了的权利，如知情权、收益权、选举权、选择管理者权等；而约定权利往往是股东各方一致同意创设权利或者对权利的限制，如约定不按照出资比例享有表决权，如将优先购买权排序。但后者必须是约定在章程中，上升并凝固为全体股东的一致理念，不宜通过股东会决议来排斥小股东的意愿。

3. 按照股东权利的性质，可以分为固有权和非固有权。固有权是指除非得到股东明示的同意，不得以章程或者股东会决议予以剥夺或者限制的权利，它又叫不可剥夺权；非固有权是指可以依照章程或者股东会决议予以限制或者剥夺的权利，又称为可剥夺权。固有权往往是和股东的基本权益相关的权利，如对股份和出资的所有权，股东的知情权、优先受让权、普通股的表决权、损害赔偿的请求权等，因而，这类权利常常由公司法加以明确规定，以强行法形式赋予股东，不宜在章程中予以剥夺或限制。

4. 按照公司的法律性质不同，可以分为封闭公司的股东权与公开公司的股东权。有限责任公司（含一人有限公司）是相对比较封闭的，股东之间秉持人合性，所以对于股份的对外转让等，需要征得其他股东的同意，且其他股东在同等条件下享有优先购买权；而在股份公司、上市公司中，基于其公众性、资合性原则，股份转让（除特定人群）并不受限制，遵循的是价格优先。

5. 按照股东权利的行使方式，可以分为单独股东权和少数股东权。单独股东权是指股东自己就可以行使的权利，自益权和共益权的表决权都是单独股东权。少数股东权是指须持有公司一定比例的股份才可以行使的权利，《公司法》第 40 条规定只有持有公司股份十分之一以上有表决权的股东才享有临时股东会召集请求权。行使少数股东权的，既可以是股东一人亦可以是数人共同去做。法律设置少数股东权的目的在于防止股份多数决的滥用。

除此之外，股东权利还可以分为比例性权利和非比例性权利等。

本章以有限责任公司股东的权利义务为主线，兼顾股份公司、上市公司的股东权利义务。

（二）股东义务

股东义务是有限公司、股份有限公司的股东应承担的和股东权利相联系的义务。

真正法律规定的义务并不多，《公司法》更多的是设定权利，而较少设定义务。主要的法定义务有：

1. 股东的出资义务。股东应当按期足额缴纳公司章程中规定的各自所认缴的出资额。股东以货币出资的，应当将货币出资足额存入有限责任公司在银行开设的账户；以非货币财产出资的，应当依法办理其财产权的转移手续。股东不按照前款规定缴纳出资的，除应当向公司足额缴纳外，还应当向已按期足额缴纳出资的股东承担违约责任。

2. 股东的清算义务。是指在公司解散时，股东为终结公司作为当事人的各种法律关系，使公司的法人资格归于消灭，必须对公司未了结的业务、财产及债权债务关系等进行清理、处分的行为和程序。

3. 股东的不滥用权利义务。公司股东应当遵守法律、行政法规和公司章程，依法行使股东权利，不得滥用股东权利损害公司或者其他股东的利益；不得滥用公司法人独立地位和股东有限责任损害公司债权人的利益。公司的控股股东、实际控制人、董事、监事、高级管理人员不得利用其关联关系损害公司利益。

关于股东义务的详细内容参见本章第三节。

二、股东权利义务的特点

（一）共同的身份前提

不论行使权利还是履行义务，都必须是以具有股东身份（包括隐名股东）为前提。但是否出资、出资多少、是否参与公司的管理则与股东享有权利、承担义务，不完全画等号，也就是说同股同权、同义务是一般原则，但也允许同股不同权、不同义务、不同责任。

（二）权利义务的相伴相生

笔者一直认为，股东的权利义务是相互的，相伴相生，总量平衡。同时《公司法》中的很多规定既是股东的权利也是股东的义务，如出资、选举、表决、清算等，这是运用《公司法》和公司法律思维需要特别注意的地方。

（三）法律地位的重要性

股东的权利义务，可谓是《公司法》的核心内容，现有的五部司法解释及《九民会议纪要》等文件对股东权利义务又有更进一步的、更详细的、更具操作性的规定。

（四）可设定性

除了法律规定，同时股东权利义务也可以通过公司章程予以设定，《公司法》在 31 个条款中授权股东自行约定。但需要注意的是，对权利义务的创设及限制，应当以不违反法律、行政法规，不违背公序良俗，不侵害第三方合法权益为前提。

本章的条款示例主要针对有限责任公司，为有限责任公司股东提供示范性建议。

第二节 股东享有权利、履行义务的依据

一、法律依据

（一）《公司法》及其他相关法律

《公司法》第 4 条明确规定："公司股东依法享有资产收益、参与重大决策和选择管理者等权利。"该条规定是对股东享有权利、行使职权、履行义务的高度概括性规定，既是股东的权利，也是股东的义务，其具体操作通过本法其他条款或者公司章程予以体现。其他还有《证券法》等部门法规。

（二）司法解释的相关规定

我国《公司法》在 2005 年经过较大修改、2006 年正式实施后，先后就《公司法》适用通过了五部司法解释，《最高人民法院关于适用〈中华人民共和国公司法〉若干问题的规定（一）》（以下简称《公司法司法解释一》）主要是受理、诉讼时效等一般规定，《公司法司法解释二》主要涉及公司解散和清算案件法律适用问题，《公司法司法解释三》主要涉及公司设立、出资、股权确认等股东权益纠纷的审理，《最高人民法院关于适用〈中华人民共和国公司法〉若干问题的规定（四）》（以下简称《公司法司法解释四》）主要涉及公司决议效力、股东知情权、盈余分配请求权、股东派生诉讼及股权转让等规定权利范围及行使的规制，2019 年 4 月开始施行的《公司法司法解释五》是本书第一版出版后公布的，虽然仅有 6 个条款但非常重要，主要围绕关联交易损害公司利益与关联合同效力、董事职务的无因解除、利润分配时间、股东重大分歧解决等几个方面。

《公司法司法解释三》和《公司法司法解释四》主要涉及股东的权利义务，因其更详细，更具有可操作性，笔者认为更适宜在章程中援引甚至直接使用，具体在本章其他节次中阐述。而《公司法司法解释五》是公司章程需要重点规定的内容，如公司涉及关联交易时如何防范损害公司利益及避免关联交易合同无效或者被撤销，如何规范董事职务的任职条件和履行职务及解除后的处理，如何明确利润分配的时间以防止纠纷频发，如何在股东重大分歧时通过章程约定的路径或者通过调解的方式有效化解纠纷从而有效解决分歧、恢复公司正常经营并避免公司解散。所以说，当下在设计公司章程细节时应重点关注《公司法司法解释五》。

（三）其他部门规章

为保障上市公司中小股东权利的行使，2017 年 4 月中国证监会批准了中证中小投资者服务中心报送的《扩大持股行权试点方案》，该中心按照有关规定和交易规则，持有所有在上海证券交易所和深圳证券交易所上市的公司每家 1 手（100 股）A 股股票，以普通股东的身份，通过发函、参加股东大会、现场查阅、现场问询、公开发声、提起诉讼等方式，行使股东查阅权、建议权、质询权、表决权、诉讼权等无持股比例和期限限制的股东权利，探索通过公开征集的方式，行使提案权、股东派生诉讼权等有持股比例限制的权利。以普通股东身份参与公司治理，达到全面落实法律赋予股东的各项权利，示范引导更多中小股东行使权利、维护权利之目的。

二、章程依据

（一）《公司法》的授权性依据

作为一部组织法和程序法，《公司法》允许商事主体意思自治，在诸多条款中均允许股东自行约定，这也构成了股东权利义务的依据和来源。从立法本意上，也是希望公司的各方主体，包括公司、公司股东、公司的董事、监事及高级管理人员都能在法律及章程的规制范围内行事。所以《公司法》明确章程对公司、公司股东、公司的董事、监事及高级管理人员具有拘束力。总结归纳《公司法》法条，下列条款允许公司章程自由约定：

1. 经营范围：《公司法》第 12 条授权公司的经营范围由公司章程规定。

2. 法定代表人：《公司法》第 13 条授权公司法定代表人依照公司章程的规定，可以由董事长、执行董事或者经理担任。

3. 对外投资：《公司法》第 16 条授权公司向其他企业投资或者为他人提供担保，按照公司章程的规定由董事会或者股东会、股东大会决议，并且公司章程可以对投资或担保的总额和数额作出限制。

4. 股东会权限：《公司法》第 37 条第 11 项授权公司章程可以规定有限责任公司股东会享有公司法规定以外的职权。

5. 定期会议的召开：《公司法》第 39 条授权定期会议依照公司章程的规定按时召开。

6. 会议召开时间：《公司法》第 41 条授权公司章程可以另行约定股东会会议的通知时间。

7. 表决权行使：《公司法》第 42 条授权公司章程可以规定有限责任公司股东的表决权的行使方式不按照出资比例。

8. 议事方式与表决程序：《公司法》第 43 条授权公司章程可以在法律规定的范围之外，规定股东会的议事方式和表决程序。

9. 董事长、副董事长的产生：《公司法》第 44 条授权公司章程可以规定有限责任公司董事长、副董事长的产生办法。

10. 董事长任期及改选：《公司法》第 45 条授权公司章程可以规定董事长

任期少于三年，可以规定董事缺任（任期届满未及时改选或辞职）时的行事规则。

11. 董事会法定以外的职权:《公司法》第 46 条第 11 项授权公司章程可以约定董事会具有第 46 条以外的其他职权。

12. 董事会议事规则:《公司法》只对董事会的召开作了原则性规定，第 48 条授权，公司章程可以在《公司法》规定之外，详细规定董事会的议事方式和表决程序。

13. 经理的其他职权:《公司法》允许章程在第 49 条之外，规定经理的其他职权。

14. 执行董事的职权:《公司法》第 50 条授权章程自行约定执行董事的职权。

15. 监事的比例:《公司法》第 51 条授权职工监事的比例由章程规定。

16. 监事的缺任:《公司法》第 52 条授权章程可以规定董事缺任（任期届满未及时改选或辞职）时的行事规则。

17. 监事的职权:《公司法》第 53 条第 7 项授权监事可以有法律规定之外的职权。

18. 监事会的职权、议事方式和表决程序:《公司法》第 55 条授权公司章程可以在法定范围之外，规定监事会议事方式和表决程序。

19. 国有独资企业章程:《公司法》第 65 条授权国有独资企业的章程由国有资产监督管理机构制定，或由董事会制订报国有资产监督管理机构批准。

20. 国有独资企业监事会成员比例:《公司法》第 70 条规定可以由公司章程制定。

21. 股权转让:《公司法》第 71 条第 4 款授权公司章程可以另行规定有限责任公司的股权转让问题。

22. 经营期限:《公司法》第 74 条授权公司章程可以规定公司的营业期限。

23. 股权继承:《公司法》第 75 条规定公司章程可以另行规定股东资格的继承问题。

24. 股份有限公司监事会的议事方式和表决程序:《公司法》第 119 条允许在法律规定之外由章程约定。

25. 股份转让限制:《公司法》第 141 条第 2 款授权，公司章程可以对公司的董事、监事、高级管理人员所持有的本公司的股份作出法定以外的限制性规定。

26. 忠实勤勉义务：《公司法》第 147 条授权公司章程可以对公司董事、监事、高级管理人员的忠实义务和勤勉义务作出具体规定。

27. 财务报告提交：《公司法》第 165 条授权公司章程可以规定财务报告的提交期限。

28. 利润分配比例：《公司法》第 166 条授权股份有限公司章程可以另行约定股东的利润分配比例。

29. 会计师事务所的选任：《公司法》第 169 条规定章程可以约定由股东会、股东大会或者董事会来决定。

30. 公司解散事由：《公司法》第 180 条允许自行约定解散事由。

31. 高级管理人员的范围：《公司法》第 216 条公司章程可以规定高级管理人员的范围，不限于经理、副经理、财务负责人和上市公司的董事会秘书。

上述《公司法》的授权性规定，给了公司起草章程充分表达股东意愿的空间，不但避免实践中章程条款的严重缺失和千篇一律，更重要的是提供公司治理具体的操作规制及出现矛盾、僵局甚至纠纷时的解决路径。

（二）发起人（股东）的创设性权利义务

除了法定和上述授权性范围内所创设的权利义务，是否还允许发起人（股东）另行约定其他权利义务？对于这一问题，遵循“法不禁止即可为”的民商法原则，自由创设应当是有效的，但是从形式上必须形成全体发起人（股东）的共同合意，并记载在公司章程或者股东会决议中。

三、其他依据

经济合作与发展组织（简称 OECD）1999 年为改善当时其 30 个成员国的公司治理结构，成立了一个公司治理特别工作组，建立了一套能够体现其成员国关于这个问题的非约束性原则，《OECD 公司治理准则》（OECD Principles of Corporate Governance），2004 年进行重新审定，其中前两条就直接与股东权利有关，包括公司治理框架应当包括维护股东的权利和应当确保小股东和外国股东在内的所有股东得到平等的待遇。2015 年，中国加入经济合作与发展组织，承诺亦将遵循《OECD 公司治理准则》。在此不予展开阐述。

此外《公司法》还规定了股东的一些被动性或限制性权利，如《公司法》

第 20 条第 1 款规定："……不得滥用股东权利损害公司或者其他股东的利益；不得滥用公司法人独立地位和股东有限责任损害公司债权人的利益。"这也体现了股东权责相一致原则。

第三节　股东的权利

一、确认股东会、董事会决议效力、不成立及撤销的权利

公司股东会、董事会会议涉及股东的诸多基本权利，也是股东行使权利、管理公司的载体，股东会、董事会会议决议则直接涉及公司及股东的基本利益。所以各国公司法对股东会、董事会的召开都有规定，特别是股东会会议明确要求必须规定在公司章程中，董事会的议事规则也需要股东共同拟订。如果会议决议内容违法或者召集、召开、表决等程序违反法律、行政法规或者违反公司章程，股东有权对股东会决议、董事会决议效力提出质疑。

（一）法律依据

《公司法》第 37 条规定了股东通过股东会可以行使经营决策权、选择管理者权及审议批准各种重要方案、形成重要决议的权利。如果股东对股东会、董事会决议提出质疑，可以依照《公司法》第 22 条及《公司法司法解释四》第 1 至 5 条规定主张决议无效、不成立，或者主张撤销。

1. 决议无效：公司股东会、董事会的决议内容违反法律、行政法规的无效。

2. 股东会、董事会的会议召集程序、表决方式违反法律、行政法规或者公司章程，或者决议内容违反公司章程的，股东可以自决议作出之日起六十日内，请求人民法院撤销。

被质疑的决议被人民法院宣告无效或者撤销后，公司即使已办理变更登记的，亦应当向公司登记机关申请撤销变更登记。

2017 年 8 月 28 日，最高人民法院出台了《公司法司法解释四》，特别是对公司决议效力部分对《公司法》作出了有益的补充和创新，完善了决议瑕疵诉讼制度，既包括股东的权利范围诠释，也包括一些程序性规定：

1. 第 5 条在决议无效与决议可撤销之外，确定了决议不成立之诉，形成了“三分法”格局。从体系解释出发，不成立的决议当然不具有法律约束力，属于公司法的默示性规定。

2. 第 1 条明确了决议效力案件的原告范围，公司股东、董事、监事等均有权请求确认股东会或者股东大会、董事会决议无效或者不成立。

3. 明确了确认决议无效、可撤销的法律效力。关于公司决议的外部效力问题,《民法典》通过第 61 条、第 85 条等规定予以明确，基本确立了内外有别、保护善意相对人合法利益的原则。《公司法司法解释四》第 6 条明确：股东会或者股东大会、董事会决议被人民法院判决确认无效或者撤销的，公司依据该决议与善意相对人形成的民事法律关系不受影响。

（二）司法实务

1. 决议无效的司法认定

法律行为作出，不能轻易否定其效力，公司决议作出通常都是审慎而重大的，故决议无效的前提只能是违反法律、行政法规,《公司法》及司法解释均未作出扩大解释。

典型案例

案例：违法作出的增资协议无效

最高人民法院审理的夏某中与黔西公司、何某阳、潘某华公司决议效力确认纠纷再审案件［（2016）最高法民申 334 号］认为，股东会作出的关于增加注册资本以及修改公司章程的股东会决议内容，没有经过当时仍持有公司 93.33% 股权的夏某中的同意，也没有证据证明夏某中就公司的该次增资已知悉并明确放弃了优先认缴权，故上述决议内容违反了《公司法》关于股东有权优先按照实缴的出资比例认缴出资的规定，侵犯了夏某中认缴增资的合法权益，应认定无效。

【律师剖析】

股东在增资时的优先认购权是法定权利，在没有经过股东夏某中明确放弃（而不是默示放弃）的情况下，作出增资的决议，显然违反了《公司法》的规定，侵犯了夏某中的合法权益，理应认定其无效。

2. 关于决议的撤销

就已经作出的股东会、董事会决议，根据《公司法》第 22 条第 2 款的规定，可以请求撤销公司决议的法定情形包括两种，其一是会议召集程序、表决方式违反法律、行政法规或者公司章程；其二是决议内容违反公司章程。《公司法司法解释四》对此没有作扩大解释，仅在第 2 条规定原告应当在起诉时具有公司股东资格；为尊重和审慎对待决议的作出，提出“轻微瑕疵效力维持”的观点：会议召集程序或者表决方式仅有轻微瑕疵，且对决议未产生实质影响的，主张决议撤销的人民法院不予支持。

典型案例

案例：主张决议撤销应在法定时间内提出

山东省高级人民法院审理的中科投资公司与中科生物公司决议效力确认纠纷［（2016）鲁民终 1216 号］认为，“王某强所主张的未收到关于召开此次股东会的通知等事由系股东会召开的程序是否违反公司章程和法律的规定，均属于法律规定的可以撤销股东会决议的事由，而非导致股东会决议无效的法定事由。股东会决议作出的时间为 2014 年 8 月 16 日，王某强应当于该股东会决议作出之日起 60 日内向法院提出撤销该决议的诉讼，而王某强未对此行使撤销权，且该撤销权已消灭”。据此山东省高级人民法院认定股东会决议有效。

【律师剖析】

无论是依据哪种法定情形提起的公司决议撤销之诉，都应当在决议作出的 60 日内提出。超出 60 日提出撤销公司决议诉讼请求的，法院将不予支持。

3. 关于决议不成立

公司决议应避免以下任一情况出现：（一）公司未召开会议的，但依据《公司法》第 37 条第 2 款或者公司章程规定可以不召开股东会或者股东大会而直接作出决定，并由全体股东在决定文件上签名、盖章的；（二）会议未对决议事项进行表决的；（三）出席会议的人数或者股东所持表决权不符合公司法或者公司章程规定的；（四）会议的表决结果未达到公司法或者公司章程规定的通过比例的；（五）导致决议不成立的其他情形。

条款设计示例

第【×】条 公司股东、董事、监事认为股东会、董事会决议违反法律、行政法规的，可以书面向董事会提出异议，并说明法律依据。董事会收到后应讨论相关决议是否违法，是否需要重新作出决议，并回复异议者。董事会收到异议后30日未予答复，或未重新作出决议，股东、董事或监事可以依法主张该决议无效。

股东认为股东会、董事会会议召集程序、表决方式违反法律、行政法规或者公司章程，或者决议内容违反公司章程的，可以自决议作出之日起60日内，请求人民法院撤销。

如果股东会、董事会决议出现下列情况之一的，可以诉请人民法院确认决议不成立：

（一）公司未召开会议的，但依据公司法第37条第2款或者公司章程规定可以不召开股东会或者股东大会而直接作出决定，并由全体股东在决定文件上签名、盖章的除外；

（二）会议未对决议事项进行表决的；

（三）出席会议的人数或者股东所持表决权不符合公司法或者公司章程规定的；

（四）会议的表决结果未达到公司法或者公司章程规定的通过比例的；

（五）导致决议不成立的其他情形。

【设计指引】

1. 决议无效对公司有重大负面作用，故行使该权利必须谨慎，建议章程增设内部审核程序，避免相关权利人轻率滥诉。

2. 确认决议不成立的情形《公司法司法解释四》第5条只列明了4项，建议公司章程可以直接列入该4种情形及兜底条款，或者就兜底条款根据公司实际需要进一步明确，以便增加可操作性。

二、股东知情权

（一）股东知情权定义

是指股东享有了解和掌握公司经营管理等重要信息的权利，是股东依法行使资产收益、参与重大决策和选择管理者等权利的重要基础。知情权是股东的一项基本权利，只要具备股东身份，不论是否实际出资、是否存在代持关系，均可以主张行使。

（二）法律依据与《公司法司法解释四》的创新性规定

有限责任公司股东知情权的法律依据是《公司法》第33条：股东有权查阅、复制公司章程、股东会会议记录、董事会会议决议、监事会会议决议和财务会计报告。

股东可以要求查阅公司会计账簿。股东要求查阅公司会计账簿的，应当向公司提出书面请求，说明目的。公司有合理根据认为股东查阅会计账簿有不正当目的，可能损害公司合法利益的，可以拒绝提供查阅，并应当自股东提出书面请求之日起15日内书面答复股东并说明理由。公司拒绝提供查阅的，股东可以请求人民法院要求公司提供查阅。

股份有限公司股东知情权的法律依据是《公司法》第97条：股东有权查阅公司章程、股东名册、公司债券存根、股东大会会议记录、董事会会议决议、监事会会议决议、财务会计报告，对公司的经营提出建议或者质询。

上述权利是股东的法定知情权，是股东的基础性权利，法律应依法严格保护。鉴于实践中对知情权的保护有较多争议，《公司法司法解释四》对知情权作了较为充分的规定：

一是结合诉的利益原则，通过《公司法司法解释四》第7条明确了股东就《公司法》第33条、第97条规定享有的诉权：股东起诉请求查阅或者复制公司特定文件材料的，人民法院应当依法予以受理。此处特别注意“特定文件资料”一词的提出，是否超出“查阅、复制公司章程、股东会会议记录、董事会会议决议、监事会会议决议和财务会计报告”的范围。根据立法宗旨，我们认为是包括但不限于的关系，“公司章程、股东会会议记录、董事会会议决议、监事会会议决议和财务会计报告”之外的重要文字材料也有可能被定义为可以查阅复制的对象，其“定义”过程，就是股东将其相关的文件材料名称规定在章程条款可以查阅复制的范围中，至少是明确在合法有效通过的股东会决议中。

二是为平衡股东权利与公司的合法利益，对股东查阅公司会计账簿可能有的不正当目的作了列举，明确划定了公司拒绝权的行使边界：（一）股东自营或者为他人经营与公司主营业务有实质性竞争关系业务的，但公司章程另有规定或者全体股东另有约定的除外；（二）股东为了向他人通报有关信息查阅公司会计账簿，可能损害公司合法利益的；（三）股东在向公司提出查阅请求之日前的三年内，曾通过查阅公司会计账簿，向他人通报有关信息损害公司合法利益的；（四）股东有不正当目的的其他情形。

三是明确规定公司不得以公司章程、股东间协议等方式，实质性剥夺股东的法定知情权。公司以此为由拒绝股东行使法定知情权的，人民法院不予支持。

四是为保障股东知情权的行使，对股东聘请中介机构执业人员辅助查阅作出了规定。股东依据人民法院生效判决查阅公司文件材料的，在该股东在场的情况下，可以由会计师、律师等依法或者依据执业行为规范负有保密义务的中介机构执业人员辅助进行。

五是就股东可以请求未依法履行职责的公司董事、高级管理人员赔偿损失作了规定，以防止从根本上损害股东知情权。董事、高管等未依法履行职责，导致公司未依法制作或者保存《公司法》第33条、第97条规定的公司文件材料，给股东造成损失，必须予以赔偿，避免公司以“没有制作、没有记录或没有保管或者已经损毁、遗失”为借口。

典型案例

案例：查阅复制的范围有多大

上海市第二中级人民法院作出的科朗公司与和丰公司股东知情权纠纷一案［案号：2013沪二中民四（商）终字第S1264号］具有典型性。原告科朗公司的诉讼请求超出一般的法律规定。

科朗公司要求：1. 查阅、复制自2008年8月30日至今和丰公司及其所有子公司/分公司的所有财务报表、财务账簿、会计凭证、所有银行对账单、股东会、董事会、监事会召开的所有文件资料，董事会下设战略与发展、提名、薪酬与考核、审计委员会召开所有会议的所有材料，持有和曾经持有的所有林权证及其自2008年8月30日至今的交易合同、收付款记录等相关信息，持有和曾经持有的所有林权证的初始、变更和注销登记；向相关林业管理部门提交的所有报备文件；和丰公司及其所有子公司/分公司的公司组织架构；2011年度至2012年度和丰公司及其所有子公司/分公司销售和采购政策（包括定价政策和销售折扣政策）；伐木权及获取林业权等业务相关政策以及流程；现金、银行收支和银行借款的相关政策流程；包含职位的员工名单……2.和丰公司配合科朗公司聘请的会计师事务所对和丰公司以下财务问题进行审计并将审计结果交付科朗公司：和丰公司及其所有子公司/分公司自2008年8月30日至今的银行收支情况和现金流动情况……

上述内容仅是原告诉请的内容摘抄，知情权要求的范围极其宽泛。一审时，上海市静安区人民法院支持了科朗公司审阅财务会计报告及股东大会、董事会、监事会决议的请求，其余诉请未予支持。但二审法院认为：公司章程是股东之间通过意思自治的方式就公司设立、组织形式、经营管理、股东、董事、监事、高级管理人员的权利义务等事宜形成的准则性文件，是公司的宪章，在不违反法律禁止性规定的情况下，章程的规定应认定有效，对公司、股东、董事、监事、高级管理人员等均具有约束力，股东有权依据公司章程的规定主张相应的知情权利，故二审判决支持科朗公司的绝大部分诉请，但是仅限于文件的查阅。[①] 此案的判决对于章程的撰写具有较大的指导意义。

《公司法司法解释四》的"特定文件材料"也可以视为与上述案例的审判思路相呼应。

条款设计示例

第【×】条　股东有权查阅、复制公司章程、股东会会议记录、董事会会议决议、监事会会议决议、财务会计报告以及【　】等文件资料。

股东有权要求查阅公司会计账簿，查阅前应当向公司提出书面请求，说明目的。公司认为股东查阅会计账簿有如下不正当目的，可能损害公司合法利益的，可以拒绝提供查阅：

（一）股东自营或者为他人经营与公司主营业务有实质性竞争关系业务的，但公司章程另有规定或者全体股东另有约定的除外；

（二）股东为了向他人通报有关信息查阅公司会计账簿，可能损害公司合法利益的；

（三）股东在向公司提出查阅请求之日前的三年内，曾通过查阅公司会计账簿，向他人通报有关信息损害公司合法利益的。

---

① 上海市律师协会公司与商事业务研究委员会主编：《公司诉讼律师实务》，法律出版社2016年版，第68页。

公司未能在股东提出书面请求之日起15日内书面答复股东并说明理由，或者公司拒绝提供查阅的，股东可以请求人民法院要求公司提供查阅。

第【×】条 股东查阅、复制第×条规定的文件资料，应注意保密，必要时可以签署保密协议。只允许查阅或者注明保密资料的，不能复印、扫描或者拍照等方式复制，如有疑问，股东可以要求董事会成员予以解释、说明。

如果因股东查阅复制导致公司商业秘密泄露、合法利益受到损害，股东应当承担相应的法律责任。

第【×】条 公司指定董事或高级管理人员制作、保存第×条规定的文件资料，且以恰当方式置备于公司供股东查阅、复制。

因未制作、未保存上述文件资料给股东造成损失，股东有权依法请求负有相应责任的公司董事、高级管理人员承担民事赔偿责任。

【设计指引】

1. 第一款【　】由章程起草者填写具体的文件名称，形成可查阅、复制的“特定文件资料”目录；第二款则列举了可以拒绝查阅的不正当理由，同样不建议使用兜底条款。

2. 注意公司的答复义务以及15天的期限。

3. 对于股东保密义务以及董事、高管的制作、保存义务作了明确约定，否则应当承担民事赔偿责任。

三、股东质询权

（一）股东质询权的概念与法律依据

股东质询权是基于“所有权与经营权相分离”的代理制度及信息不对称，赋予股东或者监事有权就与公司有关的重大问题向董事会提出问题和质疑并要求答复的权利。

质询权属于共益权的范畴，权利设置源于股东大会逐步偏离制度设计的初衷，逐渐形式化，需要通过一种机制予以纠偏。股东大会最初是被设想成股东控制经营者的一种工具，但随着公司规模扩大（特别是成为股份公司），股份的分散化，股东大会成为董事会控制公司的工具，股东往往表现出对股东大会“理性的冷漠”。美国很早就把股东大会称为“没有观众的演出”，仅仅是一种仪式化的东西。因为大多数股东即使花费时间、精力和财力也很难改变董事会作出的方案和决策，不如“用脚投票”或听之任之，中小股东的利益难以保障。

因此，德国最早意识到并将质询制度引入公司法。1937 年《德国股份法》第 112 条明确规定“（1）各股东均有权在股东大会上对处理议案相关的公司事务，以及公司集团企业的关系状况提出询问。（2）董事的答询应当符合诚信、忠实的原则。（3）董事会在衡量公司利益、参与企业的利益和社会利益的情形下，可以拒绝对股东的答询”。①

经济合作与发展组织的《OECD 公司治理规则》，其中关于参加股东大会，要求给股东充分知悉的机会并纳入股东大会议程，规定股东应当有机会有效参与股东大会并投票，有关股东大会上决议的事项应完整、及时地提供给股东；此外在合理限制的情况下，应当给股东向董事会提问的机会。这些原则并非强制性的，但实际上对各国包括一些非成员国国家产生了或大或小的示范价值。我国在 2005 年修改《公司法》时，即增加了质询权的内容。

《公司法》对质询权的规定体现在第 54 条、第 97 条、第 150 条中。股东的质询权则主要体现在股份有限公司股东中。第 97 条规定股东享有质询的权利，第 150 条则是与之相呼应的，规定董事、监事、高级管理人员应当接受股东的质询（并予以答复）。

台湾学者刘渝生认为：股东质询权的法理基础为股东出席股东会的权利（出席权）。出席股东大会是股东的固有权利，就出席权的实质而言，包括了提案权、动议权、讨论权、询问权及表决权。《上市公司股东大会规则》第 29 条规定：董事、监事、高级管理人员在股东大会上应就股东的质询作出解释和说明。

（二）实践中存在的问题

实践中，质询权并不能被有效行使，中小股东权益被侵害的情形频频发生。2012 年 2 月 21 日，阿里巴巴集团宣布，拟以每股 13.5 港元回购其

---

① 《德国股份法》第 112 条，参见《德国商事公司法》，胡晓静、杨代雄译，法律出版社 2014 年版，第 132 页。

旗下子公司阿里巴巴 B2B 上市公司股票，该价格与 2007 年年底该股票的上市发行价持平。此公告一出，小股东别无选择，因为按照规定，在 H 股市场只要有 90% 的股东投票同意私有化，在规定期限内，只有卖掉或者接受决议确定的现金补偿两种可能。2016 年君华集团收购淄博齐翔集团 80% 的股份，间接收购上市公司齐翔腾达的股份，48 个自然人股东以 36 亿元人民币套现，爆发大规模上访。原因在于 2006 年齐翔腾达上市时管理层以“股东人数限制”为由许诺广大员工“股份代持”“同股同权”，实际上是减资回购，误导 600 余名持股员工签署《确认函》，以极低的价格放弃了手中的股份，放弃了一切救济的权利，而 36 亿元转让款中原本应当有这些小股东的份额。

在上述这些涉及中小股东重大权益的重大决策中，很少能听到他们的声音；在已经裁判生效的法律文书中，也很少能找到质询权被支持的案例。

典型案例

案例：质询权应由本公司股东行使

在王某平与合荣钛业股东知情权纠纷一案中［案号：（2015）宁民初字第 2137 号］，原告王某平间接持有被告公司合荣钛业股权比例 12.74%，持股至今被告从未进行利润分配，原告提出利润分红及股权转让要求，要求被告公司及关联公司的财务报表，以确认利润总额，被告亦未能提供，故原告请求：一、被告提供自公司成立之日起至开庭之日止的会计账簿供原告查阅，提供财务会计报告供原告查阅和复制；二、对原告的质询予以书面答复……虽然由于原告不是合荣钛业的股东（是合荣钛业的母公司的股东），法院驳回了原告的诉请，但本案还是有值得借鉴之处的。

【律师剖析】

我国虽然在《公司法》中规定了股东享有质询权，但是并未明确规定是否可诉，在最高人民法院的民事案由中亦无此案由。故对于王某平的第二项诉请，宁河县人民法院并未直接驳回，而是要求原告将质询权明确为：一、被告公司与实际控制人以及实际控制人直接或间接持股的第三方公司之间是否存在关联交易行为，若存在关联交易，应将交易明细及相关材料向原告提供。二、被告公司与大股东直接或者间接持股的诸多公司之间是否存在关联交易行为，若存在应将交易明细及相关材料向原告提供。所以质询权成为知情权的变种或者说延伸，扩大了知情权的范围，同时又为保障质询权提供了可能。

（三）如何有效保障股东行使质询权

1. 保障股东的知情权，公司履行信息披露义务

上市公司应当严格按照《上市公司信息披露管理办法》进行信息披露，满足股东的知情权，也更有利于股东行使质询权。关于信息披露在此不予赘述，参见本书其他章节。

2. 股东大会的召开保障股东知情权的行使

（1）会议通知中充分的信息披露

《上市公司股东大会规则》第16条：股东大会通知和补充通知中应当充分、完整披露所有提案的具体内容，以及为使股东对拟讨论的事项作出合理判断所需的全部资料或解释。"拟讨论的事项需要独立董事发表意见的"也应当"同时披露独立董事的意见及理由"。

如果"股东大会拟讨论董事、监事选举事项的"，按照第17条"股东大会通知中应当充分披露董事、监事候选人的详细资料"，除了基本个人信息，还包括持股数量及是否受到处罚和惩戒。

（2）董事会必须就质询进行回复的义务

《上市公司股东大会规则》第29条：董事、监事、高级管理人员在股东大会上应就股东的质询作出解释和说明。

但是上述规定并未规定质询权到底如何行使，管理层如何对质询作出解释和说明。中小股东对该权利仍旧不熟悉，不知道如何行使，权利仍旧停留在纸面上。

（3）国外可以借鉴的立法规定

德国1965年颁布的《德国股份法》第131条明确且详细地规定了股东的质询权：不但明确董事会应当在股东大会上就公司情况向每个股东作出答复，答复应符合任职、忠实汇报的原则，而且该答复义务也扩及于公司与每一个关联企业之间的法律关系和业务关系。（2015）宁民初字第2137号案件，宁河县人民法院有可能借鉴了德国该项规定。《德国股份法》更有借鉴意义之处在于股东质询权与董事会答复义务之间的平衡。我国《公司法》《证券法》立法时应当也借鉴过。

质询权主要规定在上市公司的股东大会的议事规则中，由于该部分主要

以有限责任公司章程设计指引为主，在这一部分对于质询权不展开讨论。

四、股东代表诉讼

股东代表诉讼制度源于英美衡平法，称股东派生诉讼，又称为第二级诉讼，后来为一些大陆法系国家所接受，成为两大法系在保护少数股东利益上的一个共同的制度选择。因为诉讼兼具代位诉讼和代表诉讼双重性，一方面，股东在诉讼中行使的是公司的诉权，即诉讼具有代位性。另一方面，股东提起诉讼时还代表着公司中其他处于相同状况的股东，即诉讼代表性。我国是在 2005 年修改《公司法》时引入的该制度。

（一）股东代表诉讼的基本原理与法律依据

股东作为公司的投资主体，在公司合法利益受到损害的时候，不论是来自公司股东、公司董事、监事、高级管理人员还是外部第三人，有权通过诉讼维护公司的利益。这也是股东的一项天然的权利，只是该项权利并不能当然行使，而需要法定的程序。其原理来自英国衡平法中的 Foss v. Harbottle 规则：当公司合法权益遭受侵害时，只有公司才是适格的原告，这是公司独立法律人格的逻辑延伸，也是保证公司经营不受干扰的需要。这成为后世被普遍认可的一项基本商法原则。

这一原则在由公司正常的业务引起诉讼时不会出现问题，但当加害者是公司董事或控股股东时，Foss v. Harbottle 规则失灵：由于公司的经营权，包括提起诉讼的权利，不无例外地控制在公司董事（或控股股东）手中，他们自然不会为公司作出决定而对他们自己提起诉讼。而基于一般的民法原理，股东作为利益相关方，有权提起损害赔偿之诉。故法律赋予符合法定条件的股东，在公司合法权益受到损害，特别在受到有控制权的股东、母公司、董事和管理人员等的侵害，而公司怠于行使诉权时，有权以自己的名义为公司的利益对侵害人提起诉讼，追究其法律责任。股东派生诉讼制度对于维护股东的合法权益有重要的意义，是一种独特的事后救济责任制度。

《公司法》第 151 条对股东派生诉讼作了规定，但是按照《公司法司法解释四》规定，该条三款分别是两类不同的诉讼途径。最高人民法院认为：公司董事会或者执行董事、监事会或者监事系公司机关，其履行法定职责代表公司提起的诉讼，应当是公司直接诉讼，应列公司为原告。[①] 故《公司法司法解释四》第 23 条明确：监事会或者不设监事会的有限责任公司的监事依据公司法第 151 条第 1 款规定对董事、高级管理人员提起诉讼的，应当列公司为原告，依法由监事会主席或者不设监事会的有限责任公司的监事代表公司进行诉讼。第 1 款是公司的直接诉讼；第 2 款、第 3 款规定的才是股东派生诉讼。《公司法司法解释四》对股东派生诉讼在第 24 条、第 25 条、第 26 条予以了完善和说明：依据公司法第 151 条第 2 款、第 3 款规定，直接对董事、监事、高级管理人员或者他人提起诉讼的，应当列公司为第三人参加诉讼；股东的胜诉利益归属于公司。且诉讼请求部分或者全部得到人民法院支持的，公司应当承担股东因参加诉讼支付的合理费用。

（二）司法实务要点

1. 诉讼主体资格

有限责任公司合法权益受到损害，诉讼原告为公司股东；股份有限公司合法权益受到损害，诉讼原告为连续 180 日以上单独或者合计持有公司百分之一以上股份的股东。

2. 诉讼事由

出现下列情形之一，股东才有可能启动派生诉讼程序：

首先董事、监事、高级管理人员执行公司职务时违反法律、行政法规或者公司章程的规定，给公司造成损失的。公司股东滥用股东权利给公司或者其他股东造成损失的，应当依法承担赔偿责任。

《公司法》第 21 条、第 147 条、第 148 条、第 149 条规定的凡此种种情况出现，不论是出于故意还是重大过失，董事、监事及高管出于人类趋利避害的本性，是难以自我检举、自我惩治的，如果公司内部又缺乏有效的自查自纠制度，就必须由股东作为公司利益的最后捍卫者。

其次他人侵犯公司合法权益，给公司造成损失，公司怠于维权的，也可以启动股东代表诉讼，但是要谨慎采用，毕竟维护公司合法权益的法定主体应该是公司，特殊情况下的派生诉讼，必须履行一定的前置程序。

---

① 2017 年 8 月 28 日，最高人民法院举行新闻发布会发布《公司法司法解释四》，并对其作出了权威解读。

第一步：如果侵权方是董事、高管的，股东书面请求监事会或者不设监事会的有限责任公司的监事向人民法院提起诉讼；如果侵权方是监事的，可以书面请求董事会或者不设董事会的有限责任公司的执行董事向人民法院提起诉讼。

第二步：

情形 1. 监事会（监事），或者董事会、执行董事收到股东的书面请求后拒绝提起诉讼，股东可以以自己的名义直接向人民法院起诉；

情形 2. 监事会（监事），或者董事会、执行董事收到股东的书面请求后 30 日内未提起诉讼，股东可以以自己的名义直接向人民法院起诉；

情形 3. 情况紧急、不立即提起诉讼将会使公司利益受到难以弥补的损害的，股东可以以自己的名义直接向人民法院起诉。

典型案例

案例：股东直接诉讼还是股东代表诉讼

范某宁等与游某金、黑马公司损害公司利益赔偿纠纷一案［（2008）平民二初字第 76 号］，对这两者的区分有较好的阐述。

原告 14 人是黑马公司的股东，被告游某金利用职务之便将公司资产转移到自己控制的案外公司，原告因此要求游某金予以赔偿。平阳县人民法院追加了黑马公司作为第三人。法院审理后认为：当股东遭受的损害不同于公司受到的损害时，股东可以提起直接诉讼；当股东遭受的损害源于公司受到的损害时，股东只能提起代表诉讼。被告将黑马公司所有的货币、实物转入温州活塞厂的过程中，被告存有重大失职行为，造成公司财产至今未能回归，给公司造成损失。被告的不当行为直接造成公司的损失，公司股东是因公司的损失而导致的间接损失。法院认为，被告的不当行为损害了黑马公司利益，同时侵害了原告等股东按份权益，亦侵害了股东自益权，显然不当。但黑马公司是依法设立的企业法人，虽被吊销企业法人营业执照，但其民事权利能力和民事行为能力依然存在，原告诉请胜诉后所获得的利益应当归属于黑马公司，而不是股东个人。原告要求依据《公司法》第 152 条来处理本案，缺乏法律依据。但是在法院向 14 名原告释明告知其变更诉讼请求，原告仍坚持认为被告侵害了他们的利益，拒绝变更诉讼请求。最终法院依据《公司法》第 151 条判决驳回原告的诉请。

【律师剖析】

本案中被告将黑马公司所有的货币、实物转入温州活塞厂的过程中，被告存有主观过错，造成公司重大损失。被告的不当行为直接造成公司的损失，公司股东是因公司的损失而导致的间接损失，所以本案原告遭受的损失属于源于公司受到的损失，股东只能提起代表诉讼，故本案应定性为股东代表诉讼。本案事实清楚，证据确凿，可以充分证明被告的行为损害了公司的利益，但是由于选择案由及适用法律不当，诉请被法院驳回。这给了法律从业者一个最直接的教训。

条款设计示例

第【×】条 董事、高级管理人员有《公司法》第151条规定的[①]情形的，股东可以书面请求监事会/监事以公司的名义向人民法院提起诉讼；监事有公司法第151条规定的情形的，前述股东可以书面请求董事会/执行董事以公司名义向人民法院提起诉讼。

监事会/监事，或者董事会/执行董事收到前款规定的股东书面请求后拒绝提起诉讼，或者自收到请求之日起30日内未提起诉讼，或者情况紧急、不立即提起诉讼将会使公司利益受到难以弥补的损害的，股东有权为了公司的利益以自己的名义直接向人民法院提起诉讼。

他人侵犯公司合法权益，给公司造成损失的，股东可以依照前两款的规定向人民法院提起诉讼。

第【×】条 股东依照第×条第×款、第×款诉讼，胜诉利益归属于公司。

股东诉讼请求部分或者全部得到人民法院支持的，有权要求公司承担股东因参加诉讼支付的合理费用。

第【×】条 董事、监事出现《公司法》第21条、第147条、第148条、第149条规定的违反忠实、勤勉义务的行为，给公司造成损失的，股东有权依照第×条第×款、第×款规定提起诉讼。

【设计指引】

1. 此处“/”指公司根据实际情况选择监事、监事会两者之一，董事、执

① 为避免指代不明，其他相关章节应在示例中列明第151条的相关规定。

行董事两者之一。

2. 股东只有在董事、监事怠于履行职责的，才可以启动股东代表诉讼。

3. 明确了胜诉利益的归属和诉讼费用的承担。

五、股东直接诉讼

所谓股东直接诉讼，是指股东单纯为维护自身的利益、基于其股份所有人的地位而向公司或其他人提起的诉讼。股东是天然的自我利益捍卫者，最直接的利害关系人。从法理上，无须多解释，凡是股东认为自己的合法权益受到侵害，均可以主张司法救济，依照《公司法》或其他法律法规提起诉讼。

（一）有限责任公司股东直接诉讼的法律依据

《公司法》诸多条款均规定股东不论是知情权还是其他财产权益受到侵害，都可以依法直接诉讼，另外股东也可以依照《民法典》等相关法律提起权利救济之诉，相关法条不予赘述。

（二）上市公司股东直接诉讼的法律依据

1. 证券法的规定

我国修改后的《证券法》第 69 条规定：“发行人、上市公司公告的招股说明书、公司债券募集办法、财务会计报告、上市报告文件、年度报告、中期报告、临时报告以及其他信息披露资料，有虚假记载、误导性陈述或者重大遗漏，致使投资者在证券交易中遭受损失的，发行人、上市公司应当承担赔偿责任；发行人、上市公司的董事、监事、高级管理人员和其他直接责任人员以及保荐人、承销的证券公司，应当与发行人、上市公司承担连带赔偿责任，但是能够证明自己没有过错的除外；发行人、上市公司的控股股东、实际控制人有过错的，应当与发行人、上市公司承担连带赔偿责任。”该条也被认为是上市公司股东直接诉讼的法律依据。

2. 最高人民法院的司法解释

2001 年 1 月 15 日发布《最高人民法院关于受理证券市场因虚假陈述引发的民事侵权纠纷案件有关问题的通知》规定了法院受理虚假陈述民事赔偿案件中虚假陈述行为，须经中国证券监督管理委员会及其派出机构调查并作出生效处罚决定为依据；规定了此类案件的诉讼时效为 2 年，以及管辖的法院、诉讼的方式，并明确规定此类诉讼不宜采用集团诉讼方式。

2003 年 2 月 11 日实施的《最高人民法院关于审理证券市场因虚假陈述引发的民事赔偿案件的若干规定》，其中对起诉的原告进行了界定，并增加了诉因，其规定为：投资人以自己受到虚假陈述侵害为由，依据有关机关的行政处罚决定和人民法院的刑事判决书，对虚假陈述行为人可提起民事赔偿诉讼；规定诉讼方式为单独诉讼或者共同诉讼。

（三）哪些权利救济股东可以直接诉讼

1. 公司决议效力之诉

主要依据是《公司法》第 22 条及《公司法司法解释四》第 1 至 6 条，分为：

公司决议无效之诉，是指针对股东大会决议、董事会决议内容违反法律、行政法规而提起的诉讼，提起诉讼的目的是请求法院确认决议无效。

决议撤销之诉，是指针对股东大会召集、召开的程序以及表决程序存在瑕疵而对决议提起的诉讼，提起诉讼的目的是请求法院撤销该决议。

决议不成立之诉，是指依据《公司法司法解释四》第 5 条规定，确认特定情况下，决议并未成立，诉讼目的是证明与之相应的法律关系没有成立，相应的权利义务也没有产生。

2. 损害赔偿之诉

《公司法》第 20 条第 2 款“公司股东滥用股东权利给公司或者其他股东造成损失的，应当依法承担赔偿责任”。

损害赔偿之诉，是指针对公司、其他股东（通常为控股股东、大股东）或董事及其他高管人员，违背股东个人意愿，损害了该股东财产权益而对侵害人提起的诉讼，其目的是请求获得赔偿或返还财产。

3. 知情权之诉

《公司法》第 33 条规定股东有权查阅、复制公司章程、股东会会议记录、董事会会议决议、监事会会议决议和财务会计报告。公司拒绝提供查阅的，股东可以请求人民法院要求公司提供查阅。《公司法司法解释四》对这一权利有了详细规定，将在一定程度上解决股东知情权行使难的问题，同时，也为股东损害赔偿诉讼的提起确保了法律上的救济途径。

4. 请求公司盈余分配

该权利依据的是《公司法》第 4 条、第 34 条、第 37 条、第 46 条、第

166 条规定，直接涉及的是股东的自身财产权益，故法律赋予其直接诉讼的权利。详见本章“股利分配请求权”。

5. 股权转让及优先受让权

股权转让涉及股东对股权的处置，优先受让则是有限责任公司对股东的一种权利保护，均属于股东的基本财产权益，如果受到损害，均可以诉讼解决。详见本章“股东转让与有限购买权”。

6. 申请公司解散、公司清算

这是两种共益权，当公司处于特定情况，已经无法正常经营，股东有权处置自己股权，如果不能通过转让退出，可以依法申请公司解散，进行清算。详见本章“申请解散权”“申请清算权”。

7. 请求分配剩余财产

公司经过清算，如果还有剩余财产，按照《公司法》股东有权取回。详见本章“公司剩余财产分配请求权”。

（四）诉讼实务

1. 股东直接诉讼的当事人

《公司法》第 152 条规定：董事、高级管理人员违反法律、行政法规或者公司章程的规定，损害股东利益的，股东可以向人民法院提起诉讼，与股东代表诉讼原告股东资格的限制性要求不同，股东直接诉讼的原告可以是公司的任何股东，且无持股比例的限制。

根据《北京市高级人民法院关于审理公司纠纷案件若干问题的指导意见（试行）》的规定，涉及因股东会议、董事会议而提起的诉讼，由于股东会议、董事会议的召开及决议均属于公司法人行为，此类诉讼，应当以公司为被告。根据无效的股东会议、董事会议决议取得财产利益的当事人可以列为共同被告或第三人。

股东行使知情权的义务主体是公司，涉及股东知情权纠纷提起的诉讼应当以公司为被告。

股东的签名被他人冒用，股东主张股权转让协议无效，应当以股权转让协议中的股权受让人为被告，确认股权转让协议效力，冒用他人名义的责任人可以作为共同被告；如果股东以股东大会对其股权予以转让所作决议无效为由提起诉讼，应当以公司为被告，确认股东大会决议效力，冒用他人名义的责任人可以作为无独立请求权的第三人参加诉讼。

（五）股东直接诉讼与间接诉讼的区别

1. 产生原因不同。股东的权利虽然多种多样，但总的来说，股东的权利可以分成两大类：股东的个人性权利和股东的公司性权利。股东个人性权利是指法律或公司章程明确规定股东可以单独要求并实现的权利，诸如分配权利、认购股份的权利、要求记录其投票表决的权利等。股东公司性权利则是指股东不能够单独实现，而是与公司的发展紧密相关的权利，比如投资收益权。根据与公司成员之间的契约而享有的、能够对公司事务和事项作出决议的权利。股东派生诉讼是指股东公司性权利因公司本身遭受到侵犯而间接受到损害，只有当公司因法定原因未起诉时，才可以由股东以自己的名义提起诉讼，而股东直接诉讼的起因则是因为股东个人性权利受到侵犯，股东以自己的名义提起诉讼。

2. 诉讼性质不同。股东派生诉讼提起权是股东监督、纠正公司不当或违法行为的一种权利，应为共益权，而股东直接诉讼是股东为了自己的利益而提起的诉讼，即便该种诉讼成功，股东通过该种诉讼所取得的利益亦不归于公司。因而，该诉权从本质上说是一种自益权。

3. 诉权根据不同。提起派生诉讼的根据具有二元性，即一方面派生诉讼提起权源于股东作为股份所有人即出资人的地位；另一方面派生诉讼提起权源于股东作为公司代表人的地位。此二者缺一不可。其中，前者是每一个股东所享有的股东权的应有之义，而后者只有在公司法规定的条件和程序得以满足之后方可发生。而提起直接诉讼的根据仅具有一元性，即直接诉讼提起权仅源于股东作为股份所有人即出资人的地位。

4. 诉讼目的不同。在股东派生诉讼中，虽然公司和股东个人都是侵害行为的受害者，但公司是直接受害者，股东个人是间接受害者，原告股东提起诉权是为了公司的利益，但也间接地维护了自己的利益；而在股东直接诉讼中，股东个人是侵害行为的直接受害者，原告股东行使诉权纯粹是为了自身的利益，而非整个公司的利益。

5. 诉讼归属不同。在股东派生诉讼中，原告股东仅享有形式意义上的诉权，至于实质意义上的诉权则属于公司，即形式意义上的诉权与实质意义上的诉权是互相分离的。因此，即使原告股东在派生诉讼中胜诉，胜诉的利益也应当归于公司，而非原告股东。倘若原告股东败诉，则不仅由原告股东负担该案的诉讼费用，而且该案的判决对于公司产生既判力，不仅其他股东不得就同一理由再次提起派生诉讼，公司的机关亦不得再就同一理由为公司提起直接诉讼；而在股东直接诉讼中，原告股东所享有的形式意义上的诉权与实质意义上的诉权是合一的，无论原告股东胜诉抑或败诉，一切利益和不利益均归属于原告股东，而非其所持股份的公司。

因股东直接诉讼涉及多种权利，其救济条款分散在其他权利条目下，在此不作条款设计建议。

六、股权转让权

股权转让是股东对自己既有权益的一种处置，既可以转让给公司原有股东，也可以对外转让给第三人。

（一）有限责任公司及非上市股份有限公司的股权转让

有限责任公司对外转让股权，应先由转让人和受让人之间达成股权转让协议，在过半数股东同意及其他股东表示放弃优先购买权时，再由转让人向受让人转让股权，公司内部修改章程，变更股东名册，并由工商登记机关完成股权变更登记。非上市股份有限公司的股权转让，应当遵守《公司法》有关禁售期、转让方式和交易场所的规定。

《公司法》第 71 条规定，有限责任公司的股东可以对内转让，也可以对外转让，但是由于有限公司的人合性，对外转让必须具备一定的条件。

1. 对内转让：有限责任公司的股东之间可以相互转让其全部或者部分股权。即对内（公司原股东之间）转让股权，法律不做任何限制，按照转让方与受让方之间的合意来进行。

2. 对外转让：如果超出原有（或现有）股东范围，意欲向第三方转让股权的，则需要遵守《公司法》第 71 条第 2 款规定："股东向股东以外的人转让股权，应当经其他股东过半数同意……"

实践中往往存在其他股东既不表示同意转让也不主张受让的情况，导致拟转让股东无法处置自己的股权，长期僵持甚至引致其他法律争端。因此《公司法》为解决此问题，在 2005 年修改时，特意增加"视为同意"条款："股东应就其股权转让事项书面通知其他股东征求同意，其他股东自接到书面通知之日起满三十日未答复的，视为同意转让。其他股东半数以上不同意转让的，不同意的股东应当购买该转让的股权；不购买的，视为同意转让。"

常见问题还有对外转让到底是一次通知还是两次通知？到底何为“同等条件”？拟转让方能否持股权转让的书面通知及送达凭证要求市场监管部门据此办理变更登记？实践中是有争议的。因此，在制定公司章程时最好要更加明确、更加细化，尽量避免使《公司法》第 71 条“视同同意转让”的规定形同虚设。

要破解此困局，笔者认为“公司章程对股权转让另有规定的，从其规定”是可以援引的有效工具。

条款设计示例

第【×】条　股东之间可以相互转让其全部或者部分股权。

第【×】条　股东向股东以外的人转让股权，应当经其他股东过半数同意。

股东应就其股权转让事项，包括但不限于转让股权的数量、价格、支付方式及期限等内容，书面通知其他股东征求同意；其他股东自接到书面通知之日起满 30 日未答复的，视为同意转让。书面，包括当面签收，也包括信函、电报、传真、电子邮件、短信、微信等可以确认收悉的方式。

其他股东半数以上不同意转让的，不同意的股东应当购买该转让的股权；不购买的，视为同意转让。

第【×】条　转让股权应当办理工商变更登记，转让方和受让方应予以配合。

股权转让后，公司应当注销原股东的出资证明书，向新股东签发出资证明书，并相应修改公司章程和股东名册中有关股东及其出资额的记载。对公司章程的该项修改不需再由股东会表决。

【设计指引】

1. 对内对外转让分成两条；明确转让通知的内容。

2. 建议实际操作中拟转让方同时提起召开临时股东会的动议，同时征询是否同意对外转让，是否以同样价格行使优先购买权，是否相应修改公司章程，可以避免多次通知。

3. 明确股权转让的配合义务。

（二）国有企业股权转让的规定

国有企业因其国有性质，股权转让不但要遵循《公司法》，还要依照《企业国有资产法》《企业国有资产监督管理暂行条例》《企业国有资产交易监督管理办法》《企业国有产权转让管理暂行办法》（3 号令）。

《公司法司法解释四》第22条仅规定：在依法设立的产权交易场所转让有限责任公司国有股权的，适用《公司法》第71条第2款、第3款或者第72条规定的"书面通知""通知""同等条件"时，可以参照产权交易场所的交易规则。

（三）上市公司股份转让及转让限制

按照《公司法》第137条的规定，股东持有的股份可以依法转让。

上市公司的股东转让股份除依照《公司法》第138条、第139条、第140条规定外，主要依据的是《证据法》及相关规定。概括之，上市公司股份转让有如下限制：

1. 发起人持有的本公司股份，自公司成立之日起1年内不得转让；因司法强制执行、继承、遗赠、依法分割财产等导致股份变动的除外。

2. 公司公开发行股份前已发行的股份，自公司股票在证券交易所上市交易之日起1年内不得转让；因司法强制执行、继承、遗赠、依法分割财产等导致股份变动的除外。

3. 董事、监事、高级管理人员：（1）董事、监事、高级管理人员所持本公司股份，自公司股票上市交易之日起1年内不得转让。（2）董事、监事、高级管理人员在任职期间每年转让的股份不得超过其所持有本公司股份总数的25%（≤25%）。（3）董事、监事、高级管理人员离职后6个月内，不得转让其所持有的本公司股份。

4. 短线交易：上市公司董事、监事、高级管理人员、持有上市公司股份5%以上的股东，将其持有的该公司的股票在买入后6个月内卖出，或者在卖出后6个月内又买入，由此所得收益归该公司所有，公司董事会应当收回其所得收益。

除上述规定外，公司章程还可以对公司董事、监事、高级管理人员转让其所持有的本公司股份作出其他限制性规定。

七、股东优先购买权

（一）优先购买权是一项法定权利

在股东对外转让股权时，公司其他股东还享有一项特权，即《公司法》

第71条第3款及第72条规定的“优先购买权”：经股东同意转让的股权，在同等条件下，其他股东有优先购买权。两个以上股东主张行使优先购买权的，协商确定各自的购买比例；协商不成的，按照转让时各自的出资比例行使优先购买权。人民法院依照法律规定的强制执行程序转让股东的股权时，应当通知公司及全体股东，其他股东在同等条件下有优先购买权。其他股东自人民法院通知之日起满20日不行使优先购买权的，视为放弃优先购买权。

（二）优先购买权的行使

《公司法司法解释四》对优先购买权在《公司法》第71条、第72条基础上作出新的解释：

1. 继承对优先购买权的排除。《公司法司法解释四》第16条明确有限责任公司的自然人股东因继承发生变化时，其他股东主张依据公司法第71条第3款规定行使优先购买权的，人民法院不予支持。即公司章程对股权继承没有另行约定时，继承权优于优先购买权；但法律仍旧允许公司章程或者全体股东就继承权是否优于优先购买权另行约定。

2. 拟转让股东必须明示其具体地作出转让的意思表示。按照《公司法司法解释四》第18条规定：判断是否符合《公司法》第71条第3款及本规定所称的“同等条件”时，应当考虑转让股权的数量、价格、支付方式及期限等因素。也就是说基本的交易条件都应该具备，方视为一项有效的“股权转让通知”，其他股东才能据此判断是购买还是放弃。

3. 其他股东应当在期限内明确作出行使优先购买权的意思表示，否则视为放弃。不论是经股东同意转让的股权，还是人民法院依照法律规定的强制执行程序转让股东的股权，其他股东都必须在法定期限内作出是否行使优先购买权的意思表示。其他股东在收到有效的股权转让通知后，应当在公司章程规定的行使期间内主张优先购买。如果公司章程没有规定或者期限规定不明的，按照下列情形确定：（一）通知中载明行使期间的，以该期间为准；（二）通知中未载明行使期间，或者载明的期间短于通知送达之日起30日的，为30日。故公司章程在拟定此条款时期限不宜少于30日。

4. 允许转让股东反悔。股权处置是股东的固有权利，如果转让股东在其他股东主张优先购买后又不同意转让股权的，对其他股东优先购买的主张，人民法院不予支持。但是基于诚实信用原则，如果因此给其他股东造成损失的，理应赔偿其损失是合理的。但公司章程另有规定或者全体股东另有约定的除外。

5. 明确损害优先购买权的可诉性。有限责任公司的股东向股东以外的人转让股权，依照《公司法司法解释四》第21条规定，如果未征求其他股东意见，或者以欺诈、恶意串通等手段，损害其他股东优先购买权，其他股东诉请主张按照同等条件购买该转让股权的会得到人民法院支持。但注意两点：（1）诉讼时效：其他股东自知道或者应当知道行使优先购买权的同等条件之日起30日内，或者自股权变更登记之日起一年内。目的也是维护交易的稳定性，维护善意相对人的合法权益，避免权属长期悬而未定。（2）如果要确认股权转让合同无效或股权变动无效，必须同时主张按照同等条件购买转让股权，否则，人民法院不予支持。

6. 保护善意相对人的合法权益。优先购买权的行使需要一定的时间成本，甚至经过司法程序。股东以外的股权受让人，因股东行使优先购买权而不能实现合同目的，应视为拟转让股东未能履行股权转让的法定程序，具有一定的主观过错，依照《公司法司法解释四》第21条第3款规定，可以依法请求该转让股东承担相应民事责任。

典型案例

案例：未参与进场交易不等于放弃优先购买权

中静公司与电力公司、水利公司股权转让纠纷一案［（2012）黄浦民二（商）初字第534号］中，原告中静公司和被告电力公司为新能源公司股东，电力公司是国有企业。原告诉称，电力公司未经中静公司同意擅自将其持有的股份在产交所挂牌交易，中静公司于是向产交所提出异议，明确表示保留优先购买权，要求暂停交易重新进行信息披露，但电力公司为避免中静公司行使优先购买权，在水利公司未缴纳保证金的情况下于7月3日与水利公司签订了产权交易合同。中静公司认为，电力公司擅自转让股份侵害了其股东优先购买权，水利公司和产交所以中静公司未进场交易为由认定中静公司放弃优先购买权没有法律依据，故主张对电力公司与水利公司转让的新能源公司的61.8%股权享有优先购买权，并以转让价人民币48691000元行使该优先购买权。

经查，2010年2月10日，电力公司和中静公司签订《关于新能源公司之增资及股权调整框架协议》，约定：双方共同收购上海工业投资（集团）

有限公司、上海环保工程成套有限公司的股份。2012年2月15日，新能源公司通过股东会决议，内容为：1.同意电力公司转让其所持61.8%股权，转让价以评估价为依据；2.中静公司不放弃优先购买权；3.股权转让相关手续由双方按法定程序办理……2012年5月25日，新能源公司将股权公开转让材料报送产交所。6月1日，产交所公告新能源公司61.8%股权转让的信息，“标的企业股权结构”一栏载明老股东未放弃行使优先购买权；7月2日，中静公司向产交所发函称，系争转让股权信息披露遗漏、权属存在争议，以及中静公司享有优先购买权，请求产交所暂停挂牌交易，重新披露信息。

虽然被告及第三人产交所都进行了强有力的抗辩，认为原告是同意转让，但是怠于行使优先购买权。但最终法院判决：原告中静公司对被告电力公司与被告水利公司转让的第三人新能源公司的股权享有优先购买权；原告中静公司应当在本判决生效之日起20日内行使优先购买权，否则视为放弃；原告中静公司优先购买权的行使内容、条件，与被告电力公司和被告水利公司签订的产权交易合同相同。

【律师剖析】

本案经典之处在于法律文书的阐述过程。1.法院从法律法规角度论证中静公司并未丧失优先购买权：（1）股东优先购买权是公司法赋予股东的法定权利，《公司法》仅在第72条规定了法院强制执行程序中，优先购买权股东被通知后法定期间内不行权，视为放弃优先购买权，公司法及司法解释并未规定其他情形的失权程序；（2）根据最高人民法院相关司法解释的规定，不作为的默示效果只有在法律有规定或者当事人双方有约定的情况下，才可视为意思表示；（3）产交所作为依法设立的产权交易平台，法律并未赋予其判断交易标的是否存在权属争议和交易一方是否丧失优先购买权这类法律事项的权利。综上，在法律无明文规定，且中静公司未明示放弃优先购买权的情况下，中静公司未进场交易并不能得出其优先购买权已丧失的结论。

2.从商事交易的角度来分析，商事交易既要遵循效率导向，也要兼顾交易主体利益的保护。本案中优先购买权股东未进场交易，产交所亦可通知其在一定期限内作出是否接受最后形成的价格的意思表示，不到场并不必然影响交易的效率。若片面强调优先权股东不到场交易则丧失优先购买权，无疑突出了对产交所利益和善意第三人利益的保护，而弱化了对优先购买权股东利益的保护，必将导致利益的失衡。

3.判决的可操作性兼顾各方利益的平衡。考虑到新能源公司的实际状况，同时为防止股东优先购买权的滥用，即确权后不行权，导致保护优先购买权成空文或对股权出让人和受让人的利益造成损害，因此，需要确定股东的优先购买权的行权期限、行权方式。比照《公司法》第71条的规定，法院要求中静公司在确权生效后20日内行权，否则视为放弃行权。只有中静公司放弃行权，电力公司与水利公司的股权转让合同才生效。

（三）竞相行使优先购买权的处理原则

《公司法》规定，两个以上股东均主张行使优先购买权的，法律规定首先是协商确定各自的购买比例；其次协商不成的，按照转让时各自的出资比例行使优先购买权。既然允许协商，章程也可以约定不按照出资比例来行使优先权。

（四）优先购买权的顺序

在投资协议中，投资者往往约定比其他股东更优先的“第一优先权”，此约定如果获得全体股东的同意，应当视为在某一轮融资中，其他股东放弃或后置了自己的优先权。因股东有权处置自己的权利，这一约定与法理不悖，也是有效的。

【条款设计指引】

第【×】条 经股东同意转让的股权，在同等条件下，其他股东有优先购买权。

两个以上股东主张行使优先购买权的，协商确定各自的购买比例；协商不成的，按照转让时各自的出资比例行使优先购买权。

自然人股东因继承发生变化时，继承权优于优先购买权，不适用第1款、第2款规定。[①]

第【×】条 股东主张优先购买转让股权的，应当在收到通知后30天内提出购买请求；拟转让股东收到购买请求后，则应停止对外转让。

---

① 该条款的约定应与股权继承条款的约定一致，当章程规定自然人死亡其继承人不能继承股份时，则该条不适用。

拟转让股东，在其他股东主张优先购买后又不同意转让股权的，如给其他股东造成损失应予以赔偿。

第【×】条　股东向股东以外的人转让股权，未就其股权转让事项征求其他股东意见，或者以欺诈、恶意串通等手段，损害其他股东的优先购买权，其他股东仍有权起诉主张按照同等条件购买该转让股权。但已放弃优先权或者自股权变更登记之日起超过一年的除外。

第【×】条　人民法院依法强制转让股东的股权时，其他股东在同等条件下均有优先购买权。自人民法院通知之日起满20日不行使优先购买权的，视为放弃优先购买权。

八、异议股东股权回购请求权

（一）异议股东股权收购请求权的概念与设置的意义

异议股东股权收购请求权，又被称为中小股东异议估价权、少数股东收买请求权，是在资本多数决背景下寻求公司僵局的法律解决途径，防止大股东滥用其控制地位。我国《公司法》第74条规定三种情况之一出现时，提出异议的股东可以要求公司按照合理价格收购其股权。该制度普遍被认为是赋予中小股东的一项权利，当存在资本多数决，持异议的少数股东虽投反对票但无力阻止决议通过的情况下，要求对其所持股权的价值进行评估并由公司以合理价格予以购买的权利。

股东履行出资义务后，其投资即成为公司财产，原则上股东并不具有退股的权利，只享有出让股权变现的权利。即便是该股东自身，在没有和相关受让方就股权出让事宜达成合意的前提下，亦无法通过股权转让来放弃其股东身份。该权利背后的根本原因在于公司的某些举措或者业绩表现违背了自己的投资意愿和达不到自己的投资预期。

首先是公司作出合并、分立的决定，自己虽反对亦不能阻止其决议通过。公司不论收购其他公司还是被其他公司收购，抑或被分拆重组为两个或两个以上的公司，公司的宗旨、经营方针与长远规划都可能发生根本性变化，股东投资的公司已经不是原来的公司，违背了自己投资的初衷。包括营业期限届满或者出现章程约定的解散事由，大股东要继续经营，异议股东并无此意，亦是超出了投资期限的预期。其次是由于对公司长期的业绩及分配计划的不满，投资回报预期无法实现或者由于公司处置主要资产导致公司盈利能力、偿债能力下降，对公司未来丧失信心。上述情形下，中小股东因找不到合适的受让方而无法出让公司股权，同时又被大股东或实际控制人压制，公司也就因此出现了僵局。在股东会资本多数决原则下，大股东可能通过表决机制排挤、压制中小股东甚至损害其合法权益。该制度的价值使异议股东能够选择通过出让股权换取合理而公平的补偿的方式退出，不再受到因“少数服从多数”形成的决议的约束。

（二）行使异议股东股权收购请求权的条件

1. 实体要求。《公司法》第 74 条中对有限责任公司异议股东股权收购请求权的行使条件的规定较为宽泛，共有三类情况，（1）公司连续 5 年盈利但拒绝分配；（2）公司合并、分立、转让主要财产；（3）出现公司解散事由时公司决议延长营业期限，只要具备上述情况之一，即可行使该项权利。而对于股份有限公司，《公司法》第 142 条规定则仅有对公司合并、分立持异议这一项。这其中的区别在于：有限责任公司具有人合性和封闭性等特点，决定了其相对较低的股权流动性，公司的运营以及股东的权益保护更多依赖内部自治而非司法救济，因此法律有必要另行给予中小股东相应的保护机制；而股份有限公司投资人数众多且股权流动性大，股东自身可通过自由市场交易选择出让股权退出公司，不必另行设立法律救济途径。

2. 程序性要求。根据《公司法》第 74 条第 2 款规定，自股东会会议决议通过之日起 60 日内，股东与公司不能达成股权收购协议的，股东可以自股东会会议决议通过之日起 90 日内向人民法院提起诉讼。该款中提及的 60 日和 90 日为不变期间，不适用诉讼时效中断的相关规定。《公司法司法解释一》第 3 条规定，原告以《公司法》第 22 条第 2 款、第 74 条第 2 款规定事由，向人民法院提起诉讼时，超过公司法规定期限的，人民法院不予受理。这里的公司法规定期限即指 90 日，即异议股东依据股权收购请求权寻求救济的期限只有自股东会会议决议通过后的 90 日，逾期则无权以此为据来主张权利。

实务问题

除法律规定的条件外，公司内部约定股权回购的合意是否有效

无论有限责任公司抑或股份有限公司，法律规定的股东能够主张异议股东股权收购请求权的情形都不多。而在实务中不少公司的股东之间甚至章程中均存在内部约定股权回购的情形，但《公司法》第 74 条及第 142 条中并无“公司章程另有约定的除外”这样类似的兜底条款可供公司意思自治。那么，公司章程约定股权回购的合意是否有效有两种观点。

典型案例

案例：股权回购受法律限制

在上海市普陀区人民法院审理的王某某与某机械科技有限公司请求公司收购股份纠纷一案［案号：（2011）普民二（商）初字第 1185 号］中，公司 2009 年作出《关于同意王某某所持股份“股转债”的决议》（实质为股权回购决议），该决议载明公司同意以“股转债”的形式接收王某某所持股权，后因公司拒绝支付款项，原告以该公司董事会决议要求公司回购其持有的股权。人民法院认为《公司法》第 74 条仅涉及有限责任公司异议股东的股权回购请求权，并无公司主动回购股权的相关规定，亦无股东与公司“合意”回购股权的规定。最终认为该决议不符合《公司法》第 74 条所规定的异议股东股权回购请求权之构成要件，且有悖于股权回购的立法精神及法律规定，违反公司资本维持原则，损害公司及债权人利益，应属无效，故驳回原告诉请。

【律师剖析】

通过上述人民法院判决不难看出，在资本维持原则下，《公司法》的公法性质依然被优先考虑，司法机关对于公司内部自行约定回购条件仍持谨慎态度，中小股东行使异议股东股权收购请求权受到法律的严格限制，只能依据法律规定的情形提出回购请求。

而随着近年《公司法》修改、公司资本认缴制度的确定，有效观点逐渐成为主流。

典型案例

案例：回购股份有利于打破公司僵局

最高人民法院审理的叶某与某房产开发公司请求公司收购股份纠纷一案［案号：（2009）民申字第 453 号］中，某房产开发公司于 2007 年 4 月某日召开股东会会议作出股东会决议，决定公司增资，由全体股东按出资比例认缴，如股东未按期缴纳出资的，由公司回购其股权，该决议经全体股东一致同意。同月，股东叶某根据上述股东会决议与房产开发公司签订股权收购协议，叶某将其持有公司10%的股权以约定价格转让给公司。事后公司仅支付部分款项，余款未付，故叶某向人民法院起诉索要欠款。

法院认为，股东通过公司回购股份退出公司，并不仅限于《公司法》第74条规定的情形。在股东之间就公司的经营发生分歧，或者股东因其自身原因不能正常行使股东权利时，股东与公司达成协议由公司回购股东的股权，既符合有限责任公司封闭性和人合性特点，又可打破公司僵局、避免公司解散的最坏结局，使得公司、股东、公司债权人的利益得到平等保护。协议有效符合《公司法》立法原意，且通过公司回购股东股份，使公司继续存续，可以保持公司的营运价值，并不必然导致公司债权人利益受损。因此再审维持了原审二审判决。

【律师剖析】

本案的焦点在于股权收购协议是否有效，有效基础上原告的请求权方有可能得到支持。在协议的效力问题上，原审、再审结果截然相反：

《公司法司法解释二》第5条允许公司与股东在公司解散诉讼案件中，协商由公司回购股东股份，以打破公司僵局，使公司保持存续而免遭解散。若举重以明轻，应当允许公司与股东在公司僵局形成之初、股东提请解散公司之前，即协商由公司回购股份以打破公司僵局、避免走向公司解散诉讼，体现了商事自治原则，也使得投资各方利益最大化。需要注意的是：公司回购股东股份之后，或者转让，或者将该股份通过减资程序注销。无论注销或转让，均应符合《公司法》关于保护公司债权人的相关规定，即“股份转让或者注销之前，原告不得以公司收购其股份为由对抗公司债权人”。[①]

《公司法》第142条针对股份有限公司的相关规定的立法思路则完全不同。第1款即明确“公司不得收购本公司股份”，随后采用但书形式规定了包括异议股东回购等在内的例外情形。股份有限公司的回购规则是“原则禁止，例外允许”。

---

① 上海市律师协会公司与商事业务研究委员会主编：《公司诉讼律师实务》，法律出版社2016年版，第81页。

条款设计示例

第【×】条　股东出现下列情况之一，可以要求公司以合理的价格收购其股份：

（1）公司连续5年盈利，具有可分配利润，但是股东会决议不分配的；

（2）公司合并、分立或者转让主要财产，该主要财产超过公司净资产50%或者是公司的主要盈利工具；

（3）出现公司解散事由时，公司股东会决议延长营业期限；

（4）其他明确可以回购的情况【　】。

主张回购的股东应当在决议作出后7日内向公司董事会/执行董事提出包括价格区间的收购请求。该价格区间应以公司上年度净资产为基准。

自股东会会议决议通过之日起60日内，股东与公司不能达成股权收购协议的，股东可以自股东会会议决议通过之日起90日内向人民法院提起诉讼。

【设计指引】

1. 司法实践允许章程约定法律规定之外的回购事由，章程起草者应在【　】内明确；

2. “主要财产”建议根据公司实际予以定义；

3. 回购价格的确定方式建议予以明确。

九、股东会召集请求权、自行召集主持权

（一）召集请求权及自行召集主持权的概念

现代公司制度下，公司的所有权和经营权相分立，股东们通常委托董事会/执行董事管理公司，包括股东会的召集和召开，但股东并不因此丧失请求召集以及在特定情况下自行召集和自行主持临时股东会的权利。股东行使该项权利，重要的是符合程序性要求。

（二）召集请求权及自行召集主持权的法律规定

《公司法》第38条规定，首次股东会会议由出资最多的股东召集和主持；定期会议的召开，依照《公司法》第40条和第101条的规定，股东会会议由

董事会召集，董事长主持会议。有限责任公司不设董事会的，股东会会议由执行董事召集和主持。

首次股东会会议形成公司最初的公司治理结构，在董事会还未选举产生时，势必需要某一特定的股东负责召集和主持会议。出资最多的股东与其利益相关性更强，或者说出资越多、责任越大，法律规定由出资最多的股东召集和主持非常符合商业伦理。

1. 董事会 / 执行董事缺位的情况下会议的召集和主持

由于一些主、客观原因，董事会 / 执行董事缺位，法律有如下安排：

（1）"不能主持"情况下法律作出的权力顺位排序。董事长不能履行职务或者不履行职务的，如果有副董事长的，由副董事长主持；副董事长也不能履行职务或者不履行职务的，由半数以上董事共同推举一名董事主持。

（2）"不能召集"情况下法律作出的权力顺位排序。有限责任公司董事会或者执行董事不能履行或者不履行召集股东会会议职责的，由监事会或者不设监事会的公司的监事召集和主持；监事会或者监事不召集和主持的，代表十分之一以上表决权的股东可以自行召集和主持。股份公司董事会不能履行或者不履行召集股东大会会议职责的，监事会应当及时召集和主持；监事会不召集和主持的，连续 90 日以上单独或者合计持有公司 10% 以上股份的股东可以自行召集和主持。

上述规定可以看出，当股东会的召集权和主持权授权给董事会和董事长后，股东并不能直接自行召集和主持股东会，而是需要满足法定的权力行使顺序，即董事会 / 执行董事和监事会 / 监事依次均不能履行召集和主持义务时，方才可以自行召集和主持。否则，即使是大股东，随意自行召集和主持股东会会议属于程序违法，遑论决议的效力。

2. 临时股东会的召集请求权

当出现一些临时事由，且往往是重大事由，有必要在定期会议之外召开的股东会会议称为临时股东会，此时股东与董事或监事一样，有权请求召开临时股东会，只是该动议应当代表十分之一以上的表决权，股份公司应当是连续 90 日以上单独或者合计持有公司 10% 以上股份的股东，也就是说临时会议的召集必要性必须获得一定持股比例股东的赞同与支持。

《上市公司股东大会规则》（以下简称《股东大会规则》）第 9 条"单独或者合计持有公司 10% 以上股份的普通股股东（含表决权恢复的优先股股东）有权向董事会请求召开临时股东大会，并应当以书面形式向董事会提出"。董事会不同意或者在收到请求后 10 日内未作出反馈的，上述股东“有权向监事会提议召开临时股东大会，并应当以书面形式向监事会提出请求”。但是该项权利只是临时会议召集的请求权，并非实际的召集权。

3. 自行召集和主持会议的权利

依照《公司法》和《股东大会议事规则》的规定，只有当董事会不同意召开也不及时书面反馈，监事会不同意召开也不及时书面反馈时，连续 90 日以上单独或者合计持有公司 10% 以上股份的普通股股东（含表决权恢复的优先股股东）方可自行召集和主持临时股东大会。故该权利只是特定情况下，比如董事会、监事会均工作失效、失灵的情况下，赋予特定股东的一种管理公司的权利。

（三）实务操作

1. 权利主体。有限责任公司为持股比例超过十分之一的股东，股份有限公司为连续 90 日以上单独或者合计持有公司 10% 以上股份的股东，上市公司为连续 90 日以上单独或者合计持有公司 10% 以上股份的普通股股东（含表决权恢复的优先股股东）。

但两类股东的权利区分：

（1）从请求是否必然得到响应上

有限责任公司“代表十分之一以上表决权的股东提议召开临时会议的，应当召开临时会议”。此处股东的提出临时会议的动议，就必须得到响应，依照公司章程规定召开。

股份有限公司股东则必须是先履行请求程序，且请求不是必然会得到同意。为避免股东的请求“石沉大海”，法律规定董事会必须在法定的期限内提出同意或不同意召开临时股东大会的书面反馈意见。董事会如同意召开临时股东大会的，应当在作出董事会决议后的 5 日内发出召开股东大会的通知。则股东的会议召开动议得到了有效响应。如果董事会不同意召开，则提出动议的股东要么放弃，要么另行向监事会提出召开的请求，并等待其响应。监事会同意召开的，由监事会召集和主持。

（2）从召集和主持的前置程序上

有限责任公司在董事会 / 执行董事及监事会 / 监事均缺位时，代表十分之一以上表决权的股东可以自行召集和主持，依照法律或章程规定，有明确的权利顺位，不需要另外征求意见，直接行使召集和主持权。

股份有限公司及上市公司，股东首先必须先经过“请求”程序，董事会不同意召开临时股东大会，或者在收到请求后10日内未作出反馈的；其次向监事会请求，监事会未在规定期限内发出股东大会通知的，视为监事会不召集和主持股东大会，达到一定持股比例的股东才可以自行召集和主持。

（3）从召集主持的会议性质上

有限责任公司股东可以主持定期会议，而股份有限公司及上市公司的股东则只能召集主持临时股东大会。

故从上述几方面进行比较，有限责任公司股东召集和主持会议的权限自由度较大，可以较多地直接参与公司管理，甚至不局限于股东大会的召集与主持。而股份有限公司的股东大会召集权、主持权则严格由董事会、监事会依次履行，只在特定情况下赋予股东。

股东会、股东大会的召集、主持应严格按照法律规定，不宜自由约定。

十、股东提案权

股东提案权是股东参与公司治理、体现公司民主的一种权利，指股东可以向股东大会提出供大会审议或表决的议题或者议案的权利。该项权利能够保证少数股东将其关心的问题提交给股东大会讨论，有助于提高少数股东在股东大会中的主动地位，实现对公司经营的决策参与、监督与纠正作用。

该项权利是股份有限公司特别是上市股东特有的权利，由于股东人数众多且分散，比较难以集中表达诉求，赋予符合一定条件的股东享有提案权。美国是最早确立股东提案权的国家。1942年美国证券交易委员会（以下简称SEC）依据证券交易法授权制定的委托书规则14a-8，又称股东提案规则。该规则允许符合一定资格条件的上市公司股东（注册股票的持有人）请求公司（注册股票发行人）将适宜股东行动议题的提案列入委托书征集材料，并赋予被征集股东就该提案进行表决的权力。①

为保障中小股东的合法权益，我国《公司法》在2005年修改时也借鉴了美国SEC的相关规定，在第102条第2款赋予单独或者合计持有公司百分之三以上股份的股东享有提案权，“可以在股东大会召开十日前提出临时提案并

① 王敏：《美国上市公司股东提案适当议题制度及其启示》，载《政治与法律》2011年第4期。

书面提交董事会；董事会应当在收到提案后二日内通知其他股东，并将该临时提案提交股东大会审议”。我国证监会《股东大会规则》（2016 年修订）第三章对股东的提案权行使作了比较详尽的规定，在此不建议自行约定。

十一、股东表决权

（一）股东表决权的概念

又称股东议决权，是指股东基于股东地位享有的就股东会、股东大会的议案作出一定意思表示的权利。股东表决权作为一种固有权、共益权，是股东权利的主要体现，是享有资产收益、参与重大决策和选择管理者权利的基础性权利。在股东权益中，对股东最有价值的莫过于股利分配请求权和董监选举权，前者可满足股东的经济需要，后者则可满足股东对公司经营阶层的人事控制需要，这两种权利之实现莫不以股东表决权之行使为前提。因为股东可通过表决权之行使，将内心的需要和愿望转化为法律上的意思表示，而众股东的意思表示依资本多数决原则又可上升为公司的意思表示即股东大会决议，并对公司自身及其机关产生拘束力。依照《公司法》规定，公司的重大事项、重大决策均需要征求股东的意见，其意见的表达方式就是表决，同意、反对或者弃权。

（二）表决权的分类

1. 决定类的表决

前提是董事会或者执行董事（以下为叙述便利，统称为董事会）已经就某方面内容做出了书面的计划、建议、方案等，需要股东会 / 股东大会表决决定是否实施。《公司法》第 37 条规定，有以下内容需要股东会 / 股东大会“决定”: 1. 经营方针和投资计划; 2. 有关董事、监事的报酬事项; 3. 公司增加或者减少注册资本; 4. 发行公司债券; 5. 公司合并、分立、解散、清算或者变更公司形式; 6. 其他公司章程赋予的职权。该类表决的前提包括对董事会做出该类计划方案的可行性，即是否做以及怎么做，允许股东会 / 股东大会对董事会的方案予以质疑、修改、调整甚至否决。

2. 审议类的表决

包括“审议”和“批准”两个前后联系的步骤，但是经过会议审议，不等于就必然被“批准”。审议的事项包括：1. 监事会或者监事的报告；2. 公司的年度财务预算方案、决算方案；3. 公司的利润分配方案和弥补亏损方案。

3. 选举类的表决

选举是依照程序，从候选人中选择正式成员的过程。

选举和更换非由职工代表担任的董事、监事，该类表决具有更严格的程序规定。《股东大会规则》要求必须披露候选人的详细资料。

现实中普遍存在董事会定方案，股东会就是举手走形式，只起到一个“橡皮图章”的作用，故公司法规定董事会成员、总经理应列席会议，对所要表决的议案作出必要的说明和解释，接受股东的质询。

（三）表决原则

股东会的表决原则依据《公司法》第 42 条：股东会会议由股东按照出资比例行使表决权；但是，公司章程另有规定的除外。第 43 条第 2 款：股东会会议作出修改公司章程、增加或者减少注册资本的决议，以及公司合并、分立、解散或者变更公司形式的决议，必须经代表三分之二以上表决权的股东通过。而除上述第 2 款以外的股东会决议，则经代表过半数表决权的股东通过即可。即按照“出资比例行使表决权”为原则，允许公司章程另行约定。

（四）选举制度

1. 累积投票制。《公司法》第 105 条规定，是指股东大会选举董事或者监事时，每一股份拥有与应选董事或者监事人数相同的表决权，股东拥有的表决权可以集中使用。即选举董事或者监事时，每一股份拥有与应选董事或者监事人数相同的表决权，即应选几个，每一股就有多少表决权，股东可以集中表决权向其中一名候选人投票，增加其当选机会，也可以分配给数名候选人，以得票多者当选。这样中小股东提名的人选有可能进入董事会、监事会，参与公司的经营决策和监督，反映中小股东的意见。

然而，此项条款是任意性条款，并非当然适用，只有公司章程有明确规定或者股东大会有明确决议才适用。并且，我国《公司法》虽规定了累积投票制度，但仅限于股份有限公司，对有限责任公司未予考虑。但作为保障中小股东权益的一项根本之策，应该在有限责任公司制度设计中也引入此制度。

2. 委托制度。《公司法》第 106 条规定，股东可以委托代理人出席股东大会会议，代理人应向公司提交股东授权委托书，并在授权范围内行使表决权。股份公司由于股权分散，股东众多，大多数人持有的股份所代表的表决权不足以影响股东大会的决议，相当部分人认为参会也没有什么用，关注度不高，直接弃权；另有部分股东虽然关注，会通过委托他人来行使表决权，形成“表决权代理”。表决权代理的行使一般包括两种方式，一是股东虽然对股东大会关注，因时间和精力的有限而主动委托他人代为行使表决权，二是特别想在股东大会上表达自己的观点，往往是有提案提交，通过劝诱其他股东将表决权委托给自己代为行使，即股东表决权的征集。后者往往会通过征集行为获得大量的表决权以期能获得影响公司经营决策的表决权。

通过表决权征集可以将分散的股权集中起来，改变中小股东人微言轻的状况，行使股东的表决权，从而可切实保障中小股东参与公司管理、行使股东权利，改变股东大会是“大股东会”的局面。

（五）表决方式

除通常的召开会议当面表决外，还有下列表决方式：

1. 书面表决

由于地域、时间或人数的原因，有些决议事项虽经协商但是不便于通过会议的方式召开并通过决议，可以采用书面方式。《公司法》第 37 条第 2 款：对前款所列事项股东以书面形式一致表示同意的，可以不召开股东会会议，直接作出决定，并由全体股东在决定文件上签名、盖章。但是该制度的前提是首先股东对所议事项已经达成一致意见，只需要各自签字或盖章即可；其次应当注意签字、盖章的真实性与合法性。建议在公司设立时股东本人预留清晰可辨签字的样本，且不宜经常更换。

2. 电话 / 网络等表决

通过电话进行二级市场的交易已经沿用多年，但是用作投票因其证据性较差，建议采用视频、音频同步，并结合书面表决完成全部文件的签署。

当下网络社交工具众多，早年的 MSN、QQ、Skype，现在的微信以及远程的网络视频会议，使股东们可以跨越时空交流、商讨某一议题。故公司的股东会、董事会也可以采取该方式召开并表决，特别是在重大突发事件发生、现场会议难以如期召开的时候（如新冠肺炎疫情影响）。《上市公司股东大会规则》第 20 条明确，除设立会场，还应当提供安全、经济、便捷的网络和其他方式为股东参加股东大会提供便利。具体如何使用网络参与投票，上海证券交易所采用的是《上市公司股东大会网络投票实施细则（2015 年修订）》，深圳采用的是《深圳证券交易所上市公司股东大会网络投票实施细则（2010 修订）》。

（六）表决权的限制

1. 表决权的排除

指股东在特定情况下的表决，因基于利害关系其表决权被排除在外的制度。《公司法》第 16 条第 2 款、第 3 款："公司为公司股东或者实际控制人提供担保的，必须经股东会或者股东大会决议。前款规定的股东或者受前款规定的实际控制人支配的股东，不得参加前款规定事项的表决……" 通常情况下股东的表决权不容被剥夺，只有在涉及该股东利害关系时为防止该股东为自己的私利而滥用表决权，以确保决议之公正。

2. 自己股份表决权的禁止

指回购股份不具有表决权。立法宗旨在于避免代表公司行使权力的董事滥用此种股份表决权，用以控制股东会、操纵表决，从而达到为其自身或他人谋利的目的。许多国家都明确规定公司不得取得自己的股份也不得行使表决权。

3. 表决权的约定限制

表决权作为一项权利，可以被权利人放弃或让渡。在有限责任公司中，股东并不当然地依照出资比例享有表决权，而是可以在章程中约定。一种是虽然认缴的出资比例较大，但是自愿让渡部分表决权给其他持股比例较小的股东，通常该小股东是公司的创始人或实际经营者，便于公司按照创始人的意志较快决策。因为基于权利让渡方与受让方的合意，不侵害任何第三方的利益，该种约定体现在章程中应当是合法有效的。

另一种是瑕疵出资股东表决权的限制。《公司法司法解释三》第16条规定，股东未履行或未全面履行出资义务或者抽逃出资，公司根据章程或股东会决议对其利润分配请求权、新股优先认购权作出相应合理的限制，该股东请求该限制无效的，人民法院不予支持。此处并未表明表决权可以受限制，但是依照权利义务相一致原理推定，应当允许股东在章程中约定按照实际的出资额行使表决权，出资瑕疵的股东选举权受到一定期限的限制，直到其完成出资义务。还有一种情况是在公司实施股权激励时，被授权的激励对象通常不具有表决权，但由于未在工商机关登记，尚不具有法律上的股东身份，所以其表决权是未成型的，严格意义上不是被“限制”。表决权的限制必须在章程中明确规定，否则就是侵犯了股东的表决权。

条款设计示例

第【×】条 股东会会议由股东按照出资比例行使表决权。

第【×】条 股东会会议按照下列比例行使表决权：

股东甲【　】%，股东乙【　】%，股东丙【　】%……

第【×】条 股东会决议，经代表过半数表决权的股东通过。

股东会会议作出修改公司章程、增加或者减少注册资本的决议，以及公司合并、分立、解散或者变更公司形式的决议，必须经代表三分之二以上表决权的股东通过。

【设计指引】

1. 上述示例的第 1 条、第 2 条两者选其一，不可同时约定。

2. 示例第 3 条也可以根据选择相应调整。

十二、新股优先认购权

（一）概念及法律依据

新股优先认购权，是指公司在经营过程中增加注册资本，公司原有股东对于发行的新股享有优先于股东以外的第三人认购的权利，也表现为优先认缴公司新增出资的权利。《公司法》第 34 条，“公司新增资本时，股东有权优先按照实缴的出资比例认缴出资。但是，全体股东约定不按照出资比例分取红利或者不按照出资比例优先认缴出资的除外”。新股优先认购权具有自益性，股东通过行使该项权利，保证股权比例不因增资而被稀释。关于新股优先认购权的概念，应当注意以下三点：

1. “优先”是认购顺位的优先，而不是价格的优惠；

2. 新股优先认购权中“认购”的前提是股份的发行，认购的结果是产生出资义务，并非因股东资格而当然享有或自动发生；

3. “优先认购”的人身属性，即优先认股权基于“股东”身份而产生，而非基于“股份”而产生，也非指向公司的高管人员或雇员。所以如果公司持有自己股份或公司的子公司持有自己股份这一类特殊股东，也没有新股优先认购权。

但公司在一轮轮的融资中，股东的优先认购权经常被协议排除，特别是在公众公司中设定新股优先认购权，被视为一个错误，并成为经由公众市场融资的路障，因为绝大多数公众公司并不想从原有的股东群体中获得新的资本，换言之，与其赋予股东接受配股的权利而募集股份，不如通过公开募集股份更有利于公司调剂资金。公开证券市场使得优先认股权价值不太重要，因为股东可以随时在公开市场上购买股份以增加其持股比例。

在新股发行时，对原股东的保护方面，理论上至少要考虑以下两点：一是不能因股价下跌而蒙受损失；二是需要维持在全体股东的表决权总数中各股东所占比例。

实务问题

1.《公司法》规定按照实缴比例认购是否合理

在没有其他约定的情况下，采用资本优先原则显然是合理的；如果不合理，法律也是允许全体股东约定不按照出资比例优先认缴出资的。

2. 新股优先认购权是否可以由公司章程、股东会或股东大会决议而任意剥夺

法律允许章程另行约定，但这并不意味着资本占多数的股东可以剥夺小股东的优先认购权，除非全体股东一致同意，此处使用的不是"资本多数决"，而是全体一致同意，就不存在"剥夺"之说。

典型案例

案例：新股优先认购权是否应受到期限的制约

在四川省绵阳市中级人民法院（2006）绵民初字第2号红日公司、蒋某与科创公司股东会决议效力及公司增资纠纷案一案中，因案情复杂，仅就该案涉及的优先认购权行使时间进行讨论：

根据《公司法》第33条[①]规定，股东会决议因侵犯了红日公司和蒋某按照各自的出资比例优先认缴新增资本的权利而部分无效；股东优先认缴公司新增资本的权利属形成权，虽然现行法律没有明确规定该项权利的行使期限，

① 对应现行《公司法》第34条。

但法院认为，为维护交易安全和稳定经济秩序，该权利应当在一定合理期间内行使，并且由于这一权利的行使属于典型的商事行为，对于合理期间的认定应当比通常的民事行为更加严格。

故对于红日公司和蒋某在股权变动近两年后又提起诉讼，争议的股权价值已经发生了较大变化，此时允许其行使优先认缴出资的权利将导致已趋稳定的法律关系遭到破坏，并极易产生显失公平的后果，故人民法院判决认定红日公司和蒋某主张优先认缴权的合理期间已过并无不妥，原告行使对科创公司新增资本优先认缴权的请求不予支持。[①]

【律师剖析】

股东优先认购权是先买权的一种具体类型，具有先买权的一般法律特征，从整体视角观察，我们很难将优先认购权简单地归入某一传统民事权利类型中，优先认购权应该是一种融合了附条件法律行为以及形成权的结合体。所以无论是二审法院认定为诉讼时效，还是最高院认定为除斥期间，抑或一审法院只将其称为合理期间，其期间的起算点，都应当是优先认缴的增资决议作出时才能开始起算。然而本案中，股东优先认缴增资的股东会决议并没有作出，所以不应当受到时效的限制。

故判决就股权变动近两年后又提起诉讼这一段阐述，刻意规避了“时效”“除斥期间”等概念，而是从法律公平的角度，认为保护两原告的优先认购权或损害业已形成的法律关系。故这一判决符合结果公平的理念，保护了团体法律关系，保护了相关利害关系人。

条款设计示例

第【×】条　公司新增资本时，股东有权优先按照实缴的出资比例认缴出资。

第【×】条　公司新增资本时，股东按照下列约定认缴出资：

……

【设计指引】

上述示例中第1条、第2条两者选其一，不可同时约定。

① 《最高人民法院公报》2011年第3期。

十三、利润分配请求权[①]

股东投资最原初的动因均是为了获益，因此公司的一切活动均应当围绕如何使股东的投资获取相应的收益为目的。资产收益包括了股息、分红以及公司清算后的可分配的剩余财产，利润分配是收益权最主要的体现，和股东投资的最主要的价值期待。利润分配请求权，最高人民法院也称为公司盈余分配请求权。

（一）利润分配请求权的法律依据

利润分配请求权是指股东有权要求公司根据法律和公司章程规定，依据公司的经营情况，分派股息和其他应得收益的权利。一般认为股利是股息和红利的合称，《公司法》也多处使用“收益”“股利”等提法，均指投资收益所得。

我国《公司法》对于股东的利润分配有如下三个层次的规定：首先，《公司法》第4条明确：“公司股东依法享有资产收益、参与重大决策和选择管理者等权利”，第34条规定“股东按照实缴的出资比例分取红利……”这是法律赋予股东的盈余分配请求权与获得权的基础。其次，《公司法》第46条规定董事会有“制订公司的利润分配方案”的职权，这是规定盈余分配方案的制订权。最后，《公司法》第37条规定公司股东会有“审议批准公司的利润分配方案和弥补亏损方案”的职权，此为盈余分配方案的决定权。但是公司即使存在盈余，也未必具备请求盈余分配给付的条件，股东并不能单凭股东身份径行主张，还要满足弥补亏损、提取公积金等条件。

《公司法司法解释四》则针对实践中公司有盈利而不分配、甚至作出分配决议仍不分配等侵害中小股东利益的现象进行了明确规定，该解释第14条规定：股东提交载明具体分配方案的股东会或者股东大会的有效决议，请求公司分配利润，人民法院应当判决公司按照决议载明的具体分配方案向股东分配利润。强调了请求利润分配的前提是有具体的分配方案，

① 使用“利润分配请求权”是由于《公司法司法解释四》使用的是利润分配，由于最高人民法院的案由规定使用的是“公司盈余分配请求权”，故两者并列使用，但标题依照“从新原则”使用利润分配请求权概念。

换言之，公司没有利润或股东会决定不分配利润等情况都不能强行要求分配。但“公司拒绝分配利润且其关于无法执行决议的抗辩理由不成立的”似画蛇添足。

典型案例

案例：没有股东会决议可否要求分红

江苏省常州市中级人民法院（2013）常商外初字第18号判决中，明键公司与中天邦益公司公司盈余分配纠纷案产生争议，原告提供根据被告常州中天2013年3月25日出具、并经会计师事务所审计年度财务报表记载：2012年度期末应付给原告的股利余额为人民币2083092.45元，证明被告依法有可供分配的利润，要求被告分配股利。

【律师剖析】

该案最关键的证据是公司章程，根据被告公司章程规定：公司依法缴纳所得税和提取各项基金后的利润，按照合资各方在注册资本中的出资比例进行分配；公司每年必须至少分配一次，每个会计年度后三个月内公布利润分配方案和各方应分的利润额。因此该案中原告要求被告支付2011年度应付给原告的股利人民币2083092.45元及利息，人民法院认为有章可循，诉请得到人民法院的判决支持。如果在公司章程中规定，公司税后有净利润就必须分配，则可以避免很多大股东的借口。

（二）利润分配原则

股息是股东定期按一定的比率从上市公司分取的盈利，红利则是在上市公司分派股息之后按持股比例向股东分配的剩余利润。

1.按照实缴的出资比例分取红利原则。在资本实缴制包括分期实缴制下，这一规定是明确的和普遍遵循的，即在公司分取红利前或规定的会计年度内，按照股东实际注入的资本金比例来作为分红的比例。但是在认缴制下，特别是全体股东的出资期限均为届满时，很可能各方均是零出资（此处为狭义“出资”，不包括股东为公司经营垫付的资金），“股东按照实缴的出资比例分取红利”就变得语意含糊，无法操作。所以笔者建议：一种方式是在投资协议或章程中明确约定股东“首期出资的及时缴纳义务”，即股东必须在公司成立后的较短时间内，一般应在公司第一次工商年报提报前缴纳首期出资款，可以约定首期出资的金额，也可以是约定一定的出资比例；另一种方式是约定在股东均未出资时，公司在一个财务年度结束后，提取10%的法定公积金后公司仍有盈余，可以按照股东认缴的出资比例分配。

2. 不按照出资比例分取红利原则，属于股东自愿约定的范畴。不按出资比例，那么按照什么来分配，就需要股东各方的合意以及条款的撰写技巧。现在很多创业公司普遍存在出资与分配不按照比例的情况。例如，作为创始人（创始团队）没有充分的货币资本，仅有核心技术甚至只有一个商业创意，要求持有较大比例的公司股权，而作为财务出资的一方占有较小的股权比例，各方可以约定在公司有可分配利润时，财务出资的股东具有优先分红的权利，或者具有较高的分红比例。这样的约定通常在公司设立之初可以达成，“不按照出资比例分取红利”因为不符合“同股同权”原则，通常是作为阶段性的约定。当有新的股东加入时，这类条款往往面临着存废的问题。

另外在中外合资企业、中外合作企业中也存在不按照出资比例分配利润的情况，参见本书其他章节。

典型案例

案例：公司章程规定与法律规定何者优先

亚农发公司与鲜花港公司中外合作经营合同纠纷上诉案［（2007）沪高民四（商）终字第43号］中，鲜花港公司和亚农发都是第三人碧野公司的股东，因经营亏损，鲜花港公司要求亚农发公司以自有资金填补公司亏损。经审计，碧野公司确实亏损15382706.22元。依照当时的《公司法》规定，股东利润分配是按照出资比例分配，也并未规定一方股东对公司亏损负有填补义务。法院支持了原告诉请，二审维持原判。

【律师剖析】

本案看似违反《公司法》的相关规定，且不符合风险共担的商业基本原则。但是碧野公司章程第43条约定：“公司利润在提取法定公积金、法定公益金后，按下列顺序分配：（一）合作公司按甲方（即鲜花港公司）投资额4052300元人民币计，每年固定支付甲方投资收益15%，即人民币607845元；（二）其余利润全部归乙方（即亚农发公司）所有，如发生亏损由乙方承担；如因经营亏损导致合作公司注册资本减少，乙方应在每个会计年度后的四个月内以自有资金填补亏损。”从这一案例看出，审判机关判决充分尊重公司章程的意思自治原则。

（三）大股东滥用资本多数决原则与强制利润分配

实践中经常遇到的是公司虽然有盈余可供分配，但是由于资本多数决原则的存在，对于股东会决议具有决定权或重大影响的股东意见会影响盈余是否分配或如何分配。如果作为商业判断，基于公司的发展战略等因素，大股东决定不分配或少分配红利很可能是理性的，具有商业前瞻性的，但是可能与小股东的价值观和投资目的相违背，对于小股东的财产权益是一种侵害。为了平衡大小股东之间的利益，《公司法司法解释四》确立了“强制利润分配制度”，其第 15 条“但书”部分规定：但违反法律规定滥用股东权利导致公司不分配利润，给其他股东造成损失的除外。结合本条“股东未提交载明具体分配方案的股东会或者股东大会决议，请求公司分配利润的，人民法院应当驳回其诉讼请求”。换言之，即使没有载明具体分配方案的股东会或者股东大会决议，能证明“滥用股东权利”也可以要求人民法院分配利润。

“滥用股东权利”如何理解？根据最高人民法院杜万华大法官的说法，可以概括为四点：第一，给在公司任职的股东或者其指派的人发放与公司规模营业业绩同行业薪酬水平明显不符的过高薪酬，变相给部分人分配利润；第二，购买与经营不相关的服务或者财产，供某些股东消费或者使用，变相给该股东分配利润的；第三，为了不分配利润隐瞒或者转移公司利润的；第四，滥用股东权利不分配利润的其他情况。这个“其他”，我认为应当包括公司资本充足的情况下，仍过度提取公积金（包括任意公积金）等。

条款设计示例

第【×】条　股东按照实际出资比例分配利润。

未实际出资或未全部出资的，或存在瑕疵出资的，应不分配或少分配利润。全体股东均未出资或均存在出资瑕疵的，按照认缴的出资比例分配利润。

根据公司战略和实际经营情况，股东会可以决议公司设立后【　　】年不分配利润，但是公积金提取达到注册资本 50% 时，则应当分配利润。

第【×】条　股东按照下列比例分配利润（具体分配方案）。

第【×】条　公司分配当年税后利润时，应当提取利润的 10% 列入公司法定公积金。公司法定公积金累计额为公司注册资本的 50% 以上的，不再提取。

公司的法定公积金不足以弥补以前年度亏损的，在依照前款规定提取法定公积金之前，应当先用当年利润弥补亏损。

公司从税后利润中提取法定公积金后，经股东会或者股东大会决议，还可以从税后利润中提取1%~3%的任意公积金。

公司弥补亏损和提取公积金后所余税后利润，依照第×条规定分配。

第【×】条 公司大股东或控股股东不得滥用股东权利，过度提取公积金或者转移利润，损害中小股东利益。

【设计指引】

1. 未出资和瑕疵股东出资的利润分配权应进行限制。

2. 允许根据实际情况一定年限内不分配利润，但上限是4年，且提取公积金不宜超过注册资本金的50%，否则容易引致回购或强制利润分配。

3. 示例约定限制大股东、控股股东滥用股东权利。

十四、申请公司解散权、申请公司清算权

（一）申请解散权、申请公司清算权的概念

这两项权利是小股东面临投资目的不能实现且自己的主张和诉求无法通过股东会、股东大会得以实现时，为避免损失继续扩大，请求人民法院进行权利救济的权利和制度。其应有之义还包括股东向公司权力机构要求解散、要求清算的权利，如果不能得以实现，可以通过诉讼解决。这两项权利密切相关，但是却不能同时提起诉讼。《公司法司法解释二》第2条规定，股东提起解散公司诉讼，同时又申请人民法院对公司进行清算的，人民法院对其提出的清算申请不予受理。当事人可以在人民法院判决解散公司后，依据《公司法》第184条和《公司法司法解释二》第7条的规定，自行组织清算或者另行申请人民法院对公司进行清算。

（二）申请解散权

1. 请求解散的审慎原则

公司解散是指已成立的公司基于一定的合法事由而使公司消失的法律行

为。这不但涉及商事主体的存亡，涉及股东权益、债权人利益，还涉及员工就业、社会责任，所以如果不是经营期限届满或者股东一致终止经营，不得随意主张解散。故《公司法》第 182 条仅规定“公司经营管理发生严重困难”且继续存续会使股东利益受到重大损失，通过其他途径不能解决的，持有公司全部股东表决权 10% 以上的股东，可以请求人民法院解散公司。

解散决议需要股东会、股东大会决议通过，且需要三分之二以上多数票赞同。虽然法律赋予了表决权十分之一以上的股东可以请求人民法院解散公司的权利，但实际上该权利仅仅是“申请”权，而不是“解散权”。

实践中，当事人往往觉得该项权利根本无法实现，虽然“经营管理发生严重困难”但却屡屡被法院驳回。最高人民法院刘敏法官曾撰文认为：因股东提起解散公司之诉的权利行使是受到限制的，不是在任何情况下股东都有权提起，按照公司法的规定，只有在上述实质条件存在的情况下，符合条件的股东才有提起这类诉讼的权利……比如，原告以公司的资产负债表、年度审计报告等主张公司经营严重亏损请求解散公司的，因公司亏损仅仅是公司经营状况恶化的表现，而非公司因股东之间的僵局导致公司无法正常经营，使公司处于瘫痪状态的表现，因此诉请并不满足公司法规定的股东提起解散公司之诉的实质条件。根据公司法的规定，还存在一个“通过其他途径不能解决”这一前置程序的审查。《公司法》的这一规定，更多的是试图体现对于公司诉讼尽可能穷尽内部救济。即当公司内部发生冲突时，因公司社团性法人的特点（一人公司除外），应当尽可能通过公司内部的行为规则（如章程）来解决，实在解决不了，也不排除其选择司法救济手段救济其权利。故对于股东僵局情况下，股东提起解散公司之诉的，对于该前置程序的设置更多的是倡导性的规定，人民法院在立案受理时应当采取从宽的原则。①

基于实践中股东申请解散可操作性差，《公司法司法解释二》第 1 条对于哪些情况下可以向人民法院主张解散作了较为明确的规定：

以下列事由之一提起解散公司诉讼，并符合《公司法》第 183 条规定的，人民法院应予受理：（一）公司持续两年以上无法召开股东会或者股东大会，公司经营管理发生严重困难的；（二）股东表决时无法达到法定或者公司章程规定的比例，持续两年以上不能作出有效的股东会或者股东大会决议，公司

① 刘敏：《关于股东请求解散公司之诉若干问题的思考》，载《法律适用》2006年第10期。

经营管理发生严重困难的；（三）公司董事长期冲突，且无法通过股东会或者股东大会解决，公司经营管理发生严重困难的；（四）经营管理发生其他严重困难，公司继续存续会使股东利益受到重大损失的情形。

即学界、实务界通常讲的“公司僵局”，已经不仅仅局限于经营不善，严重亏损所致的“经营管理困难”，更多的是侧重于股东之间矛盾冲突导致公司经营难以为继，而并不以公司是否亏损为经营困难的依据。这是对公司法有效的补充和解释，以列举的方式将常见的公司僵局形成原因作为申请解散的一种事由，并具体化为“持续两年”的不能召开会议或不能形成有效决议导致经营管理发生严重困难。因此在起草或修改公司章程时，建议增加此条款，以备万一出现公司僵局时可以有解决的路径和方法。

上述规定为股东申请解散提供了明确的方向，切实保障股东诉权，但是“股东以知情权、利润分配请求权等权益受到损害，或者公司亏损、财产不足以偿还全部债务，以及公司被吊销企业法人营业执照未进行清算等为由，提起解散公司诉讼的，人民法院不予受理”。因为此类权益受损，《公司法》在其他相关条款都规定了相应的法律救济。

2. 申请解散案件中的调解原则

解散公司毕竟是股东之间的一种共同选择，是否解散（包括营业期限届满是否延续）是以股东的意愿为准。当部分要求解散、部分不同意解散时，司法不宜强力干涉商事主体的内部选择，即使公司出现《公司法》第 180 条规定的情形，单独或者合计持有公司全部股东表决权百分之十以上的股东依照《公司法司法解释二》第 1 条的规定提起解散公司诉讼，人民法院依法受理后，应以调解为主。《公司法司法解释二》第 5 条第 1 款规定：“人民法院审理解散公司诉讼案件，应当注重调解。当事人协商同意由公司或者股东收购股份，或者以减资等方式使公司存续，且不违反法律、行政法规强制性规定的，人民法院应予支持。当事人不能协商一致使公司存续的，人民法院应当及时判决。”即在法院的主持下，引导股东之间达成收购或减资的合意，实现原告退出公司的目的，同时不同意解散的股东得以继续经营公司。这在《公司法司法解释五》第 5 条中又得到了进一步强调：“人民法院审理涉及有限责任公司股东重大分歧案件时，应当注重调解。当事人协商一致以下列方式解决分歧，且不违反法律、行政法规的强制性规定的，人民法院应予支持……”

但是调解不是无限期的，股东之所以起诉到法院就是因为此前的努力已经失败或无效，长久地调解只会令公司损失继续扩大，股东权益进一步被侵害，人民法院应当及时判决。

典型案例

案例：司法审慎解散公司

安立公司与威俊公司解散纠纷［案号：（2016）粤民终378号］一案是比较典型的案例，一审认为股东可以自行协商解散，判决驳回原告诉请，二审经过审理并考虑一审情形，最终判决解散。

【律师剖析】

一审在查明威俊公司管理确实已经陷入严重困难后，并未轻易判决公司解散。威俊公司是中外合资企业，原告股东主张解散，被告当庭同意解散、清算，另一股东也表示同意解散威俊公司，故法院认为当事人可以协商达成解散公司的目的，驳回原告诉请的同时，释明合同的一方可单独提出解散申请，报审批机关批准。如经磋商或向审批机关申请，通过自愿解散、行政解散仍不能解决，则安立公司可另行起诉主张权利。

该案一审判决后，各方并未就解散达成一致意见，原告上诉。法院查明，依照威俊公司章程约定，该公司董事会无法就解散公司形成全体董事签名确认的董事会决议，且管理已发生严重困难、陷入非常状态，如其继续存续将会使股东的利益受到重大损失。故二审法院并未再进行调解，既然一审股东未能达成调解协议，亦无法通过其他途径解决，在此情形下，安立公司提出解散公司的诉讼请求符合法律规定，判决威俊公司解散。这体现了司法的审慎介入原则，尊重当事人的意思自治，同时又体现了效率原则。

（三）申请公司清算权

清算，是为了终结现存的法律关系、处理其剩余财产、使之归于消灭而进行的一种法律行为，包括登记债权债务、计算核实等。清算是一种法律程序，公司注销时，股东必须依法进行清算。清算既是股东的权利，也是股东的义务。因清算意味着法人资格的终结，股东并不当然拥有清算的权利，而是在特定情况下享有请求清算的权利。

1. 清算的程序性规定

依照《公司法》第183条规定，清算因解散而开始，“公司因本法第一百八十条第（一）项、第（二）项、第（四）项、第（五）项规定而解散的，应当在解散事由出现之日起十五日内成立清算组，开始清算”。

上述规定实际包括以下可能发生清算的情形：

（1）经营期限届满解散；

（2）章程约定的解散事由出现；

（3）股东会或者股东大会决议解散；

（4）依法被吊销营业执照、责令关闭或者被撤销等非正常关闭、停业；

（5）包括股东依照第182条请求人民法院解散，其诉请得到支持的，均应当对公司进行清算。

通常情况下，股东会作出解散决议后公司于15日内成立清算组，开始清算。逾期不成立清算组进行清算的，债权人可以申请人民法院指定有关人员组成清算组进行清算。人民法院应当受理该申请，并及时组织清算组进行清算。也就是说对公司进行清算是全体股东的权利和义务，如果不及时清算，势必导致公司进入混乱无序状态，文件档案遗失散落、财物无人保管或被肆意瓜分、抢夺、盗窃而导致损坏、灭失，严重损害股东的财产权益。如果股东会或实际掌控公司的控股股东怠于行使该权利，其他股东可以依法提起诉讼。

2. 自行清算与强制清算

清算包括自行清算和强制清算，前者并不需要一定通过司法途径。公司可以依照《公司法》第184条的规定，组成清算组自行清算。建议股东在通过解散决议或者期限届满决定不再延期时，同时成立清算组，安排和组织清算事宜。

强制清算又称被动清算，一种是债权人提起的强制清算要求。有下列情形之一，债权人申请人民法院指定清算组进行清算的，人民法院应予受理：（1）公司解散逾期不成立清算组进行清算的；（2）虽然成立清算组但故意拖延清算的；（3）违法清算可能严重损害债权人或者股东利益的。另一种是股东提起的强制清算要求。具有上述所列情形，而债权人未提起清算申请，股东申请人民法院指定清算组对公司进行清算的，人民法院应予受理。

3. 优先清算权

是指PE在目标企业清算或结束业务时，具有的优先于其他普通股股东获得分配的权利，是投资框架协议中一个非常重要的条款，决定公司在清算后蛋糕怎么分配，即在发生被投资公司清算的情况，偿付债务后的清算财产，优先由投资人分配（投资金额加上一定的回报），分配后的余额由投资人和其他股东根据股份比例再次分配。

但由于优先清算不符合利益共享、风险共担的原则和同股同权的原则，优先清算一般都不会规定在章程中，而是与股东另外约定。

十五、公司剩余财产分配请求权

股东的剩余资产分配权是指股东对公司清算时的剩余资产有要求分配的权利。这一权利是股东的一项基本财产权利，但是行使的前提是公司的净资产在清算时大于公司的债务。

（一）法律依据

我国《公司法》第186条规定，公司清算后的剩余资产，有限责任公司按股东的出资比例进行分配，股份有限公司按股东持有的股份比例分配。

（二）行使剩余资产分配权的前提条件

即剩余财产分配的前提是清算完毕，且扣除《公司法》第186条各项后仍有剩余财产。

典型案例

案例：非经法定程序不得分配公司财产

在中城公司与高某涛损害股东利益责任纠纷一案［（2016）京0108民初12908号］中，被告在丰源公司清算中将公司的房产、汽车出让之后的款项据为己有，原告作为丰源公司大股东据此主张被告行为损害股东利益，要求其返还房、车变卖款及相应利息，及要求分割公司剩余财产。法院依照《公司法》及丰源公司章程，清算需经一定程序且需报原登记机关备案。在清算完结前，投资者不得处理公司财产。法院认为，高某涛通过处置丰源公司资产带来的收益应首先返还给丰源公司，再由丰源公司清算组织完成清算事项后作为公司剩余资产予以分配。倘若丰源公司在自行清算过程中无法完成上述事项，应通过公司强制清算程序加以解决，而非越过清算程序直接请求分配剩余财产。故中城公司作为丰源公司一方股东提出本案诉请，应属不妥，本院不予支持。

【律师剖析】

本案实际涉及三个问题：高管损害公司利益的法律责任承担、公司财产清算与股东主张剩余财产分配权问题。因为高某损害的是丰源公司利益，应将侵占的财产返还或赔偿给公司，公司方能完成未完成的清算；如清算中有剩余财产，股东方可主张剩余财产的分配。所以原告应当分三步走：第一步：以损害股东利益责任纠纷为诉由，主张被告返还侵占的公司财物或者赔偿公司损失，暂时撤回分割公司剩余财产的诉讼请求；法院查明事实并支持其诉请后，启动第二步：清算（如不能自行完成清算，需要依法强制清算）；第三步：股东请求分割公司剩余财产。

（三）分配顺序与分配比例

经清算，公司财产在分别支付清算费用、职工的工资、社会保险费用和法定补偿金，缴纳所欠税款，清偿公司债务后的剩余财产，有限责任公司按照股东的出资比例分配，股份有限公司按照股东持有的股份比例分配。

条款设计示例

第【×】条 公司清算完毕，依照《公司法》第186规定的顺序完成各项支付，仍有剩余财产的，清算组按照股东出资比例进行分配。

清算组未能分配、分配不符合法律、章程规定，或者清算组有《公司法》第189条规定的行为，股东有权主张分配剩余财产，或者要求清算组返还财产或赔偿损失。返还的财产和赔偿的财产在扣除必要费用后可以按照剩余财产进行二次分配。

【设计指引】

明确返还和赔偿的财产可以按照剩余财产进行二次分配。

第四节 股东的主要义务

一、股东出资义务

股东出资义务，是指股东（包括公司设立前的发起人）在公司设立或增加资本时，根据发起人协议或公司章程的规定，遵循法定的出资形式及出资程序，向公司交付财产以获得股权而履行的义务。[①]

近一百年来，不断降低外部规制障碍、增强公司活力一直是大陆法系的改革趋势，在公司资本制度领域更是如此。大陆法系主要市场经济体的《公司法》纷纷改变最低法定资本金制度，转而效法英美国家的授权资本制度。如法国2003年《经济创新法》彻底取消了有限责任公司的最低注册资本，公司注册资本“由公司章程”来确定；《新经济规制法》规定，首期可缴纳认购股份的五分之一，其余的可在5年内补足。[②] 为了顺应域外公司法国际化改革趋势以及满足我国市场经济发展的内生需求，我国于2013年12月底对《公司法》进行了修正，将注册资本实缴制转变为注册资本登记认缴制，取消了注册资本缴纳期限要求、最低限额要求等法定限制（法律、行政法规以及国务院对公司注册资本实缴、注册资本最低限额另有规定的除外），允许公司对股东出资作出灵活规定，但是此修正并不意味着免除或者减少股东的出资义务。在公司章程对股东出资义务做出明确约定的情况下，股东必须按照公司章程的约定履行其出资义务；在公司章程约定不明的情形下，仍需要按照现行《公司法》及相关法律法规的要求履行其出资义务。未履行或未全面履行出资义务的股东在内部需要对公司及/或其他股东承担相应责任，存在损害公司债权人利益的情形时，还需对外部债权人承担责任。

（一）股东履行出资义务的要求

《公司法》第25条第5项规定，有限责任公司的章程应当载明股东的出资方式、出资额和出资时间。《公司法》第81条第5项规定，股份有限公司的章程应当载明发起人的姓名或者名称、认购的股份数、出资方式和出资时间。《国务院关于印发〈注册资本登记制度改革方案〉的通知》（国发〔2014〕7号）第2条第1款规定，公司股东（发起人）应当对其认缴出资额、出资方式、出资期限等自主约定，并记载于公司章程。公司应当将股东认缴出资额或者发起人认购股份、出资方式、出资期限、缴纳情况通过市

---

① 参见罗培新：《论资本制度变革背景下股东出资法律制度之完善》，载《法学评论》2016年第4期。

② 林晓镍、韩天岚、何伟：《公司资本制度改革下股东出资义务的司法认定》，载《法律适用》2014年第12期。

场主体信用信息公示系统向社会公示。《公司登记管理条例》第36条规定，公司章程修改未涉及登记事项的，公司应当将修改后的公司章程或者公司章程修正案送原公司登记机关备案。第69条第2款规定，“公司未依照本条例规定办理有关备案的，由公司登记机关责令限期办理；逾期未办理的，处以3万元以下的罚款”。根据上述规定，股东的出资方式、出资额、出资时间是公司章程应当记载的必备事项，且应当向社会公示；该事项发生变更时，公司也应当按照规定进行备案登记。公司章程作为公司的“小宪法”，对股东具有法律约束力；当股东的出资额、出资方式、出资期限等内容通过市场主体信用信息公示系统向社会公示后，意味着股东对社会公众，包括潜在的交易对象以及公司债权人构成一种出资承诺，即股东将按照公司章程的规定全面履行出资义务。

1. 出资方式

出资方式，是指股东（包括公司设立前的发起人）向公司履行出资义务所采取的方式，即股东以何种财产向公司出资。

《公司法》第27条规定，股东既可以用货币出资，也可以用实物、知识产权、土地使用权等可以用货币估价并可以依法转让的非货币财产作价出资；但是，法律、行政法规规定不得作为出资的财产除外。《公司登记管理条例》第14条规定，股东不得以劳务、信用、自然人姓名、商誉、特许经营权或者设定担保的财产等作价出资。《公司法司法解释三》进一步规定了诉讼中对于股东以各项财产出资时应当办理的手续以及未及时履行时的补正措施的处理方式。关于股东出资方式的具体内容可参见本书第三章，此处不予赘述。

2. 出资额

出资额，是指股东（包括公司设立前的发起人）向公司交付的财产的价值或者数额。尽管现行《公司法》取消了注册资本实缴制度，但是其仍然要求公司设立时应在章程中载明公司的资本总额，并由发起人认缴或募足（部分特定行业公司设立时需要实缴资本，本节关于资本认缴的相关论述不包括该等类型公司），或约定一次性出资或者分期出资，否则公司不能成立。对此我国现行《公司法》第28条规定，股东应当按期足额缴纳公司章程中规定的各自所认缴的出资额。可见，足额出资是对股东履行出资义务的法定要求。

3. 出资时间

出资时间，是指股东（包括公司设立前的发起人）向公司履行出资义务的期限。现行《公司法》虽未要求股东在设立公司之时实际缴纳其出资额，但是股东仍应按照章程中所载明的出资时间履行其出资义务。通常情况下，出资时间经公司章程确定并向社会公示后，不仅对相关股东具有约束力，事实上对社会公众（包括交易对象和债权人）同样有约束力。如在股东出资时间尚未届满前公司存在债务，公司债权人一般不能直接要求股东就公司债务在其未出资范围内承担连带清偿责任，即一般情况下不能随意加速股东的出资期限。但按现有法律体系有两个例外：一是《企业破产法》第 35 条规定，人民法院受理破产申请后，债务人的出资人尚未完全履行出资义务的，管理人应当要求该出资人缴纳所认缴的出资，而不受出资期限的限制。二是《公司法司法解释三》第 22 条规定，公司解散时，股东尚未缴纳的出资均应作为清算财产。股东尚未缴纳的出资，包括到期应缴未缴的出资以及分期缴纳尚未届满缴纳期限的出资。可见，除进入破产程序和解散程序可以使公司股东的出资加速到期之外，一般不能随意要求股东提前履行出资义务。

理论上，股东的出资方式、出资额、出资时间是公司章程的记载事项，因此股东自然可以通过股东会决议并修改公司章程的方式，修改其关于出资方式、出资额、出资时间的相关内容。但事实上，此类修改或变更，往往可能影响公司其他股东或债权人的相关利益，因此并不是相关股东可随意实施的。对于该变更行为，应判断是否存在程序瑕疵，是否为公司经营的必要，是否存在损害其他股东或公司债权人利益。最高人民法院在 2015 年 12 月组织召开的全国法院民事商事审判工作会议上，相关负责人强调在公司资本纠纷中，尤其不能因为新《公司法》将出资事宜交由股东灵活决定，就无视注册资本法律规则，放纵投资者背信行为。还应注意，公司设立时在章程中规定出资数额及出资方式后，公司运营中有的股东尤其是公司大股东通过股东会决议修改章程，延长自己的出资期限或者减少自己的出资数额。对此，要求各级法院应当按照《公司法》第 22 条的规定审查修改公司章程的决议是否有效，或者按照《公司法》规定的减资规则审查股东减少出资的程序是否合法。股东作出减资决议减少出资数额，但未进行变更登记的，不得对抗善意第三人。因此，如果股东通过修改章程的方式进而变更出资额、出资时间等且因此损害其他股东或债权人利益的，一般此类修改对其他股东或债权人不具有法律效力。

（二）股东出资瑕疵的情形

股东出资瑕疵的概念有狭义和广义之分。狭义的股东出资瑕疵，是指股东在公司设立或者增资过程中，不按照法律法规或公司章程对股东出资的要求，在出资的数额、方式、出资财产等方面存在不完全符合法律法规或者公司章程规定的行为。广义的出资瑕疵，是指股东在公司设立或者增资过程中，存在未履行出资义务、未全面履行出资义务（狭义股东出资瑕疵）以及出资后抽逃出资的行为。本书采用广义的股东出资瑕疵概念。实践中，股东出资瑕疵主要包括以下情形：

1. 不履行出资义务

不履行出资义务，是指公司股东不按照法律的规定或者公司章程的约定履行其出资义务。在实务中存在两类股东不履行出资义务的情形：第一种情形是股东在公司设立之时出于真实的出资意愿认缴出资，但是在认缴之日至最终实缴出资的期限内由于主观或客观的因素导致其不愿或者无法缴纳其认缴的出资额。第二种情形是股东在设立公司之时就无出资的意愿，只是根据其与他人之间的约定而认缴资本，在实务中表现为实际出资人和名义股东的关系。[①]

2. 未全面履行出资义务

未全面履行出资义务，即上述狭义概念的出资瑕疵。未全面履行出资义务表现在股东出资过程中的各个方面，可以根据上文出资义务的要求——出资方式、出资额、出资时间进行分类。首先，从出资方式的瑕疵来看，实践中存在着出资财产存在权利瑕疵、未办理财产权的转移手续等情形；其次，从出资额的瑕疵来看，主要存在虚假出资、虚增出资财产价值、未足额出资等情形；最后，从出资时间上的瑕疵来看，主要存在逾期出资等情形。

3. 抽逃出资

抽逃出资，是指股东已出资，但在出资后非法将与其所缴纳出资相应的出资额部分或全部抽回，从而达到不出资或少出资但保有股东身份的行为。根据抽逃出资的概念，构成抽逃出资须符合以下要件：抽逃出资的主体是公司股东；抽逃出资股东具有欺诈的故意；抽逃出资行为是发生在公司成立后，且损害公司权益；股东实施将其缴纳的出资全部或者部分抽走的行为。[②]《公司法司法解释三》第 12 条对抽逃出资的认定作了进一步的明确规定，股东存在下列损害公司权益的行为时即构成抽逃出资：（1）制作虚假财

---

① 参见李灯红：《论未出资股东的相关法律问题》，载《太原师范学院学报》2015年第14期。

② 马胜军：《股东抽逃出资的民事法律后果》，载《人民司法》2013年第2期。

务会计报表虚增利润进行分配；（2）通过虚构债权债务关系将其出资转出；（3）利用关联交易将出资转出；（4）其他未经法定程序将出资抽回的行为。

（三）股东出资瑕疵的法律责任

公司资本是公司运作的基础，也是公司对外承担债务的保证。因此股东应当按照法律法规以及公司章程的规定履行其出资义务，该出资义务既是约定义务也是法定义务。若存在出资瑕疵，股东需要为此承担相应的法律责任。根据《公司法》以及相关法律法规的规定，由股东出资瑕疵引起的法律责任可以分为民事责任、行政责任以及刑事责任。

1. 民事责任

（1）对公司承担的责任

股东的出资，是指股东向公司交付财产以获得股权的行为。其本质是公司作为独立的法人，取得出资财产的所有权。股东出资瑕疵损害的是公司作为法人独立的财产权利，对此该股东应当向公司承担以下相应的法律责任：

Ⅰ. 补足差额的责任：根据《公司法》第28条的规定，未足额出资股东需要向公司足额缴纳出资。第30条规定，有限责任公司成立后，发现作为设立公司出资的非货币财产的实际价额显著低于公司章程所定价额的，应当由交付该出资的股东补足其差额。第93条规定，股份有限公司成立后，发起人未按照公司章程的规定缴足出资的，应当补缴；其他发起人承担连带责任。股份有限公司成立后，发现作为设立公司出资的非货币财产的实际价额显著低于公司章程所定价额的，应当由交付该出资的发起人补足其差额；其他发起人承担连带责任。以上规定明确了无论何种出资方式，均要求股东按照其承诺缴足出资，未缴足的，应当补足。

Ⅱ. 返还出资的责任：根据《公司法司法解释三》第14条的规定，股东抽逃出资，公司或者其他股东可以请求其向公司返还出资本息。股东抽逃出资，事实上侵占了公司的资产，违背了其对公司交付出资的承诺，因此无论是基于物权的返还请求权还是合同法理论上采取补救措施等违约责任，公司都可以要求股东承担返还出资的责任。

Ⅲ. 赔偿责任：根据《公司法》第20条和第30条的规定，如出资瑕疵行为构成滥用股东权利，且给公司造成损失，应当依法承担赔偿责任。《公司法司法解释三》第6条规定，认股人延期缴纳股款给公司造成损失的，公司可以请求该认股人承担赔偿责任。如前所述，股东出资瑕疵，违背了其对公司交付出资的义务，损害了公司的财产权利，继而侵害了公司债权人的合法利益。基于侵权责任法和合同法的相关理论，股东应当就其损害行为向相关损害主体承担赔偿责任，但其责任范围一般仅限于其出资瑕疵，除非存在股东滥用权利继而可以否定公司法人人格的情形。

Ⅳ. 股东权利被限制或股东除名的责任：根据《公司法司法解释三》第 16 条、第 17 条的规定，公司可以通过其章程或者股东会决议对未履行或者未全面履行出资义务或者抽逃出资的股东的利润分配请求权、新股优先认购权、剩余财产分配请求权作出合理的限制。对于其中未履行出资义务或者抽逃全部出资的股东，公司可对其催告缴纳或者返还，该等股东在合理期间内仍未缴纳或者返还出资的，公司可以股东会决议的方式解除该股东的股东资格。但是，需要注意的是，部分法定权利是不能通过股东约定而予以限制或排除的，比如股东知情权、异议股东股权回购请求权、股东诉权等。

（2）对其他股东承担的责任

设立公司属于股东之间的共同法律行为，股东的出资瑕疵行为违反了股东之间关于设立公司的约定，该股东理应对其他守约股东承担违约责任。我国现行《公司法》对出资瑕疵股东的违约责任的规定主要表现在：《公司法》第 28 条第 2 款规定，股东不依照前款规定缴纳出资的，除应当向公司足额缴纳外，还应当向已按期足额缴纳出资的股东承担违约责任。第 83 条第 2 款规定，发起人不依照前款规定缴纳出资的，应当按照发起人协议承担违约责任。对以上规定进行分析可以发现：第一，就股东出资瑕疵的行为，明确其对其他守约股东应承担的是违约责任，而非其他责任。第二，有限责任公司和股份有限公司对出资瑕疵股东承担违约责任的合同依据并不完全一致。股份有限公司的出资瑕疵发起人应当按照发起人协议承担违约责任，有限责任公司出资瑕疵股东，既可以按照股东之间的出资协议承担违约责任[①]，也存在以公司章程为依据承担违约责任。[②]第三，公司法对于违约责任的具体承担方式并未作出明确规定。根据《民法典》第 577 条的规定，违约责任包括继续履行、采取补救措施或者赔偿损失等方式，因此股东之间可以事先在股东协议、发起人协议或者公司章程中明确约定股东如存在瑕疵出资的情形所应承担违约责任的具体形式，包括可以

---

① 最高人民法院（2016）最高法民再 357 号民事判决书。

② 广西壮族自治区高级人民法院（2012）桂民四终字第 7 号民事判决书。

约定违约金。

（3）对公司债权人的法律责任

虽然股东以其认缴的出资额或者认购的股份为限对公司承担责任，由公司以其全部财产对公司债务承担责任，但是如果股东滥用公司法人独立地位和股东有限责任损害公司债权人的利益的，可以否定该公司法人人格，继而要求该股东就公司债务依法承担连带责任。另外，根据《公司法司法解释三》的相关规定，公司债权人有权请求瑕疵出资股东在未出资本息范围内对公司债务不能清偿的部分承担补充赔偿责任。

2. 行政责任

股东的出资义务不仅仅是一项约定义务，也是一项法定义务。股东出资瑕疵除了破坏股东之间的约定、影响公司的正常运行，还会进一步影响外界对于公司作为独立法人的合理判断，不利于市场活动的有序进行。基于此，股东如存在出资瑕疵的情形，不仅需要承担相应的民事责任，还需要承担行政责任。行政责任的规定主要散见于各类法律法规之中，如《公司法》第199条、第200条，《证券法》第151条，《公司登记管理条例》第65条、第66条，《期货交易管理条例》第57条，《中外合作办学条例》第53条等，主要责任承担方式是限期改正和接受罚款，证券期货类公司还可以由相关主管部门责令该股东转让其所持公司的股权。

3. 刑事责任

如果股东的出资瑕疵达到极其严重、构成犯罪的程度，则其需要为此承担刑事责任。《刑法》第158条规定，申请公司登记使用虚假证明文件或者采取其他欺诈手段虚报注册资本，欺骗公司登记主管部门，取得公司登记，虚报注册资本数额巨大、后果严重或者有其他严重情节的，处三年以下有期徒刑或者拘役，并处或者单处虚报注册资本金额1%以上5%以下罚金。第159条规定，公司发起人、股东违反公司法的规定未交付货币、实物或者未转移财产权，虚假出资，或者在公司成立后又抽逃其出资，数额巨大、后果严重或者有其他严重情节的，处五年以下有期徒刑或者拘役，并处或者单处虚假出资金额或者抽逃出资金额2%以上10%以下罚金。

因此，即便在资本认缴制下，股东也不可轻视其出资行为，造成严重后果或情节严重的，不仅有可能承担民事责任、行政责任，还有可能承担刑事责任；股东不如根据其实际经济实力，通过股东协议或章程约定并对外公示，合理展示股东出资信息，向社会公众作出出资承诺，如此才可维护对公司和市场交易的正常管理秩序。

典型案例

案例：股东未履行或未全面履行出资义务即转让股权而其补足出资的法定义务不因股权转让、受让股东承诺承担责任而免除

2013 年 6 月 16 日，甲、乙、丙共同出资设立 A 公司，注册资本 1000 万元，设立时的章程规定甲、乙、丙三人在公司设立后一年内各自缴足资本。2014 年 10 月，甲、乙与丁签订了一份《股权转让协议》，协议约定：股东甲（占公司股权的 34%）及乙（占公司股权的 33%），分别将其各自股权中的 5% 转让给丁，转让后丁所占公司股权合计为 10%。2013 年 6 月 28 日、2014 年 7 月 11 日、2016 年 4 月 8 日，乙共分三次向 A 公司实缴出资，共计支付出资款人民币 280 万元。A 公司认为，乙尚有 50 万元未出资，要求乙支付；乙不认可，声称其已将 5% 的股权（对应 50 万元出资）转让给了丁，至此其已履行了全部出资义务，故本案的 50 万元出资款应由丁支付，而不应由其支付。为此双方发生纠纷，A 公司为此向法院提起诉讼。

【律师剖析】

《公司法司法解释三》第 18 条规定，有限责任公司的股东未履行或者未全面履行出资义务即转让股权，受让人对此知道或者应当知道，公司请求该股东履行出资义务、受让人对此承担连带责任的，人民法院应予支持。结合本案案情分析如下：

1. 章程规定所有股东应当在公司设立后一年内缴足资本，乙对外转让其 5% 股权时，出资期限已经届满但其未全额出资，属于未全面履行出资义务，乙出资存在瑕疵；

2. 乙出资存在瑕疵时，即作为股权出让人对外转让部分股权，公司有权要求乙按章程规定履行出资义务，其出资义务不因股权的转让而得以免除；

3. 丁作为股权受让人，依法仅在知道或应当知道乙未履行或未全面履行出资义务时受让股权才承担民事责任。如果乙未举证证明丁知道或者应当知道其在转让股权时未全面履行出资义务，则丁无须为此承担连带责任；反之，丁应就乙补足出资的义务承担连带责任。

二、股东忠诚义务

股东忠诚义务，是指股东在行使其权利时，除了考虑自身的利益之外，还负有认真考虑其他股东和公司利益的义务。股东诚信义务要求股东以公平、正义、平等的方式，而不是以损害其他股东、公司或公司债权人的利益来行使权利。[①]

（一）股东忠诚义务的主要内容

我国《公司法》第 20 条第 1 款对股东的忠诚义务作出了原则性规定，即“公司股东应当遵守法律、行政法规和公司章程，依法行使股东权利，不得滥用股东权利损害公司或者其他股东的利益；不得滥用公司法人独立地位和股东有限责任损害公司债权人的利益”。上述规定构成了股东忠诚义务的基础法律依据，同时也确立了股东违反忠诚义务所应承担的责任。《公司法》第 35 条规定，公司成立后，股东不得抽逃出资。股东不得抽逃出资，既属于股东出资义务，也属于股东忠诚义务。在瑕疵出资情形中，抽逃出资属于比较严重恶劣的情形，严重侵犯公司的财产权利，作为股东应履行其对公司和其他股东的忠诚义务，不得抽逃其出资。除此以外，当股东担任公司董事或者高级管理人员时，应当履行《公司法》第 147 条规定的忠实义务和勤勉义务，不得实施《公司法》第 148 条规定的行为。如其行为违反法律、行政法规或者公司章程的规定，造成公司损失，则依据《公司法》第 149 条的规定应当承担相应的赔偿责任。

除上述法律规定外，在有关最高人民法院的司法解释、批复、指导性案例以及部分地方高级人民法院发布的审判指导意见中，对有关股东忠诚义务的表现形式、举证责任以及有关责任承担等内容作出过相关规定。比如，最高人民法院在《公司法司法解释三》中就对股东瑕疵出资相关责任作出了明确的规定；最高人民法院在《关于企业开办的其他企业被撤销或者歇业后民事责任承担问题的批复》（法复〔1994〕4 号）中，将股东违反忠诚义务下的资本显著不足与普通的出资瑕疵予以区别对待，并产生不同的法律后果；最高人民法院指导案例第 15 号“徐工集团工程机械股份有限公司诉成都川交工贸有

① 朱慈蕴：《对股东诚信义务的再思考》，载《中国法律》2007 年 8 月。

限责任公司等买卖合同纠纷案”中，明确股东滥用股东权利，导致各关联公司人格混同，严重损害债权人利益的，关联公司相互之间对外部债务承担连带责任；上海市高级人民法院民事审判第二庭曾下发过《关于审理公司法人人格否认案件的若干意见》，明确了在实践中对于公司法人人格否认案件的具体法律适用、审理思路和要求。总之，对于股东的忠诚义务，较多地显现在公司法人人格否认案件以及股东瑕疵出资案件中；而对于通常情况下股东同时担任公司的董事、监事或高级管理人员违反忠诚义务的案件，则往往参照董事、监事、高级管理人员的忠实义务予以认定和处理。

（二）股东违反忠诚义务的法律责任

《公司法》第20条规定，公司股东滥用股东权利给公司或者其他股东造成损失的，应当依法承担赔偿责任。公司股东滥用公司法人独立地位和股东有限责任，逃避债务，严重损害公司债权人利益的，应当对公司债务承担连带责任。从上述规定可以看出，股东违反忠诚义务，造成其他股东或公司损失的，其基本责任是赔偿损失。由于股东的忠诚义务是一项法定义务，它要求股东不得滥用股东权利损害其他股东和公司的利益，因此股东违反忠诚义务的行为应归属于侵权行为，其法律属性受侵权责任法规制。此外，股东违反忠诚义务，滥用公司法人独立地位和股东有限责任，逃避债务，严重损害公司债权人利益的，需要对公司债务承担连带责任。在此情形下，实质上由于股东的滥权行为，导致公司丧失了独立的法人人格，继而否定公司人格，而“破有限责任之壳”追究股东责任，以赔偿债权人的损失，此即为公司法人人格否认。

典型案例

案例：法人人格否认案件中，法院根据案件进行举证责任分配

1992年1月28日，A公司注册成立，注册资本为3450万法郎，股东为甲公司和乙公司。甲公司对A公司注册资本的出资额为1725万法郎的等值（资产），占注册资本的50%；甲公司应以下列作为出资：工厂场地的土地使用权、砂场的土地使用权和提取权、工厂。后A公司分别向甲公司借款60000元、100000元、120000元、120000元人民币用于发放中方员工工资及补贴，四次借款均出具借条并有银行转账凭证，借条由A公司总经理签名并盖有A公司公章。验资报告显示甲公司完成其出资。1998年11月4日，甲公司的法定代表人由唐某变更为曲某。1999 年 10 月 21 日，A 公司法定代表人由唐某变更为曲某。在会计报告显示 A 公司处于停产状态期间，甲公司出具证明，内容为：A 公司留守员工杨某等 8 人均系甲公司委派并统一办理社会保险；A 公司的厂房和设备由甲公司代为管理。后 A 公司由于经营问题，无法偿还金融机构借款，该不良债权经数次转让后，最终由本案原告 B 公司享有。B 公司后提起诉讼，以甲公司与 A 公司存在人员及财务混同为由，要求甲公司对 A 公司该不良债务承担连带清偿责任。B 公司认为，其已举证证明甲公司存在滥用公司独立人格及抽逃出资的较大可能，其提供证据证明了如下事实：1. A 公司自 1993~1996 年可支配现金资产高达 10018 万法郎，该笔款项去向不明。2. A 公司的 PVC 生产线建设与甲公司出资的厂房建设周期重合，导致厂房、生产线及附属设施三项主要资产权属、资金来源不明，是否系甲公司出资不明。3. 1997 年 A 公司产品生产线购建活动发生非正常中断后，A 公司持续处于停产状态，自始从未实际经营。4. A 公司一直没有外方员工参与经营，没有召开董事会作出决议。上述事实充分反映甲公司存在滥用公司人格的外部表象，A 公司运营过程存在明显瑕疵，B 公司举证责任已完成，如甲公司不能举证，应承担举证不能的后果。后本案经一审和二审，最终二审法院认为 B 公司提出的四项证明内容均不能证明甲公司滥用 A 公司法人独立人格和股东有限责任，未达到对法人人格混同可能性的合理怀疑程度，本案不具备对 B 公司法人人格否认主张适用举证责任倒置原则的前提，并以此为由驳回了原告 B 公司的诉讼请求及上诉请求。

【律师剖析】

本案是一起公司法人人格否认诉讼案件。该案中，对于原、被告双方举证责任的分配原则对实务具有重要指导意义。二审法院在判决书中陈述，《最高人民法院关于民事诉讼证据的若干规定》第 7 条关于“在法律没有具体规定，依本规定及其他司法解释无法确定举证责任承担时，人民法院可以根据公平原则和诚实信用原则，综合当事人举证能力等因素确定举证责任的承担”的规定，在审理法人人格否认案件时，考虑到债权人处于信息劣势而举证困难等因素，人民法院通常会根据上述规定合理分配举证责任，在债权人用以证明股东滥用公司法人独立地位和股东有限责任的证据令人产生合理怀疑的情形下，将没有滥用的举证责任分配给被诉股东。但上述举证责任调整的前提，应是作为原告方的债权人已举出盖然性的证据证明股东存在滥用公司法人独立地位和股东有限责任的行为以及由此产生了损害的结果，而不是当然的举证责任倒置。

根据上述裁判要点，当债权人要求债务人公司股东就公司债务承担连带责任时，并不当然举证责任倒置，债权人需提供初步证据使法官对股东是否有滥权行为产生一定程度的合理怀疑，此时，法官则将进一步的举证责任转移给股东，即由股东证明自己的行为是善意、公平和合法的。如股东否认滥用事实的存在，须就此另行举证。此举证责任规则事实上已经得到了司法界的公认，比如《上海市高级人民法院民事审判第二庭关于审理公司法人人格否认案件的若干意见》第10条第2款规定："公司债权人能够提供初步证据证明股东滥用公司独立法人地位和股东有限责任，但确因客观原因不能自行收集公司账簿、会计凭证、会议记录等相关证据，申请人民法院调查取证的，法院应当依据《最高人民法院关于民事诉讼证据的若干规定》的规定，进行必要的审查。"

因此，为保障公司的独立性，避免股东滥用权利，股东在制定公司章程时，应当对于股东忠诚义务的内容以及违反所产生的相应责任作出适当规定，明确股东各方以及董事和高级管理人员的相关权利和义务，做到分工明确、权责分明。

三、控股股东（实际控制人）诚信义务

在对控股股东（实际控制人）诚信义务作出界定之前，首先需要明确何为控股股东（实际控制人）。现代一般认为对"控股"的理解应掌握三点：一是要有支配公司的意思；二是对公司主要经营活动实施控制，通常表现为对公司的重大经营决策施加影响或控制，以贯彻控股股东的经营战略；三是对公司的控制是永久和强力的，即有计划而持续，并非偶然而暂时的。[①] 现行《公司法》第216条规定，控股股东是指其出资额占有限责任公司资本总额50%以上或者其持有的股份占股份有限公司股本总额50%以上的股东；以及出资额或者持有股份的比例虽然不足50%，但依其出资额或者持有的股份所享有的表决权已足以对股东会、股东大会的决议产生重大影响的股东。实际控制人，是指虽不是公司的股东，但通过投资关系、协议或者其他安排，能够实际支

① 陈兆彬：《论控股股东的诚信义务》，载《湘潭师范学院学报（社会科学版）》2007年第3期。

配公司行为的人。

控股股东（实际控制人）诚信义务，是指公司控股股东（实际控制人）在行使控制权利之时，应当充分考虑公司和其他股东的利益，不能作出有损于公司和其他股东利益的决定。[①]现行《公司法》在规定股东忠诚义务的基础上，进一步规定了控股股东（实际控制人）诚信义务，即“公司的控股股东、实际控制人、董事、监事、高级管理人员不得利用其关联关系损害公司利益”。该条款以及《公司法》第147条均未明确规定控股股东需要履行忠实义务和勤勉义务，但由于控股股东（实际控制人）在很大程度上通过直接、间接或其他方式参与到公司的管理和运营之中，忠实义务和注意义务应当是控股股东（实际控制人）诚信义务的应有之义。忠实义务，是指对控股股东（实际控制人）施加的消极义务约束，是道德义务的法律化，即不得以牺牲公司或者其他股东利益为代价换取一己私利。注意义务，是指控股股东在参与公司经营、管理过程中所应负的责任。它要求控股股东在行使股东权利时，应从公司和全体股东的利益出发，主观是善意的，并且客观上采用了良好方式，其行为能达到一般人在处理该事务时所具备的谨慎标准。[②]

关于控制股东负有忠实义务，各国立法不一，其中德国的做法较具有代表性。德国1965年修订的《股份法》本来没有对控制股东规定义务，其最高法院也没承认此点。但自20世纪70年代后，基于控制股东操纵公司事务的事实愈益严重，德国最高法院在1976年的一次判决中修改了从前的意见，强调“拥有表决权多数的控制股东，有可能对公司以及其他股东的利益产生影响，所以应该为消除这些影响特别对控股股东约束以特殊的公司法上义务——忠实义务。”美国法院则运用衡平法中关于“忠实关系”的制度，通过扩大“忠实义务”的适用范围，使有控制权的股东对少数股东也负有忠实义务，以此来保护受到侵害的股东。[③]

（一）控股股东（实际控制人）诚信义务的理论基础

控股股东（实际控制人）诚信义务是为防范控股股东（实际控制人）利

① 李明辉、刘宏华：《论控股股东的诚信义务》，载《江西财经大学学报》2003年第5期。

② 刘婧：《论控股股东的诚信义务》，载《法制与社会》2008年第9期。

③ 赵晓华、赵宝奇：《控股股东：公司法框架下的责任重构》，载《河北法学》2004年第5期。

用其控制地位或控制权利损害公司中小股东或者公司利益而设置的一项法定义务。对于控股股东（实际控制人）诚信义务的理论基础，英美法系国家主要存在优势地位与控制理论、实际控制理论以及股东实质不平等理论；而大陆法系国家主要存在控制力理论、企业自体理论以及管理者理论。[①] 我国对于控股股东（实际控制人）诚信义务的法律依据主要是以下几个方面：

1. 法理学依据

（1）权责一致理论

控股股东的控制权的实质是其对公司的支配力和影响力，故其本质上应当是一种客观存在的“权力”。[②] 法谚有云，有多大的权利，就有多大的责任。在公司法领域，控股股东相较于其他中小股东的支配权和控制权也产生其行使权利时需要履行的特别诚信义务。未履行该诚信义务，损害公司或者其他股东的利益，则需要承担相应的责任。

（2）实质正义理论

正义是所有法律规则和法律原则的追求。在公司法领域，股东均享有对公司事务进行管理的权利，但是“资本多数决”制度使得控股股东对公司事务的决定具有其他股东所没有的控制权和支配权，其他股东可能仅享有理论上的公司管理的权利，而实质上无法真正地参与到公司管理的过程之中，不仅其意思表示可能无法得到公司贯彻执行，甚至可能受到控股股东作出的决定的损害。为了实现实质意义上的平等和正义，应当对控股股东设定更多的义务，以限制其权利。

2. 民法学依据

（1）禁止权利滥用原则。控股股东可以基于其控制地位行使自己的控制权利获取利益，但是其运用控制权必须合理正当，不得滥用其控制权，应该是为公司和全体股东的利益行事，不得为自己谋取不正当利益，更不能损害公司和其他股东的利益。[③]

（2）诚实信用原则。诚实信用原则作为帝王原则，其要求民事主体均应当诚信行事、恪守信用，更重要的在于维持当事人之间的利益平衡以及当事人与社会之间的利益平衡。在公司法制度之下，控股股东在行使其控制权之

---

① 吴继超：《控股股东诚信义务研究》，西南政法大学2012年硕士学位论文。

② 陈兆彬：《论控股股东的诚信义务》，载《湘潭师范学院学报》2007年第3期。

③ 陈兆彬：《论控股股东的诚信义务》，载《湘潭师范学院学报》2007年第3期。

时，需要遵守诚实信用的原则，必须尊重公司和少数股东的利益，不得心存恶意，故意损害公司或者少数股东的权益。①

3. 公司法依据

（1）受信关系理论。在资本多数决原则下形成的公司决议，最终产生这样一个必然结果，即控股股东的意思被视为公司的意思，并对中小股东产生约束力。这意味着大股东对自己股份享有的相应的表决权通过资本多数决原则被放大，而小股东对应自己股份的表决权则被吸收，形成大股东拥有全部权利，小股东没有权利的事实，小股东的财产支配权被大股东实际支配了。于是，通过资本多数决的制度安排，产生了事实上的大股东与小股东之间的受信关系。②

（2）股东平等理论。股东平等理论要求股东在发表自己的意见和表决自己的态度时，不得因为股份持有量的多少而受到程序上的区别对待，其要求持股类别和比例相同的股东应享有相同的利益分配权和参与公司经营管理权。少数股东持股比例虽少，但也享有与其持股比例相对应的财产利益和表决权，且不容多数股东予以剥夺。虽然控股股东与少数股东因为出资额或者股份的不同而存在事实上的差别，控股股东相较于少数股东拥有控制地位，在诸多事项上拥有支配权。如果控股股东合理地行使其控制权，虽然最终实现了控股股东的意志，但是该等权利的行使并未违背股权平等原则。如果控股股东滥用其股东权利，限制少数股东行使权利，强迫少数股东接受和服从，则会有违股东平等原则。③

（二）控股股东（实际控制人）违反诚信义务的表现形式

控股股东（实际控制人）诚信义务的适用范围，主要发生在控制权的出售、压制少数股东、内部人交易和关联公司的交易等情形。控股股东（实际控制人）违反诚信义务表现为其利用控制地位或控制权利损害其他股东、公司、公司债权人的利益，实践中具体可以表现为以下情形：

1. 不必要不公允的关联交易。控股股东（实际控制人）利用其投票表决权直接或间接决定公司的经营，从而产生控股股东（实际控制人）与公司之

---

① 陈兆彬：《论控股股东的诚信义务》，载《湘潭师范学院学报》2007年第3期。

② 朱慈蕴：《对股东诚信义务的再思考》，载《中国法律》2007年8月。

③ 陈兆彬：《论控股股东的诚信义务》，载《湘潭师范学院学报》2007年第3期。

间的购买、销售、租赁、代理等行为，即关联交易。[①]《公司法》第 216 条第 4 项规定，“关联关系，是指公司控股股东、实际控制人、董事、监事、高级管理人员与其直接或者间接控制的企业之间的关系，以及可能导致公司利益转移的其他关系。但是，国家控股的企业之间不仅因为同受国家控股而具有关联关系”。实践中，公司的控股股东、实际控制人往往通过与公司的关联交易，随意挪用公司资金，为自己或关联方提供担保，通过操纵交易条件等将公司的资产或利润转移至关联方，严重损害公司、少数股东和债权人的利益。而这些关联交易往往不必要，且交易价格并不公允，多数情况下没有履行相应决策程序。控股股东（实际控制人）利用关联交易进而“掏空”公司，严重情形下若控股股东对公司过度控制和不正当支配，利用公司形态规避法律和合同义务的，还有可能产生否认公司法人人格的后果。

2. 排挤行为：排挤行为通常指控股股东利用其控制支配能力迫使少数股东出售所持股份而丧失其股东地位或以其他方式稀释少数股东所持股份的行为。主要有操纵股票价格，迫使少数股东以低价出售其所持股票；恶意增加公司资本，迫使少数股东无力认购而使其持股比例进一步降低；恶意罢免或无理阻挠少数股东担任公司董事或高级管理职务等。

3. 操纵利益分配。公司盈余分配权，是股东自益权的一种，是指股东基于其公司股东的资格和地位依法享有的请求公司按照持股比例分配股利的权利。我国《公司法》规定了股东对公司利润有按比例分配的权利，但是却没有规定完成利润分配的时限，也没有规定不分配的条件。依据公司法原理，股利分配方案由董事会提出并由股东会通过，公司股利分配属于公司股东会的决议事项。控股股东一旦利用其资本多数控制公司股东会、董事会，操纵公司正常的利润分配，就会损害其他股东的合法权益。在公司经营状况不好，确实没有分利能力的正常原因之外，许多业绩优异的公司的控股股东操纵股东会通过对其有利的决定，采取种种借口拒绝利润分配。控股股东不愿将利润分配给中小股东，而是以年薪或者奖金的方式发放给自己派出的高管人员，或者通过关联交易使利润转移到自身手中。[②]

4. 夺取公司有利机会：控股股东利用自己的支配地位，夺取本应属于公司的有利商业机会，进而损害公司及少数股东的利益。《公司法》第 148 条只

---

① 金剑锋：《公司诉讼的理论与实务问题研究》，人民法院出版社 2012 年版，第 425 页。

② 金剑锋：《公司诉讼的理论与实务问题研究》，人民法院出版社 2012 年版，第 425 页。

规定了董事、监事、高级管理人员利用职务便利为自己或者他人谋取属于公司的商业机会，属于违反忠实勤勉义务，但未规定不担任公司管理层情形下的控股股东类似行为的性质和处理规则。而事实上，控股股东（实际控制人）谋取属于公司商业机会的情形举不胜举，同业竞争在实践中非常普遍。在《公司法》未对该等行为作出规制的情况下，可以考虑通过公司章程对控股股东（实际控制人）的此类行为予以约束和限制，以维护公司和其他股东的利益。

5. 恶意转让股权：股东转让股权是正常的资本流通行为，但是如果控制股东明知受让人恶意收购公司，或者没有良好资信，仍然坚持出售控制股份，以求获得额外的溢价收入，这就对公司与其他股东未尽诚信义务，属于滥用控制权的行为。控制股东转让股权退出公司，其行为的效果仍然是指向公司中小股东，甚至公司债权人。因此对于特定人员的退出，应该予以严格的限制，控制股东的退出，即控制股东股份的转让是其侵害公司及其小股东权益的方式之一。[①]

6. 欺诈行为：控股股东的欺诈行为通常情况下表现为虚构交易或伪造资料侵占公司财产，不履行公司章程规定的程序随意占用公司资金，在明知管理层违反忠实勤勉义务的情况下不予追究其责任等。上述行为导致的后果将是公司财产受到损失，不仅损害公司和其他股东利益，也损害公司债权人利益。

（三）控股股东违反诚信义务的法律责任

《公司法》第 21 条规定，“公司的控股股东、实际控制人、董事、监事、高级管理人员不得利用其关联关系损害公司利益。违反前款规定，给公司造成损失的，应当承担赔偿责任”。与股东忠诚义务一样，控股股东（实际控制人）的诚信义务也是一项法定义务，其违反诚信义务的行为同样归属于侵权行为，其法律属性也受侵权责任法规制。控股股东（实际控制人）违反诚信义务造成公司损失的，应当承担赔偿责任。

四、股东清算义务

公司清算，也称为公司清盘，是指公司解散后，负有公司清算义务的主

---

① 金剑锋：《公司诉讼的理论与实务问题研究》，人民法院出版社2012年版，第426页。

体按照法律规定的方式、程序对公司的资产、负债、股东权益等公司的状况进行全面的清理和处置，清理债权债务，处理公司财产，了解各种法律关系，并最终消灭公司法人资格的一种法律行为。[①] 股东清算义务，是指股东应当按照法律和章程的规定在公司清算过程中所应当承担的义务。

在国外立法中，只有少数国家在公司清算中直接规定清算义务人，大多数国家都是通过直接任命清算人的方式，明确公司解散后对公司负有清算义务的主体，并规定其不履行清算义务的责任。作为英美法系的英国，其清算义务的规定主要体现在《破产法》中。英国的清算主要分为法院清算和自愿清算，自愿清算又分为股东的自愿清算和债权人的自愿清算。在股东自愿清算中，由股东选任清算人，如果清算人存在拖延、欺诈等不正当行为，需要对债权人和连带债务人承担连带赔偿责任。大陆法系的清算方式主要包括：第一，由法律直接规定，在公司解散后原法人机关担任清算人，主要指股东或者董事；第二，根据公司章程或者股东大会决议任命清算人；第三，以上各方均未任命清算人，则由法院指定清算人。清算人违反清算义务时需要承担相应的责任。[②]

我国《公司法》第 183 条规定，有限责任公司的清算组由股东组成，股份有限公司的清算组由董事或者股东大会确定的人员组成。逾期不成立清算组进行清算的，债权人可以申请人民法院指定有关人员组成清算组进行清算。人民法院应当受理该申请，并及时组织清算组进行清算。可见，我国采取的是由法律规定确定清算义务人，股东的清算义务主要是针对有限责任公司而言，在有限责任公司清算过程中股东作为法定清算义务人应当履行清算义务。

（一）股东清算义务的内容

根据《公司法》第 183~189 条以及《公司法司法解释二》第 18 条、第 19 条的规定，可以据此确定股东应当履行的清算义务的具体内容，主要如下：

1. 及时启动清算程序：《公司法》第 183 条规定，公司应当在解散事由出现之日起 15 日内成立清算组并开始清算公司。因此，有限责任公司的股东应在法律规定的期限内启动清算程序。及时启动清算程序是防止公司财产贬值、流失、毁损或者灭失的有效方式。

---

① 金剑锋：《公司诉讼的理论与实务问题研究》，人民法院出版社 2012 年版，第 587 页。

② 周雪：《公司清算中股东民事责任制度研究》，重庆大学 2010 年硕士学位论文。

2. 及时通知债权人申报债权：《公司法》第 185 条规定，清算组应当自成立之日起 10 日内通知债权人，并于 60 日内在报纸上公告。债权人应当自接到通知书之日起 30 日内，未接到通知书的自公告之日起 45 日内，向清算组申报其债权。

3. 组织和监督清算工作：启动清算程序只是第一步，要使公司最终完成清算并解散，后续有大量的具体工作需要实施。基于专业等方面的限制，公司股东一般不会亲自执行具体的清算事务，必要时需委托专业机构及其人员开展工作。比如，需委托专业的会计审计机构对公司财务报告进行审计，委托专门的税务服务机构对公司税务进行专项核算等。虽然该等专门人员是清算过程中相关事务的具体执行者，但其并非清算义务的承担者，公司股东作为清算义务人，为确保清算工作正常进行并如期完成，需对清算工作进行组织和监督。

4. 妥善保管公司财产、账册、重要文件：公司财产、账册及重要文件是公司前序经营的成果性文件，对其妥善保管是确保公司能够如实清算，并使债权人的债权以及股东利益得以实现的前提条件。实践中，当公司面临破产或解散清算时，股东往往为逃避债务而转移公司财产，并故意隐匿、损毁、伪造账册和公司重要文件，使债权人不能取得相应证据而无法实现债权。为防止出现上述情形，有效保障债权人的债权，课以公司股东该项义务是清算义务的应有之义。

（二）股东违反清算义务的法律责任

1. 怠于履行清算义务对债权人的责任：对于股东怠于履行清算义务所应向债权人承担的责任，《公司法司法解释二》第 18 条作出了规定，并区分以下两种情形：

（1）第一种情形是有限责任公司的股东、股份有限公司的董事和控股股东未在法定期限内成立清算组开始清算，导致公司财产贬值、流失、毁损或者灭失，需要在造成损失范围内对公司债务承担赔偿责任。即股东应设立而未设立清算组导致公司财产减少的，股东应当在公司财产减少范围内对公司债务承担补充赔偿责任。当公司出现一般解散事由（不包括破产）时，应当推定公司如依法定程序进行清算，债权人在清算过程中的债权清偿在程序上就可以得到保证，但是由于股东未及时启动清算程序，且公司财产不能完全清偿债权人，则不能实现全部债权的差额部分即为债权人的损失，此时应推定为该损失系由于股东未及时启动清算程序所造成，在此范围内股东应当承担补充赔偿责任。[①]

（2）第二种情形是有限责任公司的股东、股份有限公司的董事和控股股东因怠于履行义务，导致公司主要财产、账册、重要文件等灭失，无法进行清算，应当对公司债务承担连带清偿责任。很显然，第二种情形所规定的责任重于前一种责任。在此情形下，由于清算义务人的过错，导致清算主要文件灭失继而无法对公司财产作出准确计量，无法对公司进行有效清算的，则推定公司无法向债权人承担债务的原因系清算义务人造成，因此清算义务人应就公司债务承担连带清偿责任。

2. 违法清算对债权人的责任：股东作为清算义务人，在公司清算解散过程中，应尽充分必要义务，履行法定或公司章程规定的职权，依法处置公司资产，保障公司员工、国家税收以及债权人的合法权益。如清算义务人在从事清算事务时，违反法律、行政法规或者公司章程给公司或者债权人造成损失，应当承担赔偿责任。[②] 根据《公司法司法解释二》第 19 条的规定，对于作为清算义务人的股东恶意处置公司财产给债权人造成损失，或者未经依法清算，以虚假的清算报告骗取公司登记机关办理法人注销登记的，该股东应当就公司债务向债权人承担相应的赔偿责任。

根据《公司法司法解释二》第 20 条的规定，公司解散应当在依法清算完毕后，申请办理注销登记。公司未经依法清算即办理注销登记，导致公司无法进行清算的，公司股东或实际控制人应当就公司债务承担清偿责任；若股东或者第三人在公司登记机关办理注销登记时承诺对公司债务承担责任的，作出该承诺的股东或者第三人应当对公司债务在其承诺范围内承担相应的民事责任。

五、股东约定义务

股东约定义务，是指在法律法规允许的范围之内，股东之间基于内部约

---

① 上海市律师协会公司与商事业务研究委员会主编：《公司诉讼律师实务》，法律出版社 2016 年版，第 203~204 页。

② 上海市律师协会公司与商事业务研究委员会主编：《公司诉讼律师实务》，法律出版社 2016 年版，第 205 页。

定而形成的法定义务之外的其他义务。公司法是实体法与程序法的结合，又是公法与私法的结合。公司制度中涵盖了公司、股东（发起人、出资人）、管理人、债权人等不同利益主体之间的多种法律关系。就其中的与股东相关的法律关系而言，现行《公司法》在法律规定之外给予了股东意思自治的很大空间，很多条款均允许股东通过章程或者协议对股东义务作出另外的安排。

（一）股东约定义务的意义

股东约定义务，属于股东意思自治的范畴，股东可以基于真实的意思表示在法律法规允许的范围内对其义务作出约定。此类意思自治并不等于可以完全排除法律规制和司法的干预，司法干预也不意味着可以完全罔顾股东基于其真实意思表示而对其义务作出的安排。[①] 在我国经济日益发展的今天，公司这一组织形式由于其独立法人地位及股东有限责任而成为大多数企业法人的选择，公司制度也在随着社会主义市场经济体制的逐步发展与完善而不断创新与发展。除一人有限公司或国有独资公司外，公司股东基本为 2 人以上，作为公司的所有者，除法定义务之外，股东之间就其相关权利和义务作出协议安排可以更好地约束股东，使公司能够更好地运营，避免控股股东滥用控制权损害公司利益。股东约定义务具有以下意义：

1. 股东利益的需要。公司契约理论认为，公司是合同的产物，是“一系列合同的联结”，是“一组明示和默示的交易组成的网络，或者称为合同的联结体”。其认为公司法的作用不应是强制股东和其他缔约人，而是要为他们各自的目的提供方便。[②] 对股东而言，股东约定义务虽然是施加于股东的义务，违反股东义务则需要承担相应的责任，但是义务与权利是相对应存在的。股东之间可以根据各自的实际情况，通过公司章程或者股东之间的协议作出相应的安排，更好地发挥其优势，获得更大的收益。

2. 公司治理的需要。公司法基于对公司独立法人地位以及他人对公司的合理信赖等对股东的出资义务、忠诚义务、诚信义务等作出了法定的限制与要求。但是需要注意的是，法律具有滞后性，其无法预见公司发展过程中出现的新问题、新争议。随着市场经济的不断发展与完善，公司制度成为大多

---

① 周贤日：《意思自治与法律规制的边界——评［2011］民提字第6号最高人民法院民事判决》，载《中国商法年刊》2012年第1期。

② 罗培新：《公司法的合同解释》，北京大学出版社2004年版，第22页。

数企业的选择，公司内部的治理情况也各不相同，并呈现出日新月异的局面。股东之间通过约定进一步明确其各自的权利义务，有助于通过此种安排更好地治理公司，实现公司的治理目标。

3. 市场经济发展的需要。允许股东在法定义务之外通过约定而规定其他义务，有助于调动不同股东的积极性，将各种资源投入公司的建设与发展过程中，从而促进市场经济的发展。

（二）意思自治与法律规制的边界

从公司发展的历史来看，公司自治是市场经济发展的内在要求。“只有公司设立的自由，公司的数目才能大大增加，对整个社会的资源进行积聚和整合；只有公司成立时免除行政干预，才能保证公司成立后行政色彩的减弱；只有公司运行时享有充分的自治权利，公司才能具有适应竞争要求的灵活性和机动性，市场经济才能得以繁荣和发展；只有公司解散的自主权，才能使得优胜劣汰的市场机制顺利运行。”[①] 股东约定义务属于公司意思自治的范畴，但是任何的意思自治均不是绝对的意思自治，自由永远建立在限制的基础之上。股东的约定必须在法律法规允许的范围进行，否则即违背法律法规的强制性规定，产生相应的不利后果。

（三）允许股东约定义务的内容

公司法中有许多条款载明“公司章程另有规定的除外”，意味着公司法充分赋予股东意思自治，该部分事项通过公司章程规定适用可以优先于公司法；有些事项公司法并未作上述表述，但也无其他的强制性规定予以禁止。此两种情形下公司可以在法律法规允许的范围内就股东、董事、监事、高级管理人员等作出另外的规定，具体表现形式就是通过章程予以设定。就股东义务而言，公司法允许另作约定的情形表现主要如下：

1. 对股东认缴的出资额、出资时间的约定（法律、行政法规以及国务院决定对有限责任公司注册资本实缴、注册资本最低限额另有规定的除外）。关于股东认缴出资额、出资时间等内容在本节“股东出资义务”中已有详细表述。股东出资义务既是约定义务，同时也是法定义务。约定属性主要表现在股东

---

① 王红一：《公司法功能与结构法社会学分析——公司立法问题研究》，北京大学出版社2002年版，第99页。

可以根据自身情况和相关目的自由地选择认缴的出资额和出资时间。法定属性主要表现在股东应当依据公司章程规定按期足额缴纳出资。

2. 对红利分配、增资认缴的约定。《公司法》第 34 条规定，“股东按照实缴的出资比例分取红利；公司新增资本时，股东有权优先按照实缴的出资比例认缴出资。但是，全体股东约定不按照出资比例分取红利或者不按照出资比例优先认缴出资的除外”。即全体股东有权根据其自身的情况对红利分配、增资认缴中的权利义务作出约定。需要强调的是，该事项要求全体股东意见一致才能作出决议，而非通过章程修订即可实现目的。

3. 对股权转让的约定。《公司法》第 71 条对有限责任公司的股权转让做出了规定，其第 4 款允许“公司章程对股权转让另有规定的，从其规定”。此意味着，只要股东在公司章程中对股权转让进行明确的约定，则无须征得其他股东的同意，也无须承认其他股东在同等条件下的优先购买权。其既可以出于公司人合性、排除新股东进入的目的要求转让股权的股东承担更多的义务，也可以出于简化转让手续的目的，减少对股东设定的义务。需要注意的是，股权转让是股东的基本权利，对股权转让所做的限制应当合理，而不应当超出法律限制的范围。如不能在章程中约定过于严苛的条件变相造成禁止股权转让的后果。在江苏省苏州市中级人民法院审理的吴某、王某与黄某、王某兵股权转让纠纷案件中，二审法院认为“公司章程中约定了其他三分之二以上股东不同意转让的，股东不能转让股权。该约定属于限制性条款，造成股权转让被禁止的后果，违反了股权转让的基本原则，剥夺了股东的基本权利，应属无效”。[①]

4. 对股东资格继承作出约定。《公司法》第 75 条规定，“自然人股东死亡后，其合法继承人可以继承股东资格；但是，公司章程另有规定的除外”。该条规定针对的是有限责任公司的股东继承问题。由于有限责任公司兼具人合性和资合性的特点，股东之间的相互信任与合作是有限责任公司设立发展的基础，因此公司法允许有限责任公司通过章程约定排除合法继承人继承股东资格的情形。但是，需要注意的是，自然人的合法继承人无法继承股东资格，并不意味着公司章程可以剥夺继承人获得与股权价值相适应的财产对价的权利。通常情况下，如公司章程排除股东资格继承的，则章程中应当规定被继承人的股权以何种方式由其他股东受让或公司通过回购注销的方式予以减资。

---

① 江苏省苏州市中级人民法院（2017）苏05民终409号。

对于股份有限公司的股东资格继承，《公司法》并未作出明确规定，但由于股份有限公司的资合性，决定了股份流通的天然属性，其股东资格继承不应存在障碍。

典型案例

案例：股东对股权回购等约定的效力

蒋某于2007年9月26日认购了A公司10万元股份并颁有股权证，至2011年期间，蒋某均以股东身份享有A公司的分红及收益。2012年2月16日蒋某向A公司提出辞职，同年2月27日A公司下发《关于同意蒋某同志辞职的决定》，内容为：经公司董事会研究，同意蒋某同志辞职，自2012年3月1日起，解除蒋某与公司签订的劳动合同，蒋某在公司的股份暂时保留，待今后召开股东代表大会另行研究处置。另双方达成口头约定，暂时保留蒋某的股权，待湘桂铁路拆迁补偿方案落实后再做处置。2012年6月A公司董事会通知蒋某办理股权回购手续，蒋某不同意按原值回购，双方就股权回购事宜发生纠纷。同年8月13日，A公司向蒋某下发《关于终止蒋某同志股东资格的通知》，蒋某不肯签收，即日A公司在《衡阳日报》上公告送达。同年11月1日A公司召开第二次临时股东代表大会作出决议，内容为：自2012年7月24日起终止蒋某在A公司的股东资格。

A公司成立于2006年8月9日，为有限责任公司。A公司制定的《股权管理办法》第六章第5条规定“股东持有的股权，在持有人脱离公司、死亡或其他特殊情况下，如无人继承和股东互相转让的，可由公司按原值收回或回购”；第6条规定“凡新进入公司或晋升职务岗位的员工……因职务解聘、岗位异动、劳动合同期满、解除劳动合同、辞职、出境定居、调动等原因导致职务岗位低于应持股权或离开公司另谋职业的，其原始购买股权由公司按原值回购”。2010年1月15日A公司股东代表大会决议表决通过公司章程的修改案，将第50条“公司实行经员持股、岗股并存、股劳结合、以岗定薪、岗变股变的分配制度，对各类员工实行确定基数、绩效考核、上下浮动、以绩计酬的考核办法”修改为“公司实行经员持股、股劳结合、以岗定薪、岗变薪变的分配制度，对各类员工实行确定基数、绩效考核、上下浮动、以绩计酬的考核办法”。

2013年5月，蒋某因与A公司就2012年度盈余分配发生争议进而向法院提起诉讼。本案后经一审、二审与再审，终审法院最终确认A公司《股权管理办法》中有关股权回购的约定合法有效。蒋某辞职并经股东会决议终止股东资格后，A公司可以根据《股权管理办法》的约定按原值回购蒋某的股权。蒋某自2012年7月24日起不再具有A公司股东资格。

【律师剖析】

该案是较为典型的司法裁判认可公司自治的案例，其中涉及公司股东对股权回购、股权转让、股东资格终止的事由作出的安排是否有效以及股东间约定的义务是否具有法律约束力。就本案具体分析如下：

首先，在股权回购方面，我国《公司法》未对有限责任公司股权回购作出禁止性规定，A公司《股权管理办法》中明确约定了股权回购后由公司进行代管，并对回购的股份作出了具体安排，不违反公司的资本维持、资本不变原则，同时也不损害公司股东和外部债权人的合法权益。因此，A公司《股权管理办法》中有关股权回购的约定合法有效。

其次，在股权转让方面，该公司实行的“经员持股、股劳结合”是对股东资格的取得方式、股权结构所进行的特别约定，该约定对股东向股东以外的人转让股权进行了限制。该特别约定并不违反法律、行政法规的强制性规定，亦不损害全体股东的利益和公司利益，应当有效。

最后，在股东资格终止方面，我国《公司法》允许对未履行出资义务或者抽逃全部出资的股东进行除名，但是对于其他情形可否终止股东资格并未作出明确的限制。根据私法“法无明文禁止即为许可”的原则，在不违反诚实信用原则与公序良俗的情形下，基于有限责任公司的自治性，公司股东可以在公司章程中对股东资格终止的事由作出约定。如果股东违反了公司章程中有关股东资格终止的条款，且穷尽内部救济程序无法解决的，有限责任公司股东会作为股东行使所有者权利的最高权力机构，有权依照法定程序对该股东作出终止股东资格的决议。

条款设计示例

第【×】条 股东应当按照法律和公司章程的规定全面履行其出资义务，且不得抽回其出资。公司财务负责人对于股东抽逃出资的行为应当予以拒绝。否则，财务负责人应当依法承担相应责任。

第【×】条 未履行或未全面履行出资义务以及抽逃出资（以下简称瑕疵出资）的股东应当承担以下责任和后果：

（一）补足出资本息：股东应当自收到公司书面通知后的 ×× 个工作日内补足或者返还出资本息，以纠正或弥补其瑕疵出资行为；

（二）承担赔偿责任和违约责任：股东应当依法在其瑕疵出资的范围内对公司债务向债权人承担补充赔偿责任；股东应当按其瑕疵出资额的 ××% 向其他股东支付违约金（其他股东对违约金的分享比例以其他股东实缴出资比例为准）；该股东承担违约责任。

（三）部分权利被限制：对于存在瑕疵出资的股东，其利润分配、新股优先认购、剩余财产分配只能在其实际缴纳的出资范围内享有权利，其瑕疵出资部分对应的上述权利，该股东不得享有，该部分权利由其他股东按实缴出资比例享有。

（四）取消股东资格：对于全部未履行出资义务或者抽逃全部出资的股东，经公司催缴后仍未缴纳或未返还的，公司可以股东会决议的形式解除该股东的股东资格。公司应当在股东会决议作出后及时办理法定减资程序或者由其他股东或者第三人缴纳相应的出资。

第【×】条 股东在公司增资时未履行或者未全面履行出资义务，公司或者其他股东有权要求未尽勤勉尽责义务而使出资未缴足的公司董事、高级管理人员就其过错程度承担相应责任。

公司或者其他股东有权要求抽逃出资的股东向公司返还出资本息，并有权要求协助股东抽逃出资的其他股东、董事、高级管理人员或者实际控制人对此承担连带责任。

第【×】条 股东应当履行其忠诚义务，依法行使股东权利，不得滥用股东权利损害公司或者其他股东的利益；不得滥用公司法人独立地位和股东有限责任损害公司债权人的利益。

第【×】条 公司控股股东和实际控制人应当履行其诚信义务，尊重公司法人独立人格，不得滥用其对公司的控制权损害公司、其他股东和公司债权人的合法权益。

前款规定的控股股东，是指其出资额占公司资本总额 50% 以上的股东；以及出资额比例虽然不足 50%，但依其出资额所享有的表决权已足以对股东会、股东大会的决议产生重大影响的股东。前款规定的实际控制人，是指虽不是公司的股东，但通过投资关系、协议或者其他安排，能够实际支配公司行为的人。

第【×】条 有关股东违反前述忠诚义务和诚信义务，造成公司、其他股东或债权人损失的，应当就该等损失承担赔偿责任。股东对公司、其他股东的赔偿范围包括但不限于损失本身、公司和其他股东主张赔偿损失所支出的诉讼费、律师费、调查费等各项债权主张费用。

【设计指引】

1. 股东的义务是公司章程的核心条款之一，其内容包括出资义务、忠诚义务、诚信义务等。在公司章程中予以明确约定，可以有效避免纠纷发生时责任不清。

2. 出资义务是股东最主要的义务，因此在公司章程中对于不同情形的瑕疵出资作出相应约定，一方面可以规避股东恶意逃避出资义务，另一方面可以明确瑕疵出资股东的责任。

第五章　法定代表人

一般而言，在公司章程中涉及“法定代表人”条款的数量相比其他内容并不多，那为何将“法定代表人”独立作为一个章节在本书中进行阐述？因为公司作为法人，区别于“自然人”主体，本身并不具备任何行为能力，为使法人具有能动性，必然需要设立一个由自然人代表法人的制度。我国改革开放以来，逐渐设立并完善了法定代表人制度，实现了法定代表人作为法人对外唯一的代表机关，促使法人能以自身名义对外享受权利及承担义务。至今法定代表人在公司经营中的地位不可动摇，而且相当重要，故本章节特对法定代表人的概念、特点及渊源、任职资格、内部任免方式、登记备案手续及相关法律责任进行阐述。而且笔者发现现实中存在的法定代表人虚化乃至虚假的情况应当得到重视并予以纠正。

第一节　法定代表人制度

一、法定代表人的概念

“法定代表人”的现行法律概念为《民法典》第 61 条第 1 款规定，依照法律或者法人章程的规定，代表法人从事民事活动的负责人，为法人的法定代表人。

“法定代表人”可以概括为：在法人内设不同的机构中，依法有权代表法人进行民事活动的特定自然人。

二、我国法定代表人制度的特点及渊源

（一）法定性

现行“法定代表人”称谓在我国法律中的表述可以追溯到 1981 年颁布的

《经济合同法》，该法第 31 条规定，经济合同订立后，不得因承办人或法定代表人的变动而变更或解除。但此时尚未确立法定代表人的法定地位及概念。

在程序法上最早出现“法定代表人”称谓的是 1982 年颁布的《民事诉讼法（试行）》第 44 条第 2 款规定，企业事业单位、机关、团体可以作为民事诉讼当事人，由这些单位的主要负责人作为法定代表人。

正式确定我国“法定代表人”概念的法律依据是 1986 年颁布的《民法通则》第 38 条规定，依照法律或者法人组织章程的规定，代表法人行使职权的负责人，是法人的法定代表人。

2013 年修订后《公司法》第 13 条规定，公司法定代表人依照公司章程的规定，由董事长、执行董事或者经理担任，并依法登记。公司法定代表人变更，应当办理变更登记。此法条明确了法定代表人的人选确认及变更必须依法进行登记备案手续。

通过多次立法及修法，奠定了我国法定代表人的法律地位及概念，同时也体现了其法定性的特点。

（二）唯一性

我国于 1993 年颁布的《公司法》，就法定代表人的人选职务锁定在董事长或执行董事，由于董事长和执行董事不会并存，所以只能二者选其一，体现了法定代表人唯一性的特点。

2005 年修订后的《公司法》，对法定代表人的人选职务范围增至董事长、执行董事或者经理。2013 年最新修正的《公司法》，沿用上述规定。虽然通过法律的修改，扩大了法定代表人的人选职务范围，但仍只能在董事长、执行董事或者经理中选择其一担任法定代表人，该选择结果客体为单一的自然人，所以我国法定代表人制度还是采用单一制代表人形式，其唯一性的特点延续至今。

（三）职权性

我国关于法定代表人制度特点的学术观点大部分集中在“法定性”和“唯一性”上，但“法定性”只体现了该制度的来源是法定非约定，“唯一性”只体现了该制度的人选属性，笔者认为法定代表人制度还具有“职权性”的特点，即某自然人担任某法人的法定代表人后，有权直接代表法人进行民事活动。对内而言，是法人内设不同机构分工时法定代表人机构应具备的职权，对外而言，则是该自然人作为法定代表人而具备的公示权力。

1986年颁布的《民法通则》第43条规定，企业法人对它的法定代表人和其他工作人员的经营活动，承担民事责任。结合1999年10月1日起施行的《合同法》第50条规定，法人或者其他组织的法定代表人、负责人超越权限订立的合同，除相对人知道或者应当知道其超越权限的以外，该代表行为有效。两款法条一并明确了法定代表人代表法人进行民事活动的法律责任由法人承担，法人不得以法定代表人超越权限为由对抗善意第三人，说明法定代表人的身份赋予了其代表法人的权利，即民事活动的相对方只要知道某自然人确实是某法人的法定代表人后，就可以相信该自然人有权代表该法人进行民事活动。

值得一提的是，于2020年5月28日通过的《民法典》（自2021年1月1日起施行），其中第61条规定，依照法律或者法人章程的规定，代表法人从事民事活动的负责人，为法人的法定代表人。法定代表人以法人名义从事的民事活动，其法律后果由法人承受。法人章程或者法人权力机构对法定代表人代表权的限制，不得对抗善意相对人；第62条规定，法定代表人因执行职务造成他人损害的，由法人承担民事责任。法人承担民事责任后，依照法律或者法人章程的规定，可以向有过错的法定代表人追偿。此两款条文对法定代表人的法律概念及法律责任进行了重新定义，基本法理并无很大变化，着重点明了法定代表人代表法人从事的民事活动对外的法律后果由法人承担后，法人可向有过错的法定代表人追偿，完善了法定代表人代表法人的外部法律关系处理及内部法律责任救济的途径。

综上所述，在中华人民共和国成立后的法律体系中，通过多次立法及修法，明确了在法人内设的各个机构中，应由单一自然人担任“法定代表人”这个机构，该机构无须法人的授权委托，具备直接对外代表法人进行民事活动的权利，此时法定代表人的行为即视为法人行为，其民事法律后果由法人承担。法人与法定代表人之间并非委托与代理关系，而是被代表与代表关系，且法定代表人的代表权利的来源是法律赋予的。

由此，我国法定代表人制度逐步形成了法定性、唯一性和职权性的特点。

三、法定代表人的任职资格

下文就常见的企业类型的法定代表人的任职资格进行汇总归纳，虽无法做到穷尽，但尽量归纳给大家，请根据实际需要及更新后的法律法规，遵从“上位法优于下位法”“特殊法优于普通法”及“新法优于旧法”的原则，对法定代表人任职资格进行认定及适用。

（一）一般公司法定代表人的任职资格规定

有限责任公司或股份有限公司均是企业法人，所以受到行政法规《企业法人法定代表人登记管理规定》约束，该法规第 4 条规定，有下列情形之一的，不得担任法定代表人，企业登记机关不予核准登记：（一）无民事行为能力或者限制民事行为能力的；（二）正在被执行刑罚或者正在被执行刑事强制措施的；（三）正在被公安机关或者国家安全机关通缉的；（四）因犯有贪污贿赂罪、侵犯财产罪或者破坏社会主义市场经济秩序罪，被判处刑罚，执行期满未逾 5 年的；因犯有其他罪，被判处刑罚，执行期满未逾 3 年的；或者因犯罪被判处剥夺政治权利，执行期满未逾 5 年的；（五）担任因经营不善破产清算的企业的法定代表人或者董事、经理，并对该企业的破产负有个人责任，自该企业破产清算完结之日起未逾 3 年的；（六）担任因违法被吊销营业执照的企业的法定代表人，并对该企业违法行为负有个人责任，自该企业被吊销营业执照之日起未逾 3 年的；（七）个人负债数额较大，到期未清偿的；（八）有法律和国务院规定不得担任法定代表人的其他情形的。

《公司法》中虽然没有直接就法定代表人的任职资格进行强制性规定，但法定代表人的人选职务范围为董事长、执行董事及经理，法律法规通过规定董事长、执行董事及经理的任职资格，进而限制了法定代表人的任职资格。《公司法》第 146 条规定，有下列情形之一的，不得担任公司的董事、监事、高级管理人员：（一）无民事行为能力或者限制民事行为能力；（二）因贪污、贿赂、侵占财产、挪用财产或者破坏社会主义市场经济秩序，被判处刑罚，执行期满未逾 5 年，或者因犯罪被剥夺政治权利，执行期满未逾 5 年；（三）担任破产清算的公司、企业的董事或者厂长、经理，对该公司、企业的破产负有个人责任的，自该公司、企业破产清算完结之日起未逾 3 年；（四）担任因违法被吊销营业执照、责令关闭的公司、企业的法定代表人，并负有个人责任的，自该公司、企业被吊销营业执照之日起未逾 3 年；（五）个人所负数额较大的债务到期未清偿。公司违反前款规定选举、委派董事、监事或者聘任高级管理人员的，该选举、委派或者聘任无效。董事、监事、高级管理人员在任职期间出现本条第 1 款所列情形的，公司应当解除其职务。

值得注意的是根据《公务员法》第53条的规定，公务员必须遵守纪律，不得有下列行为……从事或者参与营利性活动，在企业或者其他营利性组织中兼任职务。故我国公务员不可兼任企业法定代表人职务。

（二）金融机构法定代表人的任职资格规定

1. 银行法定代表人的任职资格规定

《商业银行法》第27条规定，有下列情形之一的，不得担任商业银行的董事、高级管理人员：（一）因犯有贪污、贿赂、侵占财产、挪用财产罪或者破坏社会经济秩序罪，被判处刑罚，或者因犯罪被剥夺政治权利的；（二）担任因经营不善破产清算的公司、企业的董事或者厂长、经理，并对该公司、企业的破产负有个人责任的；（三）担任因违法被吊销营业执照的公司、企业的法定代表人，并负有个人责任的；（四）个人所负数额较大的债务到期未清偿的。

2. 保险公司法定代表人的任职资格规定

《保险法》第81条规定，保险公司的董事、监事和高级管理人员，应当品行良好，熟悉与保险相关的法律、行政法规，具有履行职责所需的经营管理能力，并在任职前取得保险监督管理机构核准的任职资格。保险公司高级管理人员的范围由国务院保险监督管理机构规定。

第82条规定，有《公司法》第146条规定的情形或者下列情形之一的，不得担任保险公司的董事、监事、高级管理人员：（一）因违法行为或者违纪行为被金融监督管理机构取消任职资格的金融机构的董事、监事、高级管理人员，自被取消任职资格之日起未逾5年的；（二）因违法行为或者违纪行为被吊销执业资格的律师、注册会计师或者资产评估机构、验证机构等机构的专业人员，自被吊销执业资格之日起未逾5年的。

3. 证券公司法定代表人的任职资格规定

《证券法》第131条第1款规定，证券公司的董事、监事、高级管理人员，应当正直诚实，品行良好，熟悉证券法律、行政法规，具有履行职责所需的经营管理能力，并在任职前取得国务院证券监督管理机构核准的任职资格。有《公司法》第146条规定的情形或者下列情形之一的，不得担任证券公司的董事、监事、高级管理人员：（一）因违法行为或者违纪行为被解除职务的证券交易所、证券登记结算机构的负责人或者证券公司的董事、监事、高级管理人员，自被解除职务之日起未逾5年；（二）因违法行为或者违纪行为被撤销资格的律师、注册会计师或者投资咨询机构、财务顾问机构、资信评级机构、资产评估机构、验证机构的专业人员，自被撤销资格之日起未逾5年。

4. 公募基金管理机构法定代表人的任职资格规定

《证券投资基金法》第15条规定，有下列情形之一的，不得担任公开募集基金的基金管理人的董事、监事、高级管理人员和其他从业人员：（一）因犯有贪污贿赂、渎职、侵犯财产罪或者破坏社会主义市场经济秩序罪，被判处刑罚的；（二）对所任职的公司、企业因经营不善破产清算或者因违法被吊销营业执照负有个人责任的董事、监事、厂长、高级管理人员，自该公司、企业破产清算终结或者被吊销营业执照之日起未逾5年的；（三）个人所负债务数额较大，到期未清偿的；（四）因违法行为被开除的基金管理人、基金托管人、证券交易所、证券公司、证券登记结算机构、期货交易所、期货公司及其他机构的从业人员和国家机关工作人员；（五）因违法行为被吊销执业证书或者被取消资格的律师、注册会计师和资产评估机构、验证机构的从业人员、投资咨询从业人员；（六）法律、行政法规规定不得从事基金业务的其他人员。

（三）演出经纪机构或者演出场所经营单位法定代表人的任职资格规定

《营业性演出管理条例》第53条规定，因违反本条例规定被文化主管部门吊销营业性演出许可证，或者被工商行政管理部门吊销营业执照或者责令变更登记的，自受到行政处罚之日起，当事人为单位的，其法定代表人、主要负责人5年内不得担任文艺表演团体、演出经纪机构或者演出场所经营单位的法定代表人、主要负责人；当事人为个人的，个体演员1年内不得从事营业性演出，个体演出经纪人5年内不得从事营业性演出的居间、代理活动。

四、法定代表人的内部任免方式

（一）确定法定代表人的人选职务

首先，须由公司章程先行规定人选职务，根据《公司法》第13条规定，公司法定代表人依照公司章程的规定，由董事长、执行董事或者经理担任，并依法登记。由此可知，法定代表人产生于公司章程的规定，即由公司章程规定在董事长、执行董事或者经理三个人选职务范围内选择其一成为法定代表人，不可设置多重选择的规定或者指向性不明确的规定，比如“公司的法定代表人由执行董事或经理担任”，类似这样的章程规定，非但没有明确法定代表人的具体人选职务，而且该章程可能被章程备案机关退回要求重新修改，无法顺利备案。

其次，在章程规定了法定代表人的确切人选职务后，具体由哪个自然人来担任董事长、执行董事或者经理，又分为以下不同方式：

1. 法定代表人由董事长担任时

对于有限责任公司来说，根据《公司法》第44条第3款规定，董事会设董事长一人，可以设副董事长。董事长、副董事长的产生办法由公司章程规定。当章程规定由董事长担任法定代表人时，因为公司章程由全体股东制定并由股东会修改，其中包括董事长的产生办法，所以法定代表人具体人选的任免在公司设立之初是由全体股东间接决定的，在公司设立之后是由股东会间接决定的。

对于股份有限公司来说，根据《公司法》第109条规定，董事会设董事长一人，可以设副董事长。董事长和副董事长由董事会以全体董事的过半数选举产生。此时法定代表人具体人选的任免是由董事会以全体董事的过半数选举产生的。

2. 法定代表人由执行董事担任时

这种情况仅限于股东人数较少或者规模较小的有限责任公司，根据《公司法》第37条规定，股东会行使下列职权……（2）选举和更换非由职工代表担任的董事、监事……第50条规定，股东人数较少或者规模较小的有限责任公司，可以设一名执行董事。此时法定代表人具体人选的任免实质上是由股东会选举产生的。

3. 法定代表人由经理担任时

设董事会的有限责任公司及股份有限公司的经理，根据《公司法》第49条规定，有限责任公司可以设经理，由董事会决定聘任或者解聘，及第113条规定，股份有限公司设经理，由董事会决定聘任或者解聘。此时法定代表人具体人选的任免实质上是由董事会决定的。

不设董事会的有限责任公司的执行董事可以兼任经理，若执行董事兼任经理，此时法定代表人具体人选的任免同执行董事，仍是由股东会选举产生；当执行董事并未兼任经理的，而经理一职又没有董事会来决定，此时法定代表人具体人选的任免方式一般而言是由股东会决定或公司章程规定的。

（二）法定代表人资格的取得

根据《企业法人法定代表人登记管理规定》第3条规定，企业法人的法定代表人经企业登记机关核准登记，取得法定代表人资格，所以法定代表人资格实际是通过登记备案手续才能正式取得，该种登记备案手续实际就是公示制度，产生公信效力。值得注意的是，实务中，若公司内部任免法定代表人而不在公司登记机关办理登记备案手续，则不得对抗善意第三人，即在公司内部决定更换法定代表人后，在办理登记备案手续之前的空档期，原法定代表人仍可以代表公司对外进行民事活动，第三人可以基于原法定代表人登记备案的公示情况而信赖该人员有权代表该公司建立民事关系，这种对善意第三人的保护可以持续至原法定代表人的登记被变更时止，由此会造成公司运营的不可控风险，故一旦发生法定代表人变更的情况，公司应及时办理登记备案手续。

五、法定代表人登记备案手续及相关法律责任

（一）初次登记手续

根据《公司登记管理条例》第20条、第21条规定，申请设立有限责任公司或股份有限公司，均应当向公司登记机关提交《公司法定代表人签署的设立登记申请书》、公司法定代表人任职文件和身份证明，故只要公司设立，均需要对法定代表人办理初次登记手续。

值得注意的是，法定代表人的签字也需要登记备案，《企业法人登记管理条例》第11条规定，登记主管机关核准登记注册的企业法人的法定代表人是代表企业行使职权的签字人。法定代表人的签字应当向登记主管机关备案。

（二）虚假登记的法律责任

我国《公司法》及相关法律法规规定了虚假登记的法律责任，如：

《公司法》第198条规定，违反本法规定，虚报注册资本、提交虚假材料或者采取其他欺诈手段隐瞒重要事实取得公司登记的，由公司登记机关责令改正……对提交虚假材料或者采取其他欺诈手段隐瞒重要事实的公司，处以五万元以上五十万元以下的罚款；情节严重的，撤销公司登记或者吊销营

业执照。

《公司登记管理条例》第 65 条规定，提交虚假材料或者采取其他欺诈手段隐瞒重要事实，取得公司登记的，由公司登记机关责令改正，处以 5 万元以上 50 万元以下的罚款；情节严重的，撤销公司登记或者吊销营业执照。

（三）变更法定代表人的原因

相对于法定代表人初次登记是客观必要程序不同，变更法定代表人分为公司决定的主观原因与法定代表人任职资格丧失的客观原因。

1. 基于公司决定

公司可以根据实际经营状况，决定更换法定代表人，由符合法定代表人任职资格的其他人选代替原法定代表人，目的是改善公司经营状况。

2. 基于客观原因

根据《企业法人法定代表人登记管理规定》第 4 条规定，有下列情形之一的，不得担任法定代表人，企业登记机关不予核准登记：（一）无民事行为能力或者限制民事行为能力的；（二）正在被执行刑罚或者正在被执行刑事强制措施的；（三）正在被公安机关或者国家安全机关通缉的；（四）因犯有贪污贿赂罪、侵犯财产罪或者破坏社会主义市场经济秩序罪，被判处刑罚，执行期满未逾 5 年的；因犯有其他罪，被判处刑罚，执行期满未逾 3 年的；或者因犯罪被判处剥夺政治权利，执行期满未逾 5 年的；（五）担任因经营不善破产清算的企业的法定代表人或者董事、经理，并对该企业的破产负有个人责任，自该企业破产清算完结之日起未逾 3 年的；（六）担任因违法被吊销营业执照的企业的法定代表人，并对该企业违法行为负有个人责任，自该企业被吊销营业执照之日起未逾 3 年的；（七）个人负债数额较大，到期未清偿的；（八）有法律和国务院规定不得担任法定代表人的其他情形的。第 8 条规定，法定代表人任职期间出现本规定第 4 条所列情形之一的，该企业法人应当申请办理法定代表人变更登记。

发生上述情形的，是客观上公司必须更换法定代表人。

（四）变更登记手续

《公司登记管理条例》第 26 条规定，公司变更登记事项，应当向原公司登记机关申请变更登记。第 27 条规定，公司申请变更登记，应当向公司登记机关提交下列文件：（一）公司法定代表人签署的变更登记申请书；（二）依照

《公司法》作出的变更决议或者决定；（三）国家市场监督管理总局规定要求提交的其他文件。公司变更登记事项涉及修改公司章程的，应当提交由公司法定代表人签署的修改后的公司章程或者公司章程修正案。第30条规定，公司变更法定代表人的，应当自变更决议或者决定作出之日起30日内申请变更登记。

《企业法人法定代表人登记管理规定》第6条规定，企业法人申请办理法定代表人变更登记，应当向原企业登记机关提交下列文件：（一）对企业原法定代表人的免职文件；（二）对企业新任法定代表人的任职文件；（三）由原法定代表人或者拟任法定代表人签署的变更登记申请书。

值得注意的是法定代表人的变更登记申请书，需要原法定代表人和拟任法定代表人两人均签字确认。

（五）未依法办理变更登记的法律责任

《公司法》第211条第2款规定，公司登记事项发生变更时，未依照本法规定办理有关变更登记的，由公司登记机关责令限期登记；逾期不登记的，处以1万元以上10万元以下的罚款。

《公司登记管理条例》第69条规定，公司登记事项发生变更时，未依照本条例规定办理有关变更登记的，由公司登记机关责令限期登记；逾期不登记的，处以1万元以上10万元以下的罚款。

《企业法人法定代表人登记管理规定》第12条规定，违反本规定，应当申请办理法定代表人变更登记而未办理的，由企业登记机关责令限期办理；逾期未办理的，处1万元以上10万元以下的罚款；情节严重的，撤销企业登记，吊销企业法人营业执照。

综上所述，若公司不按照法律法规规定办理法定代表人的登记备案手续，轻则被责令限期办理，重则吊销营业执照。值得注意的是，根据《企业法人法定代表人登记管理规定》第13条规定，任何单位和个人发现法定代表人有不得担任法定代表人情形之一的，有权向企业登记机关检举。若发生法定代表人客观上不符合任职资格的情况，而公司拒不办理变更登记手续，凡知情者均有检举权，所以公司经营者不要以为可以瞒天过海。

实务问题

1. 公司该如何面对法定代表人突然丧失任职资格的情况

实务中会发生法定代表人因突发原因导致丧失任职资格，比如丧失民事行为能力、死亡、犯罪，在新法定代表人产生前，法定代表人职权该由谁行使的问题。为了保证公司的正常有序经营运转，可以在章程中预先规定如遇法定代表人丧失任职资格等不能继续代表法人行使职权的情形时，可由其他具有担任法定代表人资格的人选接任。若章程没有上述规定，可以通过法定代表人的任免办法，重新选定人选担任法定代表人。无论在章程中是否有预先规定，公司都应及时作出变更法定代表人的决议或者决定，并在作出之日起 30 日内，向公司登记机关申请变更登记，必要时应提供变更原因的证明材料，比如原法定代表人死亡或丧失民事行为能力的证明文件。

2. 法定代表人实际在公司内并未担任法定人选职务，甚至根本不在公司内任职，此种情形下对公司和法定代表人各有何风险及责任

根据《公司法》第 13 条规定，公司法定代表人依照公司章程的规定，由董事长、执行董事或者经理担任，并依法登记，此为强制性规定，此三种人选之外的任何人担任法定代表人，都是不合法的行为。但在实务中因为各种原因或目的，比如公司股东没有法律常识、公司实际控制人想规避法律责任等，所谓“挂名法定代表人”就是将不符合以上三种职务的人员作为法定代表人登记备案至公司登记机关，由此产生的风险和责任是巨大的。

对于公司而言，董事长、执行董事或者经理应该是最熟悉公司业务且最关心公司经营的人选，并非说他们不会滥用权力，但相对而言可能性较小，这也是规定法定代表人人选职务的立法初衷。假使让非此三种职务的工作人员或公司外的其他人员担任法定代表人，一方面他们不熟悉或不参与公司的实际对外经营，无法高效行使法定代表人的职权，比如无法及时代表公司签署各类文件；另一方面他们极有可能基于个人利益，滥用法定代表人身份，转嫁法律责任于公司，比如擅自代表公司签订商事合同或收取交易款项。即使事后具备条件追究该法定代表人的法律责任，也需要时间和诉讼成本。故让董事长、执行董事或者经理以外的人员担任公司的法定代表人，将会严重地降低公司的经营效率，增加公司的经营风险。

对于法定代表人而言，原本对于该身份所设立的法律责任（详见本章第二节第三段），是为了促使法定代表人尽自身最大努力维护公司正常经营，避免出现经营问题，但若由非董事长、执行董事或者经理的人员，担任法定代表人，则代表着该人员无法直接影响公司的经营管理，而公司对外产生债务或被卷入诉讼，该人员将会因为法定代表人身份而被牵连承担各类法律责任。在某种程度上可以视作法定代表人的权利和义务完全不对等，对该人员本身是极大的不公平。在此提醒被他人借用身份，去“挂名”担任公司法定代表人的读者，无论是免费的还是有偿的“挂名”，更多地考虑下这个提议的初衷和将来面临的法律风险。

综上所述，此种情形下由于法定代表人不具备基础的任职要求，本身就是不合法的行为，对于双方都存在风险，在此建议双方遵守法律规定，选任合适合格的人作为法定代表人。

3. 原法定代表人自身提出辞去职务，而遇变更程序障碍，该如何处理

实务中，会出现一些公司内部股东矛盾激烈或经营情况恶劣等情形，此时任职法定代表人的人员基于保护自身的原因，规避将来可能会被牵连的风险，试图辞去法定代表人职务，而公司主观或客观上就变更法定代表人事宜无法作出决议或作出决议无人执行，比如公司名存实亡、无法召开股东会、董事会怠于行使职责等原因。目前，对于这种情况应当如何处理，法律没有作出明确规定，现阶段也确实没有直接有效的解决办法。那么任职法定代表人的人员该如何救济呢？一般而言，分两种情形：

（1）公司已经作出变更法定代表人的决议，但不配合办理变更登记手续

这种情况，一般是公司作出此有效决议时，还能勉强运营，但到办理变更登记手续时，公司处于公章无法有效使用，甚至人去楼空的状态。此时原任职法定代表人的人员，可以向法院提起诉讼，要求公司协助办理自身辞去法定代表人的工商变更登记手续。虽然现在不同的法院对涉及变更法定代表人的诉讼请求所判决的结果不尽相同，但一般而言，站在公司应当按照内部合法决议内容全面履行其义务的角度，有些法院还是会支持此诉讼请求的。

（2）公司无法作出变更法定代表人的决议

这种情况，基本就是公司内部矛盾激烈，股东会或董事会会议无法正常召开，导致股东会或董事会不能作出有效决议，进而缺失了变更法定代表人的决议这个必要文件。此时原任职法定代表人的人员还向法院起诉要求变更身份，那基于公司内部决议属于公司自治内容，法定代表人的变更应当由公司自治决定，不宜法院判决强制，且没有新的法定代表人人选就无法免除原法定代表人的职务，法院驳回原告诉讼请求的可能性相当大。

但是原任职法定代表人的人员还可以通过以下方式尽量避免可能出现的风险：

第一，收回个人印章等身份物件，并通过挂号信或快递的形式发函告知公司及主要股东，书面提出要求辞去公司法定代表人职务，并要求公司及时

召开股东会或董事会会议，决议免去自身法定代表人职务，限期变更任职法定代表人的人员。同时保留公司及主要股东签收函告的证据，比如挂号信回执、快递存单。

第二，通过挂号信或快递的形式发函告知公司登记机关、税务机关等相关部门，本人已要求辞去公司法定代表人职务，是因公司原因造成无法办理变更登记手续，避免公司其他人员冒充本人签名，办理年检、报税等手续。

第三，通过怠于行使法定代表人职权，来督促公司尽快出具变更法定代表人的决议，但要把握好分寸，切记不要因消极行为，导致造成公司实际损失，否则将面临公司的追偿。

第四，于公司注册地、实际经营地或全国有影响力的报纸上发表公开声明，表明自身已经要求辞去法定代表人职务，是因公司原因造成无法办理变更登记手续，告知公众将来公司的任何经营活动，自己将不再承担任何责任。

假设公司的实际控制人或股东还希望公司将来能恢复正常运营或能进入注销、破产程序，那么通过上述途径，能较为有效地促使公司作出变更法定代表人的决议并办理相关变更登记手续。

典型案例

案例：法定代表人越权代表公司对外担保由法人承担责任

案情：原告甲（自然人）诉称：2011 年 9 月 6 日，借款人 A 公司与出借人甲签订了一份《借款合同》，约定借款金额为 1 亿元，借款期限为 4 个月，自 2011 年 9 月 6 日起至 2012 年 1 月 5 日止，借款月利率为 2%。自然人乙为 B 公司的法定代表人及股东，同日以 B 公司名义与出借人甲签订了《保证合同》，合同抬头为 B 公司，但并无 B 公司盖章，仅有法定代表人乙的签字，该份合同为 A 公司与出借人甲签订的《借款合同》项下的债权向出借人甲提供保证担保，担保范围为债权本金 1 亿元及利息、逾期利息、罚息、复利、违约金、损害赔偿金、甲为实现债权而发生的费用以及其他所有 A 公司的应付费用，保证方式为连带责任保证，保证期间为自主合同约定的债务人履行债务期限届满之日起两年。后出借人甲向 A 公司汇款 1 亿元。由于债务人 A 公司逾期未还，于是甲于 2012 年 6 月 8 日诉至人民法院，请求：1. 判令 A 公司与 B 公司连带清偿借款本金 1 亿元及相应利息；2. 判令 A 公司、B 公司承担本案全部诉讼费用及律师代理费。

被告 B 公司抗辩称：1. 甲没有按照公司法的规定要求 B 公司出具担保的

股东会决议，仅有B公司法定代表人乙签字确认的《保证合同》对A公司债务的担保行为无效；2.《保证合同》没有加盖B公司的公章，未生效。

法院认为：涉案《保证合同》中B公司为A公司所欠自然人甲的债务提供担保是其真实的意思表示，且并不违反法律的禁止性规定，应当认定为有效。虽然《公司法》第16条规定，公司向其他企业投资或者为他人担保，按照公司章程的规定，由董事会或者股东会、股东大会决议；公司章程对投资或者担保的总额及单项投资或者担保的数额有限额规定的，不得超过规定的限额。公司为公司股东或者实际控制人提供担保的，必须经股东会或者股东大会决议，但是该规定属于公司对内的程序性规定，其并未规定公司以外的第三人对此负有审查义务，公司对外提供担保是否经股东会或者股东大会决议，并不影响其对外签订的合同效力。应严格区分公司的对内关系与对外关系，否则会损害交易安全。与公司交易的第三人应当不受其内部程序性规定的约束。《公司法》第16条的规定，意在防止公司的实际控制人或者高级管理人员损害公司、小股东或者其他债权人的利益，公司是否召开股东会以及股东会的决议，是公司的内部控制程序，不能约束与公司交易的第三人。该规定不属于效力性强制性规定，不能据此主张合同无效。公司作为不同于自然人的民商事主体，其法定代表人的行为即公司的行为。即便法定代表人行为越权，B公司也只能够过内部追责程序维护自己的权利，而非主张担保行为无效。甲作为公司以外的第三人无从知晓法定代表人的行为越权，B公司主张甲并非善意第三人，但并未提供相应证据，其主张未得到法院支持。所以本案法院判定B公司承担连带保证责任于法有据。

【律师剖析】

为了防止法定代表人的相关行为给法人带来可能的风险及法律责任，公司章程应载明法定代表人的职权范围，包括但不限于是否有权代表公司对外担保，这样对内对外均便于判断及识别法定代表人行为是否越权，虽然无法完全避免法定代表人的越权行为，但可以适当降低发生越权的可能性。当然为促进法定代表人的工作能动性和积极性，也需要一些概括性的职权描述，同时也需要法人内设各机构的相关监督机制来把控可能的风险。

条款设计示例

第【×】条［法定代表人的人选］

公司的法定代表人由董事长担任。

第【×】条 ［接任法定代表人的人选］

若发生法定代表人因突发原因丧失任职资格时，则由经理接任法定代表人职务，并办理变更登记。

【设计指引】

依据《公司法》第 13 条规定，在董事长（执行董事）或者经理的人选职务范围内，公司章程应当二者选其一担任法定代表人。至于到底由何种人选职务担任法定代表人，这需要根据公司的特点、股东们的意见等要素确定。这里需要注意三点：

第一，若公司侧重于战略决策事项运行的，则法定代表人建议由董事长、执行董事担任，若公司侧重于经营管理的，则法定代表人建议由经理担任。值得注意的是，部分国有企业特别是国有独资企业的章程往往规定：法定代表人由党委书记（或党组书记、党支部书记）担任，该表述不妥。

第二，实践中不少法定代表人名不符实，存在挂名情况，这对于公司及挂名的人员均有巨大的法律风险。

第三，由于法定代表人属于自然人，往往出现主观上或客观上无法履行职责的情况，建议在章程中对于法定代表人的变更作出规定。

第二节　法定代表人的职责

《公司法》并没有专门条款对法定代表人的职责进行规定，但是《公司法》对法定代表人的人选职务即董事长、执行董事和经理的相关职责，分别作了规定，间接也约束了法定代表人的职责范围。由于第六章将会对董事长、执行董事和经理的相关职责作详细描述，本章就法定代表人的职责作概括性阐述。

一、法定代表人的签字权

法定代表人作为法人的代表机构是法律赋予的身份，而法定代表人作为自然人，对外进行民事活动时，法定代表人的签字是其确认民事活动结果的基本表现，法定代表人的职责也主要体现在签字权上。

（一）签字权于合同效力的体现

根据《企业法人登记管理条例》第11条规定，登记主管机关核准登记注册的企业法人的法定代表人是代表企业行使职权的签字人。法定代表人的签字应当向登记主管机关备案。该行政法规对法定代表人的签字权也予以了确认，同时明确了法定代表人的签字需在公司登记机关进行备案，对外产生公示效果。

根据《民法典》第490条规定，当事人采用合同书形式订立合同的，自当事人均签名、盖章或者按指印时合同成立，法理上既然确认法定代表人是法人的代表机构，其行使职务时，法定代表人的签字自然等同于法人的盖章。法定代表人代表法人在书面合同类型文件上签字，该文件直接对法人发生法律效力，但该法定代表人以自然人名义确认自身民事行为的情形除外。

（二）签字权于票据效力的体现

根据《票据法》第7条第2款规定，法人和其他使用票据的单位在票据上的签章，为该法人或者该单位的盖章加其法定代表人或者其授权的代理人的签章，该条款也明确了法定代表人的签章为法人出具有效票据的必要包含内容。

（三）签字权于公示效力的体现

根据《公司登记管理条例》有关规定，申请设立有限责任公司，应当向公司登记机关提交的文件包括公司法定代表人签署的设立登记申请书；申请设立股份有限公司，应当向公司登记机关提交的文件包括公司法定代表人签署的设立登记申请书；公司申请变更登记，应当向公司登记机关提交的文件包括公司法定代表人签署的变更登记申请书；公司变更登记事项涉及修改公司章程的，应当提交由公司法定代表人签署的修改后的公司章程或者公司章程修正案；公司依照《公司法》第22条规定向公司登记机关申请撤销变更登记的，应当提交的文件包括公司法定代表人签署的申请书；设立分公司，应当向公司登记机关提交的文件包括公司法定代表人签署的设立分公司的登记申请书；分公司变更登记事项的，应当向公司登记机关申请变更登记，提交的材料包括应当提交公司法定代表人签署的变更登记申请书；分公司被公司撤销、依法责令关闭、吊销营业执照的，申请注销登记应当提交公司法定代表人签署的注销登记申请书和分公司的《营业执照》。根据《企业法人登记管理条例》第21条规定，企业法人办理注销登记，应当提交法定代表人签署的申请注销登记报告、主管部门或者审批机关的批准文件、清理债务完结的证明或者清算组织负责清理债权债务的文件。

上述法律法规的规定，体现了法定代表人的签字文件是法人于公司登记机关办理登记、变更、注销等绝大部分手续中，必不可少的材料，由于上述登记备案具有公示效力，更体现了法定代表人的签字是法人对外进行绝大部分公示行为的必备条件。

（四）签字权于财务运作的体现

在法人向银行申请开立、变更或注销法人银行账户时，一般需要由该法人的法定代表人在相关申请材料上签字后，银行才予以受理。实务中在法人与商业银行签订借贷合同或担保合同时，会约定合同生效条件之一为需经法定代表人或者法定代表人授权的代理人签字，否则属于合同未生效情形。在法人向有关税务等监管部门报送的报告或文件时，一般应由法定代表人在相关财务报告或文件上签字，确认其真实性。上述规定或交易习惯体现了法定代表人在法人财务运作时的重要性和必要性。

二、法定代表人参与诉讼的职责

由于法定代表人代表法人进行的绝大部分活动为民事行为，法定代表人参与诉讼的职责主要贯穿在民事诉讼的各阶段中。根据《民事诉讼法》第48条第2款规定，法人由其法定代表人进行诉讼；第85条规定，送达诉讼文书，应当直接送交受送达人……受送达人是法人或者其他组织的，应当由法人的法定代表人、其他组织的主要负责人或者该法人、组织负责收件的人签收；第245条规定，人民法院查封、扣押财产时……被执行人是法人或者其他组织的，应当通知其法定代表人或者主要负责人到场；第250条规定，强制执行时……被执行人是法人或者其他组织的，应当通知其法定代表人或者主要负责人到场。《企业破产法》第15条规定，自人民法院受理破产申请的裁定送达债务人之日起至破产程序终结之日，债务人的有关人员承担下列义务：（一）妥善保管其占有和管理的财产、印章和账簿、文书等资料；（二）根据人民法院、管理人的要求进行工作，并如实回答询问；（三）列席债权人会议并如实回答债权人的询问；（四）未经人民法院许可，不得离开住所地；（五）不得新任其他企业的董事、监事、高级管理人员。前款所称有关人员，是指企业的法定代表人；经人民法院决定，可以包括企业的财务管理人员和其他经营管理人员。

法人作为一个法律层面上的产物，而非实际自然人，故参与诉讼的真实主体为其法定代表人，理论上民事诉讼案件各阶段中的绝大部分程序（包括但不限于诉讼、保全、执行及破产），均需要其法定代表人参与。在民事案件实务操作中，涉及法人参与诉讼的，无论是原告、被告还是第三人，均需要提供该法人的《法定代表人身份证明》，这也体现了法定代表人在民事诉讼中不可或缺的地位。

三、法定代表人承担的法律责任

（一）常见的民事责任

1. 内部责任：法定代表人正常的职务行为代表的是法人，原则上视为法人行为，相应民事责任的对象为该法人，无法追究公司法定代表人作为自然人的民事责任。但由于法定代表人实际由某一自然人任职，自然人必然有个人利益，可能会为其个人利益滥用法定代表人身份。若法定代表人因故意或过失行为损害法人或股东权益的，则适用《民法典》第 1165 条第 1 款规定，行为人因过错侵害他人民事权益造成损害的，应当承担侵权责任。《公司法》第 149 条规定，董事、监事、高级管理人员执行公司职务时违反法律、行政法规或者公司章程的规定，给公司造成损失的，应当承担赔偿责任；第 152 条规定，董事、高级管理人员违反法律、行政法规或者公司章程的规定，损害股东利益的，股东可以向人民法院提起诉讼。

2. 外部责任：法定代表人在对外进行民事活动时实质为个人行为，但假借职务行为名义或混淆法定代表人与法人身份，最终行为所产生的利益归属个人，那么所导致的法律责任也由其个人承担，不视为法人行为。

典型案例

案例：法定代表人以自身名义进行的民事行为，法人不承担相应责任

案情：原告甲诉称，原告甲与被告乙本系合作关系，2011 年 10 月至 12

月期间，原告应被告的要求，先后分三次将人民币 2100000 元通过银行转账至上海 A 有限公司账号的方式出借给被告乙。2011 年 12 月 31 日，原、被告就该 2100000 元借款签订《借款协议》，约定借款期限为自 2012 年 1 月 1 日起至 2012 年 12 月 31 日止，借款利息为月息 4%。一年期满后，双方再次签订《借款协议》，约定将该 2100000 元的借款期限延长至 2013 年 3 月 31 日，借款利息为月息 4%。2012 年 2 月 14 日，原告再次出借给被告 500000 元，同日双方签订《借款协议》，约定借款期限为自 2012 年 2 月 14 日起至 2013 年 2 月 14 日止。被告共计向原告借款 2600000 元，两笔借款的期限届满后，被告均未如期归还借款本金，仅支付了原告截止至 2013 年 7 月的利息 2016000 元。双方协商不成，故原告诉至法院，要求判令：1. 被告偿还原告欠款 2600000 元及利息……

被告乙辩称，不同意原告诉讼请求。被告向原告借款只有 500000 元，2012 年 2 月 14 日双方签订借款协议，原告于当日分两笔向被告个人银行账户转入 200000 元、300000 元，合计 500000 元。被告于 2012 年 2 月起每月支付该借款利息，高于中国人民银行同期贷款利率 4 倍的部分作为本金归还。至于原告主张的另一笔借款 2100000 元是原告与 A 公司之间发生的借款，借款主体并非被告个人。该借款于 2011 年 12 月 31 日签订借款协议，因借款期限到期，又于 2013 年 1 月 1 日续签借款协议。两份借款协议首部列明的协议主体乙方处有 A 公司盖章，被告作为 A 公司法定代表人签字，是履行职务的行为，借款主体是公司而非个人……

法院认定：原、被告对于双方形成了 500000 元的借贷关系无异议，至于系争的 2100000 元款项的借款主体是被告个人还是案外人 A 公司，原、被告意见不一。根据 2100000 元的两份借款协议内容，该协议首部列明的协议主体为甲方、乙方，乙方一栏仅载明为被告乙的个人姓名及身份证号码。在协议落款处乙方一栏有被告乙的本人签名，虽然在该处有 A 公司的盖章，但协议中并未载明 A 公司盖章的用意，被告亦未提供相应证据证明 A 公司是作为借款人盖章、被告乙作为 A 公司的法定代表人签字。如果是公司作为合同的主体签约盖章，却在协议首部协议主体乙方一栏处仅列明个人及其身份证号，有悖常理。何况被告也无相应证据证明此借款协议是作为法定代表人代表公司来签字的。最终法院也还是认定系争的 2100000 元系被告乙的个人借款，被告理应按约归还原告借款本息。

【律师剖析】

在本案中，被告作为自然人，基于个人原因对外借款时，故意在借款协议签约主体处加盖A公司公章，又声称自己作为A公司法定代表人在履行职务为由，试图混淆借款主体身份，转嫁还款义务于A公司，但基于合同内容，并未列明A公司系借款方，也未记载A公司具有收款权利或承担还款义务，故可以认定借款协议的借款方为被告，由其个人承担还款义务，不能仅因为被告是A公司法定代表人及合同上加盖A公司公章而判断A公司承担还款义务。这个案例提醒我们注意两点，一是公司应妥善保管自身公章，建立相应监管制度，避免法定代表人擅自使用或滥用公章；二是我们在签订合同时，若合同相对方为个人，则不应让其在合同上加盖任何第三方印章，避免混淆合同义务主体。

（二）诉讼中常见的责任

法定代表人因其身份，就诉讼案件各阶段中，涉及的相关责任有：

《民事诉讼法》第245条规定，人民法院查封、扣押财产时，被执行人是法人或者其他组织的，应当通知其法定代表人或者主要负责人到场；第250条规定，强制执行时，被执行人是法人或者其他组织的，应当通知其法定代表人或者主要负责人到场。

第111条规定，诉讼参与人或者其他人有下列行为之一的，人民法院可以根据情节轻重予以罚款、拘留；构成犯罪的，依法追究刑事责任：（一）伪造、毁灭重要证据，妨碍人民法院审理案件的；（二）以暴力、威胁、贿买方法阻止证人作证或者指使、贿买、胁迫他人作伪证的；（三）隐藏、转移、变卖、毁损已被查封、扣押的财产，或者已被清点并责令其保管的财产，转移已被冻结的财产的；（四）对司法工作人员、诉讼参加人、证人、翻译人员、鉴定人、勘验人、协助执行的人，进行侮辱、诽谤、诬陷、殴打或者打击报复的；（五）以暴力、威胁或者其他方法阻碍司法工作人员执行职务的；（六）拒不履行人民法院已经发生法律效力的判决、裁定的。人民法院对有前款规定的行为之一的单位，可以对其主要负责人或者直接责任人员予以罚款、拘留；构成犯罪的，依法追究刑事责任。

第114条规定，有义务协助调查、执行的单位有下列行为之一的，人民法院除责令其履行协助义务外，并可以予以罚款：（一）有关单位拒绝或者妨碍人民法院调查取证的；（二）有关单位接到人民法院协助执行通知书后，拒不协助查询、扣押、冻结、划拨、变价财产的；（三）有关单位接到人民法院协助执行通知书后，拒不协助扣留被执行人的收入，办理有关财产权证照转移手续，转交有关票证、证照或者其他财产的；（四）其他拒绝协助执行的。人民法院对有前款规定的行为之一的单位，可以对其主要负责人或者直接责任人员予以罚款；对仍不履行协助义务的，可以予以拘留；并可以向监察机关或者有关机关提出予以纪律处分的司法建议。

《企业破产法》第 15 条规定，自人民法院受理破产申请的裁定送达债务人之日起至破产程序终结之日，债务人的有关人员承担下列义务：（一）妥善保管其占有和管理的财产、印章和账簿、文书等资料；（二）根据人民法院、管理人的要求进行工作，并如实回答询问；（三）列席债权人会议并如实回答债权人的询问；（四）未经人民法院许可，不得离开住所地；（五）不得新任其他企业的董事、监事、高级管理人员。前款所称有关人员，是指企业的法定代表人；经人民法院决定，可以包括企业的财务管理人员和其他经营管理人员。

《最高人民法院关于适用〈中华人民共和国民事诉讼法〉执行程序若干问题的解释》第 37 条第 1 款规定，被执行人为单位的，可以对其法定代表人、主要负责人或者影响债务履行的直接责任人员限制出境。

《最高人民法院关于限制被执行人高消费的若干规定》第 3 条规定，被执行人为自然人的，被限制高消费后，不得有以下以其财产支付费用的行为：（一）乘坐交通工具时，选择飞机、列车软卧、轮船二等以上舱位；（二）在星级以上宾馆、酒店、夜总会、高尔夫球场等场所进行高消费；（三）购买不动产或者新建、扩建、高档装修房屋；（四）租赁高档写字楼、宾馆、公寓等场所办公；（五）购买非经营必需车辆；（六）旅游、度假；（七）子女就读高收费私立学校；（八）支付高额保费购买保险理财产品；（九）其他非生活和工作必需的高消费行为。被执行人为单位的，被限制高消费后，禁止被执行人及其法定代表人、主要负责人、影响债务履行的直接责任人员以单位财产实施本条第 1 款规定的行为。第 11 条规定，被执行人违反限制消费令进行消费的行为属于拒不履行人民法院已经发生法律效力的判决、裁定的行为，经查证属实的，依照《民事诉讼法》第 111 条的规定，予以拘留、罚款；情节严重，构成犯罪的，追究其刑事责任。有关单位在收到人民法院协助执行通知书后，仍允许被执行人进行高消费及非生活或者经营必需的有关消费的，人民法院可以依照《民事诉讼法》第 114 条的规定，追究其法律责任。

（三）常见的刑事责任

在我国现行刑法规定中，对单位犯罪实行单罚制和双罚制并用的制度，即有的单位犯罪只追究主管人员和主要责任人员的责任，有的单位犯罪则既追究单位的责任又追究主管人员和主要责任人员的责任。法定代表人对外作为法人的代表机构，对内基本也应是公司高层管理人员，从法定代表人的人选职务范围即董事长、执行董事或经理，也可看出其应身居法人管理层要职，故一般情况下，法定代表人就是法人的主管人员或主要责任人员。单位犯罪，是否应对其法定代表人追究刑事责任，应从身份、作用和责任三方面界定，考量该法定代表人对单位犯罪的实施是否起到决策、指挥作用。绝大多数的单位犯罪中，法定代表人是对单位所作所为负有不可推卸的责任的领导或决策人员，所以不仅仅要处罚单位（对单位判处罚金），还会追究法定代表人的刑事责任。

法定代表人可能会涉嫌的刑事罪名高达 110 余项，如【重大劳动安全事故罪】【大型群众性活动重大安全事故罪】(《刑法》第 135 条、第 135 条之一)；【生产、销售伪劣产品罪】【单位犯本节规定之罪的处理】(《刑法》第 140 条、第 150 条)；【虚报注册资本罪】(《刑法》第 158 条)；【签订、履行合同失职被骗罪】(《刑法》第 167 条)；【非法吸收公众存款罪】(《刑法》第 176 条)；【单位行贿罪】(《刑法》第 393 条)；等等。

典型案例

案例：单位犯罪时，法定代表人通常承担刑事责任

2006 年 10 月，被告人盛某注册成立合肥某网络科技有限公司，先后在上海市某路 1340 弄 × 区 × 号楼移动怒江数据中心及安徽省马鞍某市等地架设服务器，主要经营计算机软件开发、电子商务、信息咨询服务等业务。被告人盛某系合肥某网络科技有限公司的法定代表人，负责该公司的经营管理。

为牟取非法利益，2008 年 5 月至 2009 年 5 月，被告人盛某先后雇用了被告人程某、解某甲、解某乙、万某、杨某、刘某等人在安徽省合肥市某路 99 号安高城市天地小区 ×-× 室该公司内，利用公司的网络资源，开设了多个手机色情网站，由被告人程某、解某甲、解某乙、万某、杨某等人分别进行操作、管理，网站提供色情、淫秽的图片、文字，供他人浏览观看，以增加电子商务信息、广告的点击率等收取广告商支付的费用，非法所得由被告人盛某与程某、解某甲、解某乙、万某等人按 7：3 的比例分成。

被告人刘某于 2009 年 5 月初受雇于合肥某网络科技有限公司后，将 41 篇淫秽小说提供给被告人杨某，经杨某管理的手机色情网站，供他人浏览观看。

2009 年 5 月 22 日，被告人盛某、程某、解某甲、解某乙、万某、杨某、刘某在安徽省合肥市某路被公安人员抓获归案，并查获多台服务器及计算机主机等赃物。至案发，被告人杨某、刘某尚未从合肥某网络科技有限公司获取广告商支付费用的分成。

案发后，经上海市公安局公共信息网络安全监察处检查和上海市新闻出版局、上海市公安局淫秽物品鉴定小组鉴定：被告人程某、解某甲、解某乙、万某、杨某分别负责管理的网站，均有淫秽图片及淫秽小说若干。

经上海市新闻出版局及上海 ×× 数码信息技术有限公司计算机司法鉴定所鉴定：被告人刘某提供给被告人杨某的 41 篇淫秽小说，在杨某负责管理的 ×× 网站提供网络访问服务，点击数总计为 114814 次。

上述事实，被告人盛某、程某、解某甲、解某乙、万某、杨某、刘某及辩护人在开庭审理过程中均无异议，并有证人证言，相关物证照片，鉴定意见，以及公安机关的工作情况等证据予以证实。

法院认为被告人盛某作为合肥某网络科技有限公司的法定代表人，以公司牟利为目的，雇用被告人程某、解某甲、解某乙、万某、杨某、刘某，利用互联网开设手机色情网站传播淫秽电子信息，被告人盛某系单位犯罪中直接负责的主管人员，被告人程某、解某甲、解某乙、万某、杨某、刘某均系单位犯罪中的直接责任人员，且被告人盛某、程某、解某甲、解某乙、万某、杨某犯罪情节特别严重，被告人刘某犯罪情节严重，其行为均已构成传播淫秽物品牟利罪，依法应予处罚。公诉机关指控七名被告人的罪名及犯罪事实成立。判决被告人盛某犯传播淫秽物品牟利罪，判处有期徒刑十一年六个月，并处罚金人民币十万元。其他各被告也分别予以相应刑事处罚。

【律师剖析】

对于单位犯罪，由于单位本身只是一个组织，无具体行为及意思表示能力，单位的犯罪基本上都是以主管人员或直接责任人员为核心，其他人员配合的一系列犯罪行为，所以在所有单位犯罪中，首先要处罚主管人员及直接责任人员。故法定代表人作为公司的掌舵人，需警钟长鸣，带领公司合法经营。

倘若因个人私利或者公司利益，而心存侥幸去触犯刑法，最终被认定为单位犯罪，公司被判处的是罚金，个人付出的则是自由的代价。

第三节　约束与管理

由于本书为指导制定公司章程之用，故本节主要讨论法人性质为公司时，法定代表人的约束与管理。

一、约束法定代表人权力的必要性

（一）法定代表人滥用代表权的表现形式

1. 未超越代表权的滥用

现代公司决策的产生理应是股东会、董事会或监事会集体协商并决定的过程，目的是保证决策的民主性和科学性。当公司对法定代表人职权范围规定过宽或未明确规定时，在这种模糊制度下，法定代表人可能会出现未经股东会或董事会同意的专权行为，缺失公司决策应具备的民主性和科学性。

2. 超越代表权的滥用

实务中一些小规模的公司，由于股东单一或工作人员较少，会出现法定代表人完全无视公司章程或其他规定，超越权限行使代表权，对内一人说了算，对外擅自签订合同或决定交易，完全架空公司其他领导管理机构的情形。

值得注意的是，还有一种情形并非法定代表人滥用代表权，但和滥用代表权相似，即法定代表人已经被更换的情况下，原法定代表人为自身或他人谋取利益为目的，冒用原法定代表人身份，代表公司对外建立民事关系，该种情形中公司是否应承担民事责任，将根据表见代理权是否成立进行认定。

（二）法定代表人滥用代表权的内在原因

1. 法定代表人作为一个自然人，基于自身私利及手上掌握的权力，可能会萌生权力寻租的念头，通过与他人勾结，代表公司与他人建立表面上合法，但实质上不对等的民事关系，损害公司利益，从而换取自身或他人利益。

2. 在公司管理制度不完善时，公司无法有效约束或监督法定代表人权力的行使，久而久之，法定代表人一直没有受到红线管控，养成了法定代表人独断专横的态度，甚至会将自身意志凌驾于公司、股东会或董事会意志之上。

（三）法定代表人身份对相关权利人的影响

1. 理论上法定代表人代表法人进行民事活动时，理应保证法人的权益。而法人性质为公司时，由于公司是由股东出资设立，大部分股东出资的主要目的是获得公司分红或溢价转让股权，最终目的就是获利，故公司运营的最终目的是促使股东获利。由此可知，公司的法定代表人行使职务的最终目的应是促使股东获利。法定代表人对内面向的责任主体不单单是公司本身，还应包括公司股东。根据《公司法》第 149 条规定，董事、监事、高级管理人员执行公司职务时违反法律、行政法规或者公司章程的规定，给公司造成损失的，应当承担赔偿责任；第 152 条规定，董事、高级管理人员违反法律、行政法规或者公司章程的规定，损害股东利益的，股东可以向人民法院提起诉讼。

若法定代表人违反法律、行政法规或者公司章程的规定，致使公司权益受到侵害，公司及公司股东均有权向其追偿。

2. 当法定代表人对外形成民事关系时，混淆了法人与自身的主体身份，此时该民事关系的相对方可能会对法人及该法定代表人同时进行追偿或对法定代表人单独进行追偿。若裁判机关认定该民事行为是法定代表人的个人行为，则法定代表人不可再以公司作为挡箭牌，将直接面向民事关系相对方承担相应法律责任。

综上所述，基于法定代表人权力过于集中，可能出现权力滥用的情形，为了保障公司、公司股东及对外相关方的合法权益，更应对法定代表人的职权进行合理约束及有效监督。

二、约束与监督方案

1. 最常见且最有效的方式是通过公司章程规定法定代表人的职权范围及滥用权力所产生的后果。在公司章程中明确规定法定代表人的职权范围，对内可以约束法定代表人，对外可以选择是否向社会公开公司章程，让公众知晓本公司法定代表人职权范围，降低法定代表人滥用权力的发生概率。

2. 建立公司内部职能体系，明确每个部门负责的职权范围，明确每个工作人员面向的上级主管，做到专人专用、专事专管，避免出现公司内部职能空白，让法定代表人有多余权力空间，特别应避免法定代表人完全掌控财务部门，财务部门应直接对董事会或股东会负责。

3. 建立公司重要材料及印章保管体系，重要材料及印章应由不同职能部门或人员分开保管，包括但不限于营业执照正副本原件、公章、财务章及银行对公账号的 U 宝。前述材料及印章尽量避免同时交由公司法定代表人一人保管，此举也为防止法定代表人权力过于集中，同时也保证公司对法定代表人滥用权力采取及时应对措施。

4. 建立公司内部监管体系，通过董事会、监事会或其他机构对法定代表人的行为进行监督，可视情况通报股东会，以便股东会及时了解法定代表人的履职情况。若发生法定代表人无法胜任职务或严重滥用权力的情形，则该套监管体系便于公司及时变更法定代表人，将公司的损失降到最低。

5. 及时公示法定代表人的信息。根据《公司法》相关规定，公司确定及变更法定代表人需要提交公司登记机关进行登记备案，该登记备案具有公示效果，即公众可通过查询登记备案信息得知公司法定代表人姓名。减少出现法定代表人已经更换的情况下，原法定代表人冒用身份代表公司与他人建立民事法律关系的可能性。

典型案例

案例：法定代表人滥用权力，占用公司资产，应承担返还责任

案情：原告 A 公司诉称：甲系原告公司聘任的执行董事，担任原告公司的法定代表人。乙系原告公司股东，持有 50%股权。甲与乙系夫妻关系。甲在经营管理公司的过程中，与乙相互勾结，从事损害公司利益的行为，造成公司巨大损失，因此原告公司监事丙根据公司章程授予的职权作为原告的诉讼代表人对甲、乙提起诉讼。第一，甲和乙利用公司业务管理便利，将公司业务交给自己实际控制的 B 公司经营和营利，谋取属于原告公司的商业机会。B 公司是由乙之母于 2012 年 11 月 15 日成立的一人有限公司，其经营范围与原告的经营范围属于同类业务。2013 年 5 月期间，甲受让 B 公司 80%的股权并成为 B 公司的法定代表人及执行董事。与此同时，B 公司其他 20%股权由甲的弟弟受让。第二，甲和乙未与原告协商一致，擅自将原告所有的现金人民币（以下币种同）95 万元，价值 113 万元的库存、设备等从原告办公地点挪走。甲还在 2013 年 5 月 2 日向原告的客户发送电子邮件，要求客户将有关货款汇入其个人账户，公然损害了原告利益。第三，库存被甲、乙转移之后，原告公司无法向客户C公司履行于2013年4月9日签订的购销合同（合同价值114149元），导致原告与C公司终止合同并向其返还预付款。原告为向C公司履行协议而储备的库存被甲、乙转移且与C公司终止协议后，该笔库存已无价值且原告预期可得的销售额已无法实现，因而甲、乙给原告造成直接损失114149元。原告认为，甲和乙的行为严重违反其作为公司执行董事的忠实义务，对其严重损害公司利益的行为，应当承担赔偿责任。甲和乙没有合法依据，擅自转移原告资产的行为，构成了对原告财产权的侵害，应当归还原告相应的资产，并赔偿该行为给原告造成的损失。诉请要求：1. 甲，乙二人需返还原告公司资产（现金95万元、价值113万元的库存电子零部件、办公桌和电脑桌、税控机1台、部分购销合同原件、部分财务记账凭证）；2. 甲，乙二人需赔偿原告与C公司于2013年4月9日签订的买卖合同的损失114149元；3. B公司对第一项、第二项诉讼请求承担连带清偿责任；4. B公司获得的全部经营收入归原告所有；5. 甲、乙对第四项诉讼请求承担连带清偿责任。

被告乙辩称：1.《公司法》第54条只规定了公司监事有起诉公司董事、高级经理的权利，没有起诉除此之外的第三人的权利，丙以监事的身份起诉B公司不符合法律规定。2. 丙以监事身份代表原告公司起诉B公司的费用由丙个人承担，乙是公司股东，不认可丙的行为。3. 关于第一项诉讼请求，其没有原告所说的行为，所以不应承担责任。4. 因不是其行为导致合同款的损失，所以不认可第二项诉讼请求。5. 不认可第五项诉讼请求。

被告甲辩称：1. 其通过税务机关获取了原告部分购销合同原件和部分财务原始凭证；公司95万元现金、税控机1台、公司成立至2013年3月期间的财务原始凭证确实在其处。因公司处于解散阶段，上述财物在公司法定代表人处保管是合理的。其余财物均不在被告处。现请求驳回原告的诉讼请求。2. 合同款损失是他人所致。3. B公司是在原告处于解散、无法经营的状况下由其出资购买。

被告B公司辩称：原告无权起诉自己。B公司是独立法人，独立经营，与原告无关。

法院认定：原告A公司于2011年2月17日成立，注册资本300万元。原告法定代表人、执行董事为甲；原告监事为丙；原告总经理为乙。公司在经营过程中，由于股东之间产生矛盾，引发多起诉讼。现原告停止经营，但尚未解散。被告甲陈述税控机1台、部分公司合同、公司成立至2013年3月期间的财务记账凭证以及现金 95 万元现由其保管。依据本案中各被告的抗辩，首先乙、B 公司对原告的主体适格提出质疑。而按照法律规定，当公司利益遭受侵害时，监事可以依照法律规定，以公司名义提起诉讼。本案原告是公司，并不是监事个人，被告分别是原告的法定代表人（执行董事）、总经理，故原告监事作为本次诉讼的诉讼代表人代表公司并无不妥。原告第一项请求权中，除了被告乙自认税控机 1 台、部分公司合同、部分公司财务记账凭证以及现金 95 万元由其保管之外，原告并无充分证据证实价值 113 万元的库存电子零部件、办公桌和电脑桌在两名自然人被告处；关于第二项诉讼请求合同损失 114149 元，究竟该合同为何终止履行，两名自然人被告有何过错行为，以及合同终止履行原告损失多少（虽原告庭审中陈述合同总金额为 114149 元），原告均无证据予以佐证。就证据规则而言，规定了当事人对自己提出的主张应当提供证据予以证实。所以，在被告予以否认有关事实的前提下，原告应承担举证不能的后果。至于税控机 1 台、部分公司合同、部分公司财务记账凭证以及现金 95 万元，虽然由于股东纷争致使原告停止经营，但原告尚未解散，还在存续期间。甲虽然是原告的法定代表人，但个人保管公司财物显属不当，应当予以返还。关于原告第四项请求，如果公司发现其董事、高级管理人员从事了违反竞业限制业务的经营行为，那么公司便对董事、高级管理人员享有诉权，具体表现在两个方面：首先是行使归入权，要求确认董事、高级管理人员从事竞业经营所得的收入归公司所有，一方面是对公司利益的恢复，另一方面也是对违反竞业限制义务的处罚；其次是要求赔偿损失，如果公司还因为董事、高级管理人员的竞业经营遭受损失，可以要求赔偿。由于公司法没有专门就竞业限制诉讼规定特殊的举证责任分配规则，因此，竞业限制诉讼的举证责任需要按照一般的举证分配规则，即"谁主张，谁举证"的规则来确定，而不适用举证责任倒置规则。原告诉请的 B 公司营业收入，属于 B 公司所有。被告甲虽然持有 80% 的股权，但 B 公司具有独立人格，该营业收入不属甲个人所有，B 公司不应承担归入责任。即使以经济效果之归属作为竞业方式的划分标准，B 公司应承担的是损害赔偿责任。本案中，原告诉请 B 公司的营业收入归原告所有，不符合《公司法》第 149 条的规定。最终法院判决被告甲应该归还 A 公司款项 95 万元、税控机 1 台、公司合同、2011 年 2 月 17 日至 2013 年 3 月期间的公司财务记账凭证；原告其他诉讼请求于法无据，不予支持。

【律师剖析】

该案例比较有典型性，首先，起诉时，原告A公司实际是由监事丙作为诉讼代理人代表原告起诉，是典型的监事代表诉讼，法律依据是《公司法》第53条规定，监事会、不设监事会的公司的监事行使下列职权……依照本法第151条的规定，对董事、高级管理人员提起诉讼；第149条规定，董事、监事、高级管理人员执行公司职务时违反法律、行政法规或者公司章程的规定，给公司造成损失的，应当承担赔偿责任；第151条规定，董事、高级管理人员有本法第149条规定的情形的，有限责任公司的股东、股份有限公司连续180日以上单独或者合计持有公司百分之一以上股份的股东，可以书面请求监事会或者不设监事会的有限责任公司的监事向人民法院提起诉讼。其次，甲作为A公司执行董事及法定代表人，掌握公司实权，通过转移公司95万元现金等各种方式，侵害A公司资产，谋取自身或自己控股的其他公司利益，理应对公司承担赔偿责任。最后，A公司发现甲存在违反竞业限制业务的行为，确实对其享有诉权，但证明甲从事竞业经营所得的数额及A公司遭受的损失，按照一般的举证分配规则，应由原告A公司举证，但基于甲从事竞业限制经营的实际收入进入了甲控股的B公司，那么A公司举证则相当困难。这个案例深刻地告诉我们公司应设立完整的制度，严格限制法定代表人及董监高的职权，避免他们从公司内部转出资产，从公司外部截取交易利益。

条款设计示例

第【×】条 ［法定代表人的职权］

公司法定代表人行使下列职权：

（一）代表公司签署有关文件及合同。若签订标的额超过××万元的合同，则应事先提交董事会决议；若代表公司作为担保人签订担保合同，则应事先提交股东会决议；若代表公司出借资金的事项，则应事先提交股东会决议。

（二）代表公司对外进行商务谈判。若需出境进行商务谈判，则应事先向监事会主席备案。

（三）代表公司行使相关诉讼权利。

（四）督促公司股东会及董事会决议执行情况，并按月向公司股东汇报。

第【×】条 ［法定代表人滥用职权］

公司法定代表人进行下列行为，属于滥用职权行为：

（一）违反本章程关于法定代表人职权的规定，擅自代表公司签订合同或建立民事关系的；

（二）违反本章程关于法定代表人职权的规定，擅自代表公司出境进行商务谈判的；

（三）未加盖公司公章，仅以个人签字的形式代表公司对外签订或变更合同。

公司法定代表人滥用职权所发生的费用，包括但不限于差旅费、住宿费，由法定代表人个人承担，公司不予报销。

若由于公司法定代表人发生怠于行使职权行为或滥用职权行为，造成公司经济损失的，则由法定代表人向公司承担全额赔偿责任，赔偿责任范围由公司经济损失及额外费用组成，额外费用包括但不限于律师费、诉讼费、仲裁费、鉴定费、公告费、公证费、执行费。

【设计指引】

任何规则或制度都有两面性，若过度限制法定代表人的权限，会造成法定代表人成为傀儡或木偶，无工作能动性，也阻碍了法定代表人的能力发挥。一个公司，从理论上来说法定代表人是公司治理的核心，但也不得过于松散或宽泛，让制度成为虚设，应张弛有度。

第六章　公司的机构及其产生办法、职权、议事规则

公司作为拟制的人，是由内设的各个机构组成的。《公司法》作为组织法，其对公司“三会一层”等内部机构的权利、义务、责任及运行程序进行规范。本章对公司的内设机构及其产生办法、职权、议事规则等相应内容进行阐述。特别是近年来党组织法定地位普遍地进入章程后，如何在公司章程中明确党组织地位、党组织的作用与功能、党组织议事规则及与“三会一层”议事规则的对接都成为亟须解决与回答的问题。首先笔者要表明的党组织法定地位进入章程是依法治企的重大发展，由于本章系按照有限责任公司的一般规定来设计条款的，故有关党组织的相关内容反映在第十五章中，本章不再展开。

第一节　股东会

一、股东会的概念

根据我国《公司法》第36条规定，有限责任公司股东会由全体股东组成。股东会是公司的权力机构，依照本法行使职权。对于有限责任公司而言，股东会是最高权力机构，是董事会、监事会以及其他经营管理层一切权力的来源。

二、股东会的特点

在我国现行法律制度下，股东会的特点可以归纳为以下几个方面：

1. 股东会是必设机构

基于促进公司高效运营并维护投资者利益的立法初衷，我国《公司法》

要求公司设立股东会。但也有少数例外，比如一人有限责任公司不设股东会，由独资股东行使股东会职权；国有独资公司不设股东会，由国有资产监督管理机构作为出资人（即股东）行使股东会职权。

2. 股东会是公司最高权力机构

股东会是就公司重大事项作出最高效力决定的决议机构。此处要区分法定代表人是公司的代表机构，董事会是公司的执行机构。现代公司制度的一个显著特征是公司所有权与经营权相分离，公司虽是全体股东所有，但实际经营权一般属于董事会的职权范围，股东会的设置相对于董事会而言，起到领导及制约的作用。但也有少数例外，比如中外合资、合营企业，董事会就是企业最高权力机构。

3. 股东会应由全体股东组成

股东会的设置，目的是保障公司按照投资者即股东的意志和要求进行运营，因此不可排除任意一位股东，应由全体股东共同组成。但实务中，可能出现部分股东缺席股东会会议，这只是该股东放弃本次股东会会议中自身表决的权利，并不影响法律赋予其作为股东会成员的权利。

4. 股东会采取合议制议事形式

根据现行《公司法》规定，由公司章程自行规定股东会议事规则，虽然给予了很大的自治空间，但是一般而言，现代公司股东会决议理应是股东们集体协商、讨论并投票的结果，从而保证决议的民主性和科学性。虽然存在部分公司股东数量较少或股权份额较为集中等情形，甚至导致某个股东具有一票决定权，但不可否认现行股东会制度理论上应采取合议制的议事形式。

5. 股东会是公司常设机构

股东会是否是公司常设机构，学术界对此有各种不同观点。笔者认为除法律明文规定可以不设置股东会的公司外，只要是公司就应设置股东会，根据《公司法》第 36 条规定，股东会就是由全体股东组成的，无论股东是否常驻公司或是否出席股东会会议，股东会这个组织本身是一直存在的，是一个常设机构，只不过股东不一定常驻公司。切勿把股东会与股东会会议概念混淆，股东会会议分定期会议和临时会议，但这都只是股东会作出决策过程的表现形式。

三、股东会的职权

股东会的职权分为法定职权和章程规定职权：

（一）法定职权

我国《公司法》第37条规定了股东会的法定职权，具体包括：（一）决定公司的经营方针和投资计划；（二）选举和更换非由职工代表担任的董事、监事，决定有关董事、监事的报酬事项；（三）审议批准董事会的报告；（四）审议批准监事会或者监事的报告；（五）审议批准公司的年度财务预算方案、决算方案；（六）审议批准公司的利润分配方案和弥补亏损方案；（七）对公司增加或者减少注册资本作出决议；（八）对发行公司债券作出决议；（九）对公司合并、分立、解散、清算或者变更公司形式作出决议；（十）修改公司章程；（十一）公司章程规定的其他职权。上述股东会的法定职权，根据条款顺序，可以具体表述为以下几个方面：

1. 公司经营、投资决定权

股东会有权决定公司的经营方针和投资计划，这些内容决定了长期内公司经营的整体方向和对外投资的资金运作。这些经营方针和投资计划是否可行直接影响到公司未来的盈利，进而影响到公司未来的发展和股东的切身利益，因此股东会自然有权作出决定。

2. 关键岗位人事任免权

公司作为法人，本身就是法律层面上的主体，是拟制的人，没有实质主体，实际的运营主体是由不同的自然人构成的，其职权是由这些"代理人"行使的。因此，公司势必存在人事任免的必要，而关键岗位的人事任免权，理应由最高权力机构股东会掌握。股东会拥有公司非职工代表出任的董事、监事的任免权，并决定其报酬数额、报酬支付方式及时间。董事及监事是受股东会委托或委任，执行和监督公司日常经营管理活动的人员，其人员选任直接关系到公司的运营情况及股东利益的最终实现，在竞争日益加剧的现代社会，股东会必须拥有人事权才能保障公司及股东的利益。

3. 公司关键文件审批权

董事会的报告、监事会或者监事的报告作为执行、监督机构的工作汇报，公司的年度财务预算方案、决算方案、公司的利润分配方案和弥补亏损方案作为公司具体经营方案，均关系到公司实际运营情况及将来运营预期，理应由股东会掌握此类文件的审批权。若股东会对于以上方案不认可的，可以不予批准，并责成相关人员重新拟订方案，直至股东会认可为止。

4. 公司重大事项决定权

公司增加或者减少注册资本、发行公司债券、公司合并、分立、解散、清算或者变更公司形式、修改公司章程，此类事项均是公司重大事项，涉及公司命脉，与公司投资者的股东利益息息相关，应慎重对待，不仅决定权应由股东会掌握，而且后续执行还需遵守严格的法定程序，如增加注册资本应前往公司登记机关办理公司变更登记事项的手续。值得我们注意的有以下两点：

（1）股东会的法定职权是《公司法》强制性规定，不可通过章程对其法定职权范围进行缩小。

（2）根据《公司法》第37条规定，有限责任公司的股东会行使上述职权时，可以通过股东以书面形式一致表示同意的，而无须召开股东会会议，直接作出决定，并由全体股东在决定文件上签名、盖章，而股份有限公司的股东大会则不允许以这种方式作出决定。

（二）章程规定职权

公司章程规定的股东会其他职权，属于公司自治范畴，股东会可以通过修改章程，扩大股东会权力范围以符合公司实际经营需要。不同类型的公司，自治情况也各有不同，但一般是从公司整体经营方向、担保和投资等重大事项或审批大宗交易等角度，来设计公司章程所规定的股东会其他职权。

条款设计示例

第【×】条　［股东会］

股东会是公司的最高权力机构，由全体股东组成。

第【×】条　［股东会的职权］

股东会行使下列职权：

（一）决定公司的经营方针和投资计划；

（二）选举和更换非由职工代表担任的董事、监事，决定有关董事、监事的报酬事项；

（三）审议批准董事会的报告；

（四）审议批准监事会或者监事的报告；

（五）审议批准公司的年度财务预算方案、决算方案；

（六）审议批准公司的利润分配方案和弥补亏损方案；

（七）对公司增加或者减少注册资本作出决议；

（八）对发行公司债券作出决议；

（九）对公司合并、分立、变更公司形式、解散和清算等事项作出决议；

（十）修改公司章程；

（十一）审议批准公司对外进行任何担保事项；

（十二）审议批准金额超过 × 元的对外投资事项；

（十三）审议批准公司签订标的额达 × 元的合同；

（十四）对公司聘用、解聘律师事务所、会计事务所事项作出决议；

（十五）法律、法规及本章程规定的其他职权。

第【×】条 ［股东会职权的行使］

股东会依据法律法规及公司章程独立行使职权，不受公司、董事会、监事会及高级管理人员的干涉。

第【×】条 ［股东会行使职权时要求董事会书面意见］

股东会在行使职权或决定有关事项时，可以要求董事会提供书面意见，董事会应根据股东会的要求提供书面意见。

【设计指引】

上述第【×】条股东会职权条款是公司章程的必备条款，以上示例条款中列举了 15 项股东会职权，前 10 项都是股东会的法定职权，是股东权利的集中行使，充分体现“公司股东依法享有资产收益、参与重大决策和选择管理者等权利”，任何组织和个人不得侵害股东会的权利。

后面 4 项是公司章程中采取频率较多的任意性条款，公司可以根据自身需要进行取舍。对外担保、合同签署、对外投资及聘请中介机构等一般是公司的重大事项，建议归入股东会职权范围。

最后 1 项为兜底条款。因为除上述 14 项外，股东会可能还有其他职权规定在公司章程的其他条款之中。

四、股东会会议流程及决议产生办法

从股东们的意志转化成股东会决议，股东会决议产生的一般办法就是通过召开股东会会议，在会议上各股东进行表决，从而形成股东会决议这个最终表现形态，整个过程就是本节要讨论的内容。

值得我们注意的是有一种例外情况，根据《公司法》第37条规定，有限责任公司的股东会决议还有一种产生办法即直接通过股东以书面形式一致表示同意即可，而无须召开股东会会议，这种简易程序的股东会决议有三个生效条件：一是该公司形式必须是有限责任公司，二是必须全体股东均以书面形式表示同意，三是必须全体股东在决定文件上签名、盖章。

（一）股东会会议的种类

根据《公司法》第39条规定，股东会会议分为定期会议和临时会议两种。

1. 定期会议，是指公司依照公司章程的规定按时召开的股东会会议。会议内容主要集中在股东会职权范围内的事项，由股东们表决作出决议。

2. 临时会议，是指在定期会议以外，公司经营遇重大事项，由法定主体临时召集的股东会会议。因定期会议仅在特定日期召开，为了保证公司在发生重大事项或特别情况时能继续正常运营，可以由适格主体召集临时的股东会会议以便及时作出决策，以应对突发状况。

条款设计示例

第【×】条 ［股东会会议的分类］

股东会会议分为定期会议和临时会议。

第【×】条 ［股东会定期会议］

股东会定期会议每年召开×次，分别应于每年×月×日前、×月×日前召开。

第【×】条 ［股东会临时会议］

发生下列情形之一的，应在×日内召开股东会临时会议，由公司董事会召集并制订处理方案作为股东会临时会议议题：

（一）公司未弥补的亏损达到注册资本的三分之一时；

（二）公司面临紧急情况需对外进行担保时；

（三）公司面临签订标的额达×元的合同时；

（四）公司董事会或监事会成员申请解除职务时；

（五）公司股东会、董事会或监事会成员死亡或丧失完全民事行为能力；

（六）代表十分之一以上表决权的股东、三分之一以上的董事或者监事会以书面形式提议召开股东会临时会议时；

（七）股东会必须及时行使职权的其他事项。

（二）提议、召集和主持股东会会议

1. 提议

股东会定期会议是根据章程规定时间召开的，无须任何主体提议。而在需要召开股东会临时会议时，根据《公司法》第39条规定，有权提议召开的主体是代表十分之一以上表决权的股东，三分之一以上的董事，监事会或者不设监事会的公司的监事。

2. 召集和主持

股东会定期和临时会议均需要召集人和主持人。

召集股东会会议实际就是通知股东定时定点参加股东会会议，一般还会提前告知股东该次会议的主要议题。根据《公司法》第41条第1款规定，召开股东会会议，应当于会议召开15日前通知全体股东；但是，公司章程另有规定或者全体股东另有约定的除外。可以看出召集主体应当在股东会会议召开日期前一定期限内通知全体股东前来参会，但也可以由公司章程或者全体股东另行约定前述时间。

而召集和主持股东会会议的主体，根据《公司法》第40条规定，有限责任公司设立董事会的，股东会会议由董事会召集，董事长主持；董事长不能履行职务或者不履行职务的，由副董事长主持；副董事长不能履行职务或者不履行职务的，由半数以上董事共同推举一名董事主持。有限责任公司不设董事会的，股东会会议由执行董事召集和主持。董事会或者执行董事不能履行或者不履行召集股东会会议职责的，由监事会或者不设监事会的公司的监事召集和主持；监事会或者监事不召集和主持的，代表十分之一以上表决权的股东可以自行召集和主持。

为何股东会会议的召集及主持权由董事会或监事会、代表十分之一以上表决权的股东享有？因为董事会作为公司的实际经营机构，对公司的经营状态更加了解，所以召集及主持股东会会议是其法定职责，且是第一顺位的职责主体。假使董事会怠于履行职责，那么法律赋予监事会、代表十分之一以上表决权的股东作为第二、第三顺位的召集及主持主体作为补充。

值得我们注意的是，首次股东会会议应由出资最多的股东召集和主持。

条款设计示例

第【×】条［股东会会议的召集及主持］

股东会会议由董事会召集，董事长主持；董事长不能履行职务或者不履行职务的，由副董事长主持；副董事长不能履行职务或者不履行职务的，由半数以上董事共同推举一名董事主持。董事会不能履行或者不履行召集股东会会议职责的，由监事会召集和主持；监事会不召集和主持的，代表十分之一以上表决权的股东可以自行召集和主持。

第【×】条［监事会有权提议召开股东会临时会议］

监事会有权以书面形式向董事会提议召开股东会临时会议，同时阐明提议原因及会议议题。

董事会收到提议后×日内，根据提议是否符合股东会临时会议召开条件，董事会作出同意或不同意召开股东会临时会议的书面反馈意见。董事会同意召开股东会临时会议的，应当在作出董事会决议后×日内向所有股东发出召开通知及相关会议资料。董事会不同意召开股东会临时会议的或者在收到提议后×日内未作出书面反馈意见的，视为董事会不履行召集股东会会议的职责。

此时监事会有权自行召集和主持股东会临时会议，所产生费用由公司承担。

第【×】条［股东有权提议召开股东会临时会议］

代表十分之一以上表决权的股东有权以书面形式向董事会提议召开股东会临时会议，同时阐明提议原因及会议议题。

董事会收到提议后×日内作出同意或不同意召开股东会临时会议的书面反馈意见。董事会同意召开股东会临时会议的，应当在作出董事会决议后×日内向所有股东发出召开通知及相关会议资料。董事会不同意召开股东会临时会议的或者在收到提议后×日内未作出书面反馈意见的，视为董事会不履行召集股东会会议的职责。

此时提议主体有权以书面形式向监事会提议召开股东会临时会议，同时阐明提议原因及会议议题。监事会收到提议后×日内作出同意或不同意召开股东会临时会议的书面反馈意见。监事会同意召开股东会临时会议的，应当在作出监事会决议后×日内向所有股东发出召开通知及相关会议资料。监事会不同意召开股东会临时会议的或者在收到提议后×日内未作出书面反馈意见的，视为监事会不召集股东会会议。

此时提议主体有权自行召集和主持股东会临时会议，所产生费用由公司承担。

第【×】条 ［股东会会议议题不得擅自修改］

股东会会议的召集主体未经提议主体同意，不得擅自修改议题。

第【×】条 ［股东会会议的召开通知］

公司举行股东会会议前×日，召集主体应向所有股东发出召开股东会会议书面通知。召集主体根据股东会会议议题，决定是否以书面形式通知董事、监事或高级管理人员列席会议。

第【×】条 ［股东会会议召开通知的内容］

召集主体发出的召开股东会会议书面通知，应包括下列内容：

（一）召集主体关于召开会议的决议文件；

（二）会议召开的时间、地点和参会人员；

（三）会议原定议题的具体内容及相关情况说明，包括议题的提议主体、提议原因及该议题与公司相关方可能存在的关联交易或利害关系；

（四）会议召集主体的姓名和联系方式。

第【×】条 ［股东会会议的延期］

召集主体发出召开股东会会议的书面通知后，不得无故延期举行会议。确有合理原因需延期举行会议的，应在原定股东会会议召开日期前×日，以书面形式发出延期通知，说明延期原因及延期后的召开时间。

第【×】条 ［股东会会议的举行形式］

股东会会议一般以现场会议形式举行。

在保证参会股东能充分发表意见并真实表达意思的前提下，股东会会议也可以通过通信方式或者书面材料审议方式举行。但是，股东会定期会议、可能产生重大决议的股东会会议、超过三分之一以上股东认为应当以现场会议形式举行的股东会会议，必须以现场会议形式举行。

第【×】条 ［股东会会议的举行要求］

股东会会议应由超过代表二分之一表决权的股东参会，方能正式举行，该标准为股东会会议举行的最低要求。若达不到最低的要求，则会议应当延期举行。延期后的每一个月，召集主体应重新向所有股东发出召开通知。

【设计指引】

按照《公司法》第39条的规定，如果监事会、代表十分之一以上表决权的股东行使提议权，提议召开股东会临时会议的，董事会应予召开，而没有不同意的权力。

但毕竟召开股东会会议是需要花费召集主体、被召集主体一定的时间、精力、资金成本，又基于董事会作为公司执行机构，绝大部分情况下，相对于监事会、股东，其应对公司经营状况更加了解，所以设置董事会反馈理由的环节，是为了让监事会、股东更了解公司现行状况，再次考虑是否有必要召开股东会临时会议。

（三）举行股东会会议

1. 股东会会议的举行流程

根据《公司法》第 43 条第 1 款规定，股东会的议事方式和表决程序，除本法有规定的外，由公司章程规定。可以看出除《公司法》明确规定外，对有限责任公司股东会的议事方式和表决程序，基本都属于公司自治范畴即由公司章程规定。股东议事和表决主要是在股东会会议举行期间体现，绝大部分公司举行股东会会议的流程如下：

（1）会议记录

股东会会议举行期间，根据《公司法》第 41 条第 2 款规定，股东会应当对所议事项的决定作成会议记录，出席会议的股东应当在会议记录上签名。故应由专人负责将股东会会议内容予以记录，并于会议结束时由所有参会股东签名确认。

（2）工作汇报

股东会会议的开始阶段，一般会先行由主持人简要描述下参会人员实到和应到情况、最近公司的运营状况和本次股东会会议的主要议题。

再由各个部门负责人或主要项目负责人向参会股东汇报工作成果，阐述面临的经营问题以及对将来的适当预期。在听取工作汇报后，参会股东可以向该有关人员提出询问、意见或建议，或由参会各方相互讨论相关问题。

值得我们注意的是，根据《公司法》第 150 条第 1 款规定，股东会或者股东大会要求董事、监事、高级管理人员列席会议的，董事、监事、高级管理人员应当列席并接受股东的质询。股东在股东会会议上对董事、监事、高级管理人员的质询是法定权利。

（3）提出议题

在上述工作汇报结束后，正式进入股东会决议产生过程，由议题提出人向参会股东详细说明该议题产生的主要原因及自身建议和意见，比如变更董事会成员、增加注册资本或修改公司章程等。

股东会会议的议题一般是由股东、董事会成员、监事会成员或高级管理人员提出，应于股东会会议举行期间由股东行使表决的具体事项。

股东会会议的议题按提议时间分原定议题和临时议题：原定议题是由召集主体随召开股东会会议书面通知一并发出的议题，原定议题应包含股东会定期应履行职权之事项；临时议题是在召开股东会会议前提出，由于提议的时间较晚，未来得及随召开股东会会议书面通知一并发出的议题。

（4）股东行使表决权

在上述议题提出人阐述完毕议题情况后，参会每位股东对该议题进行现场讨论，之后进行表决，一般表决方式为表示“同意”“反对”或“弃权”。表决完毕后，统计对该议题表示“同意”的股东所占的表决权比例总数，再根据股东会决议应通过的表决权比例标准，来确定该议题是否成为新的股东会决议，并由主持人宣读结果。但此时该股东会决议还未成为生效决议。

第一个议题上述程序完毕后，继续进入下一个议题提出、讨论再表决的循环过程。值得注意的是，有些股东非自然人而是法人，则需要其授权参会的代理人（法定代表人参会的除外）出具相应《授权委托书》，代理该股东行使表决权，并在会议记录上签字，才可视作被代理的股东行使了表决权。

（5）股东会决议生效

在会议结束阶段，一般由主持人总结本次会议内容，并由参会人员在股东会会议记录上签章。

根据《公司法》第41条第2款规定，股东会应当对所议事项的决定作成会议记录，出席会议的股东应当在会议记录上签名。由此可知股东会会议最终所产生的股东会决议是在参会的股东签字（或盖章）确认后正式生效。

2. 议事规则

股东如何行使表决权实际就是如何制定议事规则，议事规则是公司章程的必备条款之一。根据《公司法》第42条规定，股东会会议由股东按照出资比例行使表决权；但是，公司章程另有规定的除外。这里的出资比例一般理解为认缴出资比例。可以看出《公司法》实际对股东行使表决权的依据同股东会的议事方式和表决程序一样，赋予了公司较大的自治空间即由公司章程规定，比如公司章程规定股东甲的表决权为60%、股东乙的表决权为40%，而甲的出资比例只是10%，而乙的出资比例是90%，但双方仍应按公司章程规定的比例行使表决权。偶尔有一些公司章程关于议事规则规定不明或没有规定的情况下，股东行使表决权的依据才是遵从法律规定即股东表决权是基于股东自身对公司注册资本的出资比例而定，比如股东甲出资比例是10%，其表决权也是10%。同时还要特别区分，是以实缴出资额为标准还是认缴出资额为标准。

值得我们注意的是，根据《公司法》第43条第2款规定，股东会会议作出修改公司章程、增加或者减少注册资本的决议，以及公司合并、分立、解散或者变更公司形式的决议，必须经代表三分之二以上表决权的股东通过。涉及这几项事项的股东会决议是被强制规定表决权通过比例标准的，必须是代表三分之二以上表决权的股东通过才能视为有效决议，否则为无效决议。除上述事项外的股东会决议所应通过的表决权比例标准，应根据公司章程规定，若公司章程没有规定的，则一般以超过半数通过，即少数服从多数原则。

（四）不召开股东会的法律责任

根据《公司法》第182条及《公司法司法解释二》第1条规定，公司经营管理发生严重困难，继续存续会使股东利益受到重大损失，通过其他途径不能解决的，单独或者合计持有公司全部股东表决权百分之十以上的股东，可以向人民法院提起解散公司诉讼：1. 公司持续两年以上无法召开股东会或者股东大会；2. 股东表决时无法达到法定或者公司章程规定的比例，持续两年以上不能做出有效的股东会或者股东大会决议；3. 公司董事长期冲突，且无法通过股东会或者股东大会解决。

条款设计示例

第【×】条 ［股东会会议的股东参会要求］

股东会会议的参会股东为自然人的，可以亲自出席会议，也可以书面委托代理人出席会议；股东会会议的参会股东为法人的，除该股东的法定代表人外，必须经该股东书面委托代理人出席会议，该代理人必须为自然人。

第【×】条 ［股东委托代理人参加股东会会议］

股东会会议的参会股东，委托代理人出席会议的，授权委托书应当载明下列内容：

（一）委托人和代理人的基本信息；

（二）代理人的代理权限，包括但不限于对原定议题及临时议题是否具有表决权；

（三）对议题行使表决权即投同意、反对或弃权票的具体指示；

（四）对议题无具体指示时，代理人是否可按自身意思表示行使表决权；

（五）授权委托书的签发日期及有效期限；

（六）委托人的签章。

第【×】条 ［股东会会议中董事会的汇报工作］

股东会会议中，董事会应当就之前产生的股东会决议的执行情况向股东会进行报告及总结。

第【×】条 ［股东会会议的列席人员］

股东会有权要求董事、监事、高级管理人员列席股东会会议，并于股东会会议召开日期前×日向召集主体以书面形式发出该要求。董事、监事、高级管理人员应当列席股东会会议并接受股东的质询。

第【×】条 ［股东会会议的议题］

股东会会议的议题是由股东、董事会成员、监事会成员或高级管理人员提出，应于股东会会议举行期间由股东行使表决的具体事项。

股东会会议议题按提议时间分原定议题和临时议题。

原定议题是由召集主体随召开股东会会议书面通知一并发出的议题，原定议题应包含股东会定期应履行职权之事项。

临时议题是在召开股东会会议×日前提出，由于提议的时间原因，未来得及随召开股东会会议书面通知一并发出的议题。超过前述期限提出的议题，除非股东会会议现场表决通过该议题作为本次会议临时议题可以进行表决，否则将作为下一次股东会会议原定议题，不作为本次股东会会议临时议题。临时议题应由召集主体收到议题后×日内，以原定议题格式要求，向所有股东书面告知。

第【×】条 ［股东会会议的原定议题］

董事会应于每年第一次股东会定期会议将下列事项作为原定议题交股东会决议：

（一）制订的公司年度财务预算方案、决算方案；

（二）制订的公司年度利润分配方案和弥补亏损方案。

第【×】条 ［股东会会议的议题涉及关联交易或利害关系］

股东会会议议题可能涉及与公司相关方存在关联交易或利害关系的，董事会应于股东会会议召开通知内说明事实与理由。

议题可能涉及与自身存在关联交易或利害关系的股东，应在股东会会议中阐明自身观点，并就其他股东提出的质询作出说明。

第【×】条 ［股东表决权行使］

股东会会议应保证给予所有参会股东充分发表意见和真实表达意思的机会。

股东会会议议题应于会中依次提出，并由参会股东以记名方式行使表决权。

股东会会议由股东按照认缴出资比例行使表决权 / 按照实缴出资比例行使表决权 / 按照一人一票行使表决权 / 按照 × 股东占 ×%、× 股东占 ×%……行使表决权。

参会股东应对议题进行表决，表决方式为表示“同意”“反对”或“弃权”，可以说明理由。

第【×】条 ［股东会决议分类］

通过股东表决而产生的股东会决议，分为一般决议和重大决议。

一般决议：需经参会股东对议题表示“同意”的表决结果占全部表决权比例超过二分之一的，方视为股东会表决通过该议题，成为股东会决议。

重大决议：需参会股东对议题表示“同意”的表决结果占全部表决权比例超过三分之二的，视为股东会表决通过该议题，成为股东会决议。

第【×】条 ［股东会重大决议］

下列议题必须由股东会以重大决议形式通过，其他议题由股东会以一般决议形式通过：

（一）修改公司章程的；

（二）增加或者减少公司注册资本的；

（三）公司合并、分立、解散或者变更公司形式的①；

（四）公司对外进行担保时；

（五）公司签订标的额达 × 元的合同时。

第【×】条 ［股东会会议的流程］

举行股东会会议的流程如下：

（一）简述情况，由主持人简要描述下参会人员实到和应到情况、最近公司的运营状况和本次股东会会议的主要议题。

（二）工作汇报，由列席会议的部门负责人或主要项目负责人向参会股东汇报工作成果，阐述面临的经营问题以及对将来的适当预期。

---

① 根据《公司法》第43条规定，第1项至第3项必须经代表三分之二以上表决权的股东通过。

（三）质询，由参会股东向有关人员提出询问、意见或建议，或由参会各方相互讨论相关问题。

（四）提出议题，由议题提出人向参会股东详细说明该议题产生的主要原因及自身建议和意见。

（五）议题表决，参会股东对该议题进行现场讨论并表决，表决方式为表示“同意”“反对”或“弃权”，可以说明理由。

（六）统计对议题表示“同意”的股东所占的表决权比例总数，再根据股东会决议应通过的表决权比例标准，来确定该议题是否成为新的股东会决议，并由主持人宣读结果。

第一个议题上述程序完毕后，继续进入下一个议题提出再表决的循环过程。

（七）由主持人总结会议内容。

（八）参会人员在会议记录上签字。

第【×】条 ［股东会会议记录］

股东会会议应进行书面记录，应载明下列内容，并作为公司档案保存，保存期限×年：

（一）会议召开的形式、时间及地点；

（二）参会实到和应到主体的基本信息；

（三）会议各阶段的要点内容；

（四）股东会议题的具体内容；

（五）股东或股东代理人姓名或名称、发言要点内容、表决结果；

（六）统计通过表决的股东会决议；

（七）参会人员的签字。

五、股东会决议的瑕疵问题

（一）股东会决议的瑕疵种类

1. 股东会决议不成立

根据最新出台的《公司法司法解释四》第 5 条规定，有以下情形的，应认定股东会决议不成立：（一）公司未召开会议的，但依据《公司法》第 37 条第 2 款或者公司章程规定可以不召开股东会或者股东大会而直接作出决定，并由全体股东在决定文件上签名、盖章的除外；（二）会议未对决议事项进行表决的；（三）出席会议的人数或者股东所持表决权不符合公司法或者公司章程规定的；（四）会议的表决结果未达到公司法或者公司章程规定的通过比例的；（五）导致决议不成立的其他情形。

股东会会议应当由符合法律规定的召集主体依照法律或公司章程规定的程序，召集全体股东出席，并由符合法律规定的主持人主持会议。股东会会议需要对相关事项作出表决时，应当由股东按照公司章程的规定进行。参会股东对所议事项作出符合其真实意思表示的表决，是股东会决议产生并生效的基本条件。若个别股东在未实际召开股东会的情况下，私自制作了所谓的“股东会决议”，并伪造其他股东签名，依据上述司法解释规定，应属于决议不成立。

2. 股东会决议无效

根据《公司法》第 22 条第 1 款规定，公司股东会决议内容违反法律、行政法规的，应认定为无效决议，而且笔者认为此处的法律、行政法规应为强制性规定，如（2014）沪二中民四（商）终字第 1542 号案件的法院认定部分。

值得我们注意的是，某些股东会决议内容是限制个别股东的股东权利甚至解除个别股东的股东资格，该类决议是否有效，应根据实际情况加以区分：

（1）解除股东资格

假设被解除资格的股东，符合《公司法司法解释三》第 17 条规定，有限责任公司的股东未履行出资义务或者抽逃全部出资，经公司催告缴纳或者返还，其在合理期间内仍未缴纳或者返还出资的情形，则解除该股东资格的股东会决议有效。除此之外，解除股东资格的股东会决议一律无效。

（2）限制股东权利

假设被限制的股东权利，属于《公司法》规定的公司自治范围，如《公司法》第 34 条规定的股东分红权、公司新增资本优先认缴权（全体股东已经另行约定）；第 71 条规定的股东优先购买权（公司章程已经另行规定）等，则限制该股东权利的股东会决议一般有效。除此之外，限制股东权利的股东会决议绝大部分情况下无效。

值得我们注意的是，根据《公司法司法解释四》第 8 条规定，公司章程、股东会决议不可剥夺股东查阅复制权，但公司能证明行使权利的股东存在下列“不正当目的”的，可以拒绝提供查阅：（一）股东自营或者为他人经营与公司主营业务有实质性竞争关系业务的，但公司章程另有规定或者全体股东另有约定的除外；（二）股东为了向他人通报有关信息查阅公司会计账簿，可能损害公司合法利益的；（三）股东在向公司提出查阅请求之日前的3年内，曾通过查阅公司会计账簿，向他人通报有关信息损害公司合法利益的；（四）股东有不正当目的的其他情形。

3. 股东会决议可撤销

根据《公司法》第22条第2款规定，股东会决议分两种可撤销情形：

（1）股东会会议召集程序、表决方式违反法律、行政法规或者公司章程；

（2）决议内容违反公司章程的。

结合最新出台的《公司法司法解释四》规定，笔者认为关于股东会决议可否撤销还应注意以下几点：

（1）与股东会决议无效针对内容违法不同，股东会决议可撤销主要针对的是程序违法；

（2）股东请求法院撤销股东会决议，必须在自决议作出之日起60日内，这个期限是除斥期间，不适用诉讼时效；

（3）原告起诉时，应具备公司股东身份；

（4）股东会会议召集程序或者表决方式仅有轻微瑕疵，且对决议未产生实质影响的，人民法院不予支持撤销此股东会决议。

虽然股东会决议不成立、无效或可撤销的纠纷中，基于的事实不尽相同，但是诉讼时有以下几个共同点：（一）都应当列公司为被告；（二）对决议涉及的其他利害关系人，可以依法列为第三人；（三）一审法庭辩论终结前，其他有原告资格的人以相同的诉讼请求申请参加诉讼的，可以列为共同原告。

典型案例

案例：股东会会议召集程序违反公司章程的，股东可以诉请法院撤销该股东会决议；由召集主体承担已履行通知义务的举证责任

原告甲诉称，原告与第三人乙、丙系被告A公司的股东，股权比例分别为原告持股40%，第三人乙、丙各持股30%。第三人丙于2014年5月7日发出提议：于2014年5月23日上午10时召开股东会临时会议，讨论变更、选举执行董事及法定代表人事项，但原告并未收到该通知，故也没有参加该次股东会。后两位第三人如期召开了会议并作出了变更、选举的决议，但根据公司章程规定，对该决议必须经代表三分之二以上表决权的股东通过，而第三人乙、丙合计只占60%的股权，并未达到章程的规定。故原告诉请来院，要求判令撤销2014年5月23日作出的股东会决议。

被告A公司、第三人乙、丙共同辩称，被告及第三人在召开股东会临时会议前已经通知了原告，但原告未到会，第三人乙、丙系依据公司法及公司章程的规定形成股东会决议，应属合法有效。

A公司于2014年3月24日经上海市工商行政管理局杨浦分局注册登记成立，现经工商登记的法定代表人为甲，注册资本为100万元。公司章程记载的股东出资情况为：原告认缴出资40万元，占40%股权，第三人乙、丙分别认缴出资30万元，各占30%股权。章程并记载有：第10条股东会会议分为定期会议和临时会议，并应当于会议召开十五日以前通知全体股东；第11条股东会会议由执行董事召集和主持，执行董事不能履行职务或者不履行职务的，由监事召集和主持；第12条……股东会会议由股东按照出资比例行使表决权。股东会会议作出修改公司章程、增加或者减少注册资本的决议，以及公司合并、分立、解散或者变更公司形式的决议，必须经代表三分之二以上表决权的股东通过。股东会会议作出除前款以外事项的决议，必须经代表二分之一以上表决权的股东通过；第13条公司不设董事会，设执行董事一名，任期三年，由股东会选举产生；第20条公司的法定代表人由执行董事担任。

2014年3月15日，A公司召开首次股东会并形成决议：一、通过A公司章程；二、选举甲为公司第一届执行董事；三、选举丙为公司第一届监事。会议一致同意设立A公司并拟向公司登记机关申请设立登记。

2014年5月7日，A公司发出《召开临时股东会议通知》，记载：经监事丙提议，于2014年5月23日上午10时在本公司召开股东会临时会议，讨论并决议以下事项：1. 变更公司执行董事、法定代表人；2. 选举公司新的执行董事、法定代表人。该通知由乙、丙签收。

2014年5月23日，A公司作出股东会决议：一、辞去甲在A公司的执行董事、法定代表人身份；二、选举乙为A公司执行董事、法定代表人。该决议上署有第三人乙、丙的签名。

审理中，被告及第三人均表示，2014年5月7日之前已以电话和短信的形式通知原告关于召开股东会临时会议的事宜，但无相关证据。因当时没有原告的具体地址，所以并没有向原告书面寄送过召开股东会临时会议通知。对此，原告表示并没有收到过被告或第三人任何关于召开股东会临时会议的通知，也没有收到过被告2014年5月23日作出的股东会决议。

最终判决：撤销被告A公司于2014年5月23日作出的股东会决议。

【律师剖析】

股东会决议是指公司股东根据法律规定或章程规定，就公司内部事务进行商议，并就所议事项所作出的决定。根据《公司法》第22条规定，股东会或者股东大会、董事会的会议召集程序、表决方式违反法律、行政法规或者公司章程，或者决议内容违反公司章程的，股东可以自决议作出之日起60日内，请求人民法院撤销。本案中，股东会决议关于更换执行董事、法定代表人的内容，根据公司章程规定，须经代表二分之一以上表决权的股东通过，而第三人的表决权已超过二分之一，故原告以未达三分之二以上表决权的股东通过为由，要求撤销股东会决议的理由，没有法律依据。但被告及两位第三人并无证据证明已在会议召开十五日以前通知原告，故2014年5月23日股东会会议的召集程序存在瑕疵，原告据此要求撤销2014年5月23日股东会决议的诉请，可予支持。

典型案例

案例：股东会决议内容不存在违反法律、行政法规强制性规定的情形，应属有效

原告甲诉称：原告甲系案外人A公司的董事长、总经理及股东，被告乙系A公司的员工，职务为部门经理。2010年5月，A公司的部分员工即中层以上管理人员投资设立了被告B公司，被告乙作为股东之一出资额占注册资本的3.18%。根据被告B公司的章程及股权管理办法的规定，股东若在A公司离职后必须将其持有的被告B公司股权转让给被告B公司其他股东或股东会决议指定的受让人员；转让价格按照原始认购价格并加算8%年利率（不计复利，并扣除历年分红部分）计算。2013年6月，被告乙向A公司提出离职申请，2013年7月13日，被告乙与A公司的劳动合同关系正式解除。根据上述被告B公司的章程和股权管理办法的有关规定，被告乙应将所持的股权转让给B公司股东会决议指定的受让人员。为此，被告B公司于2014年7月8日书面通知被告乙，就其股权转让事宜请其于2014年7月22日至B公司参加股东会会议，就其股权转让之事宜进行讨论和表决，被告乙如期参加了股东会会议。现经被告B公司2014年7月22日股东投票表决，以总股数的96.82%同意，3.18%不同意（系被告乙本人股权），通过该股东会决议，决议内容为被告乙的股权转让给原告甲的股东会决议符合公司法、公司章程及股权管理办法相关规定。原告诉请判令确认2014年7月22日的被告B公司股东会临时会议决议有效。

被告乙辩称被告于2013年7月20日被迫离职。2014年7月22日召开的股东会是被告B公司第一次采用表决票，被告乙也是第一次行使投票的权利，但股东会投票结果却被原告甲意志操纵。2014年7月22日B公司股东会决议应属无效。该决议强制被告乙以强制的价格转让给原告甲，限制了股东自由转让股权的权利；作为股权转让依据的被告B公司的章程与股权管理办法关于强制转让股权的相关条款均无效，且相互矛盾。即使要转让股权，也应当以第三方中立机构评估确定的公允价格予以转让。系争股东会决议要求转让的价格根本不属于公允的市场价格。综上请求法院依法予以驳回。

法院认定：原告与被告乙均系被告B公司的股东，其中，被告乙持有被告B公司3.18%的股权。2010年5月13日，《B公司章程》制定形成，全体股东（包括被告乙）签字确认。该章程第7.01条规定，公司股东会制定公司《股权管理办法》，《股权管理办法》是公司股权转让、股权管理的基本规章制度，对全体股东具有约束力。第7.03条规定，股东在A公司离职后或其要求转让股权的，应当按照其持有的股权上一年度末的对应净资产值将公司股权转让给股东会决议指定的受让人员。2010年5月15日，《B公司股权管理办法》制定形成，全体股东（包括被告乙）签字确认。上述办法载明：被告B公司系由A公司部分高级管理人员、核心技术人员、中层管理人员等出资设立的有限责任公司，注册资本330万元。公司设立的目的和主要的职能是：通过管理持有的B公司的股权，实现对A公司相关人员的中长期股权激励。自本管理办法生效之日至A公司首次公开发行的股票上市之日起12个月内，激励对象若发生因主动与A公司解除劳动合同的……若激励对象的认购时间超过半年的，在按季度进行折算，不满一个季度不计的基础上，激励对象承诺按照原始认购股权价格并加算8%年利率（不计复利，并扣除历年分红部分）将其持有的全部B公司的股权转让给公司股东会认可的其他股东或第三人，激励对象作为B公司股东的一切权利终止。2008年10月，被告乙入职A公司。2013年6月20日，被告乙申请离职，同年7月13日解除与A公司的劳动合同关系。2014年7月22日，被告B公司股东会会议如期召开并通过前述股东会会议决议。

法院判决：系争股东会决议不存在决议内容违反法律、行政法规无效的情形，应属有效。确认2014年7月22日形成的“B公司临时股东会决议”有效；被告乙持有的被告B公司的3.18%的股权归原告甲所有。

【律师剖析】

本案具有一定的特殊性，被告B公司就股权转让事宜，已事先通过公司股权管理办法、公司章程的方式作出相关规定。系争股东会决议正是基于该前提而形成。就整个案件的处理而言，系争股东会决议是否有效，亦从根本上决定了原告的全部诉请可否得到支持。系争股东会决议，在召集程序、表决方式上未见违反法律、行政法规或者公司章程的情形，须重点审查的是系争股东会决议是否存在决议内容违反法律、行政法规无效的情形。根据既已查明的事实，被告B公司的股权管理办法、公司章程均对股权转让事宜作出规定。从被告B公司设立的目的和功能来看，是要实现对A公司相关人员的中长期股权激励，被告乙是否在A公司任职与其是否能继续持有B公司股权密切相关。被告B公司的股权管理办法、公司章程均系经全体股东签字确认通过，具体股权转让办法是全体股东的意志，故对全体股东均具有约束力，现被告乙已从A公司离职，即已发生股权转让的事由，被告乙应根据股东会的决议作股权转让，不存在强制被告乙转让股权的问题。因此该股东会决议内容无违反法律法规的情形，应当确认有效。

实务问题

1.“达二分之一以上的表决权通过”实际是股东会议事规则规定不明，同时出现“同意”与“反对”持平的情况，该股东会决议效力如何认定

实务中，很多中小企业很不重视公司章程，网上随便下载不专业的公司章程模板，稍作修改就拿去公司登记机关备案，同时大众对“以上”的字面理解，一般认为是“大于”“超过”的意思，所以在公司章程内制定上述议事规则时，规定“股东表决结果占全部表决权比例达到二分之一以上的，视为股东会表决通过该议题，成为股东会决议”类似的表述，以为该规定已经是超过半数表决权通过，符合少数服从多数原则。问题就出现了：假使对某个股东会会议议题，表示“同意”和“反对”的股东，表决权各占二分之一，那么这个议题是否算通过表决？

首先，《公司法》并未规定公司议事规则必须符合少数服从多数原则，也并未对“以上”的表述规定法律术语含义。

其次，《公司法》没有规定，那么应适用《民法典》第1259条规定，民法所称的“以上”“以下”“以内”“届满”，包括本数；所称的“不满”“以外”，不包括本数，所以根据法律规定，公司章程内“以上”表述应该是包括本数的。

所以假使公司章程规定议事规则为“二分之一以上表决权通过”视为产生股东会决议，那么根据上述法律规定这个“以上”包含了二分之一。在表示“同意”和“反对”的股东表决权各占半数时，也能视为通过表决，产生股东会决议。这样的问题属于股东会议事规则规定不明，虽然不常见，但是一旦出现，就会对公司股东会决议的产生和落实造成严重不利影响，因为就算股东会决议这样产生，表示“反对”的股东表决权也占到半数，可以通过另行表决，产生变更该股东会决议的新股东会决议。

发生上述情况时，就算“反对”的股东向法院提起“确认或撤销股东会决议”之诉，基于尊重公司自治权的角度，既然公司章程如此规定了，法院一般也会确认该股东会决议效力，除必须经三分之二以上表决权通过的股东会决议外。同样地，“反对”的股东另行通过股东会决议，推翻原股东会决议，对原股东会决议“同意”的股东，也无法通过司法途径救济。

综上所述，在现行法律没有对股东会议事规则明确规定的情况下，公司应避免出现章程规定不明的情况，否则将会陷入股东会决议产生又推翻的死循环。

2. 什么时候成为股东，才有权起诉撤销股东会决议

根据《公司法》第22条第2款规定，股东有权对股东会决议行使撤销权，但什么时候成为股东，才有权起诉撤销股东会决议？应注意以下两个问题：

其一，起诉时具备股东身份，而股东会决议形成时并不具备股东身份，那到底能否以原告身份起诉撤销股东会决议？

笔者认为，现在这个股东其持有股权的前手出让方具备股东会决议形成时股东身份的，这个股东才符合起诉撤销股东会决议的原告资格，否则，其不具备原告资格，应被法院裁定驳回起诉。

其二，原告起诉时具备了股东身份，而在诉讼过程中转让了全部股权，那是否应直接判决原告败诉？

笔者认为应分情况而定，假使该股权的受让人愿意参与诉讼的，那么应由该股权受让人变更为原告身份继续参与诉讼；假使股权受让人不愿意参与诉讼的，那么该原告丧失了股东身份，不具备原告资格，应被法院裁定驳回起诉。

第二节 董事会

一、董事会的概念

我国《公司法》未明确董事会的定义，但规定了公司设董事会由股东大会选举产生。董事会是由董事组成的、对内负责公司事务的执行机构。

二、董事会的产生办法及任期

（一）产生办法

1. 董事会成员

根据《公司法》第 37 条规定，股东会的法定职权之一是选举和更换非由职工代表担任的董事、监事，结合第 44 条第 1 款、第 2 款规定，有限责任公司设董事会，其成员为三人至十三人；但是仅设一名执行董事的除外。两个以上的国有企业或者两个以上的其他国有投资主体投资设立的有限责任公司，其董事会成员中应当有公司职工代表；其他有限责任公司董事会成员中可以有公司职工代表。董事会中的职工代表由公司职工通过职工代表大会、职工大会或者其他形式民主选举产生。可见董事会成员除职工代表外，均应由股东会选举产生。

2. 董事长及副董事长

根据《公司法》第 44 条第 3 款规定，董事会设董事长一人，可以设副董事长。董事长、副董事长的产生办法由公司章程规定。由此可知董事长及副董事长的产生也属公司自治范围。

值得我们注意的是，《公司法》关于有限责任公司的董事长及副董事长的职权范围仅规定了董事长应负责股东会的主持和董事会的召集及主持，而副董事长在董事长不能履行职务或者不履行职务的情况下，由副董事长主持。董事长及副董事长的其他职权，由股东会自行决定，并应规定在公司章程中。

（二）任期

根据《公司法》第 45 条规定，董事任期由公司章程规定，但每届任期不得超过三年。董事任期届满，连选可以连任。董事任期届满未及时改选，或者董事在任期内辞职导致董事会成员低于法定人数的，在改选出的董事就任前，原董事仍应当依照法律、行政法规和公司章程的规定，履行董事职务。

条款设计示例

第【×】条［董事会］

董事会是公司的执行机构，对股东会负责。

董事会成员为×人，股东会选举产生×位董事会成员，职工代表大会选举产生×位职工代表作为董事会成员。董事会成员任期为×年，可连选连任。

第【×】条［董事长及副董事长］

公司设董事长一名，副董事长一名，由全体董事过半数选举产生和罢免。董事长、副董事长任期为×年，可连选连任，但不得超过其为董事会成员的任期。

第【×】条［董事长的职权］

董事长行使下列职权：

（一）主持股东会会议；

（二）召集和主持董事会会议；

（三）监督董事会决议的执行情况；

（四）董事会授予的其他职权。

第【×】条［副董事长的职权］

副董事长行使下列职权：

（一）协助董事长行使职权；

（二）董事长不能行使职权时，由副董事长代为行使职权；

（三）董事会授予的其他职权。

三、董事会的特点

在我国现行法律制度下，董事会的常见特点可以总结为以下几个方面：

1. 董事会并非必设机构

董事会与股东会不同，并非公司必设机构。根据《公司法》第50条规定，股东人数较少或者规模较小的有限责任公司，可以设一名执行董事，而不设董事会。立法的初衷在于社会活动中的商事主体里，中小企业为绝大多数，股东和员工的人数本来就不多，而设立董事会的成员人数起码不得低于三位，而且必须是股东或职工代表身份，人数较少的中小企业设立董事会这样规模的机构客观层面上可能无法完成，同时意义也并不大，甚至会降低中小企业的运营效率。所以立法允许中小企业通过设立执行董事取代董事会，更符合中小企业的特性。

2. 董事会对股东会负责

根据《公司法》第37条规定，非职工代表外的董事会成员，应均由股东会选举产生，董事会的产生源于股东会，结合《公司法》第46条规定，董事会必须对股东会负责，基于法理及明文规定，若董事会不对股东会负责，对公司内部而言，其职权就丧失了合法性。

3. 董事会是公司常驻及执行机构

股东会作为公司的决策机构，决策作出后，必须由执行机构来落实，况且股东可能并不常驻公司内部，公司的日常经营管理均应由常驻公司内部的机构来负责，这也是董事会作为公司执行机构出现的必然性。

4. 董事会采取表决权平等原则

根据现行《公司法》规定，董事会决议的表决，实行每个董事一人一票。虽然设立董事会后，必然会产生董事长，可能会产生副董事长，但无论董事会成员身份差异如何，均实行表决权平等原则，这也体现了现代公司决议应具备的民主性和科学性。

四、董事会的职权

根据《公司法》第46条规定，董事会必须对股东会负责。在这个大前提下，董事会的职权分为法定职权和章程规定职权。

（一）法定职权

董事会的法定职权包括：（一）召集股东会会议，并向股东会报告工作；（二）执行股东会的决议；（三）决定公司的经营计划和投资方案；（四）制订公司的年度财务预算方案、决算方案；（五）制订公司的利润分配方案和弥补亏损方案；（六）制订公司增加或者减少注册资本以及发行公司债券的方案；（七）制订公司合并、分立、解散或者变更公司形式的方案；（八）决定公司内部管理机构的设置；（九）决定聘任或者解聘公司经理及其报酬事项，并根据经理的提名决定聘任或者解聘公司副经理、财务负责人及其报酬事项；（十）制定公司的基本管理制度。

根据上述条款顺序，可以具体表述为以下几个方面：

1. 股东会会议召集权

董事会作为公司的实际经营机构，对公司的经营状态相对于股东、监事等其他人员更加了解，所以召集及主持股东会会议是其法定职责，且是第一顺位的职责主体。

2. 反馈并执行股东会决议

董事会及其成员实际是通过获得股东会的信赖，才拥有公司日常经营管理的权力，其工作的成果理应向股东会汇报，并将股东会决议从股东意志转化为公司的实际运转。

3. 公司经营、投资决定权

同股东会一样有权决定公司的经营方针和投资计划，但该权限与股东会相比，基于董事会必须对股东会负责的角度，应低于股东会就经营方案和投资计划的决定权限，即董事会对此内容的权限不得违反已经生效的股东会决议内容，并不得超越股东会的权限，比如公司就 100 万元以上的对外投资应获得股东会批准，否则董事会不得擅自出具董事会决议批准该对外投资事项。

4. 公司关键文件制订权

公司的年度财务预算方案、决算方案、公司的利润分配方案和弥补亏损方案作为公司具体经营方案，均关系到公司实际运营情况及将来运营预期，理应由董事会制订，并报股东会审批。

5. 管理机构设置权

根据公司日常经营管理工作，董事会有权来设置公司内部管理机构和聘任相关人员，其中包括但不限于决定聘任或者解聘经理、副经理、财务负责人及其报酬事项。与股东会拥有关键岗位的人事任免权不同，董事会基本是负责除股东会任免人员外其他人员的聘任权，当然该权力也可以部分下放给人事部门。

6. 基本管理制度制定权

除公司章程已经规定的管理制度及股东会制定的管理制度外，其余公司内部基本管理制度应由董事会负责制定。

值得我们注意的有以下两点：

1. 董事会的法定职权是《公司法》强制性规定，不可通过章程对其法定职权范围进行缩小。

2. 根据《公司法》第 149 条、第 151 条规定，董事会（不设董事会的有限责任公司的执行董事）有代表公司诉讼的职权：当发生监事在执行公司职务时违反法律、行政法规或者公司章程的规定，给公司造成损失的情形，有限责任公司的股东、股份有限公司连续 180 日以上单独或者合计持有公司 1% 以上股份的股东，可以书面请求董事会或者向人民法院提起诉讼。

（二）章程规定职权

同股东会其他职权可由公司章程规定一样，董事会职权中也有章程规定即《公司法》第 46 条规定的“（十一）公司章程规定的其他职权”，也属于公司自治权范畴，股东会可以通过章程规定董事会其他职权，扩大董事会职权范围以符合公司实际经营需要。但不同的是，一般是站在改善公司运营状况或提高公司运营效率的角度，来设计公司章程所规定的董事会职权。而且处理好股东会向董事会授权或者收回授权是关键。

值得我们注意的是，不设董事会的公司，必须设立执行董事，而执行董事的职权也应由公司章程规定。实务中，执行董事的职权范围和董事会基本相似。

条款设计示例

第【×】条 ［董事会的职权］

董事会行使下列职权：

（一）召集股东会会议，并向股东会报告工作；

（二）执行股东会的决议；

（三）决定公司的经营计划和投资方案；

（四）制订公司的年度财务预算方案、决算方案；

（五）制订公司的利润分配方案和弥补亏损方案；

（六）制订公司增加或者减少注册资本以及发行公司债券的方案；

（七）制订公司合并、分立、解散或者变更公司形式的方案；

（八）决定公司内部管理机构的设置；

（九）决定聘任或者解聘公司经理及其报酬事项，并根据经理的提名决定聘任或者解聘公司副经理、财务负责人及其报酬事项；

（十）制定公司的基本管理制度；

（十一）决定公司职工的劳动待遇、奖罚制度方案；

（十二）制订修改公司章程的方案；

（十三）根据股东会决议，决定公司经营、对外投资、出售资产、对外担保等事项；

（十四）听取公司各部门负责人的工作汇报、意见及建议。

第【×】条［董事会提交书面报告］

董事会须在下列情况发生之日起的十个工作日内向所有股东就有关事项提交书面报告：

（一）董事会认为公司内机构及人员发生了任何超越权限的事宜；

（二）股东要求说明问题时；

（三）公司章程其他条款规定的情况。

第【×】条［董事会建议和意见］

股东会行使职权时，董事会有权主动或应股东会的要求提出建议，但上述建议不妨碍股东会行使职权。股东会依据公司章程行使职权时，董事会或其成员有不同意见的，可将不同意见以书面形式报送所有股东并妥善保存于公司内。

五、董事会会议流程及决议产生办法

从董事会成员的意志转化成董事会决议，董事会决议产生的一般办法就是通过召开董事会会议，在会议上各董事会成员进行表决，从而形成董事会决议这个最终表现形态，整个过程就是本节要讨论的内容。

根据《公司法》第48条第1款规定，董事会的议事方式和表决程序，除本法有规定的外，由公司章程规定。可以看出同股东会一样，有限责任公司董事会的议事方式和表决程序，除《公司法》明确规定外，基本都属于公司自治范畴，即可由公司章程规定。

（一）董事会会议的种类

根据《公司法》规定，有限责任公司的董事会会议没有分类，但参照股份有限公司的董事会会议分类，通常也分为定期会议和临时会议两种。

1. 定期会议，是指有限责任公司依照公司章程的规定按时召开的董事会会议。会议内容主要集中在董事会职权范围内的常规事项，由董事会表决作出的决议。

2. 临时会议，是指在定期会议以外，公司经营遇突发的重大事项，由召集主体临时召集的董事会会议。召开董事会临时会议时，公司所面临的突发问题，没有召开股东会临时会议时那么严重。

条款设计示例

第【×】条 ［董事会会议的分类］

董事会会议分为定期会议和临时会议。

第【×】条 ［董事会定期会议］

董事会定期会议每年召开×次，分别应于每年×月×日前、×月×日前召开。

第【×】条 ［董事会临时会议］

发生下列情形之一的，在×日内召开董事会临时会议，通过董事会决议，确定应对方案：

（一）公司未弥补的亏损达到注册资本的四分之一时；

（二）公司面临签订标的额达×元的合同时；

（三）公司董事会或监事会成员提出申请解除职务申请时；

（四）董事会必须及时行使职权的其他事项。

（二）召集和主持董事会会议

召集董事会会议实际就是通知董事会成员定时定点参加董事会会议，一般还会提前告知董事会成员该次会议的主要议题。根据《公司法》第47条规定，召集和主持董事会会议，有三个层面的主体顺序：

1. 董事会会议由董事长召集和主持；

2. 董事长不能履行职务或者不履行职务的，由副董事长召集和主持；

3. 副董事长不能履行职务或者不履行职务的，由半数以上董事共同推举一名董事召集和主持。

条款设计示例

第【×】条 ［董事会会议的召集及主持］

董事会会议由董事长召集和主持；董事长不能履行职务或者不履行职务的，由副董事长召集和主持；副董事长不能履行职务或者不履行职务的，由半数以上董事共同推举一名董事召集和主持。

第【×】条 ［董事会会议议题不得擅自修改］

董事会会议的召集主体未经提议主体同意，不得擅自修改议题。

第【×】条 ［董事会会议的召开通知］

公司召开董事会会议前×日，召集主体应以书面形式通知所有董事会成员参会。召集主体根据董事会会议议题，决定是否以书面形式通知相关人员列席会议。

第【×】条 ［董事会会议召开通知的内容］

召集主体发出的召开董事会会议书面通知，应包括下列内容：

（一）会议召开的时间、地点和参会人员；

（二）会议原定议题的具体内容及相关情况说明，包括议题的提议主体、提议原因及该议题与公司相关方可能存在的关联交易或利害关系；

（三）会议召集主体的姓名和联系方式。

第【×】条 ［董事会会议的延期］

召集主体发出召开董事会会议的书面通知后，不得无故延期举行会议。确有合理原因需延期举行会议的，应在原定董事会会议召开日期前×日，以书面形式发出延期通知，说明延期原因及延期后的召开时间。

第【×】条 ［董事会会议的举行形式］

董事会会议一般以现场会议形式举行。

在保证参会董事会成员能充分发表意见并真实表达意思的前提下，董事会会议也可以通过通信方式或者书面材料审议方式举行。但是，董事会定期会议以及超过三分之一以上董事会成员认为应当以现场会议形式举行的董事会会议，必须以现场会议形式举行。

第【×】条 ［董事会会议的举行要求］

董事会会议应由超过半数的董事参会，方能正式举行，该标准为董事会会议举行的最低要求。若达不到最低的要求，则会议应当延期举行。延期后的每一个月，召集主体应重新向所有董事发出召开通知。

（三）举行董事会会议

1. 举行董事会会议流程主要参照股东会会议流程，值得注意的是，根据《公司法》第 49 条规定，经理应列席董事会会议。

2. 董事会决议与股东会决议相比，有以下两点值得注意：

（1）与股东会决议相同之处，根据《公司法》第 48 条第 2 款规定，董事会也应当对所议事项的决定作成会议记录，出席会议的董事会成员应当在会议记录上签名确认，该董事会决议才可生效。

（2）与股东会决议不同之处，根据《公司法》第48条第3款规定，董事会议题的表决，实行一人一票，体现了表决权平等原则。但是什么议题需要通过多少票，才视作通过表决的董事会决议，这也是可由公司章程规定的自治范围。

六、董事会决议的瑕疵问题

董事会决议的瑕疵问题可以参考股东会决议的瑕疵问题。这是因为董事会决议的瑕疵问题与股东会决议的瑕疵问题，本质上具有同质性，即存在决议有效、决议无效、决议不成立、决议可撤销的情形。

条款设计示例

第【×】条［董事会会议的参会要求］

董事会成员参加董事会会议的，必须本人亲自参会，不得授权委托代理人参会。

第【×】条［董事会会议中主持人的汇报工作］

董事会会议中，主持人应当就之前产生的董事会决议的执行情况向董事会进行报告及总结。

第【×】条［董事会会议的列席人员］

董事会有权要求公司工作人员列席董事会会议，相关人员应当列席董事会会议并接受董事的质询。

第【×】条［董事会会议的议题］

董事会会议的议题由股东、董事会成员、监事会成员或高级管理人员提出，应于董事会会议举行期间由董事会成员行使表决的具体事项。

董事会会议议题按提议时间分原定议题和临时议题。

原定议题是由召集主体随召开董事会会议书面通知一并发出的议题，原定议题应包含董事会定期应履行职权之事项。

临时议题是由于提议的时间原因，未来得及随召开董事会会议书面通知一并发出的议题。

临时议题能否在董事会会议中进行表决，应在会前得到董事长的同意；

若董事长不同意的，则应首先由会议就是否对该议案进行讨论或表决进行表决。

第【×】条 ［董事会会议的议题涉及关联交易或利害关系］

董事会会议议题可能涉及与公司相关方存在关联交易或利害关系的，相关方应在董事会会议中阐明自身观点，并就董事会成员提出的质询作出说明。

第【×】条 ［董事会成员表决权行使］

董事会会议议题应于会中依次提出，并由参会董事会成员以记名方式行使表决权。

董事会决议的表决，实行一人一票制。

参会董事会成员应对议题进行表决，表决方式为表示“同意”“反对”或“弃权”，可以说明理由。

第【×】条 ［董事会决议］

通过董事会成员表决而产生的董事会决议，需经参会董事会成员对议题表示“同意”的表决票数占全部表决票数比例超过二分之一的，方视为董事会表决通过该议题，成为董事会决议。

第【×】条 ［董事会会议的流程］

举行董事会会议的流程如下：

（一）简述情况，由主持人简要描述下参会人员实到和应到情况、最近公司的运营状况和本次董事会会议的主要议题。

（二）工作汇报，由列席会议的部门负责人或主要项目负责人向参会董事汇报工作成果，阐述面临的经营问题以及对将来的适当预期。

（三）接受质询，由参会董事会成员向有关人员提出询问、意见或建议，或由参会各方相互讨论相关问题。

（四）提出议题，由议题提出人向董事会详细说明该议题产生的主要原因及自身建议和意见。

（五）议题表决，参会董事会成员对该议题进行现场表决，表决方式为表示“同意”“反对”或“弃权”，可以说明理由。

（六）统计对议题表示“同意”的董事会成员所占的表决权比例总数，再根据董事会决议应通过的表决权比例标准，来确定该议题是否成为新的董事会决议，并由主持人宣读结果。

第一个议题上述程序完毕后，继续进入下一个议题提出、讨论再表决的循环过程。

（七）由主持人总结会议内容。

（八）参会人员在会议记录上签字。

第【×】条 ［董事会会议记录］

董事会会议应进行书面记录，应载明下列内容，并作为公司档案保存，保存期限×年：

（一）会议召开的形式、时间及地点；

（二）参会实到和应到主体的基本信息；

（三）会议各阶段的要点内容；

（四）股东会议题的具体内容；

（五）参会董事会成员姓名、发言要点内容、表决结果；

（六）统计通过表决的股东会决议；

（七）参会人员的签字。

典型案例

案例：非法律、行政法规或公司章程规定事由，应尊重公司自治权，不可任意撤销董事会决议

原告甲诉称：被告A公司免除其总经理职务的董事会决议所依据的事实和理由不成立，且董事会的召集程序、表决方式及决议内容均违反了公司法的规定，请求法院依法撤销该董事会决议。被告A公司辩称：董事会的召集程序、表决方式及决议内容均符合法律和章程的规定，故董事会决议有效。

原告甲系被告A公司的股东，并担任总经理。A公司股权结构为：乙持股40%，甲持股46%，丙持股14%。三位股东共同组成董事会，由乙担任董事长，另两人为董事。公司章程规定：董事会行使包括聘任或者解聘公司经理等职权；董事会须由三分之二以上的董事出席方才有效；董事会对所议事项作出的决定应由占全体股东三分之二以上的董事表决通过方才有效。2009年7月18日，A公司董事长乙召集并主持董事会，三位董事均出席，会议形成了“鉴于总经理甲不经董事会同意私自动用公司资金在二级市场炒股，造成巨大损失，现免去其总经理职务，即日生效”等内容的决议。该决议由乙、丙及监事签名，甲未在该决议上签名。

上海市黄浦区人民法院判决：撤销被告A公司于2009年7月18日形成的董事会决议。宣判后，A公司提出上诉。上海市第二中级人民法院判决：一、撤销上海市黄浦区人民法院（2009）黄民二（商）初字第4569号民事判决；二、驳回甲的诉讼请求。

【律师剖析】

根据《公司法》第22条第2款规定，董事会决议可撤销的事由包括：一、召集程序违反法律、行政法规或公司章程；二、表决方式违反法律、行政法规或公司章程；三、决议内容违反公司章程。从召集程序看，A公司于2009年7月18日召开的董事会由董事长乙召集，三位董事均出席董事会，该次董事会的召集程序未违反法律、行政法规或公司章程的规定。从表决方式看，根据A公司章程规定，对所议事项作出的决定应由占全体股东三分之二以上的董事表决通过方才有效，上述董事会决议由三位股东（兼董事）中的两名表决通过，故在表决方式上未违反法律、行政法规或公司章程的规定。从决议内容看，A公司章程规定董事会有权解聘公司经理，董事会决议内容中“总经理甲不经董事会同意私自动用公司资金在二级市场炒股，造成巨大损失”的陈述，仅是董事会解聘甲总经理职务的原因，而解聘甲总经理职务的决议内容本身并不违反公司章程。

假使董事会决议解聘甲总经理职务的原因不存在，并不导致董事会决议可被撤销。首先，公司法尊重公司自治，公司内部法律关系原则上由公司自治机制调整，司法机关原则上不介入公司内部事务；其次，A公司的章程中未对董事会解聘公司经理的理由或依据事实作出限制，并未规定董事会解聘公司经理必须有一定原因，该章程内容未违反公司法的强制性规定，应认定有效。因此A公司董事会可以行使公司章程赋予的权力作出解聘公司经理的董事会决议。故法院应当尊重公司自治，无须审查A公司董事会解聘公司经理的原因是否存在，即无须审查决议所依据的事实是否属实，理由是否成立。综上，原告甲请求撤销上述董事会决议的诉讼请求不成立。

第三节　日常经营管理机构

一、高级管理人员的概念

高级管理人员的现行法律概念为《公司法》第216条规定，高级管理人员，是指公司的经理、副经理、财务负责人，上市公司董事会秘书和公司章程规定的其他人员。

高级管理人员的实务概念可以概括为：负责公司的日常经营管理，在公司管理层中担任重要职务的人员，一般由经理、副经理、财务负责人和公司章程规定的其他人员组成。

值得我们注意的是，公司高管相对于公司普通员工要承担更多法定和章程规定的义务，更为了明确公司内部责任主体，《公司法》部分规定特用来规范高管的工作行为。

条款设计示例

第【×】条 ［高级管理人员］

本公司高级管理人员包括公司经理、副经理、销售部负责人、财务部负责人、人事部负责人及董事会秘书，上述人员应遵守法律及公司章程对高级管理人员的规定及要求。

第【×】条 ［任职要求和董事兼任高级管理人员］

高级管理人员应具有与其所担任职务相适应的专业知识和工作经验。经股东会同意，董事可以受聘兼任高级管理人员。

【设计指引】

高级管理人员的界定范围条款不是公司章程的必要条款，但高管相对于普通员工掌握公司更加重要的信息，拥有更多的行政权力，同时承担更多的忠实勤勉义务，因此公司章程可以根据本公司组织框架和实际情况，确定哪些必要岗位应纳入公司高级管理人员的范围。当然，高级管理人员的范围并不是越大越好，若纳入了不必要的岗位，则将来需在高管范围内剔除该岗位，需要先通过股东会决议，再前往公司登记机关办理章程变更手续，所产生的行政成本并不低。

二、经理的聘任、解聘及任期

1. 聘任及解聘

根据《公司法》第49条规定，有限责任公司可以设经理。此处用“可以”，说明经理并非有限责任公司的必设机构，对比《公司法》第113条规定，股份有限公司设经理，说明经理是股份有限公司的必设机构。

结合《公司法》第46条规定，由董事会决定聘任或者解聘公司经理及其报酬事项，并根据经理的提名决定聘任或者解聘公司副经理。经理及副经理的主要职责就是协助董事会执行经营管理工作，经理及副经理的聘任应满足董事会日常工作安排的需求，因此对经理及副经理的人事权由董事会掌握最为合适。

2. 任期

经理及副经理的具体任期，法律无强制性规定，可由公司章程决定，属于公司自治权范围。

条款设计示例

第【×】条 ［经理］

公司设经理职位，作为公司的日常管理机构。经理人选由董事长提名，由董事会聘任或解聘，经理对董事会负责。任期×年，可连选连任。

【设计指引】

公司经理条款并非公司章程的必备条款，假使设置了经理职位，基于其负责公司日常经营管理工作，就应当在章程中规定清楚该职位的情况及职权。

三、经理的职权

经理的职权也分为法定职权和章程规定职权：

（一）法定职权

根据《公司法》第49条规定，经理的法定职权包括：（一）主持公司的生产经营管理工作，组织实施董事会决议；（二）组织实施公司年度经营计划和投资方案；（三）拟订公司内部管理机构设置方案；（四）拟订公司的基本管理制度；（五）制定公司的具体规章；（六）提请聘任或者解聘公司副经理、财务负责人；（七）决定聘任或者解聘除应由董事会决定聘任或者解聘以外的负责管理人员；（八）董事会授予的其他职权。

（二）章程规定职权

同股东会、董事会及监事会其他职权可由公司章程规定一样，经理其他职权也是如此，均属于公司自治权范畴。股东会可以通过章程，调整经理权力范围以符合公司实际经营需要，而这要和董事会权力相衔接，董事会与股东会一样，同样可以向经理授权或者收回授权。但有以下不同点：

1. 公司章程对股东会、董事会及监事会职权只可在法定职权之外增加其他职权，但经理的法定职权非强制性规定，可以由公司章程缩小其法定职权范围。

2. 由于经理职务仅限一人担任，一般是站在一个公司日常决策者的角度，来设计公司章程所规定的经理职权。

条款设计示例

第【×】条［经理的职权］

经理行使下列职权：

（一）主持公司的生产经营管理工作，组织实施董事会决议；

（二）组织实施公司年度经营计划和投资方案；

（三）拟订公司内部管理机构设置方案；

（四）拟订公司的基本管理制度；

（五）制定公司的具体规章；

（六）提请聘任或者解聘公司副经理、财务负责人；

（七）决定聘任或者解聘除应由董事会决定聘任或者解聘以外的负责管理人员；

（八）董事会授予的其他职权；

（九）列席董事会会议，并作相关工作报告；

（十）批准除应由股东会、董事会决定外的公司生产、经营、管理、投资的工作；

（十一）批准公司签订标的额达×元的合同；

（十二）听取公司各部门工作人员的工作汇报、意见及建议。

总经理应当按照其职责要求定期向董事会报告其工作情况，接受董事会的监督和指导。

【设计指引】

以上示例条款中列举了12项经理职权，前8项都是经理的法定职权，后面4项是公司章程中采取频率较多的任意性条款，公司可以根据自身需要进行取舍。

实务问题

执行董事、董事长及经理，谁的职权最大

首先，我们要明确，执行董事实际是在中小企业中，为代替董事会而产生的，履行的是董事会的应有职权，此时，也不会同时存在董事长一职。

其次，设董事会的公司，其董事长的法定职权实际仅有股东会及董事会的召集及主持的权力，其余职权只能由公司股东会自行决定，并规定在章程中。

最后，经理又称总经理，公司经理大多由董事会成员或执行董事兼任，导致大众容易混淆董事会（或执行董事）与经理的权力差别，甚至对经理本身的性质和地位都识别不清。根据《公司法》的规定，经理由董事会决定聘任或解聘，显然理论上董事会（或执行董事）应该是经理的上级机关，经理职权不得超越董事会职权。但由于董事会的权力实际分散在各董事会成员手上，需通过董事会决议的形式体现意志，而经理的权力较为集中，掌握在一人手上，可自行作出各类判断，对其权力的约束也就应更加谨慎。当然也不能完全压缩经理的权力范围，否则就丧失了设置这个机构的意义，应该从便于经理和董事会各司其职的角度，在公司章程中设置双方的权力范围，在合理分工基础上最大限度地发挥各自的作用。同时，也可以适当对经理采取一定的激励措施，如员工股权激励政策等。

综上所述，执行董事、董事长及经理三者相比较，不能简单地说判断谁的职权大小，而是各行其职、各担其责。

四、财务负责人的聘任、解聘及任期

（一）聘任及解聘

根据《公司法》第46条规定，根据经理的提名，由董事会决定聘任或者解聘公司财务负责人及其报酬事项。

假使没有设置经理的公司，也应由董事会决定上述事宜。

（二）任期

财务负责人的具体任期，法律无强制性规定，可由公司章程决定，属于公司自治权范围。

五、财务负责人的职权

财务负责人，是指全面负责公司的财务管理、会计核算与监督工作的人员，一般岗位名称为财务部总监。

基于董事会向股东会负责，财务负责人由董事会决定，可以判断出财务负责人应具备以下协助董事会处理相关财务专业工作的职权：

1. 根据《公司法》关于董事会与财务有关的职权包括：（1）决定公司的经营计划和投资方案；（2）制订公司的年度财务预算方案、决算方案；（3）制订公司的利润分配方案和弥补亏损方案；（4）制订公司增加或者减少注册资本的方案。董事会要顺利完成这些工作，必然少不了财务负责人的配合与支持，所以财务负责人的职权主要也体现在上述范围内。

2. 根据《公司法》第八章公司财务、会计内容，职权包括：（1）应当依照法律、行政法规和国务院财政部门的规定建立本公司的财务、会计制度；（2）应当在每一会计年度终了时编制财务会计报告，并依法经会计师事务所审计；（3）应当依照公司章程规定的期限将财务会计报告送交各股东；（4）计算、提取法定、任意公积金；（5）聘用、解聘承办公司审计业务的会计师事务所。

当然公司涉及的财务工作，一般都应该由财务负责人协同其他相关部门或负责人协同处理，财务负责人的职权范围，可能不全规定在公司章程中，而是规定在财务部门的规章或公司的其他规章制度中。

条款设计示例

第【×】条 ［财务负责人］

公司设财务负责人，主管公司财务会计工作，人选根据经理的提名，由董事会决定聘任或者解聘。财务负责人对董事会负责。

第【×】条 ［财务负责人的职权］

财务负责人履行职权时应遵守法律、行政法规和国务院财政部门以及公司相关规定。财务负责人行使下列职权：

（一）对公司重大经营活动的方案制订、执行及过程进行财务管控和监督；

（二）组织拟订与完善公司财务管理制度并确保其有效执行；推进公司建立完善内部控制与风险管控体系；

（三）组织编制公司财务预算与资金预算，并对预算执行情况进行监控；持续推进和完善全面预算管理；

（四）组织拟订与实施公司投融资方案，改进和优化公司资金管理体系，推进公司资金集约化管理；

（五）组织实施公司财务会计工作；开展公司经营情况动态监测，实施公司年度财务决算工作，审核公司的财务报表、报告，确认其准确性，评价公司财务状况和经营成果，提出加强和改进经营管理的措施；

（六）组织建立完善公司财务信息化系统，推动财务信息系统与业务信息系统的融合；

（七）拟订公司财务机构的设置方案，对财务人员队伍建设提出建议；负责对下属公司财务会计管理工作进行指导、监督；

（八）及时发现和制止公司违反国家财务管理法律、法规和可能造成国有资产损失的经营行为；

（九）相关政府主管部门以及公司股东会、董事会要求财务负责人履行的其他职责。

财务负责人应当按照其职责要求定期向董事会报告其工作情况，接受董事会的监督和指导。

六、其他高级管理人员的职权

公司可以根据实际情况在公司章程中规定下列人员为高级管理人员，并行使相关职权。

1. 销售部负责人

一般公司都会有销售部门，这个部门是公司产品或服务的输出部门，销售部负责人所涉及的职权主要集中在对外出售产品或服务的合同交易中。

2. 市场部负责人

达到一定规模的公司，会设置市场部，该部门负责市场推广、市场预期、竞争对手分析等工作，市场部负责人的职权主要体现在前述工作中。

3. 采购部负责人

达到一定规模的公司，会设置采购部，该部门负责采购公司办公及生产设备，采购部负责人所涉及的职权主要集中在对外买入产品或服务的合同交易中。

4. 人事部负责人

达到一定规模的公司，会设置人事部，该部门负责公司内部人员编制、人事任免、入岗培训与岗位考核工作，人事部负责人的职权主要体现在前述工作中。

5. 法务部负责人

达到一定规模的公司，会设置法务部，该部门负责公司内外合同的起草、修改、常见法律问题的分析及诉讼案件的代理工作，法务部负责人的职权主要体现在前述工作中。

6. 技术研发部负责人

技术生产型的公司，会设置技术研发部，该部门负责研制、开发新产品，完善产品功能的工作，技术研发部负责人的职权主要体现在前述工作中。

7. 董事会秘书

达到一定规模的公司，会设董事会秘书，对董事会负责，一般由董事长提名，董事会决定聘任或解聘。董事会秘书负责董事会办公室工作，列席董事会会议。董事会秘书应配合董事长进行董事会会议材料提供、会议记录、决议整理、董事会报告提交等工作。

条款设计示例

第【×】条［其他高级管理人员的职务］

公司设【　】，主管公司【　】事务，行使下列职权：

（一）……

（二）……

（三）……

第【×】条［高级管理人员的考核制度］

董事会应对高级管理人员设定工作绩效目标并根据公司股东会意见，对高级管理人员进行考核，决定其岗位及报酬等相关事项。

【设计指引】

根据每个部门的工作特性及其负责人应具备的职责，结合公司的实际经营状况，在公司章程中制定相关条款，尽量做到分工明确，权责分明的要求。

上述负责人，可以作为公司高管，但公司章程中应加以定义、明确。

第四节　监事会

一、监事会的概念

监事会的实务概念可以概括为：由股东会选举的监事及由公司职工民主选举的监事组成，监督和检查公司日常经营管理活动的机构。

二、监事会的产生办法

根据《公司法》第 51 条、第 52 条规定，有限责任公司设监事会，其成员不得少于三人。股东人数较少或者规模较小的有限责任公司，可以设 1~2 名监事，不设监事会。

监事会应当包括股东代表和适当比例的公司职工代表，其中职工代表的比例不得低于三分之一，具体比例由公司章程规定。监事会中的职工代表由公司职工通过职工代表大会、职工大会或者其他形式民主选举产生。

监事会设主席一人，由全体监事过半数选举产生。监事会主席召集和主持监事会会议；监事会主席不能履行职务或者不履行职务的，由半数以上监事共同推举一名监事召集和主持监事会会议。

董事、高级管理人员不得兼任监事。

监事的任期每届为三年。监事任期届满，连选可以连任。

监事任期届满未及时改选，或者监事在任期内辞职导致监事会成员低于法定人数的，在改选出的监事就任前，原监事仍应当依照法律、行政法规和公司章程的规定，履行监事职务。

三、监事会的职权

（一）法定职权

根据《公司法》第 53 条的规定，监事会（包括不设监事会公司的监事，下同）行使下列职权：（一）检查公司财务；（二）对董事、高级管理人员执行公司职务的行为进行监督，对违反法律、行政法规、公司章程或者股东会决议的董事、高级管理人员提出罢免的建议；（三）当董事、高级管理人员的行为损害公司的利益时，要求董事、高级管理人员予以纠正；（四）提议召开股东会临时会议，在董事会不履行本法规定的召集和主持股东会会议职责时召集和主持股东会会议；（五）向股东会会议提出提案；（六）依照本法第151条的规定，对董事、高级管理人员提起诉讼。

值得我们注意的有以下几点：

1. 监事会的法定职权是《公司法》强制性规定，不可通过章程对其法定职权范围进行缩小。

2. 根据《公司法》第54条规定，监事有下列选择性的权力：监事可以列席董事会会议，并对董事会决议事项提出质询或者建议。监事会、不设监事会的公司的监事发现公司经营情况异常，可以进行调查；必要时，可以聘请会计师事务所等协助其工作，费用由公司承担。

3. 根据《公司法》第149条、第151条规定，监事会有代表公司诉讼的职权：当发生董事、高级管理人员在执行公司职务时违反法律、行政法规或者公司章程的规定，给公司造成损失的情形，有限责任公司的股东、股份有限公司连续180日以上单独或者合计持有公司1%以上股份的股东，可以书面请求监事会或者不设监事会的有限责任公司的监事向人民法院提起诉讼；监事有本法第149条规定的情形的，前述股东可以书面请求董事会或者不设董事会的有限责任公司的执行董事向人民法院提起诉讼。

（二）章程规定职权

同股东会、董事会职权可由公司章程规定一样，监事会职权也属于公司自治权范畴，股东会可以通过修改章程，扩大董事会权力范围以符合公司实际经营需要。但不同的是，一般是站在监督公司及内部机构运营的角度，来设计公司章程所规定的监事会职权。

四、监事会决议产生办法

根据《公司法》第55条规定，监事会每年度至少召开一次会议，监事可以提议召开临时监事会会议。监事会的议事方式和表决程序，除本法有规定的外，由公司章程规定。监事会决议应当经半数以上监事通过。监事会应当对所议事项的决定作成会议记录，出席会议的监事应当在会议记录上签名。

可以看出，《公司法》对监事会会议的规定给予了公司相当的自治权，仅规定了每年至少召开一次，决议需通过半数以上监事通过并由参会监事签名即可认定为生效决议。其余事项基本均可由公司章程规定。

条款设计示例

第【×】条 ［监事会］

公司设监事会，监事会是公司的监督机构，对股东会负责。

监事会成员为×人，股东会选举产生×位监事会成员，职工代表大会选举产生×位职工代表作为监事会成员。监事会任期为3年[①]，可连选连任。

董事、高级管理人员不得兼任监事会成员。

监事任期届满未及时改选，或者监事在任期内辞职导致监事会成员低于法定人数的，在改选出的监事就任前，原监事仍应当依照法律、行政法规和公司章程的规定，履行监事职务。

第【×】条 ［监事会主席］

监事会设主席一人，由全体监事过半数选举产生。监事会主席召集和主持监事会会议；监事会主席不能履行职务或者不履行职务的，由半数以上监事共同推举一名监事召集和主持监事会会议。

第【×】条 ［监事会主席的职权］

监事会主席行使下列职权：

（一）全面负责和主持监事会的日常工作和重大决策；

（二）召集、主持监事会会议，决定是否召开临时监事会会议；

（三）检查监事会决议的实施情况，并向监事会报告决议的执行结果；

（四）代表监事会向股东会报告工作；

（五）审定、签署监事会的决议、报告和其他重要文件；

（六）法律及公司章程规定的其他职权。

第【×】条 ［监事会办事机构和监事会秘书］

监事会可以设办事机构或在不影响其行使监督职能的前提下与公司其他部门合署办公。监事会可以设专职或兼职秘书，负责监事会日常事务，筹备监事会会议，与监事沟通信息提供服务等事项。监事会秘书由监事会主席提

---

① 这是《公司法》规定的年限。

名，监事会决定聘任或解聘。

第【×】条 ［监事会的职权］

监事会行使下列职权：

（一）监督公司贯彻有关法律法规规定的情况；

（二）监督公司建立和执行公司章程情况，监督公司内部控制制度和风险防控体系的建设及执行情况；

（三）监督公司财务，包括查阅公司的财务会计报告及其相关资料，检查财务状况、资产质量、经营效益、利润分配等情况，对公司重大风险、重大问题提出预警和报告；

（四）监督公司资产运行和保值增值情况。检查公司战略规划、经营预算、经营责任合同的执行情况；检查公司维护股东合法权益的情况；

（五）对董事、高级管理人员等公司领导人员行使职权的行为进行监督和评价，对违反法律法规以及公司章程或者股东会决定的董事、高级管理人员等公司领导人员提出惩处和罢免的建议；

（六）当董事、高级管理人员等公司领导人员的行为损害公司的利益时，要求其予以纠正；

（七）提请召开董事会会议；

（八）向股东会报告其认为股东会有必要知晓的事项；

（九）指导子公司监事会工作，建立和形成监督管理的工作网络；

（十）法律法规及公司章程规定的其他事项。

监事可以列席股东会、董事会和与公司经营工作相关的专题会议，并对会议决议事项提出质询或者建议。

监事会发现公司经营情况异常，可以进行调查并在必要时聘请会计、法律专业中介机构协助其工作。监事会行使职权所必需的费用，由公司承担。

第【×】条 ［监事会的知情权］

监事会在行使职权时，可以进行必要的调查工作，除有权向财政、工商、税务、审计、海关等有关部门和银行、重要客户调查了解公司的情况外，有权要求董事会、总经理及其他高级管理人员、公司业务部门向其提供必要的资料，董事会、总经理及其他高级管理人员、公司业务部门必须配合监事会工作，按照监事会的要求及时提供真实、充分的资料。除总经理外的其他高级管理人员或公司业务部门不予以配合的，监事会有权要求总经理责令其配合；总经理不予以配合的，监事会有权要求董事会责令其配合；董事会不予以配合的，监事会有权将有关情况提交股东会。

第【×】条［监事会汇报制度］

监事会就其行使职权情况向股东会以书面方式汇报。汇报包括：

（一）监事会需每季度分析公司的大额资金运作、对外投融资、担保、资产重组、企业改制及产权转让等重大事项，各项内控制度的执行情况以及公司领导人员经营行为的合法性、合规性情况，揭示问题，提出建议，并向出资人提交季度监督分析报告；

（二）监事会需每年向出资人提交监事会工作报告，该报告应详细说明监事会在当年度的具体工作情况以及对公司董事会工作的监督评价情况；

（三）对公司重大事项形成的董事会决议，监事会应依据股东会要求提交相关书面报告；

（四）监事会在监督检查或行使职权过程中发现公司经营行为有可能危及公司或股东权益以及监事会认为应当立即报告的其他紧急情况，应及时向全体股东发出专项报告，实行一事一报制度。

（五）法律法规及公司章程规定需监事会书面汇报的其他事项。

第【×】条［不得怠于行使职权或滥用职权］

公司内设机构及其人员，包括但不限于董事会成员、监事会成员及高级管理人员，应在公司章程规定的职权范围内行事，不得怠于行使职权或滥用职权。

公司内设机构的相关人员滥用职权所发生的费用，包括但不限于差旅费、住宿费，由该个人承担，公司不予报销。

由于公司内设机构的相关人员发生怠于行使职权或滥用职权的行为，造成公司经济损失的，由该个人向公司承担全额赔偿责任，赔偿责任范围由公司经济损失及额外费用组成，额外费用包括但不限于律师费、诉讼费、仲裁费、鉴定费、公告费、公证费、执行费。

【设计指引】

设计监事会会议相关条款参照董事会会议相关条款。

典型案例

案例：公司股东侵害公司利益时监事可代表公司向人民法院提起诉讼

原告 A 公司诉求：1. 被告乙向原告 A 公司返还人民币 448.5 万元；2. 被告

乙赔偿利息损失（以448.5万元为基数，按银行同期贷款利率计算）；3.被告乙承担诉讼费。原告A公司诉称：原告A公司于2014年1月23日设立，甲与被告乙各出资50万元，甲担任监事，被告乙担任执行董事、法定代表人。2014年4月22日，原告A公司的注册资本变更为1000万元，甲与被告乙各出资500万元。2015年8月15日，被告乙与案外人周某某签订股权转让协议，将其持有的原告A公司股份全部转让给周某某，2015年9月9日，原告A公司的股东经工商部门变更登记为甲和周某某。被告乙在担任原告A公司执行董事期间，于2014年4月23日、同年5月23日、同年5月29日共计向原告A公司借款288.5万元，用于其个人购买画作，另于2015年1月20日未办理任何手续从原告A公司账户转出160万元至其个人账户。被告乙作为公司高级管理人员，违反对公司的义务，对公司造成了损失。

被告乙辩称：不认可原告A公司的主体资格，甲只是挂名股东，原告A公司现法定代表人对本案诉讼并不清楚，原告A公司的起诉不妥当。原告A公司诉称的款项存在两种性质，不应在一案中处理。2015年1月20日的160万元的款项，系被告乙的借款，基于被告乙和周某某之间股权转让的交易安全，才由被告乙掌控，在股权转让款收到后，被告乙会将160万元转回公司。原告A公司提及的用于购买画作的款项中的280万元，系公司另一实际股东丙经手购买三幅作者为任重的画作，并非被告乙购买，三幅画作由丙从公司领出，并保存在被告乙处，可以向原告A公司归还。原告A公司提及的购买画作中的另8.5万元，被告乙不清楚，且被告乙除了前述三幅画作，并未占有原告A公司的其他画作。

原告A公司系有限责任公司，设立时甲和被告乙系股东，2013年12月30日，原告A公司形成股东会决议，选举被告乙为执行董事、法定代表人、经理，选举甲为监事。2015年8月15日，被告乙与周某某签订股权转让协议，约定被告乙将其持有的原告A公司股份转让给周某某。嗣后，原告A公司就股权转让赴工商部门进行变更登记，且原告A公司法定代表人变更为周某某。2015年1月20日，被告乙将原告A公司账户内160万元划入被告乙本人账户。

审理中，周某某向本院表示，甲代表原告A公司起诉符合公司利益，其表示赞同，其在2015年9月才接管公司，对于之前的情况并不清楚。2016年12月26日，被告乙将其保管的三幅画作（即原告A公司诉称中以280万元购入的三幅任重画作）交付给原告A公司，甲代表原告A公司接收。之后，原告A公司变更诉讼请求，要求被告乙返还160万元并赔偿440万元对应的利息。

最终法院判决被告乙向原告A公司返还160万元。

【律师剖析】

他人侵犯公司合法利益，公司股东可以请求监事代表公司向人民法院提起诉讼。本案中，甲系原告股东、监事，在被告乙侵犯原告利益时，有权代表原告起诉。况且，原告法定代表人周某某也已到庭表示赞同甲代表原告的起诉，因此，被告乙对于原告诉讼主体资格的辩称，缺乏依据。被告乙于2015年1月20日划走原告的160万元，并未履行任何手续，其作为原告当时的执行董事和经理，被告乙的此等行为显然属于高级管理人员损害公司利益，原告要求被告乙返还160万元于法有据。值得注意的是，监事在此案中的诉讼地位是公司的代表人，非代理人。

第七章　董事、监事及高级管理人员的资格、义务及法律责任

董事、监事及高级管理人员是公司能否正常管理、运营的核心要素，董事、监事及高级管理人员在公司组织架构以及公司运营过程中起着非常重要的作用，对公司的企业文化及生死存亡都有重要影响，更是关系到股东等相关利益者的权益。在市场经济中，各类公司千差万别，无法通过一部《公司法》等法律法规来规范公司的董事、监事和高级管理人员的所有行为，因此，作为公司内部治理的纲领性文件的公司章程，就成了实务中得以对不同公司董事、监事和高级管理人员的行为进行规制的重要依据。公司个性化地规范公司的董事、监事和高级管理人员行为应更多地体现在公司章程之中，通过章程的制度设计，对董事、监事、在经营中的职责、权限予以规范化、明细化。尤其对于可能产生董事、高级管理人员利益输送的交易行为通过章程规定予以事先的风险防范，如章程可规定对于一定金额以上的关联交易应向股东会披露，或经股东会同意；又如章程可规定董事、高级管理人员的竞业禁止范围及违反竞业禁止义务应承担的责任。

章程还可以填充法律规定的疏漏或模糊地带，如对于董事、高管另设公司与任职公司进行交易的行为，章程可以事先规定如果该类交易未经股东会同意，则公司可以要求该董事、高管返还基于该交易所获得的收入。这样，在公司事后就此类交易主张归入权的时候就有了契约依据。

各个公司可根据各自的实际情况对董事、监事及高级管理人员的资格、义务及法律责任作出个性化的设计与规定，以确保公司能选任到合适的人担任公司董事、监事以及高级管理人员，确保其忠实勤勉地履行职责，有效防范其损害公司利益。一旦发现董事、监事、高级管理人员损害公司利益，公司也能对损害公司利益的董事、监事、高级管理人员进行有效追责，从而确保并促使其在履行职责时以公司的利益为最高准则。

而且《公司法司法解释五》第3条规定了股东会或者股东大会对于董事的无因解除权，进一步明确了董事的“代理人”身份，这对于公司董事制度、《公司法》与《劳动法》的对接都具有重大的意义。

第一节　任职资格

一、董事、监事及高级管理人员的任职条件

董事（Director）是指经公司股东大会选举程序产生并担任董事职务的自然人，一般分为执行董事（Executive director）和非执行董事（Non-Executive director）。执行董事，是指由公司股东会选举产生的具有实际权力和权威的管理公司事务的人员，是公司内部治理的主要力量，对内管理公司事务，对外代表公司进行经济活动。非执行董事，又称为非常务董事，主要指那些不参与公司日常的经营管理，但参与董事会会议的董事，是董事的一种，也是董事会的成员之一。非执行董事并不在公司经理层担任日常职务，仅在董事会中对执行董事起着独立第三者监督、检查和平衡的作用，从而维护公众利益及少数股东权益。非执行董事还可以分为独立董事和非独立董事，其中独立董事是指跟公司没有任何关系的，可以独立发表自己的观点，对公司的董事会决策包括一些重大问题独立发表意见的非执行董事。《公司法》对董事没有进行分类，但在不同的法律条款中提及了执行董事和独立董事，并对执行董事和独立董事适用的情形作出了规定：其中执行董事适用于公司规模小、组织结构简单，不设董事会的有限责任公司；独立董事大多适用于上市公司，目前我国的上市公司普遍都设立了独立董事。

监事（supervisor），在我国由股东代表和公司职工代表担任，股东代表担任的监事是指经公司股东大会选举程序产生并担任监事职务的自然人，公司职工代表担任的监事是通过职工（代表）大会或其他民主形式民主选举产生的自然人。监事负责监察公司的财务情况，公司高级管理人员的职务执行情况，以及其他由公司章程规定的监察职责。监事不得兼任董事、高级管理人员。

高级管理人员是指公司的经理、副经理、财务负责人、上市公司董事会秘书和公司章程规定的其他人员。

由于每一个董事、监事及高级管理人员在公司组织架构以及公司运营过程中都起着非常重要的作用，因此公司法对董事、监事及高级管理人员任职条件作了规定，以确保公司能选任到合适的董事、监事以及高级管理人员。我国《公司法》第146条第1款采取了排除法从反面对一般企业的董事、监事及高级管理人员的任职要求作出了规定，有下列情形之一的，不得担任公司的董事、监事、高级管理人员：（1）无民事行为能力或者限制民事行为能力；（2）因犯有贪污、贿赂、侵占财产、挪用财产或者破坏社会主义市场经济秩序，被判处刑罚，执行期满未逾5年，或者因犯罪被剥夺政治权利，执行期满未逾5年；（3）担任破产清算的公司、企业的董事或者厂长、经理，对该公司、企业的破产负有个人责任的，自该公司、企业破产清算完结之日起未逾3年；（4）担任因违法被吊销营业执照、责令关闭的公司、企业的法定代表人，并负有个人责任的，自该公司、企业被吊销营业执照之日起未逾3年；（5）个人所负数额较大的债务到期未清偿。另外，董事、监事以及高级管理人员如果在任职期间出现上述情形的，公司应当解除其职务。

此外，《关于在上市公司建立独立董事制度的指导意见》对于上市公司独立董事任职条件，也作了特别规定，独立董事应当具备与其行使职权相适应以及符合法律法规、规章的任职条件有：

1. 根据法律、行政法规及其他有关规定，具备担任公司董事的资格；

2. 具有独立性；

3. 具备上市公司运作的基本知识，熟悉相关法律、行政法规、规章及规则；

4. 具有5年以上法律、经济或者其他履行独立董事职责所必需的工作经验；

5. 取得中国证监会或者深圳证券交易所或上海证券交易所认可的独立董事资格证书；

6.《公司章程》规定的其他条件。

我国相关法律法规、规章对上市公司董事会秘书应当具备的任职资格也作了相应规定，比如：

1.《深圳证券交易所创业板股票上市规则》（2014年修正）

董事会秘书应当具备履行职责所必需的财务、管理、法律专业知识，具有良好的职业道德和个人品德，并取得深圳证券交易所颁发的董事会秘书资格证书。有下列情形之一的人士不得担任上市公司董事会秘书：

（1）有《公司法》第146条规定情形之一的；

（2）被中国证监会采取证券市场禁入措施，期限尚未届满；

（3）最近3年受到证券交易所公开谴责或者3次以上通报批评的；

（4）本公司现任监事；

（5）深圳证券交易所认定不适合担任董事会秘书的其他情形。

2.《深圳证券交易所创业板规范运作指引》（2015年修正）

董事会秘书应当具备履行职责所必需的财务、管理、法律专业知识，具有良好的职业道德和个人品德，并取得本所颁发的董事会秘书资格证书。有下列情形之一的人士不得担任上市公司董事会秘书：

（1）有《公司法》第146条规定情形之一的；

（2）自受到中国证监会最近一次行政处罚未满3年的；

（3）最近3年受到证券交易所公开谴责或者3次以上通报批评的；

（4）本公司现任监事；

（5）深交所认定不适合担任董事会秘书的其他情形。

可见，上市公司董事会秘书的任职也是有严格资格条件的，公司可以在公司章程中对公司董事会秘书的任职资格作出相应规定。

根据《公司法》的相关规定，监事的任职资格须符合以下规定：

（1）国有独资公司监事会成员不得少于五人，其中职工代表的比例不得低于三分之一，具体比例由公司章程规定。

（2）董事、高级管理人员不得兼任监事。

（3）有下列情形之一的，不得担任公司的监事：①无民事行为能力或者限制民事行为能力；②因贪污、贿赂、侵占财产、挪用财产或者破坏社会主义市场经济秩序，被判处刑罚，执行期满未逾5年，或者因犯罪被剥夺政治权利，执行期满未逾5年；③担任破产清算的公司、企业的董事或者厂长、经理，对该公司、企业的破产负有个人责任的，自该公司、企业破产清算完结之日起未逾3年；④担任因违法被吊销营业执照、责令关闭的公司、企业的法定代表人，并负有个人责任的，自该公司、企业被吊销营业执照之日起未逾3年；⑤个人所负数额较大的债务到期未清偿。公司违反前款规定选举、委派监事的，该选举、委派无效。

条款设计示例

第【×】条　根据《公司法》以及相关法律、法规及规章的规定，有下列情形之一的，不得担任公司的董事、监事、高级管理人员：

（一）无民事行为能力或者限制民事行为能力；

（二）因贪污、贿赂、侵占财产、挪用财产或者破坏社会主义市场经济秩序，被判处刑罚，执行期满未逾5年，或者因犯罪被剥夺政治权利，执行期满未逾5年；

（三）担任破产清算的公司、企业的董事或者厂长、经理，对该公司、企业的破产负有个人责任的，自该公司、企业破产清算完结之日起未逾3年；

（四）担任因违法被吊销营业执照、责令关闭的公司、企业的法定代表人，并负有个人责任的，自该公司、企业被吊销营业执照之日起未逾3年；

（五）个人所负数额较大的债务到期未清偿；

（六）非自然人；

（七）法律、行政法规、部门规章规定的其他不得担任的情形。

公司违反前款规定选举、委派董事、监事或者聘任高级管理人员的，该选举、委派或者聘任无效。

第【×】条 公司经理、副经理、财务负责人、董事会秘书以及【职务名称】为公司高级管理人员。

【注释】上述条款中的【职务名称】的具体内容，各公司可根据各公司情况作出具体规定，比如可规定公司的技术负责人、运营负责人等为公司高级管理人员。

【设计指引】

1. 公司的董事、监事以及高级管理人员，根据其行使职权的要求，除应当符合相关法律、法规以及规章的规定外，还必须为自然人。

2. 由于公司对于高级管理人员的职权等与一般职工有不同规定，因此需要对高级管理人员的范围做出明确界定。

典型案例

案例：高管缺乏任职资格的准入条件，工商登记部门无法为其办理公司董事变更登记手续[①]

原告钱某拟被聘为被告某基金公司高管，但其个人却负有1900万元债务且被列为失信被执行人，被告到工商行政管理局办理董事变更的过程中，工

① 中国裁判文书网，http://wenshu.court.gov.cn。

商行政管理部门以被告是最高人民法院发布的失信被执行人，不得担任公司法定代表人、董事、监事、高级管理人员为由，不能为其办理公司董事变更登记手续，要求被告更换符合法律规定的董事，据此公司认为钱某负有高额债务没有清偿，并被最高人民法院列为失信被执行人，与《公司法》《证券投资基金法》等法律关于高管及从业人员的强制性规定不符，解除了与钱某之间的劳动关系。钱某认为公司的行为构成违法解除，故诉至法院。

法院审理后认为，钱某系公司高级管理人员，不仅所负债务数额较大到期未清偿，被列入失信被执行人，且不具备基金从业人员资格，因此公司认定钱某为缺乏基金公司高级管理人员任职资格的准入条件，影响劳动合同的继续履行，进而解除劳动合同，并无不当。至于公司聘任钱某过程中存在一定的失察行为及钱某并未主动告知大额负债等影响任职资格情况，并不能否定公司的解除行为合法有效。故钱某以公司违法解除劳动合同要求恢复劳动关系，缺乏事实和法律依据，法院依法不予支持。

【律师剖析】

在本案中，钱某因所负债务数额较大到期未清偿，被列入失信被执行人，工商行政管理部门不给予其高管任职登记备案，实际上也就是否认了其拟被聘为基金公司高管的合法性和有效性，法院审理后的判决也认为，钱某因所负债务数额较大到期未清偿，被列入失信被执行人，且不具备基金从业人员资格，缺乏基金公司高级管理人员任职资格的准入条件，不能担任公司高管。同时，《公司法》第 146 条第 1 款规定，公司高级管理人员，其不得负有数额较大的到期未清偿的个人债务，且若公司违反该规定聘任负有数额较大的到期未清偿个人债务的高级管理人员的，该聘任无效。因此，公司与钱某解除劳动关系的行为并无不当。

实务问题

如何确保董事、监事以及高级管理人员符合任职要求

公司高级管理人员是公司重要的管理人员，对于公司的经营管理和业绩效益负有重要的责任，因此，对于应当符合《公司法》等法律法规关于公司高级管理人员的任职条件的规定，公司可以根据具体情况，在公司章程中明确界定公司高级管理人员的范围。公司章程中明确高级管理人员的范围有利于增强公司高级管理人员积极性、责任意识，有利于确定公司的责任主体。

实务中，我们常常遇到公司章程中规定的董事、监事及高级管理人员任职条件不符合上述规定，一方面这类公司章程往往不能得到正常备案，另一方面也给公司今后的正常运营埋下风险隐患。因此，在选举、委派或者聘任公司董事、监事以及高级管理人员时，公司应当根据相关法律、法规以及公司章程的规定，对相关人员的任职条件做出严格审查，并且要求相关人员提供与任职资格相关的证明，并对上述证明的真实性负责。

二、董事、监事及高级管理人员的任职限制

由于高级管理人员对于公司的经营管理和业绩效益负有重要的责任，公司法对他们的任职资格有较为严格的限制性条件。我国《公司法》第146条第1款对一般企业董事、监事及高级管理人员的任职限制作出了规定，适用于有限责任公司和股份有限公司的董事、监事和高级管理人员。董事、监事及高级管理人员如果在任职期间出现《公司法》第146条第1款情形的，公司应当解除其职务。公司委派、选举或者聘任董事、监事及高级管理人员，均应遵守《公司法》第146条第1款规定。如果公司未按上述规定委派、选举或者聘任董事、监事及高级管理人员，则该委派行为、选举行为和聘任行为无效。

对于上市公司的董事、监事、高级管理人员的任职限制，各证券交易所对各自在其挂牌的上市公司也有特别规制和要求，如《深圳证券交易所创业板股票上市规则》（2014年修正）规定：没有违反法律、行政法规受到刑事处罚或者行政处罚；没有违反证券交易所业务规则或者其他相关规定受到证券交易所处分；没有因涉嫌违反证券法律、行政法规正受到中国证监会的调查；没有被交易所公开认定其不适合担任上市公司董事、监事、高级管理人员的情形。《深圳证券交易所创业板规范运作指引》（2015年修正）规定：董事、监事、高级管理人员候选人除应符合《公司法》的相关规定外，还不得存在下列情形：（1）最近3年内受到中国证监会行政处罚；（2）最近3年内受到证券交易所公开谴责或3次以上通报批评；（3）被中国证监会宣布为市场禁入者且尚在禁入期；（4）被证券交易所公开认定为不适合担任上市公司董事、监事和高级管理人员；（5）无法确保在任职期间投入足够的时间和精力于公司事务，切实履行董事、监事、高级管理人员应履行的各项职责；（6）上市公司董事会中兼任公司高级管理人员以及由职工代表担任的董事人数总计不得超过公司董事总数

的二分之一;（7）最近 2 年内曾担任过公司董事或者高级管理人员的监事人数不得超过公司监事总数的二分之一;（8）公司董事、高级管理人员及其配偶和直系亲属在公司董事、高级管理人员任职期间不得担任公司监事。

《关于规范中管干部辞去公职或者退（离）休后担任上市公司、基金管理公司独立董事、独立监事的通知》（中纪发〔2008〕22 号）对离职中管干部担任公司的董事、监事、高级管理人员的任职还特别作了一些特殊性要求和限制性规定：

1. 中管干部辞去公职或者退（离）休后，因其原有职权或者地位在一定时间内仍有较大影响，对其担任上市公司、基金管理公司独立董事、独立监事的行为必须严格限制。

2. 中管干部辞去公职或者退（离）休后 3 年内，不得到与本人原工作业务直接相关的上市公司、基金管理公司担任独立董事、独立监事，不得从事与本人原工作业务直接相关的营利性活动。中管干部辞去公职或者退（离）休后可以到与本人原工作业务不直接相关的上市公司、基金管理公司担任独立董事、独立监事。

3. 中管干部辞去公职或者退（离）休后 3 年内按照规定担任上市公司、基金管理公司独立董事、独立监事的，必须由拟聘任独立董事、独立监事的公司征得该干部原所在单位党组（党委）同意，并由该干部原所在单位党组（党委）征求中央纪委、中央组织部意见后，再由拟聘任独立董事、独立监事的公司正式任命。中管干部辞去公职或者退（离）休 3 年后担任上市公司、基金管理公司独立董事、独立监事的，应由本人向其所在单位党组（党委）报告，并由其所在单位党组（党委）向中央组织部备案，同时抄报中央纪委。

4. 中管干部辞去公职后担任上市公司、基金管理公司独立董事、独立监事的，可以领取相应报酬，具体数额应当由其所在的上市公司、基金管理公司董事会制订预案，股东大会审议通过，并在公司年报中进行披露。

5. 中管干部退（离）休后担任上市公司、基金管理公司独立董事、独立监事的，不得领取报酬、津贴和获取其他额外利益。所在的上市公司、基金管理公司可按照有关规定，报销其工作费用。

6. 中管干部辞去公职或者退（离）休后 3 年内，已担任与本人原工作业务直接相关的上市公司、基金管理公司独立董事、独立监事的，应辞去所担任的独立董事、独立监事。中管干部辞去公职或者退（离）休后 3 年内现已担任与本人原工作业务不直接相关的上市公司、基金管理公司独立董事、独立监事，但未履行本通知规定程序的，要抓紧履行相应程序。

另外，在我国一些特殊行业或企业，有关业务部门对担任公司的董事、监事、高级管理人员的任职作出了特殊要求和限制，如对担任国有企业的董事、监事、高级管理人员的任职限制，我国《企业国有资产法》规定，履行出资人职责的机构任命或建议任命的董事、监事、高级管理人员应当具备以下条件：（一）有良好的品行；（二）符合职位要求的专业知识和工作能力；（三）有正常履行职责的身体条件；（四）符合法律、法规规定的其他条件。中国保监会令 2010 年第 2 号《保险公司董事、监事和高级管理人员任职管理规定》、中国证监会令 2006 年第 39 号《证券公司董事、监事和高级管理人员任职监管办法》、中国证监会令第 47 号《期货公司董事、监事和高级管理人员任职管理办法》、中国银监会令 2010 年第 6 号《融资性担保公司董事、监事和高级管理人员任职管理暂行办法》等也对有关行业的企业的董事、监事和高级管理人员任职作出了特殊要求和限制。

条款设计示例[①]

第【×】条 董事、监事、高级管理人员除应符合《公司法》的相关规定外，还不得存在下列情形：

（1）最近 3 年内受到中国证监会行政处罚的；

（2）最近 3 年内受到证券交易所公开谴责或 3 次以上通报批评的；

（3）被中国证监会宣布为市场禁入者且尚在禁入期的；

（4）被证券交易所公开认定为不适合担任上市公司董事、监事和高级管理人员的；

（5）无法确保在任职期间投入足够的时间和精力于公司事务，切实履行董事、监事、高级管理人员应履行的各项职责的；

（6）上市公司董事会中兼任公司高级管理人员以及由职工代表担任的董事人数总计超过公司董事总数的二分之一的；

（7）最近 2 年内曾担任过公司董事或者高级管理人员的监事人数超过公司监事总数的二分之一的；

（8）公司董事、高级管理人员及其配偶和直系亲属在公司董事、高级管理人员任职期间担任公司监事的；

---

① 以上市公司为例。

（9）违反法律、行政法规受到刑事处罚或者行政处罚的；

（10）违反证券交易所业务规则或者其他相关规定受到证券交易所处分的；

（11）因涉嫌违反证券法律、行政法规正受到中国证监会的调查的；

（12）被交易所公开认定其不适合担任上市公司董事、监事、高级管理人员的情形的；

（13）没有良好的品行的；

（14）不符合职位要求的专业知识和工作能力的；

（15）没有正常履行职责的身体条件的；

（16）不符合法律、法规规定的其他条件的。

【设计指引】

公司的董事、监事以及高级管理人员除应当符合《公司法》的相关规定外，其他法律、法规对其也作了相应规定。为了防止在办理后续手续如工商登记手续时出现不得登记的情形，公司章程应当尽可能详细地对董事、监事以及高级管理人员的任职限制作出规定。公司章程中关于董事、监事以及高级管理人员的任职资格，应当根据公司不同的性质和实际情况进行规定。

三、外部董事的任职限制

外部董事（Outside Director）是相对于内部董事（Inside Director）而言的，是指内部以外的董事，非本公司职员的董事，包括独立董事和灰色董事。所谓灰色董事，是那些除了董事关系外与公司还有其他联系的，很难做到独立判断的外部董事。独立董事（Independent Director）指独立于公司股东且不在公司内部任职，并与公司或公司经营管理者没有重要的业务或专业联系，能够对公司事务作出独立判断的董事。

公司的外部董事一般都是独立董事。由于独立董事对强化董事会作用、监督和制衡经理层、防范内部人控制、改进企业管理等方面具有十分重要的作用，因此，独立董事制已经广泛推行到现代企业中，《公司法》《关于在上市公司建立独立董事制度的指导意见》《公务员法》《深圳证券交易所独立董事备案办法（2011 年修订）》《深圳证券交易所独立董事备案办法（2011 年修订）》《关于规范财政部工作人员在企业兼职行为的暂行办法》《关于加强高等学校反腐倡廉建设的意见》《党员干部廉洁从政若干准则》等法律、行政法规、部门规章均对公司外部的董事的任职作了限制性规定。总结来说，外部董事的任职限制有：

（一）公司外部董事候选人应符合《公司法》关于董事任职资格的规定；

（二）公司外部董事候选人应符合《公务员法》关于公务员兼任职务的规定（如适用）；

（三）公司外部董事候选人应符合《关于在上市公司建立独立董事制度的指导意见》中关于独立董事任职资格、条件和要求的规定；

（四）公司外部董事候选人应符合上海证券交易所的业务规则、细则、指引、办法、通知等关于董事、独立董事任职资格、条件和要求的规定（适用于在上海证券交易所挂牌的上市公司）；

（五）公司外部董事候选人应符合深圳证券交易所的业务规则、细则、指引、办法、通知等关于董事、独立董事任职资格、条件和要求的规定（适用于在深圳证券交易所挂牌的上市公司）；

（六）公司外部董事候选人应符合《关于规范中管干部辞去公职或者退（离）休后担任上市公司、基金管理公司独立董事、独立监事的通知》关于中管干部辞去公职或者退（离）休后担任公司外部的董事的任职限制性规定；

（七）党的机关、人大机关、行政机关、政协机关、审判机关、检察机关中县（处）级以上党员领导干部；人民团体、事业单位中相当于县（处）级以上党员领导干部离职或者退休后 3 年内，不得任职原任职务管辖的地区和业务范围内的民营企业、外商投资企业和中介机构的外部董事；

（八）其他法律、行政法规、部门规章和规范性文件有关董事、独立董事任职资格、条件和要求的规定。

条款设计示例①

第【×】条 独立董事必须具有独立性，下列情形的人员不得被提名为该公司独立董事候选人：

1. 在公司或者其附属企业任职的人员及其直系亲属，主要社会关系（直系亲属是指配偶、父母、子女等；主要社会关系是指兄弟姐妹、岳父母、儿媳女婿、兄弟姐妹的配偶、配偶的兄弟姐妹等）；

---

① 以上市公司为例。

2. 直接或间接持有公司已发行股份1%以上或者是公司前十名股东中的自然人股东及其直系亲属；

3. 在直接或间接持有公司发行股份5%以上的股东单位或者在公司前五名股东单位任职的人员及其直系亲属；

4. 在公司控股股东、实际控制人及其附属企业任职的人员及其直系亲属；

5. 为公司及其控股股东或者其各自附属企业提供财务、法律、咨询等服务的人员，包括但不限于提供服务的中介机构的项目组全体人员、各级复核人员、在报告上签字的人员、合伙人及主要负责人；或2年内曾与拟任职公司有直接商业交往的；

6. 在与公司及其控股股东、实际控制人或者其各自的附属企业有重大业务往来的单位任职的，或者在有重大业务往来单位的控股股东单位任职的；

7. 最近1年内曾经具有前六项所列举情形的人员；

8. 被中国证监会采取证券市场禁入措施，且仍处于禁入期的；

9. 被证券交易所公开认定不适合担任上市公司董事、监事和高级管理人员的；

10. 最近3年内受到中国证监会处罚的；

11. 最近3年内受到证券交易所公开谴责或3次以上通报批评的；

12. 自在公司连续任职独立董事已满6年之日起1年内的；

13. 在与拟任职公司有竞争或潜在竞争关系的企业任职的；

14. 法律、法规及公司章程规定的其他人员；

15. 中国证监会、深圳证券交易所认定的其他人员；

16. 其他不能或不适宜担任独立董事的人员。

第【×】条 担任外部董事应具备下列基本条件：

（一）具有较高的政治素质和较强的股东产权代表意识，能够忠实地维护公司资产的合法权益；

（二）具有良好的职业素养，遵纪守法，诚信勤勉，团结协作，廉洁从业，职业信誉好；

（三）具有履行岗位职责所必需的专业知识，熟悉国家宏观经济政策及相关法律法规，熟悉国内外市场和相关行业情况；

（四）一般应具有10年以上企业经营管理或相关工作经验，或具有战略管理、资本运营、人力资源、法律等某一方面的专长，并取得良好工作业绩；

（五）具有较强的判断决策能力、风险管理能力、识人用人能力和开拓创新能力；

（六）一般具有大学本科及以上学历或相关专业高级职称；

（七）具有良好的心理素质，身体健康；

（八）符合企业领导人员任职回避、公务回避有关规定；

（九）《公司法》、公司章程和有关文件规定的其他条件。

第【×】条 担任兼职外部董事的，其本人工作单位或上一级主管单位应出具同意其兼任外部董事的有效文件。

【设计指引】

1. 独立性是独立董事任职所须满足的最根本的要求，因此，公司章程中需对独立董事的独立性作出明确规定。

2. 外部董事是指非本公司职员的董事，相较于内部董事而言更加不便于公司进行管理。为了便于对外部董事进行管理，公司章程中需明确列出外部董事的任职要求，对其任职提出限制条件。

3. 为了避免可能产生的争议，兼职外部董事需提供其工作单位或上一级主管单位同意其兼任兼职外部董事的有效文件。

典型案例

案例：独立董事出现不符任职条件的情形须辞职[①]

王某成曾因是中国农业大学工学院副院长，出现不符合任职独立董事条件的情形，于2015年3月20日辞去了中工国际独立董事职务。几个月后，中工国际在2015年12月2日发布公告称，提名王某成为第五届董事会独立董事候选人。因为王某成已不再担任中国农业大学工学院副院长，以中国农业大学工学院教授身份重新担任中工国际独立董事，中工国际认为王某成职务变动，担任独立董事已不违反相关规定。

【律师剖析】

高校属于事业单位，高校的校领导大多数是厅级，也有少部分是部级，党群行政部门和院系的负责人则基本均为处级，一般都属于规范兼职的范畴。根据中组部文件精神，现职和不担任现职但未办理退休手续的党政领导干部

---

① 黄伟：《独董归位，教授还要以治学为重》，载《新华日报》2015年12月。

不得在企业兼职，按规定经批准在企业兼职的党政领导干部不得在企业领取薪酬、奖金。因此，高校学者面对担任领导干部和在企业兼职，只能二选一。

实务问题

公司聘请不符合兼职限制的领导干部担任公司董事、监事、高级管理人员时，一般如何处理

党的机关、人大机关、行政机关、政协机关、审判机关、检察机关中县（处）级以上党员领导干部以及事业单位中相当于县（处）级以上党员领导干部离职或者退休后，原任职务管辖的地区和业务范围内的民营企业、外商投资企业和中介机构往往因看重领导干部的能力和懂业务、懂行业，但更多的是看重领导干部在原任职期间建立的社会关系，高薪聘请领导干部到其公司担任董事、监事或者高级管理人员。

实务中一些公司因不知董事、监事及高级管理人员的任职条件而违法聘请了不符合规定的董事、监事及高级管理人员，也有一些公司因不知董事、监事及高级管理人员的任职限制而违法聘请了限制担任公司的董事、监事、高级管理人员的党员领导，给公司的正常运营带来隐患和不必要的麻烦，另外相关的领导干部由于违反任职限制也有可能会受到处罚。如《公务员法》第 107 条规定：公务员辞去公职或者退休的，原系领导成员的公务员在离职三年内，其他公务员在离职两年内，不得到与原工作业务直接相关的企业或者其他营利性组织任职，不得从事与原工作业务直接相关的营利性活动。公务员辞去公职或者退休后有违反前款规定行为的，由其原所在机关的同级公务员主管部门责令限期改正；逾期不改正的，由县级以上工商行政管理部门没收该人员从业期间的违法所得，责令接收单位将该人员予以清退，并根据情节轻重，对接收单位处以被处罚人员违法所得一倍以上五倍以下的罚款。

因此，建议公司在聘请前述党员领导担任公司董事、监事、高级管理人员时，应当严格按照相关法律、法规以及规章的规定，在公司章程中对相关任职限制作出详细规定，并对相关人员的任职资格做出审查，以避免不必要的法律风险。公司聘请不符合兼职限制的领导干部担任公司董事、监事、高级管理人员时，一般要求相关领导干部在领导干部职务与兼职职务中进行选择。

第二节 忠实勤勉义务

一、忠实义务和诚信原则

虽然我国公司法没有对公司的董事、监事和高级管理人员的“忠实义务”和“诚信原则”作出明确的界定，但公司的董事、监事和高级管理人员应当遵守“忠实义务”却有明文规定，《公司法》第 147 条第 1 款规定“董事、监事、高级管理人员应当遵守法律、行政法规和公司章程，对公司负有忠实义务和勤勉义务”。从该法律条文来看，公司的董事、监事和高级管理人员对公司承担忠实义务。

忠实义务是公司的权力行使者作为诚信义务人必须在行使其职权的时候，善意地从事行为，并出于对公司利益的考虑，而不是仅仅促进其自己或者其他人的利益。[①] 是公司的董事、监事以及高级管理人员在执行公司业务时所承担的以公司利益作为自己行为和行动的最高准则，不得追求自己和他人利益的义务。

诚信原则是民商事法律领域的基本原则，虽然《公司法》对于公司的董事、监事和高级管理人员的诚信原则没有作出明确规定，但它是一种法定的、默示的、附随的义务，即使法律没有明确规定也不能免除。它要求董事应当在强行法律规范与公序良俗允许的范围内，忠诚于公司的利益，始终以最大限度地实现和保护公司利益作为自己执行董事职务的标准，全心全意为公司（最终为公司的利益相关者）服务。诚信原则具有对忠实义务和勤勉义务的补充功能，它要求公司的董事、监事和高级管理人员要做到以下方面：1. 不能故意或放任公司违法；2. 应依法如实坦诚告知相关信息；3. 不得滥用职权；4. 不能持续性失职。

目前，虽然《公司法》尚未明确规定公司董事、监事以及高级管理人员负有诚信义务，但是我国其他相关政策与规范性文件已确认公司的董事、监事和高级管理人员的诚信义务和诚信原则，如国务院证券委员会、国家体改委共同制定的《到境外上市公司章程必备条款》第 116 条规定“公

① 邓峰：《普通公司法》，中国人民大学出版社2009年版，第460页。

司董事、监事、经理和其他高级管理人员在履行职责时，必须遵守诚信原则，不应当置自己于自身的利益与承担的义务可能发生冲突的处境……”第 118 条规定“公司董事、监事、经理和其他高级管理人员所负的诚信义务不一定因其任期结束而终止，其对公司商业秘密保密的义务在其任期结束后仍有效。其他义务的持续期应当根据公平的原则决定，取决于事件发生时与离任之间时间的长短，以及与公司的关系在何种情况和条件下结束。”

条款设计示例

第【×】条 公司的董事、监事和高级管理人员应当遵守法律、行政法规和本章程的规定，对公司负有下列忠实义务：

（一）不得利用职权收受贿赂或者其他非法收入，不得侵占公司的财产；

（二）不得挪用公司资金；

（三）不得将公司资产或者资金以其个人名义或者其他个人名义开立账户存储；

（四）不得违反本章程的规定，未经股东大会或董事会同意，将公司资金借贷给他人或者以公司财产为他人提供担保；

（五）不得违反本章程的规定或未经股东大会同意，与本公司订立合同或者进行交易；

（六）未经股东大会同意，不得利用职务便利，为自己或他人谋取本应属于公司的商业机会，自营或者为他人经营与本公司同类的业务；

（七）不得接受与公司交易的佣金归为己有；

（八）不得擅自披露公司秘密；

（九）不得利用其关联关系损害公司利益；

（十）未经股东大会同意，不得在与所任职公司没有投资关系的同行业的其他公司兼任职；

（十一）法律、行政法规、部门规章及本章程规定的其他忠实义务。

公司的董事、监事和高级管理人员违反本条规定所得的收入，应当归公司所有；给公司造成损失的，应当承担赔偿责任。

【注释】除以上各项义务要求外，公司可以根据具体情况，在章程中增加对本公司董事其他义务的要求。

【设计指引】

《公司法》虽然没有对董事、监事以及高级管理人员应当遵守的忠实义务和诚信原则作出规定，但是从相关法律条文的设计来看，忠实义务和诚信原则是董事、监事以及高级管理人员必须遵守的义务。在公司章程中对忠实义务以及诚信原则作出明文规定，有利于更加严格地规范董事、监事以及高级管理人员的行为。

二、不得从事的行为

公司的董事、监事和高级管理人员不仅要遵循“忠实”“勤勉”和“诚信”来履行其职责，而且应当注意履行职责时哪些是其不得从事的行为，其中对于公司的董事、高级管理人员不得从事的行为（不含监事）《公司法》第148条作出了相关规定，要求公司的董事、高级管理人员不得有下列行为：

（1）挪用公司资金；

（2）将公司资金以其个人名义或者以其他个人名义开立账户存储；

（3）违反公司章程的规定，未经股东会、股东大会或者董事会同意，将公司资金借贷给他人或者以公司财产为他人提供担保；

（4）自我交易禁止——违反公司章程的规定或者未经股东会、股东大会同意，与本公司订立合同或者进行交易；

（5）竞业禁止——未经股东会或者股东大会同意，利用职务便利为自己或者他人谋取属于公司的商业机会，自营或者为他人经营与所任职公司同类的业务；

（6）接受他人与公司交易的佣金归为己有（回扣）；

（7）擅自披露公司秘密；

（8）违反对公司忠实义务的其他行为。

条款设计示例

第【×】条 公司的董事、高级管理人员不得有下列行为：

（1）挪用公司资金；

（2）将公司资金以其个人名义或者以其他个人名义开立账户存储；

（3）违反公司章程的规定，未经股东会、股东大会或者董事会同意，将公司资金借贷给他人或者以公司财产为他人提供担保；

（4）自我交易禁止——违反公司章程的规定或者未经股东会、股东大会同意，与本公司订立合同或者进行交易；

（5）竞业禁止——未经股东会或者股东大会同意，利用职务便利为自己或者他人谋取属于公司的商业机会，自营或者为他人经营与所任职公司同类的业务；

（6）接受他人与公司交易的佣金归为己有（回扣）；

（7）擅自披露公司秘密；

（8）行贿、受贿；

（9）非法经营范围超出公司经营范围的业务；

（10）其他不得从事的行为。

董事、高级管理人员应无条件将违反上述规定所获得的收入给予公司，该类收入无法确定的，公司有权按公司的损失或以不低于【具体金额】元的标准要求董事、高级管理人员赔偿。

【注释】上述条款中的【具体金额】数额大小，各公司可根据各自情况规定，以方便公司今后利益受损追责维权。

【设计指引】

董事、高级管理人员具有较多地接触公司业务的机会，因此，为了防止公司董事、高级管理人员利用职务便利谋取公司利益或者损害公司利益，公司章程中应对其相应的行为作出具体限制，并通过对赔偿标准作出规定的方式使公司在面临相应争议时不致处于被动地位。

实务中，公司的董事、监事、高级管理人员通常通过指使他人进行相关违规行为，来规避法律责任，行为比较隐蔽，责任也较难得到追究。因此，可以通过在公司章程中对相关的指使行为进行界定和限制，使得在相关争议中公司董事、监事、高级管理人员的责任得以追究。

在公司章程中规定要求公司的董事、监事和高级管理人员要及时披露其重要社会关系经营与公司相同或类似业务的情况，有利于在一定程度上避免实务中公司的董事、监事、高级管理人员指使他人进行相关违规行为举证难的情况。

典型案例

案例：董事、高级管理人员违反忠实勤勉义务侵犯公司专利申请权[①]

第三人一匙通公司于2003年4月25日设立，发起股东为原告吴某祥、陈某南、被告翟某明及案外人李某东，由翟某明担任该公司执行董事、总经理。后李某东退出，兹公司股东为吴某祥、陈某南和翟某明三人。该公司的经营范围为数码智能锁具、数码智能安全防范设备的制造、销售，以及数码智能锁具、机电一体化及计算机软件的技术开发、技术服务。2004年3月1日，一匙通公司就"'一匙通'数码智能锁项目"向常州市高新技术开发区科技局申报"常州市科技发展计划"，计划项目设计任务书记载："本项目产品由锁、钥匙和钥匙设定器三种独立的产品组成"；"本项目研究以世界上现有的电子锁和指纹锁为基础，其中包括磁卡电子锁、IC卡电子锁、IP卡电子锁、TM卡电子锁和电子门禁系统。在继承和发扬现有电子锁的优点，对关键技术问题有重大突破的基础上开展本项目研究"；项目主要研究人员为翟某明、陶某、吴某祥、尤某国。2004年7月22日，一匙通公司就"'一匙通'数码智能锁项目"与常州市科学技术局签订《常州市科技项目合同》，该项目涉及锁、钥匙、钥匙设定器三种产品。2004年9月21日，一匙通公司就"'一匙通'数码智能锁项目"与常州市新北区科学技术局签订《科技项目合同》，该合同载明项目负责人为翟某明，主要研究人员为陶某、吴某祥和尤某国。2003年9月至2004年9月，常州市科学技术局和常州市新北区科学技术局先后三次为"'一匙通'数码智能锁项目"拨款40万元。

自2003年5月至2005年7月，第三人一匙通公司为上述项目购买了设备、元器件，并委托他人进行零部件的加工。2003年7月18日，一匙通公司与镇江市丹徒区星宇压铸厂签订《协议书》，由该厂按一匙通公司提供的图纸加工电子锁具的外壳；2003年7月28日，一匙通公司与常州市武进鸣凰无线电器材厂签订《协议书》，由该厂按一匙通公司提供的图纸加工电子锁的零部件。

2005年3月20日，第三人一匙通公司向常州市新区市场监管部门提交《申请报告》称：本公司自注册成立两年来，投入大量的财力和人力开发自主知识产权的"'一匙通'数码智能锁"，在这两年间未形成销售。

2005年6月22日，第三人一匙通公司与扬州市人民防空办公室签订《锁

---

① 参见《中华人民共和国最高人民法院公报》2008年第1期（总第135期）。

具购销协议》，约定扬州市人民防空办公室向一匙通公司购买一匙通数码锁具、钥匙和管理器，其中门锁170把，钥匙65把，管理器5把。

2005年8月，被告翟某明以其个人名义向国家知识产权局提出关于“一种由钥匙提供电源的微功耗电子锁具”的发明专利申请、实用新型专利申请各一项，专利申请号分别为2005100414845和2005200744982。将翟某明的上述专利申请文件与原告吴林祥、陈某南提供的、标有第三人一匙通公司名称的图纸进行比对，原告方提供的图纸所记载的技术方案与翟某明的专利申请技术方案相同。

【律师剖析】

根据我国《专利法》第6条规定，执行本单位的任务或主要是利用本单位的物质技术条件所完成的发明创造为职务发明创造，职务发明创造申请专利的权利属于该单位。本案中，被告以个人名义申请的专利，为职务发明，其专利申请权归公司所有。

《公司法》第147条规定：“董事、监事、高级管理人员应当遵守法律、行政法规和公司章程，对公司负有忠实义务和勤勉义务。董事、监事、高级管理人员不得利用职权收受贿赂或者其他非法收入，不得侵占公司的财产。”本案中，被告身为该公司的执行董事、总经理，实际掌控该公司，但是被告将本属于职务发明的专利以其个人名义申请了专利，侵犯了公司的专利申请权，违反了忠实、勤勉义务。

三、不得指使他人从事相关行为

实务中，公司的董事、监事和高级管理人员从事违规行为时，往往不是由其亲自出面，而是通过以他人名义经营相同或类似的业务的方式，指使他人从事相关行为，从而谋取不正当利益。这实质上采用的是一种代理人的手法，具有较强的隐蔽性，且不易被公司发觉，一旦产生纠纷，公司也很难举证和追究公司的董事、监事和高级管理人员的责任。因此公司可在公司章程中对公司的董事、监事和高级管理人员不得指使他人从事的相关行为作出必要界定和限制，如要求公司的董事、监事和高级管理人员对其重要社会关系包括但不限于父母、配偶、子女、兄弟姐妹、岳父岳母、妻的兄弟姐妹等经营相同或类似的业务的情况，作出及时、全面的披露，并且规定公司的董事、监事和高级管理人员指使他人从事相关行为的，董事、监事和高级管理人员也应承担相应责任。通常情况下，公司的董事、监事和高级管理人员出现的指使他人从事相关行为包括但不限于下列行为：

（1）指使他人挪用公司资金；

（2）指使他人将公司资金以其个人名义或者以其他个人名义开立账户存储；

（3）违反公司章程的规定，未经股东会、股东大会或者董事会同意，指使他人将公司资金借贷给他人或者以公司财产为他人提供担保；

（4）违反公司章程的规定或者未经股东会、股东大会同意，指使他人与本公司订立合同或者进行交易，非法谋取公司利益；

（5）未经股东会或者股东大会同意，利用职务便利指使他人为自己或者他人谋取属于公司的商业机会，自营或者为他人经营与所任职公司同类的业务；

（6）指使他人代为接受他人与公司交易的佣金归为己有（回扣）；

（7）擅自指使他人披露公司秘密；

（8）指使他人行贿、受贿；

（9）指使他人非法经营，经营范围超出公司经营范围的业务；

（10）不得指使他人从事的其他行为。

条款设计示例

第【×】条 公司的董事、监事和高级管理人员不得指使他人从事下列行为：

（1）指使他人挪用公司资金；

（2）指使他人将公司资金以其个人名义或者以其他个人名义开立账户存储；

（3）违反公司章程的规定，未经股东会、股东大会或者董事会同意，指使他人将公司资金借贷给他人或者以公司财产为他人提供担保；

（4）违反公司章程的规定或者未经股东会、股东大会同意，指使他人与本公司订立合同或者进行交易，非法谋取公司利益；

（5）未经股东会或者股东大会同意，利用职务便利指使他人为自己或者他人谋取属于公司的商业机会，自营或者为他人经营与所任职公司同类的业务；

（6）指使他人代为接受他人与公司交易的佣金归为己有（回扣）；

（7）擅自指使他人披露公司秘密；

（8）指使他人行贿、收贿；

（9）指使他人非法经营，经营超出公司经营范围的业务；

（10）不得指使他人从事的其他行为。

董事、监事、高级管理人员应无条件将违反上述规定所获得的收入给予公司，该类收入无法确定的，公司有权按公司的损失或以不低于【具体金额】元的标准要求董事、高管赔偿。

【注释】上述条款中的【具体金额】数额大小，各公司可根据各自情况规定，以方便公司今后利益受损追责维权。

第【×】条　公司的董事、监事和高级管理人员要及时披露其重要社会关系包括但不限于父母、配偶、子女、兄弟姐妹、岳父岳母、妻的兄弟姐妹等经营与公司相同或类似业务的情况。

【设计指引】

1. 实务中，公司的董事、监事、高级管理人员通常通过指使他人进行相关违规行为，来规避法律责任，行为比较隐蔽，责任也较难得到追究。因此，可以通过在公司章程中对相关的指使行为进行界定和限制，使得在相关争议中公司董事、监事、高级管理人员的责任得以被追究。

2. 在公司章程中规定要求公司的董事、监事和高级管理人员要及时披露其重要社会关系经营与公司相同或类似业务的情况，有利于在一定程度上避免实务中公司的董事、监事、高级管理人员指使他人进行相关违规行为举证难的情况。

典型案例

案例：董事违反竞业禁止义务，指使他人经营同类业务所得收入归入公司[①]

原告绮丽公司诉称，被告刘某担任公司董事期间，未经其同意以被告之妻名义与他人成立与其经营同类业务的维尚公司，并利用职务便利将其的客户及商业机会转由该公司经营获利，该行为已违反其所负有的忠实义务，其所得收入应归其所有，并应赔偿其因此遭受的损失，故请求判令被告：（一）支付因违反忠实义务违法所得收入人民币421.91万元；（二）赔偿损失人民币70万元；（三）本案一切诉讼费用由被告承担。

被告辩称，一、原告提供的证据不能证明我以妻子的名义注册并经营维

① 中国裁判文书网，http://wenshu.court.gov.cn。

尚公司。维尚公司系我妻子宋某某成立的，与我无关。我与宋某某虽系夫妻关系，但不能据此将其中一人的行为认定为夫妻另一方的行为。二、原告没有证据证明我截留原告的商业机会给维尚公司。我在原告工作期间，任职高管，接触具体业务不多，并无机会截取原告的商业机会；公司业务与我无关，不是我截取的原告的商业机会转给维尚公司。三、瑞典客户的订单不是原告专有的，该客户在国内还有多个供应商。综上，我没有利用关联关系损害公司利益，没有截取公司的商业机密，更没有经营同类业务。

法院审理认定：被告刘某在其任职期间及2011年3月底离任原告董事以其妻名义成立经营维尚公司，从事与原告相同的业务，违反了忠实义务，对原告负有竞业禁止义务。被告在维尚公司自2009年3月至2011年12月31日期间所得收入应归其所有的理由正当，对此予以支持。根据本案实际情况，法院酌情确认被告所得收入为人民币160万元，于是判决被告刘某赔偿给原告绮丽公司人民币160万元。

【律师剖析】

本案被告虽然以其妻子的名义与他人成立与其任职的公司经营同类业务，但实际是基于自己职务便利成立与其任职经营同类业务的公司，明显违反《公司法》第147条第1款“董事、监事、高级管理人员应当遵守法律、行政法规和公司章程，对公司负有忠实义务和勤勉义务”之规定。公司董事、高级管理人员的忠实义务包括但不限于未经股东大会或者股东会同意，自营或借用其他人之名经营或者为他人经营与任职公司同类的业务。公司董事、高级管理人员的竞业禁止义务不仅适用于其任职期间，任职期满或辞职后一定期间内，仍然对公司负有禁业义务，这也是公司董事、高级管理人员对公司负有的忠实义务。

四、勤勉义务

我国《公司法》中对于公司的董事、监事和高级管理人员的“勤勉义务”也未作出明确的定义，但公司的董事、监事和高级管理人员有“勤勉义务”同样有明文规定，《公司法》第147条第1款规定“董事、监事、高级管理人员应当遵守法律、行政法规和公司章程，对公司负有忠实义务和勤勉义务。”从法律条文来看，公司的董事、监事和高级管理人员对公司承担勤勉义务。

勤勉义务，在大陆法系被称为“善良管理人的注意义务”，在英美法系国家被称为“注意义务”“勤勉、注意和技能义务”，其含义是指董事、监事、高级管理人员在执行公司事务时，应以一个合理谨慎的人在相似的情形下所应表现的谨慎、勤勉和技能履行职责。[①] 忠实义务相对于勤勉义务是消极义务，勤勉义务相对于忠实义务是积极义务，两者共同促使公司董事、监事、高级管理人员在履行职责时以公司的利益为最高准则。

条款设计示例

第【×】条　董事、监事和高级管理人员应当遵守法律、法规、公司章程，对公司负有忠实、勤勉义务，忠实勤勉义务包括但不限于：

（一）应谨慎、认真、勤勉地行使公司赋予的权利，以保证公司的商业行为符合国家法律、行政法规以及国家各项经济政策的要求，商业活动不超过营业执照规定的业务范围；

（二）应公平对待所有股东；

（三）及时了解公司业务经营管理状况；

（四）应当对公司定期报告签署书面确认意见；保证公司所披露的信息真实、准确、完整；

（五）应当如实向监事会提供有关情况和资料，不得妨碍监事会或者监事行使职权；

（六）根据公司和全体股东的最大利益，忠实、诚信、勤勉地履行职责；

（七）法律、行政法规、部门规章及本章程规定的其他忠实、诚信义务；

（八）法律、行政法规、部门规章及本章程规定的其他勤勉义务。

第【×】条　股东会或者股东大会要求董事、监事、高级管理人员列席会议的，董事、监事、高级管理人员应当列席并接受股东的质询。

董事、高级管理人员应当如实向监事会或者不设监事会的有限责任公司的监事提供有关情况和资料，不得妨碍监事会或者监事行使职权。

第【×】条　董事、监事、高级管理人员对于涉及公司核心技术及公司其他机密信息有保密的义务和责任，直至公司作出正式公布或者成为公开信息为止。

董事、监事、高级管理人员保证公司所披露的信息真实、准确、完整。

---

① 赵旭东：《新公司法条文解释》，中国人民法院出版社2005年版，第289页。

【设计指引】

1.《公司法》对于董事、监事以及高级管理人员的勤勉义务，仅作出了原则性、概括性规定，公司章程中对忠实勤勉义务作出明确界定，有利于对董事、监事、高级管理人员是否遵守勤勉义务进行规范与监督，也便于公司在发生相关争议时进行维权。

2. 为了更好地监督董事、监事以及高级管理人员的职务行为，董事、监事及高级管理人员应当接受股东质询，且董事、高级管理人员应当接受监事监督。

3. 董事、监事以及高级管理人员对公司信息负有保密义务，同时需对公司披露的信息的真实性、准确性以及完整性承担责任。

典型案例

案例：公司高管未尽勤勉义务须担责[①]

川流公司有三名股东，大股东罗某占50%的股份，任公司法人代表、执行董事、总经理和财务负责人，二股东李某华占30%的股份，任公司监事和营销部经理。罗某因患病需住院治疗，遂召开总经理例会，宣布在其住院期间由李某华负责全面工作。会后，罗某出具任命书一份，载明："因公司工作需要及总经理身体原因，从即日起由李某华负责公司的全面日常工作；我谨代表公司祝愿他在新的岗位上取得更大成绩。"

李某华在全面负责川流公司日常工作期间，以川流公司的名义与案外人日华公司开展了UV手机外壳涂装线项目业务，直至其离开川流公司，尚有110万元项目款未收回。川流公司曾起诉日华公司，主张前述款项，但由于该项目业务未订立书面协议，履行期间亦未制作相关交付凭证，致使其诉讼请求缺乏证据支持，未被法院受理。川流公司遂提起本案诉讼，称李某华在全面负责公司工作期间未尽到勤勉义务，导致公司蒙受巨大损失，请求判令李某华赔偿110万元。

【律师剖析】

本案的争议焦点主要有两个：一是李某华能否被认定为公司高级管理人

① 参见《人民司法·案例》2011年第2期。

员；二是李某华是否违反了勤勉义务。

虽然《公司法》第52条第2款明确规定："董事、高级管理人员不得兼任监事。"但本案川流公司的法人代表、执行董事、总经理和财务负责人罗某因患病需住院治疗，遂召开总经理例会，宣布由二股东李某华负责公司全面工作，李某华出席会议并在会议决议上签字，并接受了罗某出具的任命书，李某也以实际行动履行了总经理的职权，可以理解为两人合意由李某华担任高管，原监事职务自然免除。另外罗某与李某华的股权占比达80%，相当于股东会80%通过由李某华任总理，由此可见李某华被任命为公司高级管理人员存在一定瑕疵，但结合本案案情不影响认定李某华为高级管理人员。

本案李某华在全面负责川流公司经营期间，以川流公司的名义与案外人日华公司开展了UV手机外壳涂装线项目业务，仅以口头协议的方式与相对方发生交易行为，亦未留存任何经交易对象确认的文件资料，导致川流公司无法向案外人主张债权，使公司蒙受巨大损失。按照经营的一般常识，应当办理包括但不限于签订书面合同、交易相对方对相关内容书面确认履行完毕等手续，维护公司利益，防范相关经营风险，但李某华无视该经营风险的存在，未达到一个合理谨慎的人在相似的情形下所应表现的谨慎、勤勉和技能，违反了勤勉义务。根据《公司法》相关规定，董事、监事、高级管理人员没有尽到勤勉义务，给公司造成损失的应当承担赔偿责任。

第三节　法律责任及追究

一、赔偿责任

根据《公司法》规定：董事、监事、高级管理人员应当遵守法律、行政法规和公司章程，对公司负有忠实义务和勤勉义务，董事、监事、高级管理人员执行公司职务时违反法律、行政法规或者公司章程的规定，给公司造成损失的，应当承担赔偿责任。对于董事、监事、高级管理人员违反法律、行政法规或者公司章程的规定给公司造成损失的确应当承担赔偿责任这一点，一般没有多大争议，但对其中董事、监事、高级管理人员承担赔偿责任的赔偿标准，以及对董事、监事、高级管理人员应当对公司负有忠实义务和勤勉义务的认定标准存在一定分歧。

审判实务中，对于董事、监事、高级管理人员没有尽忠实义务和勤勉义务，给公司造成损失，公司是否可以要求其承担赔偿责任，一般可以从以下几个方面考虑：一、经营管理判断失误是否无法避免，如系无法避免则是经营活动的必要成本；二、经营管理判断失误是否具有合理性，如具有相当的合理性，则不适合要相关董事、监事、高级管理人员承担赔偿责任；三、对于产生的经营管理判断失误，董事、监事、高级管理人员在主观上是否善意且没有过失，否则给公司造成损失的，应承担赔偿责任；四、如以董事、监事、高级管理人员没有尽到注意义务而要求赔偿的，应对其是否有损害事实、存在因果关系、主观过错等因素加以考量。总之，公司董事、监事、高级管理人员在履行职责时要以公司的利益为最高准则，并善意地以一个合理谨慎的人在相似的情形下所应表现的谨慎、勤勉和技能履行职责，否则有可能会承担相应赔偿责任。

董事、监事、高级管理人员的赔偿责任表现在以下几个方面：一是违反了忠实义务，给公司造成重大损害的；二是违反了勤勉义务，给公司造成重大损害的；三是违反了适当注意义务，给公司造成重大损害的；四是违反诚信原则，给公司造成重大损害的；五是严重失职，营私舞弊，给公司造成重大损害的；以及其他类似情形下，给公司造成重大损害的。

我国《公司法》等相关法律、法规对于董事、监事、高级管理人员违反忠实、勤勉等义务所应承担的赔偿责任规定得相对比较笼统、含混不清，也缺乏可操作性，导致实务中不利于公司追究董事、监事、高级管理人员的赔偿责任。鉴于上述情况以及各个公司内部情况的差异性，可在公司章程中对董事、监事、高级管理人员应当承担的赔偿责任作出明确规定。比如说可以列明董事、监事、高级管理人员应当承担赔偿责任的情形，并对赔偿责任中的赔偿标准作出规定，一方面可使董事、监事、高级管理人员履行职责行为有据可依，也避免或减少董事、监事、高级管理人员无法适从和犯错误；另一方面也使得公司利益受到损害、损失时能更好、更方便地维权。

条款设计示例

第【×】条 监事执行公司职务时违反法律、行政法规、部门规章或本章程规定的忠实、诚信、勤勉义务，给公司造成损失的，应当承担赔偿责任。

第【×】条 董事应当在董事会决议上签字，并对董事会的决议承担责任。董事会决议违反法律、行政法规、部门规章或本章程的规定，导致公司遭受损失的，参与决议的董事对公司负赔偿责任。但经证明在表决时曾表明异议并记载于会议记录或决议记录的，该董事可以免除责任。在表决时弃权的董事，不免除责任。

第【×】条　高级管理人员执行公司职务时违反法律、行政法规、部门规章或本章程规定的忠实、诚信、勤勉义务，给公司造成损失的，应当承担赔偿责任。

第【×】条　董事、监事、高级管理人员应无条件将违反公司章程中规定的忠实、诚信、勤勉义务所获得的收入给予公司，该类收入无法确定的，公司有权按公司的损失或以不低于【具体金额】元的标准要求董事、监事、高级管理人员赔偿。

【注释】上述条款中的【具体金额】数额大小，各公司可根据各自情况规定，以方便公司今后利益受损追责维权。

【设计指引】

1. 公司章程中应当对监事的忠实、勤勉义务作出规定，对于监事违反相关忠实、勤勉义务，给公司造成重大损失的，章程中应规定监事应当承担相关赔偿责任。

2. 对于给公司造成重大损失的董事会决议，相关董事应当承担赔偿责任，但是行使异议权的董事免除责任。对于在董事会决议时弃权的董事，《公司法》未作规定，为了方便发生争议时的处理，建议在公司章程中作出相关规定。

3. 为了便于公司利益遭受重大损失时进行维权，也为了更好地监督并规范高级管理人员的职务行为，在公司章程中应对高级管理人员违反忠实、勤勉义务给公司造成损失应承担的赔偿责任作出规定。

4. 公司董事、监事以及高级管理人员违反忠实、勤勉义务给公司造成损失的，由于其金额可能存在不确定性，因此建议在公司章程中对于赔偿金额作出相关规定。

典型案例

案例：阐明异议的董事应免责

某音像制品股份有限公司因经营不善长期亏损，公司领导发现盗版音像制品成本低销路好，于是召开董事会研究如何生产盗版音像制品。会上董事王某对公司生产盗版音像制品持反对意见，但无人支持。由于董事会决议采取少数服从多数的表决方式，公司最终决定投产盗版DVD光碟。一年后公司被查封和罚款，直接经济损失达100万元。股东联名诉至法院，要求参与表决的董事赔偿给公司造成的损失。法院经审理查明：董事会表决时，董事王某已表明异议并记载于会议记录。遂依法判决参与表决的董事对公司的损失予以赔偿，王某免除赔偿责任。

【律师剖析】

《公司法》第112条第3款规定："董事应当对董事会的决议承担责任。董事会的决议违反法律、行政法规或者公司章程、股东大会决议，致使公司遭受严重损失的，参与决议的董事对公司负赔偿责任。但经证明在表决时曾表明异议并记载于会议记录的，该董事可以免除责任。"据此本案某音像制品股份有限公司董事会决定生产盗版音像制品，违反了法律和行政法规的规定，被查封和罚款，给公司造成直接经济损失达100万元，但该公司董事会上表决相关事项时，董事王某对公司生产盗版音像制品持反对意见，并记载于会议记录，因此某音像制品股份有限公司该损失应当由除王某以外的参与表决的董事会成员负责赔偿，董事王某应免除赔偿责任。

实务问题

对于在董事会决议表决时弃权的董事，当该项董事会决议致使公司遭受严重损失时，可否免除责任

我国《公司法》仅规定在董事会决议中有异议的董事，当该项董事会决议致使公司遭受严重损失时可以免除责任，但对表决时行使弃权票的董事是否能免除责任没有作出明确规定。在实务中，一般认为表决时投弃权票的董事不能免除责任。理由如下：作为董事对公司负有"勤勉义务"和"忠实义务"，董事对公司董事会的表决事项行使弃权，实质上是董事对决议的事项不了解或出于逃避法律责任的目的而做出的不管不问的表态，是对公司不负责的一种表现，而《公司法》中规定董事应对造成公司损失的董事会决议承担赔偿责任的目的，在于规范公司董事行使职权的行为，要求其在作出董事会决议时应在遵守法律、法规以及公司章程的基础上，以公司的利益为最高准则，以合理、谨慎的态度作出相关决议，因此对行使弃权的董事不可以免除责任。公司可在公司章程中明确规定对董事会决议有关事项有异议，但在董事会决议表决时投弃权票的，该董事不能免除责任。这样不仅有利于明确董事责任，也有利于共同履行相关职责，更方便了日后公司向相关董事追责。

二、公司内部处分

董事、监事、高级管理人员没有遵守法律、行政法规和公司章程、公司规章制度、劳动合同等规定的，除可能会受到刑事、行政处罚外，公司内部也要视情节轻重对其进行相应处分，包括但不限于警告、记过、记大过、扣发工资奖金、降级、降职、撤职、辞退、开除等，给公司造成损失的，公司可以要求其赔偿相应损失，相关法律、法规以及规章也有作出相应规定。《企业民主管理规定》第41条第1款规定："职工董事、职工监事不履行职责或者有严重过错的，经三分之一以上的职工代表联名提议，职工代表大会全体代表的过半数通过可以罢免。"《上市公司章程指引》（2016年修订）第99条规定：董事连续两次未能亲自出席，也不委托其他董事出席董事会会议，视为不能履行职责，董事会应当建议股东大会予以撤换。

《公司法司法解释五》第3条规定："董事任期届满前被股东会或者股东大会有效决议解除职务，其主张解除不发生法律效力的，人民法院不予支持。董事职务被解除后，因补偿与公司发生纠纷提起诉讼的，人民法院应当依据法律、行政法规、公司章程的规定或者合同的约定，综合考虑解除的原因、剩余任期、董事薪酬等因素，确定是否补偿以及补偿的合理数额。"

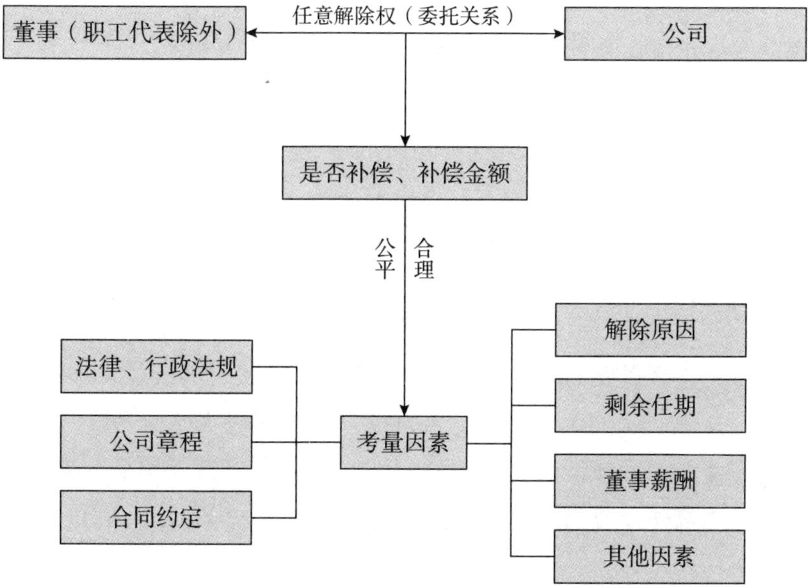

该条款一方面明确了股东会或者股东大会对于董事职务解除的无因性，从根本上明确了董事的代理人身份，也就是说作为委托人的股东会或者股东大会可以随时无因决议解除某董事的职务，这符合委托人与代理人法律关系的本质，增强了股东会或者股东大会对于董事的控制；另一方面将《公司法》意义上的该董事职务与《劳动法》意义上的该董事的职务统一起来，不再是两张皮，而是一体的、联动的，也就是说董事职务解除的同时该董事与公司的劳动合同关系随之终止，至于董事职务被解除后因补偿与公司发生纠纷提起诉讼的应当另行处理，只是股东会或者股东大会在解除某董事职务时也要同时考虑补偿事宜。笔者认为，这种规定是科学的、有利于完善公司治理的。

条款设计示例

第【×】条 职工（代表）大会对不称职或有渎职行为的职工董事、职工监事应当进行撤换或者罢免。

职工董事、职工监事因不履行职责或者有严重过错的，经三分之一以上的职工（代表）提议，可以依法通过职工（代表）大会或者其他形式进行罢免。职工董事、职工监事的补选和罢免，要经过应当参加会议的人员的过半数通过。

公司高级管理人员出现刑事违法、行政违规、严重失职、不能胜任职务或公司规定及劳动合约规定的其他应解聘的情况时，应当解聘。

公司董事存在怠于履行职责，明显缺乏能力、行为不端或严重违反公司规章制度等过错的，公司股东会有权解除其职务，予以撤换。

高级管理人员存在怠于履行职责，明显缺乏能力、行为不端或严重违反公司规章制度等过错的，公司有权解除其职务。

公司监事存在怠于履行职责，明显缺乏能力、行为不端或严重违反公司规章制度等过错的，股东大会或职工代表大会应当予以撤换。

【设计指引】

对董事、监事以及高级管理人员，违反法律、法规以及公司章程等规定，给公司造成损失的，相关的董事、监事以及高级管理人员除了应当承担相应的民事、刑事或者行政责任外，公司还应视情况给予相应处分，建议在公司章程中对于相应处分的执行程序作出详细规定。

典型案例

案例：高级管理人员不遵守公司规章制度被解除职务[1]

原告邵某铭称其于1992年12月进入储运公司工作，近年来其每月基本工资为6000元，但自2013年11月起公司开始未足额支付工资，其中2013年两个月共计少付6000元，自2014年起每月少支付3500元，共计少支付工资48000元，且未支付2014年的年终奖，根据2013年收入核算，具体金额为36292元；其与公司的劳动合同至2014年12月31日到期，期满后储运公司未与其签订劳动合同，故应当支付经济补偿金62800元，提供工资单15份、银行卡明细、个人社会保险缴费明细2份予以证明。储运公司对于工资单、银行卡明细的真实性均无异议，但认为根据工资单可以看出邵某铭每月的工资金额都不同，从侧面证明工资中包括了绩效考核工资，且邵某铭对此也是无异议的；对社会保险明细真实性无异议，认为不能作为反向推定邵某铭应得收入的依据，公司是按照较高的基数为其缴纳社会保险，社会保险的缴纳基数与邵某铭收入没有关联性。

被告储运公司称邵某铭的工资构成在劳动合同和公司薪酬制度中均已予以明确，但邵某铭在工作过程中未尽到管理职责，给公司造成重大损失且严重违反公司的规章制度，公司有权根据邵某铭的绩效考评成绩及公司管理制度不予发放绩效奖及年终奖，故公司并不存在扣发工资的情形。

【律师剖析】

原告邵某铭在工作过程中的确存在过错。邵某铭作为储运公司铁路运输分公司的经理，主要负责公司的全部事务，应该忠实、勤勉地履行与其职责和岗位要求有关的义务，对商业合同的签订、日常职务的履行等尽到应有的监督管理职责。本案中，邵某铭无视与业务公司签订合同的约定，以及储运公司自行承诺的货物出库条件，在对方未能提供提单的情况下予以发货，数量高达18000余吨，并导致储运公司为此被诉至法院，虽然储运公司最后与对方达成了调解协议，但损失了巨额的律师费，以及无形的公司信誉资产。邵某铭的该行为的确给储运公司造成巨大损失，其行为符合储运公司员工手册所规定的违纪行为，储运公司据此解聘邵某铭的经理职务并且不予发放绩

---

① 中国裁判文书网：http://wenshu.court.gov.cn。

效奖及年终奖的处理并无不当。

三、其他责任

董事、监事、高级管理人员没有遵守法律、行政法规和公司章程、公司规章制度、劳动合同等规定的，除了可能会赔偿公司损失并受公司内部处分外，情节严重的，董事、监事、高级管理人员还有可能承担刑事、行政责任。

1. 董事、监事、高级管理人员的刑事责任

《公司法》第215条规定：违反本法规定，构成犯罪的，依法追究刑事责任。现行《刑法》对公司董事、监事、高级管理人员设定了商业受贿罪、职务侵占罪、挪用资金罪、提供虚假财会报告罪、妨碍清算罪等罪名，对国有公司的董事、监事、高级管理人员还增设了非法经营同类营业罪、为亲友非法牟利罪、签订履行合同失职被骗罪等罪名，因此，公司董事、监事、高级管理人员违反法定义务，除承担民事责任和行政责任外，还面临着承担刑事责任的风险。以下分析几种常见的董事、监事、高级管理人员因其违反法律规定而应承担的刑事责任：

（1）商业贿赂罪。即公司人员利用职务便利，以为他人谋利益为交易条件，索取他人财物或者非法收受他人财物，数额较大的行为。该罪的主体是公司董事、监事、高级管理人员利用职务上的便利实施上述行为；该罪侵犯的客体是公司正常的活动秩序和信誉；该罪的主观方面是故意的；在客观方面，实施了贿赂行为，至于为他人谋取的利益是否实现以及利益是否正当，并不影响本罪的成立。《刑法》第163条第1款规定："公司、企业或者其他单位的工作人员利用职务上的便利，索取他人财物或者非法收受他人财物，为他人谋取利益，数额较大的，处五年以下有期徒刑或者拘役；数额巨大的，处五年以上有期徒刑，可以并处没收财产。"

（2）非法经营同类营业罪。即国有公司、企业的董事、监事、高级管理人员利用职务便利，自己经营或者为他人经营与其所任职公司、企业同类的营业，获取非法利益，数额巨大的行为。只有国有公司董事、监事、高级管理人员才能成为该罪的犯罪主体；该罪侵犯的客体是国家对国有公司的管理制度；该罪主观方面只能是一种故意犯罪；客观方面是因经营同类营业，损害国有公司利益而使自己获得的收益。《刑法》第165条规定：国有公司、企业的董事、经理利用职务便利，自己经营或者为他人经营与其所任职公司、企业

同类的营业，获取非法利益，数额巨大的，处 3 年以下有期徒刑或者拘役，并处或者单处罚金；数额特别巨大的，处 3 年以上 7 年以下有期徒刑，并处罚金。

（3）挪用资金罪。即公司的工作人员，利用职务上的便利，挪用本单位资金归个人使用或者借贷给他人，数额较大、超过 3 个月未还的，或者虽未超过 3 个月，但数额较大、进行营利活动的，或者进行非法活动的行为。该罪的犯罪主体并不一定是公司的董事、监事或者高级管理人员，但是公司的董事、监事以及高级管理人员也可能构成本罪。《刑法》第 272 条规定：公司、企业或者其他单位的工作人员，利用职务上的便利，挪用本单位资金归个人使用或者借贷给他人，数额较大、超过 3 个月未还的，或者虽未超过 3 个月，但数额较大、进行营利活动的，或者进行非法活动的，处 3 年以下有期徒刑或者拘役；挪用本单位资金数额巨大的，或者数额较大不退还的，处 3 年以上 10 年以下有期徒刑。

（4）职务侵占罪。即公司董事、监事、高级管理人员，利用职务上的便利，将本单位财物非法占为己有，数额较大的行为。该罪的主体是公司董事、监事、高级管理人员和其他工作人员；该罪侵犯的客体是公司财产所有权和公司正常的活动秩序；该罪的主观方面是故意；该罪的客观方面是将公司财产非法占有，数额较大。《刑法》第 271 条第 1 款规定：公司、企业或者其他单位的人员，利用职务上的便利，将本单位财物非法占为己有，数额较大的，处 5 年以下有期徒刑或者拘役；数额巨大的，处 5 年以上有期徒刑，可以并处没收财产。

（5）背信损害上市公司利益罪。《刑法》第 169 条之一规定：上市公司的董事、监事、高级管理人员违背对公司的忠实义务，利用职务便利，操纵上市公司从事下列行为之一，致使上市公司利益遭受重大损失的，处 3 年以下有期徒刑或者拘役，并处或者单处罚金；致使上市公司利益遭受特别重大损失的，处 3 年以上 7 年以下有期徒刑，并处罚金：

（一）无偿向其他单位或者个人提供资金、商品、服务或者其他资产的；

（二）以明显不公平的条件，提供或者接受资金、商品、服务或者其他资产的；

（三）向明显不具有清偿能力的单位或者个人提供资金、商品、服务或者其他资产的；

（四）为明显不具有清偿能力的单位或者个人提供担保，或者无正当理由为其他单位或者个人提供担保的；

（五）无正当理由放弃债权、承担债务的；

（六）采用其他方式损害上市公司利益的。

上市公司的控股股东或者实际控制人，指使上市公司董事、监事、高级管理人员实施前款行为的，依照前款的规定处罚。

犯前款罪的上市公司的控股股东或者实际控制人是单位的，对单位判处罚金，并对其直接负责的主管人员和其他直接责任人员，依照第1款的规定处罚。

2. 董事、监事、高级管理人员的行政责任

《公司法》规定了董事、监事、高管人员的行政责任，主要体现在行政处罚上，有以下两方面：

（一）公司在依法向有关主管部门提供的财务会计报告等材料上作虚假记载或者隐瞒重要事实的，由有关主管部门对直接负责的主管人员和其他直接责任人员处以3万元以上30万元以下的罚款。

（二）公司在进行清算时，隐匿财产，对资产负债表或者财产清单作虚假记载或者在未清偿债务前分配公司财产的，由公司登记机关责令改正，对公司处以隐匿财产或者未清偿债务前分配公司财产金额5%以上10%以下的罚款；对直接负责的主管人员和其他直接责任人员处以1万元以上10万元以下的罚款。

上述直接负责的主管人员和其他直接责任人是包含了董事、监事、高级管理人员的。

典型案例

案例：公司董事违反法律规定，承担刑事责任[①]

2004年、2005年、2008年三度问鼎胡润百富榜之大陆首富，在2006年福布斯中国富豪榜亦排名第一的黄某裕因涉嫌犯内幕交易罪于2008年11月17日被羁押，2009年3月2日被逮捕，北京市人民检察院第二分院指控：

一、非法经营罪

被告人黄某裕于2007年9月至11月，违反国家规定，采用人民币结算在境内、港币结算在境外的非法外汇交易方式，将人民币8亿元直接或通过

① 中国裁判文书网，http://wenshu.court.gov.cn。

恒益祥公司转入盛丰源公司等单位，通过郑某徽（另案处理）等人私自兑购并在香港得到港币8.22亿余元（折合美元1.05亿余元）。

二、内幕交易、泄露内幕信息罪

1. 被告人黄某裕作为中关村上市公司的实际控制人、董事，于2007年4月至6月28日，利用职务便利，在拟将中关村上市公司与黄某裕经营管理的鹏泰公司进行资产置换事项中，决定并指令他人于2007年4月27日至6月27日，使用其实际控制交易的龙某、王某树等6人的股票账户，累计购入“中关村”股票（股票代码000931）976万余股，成交额共计人民币9310万余元，至6月28日公告日时，6个股票账户的账面收益额为人民币348万余元。

2. 被告人黄某裕于2007年七八月至2008年5月7日，在拟以中关村上市公司收购鹏润公司全部股权进行重组事项中，决定并指令他人于2007年8月13日至9月28日，使用其实际控制交易的曹某娟、林某锋等79人的股票账户，累计购入“中关村”股票1.04亿余股，成交额共计人民币13.22亿余元，至2008年5月7日公告日时,79个股票账户的账面收益额为人民币3.06亿余元。

3. 被告人杜某于2007年7月至2008年5月7日，接受黄某裕的指令，协助管理上述79个股票账户的开户、交易、资金等事项，并直接或间接向杜某一、杜某二、谢某（均另案处理）等人代传交易指令等，79个股票账户累计购入“中关村”股票1.04亿余股，成交额共计人民币13.22亿余元。

4. 被告人许某民于2007年7月至2008年5月7日，接受黄某裕的指令调拨资金，并指使许某铭（另案处理）在广东地区借用他人身份证开立股票账户或直接借用他人股票账户共计30个。上述股票账户于2007年8月13日至9月28日，累计购入“中关村”股票3166万余股，成交额共计人民币4.14亿余元，至2008年5月7日公告日时，30个股票账户的账面收益额为人民币9021万余元。其间，被告人许某民将中关村上市公司拟重组的内幕信息故意泄露给原公安部经济犯罪侦查局副局长兼北京直属总队总队长的相某珠及其妻子李某娟（均另案处理）等人，同年9月21日至25日，李某娟使用其个人股票账户分7笔买入“中关村”股票12万余股，成交额共计人民币181万余元。

三、单位行贿罪

1. 被告人黄某裕作为被告单位鹏泰公司及中关村上市公司的主管人员，指使被告人许某民于2006年至2008年，向相某珠提出请托，要求相某珠在对鹏泰公司、中关村上市公司有关案件办理中提供违法违规的帮助，并先后两次单独或指使被告人许某民给予相某珠款、物共计人民币106万余元。

2. 被告人黄某裕作为被告单位中关村上市公司的主管人员，指使被告人许某民于2006~2008年，通过原北京市公安局经济犯罪侦查处的靳某利（另案处理）分别向原国家税务总局稽查局的孙某渟及北京国税稽查局的梁某林、凌某（均另案处理）提出请托，要求上述人员在国美公司涉税案件调查中提供违法违规的帮助，并先后单独或指使被告人许某民给予靳某利共计人民币150万元，给予孙某渟共计人民币100万元，给予梁某林、凌某人民币各50万元。

【律师剖析】

1. 被告人黄某裕违反国家外汇管理制度，在国家规定的交易场所以外非法买卖外汇，破坏国家金融管理法规，扰乱金融市场秩序，其行为已构成非法经营罪，且数额特别巨大，情节特别严重。

2. 被告人黄某裕、许某民、杜某作为证券交易内幕信息的知情人员，在涉及对证券交易价格有重大影响的信息尚未公开前，买入该证券，且内幕交易成交额及其所控制的股票账户在内幕信息公告日的账面收益额均特别巨大，情节特别严重；被告人许某民还向他人泄露该信息，情节严重，被告人黄某裕、杜某的行为已构成内幕交易罪，被告人许某民的行为已构成内幕交易、泄露内幕信息罪，三被告人系内幕交易犯罪的共犯，其中黄某裕系主犯，许某民、杜某系从犯。

3. 被告人黄某裕作为被告单位中关村上市公司、鹏泰公司的法定代表人，与被告人许某民共谋，为二被告单位谋取不正当利益，单独或伙同许某民向国家执法机关的工作人员提出请托，并给予国家机关工作人员财物，数额巨大，情节严重，二被告单位和被告人黄某裕、许某民的行为均已构成单位行贿罪，黄某裕、许某民构成单位行贿的共同犯罪；对上述二被告单位及三被告人所犯各罪，依法均应予惩处，对被告人黄某裕、许某民所犯数罪依法应予并罚。

实务问题

公司董事、监事、高级管理人员因违反法律、法规以及公司章程的规定，给公司造成损失，依法应当承当刑事责任或者行政责任时，其原有职务应当如何处理

《劳动合同法》第39条第6项规定，劳动者被依法追究刑事责任的，用人单位可以解除劳动合同。《公司法》第 146 条第 1 款第 2 项、第 3 项、第 4 项规定：因贪污、贿赂、侵占财产、挪用财产或者破坏社会主义市场经济秩序，被判处刑罚，执行期满未逾 5 年，或者因犯罪被剥夺政治权利，执行期满未逾 5 年；担任破产清算的公司、企业的董事或者厂长、经理，对该公司、企业的破产负有个人责任的，自该公司、企业破产清算完结之日起未逾 3 年；担任因违法被吊销营业执照、责令关闭的公司、企业的法定代表人，并负有个人责任的，自该公司、企业被吊销营业执照之日起未逾 3 年，不得担任公司的董事、监事、高级管理人员。其他相关法律、法规及规章也有类似规定。在实务中，一般认为，当公司董事、监事、高级管理人员因违反法律、法规以及公司章程的规定，给公司造成损失，依法应当承担刑事责任或者行政责任时，公司有权解除其相应职务，且有权与其解除劳动合同。

第八章　财务与会计制度

由于公司的经营活动涉及范围广泛、种类繁多，既有与日常经营有关的商品或服务采购、销售活动，也有对内产生费用或收益的管理活动，还有对外投资、合作经营等相关经济活动，为了真实反映公司的经济活动，公司必须建立完整的财务、会计制度，以保证股东、行政监管或司法部门，甚至债权人了解公司的相关经营情况，这也是《公司法》公法特征的体现、司法介入的基础。因此，财务会计工作是公司经营活动中的一项重要的基础工作，公司章程也有必要对此作出原则性的规定。

第一节　财务会计制度概述

一、财务会计制度的基本规定

现行《公司法》将“公司财务、会计”作为第八章专门作了规定，共计九条，内容涉及公司财务会计报告的编制和提供、法定公积金和任意公积金的提取和弥补亏损、承办公司审计业务的会计师事务所的相关职权、公司会计账簿和账户的开立限制等。《公司法》原文的上述九条规定，基本对公司的财务与会计作了原则性的规定，一般情况下可以作为公司章程中关于财务会计的相关内容。当然，公司具体的财务会计制度还受《会计法》《企业会计准则》等专门法律法规或规范性文件的约束。

根据现行法律法规规定，各类公司应当依法建立能够真实反映公司基本经营情况的各项财务制度，其基本要求如下：

（一）公司应当依法建立财务、会计制度

《公司法》第163条规定，公司应当依照法律、行政法规和国务院财政部

门的规定建立本公司的财务、会计制度。此处的法律、行政法规以及规定主要指《会计法》、《企业会计制度》、《企业会计准则》（含 1 个基本准则和 41 个具体准则及其相关解释）、《企业财务会计报告条例》、《小企业会计准则》、《企业财务通则》（主要适用于具备法人资格的国有及国有控股企业，其他企业参照执行）等有关财务会计的法律、法规和规范性文件。

（二）公司应当依法编制财务会计报告

财务会计报告，是指企业对外提供的反映企业某一特定日期财务状况和某一会计期间经营成果、现金流量的文件。财务会计报告的目标是向财务会计报告使用者提供与企业财务状况、经营成果和现金流量等有关的会计信息，反映企业管理层受托责任履行情况，有助于财务会计报告使用者作出经济决策。我国会计年度采用公历年制，即从公历 1 月 1 日起至 12 月 31 日止。财务会计报告分为年度、半年度、季度和月度财务会计报告。季度、月度财务会计报告通常仅指会计报表，会计报表至少应当包括资产负债表和利润表。年度、半年度财务会计报告应当包括：1. 会计报表（包括资产负债表、利润表、现金流量表及相关附表）；2. 会计报表附注；3. 财务情况说明书。小企业（是指在我国境内依法设立的、符合《中小企业划型标准规定》所规定的小型企业标准的企业）编制的会计报表可以不包括现金流量表。公司应当在每一会计年度终了时编制财务会计报告，并依法经会计师事务所审计。财务会计报告应当依照法律、行政法规和国务院财政部门的相关规定制作。

（三）公司应当依法披露有关财务、会计报告

根据《公司法》规定，有限责任公司应当依照公司章程规定的期限将财务会计报告送交各股东。股份有限公司的财务会计报告应当在召开股东大会年会的 20 日前置备于本公司，供股东查阅；公开发行股票的股份有限公司必须公告其财务会计报告。从以上规定不难看出，对于股份有限公司以及上市公司的财务会计报告的对外披露，存在一定的限制性规定，但对于普通有限公司的财务会计报告的披露规则则由公司章程规定。一般情况下，基于股东相关权利的实现和维护，建议在公司章程或其配套制度中规定财务会计报告的编制和责任主体、编制和披露的期限期间，以及审议财务报告的相关决策机构及决策权限等。

（四）公司应当依法建立账簿、开立账户

《公司法》第 171 条第 1 款规定，公司除法定的会计账簿外，不得另立会计账簿。公司发生的各项经济业务事项应当在依法设置的会计账簿上统一登记、核算，不得违反法律和国家统一的会计制度的规定私设会计账簿登记、核算。公司必须根据实际发生的经济业务事项进行会计核算，填制会计凭证，登记会计账簿，编制财务会计报告。任何单位和个人不得伪造、变造会计凭证、会计账簿及其他会计资料，不得提供虚假的财务会计报告。会计凭证包括原始凭证和记账凭证，其中记账凭证应当根据经过审核的原始凭证及有关资料编制。会计账簿登记，必须以经过审核的会计凭证为依据，并符合有关法律、行政法规和国家统一的会计制度的规定。会计账簿包括总账、明细账、日记账和其他辅助性账簿。

根据我国现行的银行结算账户管理的相关规定，单位银行结算账户按用途分为基本存款账户、一般存款账户、专用存款账户、临时存款账户。除因注册验资需要开立的临时存款账户外，公司开立基本存款账户、临时存款账户和预算单位开立专用存款账户实行核准制度，经中国人民银行核准后由开户银行核发开户登记证。根据《商业银行法》第 48 条的规定，公司可以自主选择一家商业银行的营业场所开立一个办理日常转账结算和现金收付的基本账户，但不得开立两个以上基本账户。

《公司法》第 171 条第 2 款和《商业银行法》第 48 条第 2 款均有规定，公司不得将本公司的资金以任何个人名义开立账户存储。如此规定的重要原因是现代公司法确立的股东以其出资额承担有限责任的原则，是以公司与股东相互独立为前提条件的。公司具备法人资格，享有独立的财产权，该权利不能因其受股东控制而被股东损害，公司资产与股东资产不能混同，尤其是公司账户与股东或其他个人账户不能共用，否则就可能存在股东滥用权利损害债权人利益的情形而揭开公司面纱，使公司丧失法人人格，继而由股东就公司债务承担责任。

（五）公司应当依法聘请会计师事务所对财务会计报告审计

公司的财务会计报告按照法律、行政法规的规定应当由会计师事务所审计的，公司应当将其财务会计报告交由会计师事务所审计，由会计师事务所作为独立的审计机构，对公司的财务会计报告作出客观公正的验证和评价。

《公司法》第169条第1款规定，公司聘用、解聘承办公司审计业务的会计师事务所，应当依照公司章程的规定，由股东会、股东大会或者董事会决定。公司应当向聘用的会计师事务所提供真实、完整的会计凭证、会计账簿、财务会计报告及其他会计资料，不得拒绝、隐匿、谎报。公司股东会、股东大会或者董事会就解聘会计师事务所进行表决时，应当允许会计师事务所陈述意见。

公司会计机构由于各种原因，其编制财务会计报告可能存在差错或差异，因此由专业的会计师事务所对财务会计报告进行审计，或更为有效地保证公司财务会计报告的真实和完整。显然，会计师事务所的聘用和解聘尤为重要。《公司法》将这一决策权限限定在股东会、股东大会或者董事会范围内，并赋予会计师事务所的抗辩权，可以有效避免公司高级管理人员对财务会计工作的干扰和影响，可基本保证股东权利不受公司管理层的侵害。

二、建立规范的财务会计制度的作用

建立能够真实反映公司基本经营情况的各项财务制度，能产生相应的积极作用，主要体现在以下几个方面：

（一）实现公司股东权益

通过国家制定的统一规则建立的公司财会制度，可以使公司股东及时准确地掌握公司的各项经营状况、经营成果以及股东对公司的投资境况和权益，以便对公司管理层（主要是董事、监事及高级管理人员）的经营和履职活动开展有效的监督和判断，也可以根据公司真实全面的经营情况在股东会或股东大会上行使股东决策的权利。根据《公司法》规定，股东有权查阅、复制公司的财务会计报告。股东可以要求查阅公司会计账簿。公司拒绝提供查阅的，股东可以请求人民法院要求公司提供查阅。因此，规范的财务会计报告制度不仅可以有效实现公司股东知情权和决策权等基本的股东权利，也可以使公司所有者（股东）和经营者（管理层）各司其职以实现公司的经营目标，建立有效的经营和监督体系，形成良性的市场经营主体秩序。

（二）保护公司债权人利益

保护债权人利益，是维护市场经济体系建立相应法律规则的基本原则之一。建立健全统一的公司财会制度，可以使债权人及时、准确地了解债务人公司的财务状况，并在必要时依法采取相应措施以保护自身权益。客观而言，目前实践中存在债务人公司逃避债务、转移财产、拒不提供相关财务资料的情形，导致债权人利益无法有效实现。对此，最高人民法院已于2016年下半年至2017年上半年密集颁布实施了一系列关于强制执行程序中债务人应当报告其财务情况的相关规定。比如在2017年5月1日起施行的《最高人民法院关于民事执行中财产调查若干问题的规定》（法释〔2017〕8号）中，就规定了被执行人应当如实报告财产，并且必须按照人民法院要求逐项填写《报告财产令》所附财产调查表。人民法院有权通过现场调查等方式向被执行人等调查有关财产信息。被执行人隐匿财产、会计账簿等资料拒不交出的，人民法院可以依法采取搜查措施。人民法院决定审计的，应当责令被执行人提交会计凭证、会计账簿、财务会计报告等与审计事项有关的资料。被执行人隐匿审计资料的，人民法院可以依法采取搜查措施。被执行人拒不提供、转移、隐匿、伪造、篡改、毁弃审计资料，阻挠审计人员查看业务现场或者有其他妨碍审计调查行为的，人民法院可以根据情节轻重对被执行人或其主要负责人、直接责任人员予以罚款、拘留；构成犯罪的，依法追究刑事责任。从以上规定可以看出，若债务人公司未建立相对完整合规的财务会计制度，无规范的财务会计资料，不排除人民法院认为该公司隐匿相关财务资料而追究该公司及其相关责任人员的法律责任，甚至是刑事责任。因此，建立健全公司财务会计制度，有助于保护债权人的合法利益和建立有序的市场经济交易体系，是有效维护市场经济秩序的基本组成部分。

（三）便于政府开展有效监管

各级政府及其各有关部门，依其职责范围负有在法定范围内监督、管理公司相关经营活动的职权和义务。尤其是在大数据时代，各政府部门基于其监管职能，需要了解公司的相关经营情况以判断其是否违规，在此情形下可以依法依规要求公司提供其财务会计报告。比如税务部门，需要公司准时提供财务信息和相关财务报告，必要时可以税务稽查，以了解公司实际经营情况，监督公司履行纳税义务；又如社保部门，为了解公司为员工缴纳社保的合规情况，也有可能要求公司提供有关支付薪酬的财务报告和相关财务资料。在此情形下，若公司提供给税务部门和社保部门的财务信息和报告不一致，则说明公司的财务会计制度不完善，甚至于公司可能存在虚报、瞒报等情形，以掩盖公司有关违规等情形。因此，公司建立规范的财务会计制度，有助于政府部门行使监管职能，维护政府行政管理体系；也有利于政府部门及时掌握公司等主体的经营信息，并相应制定宏观和具体经济政策以实施调控。

（四）有助于市场主体有效评判公司

公司作为市场经济参与者的主要组织形式，政府与市场已经构建了相应的评价体系。比如通过中国人民银行征信系统，可以了解有关公司的基本信息、信贷信息、公共信息和声明信息等；通过国家企业信用信息公示系统，可以查询公司基本的组织架构，公司也可以通过年报等形式公示其相关财务数据；上市公司通过公告其财务季报、年报，拟上市或拟挂牌公司通过公告其招股说明书或公开转让说明书，便于广大投资者了解公司的基本运营状况并作出有效的投资决策。而以上这些评价体系的核心和关键，就是公司的财务会计信息。掌握投资或交易对象的基本财务信息，有助于自己对投资或交易可行性的判断，也可以促进社会交易的良性互动和投资资金的合理流动。比如，有的公司在招标过程中，要求参与投标企业必须在国家企业信用信息公示系统上公示其财务信息。这样做的目的一方面便于了解投标公司的经济实力，另一方面也可以从侧面判断该公司的合规经营情况。因为但凡存在偷税漏税、违规经营的企业，一般不会轻易对外公示其财务信息，以避免不同途径相关财务报告的矛盾和冲突。因此，建立健全完善的财务会计制度，不仅可以促使公司参与公平的竞争环境，也可以促进公司诚信自律，强化企业信用约束，还可以维护交易安全，扩大社会对公司的评价和监督。

（五）对一人有限公司的特别作用

一人有限公司，是指只有一个自然人股东或者一个法人股东的有限责任公司。由于一人公司只有一人股东，缺少股东层面的集体决策体系，因此此类公司往往是股东和管理层角色混同，比如股东、执行董事、总经理均为同一人。为了规制一人有限公司的股东滥用股东权利，损害债权人利益，对于此类公司，《公司法》除了强调一人有限公司应当在每一会计年度终了时编制财务会计报告，并经会计师事务所审计外，还特别规定了一人有限公司的股东不能证明公司财产独立于股东自己的财产的，应当对公司债务承担连带责任。该规定意味着一人有限公司的股东对其是否存在滥用的行为负完全的举证责任，否则该股东应就公司债务承担连带责任。一人有限公司如能按规定编制年度财务报告，并经审计，通过财务会计报告及相关账簿、记账凭证等财务资料证明公司财产独立于股东财产的，则股东的有限责任就不会被否认，有利于保护一人有限公司股东的正当权益。

典型案例

案例 1：财务凭证对股东责任有直接影响

甲公司是侯某设立的一人有限公司。2009 年，甲公司欠付乙宾馆租金、水电费等共计 60 余万元，经过诉讼，法院判决甲公司偿还上述款项。因甲公司无财产可供执行，乙宾馆认为侯某的个人财产与甲公司的财产混同，故诉至法院，要求判令侯某对于甲公司的债务承担连带责任。侯某答辩称，甲公司有专用银行账户，资金清楚，不存在混同，其不应对公司债务承担连带责任。

一审法院认定，侯某虽提交了甲公司的记账凭证与原始凭证，但其记载内容确有不规范之处，故判决支持了乙宾馆的诉讼请求，判决侯某对于甲公司的债务承担连带责任。侯某对一审判决不服，提起上诉。二审法院认为，甲公司拥有独立的账户，侯某提供了自其成为股东以来的全部记账凭证、原始凭证及每年的审计报告，从形式上已经能够证明其个人资产与公司资产相互独立。甲公司账目存在的瑕疵属于公司账目是否规范的问题，尚未达到公司与股东财产无法区分的程度，故不能据此认定甲公司与侯某的财产构成混同，故撤销一审判决，改判驳回了乙宾馆的诉讼请求。

案例 2：若财产不独立一人有限公司应承担连带责任

A 公司是缪某设立的一人有限公司。2012 年 7 月，原告郎某与 A 公司签订关于购买佛像等工艺品的《买卖合同》，并支付了部分货款人民币 900 万元。后由于 A 公司未履行交货义务，因此郎某于 2014 年起诉 A 公司及缪某，要求解除买卖合同，A 公司返还货款 900 万元并支付相应利息，缪某作为 A 公司股东对上述还款义务承担连带责任。

一审法院认为，A 公司未能履行约定的合同项下交付货物义务，原告郎某要求解除合同并返还款项的主张，法院可予支持。但 A 公司系有限责任公司，其作为依法成立的独立民事主体应以公司全部资产对公司债务承担责任，股东以其出资额为限对公司承担责任。因此，对于郎某要求缪某承担连带责任的请求，缺乏法律依据，因此不予支持。郎某对一审判决不服，提起上诉。二审法院认为，A 公司作为依法成立的法人，享有民事主体资格，具有民事责任能力，应当独立承担责任。但同时，A 公司仅有缪某一个股东，属于一人有限责任公司，缪某作为A公司的唯一股东，对于其个人财产与公司财产相互独立，应当承担举证责任。缪某在本案一审、二审期间均未提供任何证据证明其个人财产独立于公司财产，应当由缪某承担举证不能的责任。因此，二审法院撤销了一审部分判决，改判缪某对A公司的还款义务承担连带责任。

【律师剖析】

上述两个案例，均为一人有限公司对外负债，而由债权人向股东追究责任。但两个案例的结果却恰恰相反，案例1法院没有支持债权人要求一人公司股东承担责任，而案例2法院却支持了债权人的请求，其主要原因就是一人有限公司有无建立基本的财务会计制度。案例1中的债务人公司拥有独立的银行账户，其股东提供了自其成为股东以来的全部记账凭证、原始凭证及公司每年的审计报告，因此法院认为股东基本可以证明其个人资产与公司资产相互独立；而案例2中债务人公司及其股东均未提供公司的财务会计报告，无法证明股东财产与公司财产相互独立，因此最终该一人公司法人人格被否认，而由股东就公司债务承担连带责任。可见，公司按照《公司法》《会计法》以及国务院财政管理部门的其他规定建立能够真实反映公司基本经营情况的各项财务制度是具有积极意义的，不仅维护了公司及其股东的合法权益，也对建立和完善健康的市场经济秩序具有积极作用。

第二节 财务负责人

一、财务负责人的定义

关于公司财务负责人，一般意义上的理解就是全面负责公司财务管理、成本管理、预算管理、会计核算和会计监督等方面工作的人。《公司法》并未对财务负责人做出定义，只是规定了财务负责人作为公司高级管理人员的产生方式、相关任职资格限制以及对公司的忠实义务等，并未对其职权作出明确规定。《会计法》第4条规定，单位负责人对本单位的会计工作和会计资料的真实性、完整性负责。但同时，《会计法》又规定，单位负责人是指单位法定代表人或者法律、行政法规规定代表单位行使职权的主要负责人。因此，单位负责人仅仅是公司会计工作的对外责任人，并不等同于公司的财务负责人。《会计法》第5条规定，会计机构、会计人员依照本法规定进行会计核算，实行会计监督。同时在第36条第2款规定，国有的和国有资产占控股地位或者主导地位的大、中型企业必须设置总会计师。又根据《总会计师条例》的规定，总会计师是单位行政领导成员，协助单位主要行政领导人工作，直接对单位主要行政领导人负责。总会计师组织领导本单位的财务管理、成本管理、预算管理、会计核算和会计监督等方面的工作，参与本单位重要经济问题的分析和决策。从上述规定不难理解，在大中型国有企业中，总会计师作为会计机构的负责人，全面负责单位的财务工作，并对主要行政领导人负责，类似于财务负责人；但一般会计机构负责人只进行会计核算，实行会计监督，相对于负责范围更大的财务负责人，会计机构并不能完全等同于财务负责人。

从财务负责人的产生方式来看，在《公司法》第46条规定的董事会职权中，第9项明确董事会根据经理的提名决定聘任或者解聘公司财务负责人及其报酬事项；《公司法》第49条第1款第6项又明确公司经理提请聘任或者解聘公司财务负责人。可见，公司财务负责人系由公司经理提名，由公司董事会聘任，其报酬事项也由公司董事会决定；财务负责人的解聘，同样按上述程序执行。根据“谁产生权力，权力就对谁负责”的原则，财务负责人应当向公司董事会负责。

因此，对机构设置相对健全的公司而言，会计机构负责人向财务负责人负责，财务负责人向公司董事会负责；而对于规模相对较小的公司而言，会计机构负责人可能等同于财务负责人，向执行董事负责。需要说明的是，实践中，经常发生财务负责人向公司经理（总经理）负责，并由公司经理（总经理）直接任免的情形，如果公司经理（总经理）并非执行董事，则该等情形并不符合现代企业的内部控制原则，不利于财务工作的规范运行，应当严格按照公司法的规定赋予财务负责人应有的法律地位。

二、财务负责人的任职资格

我国《公司法》《会计法》《会计基础工作规范》等法律法规和规范性文件并未对公司财务负责人的任职条件作出明确规定，只是规定了会计机构负责人、总会计师的相关任职条件，但从中也基本可以判断出一名合格的财务负责人所应具备的条件。

（一）会计机构负责人任职的基本条件

根据《会计法》《会计基础工作规范》等规定，会计机构负责人任职的基本条件如下：

1. 坚持原则，廉洁奉公；

2. 具备会计师以上专业技术职务资格或者从事会计工作 3 年以上经历（注：原《会计法》规定，会计机构负责人应当取得会计从业资格证书，但 2017 年 11 月 4 日新修订的《会计法》取消了会计从业资格认定，因此对于会计人员及会计机构负责人，不再要求取得会计从业资格证书）；

3. 主管一个单位或者单位内一个重要方面的财务会计工作时间不少于 2 年；

4. 熟悉国家财经法律、法规、规章和方针、政策，掌握本行业业务管理的有关知识；

5. 有较强的组织能力；

6. 身体状况能够适应本职工作的要求。

（二）总会计师任职的基本条件

根据国务院《总会计师条例》的规定，总会计师制度一般适用于全民所有制的大、中型企业，事业单位和业务主管部门可以根据需要，经批准设置总会计师。总会计师是单位行政领导成员，协助单位主要行政领导人工作，直接对单位主要行政领导人负责。因此，在国有控股的公司制企业中，往往设置总会计师，作为会计机构或财务部门的负责人全面负责公司财务会计等相关工作。总会计师必须具备下列条件：

1. 坚持社会主义方向，积极为社会主义建设和改革开放服务；

2. 坚持原则，廉洁奉公；

3. 取得会计师任职资格后，主管一个单位或者单位内一个重要方面的财务会计工作时间不少于 3 年；

4. 有较高的理论政策水平，熟悉国家财经法律、法规、方针、政策和制度，掌握现代化管理的有关知识；

5. 具备本行业的基本业务知识，熟悉行业情况，有较强的组织领导能力；

6. 身体健康，能胜任本职工作。

（三）公司财务负责人的任职限制

《公司法》第146条规定，有下列情形之一的，不得担任公司的董事、监事和高级管理人员：

1. 无民事行为能力或者限制民事行为能力；

2. 因贪污、贿赂、侵占财产、挪用财产或者破坏社会主义市场经济秩序，被判处刑罚，执行期满未逾5年，或者因犯罪被剥夺政治权利，执行期满未逾5年；

3. 担任破产清算的公司、企业的董事或者厂长、经理，对该公司、企业的破产负有个人责任的，自该公司、企业破产清算完结之日起未逾3年；

4. 担任因违法被吊销营业执照、责令关闭的公司、企业的法定代表人，并负有个人责任的，自该公司、企业被吊销营业执照之日起未逾3年；

5. 个人所负数额较大的债务到期未清偿。

若公司违反前款规定聘任的，该聘任无效；在任职期间出现上述所列情形的，公司应当解除其职务。

公司的财务负责人作为公司的高级管理人员，其任职资格受上述规定约束。财务负责人全面主管公司财务各项工作，对公司董事会负责，在公司内部具有较高的法律地位，其本身应当具备包括政治素质、专业技术资格、工作经历、政策业务水平、组织能力、身体条件等诸多综合素质在内的各项基本条件，在上述方面不能胜任或存在重大瑕疵的人是不能或不适宜担任财务负责人的。因此，公司股东或董事在选择确定财务负责人时，应当慎重并严格考察，必要时可以对其进行背景调查，以判断其担任财务负责人的适格性。

此外，部分特殊类型的公司对财务负责人有专门的规定，比如保监会专门制定了《保险公司财务负责人任职资格管理规定》，对担任保险公司的财务负责人要求应当具有诚信勤勉的品行和良好的职业道德操守，具备履行职务必需的专业知识、从业经历和管理能力，并对具体任职条件作了规定。证监会专门制定了《期货公司董事、监事和高级管理人员任职资格管理办法》，明确规定了期货公司的财务负责人应当具备包括具有期货从业人员资格、大学本科以上学历或者取得学士以上学位、会计师以上职称或者注册会计师资格等条件。因此，若行业主管部门对该行业单位的财务负责人有特殊规定的，该公司还应当严格按照规定选聘符合相应条件的财务负责人。

三、财务负责人的法定职责和义务

如前所述，财务负责人应当全面负责公司财务管理、成本管理、预算管理、会计核算和会计监督等方面的工作，此为财务负责人的本职工作，也是其本职义务。但除该等义务外，《公司法》还规定了财务负责人作为公司的高级管理人员应当遵守法律、行政法规和公司章程，对公司负有忠实义务和勤勉义务。

（一）对公司的忠实义务

所谓对公司的忠实义务，即要求义务人不得实施损害公司利益的行为，是一种不得作为的约束。根据《公司法》《会计基础工作规范》等相关规定，财务负责人首先应当廉洁奉公、坚持原则，并履行其他高级管理人员应当履行的忠实义务，具体如下：

1. 不得利用职权收受贿赂或者其他非法收入；

2. 不得侵占公司的财产；

3. 不得挪用公司资金；

4. 不得将公司资金以其个人名义或者以其他个人名义开立账户存储；

5. 不得违反公司章程的规定，未经股东会、股东大会或者董事会同意，将公司资金借贷给他人或者以公司财产为他人提供担保；

6. 不得违反公司章程的规定或者未经股东会、股东大会同意，与本公司订立合同或者进行交易；

7. 未经股东会或者股东大会同意，利用职务便利为自己或者他人谋取属于公司的商业机会，自营或者为他人经营与所任职公司同类的业务；

8. 接受他人与公司交易的佣金归为己有；

9. 擅自披露公司秘密；

10. 违反对公司忠实义务的其他行为。

财务负责人若违反上述规定，其所得收入应当归公司所有。除以上法定义务外，《公司法》还规定，财务负责人应当列席股东会（股东大会），并接受股东的质询；应当如实向监事会（监事）提供有关情况和资料，不得妨碍监事会（监事）行使职权。同时，财务负责人不得利用其关联关系损害公司利益，否则，给公司造成损失的，应当承担赔偿责任；若违反法律、行政法规或者公司章程的规定，损害股东利益的，股东可以向人民法院提起诉讼。

从以上规定不难理解，公司财务负责人应当恪守忠实义务，不得从事有损公司和股东利益的行为。否则，就有可能面临公司及股东的索赔。

（二）对公司的勤勉义务

所谓对公司的勤勉义务，即要求义务人应当积极实施有助于公司利益的行为，是一种积极作为的规范。对于财务负责人的勤勉义务，一方面体现在财务负责人应当积极行使其职权，规范和管理公司的各项财务工作，尽可能维护公司和股东利益；另一方面应当保证公司利益不受任何人的侵害，包括股东、董事和其他高级管理人员。

根据《公司法司法解释四》第12条规定，财务负责人若未依法履行职责，导致公司未依法制作或者保存财务会计报告、会计账簿等属于股东知情权范围内的与财务相关的公司材料，给股东造成损失，股东依法请求负有相应责任的财务负责人承担民事赔偿责任的，人民法院应当予以支持。因此，财务负责人应当尽其勤勉义务，依法负责编制公司财务会计报告，建立会计账簿，以真实反映公司的各项经营活动，保障公司及股东的合法权益。

根据《公司法司法解释三》第13条、第14条规定，股东在公司增资时未履行或者未全面履行出资义务，未尽勤勉义务而使出资未缴足的董事、高级管理人员应当对公司、其他股东和公司债权人承担补充出资或补充赔偿责任；股东抽逃出资的，协助其抽逃出资的董事、高级管理人员应当对该股东的返还出资本息及补充赔偿义务承担连带责任。作为高级管理人员，上述规定自然适用于财务负责人。但财务负责人毕竟只是公司雇员，其任免由公司董事会（执行董事）决定，其职责仅限于公司日常经营管理，由财务负责人承担督促股东出资和避免股东抽逃出资的义务，在无法定对抗权力的情况下似乎过于苛刻。《会计法》对于会计机构、会计人员依法履职给予了特殊保护，因此财务负责人对于单位负责人授意、指使、强令会计机构、会计人员违法办理会计事项的行为可以依法对抗；而对于股东存在瑕疵出资的情形，在无法律规定赋予财务负责人督促或对抗义务的前提下，股东不妨通过公司章程给予财务负责人相应的对抗权利和保护，以避免公司管理层以及个别股东从事损害公司利益的情形发生。对于一人公司股东而言，公司选聘一名适格的财务负责人，不仅可以保证公司财务体系规范运行，也可以督促股东不滥用股东权利，以避免股东承担不必要的法律责任。

第三节　财务会计报告

一、财务会计报告的定义和构成

（一）财务会计报告的定义

根据《企业财务会计报告条例》的解释，财务会计报告是指企业对外提供的反映企业某一特定日期财务状况和某一会计期间经营成果、现金流量的文件。公司按照国家统一的会计准则和会计制度的规定，根据登记完整、核对无误的会计账簿记录和其他有关资料编制的财务会计报告，可以向财务会计报告使用者提供与企业财务状况、经营成果和现金流量等有关的会计信息，以反映企业管理层受托责任的履行情况，并有助于财务会计报告使用者对企业过去、现在或者未来的情况作出评价或者预测。因此，财务会计报告应做到内容完整、数字真实、计算准确，不得漏报或者随意进行取舍。

（二）财务会计报告的构成

根据《会计法》第 20 条第 2 款规定，财务会计报告应当由会计报表、会计报表附注和财务情况说明书组成。

1. 会计报表

会计报表是财务会计报告的基础部分，是指企业根据日常会计核算资料，经过整理汇总后综合反映企业某一特定日期财务状况和某一会计期间经营成果、现金流量的总结性书面文件，是会计核算的前提。会计报表应当包括资产负债表、利润表、现金流量表及相关附表，上市公司还应当单独编制所有者权益变动表。根据财政部《企业会计准则——基本准则》的规定，在我国境内依法设立的，符合工业和信息化部、国家统计局、发展改革委、财政部四部门规定的《中小企业划型标准规定》中小型企业标准的企业可以不编制现金流量表。根据《企业财务会计报告条例》的规定，会计报表应当包括资产负债表、利润表、现金流量表及相关附表。

（1）资产负债表：资产负债表是反映企业在某一特定日期财务状况的报表，应当按照资产、负债和所有者权益（或者股东权益）分类分项列示。其中，资产、负债和所有者权益的定义及列示应当遵循下列规定：

①资产，是指过去的交易、事项形成并由企业拥有或者控制的资源，该资源预期会给企业带来经济利益。在资产负债表上，资产应当按照其流动性分类分项列示，包括流动资产、长期投资、固定资产、无形资产及其他资产。银行、保险公司和非银行金融机构的各项资产有特殊性的，应按照其性质分类分项列示。

②负债，是指过去的交易、事项形成的现时义务，履行该义务预期会导致经济利益流出企业。在资产负债表上，负债应当按照其流动性分类分项列示，包括流动负债、长期负债等。银行、保险公司和非银行金融机构的各项负债有特殊性的，按照其性质分类分项列示。

③所有者权益，是指所有者在企业资产中享有的经济利益，其金额为资产减去负债后的余额。在资产负债表上，所有者权益应当按照实收资本（或者股本）、资本公积、盈余公积、未分配利润等项目分项列示。

（2）利润表：利润表是反映企业在一定会计期间经营成果的报表。利润表应当按照各项收入、费用以及构成利润的各个项目分类分项列示。其中，收入、费用和利润的定义及列示应当遵循下列规定：

①收入，是指企业在销售商品、提供劳务及让渡资产使用权等日常活动中所形成的经济利益的总流入。收入不包括为第三方或者客户代收的款项。在利润表上，收入应当按照其重要性分项列示。

②费用，是指企业为销售商品、提供劳务等日常活动所发生的经济利益的流出。在利润表上，费用应当按照其性质分项列示。

③利润，是指企业在一定会计期间的经营成果。在利润表上，利润应当按照营业利润、利润总额和净利润等利润的构成分类分项列示。

（3）现金流量表：现金流量表是反映企业一定会计期间现金和现金等价物（以下统称现金）流入和流出的报表。现金流量表应当按照经营活动、投资活动和筹资活动的现金流量分类分项列示。其中，经营活动、投资活动和筹资活动的定义及列示应当遵循下列规定：

①经营活动，是指企业投资活动和筹资活动以外的所有交易和事项。在现金流量表上，经营活动的现金流量应当按照其经营活动的现金流入和流出的性质分项列示；银行、保险公司和非银行金融机构的经营活动按照其经营活动特点分项列示。

②投资活动，是指企业长期资产的购建和不包括在现金等价物范围内的

投资及其处置活动。在现金流量表上，投资活动的现金流量应当按照其投资活动的现金流入和流出的性质分项列示。

③筹资活动，是指导致企业资本及债务规模和构成发生变化的活动。在现金流量表上，筹资活动的现金流量应当按照其筹资活动的现金流入和流出的性质分项列示。

（4）相关附表是反映企业财务状况、经营成果和现金流量的补充报表，主要包括利润分配表以及国家统一的会计制度规定的其他附表。利润分配表是反映企业一定会计期间对实现净利润以及以前年度未分配利润的分配或者亏损弥补的报表。利润分配表应当按照利润分配各个项目分类分项列示。

2. 会计报表附注

会计报表附注是指对会计报表中列示的各类项目详细的文字描述以及对未能在会计报表中列示项目进行说明的书面文件，是为便于会计报表使用者理解会计报表的内容而对会计报表的编制基础、编制依据、编制原则和方法及主要项目等所作的解释。

会计报表附注至少应当包括下列内容：

（1）不符合基本会计假设的说明；

（2）重要会计政策和会计估计及其变更情况、变更原因及其对财务状况和经营成果的影响；

（3）或有事项和资产负债表日后事项的说明；

（4）关联方关系及其交易的说明；

（5）重要资产转让及其出售情况；

（6）企业合并、分立；

（7）重大投资、融资活动；

（8）会计报表中重要项目的明细资料；

（9）有助于理解和分析会计报表需要说明的其他事项。

3. 财务情况说明书

财务情况说明书是指单位对其在一定会计期间内财务、成本等情况以及损益形成和增减等原因进行分析总结所形成的书面文字报告，以全面反映单位生产经营以及业务活动的情况。财务情况说明书一般应当对下列情况作出说明：

（1）企业生产经营的基本情况；

（2）利润实现和分配情况（含企业亏损情况）；

（3）资金增减和周转情况；

（4）所有者权益（或股东权益）增减变动情况（国有企业还应说明国有资本的保值增值情况）；

（5）对企业财务状况、经营成果和现金流量有重大影响的其他事项；

（6）分析总结经营业绩和存在问题及不足，对新年度拟采取的改进管理和提高经营业绩的具体措施进行说明。

虽然《会计法》明确规定财务会计报告应当由会计报表、会计报表附注和财务情况说明书组成；但是在《企业财务会计报告条例》中，只是规定在年度、半年度财务会计报告中应当包括会计报表、会计报表附注和财务情况说明书，而季度和月度财务会计报告仅指会计报表，并不包括会计报表附注和财务情况说明书，该条例也未强制要求企业编制季度和月度财务会计报告必须包括会计报表附注和财务情况说明书。上述规定的差异以及实践中上述规定执行的不严格，导致很多公司，尤其是中小型的民营企业只是编制会计报表，甚至在年度、半年度财务会计报告中，也未按照上述规定编制会计报表附注和财务情况说明书。此类编制不规范的财务会计报告，使社会大众和交易对象无法通过该公司的财务会计报告对企业的经营情况作出有效评价和预测，不利于社会交易秩序的构建和维护，不能有效实现《会计法》立法的根本目的。2014 年 10 月 1 日起施行的《企业信息公示暂行条例》虽然规定了企业年度报告中应当包括资产总额、负债总额、所有者权益合计、营业总收入、主营业务收入、利润总额、净利润、纳税总额等关键财务会计信息，但该等信息是否公开属于企业自由选择事项，因此实践中大多数企业以其作为秘密而选择不公开，这其实也不利于社会大众和交易对象对该企业的交易能力和资信进行评价；而由于无法在公开渠道查询到企业的主要财务信息，无法监督企业的财务会计工作，导致企业会计报表做假、账目混乱、恶意逃避债务等乱象频发，对社会经济秩序产生非常不利的影响。因此，有必要在一定范围内通过法律法规的规定，强制要求企业不仅应按规定编制会计报表及其附注，还应当在一定范围内公开其财务会计报告中的必要关键内容，以此作为建立社会经济主体经营评价体系的基础内容。

二、财务会计报告的编制

（一）财务会计报告的按期分类

财务会计报告按期可分为年度、半年度、季度和月度财务会计报告。月度、季度财务会计报告是指月度和季度终了提供的财务会计报告；半年度财务会计报告是指在每个会计年度的前 6 个月结束后对外提供的财务会计报告；年度财务会计报告是指年度终了对外提供的财务会计报告。半年度、季度和月度财务会计报告可统称为中期财务会计报告。根据《企业会计制度》的要求，月度财务会计报告应当于月度终了后 6 天内（节假日顺延，下同）对外提供；季度财务会计报告应当于季度终了后 15 天内对外提供；半年度财务会计报告应当于年度中期结束后 60 天内（相当于两个连续的月份）对外提供；年度财务会计报告应当于年度终了后 4 个月内对外提供。我国会计年度采用公历年制，即从公历 1 月 1 日起至 12 月 31 日止，因此年度财务会计报告一般要求在次年的 4 月 30 日前对外提供。企业应当依照有关法律、行政法规和本条例规定的结账日进行结账，不得提前或者延迟。年度结账日为公历年度每年的 12 月 31 日；半年度、季度、月度结账日分别为公历年度每半年、每季、每月的最后一天。

（二）财务会计报告的编制原则

企业财务会计报告的编制应当满足以下原则：

1. 以持续经营为基础

企业应当以持续经营为基础，根据实际发生的、真实的交易、事项以及完整、准确的账簿记录等资料，按照《企业会计准则——基本准则》和其他各项会计准则的规定进行确认和计量，在此基础上编制财务报表。以持续经营为基础编制财务报表不再合理的，企业应当采用其他基础编制财务报表，并在附注中披露这一事实。比如，企业正式决定或被迫在当期或将在下一个会计期间进行清算或停止营业的，则表明以持续经营为基础编制财务报表不再合理。在这种情况下，企业应当采用其他基础编制财务报表，并在附注中声明财务报表未以持续经营为基础编制的事实、披露未以持续经营为基础编制的原因和财务报表的编制基础。

2. 报表项目各个会计期间保持一致，不得随意变更

根据《企业财务会计报告条例》的规定，企业不得违反国家统一的会计制度规定，随意改变财务会计报告的编制基础、编制依据、编制原则和方法，对会计报表中各项会计要素应当进行合理的确认和计量，不得随意改变会计要素的确认和计量标准。因此，财务报表项目的列报应当在各个会计期间保持一致，不得随意变更，但下列情况除外：（1）会计准则要求改变财务报表项

目的列报；（2）企业经营业务的性质发生重大变化或对企业经营影响较大的交易或事项发生后，变更财务报表项目的列报能够提供更可靠、更相关的会计信息。

3. 重要性原则

重要性，是指在合理预期下，财务报表某项目的省略或错报会影响使用者据此作出经济决策的，该项目具有重要性。重要性应当根据企业所处的具体环境，从项目的性质和金额两方面予以判断，且对各项目重要性的判断标准一经确定，不得随意变更。判断项目性质的重要性，应当考虑该项目在性质上是否属于企业日常活动、是否显著影响企业的财务状况、经营成果和现金流量等因素；判断项目金额大小的重要性，应当考虑该项目金额占资产总额、负债总额、所有者权益总额、营业收入总额、营业成本总额、净利润、综合收益总额等直接相关项目金额的比重或所属报表单列项目金额的比重。根据《企业会计准则第 30 号——财务报表列报》的规定，性质或功能类似的项目，其所属类别具有重要性的，应当按其类别在财务报表中单独列报。某些项目的重要性程度不足以在资产负债表、利润表、现金流量表或所有者权益变动表中单独列示，但对附注却具有重要性，则应当在附注中单独披露。

4. 权责发生制原则

权责发生制是以权利和责任的发生决定收入和费用归属期的一项原则，它要求凡是当期已经实现的收入和已经发生或应当负担的费用，不论款项是否收付，都应当作为当期的收入和费用；凡是不属于当期的收入和费用，即使款项已在当期收付，也不应当作为当期的收入和费用。《企业会计准则——基本准则》规定，企业应当以权责发生制为基础进行会计确认、计量和报告。根据《企业会计准则第 30 号——财务报表列报》的规定，除现金流量表按照收付实现制原则编制外，企业应当按照权责发生制原则编制财务报表。

5. 项目金额不得相互抵销

根据《企业会计准则第 30 号——财务报表列报》的规定，财务报表中的资产项目和负债项目的金额、收入项目和费用项目的金额、直接计入当期利润的利得项目和损失项目的金额不得相互抵销，但其他会计准则另有规定的除外。此外，一组类似交易形成的利得和损失应当以净额列示，但具有重要性的除外。资产或负债项目按扣除备抵项目后的净额列示，不属于抵销。非日常活动产生的利得和损失，以同一交易形成的收益扣减相关费用后的净额列示更能反映交易实质的，不属于抵销。

6. 信息列报的可比性

根据《企业会计准则第 30 号——财务报表列报》的规定，企业当期财务报表的列报，至少应当提供所有列报项目上一个可比会计期间的比较数据以及与理解当期财务报表相关的说明，但其他会计准则另有规定的除外。财务报表的列报项目发生变更的，应当至少对可比期间的数据按照当期的列报要求进行调整，并在附注中披露调整的原因和性质，以及调整的各项目金额。对可比数据进行调整不切实可行（是指企业在作出所有合理努力后仍然无法采用某项会计准则规定）的，应当在附注中披露不能调整的原因。

7. 披露要求

企业应当在财务报表的显著位置至少披露下列各项：（1）编报企业的名称；（2）资产负债表日或财务报表涵盖的会计期间；（3）人民币金额单位；（4）财务报表是合并财务报表的，应当予以标明。企业至少应当按年编制财务报表。年度财务报表涵盖的期间短于一年的，应当披露年度财务报表的涵盖期间、短于一年的原因以及报表数据不具可比性的事实。

（三）财务会计报告的编制规定

1. 编制财务会计报告前应当完成的工作

根据《企业财务会计报告条例》，企业在编制年度财务会计报告前，应当全面清查资产、核实债务，具体要求如下：

（1）结算款项，包括应收款项、应付款项、应交税金等是否存在，与债务、债权单位的相应债务、债权金额是否一致；

（2）原材料、在产品、自制半成品、库存商品等各项存货的实存数量与账面数量是否一致，是否有报废损失和积压物资等；

（3）各项投资是否存在，投资收益是否按照国家统一的会计制度规定进行确认和计量；

（4）房屋建筑物、机器设备、运输工具等各项固定资产的实存数量与账面数量是否一致；

（5）在建工程的实际发生额与账面记录是否一致；

（6）需要清查、核实的其他内容。

企业通过上述清查、核实，应当查明财产物资的实存数量与账面数量是否一致、各项结算款项的拖欠情况及其原因、材料物资的实际储备情况、各项投资是否达到预期目的、固定资产的使用情况及其完好程度等。企业清查、核实后，应当将清查、核实的结果及其处理办法向企业的董事会等管理机构报告，并根据国家统一的会计制度的规定进行相应的会计处理。同时规定，企业应当在年度中间根据具体情况，对各项财产物资和结算款项进行重点抽查、轮流清查或者定期清查。

此外，企业在编制财务会计报告前，除应当按上述要求全面清查资产、核实债务外，还应当完成以下工作：

（1）核对各会计账簿记录与会计凭证的内容、金额等是否一致，记账方向是否相符；

（2）依照规定的结账日进行结账，结出有关会计账簿的余额和发生额，并核对各会计账簿之间的余额；

（3）检查相关的会计核算是否按照国家统一的会计制度的规定进行；

（4）对于国家统一的会计制度没有规定统一核算方法的交易、事项，检查其是否按照会计核算的一般原则进行确认和计量以及相关账务处理是否合理；

（5）检查是否存在因会计差错、会计政策变更等原因需要调整前期或者本期相关项目。

此外，根据《企业内部控制应用指引第 14 号——财务报告》，企业在编制财务报告前，除上述事项外，还应当进行必要的减值测试和债权核实。

2. 企业编制财务会计报告的具体要求

（1）企业编制年度和半年度财务会计报告时，对经查实后的资产、负债有变动的，应当按照资产、负债的确认和计量标准进行确认和计量，并按照国家统一的会计制度的规定进行相应的会计处理。

（2）企业应当按照国家统一的会计制度规定的会计报表格式和内容，根据登记完整、核对无误的会计账簿记录和其他有关资料编制会计报表，做到内容完整、数字真实、计算准确，不得漏报或者任意取舍。

（3）会计报表之间、会计报表各项目之间，凡有对应关系的数字，应当相互一致；会计报表中本期与上期的有关数字应当相互衔接。

（4）会计报表附注和财务情况说明书应当按照本条例和国家统一的会计制度的规定，对会计报表中需要说明的事项作出真实、完整、清楚的说明。

（5）企业发生合并、分立情形的，应当按照国家统一的会计制度的规定编制相应的财务会计报告。

（6）企业终止营业的，应当在终止营业时按照编制年度财务会计报告的要求全面清查资产、核实债务、进行结账，并编制财务会计报告；在清算期间，应当按照国家统一的会计制度的规定编制清算期间的财务会计报告。

（7）按照国家统一的会计制度的规定，需要编制合并会计报表的企业集团，母公司除编制其个别会计报表外，还应当编制企业集团的合并会计报表（企业集团合并会计报表是指反映企业集团整体财务状况、经营成果和现金流量的会计报表）。按照规定，企业对其他单位投资如占该单位资本总额 50% 以上（不含 50%），或虽然占该单位注册资本总额不足 50% 但具有实质控制权的，应当编制合并会计报表，并明确合并报表的合并范围和合并方法。企业在编制合并会计报表时，应当将合营企业（指按合同规定经济活动由投资双方或若干方共同控制的企业）合并在内，并按照比例合并方法对合营企业的资产、负债、收入、费用、利润等予以合并。

（8）半年度中期财务会计报告中的会计报表附注至少应当披露所有重大的事项，如转让子公司等。半年度中期财务会计报告报出前发生的资产负债表日后事项、或有事项等，除特别重大事项外，可不作调整或披露。

（9）企业编制财务报告，应当重点关注会计政策和会计估计，对报告产生重大影响的交易和事项的处理应当按照规定的权限和程序进行审批。会计政策，是指企业在会计确认、计量和报告中所采用的原则、基础和会计处理方法。如前所述，除非会计准则另有规定，企业应当对相同或者相似的交易或者事项采用相同的会计政策进行处理。企业采用的会计政策，在每一会计期间和前后各期应当保持一致，不得随意变更。会计估计，是指对结果不确定的交易或事项以最近可利用的信息为基础所作出的判断。若由于资产和负债的当前状况及预期经济利益和义务发生了变化，企业对资产或负债的账面价值或者资产的定期消耗金额进行调整，就是会计估计变更。

（10）企业报告列示的资产、负债、所有者权益金额应当真实可靠。各项资产计价方法不得随意变更，如有减值，应当合理计提减值准备，严禁虚增或虚减资产。各项负债应当反映企业的现时义务，不得提前、推迟或不确认负债，严禁虚增或虚减负债。所有者权益应当反映企业资产扣除负债后由所有者享有的剩余权益，由实收资本、资本公积、留存收益等构成。企业应当做好所有者权益保值增值工作，严禁虚假出资、抽逃出资、资本不实。

（11）企业报告应当如实列示当期收入、费用和利润。各项收入的确认应当遵循规定的标准，不得虚列或者隐瞒收入，推迟或提前确认收入。各项费用、成本的确认应当符合规定，不得随意改变费用、成本的确认标准或计量方法，虚列、多列、不列或者少列费用、成本。利润由收入减去费用后的净额、直接计入当期利润的利得和损失等构成。不得随意调整利润的计算、分配方法，编造虚假利润。

（12）企业报告列示的各种现金流量由经营活动、投资活动和筹资活动的现金流量构成，应当按照规定划清各类交易和事项的现金流量的界限。

（13）会计报表附注是财务会计报告的重要组成部分，企业应当对反映企业状况、经营成果、现金流量等报表中需要说明的事项，在附注中作出真实、完整、清晰的说明。企业应当按照国家统一的会计准则制度编制附注。

（14）企业编制财务报告，应当充分利用信息技术，提高工作效率和工作质量，减少或避免编制差错和人为调整因素。

三、财务会计报告的对外提供与分析利用

（一）财务会计报告对外提供的要求

根据《企业财务报告条例》的规定，企业应当依照法律、行政法规和国家统一的会计制度有关财务会计报告提供期限的规定，及时对外提供财务会计报告。具体要求如下：

1. 真实性和完整性

企业对外提供的财务会计报告反映的会计信息应当是真实、完整的。

2. 一致性

企业依照本条例规定向有关各方提供的财务会计报告，其编制基础、编制依据、编制原则和方法应当一致，不得提供编制基础、编制依据、编制原则和方法不同的财务会计报告。

3. 形式要求

企业对外提供的财务会计报告应当依次编定页数，加具封面，装订成册，加盖公章。封面上应当注明：企业名称、企业统一代码、组织形式、地址、报表所属年度或者月份、报出日期，并由企业负责人和主管会计工作的负责人、会计机构负责人（会计主管人员）签名并盖章；设置总会计师的企业，还应当由总会计师签名并盖章。财务会计报告须经注册会计师审计的，企业应当将注册会计师及其会计师事务所出具的审计报告随同财务会计报告一并对外提供。企业对外提供的报告应当及时整理归档，并按有关规定妥善保存。

4. 提供对象

企业应当依照企业章程的规定，向投资者提供财务会计报告。国务院派

出监事会的国有重点大型企业、国有重点金融机构和省、自治区、直辖市人民政府派出监事会的国有企业，应当依法定期向监事会提供财务会计报告。有关部门或者机构依照法律、行政法规或者国务院的规定，要求企业提供部分或者全部财务会计报告及其有关数据的，应当向企业出示依据，并不得要求企业改变财务会计报告有关数据的会计口径。

除非依照法律、行政法规或者国务院的规定，任何组织或者个人不得要求企业提供部分或者全部财务会计报告及其有关数据，否则，企业有权拒绝。实践中，很多公司就是因为上述规定，对于债权人要求债务人公司提供相关财务会计报告的要求置之不理，甚至在法院对债权债务审理和执行程序中要求其提供财务报告的要求也予以拒绝。虽然《最高人民法院关于民事执行中财产调查若干问题的规定》(法释〔2017〕8号)中，规定了被执行人隐匿财产、会计账簿等资料拒不交出的，人民法院可以依法采取搜查措施以及有权责令被执行人提交会计凭证、会计账簿、财务会计报告等与审计事项有关的资料，但该规定一方面刚刚出台，有待通过实践检验其实际效果，另一方面该规定仅仅是司法解释，尚缺少上位法的直接支撑，目前执行效果并不理想。因此应当在《民事诉讼法》或者《会计法》等法律中设定企业向人民法院提供财务会计报告法定义务的专项条款，以保护公司股东、债权人以及其他单位的合法权益。

5. 职工代表大会的知情权

国有企业、国有控股的或者占主导地位的企业，应当至少每年一次向本企业的职工代表大会公布财务会计报告，并重点说明下列事项：

(1)反映与职工利益密切相关的信息，包括：管理费用的构成情况，企业管理人员工资、福利和职工工资、福利费用的发放、使用和结余情况，公益金的提取及使用情况，利润分配的情况以及其他与职工利益相关的信息；

(2)内部审计发现的问题及纠正情况；

(3)注册会计师审计的情况；

(4)国家审计机关发现的问题及纠正情况；

(5)重大的投资、融资和资产处置决策及其原因的说明；

(6)需要说明的其他重要事项。

6. 保密要求

接受企业财务会计报告的组织或者个人，在企业财务会计报告未正式对外披露前，应当对其内容保密。

（二）财务会计报告的分析利用

根据《企业内部控制应用指引第 14 号——财务报告》的规定，企业应当重视财务会计报告的分析工作，定期召开分析会议，充分利用财务报告反映的综合信息，全面分析企业的经营管理状况和存在的问题，不断提高经营管理水平。具体如下：

1. 企业应当分析企业的资产分布、负债水平和所有者权益结构，通过资产负债率、流动比率、资产周转率等指标分析企业的偿债能力和营运能力；分析企业净资产的增减变化，了解和掌握企业规模和净资产的不断变化过程。

2. 企业应当分析各项收入、费用的构成及其增减变动情况，通过净资产收益率、每股收益等指标，分析企业的盈利能力和发展能力，了解和掌握当期利润增减变化的原因和未来发展趋势。

3. 企业应当分析经营活动、投资活动、筹资活动现金流量的运转情况，重点关注现金流量能否保证生产经营过程的正常运行，防止现金短缺或闲置。

4. 企业定期的分析应当形成分析报告，构成内部报告的组成部分。分析报告结果应当及时传递给企业内部有关管理层级，充分发挥报告在企业生产经营管理中的重要作用。

第四节　公积金和利润分配

一、公积金的概念和分类

公司的公积金又称储备金、附加资本或准备金，是指公司为了预防及弥补以后年度亏损或为了扩大公司经营规模，巩固自身财产和信用基础，按照法律法规和公司章程的规定或通过股东协议、股东会决议等方式，从公司当期经营盈余或公司资本收益中预先提留部分金额不作为股东股利分配，而将其积存于公司内部具有特定用途的资金；总而言之，公积金是公司在资本之外所保留的资金。公积金可以分为盈余公积金和资本公积金两大类。

（一）盈余公积金

盈余公积金，是公司从其税后净利润中提取的公积金，又可以分为法定盈余公积金（也称法定公积金）和任意盈余公积金（也称任意公积金）。顾名思义，根据法律法规规定强制公司必须提取的盈余公积金，即为法定公积金；而在法律法规规定之外，由公司按照股东意思自治原则，以股东协议、公司章程或股东会决议等形式，决定是否提取留存以及留存数额作为公司储备基金的公积金即为任意公积金。《公司法》第166条规定，公司分配当年税后利润时，应当提取利润的10%列入公司法定公积金。公司法定公积金累计额为公司注册资本的50%以上的，可以不再提取。公司从税后利润中提取法定公积金后，经股东会或者股东大会决议，还可以从税后利润中提取任意公积金。至于任意公积金的提取比例法律并未限制，可以由公司股东会或公司章程自行确定。

1994年7月1日施行的旧《公司法》曾规定，公司分配当年税后利润时，除提取利润的10%列入公司法定公积金外，还应提取利润的5%～10%列入公司法定公益金。2005年新《公司法》修订后，取消了法定公益金的相关条款。因此，从2006年1月1日新《公司法》施行之日起，按照新《公司法》组建的企业依法进行利润分配，不再提取公益金。为此，财政部规定，为了保持企业间财务政策的一致性，自2006年1月1日起，国有企业以及其他企业一并停止实行公益金制度。企业对2005年12月31日的公益金结余，转作盈余公积金管理使用；公益金赤字，依次以盈余公积金、资本公积金、以前年度未分配利润弥补，仍有赤字的，结转未分配利润账户，用以后年度实现的税后利润弥补。企业经批准实施住房制度改革，应当严格按照《财政部关于企业住房制度改革中有关财务处理问题的通知》（财企〔2000〕295号）及《财政部关于企业住房制度改革中有关财务处理问题的补充通知》（财企〔2000〕878号）的相关规定执行。企业按照国家统一规定实行住房分配货币化改革后，不得再为职工购建住房，盈余公积金不得列支相关支出。至此，新《公司法》确立了公司税后利润只提取盈余公积金的财务会计制度，不再计提法定公益金。

（二）资本公积金

资本公积金是公司非经营原因产生的资产增值，其本质上是投资人投入的资本额中超出法定资本部分的资本，或者是其他自然人或组织投入的未形成实收资本的资产的转化形式，它本身并不是由公司经营实现的净利润所转化，而仍然属于资本的范畴。根据《企业会计制度》，资本公积包括资本（或股本）溢价、接受捐赠资产、拨款转入、外币资本折算差额等。资本公积项目主要包括：

1. 资本（或股本）溢价，是指企业投资者投入的资金超过其在注册资本中所占份额的部分；

2. 接受非现金资产捐赠准备，是指企业因接受非现金资产捐赠而增加的资本公积；

3. 接受现金捐赠，是指企业因接受现金捐赠而增加的资本公积；

4. 股权投资准备，是指企业对被投资单位的长期股权投资采用权益法核算时，因被投资单位接受捐赠等原因增加的资本公积，企业按其持股比例计算而增加的资本公积；

5. 拨款转入，是指企业收到国家拨入的专门用于技术改造、技术研究等的拨款项目完成后，按规定转入资本公积的部分。企业应按转入金额入账；

6. 外币资本折算差额，是指企业接受外币投资因所采用的汇率不同而产生的资本折算差额；

7. 其他资本公积，是指除上述各项资本公积以外所形成的资本公积，以及从资本公积各准备项目转入的金额。债权人豁免的债务也在本项目核算。

二、公积金的用途

《公司法》第 168 条第 1 款规定，公司的公积金用于弥补公司的亏损、扩大公司生产经营或者转为增加公司资本。但是，资本公积金不得用于弥补公司的亏损。因此，公积金应当按照规定用途使用。

（一）弥补公司亏损

根据我国《企业所得税法》及其实施条例的规定，企业每一纳税年度的收入总额，减除不征税收入、免税收入、各项扣除以及允许弥补的以前年度亏损（此处的亏损是指企业依照企业所得税法和本条例的规定将每一纳税年度的收入总额减除不征税收入、免税收入和各项扣除后小于零的数额）后的余额，为应纳税所得额。企业纳税年度发生的亏损，准予向以后年度结转，用以后年度的所得弥补，但结转年限最长不得超过 5 年。《公司法》第 166 条第 2 款规定，公司的法定公积金不足以弥补以前年度亏损的，在依照前款规定提取法定公积金之前，应当先用当年利润弥补亏损。根据上述规定，公司每一纳税年度的利润总额可以弥补前 5 个纳税年的亏损额。但超过 5 年弥补期限仍未补足的亏损，可以用公司税后利润弥补；用公司税后利润仍然无法弥补亏损的，则公司可以经董事会提议，由股东（大）会或类似权力机构批准，以公司所提取的公积金来弥补。

（二）扩大公司生产经营

公司通过提取公积金，减少了用以分配给股东的利润，公司沉淀了资产，增加了公司经营所需的财产基础。因此公司可以在不增加资本的情况下，根据自身经营的需要，用提取的公积金扩大公司的生产经营规模，以增强公司的经营实力。

（三）转为增加公司资本

公司可以依法将留存的部分公积金项目转增股本。通常情况下，公司盈余公积金（含法定公积金和任意公积金）以及部分资本公积金可以转增公司注册资本。但转增公司股本需注意以下重要事项：

1. 盈余公积金中的法定公积金转为资本时，所留存的该项公积金不得少于转增前公司注册资本的 25%。

2. 根据《企业会计制度》的规定，资本公积项下各准备项目原则上不能转增资本（或股本）。准备项目包括接受非现金资产捐赠准备、资产评估增值、股权投资准备三项。但执行《企业会计准则》的公司，资本公积转增资本的情形包括资本（股本）溢价和除此之外其他资本公积中已经实现利得部分的资本公积。

3. 以公积金转增公司注册资本（或股本），应当由公司股东会（股东大会）或其他类似权力机构作出决议。

4. 以盈余公积、资本公积转增股本的，应当依照法律法规以及财政部、国家税务总局的相关规定缴纳所得税。

三、公司的利润分配

（一）利润分配的基本概念

根据《公司法》的规定，公司弥补亏损和提取公积金后所余税后利润，为公司股东可以分配的利润（以下简称可供股东分配的利润）。可供股东分配的利润为公司当期实现的净利润，加上年初未分配利润（或减去年初未弥补亏损）和其他转入后再减去提取的法定公积金的余额。在确定股东可供分配的利润之前，需要先了解各项利润的含义。

利润是指公司在一定会计期间的经营成果，包括营业利润、利润总额和净利润。其中，营业利润是指主营业务收入减去主营业务成本和主营业务税金及附加，加上其他业务利润，减去营业费用、管理费用和财务费用后的金额。利润总额是指营业利润加上投资收益、补贴收入、营业外收入，减去营业外支出后的金额。投资收益是指企业对外投资所取得的收益，减去发生的投资损失和计提的投资减值准备后的净额。补贴收入是指企业按规定实际收到退还的增值税，或按销量或工作量等依据国家规定的补助定额计算并按期给予的定额补贴，以及属于国家财政扶持的领域而给予的其他形式的补贴。营业外收入和营业外支出是指企业发生的与其生产经营活动无直接关系的各项收入和各项支出。营业外收入包括固定资产盘盈、处置固定资产净收益、处置无形资产净收益、罚款净收入等。营业外支出包括固定资产盘亏、处置固定资产净损失、处置无形资产净损失、债务重组损失、计提的无形资产减值准备、计提的固定资产减值准备、计提的在建工程减值准备、罚款支出、捐赠支出、非常损失等。营业外收入和营业外支出应当分别核算，并在利润表中分列项目反映。营业外收入和营业外支出还应当按照具体收入和支出设置明细项目，进行明细核算。所得税是指企业应计入当期损益的所得税费用。净利润是指利润总额减去所得税后的金额。

（二）利润分配的顺序

根据《企业会计制度》，可供股东分配的利润按下列顺序分配：

1. 应付优先股股利，是指企业按照利润分配方案分配给优先股股东的现金股利。

2. 提取任意盈余公积，是指企业按规定提取的任意盈余公积。

3. 应付普通股股利，是指企业按照利润分配方案分配给普通股股东的现金股利。企业分配给投资者的利润，也在本项目核算之列。

4. 转作资本（或股本）的普通股股利，是指企业按照利润分配方案以分派股票股利的形式转作的资本（或股本）。企业以利润转增的资本，也在本项目核算之列。

可供股东分配的利润，经过上述分配后如仍有余额的，则为未分配利润（或未弥补亏损）。未分配利润可留待以后年度进行分配。公司如发生亏损，可以按规定由以后年度利润进行弥补。

公司未分配的利润（或未弥补的亏损）应当在资产负债表的所有者权益项目中单独反映。公司实现的利润和利润分配应当分别核算，利润构成及利润分配各项目应当设置明细账，进行明细核算。

至于股东分配比例，《公司法》规定，公司弥补亏损和提取公积金后所余税后利润，有限责任公司依照股东实缴的出资比例分取红利。但是，全体股东约定不按照出资比例分取红利的除外；股份有限公司按照股东持有的股份比例分配，但股份有限公司章程规定不按持股比例分配的除外。

（三）利润分配的限制性规定

1. 在弥补亏损和提取法定公积金之前不得向股东分配利润：既然税法规定了公司应当以当年度利润总额弥补以前年度（仅指 5 年内）亏损并在税后利润中提取法定公积金后才能向股东分配利润，公司就不应违反顺序分配利润。因违反上述程序分配利润的，股东必须将违反规定分配的利润退还给公司。否则，不仅公司面临补税甚至行政处罚的潜在后果，股东也极有可能被认定为“侵占公司资金”而承担相关法律责任。

2. 公司持有的本公司股份不得分配利润：原则上公司不持有本公司的股权（股份），但由于《公司法》规定了在例外情况下符合条件的股东可以请求公司收购其股权（股份），因此客观上可能存在公司持有本公司股权（股份）的情形。《公司法》第 74 条第 1 款规定，有下列情形之一的，对股东会该项决议投反对票的股东可以请求公司按照合理的价格收购其股权：

（1）公司连续 5 年不向股东分配利润，而公司该 5 年连续盈利，并且符合本法规定的分配利润条件的；

（2）公司合并、分立、转让主要财产的；

（3）公司章程规定的营业期限届满或者章程规定的其他解散事由出现，股东会会议通过决议修改章程使公司存续的。

《公司法》第 142 条规定，公司不得收购本公司股份。但是，有下列情形之一的除外：

（1）减少公司注册资本；

（2）与持有本公司股份的其他公司合并；

（3）将股份用于员工持股计划或者股权激励；

（4）股东因对股东大会作出的公司合并、分立决议持异议，要求公司收购其股份的。

公司因前款第1项至第3项的原因收购本公司股份的，应当经股东大会决议。公司依照前款规定收购本公司股份后，属于第1项情形的，应当自收购之日起10日内注销；属于第2项、第4项情形的，应当在六个月内转让或者注销。公司依照前款第3项规定收购的本公司股份，不得超过本公司已发行股份总额的百分之五；用于收购的资金应当从公司的税后利润中支出；所收购的股份应当在1年内转让给职工。

根据上述规定，公司在一定期间内可能存在持有本公司股权（股份）的情形，但由于公司持有本公司股权（股份）只能简短维持一段期间，该部分股权（股份）需要及时注销或转让，因此在此期间内公司若分配股利，则公司已经持有的且尚未注销或转让的股权（股份）不得分配利润。

对于公司收购本公司股权，《公司法司法解释五》《九民会议纪要》又做了进一步的解释与规定。《公司法司法解释五》第5条规定："人民法院审理涉及有限责任公司股东重大分歧案件时，应当注重调解。当事人协商一致以下列方式解决分歧，且不违反法律、行政法规的强制性规定的，人民法院应予支持：（一）公司回购部分股东股份……"也就是说，对于公司回购部分股东股份也当注重调解，而且再次明确通过调解和公司回购部分股东股份是解决股东重大分歧的一种重要措施。

但是公司收购部分股东股份在随后的《九民会议纪要》中就因为"对赌"而涉及的公司回购部分股东股份又进行了补充。《九民会议纪要》5. 与目标公司"对赌"包括三款内容：

投资方与目标公司订立的"对赌协议"在不存在法定无效事由的情况下，目标公司仅以存在股权回购或者金钱补偿约定为由，主张"对赌协议"无效的，人民法院不予支持，但投资方主张实际履行的，人民法院应当审查是否符合公司法关于"股东不得抽逃出资"及股份回购的强制性规定，判决是否支持其诉讼请求。

投资方请求目标公司回购股权的，人民法院应当依据《公司法》第35条关于"股东不得抽逃出资"或者第142条关于股份回购的强制性规定进行审查。经审查，目标公司未完成减资程序的，人民法院应当驳回其诉讼请求。

投资方请求目标公司承担金钱补偿义务的，人民法院应当依据《公司法》

第35条关于“股东不得抽逃出资”和第166条关于利润分配的强制性规定进行审查。经审查，目标公司没有利润或者虽有利润但不足以补偿投资方的，人民法院应当驳回或者部分支持其诉讼请求。今后目标公司有利润时，投资方还可以依据该事实另行提起诉讼。

根据上述规定，可以归纳出如下三个方面的内容：其一是明确确定了“对赌协议”的效力；其二明确了回购股权的审查义务特别是是否完成减资程序；其三是人民法院还应当依据《公司法》第35条关于“股东不得抽逃出资”和第166条关于利润分配的强制性规定进行审查，从而确定是否支持或者部分支持诉讼请求。应该说规定更加明确、更具有操作性了。但是仍然有一些未能解决的问题：如存在争议的情况下如何完成减资程序，利润如何认定，等等。笔者建议这些相关问题可以通过公司章程进行进一步明确。

（四）利润分配的司法干预

利润分配权，是公司股东的当然的权利，但对于公司利润是否分配或者如何分配，均属于公司自治范畴，原则上司法不应介入。据此，《公司法司法解释四》也明确规定了，股东请求公司分配利润的，应当提交载明具体分配方案的股东会或者股东大会决议；未提交的，人民法院原则上应当不予支持。但实践中，公司大股东违反同股同权原则和股东权利不得滥用原则，排挤、压榨小股东，导致公司不分配利润，损害小股东利润分配权的现象时有发生，严重破坏了公司自治。比如，公司不分配利润，但董事、高级管理人员领取过高薪酬，或者由控股股东操纵公司购买与经营无关的财物或者服务，用于其自身使用或者消费，或者隐瞒或者转移利润，等等。为此，《公司法司法解释四》第15条但书规定，公司股东滥用权利，导致公司不分配利润给其他股东造成损失的，司法可以适当干预，以实现对公司自治失灵的矫正。①

因此，为保障股东利润分配的基本权利，平衡各股东之间的利益，可以考虑在公司章程中设定有关利润分配的相关条件，比如用于分配的利润比例、强制现金分配的基础比例等，以此规范公司的利润分配。

特别是《公司法司法解释五》颁布后，对于强制利润分配的时间又进行了进一步明确，无论哪种情形最长利润分配时间都不得超过1年。其第4条

① 参见《最高人民法院关于适用〈中华人民共和国公司法〉若干问题的规定（四）》新闻发布会并回答记者提问，网址：http://www.court.gov.cn/zixun-xiangqing-57052.html。

规定："分配利润的股东会或者股东大会决议作出后，公司应当在决议载明的时间内完成利润分配。决议没有载明时间的，以公司章程规定的为准。决议、章程中均未规定时间或者时间超过一年的，公司应当自决议作出之日起一年内完成利润分配。决议中载明的利润分配完成时间超过公司章程规定时间的，股东可以依据公司法第二十二条第二款规定请求人民法院撤销决议中关于该时间的规定。"该条款具体分为决议规定章程未规定、决议规定章程规定、决议未规定章程规定、决议和章程均未规定四种情形，具体如下图所示：

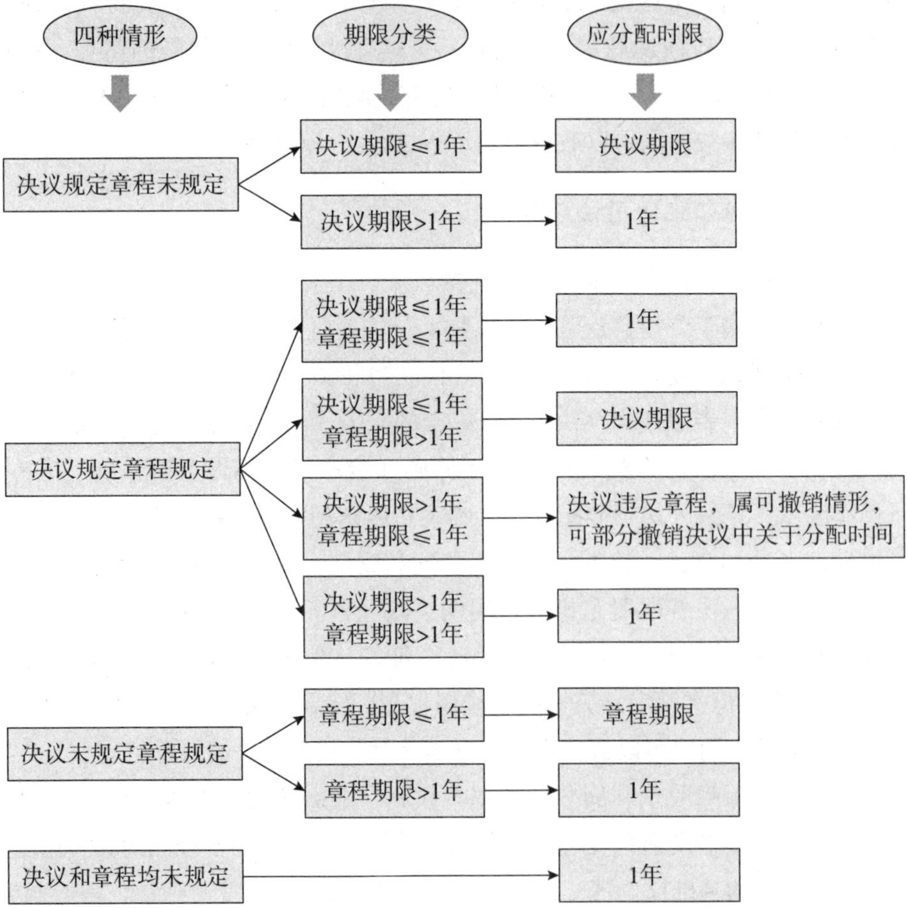

典型案例

案例：专项储备、盈余公积对公司当期利润的影响

A公司于2013年成立，系一家从事生产和销售非金属矿物制品业的企业。2014~2015年两年内，A公司发展顺利、经营业绩不错，两年均产生利润，并于次年进行利润分配。2016年年初，A公司启动新三板申请挂牌项目。2016年7月，A公司顺利完成改制，变更为股份有限公司。之后，A公司向全国中小企业股份转让系统申报挂牌，并提交了申报文件。股转公司在申报文件中发现，A公司存在2014年、2015年两个年度原始财务报表显示未分配利润金额高于申报报表金额，继而导致股东分配的2014年、2015年度利润金额高于申报报表显示金额的情形，因此反馈要求主办券商、会计师和律师（以下简称各中介机构）核查A公司历次利润分配情况，以及是否存在超额分配的情形及其后续的归还情况并发表明确意见。各中介机构经核查后发表明确意见，确定A公司2014年度、2015年度利润分配的金额系基于公司原始财务报表数据所作的股东会决议，决议当时未经会计师审计。之后，经会计师审计，发现A公司在2014年度未按规定提取安全生产费，影响了2014年度当期盈余公积和未分配利润的数据。因此，在A公司改制前追溯调整了财务报表数据，补提了2014年度的安全生产费，并相应增加专项储备金额，减少盈余公积金额，最终导致股东实际分配的2014年度利润金额高于追溯调整后的财务报表显示的未分配利润金额。为确认补足上述超额分配的利润，A公司于改制前召开股东会，决议确认同意经审计的公司截至评估基准日的未分配利润，已扣除以前年度超额分配的利润，并已补足利润。经审计后申报报表所反映的公司截至评估基准日的未分配利润金额已不包括前述超额分配的利润，因此股东已经归还超额分配的利润。各中介机构认为，公司以原始报表为依据进行股利分配，经审计追溯调整后以申报报表为依据，之前的股利分配发生了超额分配公司利润的情形，存在瑕疵；但股东主观上并不具有占用公司资金的故意；且在经审计追溯调整后，公司专门召开股东会，以后续期间公司产生的利润冲抵该部分超额分配的利润，实际已经剔除了超额分配利润对公司的影响，客观上已不存在股东占用公司资金的情形，公司股东补足超额分配利润真实、充足，程序合法合规。因此，股东超额分配公司利润的瑕疵并不对公司本次挂牌构成实质性法律障碍。

最终，股转公司认可了各中介机构的上述反馈意见，同意A公司挂牌。

【律师剖析】

上述案例，充分反映了专项储备、盈余公积等对公司当期利润的影响。2009年财政部《企业会计准则解释第3号》规定了高危行业企业按照国家规定提取的安全生产费，应当计入相关产品的成本或当期损益，同时记入“4301

专项储备”科目。“专项储备”科目期末余额在资产负债表所有者权益项下“减：库存股”和“盈余公积”之间增设“专项储备”项目反映。根据上述规定，A公司的安全生产费作为专项储备应当在提取盈余公积前预先扣除。A公司2014年度应提专项储备而未提，则导致其原始财务报表事实上多提取了盈余公积。之后，A公司在股改前其财务报表追溯调整，补提了2014年的专项储备，因此导致截至2014年度末的专项储备科目余额增加，盈余公积余额相应减少，且2015年度财务数据也作了相应调整。可见，专项储备、盈余公积等权益类科目对公司股东当期利润分配存在重大影响。A公司是一家质地不错、合规经营的公司，如果仅仅因为会计处理的一个瑕疵，而使股东合法利润分配演变成了股东侵占公司资金的违规行为，实在得不偿失。因此也建议公司财务部门、会计机构及相关人员加强学习，严格按照会计法律、法规及各类准则的规定，编制财务会计报告，以免使公司承担不必要的责任和损失。

条款设计示例[①]

第【×】条 公司应当依照法律、行政法规和国务院财政主管部门的规定建立本公司的财务、会计制度。公司董事会应当在每个会计年度终了时制作财务会计报告，并委托依法成立的会计师事务所审计并出具书面报告。

公司实行的会计年度为每年1月1日至12月31日。

第【×】条 财务会计报告应当依照法律、行政法规和国务院财政部门的规定制作。公司董事会应当于每个会计年度结束后4个月内（注：具体期限可以调整，但一般不迟于会计年度结束后4个月）将经审计的财务会计报告送交各股东，并按照本章程的规定召集股东会审议该财务会计报告。

公司财务部门负责编制财务会计报告，财务负责人就财务会计报告的真实性、完整性、合法性向董事会负责，公司董事会就财务会计报告的真实性、完整性、合法性向股东会负责。公司股东、董事不得授意、指使、强令财务部门及其人员违反法律、行政法规和国务院财政主管部门的规定办理财务、会计事项。否则，财务负责人或财务人员有权向公司监事会或股东会反映上述有关事项。

第【×】条 公司利润分配按照《公司法》及有关法律、法规、国务院财政主管部门和本章程的规定执行。

---

① 以有限责任公司为例，不设董事会的以执行董事作为相应机构。

全体股东分配上一年度利润时，应当以该年度经审计的财务会计报告数据为基础，截至该会计年度结束日各股东实缴的出资比例分配利润，但全体股东另有约定的除外。

第【×】条　公司分配当年税后利润时，应当提取利润的10%列入公司法定公积金。公司法定公积金累计额为公司注册资本的50%以上的，可以不再提取。

公司的法定公积金不足以弥补以前年度亏损的，在依照前款规定提取法定公积金之前，应当先用当年利润弥补亏损。

公司从税后利润中提取法定公积金后，经股东会决议，还可以从税后利润中提取任意公积金。

公司弥补亏损和提取公积金后，有税后利润的，公司每年应当向股东分配红利。每年分配的红利不少于可分配利润的××%，其中现金分配比例应不低于本次分配利润的××%。各股东分配比例以各股东实缴的出资比例为准，但全体股东另有约定的除外。

股东会或者董事会违反前款规定，在公司弥补亏损和提取法定公积金之前向股东分配利润的，股东必须将违反规定分配的利润退还公司。

公司持有的本公司股权不得分配利润。

第【×】条　公司的公积金用于弥补公司的亏损、扩大公司生产经营或者转为增加公司资本。但是，资本公积金不得用于弥补公司的亏损。

法定公积金转为资本时，所留存的该项公积金不得少于转增前公司注册资本的25%。

第【×】条　公司聘用、解聘承办公司审计业务的会计师事务所由股东会决定。

公司股东会就解聘会计师事务所进行表决时，应当允许会计师事务所陈述意见。

第【×】条　公司除法定的会计账簿外，不得另立会计账簿。

对公司资产，不得以任何个人名义开立账户存储。

【设计指引】

1. 章程应当明确编制公司财务会计报告的义务主体是公司董事会（或不设董事会的执行董事），财务负责人、财务部门或会计机构等只是财务会计报告的具体编制人员或机构，而非负责机构。

2. 除依照法律、法规规定必须经审计的公司外，并非所有公司的财务会计报告都应当经会计师事务所审计。但为保证公司财务会计报告的准确性，能够真实反映公司的各项经营活动，仍然建议在公司章程中规定公司财务会计报告应当经会计师事务所审计。

3. 一般公司实行的会计年度均为1月1日至12月31日。但受会计决算期日和国家主要法定假期重叠的，会计人员无法依法享受到法定假期；且会计师事务所审计工作集中在每年的“1至4月”，而在淡季审计需求锐减，不利于审计资源的平衡；部分行业的经营周期和自然年度并不匹配，因此，《会计法》修订可能会有条件增加公司会计年度（自然年）自主确定的灵活性，比如在公众公司中试点施行，由公司自主选择会计年度。但在《会计法》未完成相应修订之前，仍然建议公司选择1月1日至12月31日的会计年度。

4. 每个会计年度结束后，公司董事会应当在章程规定的期限内将经审计的财务会计报告送交各股东，并按照章程的规定召集股东会审议财务会计报告。一般情况下，董事会送交股东的期限应不迟于会计年度结束后的4个月，但为督促董事、高管及时编制财务会计报告，章程可以规定相比4个月更短的期间要求董事会送交股东经审计验证的财务会计报告，但应考虑会计师审计的合理期间。

5. 由于《会计法》规定了单位负责人应当保证会计机构、会计人员依法履行职责，不得授意、指使、强令会计机构、会计人员违法办理会计事项，同时财务负责人又受公司董事会的领导，因此为保障公司利益和股东权益，章程有必要授予公司财务部门及其负责人对于股东或董事授意、指使、强令会计机构、会计人员违法办理财务、会计事项的行为依法采取对抗的权利，包括但不限于伪造、变造会计凭证、会计账簿及其他会计资料，提供虚假的财务会计报告，协助股东抽逃出资，等等。

6. 为尽可能避免利润分配基于的财务数据是错误的，建议在章程中规定用以确定利润分配数据的财务会计报告应当经会计师事务所审计。公司利润分配既要考虑公司的长远发展，也要兼顾股东利益，因此建议在章程中确定公司利润分配的最低比例，并相应确定现金分红比例。比如，在证监会对上市公司现金分红的规定中，就区分不同情形规定了现金分红在当期利润分配中的最低比例。公司也可以在章程中规定予以分配的利润所占可分配利润的比例以及现金在本次利润分配中的比例。关于具体的最低比例，股东可以在章程中根据自身情况予以协商确定，一般以不影响公司正常经营为条件。

7. 依据《公司法》规定，公司在未弥补亏损和提取公积金之前，不得分配利润。因此，股东分配利润的前提是不存在未弥补的亏损和依法提取法定公积金。公司依股东会决议还可以从税后利润中提供任意公积金，以备企业发展之需。为敦促股东和公司管理层依法履职，建议在公司章程中就此作出相应规定。

8. 依据《公司法》第 74 条规定，公司可能在特定情况下持有本公司的股权。虽然《公司法》并未明确规定此种情形下，公司持有股权的解决方式，但通常情况下，公司持有的自身股权应当通过减资程序予以消灭，该等股权也不应产生相应的利润分配权。

9. 为保证公司聘请的会计师能够认真履行审计责任，避免公司管理层对审计人员可能施加的不利影响，保障公司财务会计报告的真实性、完整性和准确性，有限公司对审计机构的聘任和解聘权力应当由股东会行使，并允许会计师事务所在股东会关于解聘会计师事务所进行表决时陈述意见。公司章程有必要就此作出规定。

10. 公司具备独立的法人资格，享有独立的财产权，该权利不能因其受股东控制而被股东损害，公司资产与股东资产不能混同，尤其是公司账户与股东或其他个人账户不能共用。公司会计账簿作为反映公司经营活动的凭证，应当保证其准确性、真实性和完整性，不得另立账簿而导致公司对外财务数据失真。为保证公司财产的独立性，避免公司财产被股东或管理层侵占，公司章程有必要就此作出规定。

第九章　劳动人事

《公司法》既是组织法，又是行为法。《公司法》的组织法特征使得公司必须依托董事、监事、高管以及职工来决策、经营、管理，因此劳动人事制度是公司内部制度的重要内容，也是公司章程的重要组成部分。劳动人事制度主要由劳动合同制度、工资制度、工会组织、听取工会和职工意见、保护职工合法权益五个方面组成。

第一节　劳动合同制度

一、概念与特征

公司可通过在章程中制定劳动人事条款或制定人事管理章程等方式以规范公司内部人事行为准则、用工制度、工作流程、各管理层之间的关系等。公司章程中劳动人事条款或人事管理章程一般包括员工录用、劳动合同制度、考核评估、调职与晋升、离职解雇、员工福利待遇、培训等内容。以下主要阐述劳动合同制度。

劳动合同制度是我国劳动用工制度改革的一项重大举措，引领并推动我国劳动用工的改革发展，其健全与否的一个重要标志就是劳动合同内容是否兼顾了相关主体尤其是劳资双方的核心利益。因此，无论是国有公司还是非公有制公司，政府主管部门都要求在公司章程中规定劳动用工制度按国家法律、法规及国务院劳动部门的有关规定执行。根据《劳动法》《劳动合同法》及相关法律、法规规定，公司必须与员工建立劳动关系，加强法律对用人单位制定劳动用工制度的限制，现行的劳动用工制度包括劳动合同、集体合同以及企业内部制度如员工手册等规章制度，公司需要重视这些制度限制，有效制定符合法律要求的劳动合同制度，明确劳动合同双方当事人的权利和义务，保护劳动者的合法权益，构建和发展和谐稳定的劳动关系。[①]概言之，公司的劳动合同制度，是公司制定的组织劳动过程和进行劳动管理的一系列规则和制度的总和。

（一）劳动合同的定义及特征

劳动合同也称劳动契约，它是指依《劳动合同法》制定的明确劳动者和用人单位间劳动关系的，调整双方权利义务的协议。是社会个体签署过的最常见的，也是最重要的合同之一。[②]我国的劳动合同制度从 20 世纪 80 年代中期开始试点，在 90 年代得到大力推行，至今已在城市和乡镇的各类企业中广泛实施。我国在《劳动法》和《劳动合同法》中对劳动合同的订立、变更、解除和终止都做了比较详细的规定，并配套以劳动合同的监督检查和法律责任保障该制度的推行。

劳动合同是保护劳动者合法权益的重要依据，其具有以下特征：

1. 劳动合同主体的特定性

劳动合同的一方是劳动者本人，而另一方是包括公司在内的用人单位。劳动者本人是指符合劳动年龄条件，具有履行劳动合同义务相适应的能力的自然人，达到法定年龄是用人单位招聘员工的基本条件。用人单位是指中国境内的企业、个体经济组织、民办非企业单位和与劳动者建立劳动关系的国家机关、事业单位、社会团体四种类型。

2. 劳动合同的内容具有劳动强度与劳动范围约定的模糊性

一般而言，在劳动合同中，规定用人单位支付给员工的工资和提供福利，同时规定员工按照用人单位的要求在一定时间内完成一定量的劳动，这样就需要双方就劳动强度和劳动范围达成共识，但是，这部分内容双方一般并没有明确写入合同，而是模糊化处理。

3. 劳动合同的目的在于劳动过程的实现，而不是劳动成果的给付

劳动合同调整的是劳动关系，是为了实现用人单位要求劳动者依照其工作需要和工作方式提供劳动，而不是为了实现某项具体的工作成果。劳动者所付出的劳动并不完全等同于劳动成果，因为有些劳动能直接创造价值，有

---

① 参见年冬阳：《〈劳动合同法〉实施后公司规章的制定和运用研究》，苏州大学2009年硕士学位论文。

② 严维石：《劳动合同特征及其行为经济学研究》，载《中央财经大学学报》2011年第2期。

些劳动是间接实现价值，而有些劳动在当下无法体现价值，需要一定时间才能看到。因此，对劳动者支付的工资所对应的是劳动义务的完成而不是劳动成果。

4. 劳动合同对劳动者的特殊保护

劳动合同虽然在劳动者提供劳动与用人单位给付工资上是对等的，但由于劳动者相对于用人单位处于弱势地位，双方在财力、地位、信息上不对等，为了有效保护劳动者的合法权利，劳动合同体现出对劳动者的倾斜保护。如解雇保护制度，对于用人单位而言，其解除劳动合同受到严格的限制，而对于劳动者而言，其享有单方解除权，劳动者提前30日以书面形式通知用人单位，即可解除劳动合同。

劳动合同正是通过强化在整个劳动关系中劳资双方的权利义务，尤其是强化雇主的法律责任，以达到保护劳动者合法权益、协调劳动关系的目的。

（二）劳动合同和劳务合同、劳务派遣合同

1. 劳动合同与劳务合同的区别

除劳动关系外，在公司中还存在着另一种人事关系——劳务关系，即劳动者与用工者之间就提供“一锤子买卖”的劳动服务所形成之关系，这就是劳务合同。其特征为，主体具有不确定性，提供劳务方和用工方既可以是自然人、法人也可以是其他组织，且法律法规对劳务关系主体的要求，不如对劳动关系主体要求的那么严格。公司常见的劳务合同的签订对象有兼职人员和退休返聘人员等。劳动合同与劳务合同有着明显的区别：

（1）劳动合同形成的是劳动关系，由《劳动法》《劳动合同法》规范和调整，建立劳动关系在于劳动合同中劳动者对用人单位有强烈的人身依附性和职业上的从属关系，即作为劳动合同一方当事人的劳动者，在订立劳动合同后，成为另一方当事人企业等用人单位中的一员，用人单位有权指派劳动者完成劳动合同规定的属于劳动者劳动职能范围内的任何任务，这是劳务合同所不具备的。因此，签订劳动合同的员工大多有相对固定的上班时间和上班地点，固定的工资发放时间，劳动过程具有稳定性和持续性。当劳动者与用人单位就劳动合同发生争议时，主要的解决途径有和解、调解、仲裁和诉讼。劳动争议仲裁不收费，对部分劳动争议实行一裁终局制，是劳动争议解决最常见的方式。同时劳动仲裁也是诉讼的前置程序，只有已经申请劳动仲裁并且对仲裁裁决不服的，才可以向人民法院提起诉讼，

而不能直接进行诉讼。

（2）而劳务合同形成的是劳务关系，劳务合同属于民事合同的一种，受《民法典》调整，劳务合同双方是依靠经济关系为纽带将两者联系起来的，一方提供劳务，另一方支付报酬。用工单位无须为劳务工购买五险一金，提供办公环境。劳务合同的内容主要是双方平等协商后的合意性条款，主要围绕工作内容和劳务报酬。因劳务合同发生争议的，由法院直接审理，无须适用仲裁前置程序。

2. 劳务派遣合同与劳动合同的区别

劳务派遣合同是指实际用工单位和劳务派遣公司先签订劳务派遣协议，之后由劳务派遣公司代替用人单位招聘员工进行派遣的合同。被派遣员工与派遣单位签订的是劳动合同，而派遣单位与用工单位签订的是劳务派遣协议。这是我国的一种新型用工方式。

劳务派遣合同与劳动合同的区别主要是：（1）劳动期限不同，劳务派遣合同一般是两年以上的固定期限，而劳动合同分为固定期限和无固定期限合同，还有服务期的约定；（2）用人单位只有在符合《劳动合同法》第40条规定的情况下，才能因劳动者患病、非因工负伤解除劳动合同，而劳务派遣合同中因劳动者过错、患病、非因工负伤、不胜任工作等原因，用工单位可将劳动者退回劳务派遣单位，由劳务派遣单位依法与劳动者解除劳动合同。

而且需要特别指出的是，我国劳务派遣用工制度，当前尚处于起步发展阶段，但实践中，得到不少机关、企事业单位用工部门的热门追捧，是一种重要的用工形式，已显示出促进其就业的重要作用。因此要在公司内部制度特别是员工手册中予以重视。

二、劳动合同制度的制定及制作要点

按照公司章程的规定，用人单位应该按照法律法规和相关政策的规定合法用工，依法签订劳动合同和制定劳动规章制度。

（一）劳动合同

我国《劳动合同法》规定，制定劳动合同，以下条款为必备条款：用人单位的名称、住所和法定代表人或者主要负责人；劳动者的姓名、住址和居民身份证或者其他有效身份证件号码；劳动合同期限；工作内容和工作地点；工作时间和休息休假；劳动报酬；社会保险等。

1. 劳动合同的期限

是指合同的有效时间，即合同能保障和约束双方的期限。劳动合同期限分为固定期限、无固定期限和以完成一定的工作任务为期限。

一是固定期限，劳动合同的固定期限是指劳动者和用人单位约定了劳动合同的起止时间，劳动合同期限届满，劳动关系即告终止。固定期限既能保持劳动关系的相对稳定，又能促进劳动力的合理流动，是运用较多的一种劳动合同。在实践中，一般的劳动合同多为两年、三年的固定期限。

二是无固定期限，指劳动合同没有合同的终止时间，即除非存在法定或约定合同解除的情形，否则该合同直至劳动者退休才终止。因此，无固定期限劳动合同具有很强的稳定性，对于挽留人才、减少关键岗位、保密岗位频繁的人员调动具有一定的作用。在下列情况下，可签订无固定期限劳动合同：

（1）劳动者与用人单位协商一致；

（2）劳动者单方面提出订立无固定期限劳动合同的，用人单位同意的情形，包括劳动者在该用人单位已连续工作满十年的；用人单位初次实行劳动合同制度或者国有企业改制重新订立劳动合同时，劳动者在该用人单位已连续工作满十年且距法定退休年龄不足十年的；劳动者与用人单位已连续订立二次固定期限劳动合同，双方有续签合同意向，且在此之前，劳动者已向用人单位作出签订无固定期限劳动合同的意思表示；

（3）用人单位自用工之日起满一年不与劳动者订立书面劳动合同的，视为用人单位与劳动者已订立无固定期限劳动合同。

事实上，无固定期限劳动合同也并不是不能变更的“死合同”，同其他类型的合同一样，其也适用协商变更原则，在用人单位与劳动者协商一致的情况下，也可以变更合同约定的内容。

三是以完成一定的工作任务为期限，是指用人单位与劳动者约定以某项工作的完成为劳动合同的期限，经用人单位与劳动者协商一致，即可以订立此类劳动合同。但由于该种劳动合同是以某一项工作开始之日作为其期限起算之日，以劳动者完成工作之日作为其期限终止之日，因此，只存在变更、终止、解除等，而不存在续签问题。此类劳动合同相较于前两类运用并不广泛，常见用于工程领域、阶段性或临时性的事件。

四是约定服务期，可以作为一个条款出现在劳动合同中，但其实是劳动合同期限之外的另一个期限，它是指劳动者与用人单位约定的劳动者必须为用人单位提供服务的期限。依据法律规定，当用人单位为劳动者提供专项培训费用，对其进行专业技术培训的，可以与该劳动者订立协议，约定服务期限以及劳动者违反服务期限的违约金。

2. 工作内容和工作地点

工作内容是指劳动者具体从事何种种类或内容的劳动，工作内容的明确也就意味着劳动者履行的劳动合同主要的劳动义务的明确。工作内容主要包括劳动者所从事的工种、岗位、工作范围、工作任务、工作职责等。实践中，对工作内容的约定都相对模糊化，保留一定的弹性空间。

工作地点是劳动者开展工作的具体地理位置，也是劳动合同的履行地。工作地点往往关系到劳动者的工作环境，也是劳动者选择工作的重要考虑因素。因此，公司必须提前告知劳动者工作地点的相关信息，同时在劳动合同中应明确规定对于公司而言，工作地点的约定既不能过于具体也不能过于模糊。具体的工作地点是对劳动者的一种保障，但同时也是对公司的一种束缚。如在工作地点发生变更，而拒绝搬迁的情形下，公司很可能就必须承担不利后果。同时，公司可根据劳动者的工作性质来约定工作地点。对于销售人员、采购人员等，工作地点在日常办公场所以外的其他区域的人员，在工作地点的约定中可以加入一条范围不要过大的兜底条款，如“用人单位根据经营需要，可以对员工的工作地点在范围内作合理调整，员工同意并承诺在范围内服从公司的工作地点调整的安排”等。

3. 工作时间和休息休假

工作时间可分为标准工作时间、缩短工作时间、延长工作时间、不定时工作时间和综合工作时间、计件工作时间等几种情形。

（1）标准工作时间。标准工作时间是在一般情况下普遍适用的，我国目前的标准工时为劳动者每日工作 8 小时，每周工作 40 小时。

（2）缩短工作时间。缩短工作时间在某些特殊情况下，劳动者的工作时间要少于标准工作时间的工时制度。即每日工作少于 8 小时。该种工时制度主要适用于从事矿山井下、高温、有毒有害、特别繁重或过度紧张等作业的劳动者、从事夜班工作的劳动者和哺乳期内的女职工。

（3）延长工作时间。延长工作时间指超过标准工作日的工作时间，即日工作时间超过 8 小时，每周工作时间超过 40 小时。对于延长工作时间，法律法规有明确的规定，延长的时间也有相应的限制，用人单位由于生产经营需要，经与工会和劳动者协商后可以延长工作时间，一般每日不得超过 1 小时，因特殊原因需要延长工作时间的，在保障劳动者身体健康的条件下延长工作时间每日不得超过 3 小时，但是每月不得超过 36 小时。

（4）不定时工作时间和综合工作时间。不定时工作时间是指没有固定工作时数限制的工时制度，其适用于工作性质和职责范围不受固定时间限制的劳动者，如公司中的高级管理人员、从事交通运输的工作人员等。

综合计算工作时间，是指以一定时间为周期，集中安排并综合计算工作时间和休息时间的工时制度。即分别以周、月、季、年为周期综合计算工作时间，但其平均日工作时间和平均周工作时间应与法定标准工作时间基本相同。需要注意的是，不定时工作时间和综合工作时间都应得到相关劳动行政部门的批准。

（5）计件工作时间。计件工作时间是以劳动者完成一定劳动定额为标准的工时制度。

休息休假，是劳动者法定工作时间外可自行支配的时间。如依据国务院公布的最新的放假办法，全体公民放假的节日包括元旦，放假 1 天；春节，放假 3 天；清明节，放假 1 天；劳动节，放假 1 天；端午节，放假 1 天；中秋节，放假 1 天；国庆节，放假 3 天。部分公民放假的节日及纪念日包括妇女节，妇女放假半天；青年节，14 周岁以上的青年放假半天；儿童节，不满 14 周岁的少年儿童放假 1 天；中国人民解放军建军纪念日，现役军人放假半天。对于少数民族习惯的节日，由各少数民族聚居地区的地方人民政府，按照各该民族习惯，规定放假日期。

机关、团体、公司、事业单位、民办非企业单位、有雇工的个体工商户等单位的职工连续工作 1 年以上的，享受带薪年休假（以下简称年休假）。单位应当保证职工享受年休假。职工在年休假期间享受与正常工作期间相同的工资收入。职工累计工作满 1 年不满 10 年的，年休假 5 天；已满 10 年不满 20 年的，年休假 10 天；已满 20 年的，年休假 15 天。

除法定休假日、带薪年假外，劳动者依据实际情况还享有婚假、丧假和探亲假等假期。

4. 劳动报酬及社会保险

劳动报酬是用人单位在劳动者履行劳动义务后支付的工作报酬。社会保险是国家通过立法强制建立的社会保险基金，由国家、公司和个人共同分担，对参加劳动关系的劳动者在遭遇劳动风险时给予必要的帮助。社会保险包括养老保险、医疗保险、工伤保险、生育保险和失业保险。

劳动报酬详见本章第二节工资制度。

5. 劳动保护、劳动条件和职业危害防护

用人单位为劳动者所从事的劳动必须提供生产、工作条件和劳动安全、卫生保护措施，且用人单位所提供的劳动保护、劳动条件和职业危害防护必须符合国家的强制性规定。

6. 劳动合同的变更、解除制度

（1）劳动合同的变更。在劳动合同的履行过程中，由于公司经营状况、发展方向的变化，或者员工生活、劳动情况的变化等原因，经双方协商一致，可对原劳动合同条款进行变更。变更条件：订立劳动合同所依据的法律、行政法规、规章制度等发生变化，劳动合同可作相应变更；订立劳动合同所依据的客观情况如公司的经营发展状态或劳动者自身情况等发生重大变化，致使原劳动合同无法继续履行的，劳动合同可作相应变更；合同双方协商一致可变更劳动合同。变更程序：劳动合同的变更，首先由一方当事人书面提出变更劳动合同，并告知对方变更劳动合同的理由、内容和条件等；对方当事人在收到要求变更劳动合同的通知后，应在一定限期内给予答复，表示同意或不同意变更，或者再协商解决；双方对变更劳动合同协商一致后，应签订书面协议，劳动合同的变更即告完成。变更劳动合同后，原条款不再具有法律效力，但原劳动合同的其他条款仍然有效。

（2）劳动合同的解除。劳动合同的解除是指劳动合同在履行过程中，由于某种原因导致劳动合同一方或双方当事人提前消灭劳动关系的法律行为。劳动合同的解除分为协商解除、法定解除和约定解除三种。

一是协商解除。用人单位与劳动者协商一致，可以解除劳动合同。

二是法定解除。可分为劳动者解除和用人单位解除劳动合同两种情形。劳动者要求解除劳动合同，可依照法定的解除预告期书面通知公司即可解除合同，即劳动者提前 30 日以书面形式通知用人单位，或在试用期内提前 3 日通知用人单位，可以解除劳动合同；劳动者在《劳动合同法》第 38 条规定的用人单位存在过错的情形下，可以随时通知用人单位解除劳动合同，而无须事先书面告知用人单位。用人单位解除劳动合同的情形，由于劳动者自身过失，在符合《劳动合同法》第39条的情形下，用人单位可以单方面辞退劳动者；劳动者不存在过失，但基于客观原因无法继续有效履行劳动合同，在符合《劳动合同法》第 40 条的情形下，用人单位可以解除劳动合同，但是应当提前 30

日以书面形式通知劳动者或者额外支付劳动者一个月工资；用人单位濒临破产进行法定整顿期间或者生产经营发生严重困难，确需裁减人员的，应当提前30日向工会或者全体职工说明情况，听取工会或者职工的意见，经向劳动保障行政部门报告后，可以单方面解除劳动合同。

三是约定解除。不同于协商解除劳动合同的事后约定，约定解除是双方事先在劳动合同中约定了劳动合同的解除条件，当条件成就时，一方可以行使解除权。但公司需要注意的是，劳动合同解除的条件是法定的，只有在法定条件下，才可以进行约定。违反相关法律的约定属于无效约定，用人单位据此解除劳动合同，属于违法解除，依法应向劳动者支付赔偿金。

（3）经济补偿。用人单位应向劳动者提供经济补偿的情形包括：用人单位提出与劳动者解除劳动合同；劳动者依据《劳动合同法》第38条提出解除劳动合同的；用人单位依据《劳动合同法》第40条提前30日以书面形式解除劳动合同的；用人单位依法进行经济性裁员解除劳动合同的；除用人单位维持或者提高劳动合同约定条件续订劳动合同，劳动者不同意续订的情形外，合同期满终止固定期限劳动合同的；用人单位被依法宣告破产的；被吊销营业执照、责令关闭、撤销或者用人单位提前解散的；以完成一定工作任务为期限的劳动合同因任务完成而终止的。

经济补偿的标准是按劳动者在本单位工作年限，每满一年支付一个月工资。六个月以上不满一年的，按一年计算；不满六个月的，支付半个月工资的经济补偿。劳动者月工资高于用人单位所在地年度职工月平均工资三倍的，按职工月平均工资三倍支付，向其支付经济补偿的年限最高不得超过十二年。

（二）员工手册等规章制度

1. 员工手册的定义。员工手册是公司根据实际管理需要而制定的有关规章制度的主要条款的汇编，其功能是指导员工知晓公司内部行为规范以及自身权益。《员工手册》较合同制度要通俗简明扼要，但其仍然属于规章制度范畴。因此，公司内部的规章制度受法律保护，劳动者一旦与用人单位发生争议，《员工手册》上的某些规定，就可以作为解决劳动争议的依据。和劳动合同一样，具有法律效力。[①] 员工上班第一天，公司的HR就会拿来一本员工手册（Employees Handbook），让新员工学习。特别是在外资公司，《员工手册》

---

① 刘大卫：《求职切莫轻视员工手册》，载《成才与就业》2006年第24期。

的作用甚至超过了劳动合同，经常是员工手册厚达几十页，上百条，而劳动合同却只有薄薄的两三页纸。

2. 制定员工手册的法律依据。《劳动法》第 4 条规定，“用人单位应当依法建立和完善规章制度，保障劳动者享有劳动权利和履行劳动义务”。《最高人民法院关于审理劳动争议案件适用法律若干问题的解释》第 19 条规定：“用人单位根据《劳动法》第四条之规定，通过民主程序制定的规章制度，不违反国家法律、行政法规及政策规定，并已向劳动者公示的，可以作为人民法院审理劳动争议案件的依据。”

另外，除了本文上述劳动合同必备条款，如劳动合同期限、工作内容、劳动报酬、劳动保护和劳动条件、劳动纪律、劳动合同解除、违反劳动合同的责任等这些必备条款之外，当事人还可以协商约定其他内容。这个“其他内容”用人单位一般都将本单位的规章制度，如《员工手册》等作为附加条款写入劳动合同。通常这些附加条款又被载于公司的《员工手册》，常常在劳动争议案中，成为左右用人单位和劳动者命运的撒手锏。[①]

3. 员工手册主要内容。一般而言，《员工手册》包括四个方面的内容：一是公司概况和公司文化表述。主要包括公司基本情况、目前的组织架构、主要产品和服务及公司文化理念等。二是人力资源管理制度汇编。如新员工报到程序、薪资福利、奖惩条例、内部调整和晋升、保密和竞业禁止等。三是行政管理制度。包括考勤制度、出差制度、公司资产管理、计算机与互联网的使用、机密信息、健康与安全事项、会议记录的保存等。四是财务制度。包括财务报销制度、备用金申请制度等。

4. 员工手册制定程序及注意问题。《劳动合同法》第 4 条规定：用人单位应当依法建立和完善劳动规章制度，保障劳动者享有劳动权利和履行劳动义务。用人单位在制定、修改或者决定有关劳动报酬、工作时间、休息休假、劳动安全卫生、保险福利、职工培训、劳动纪律以及劳动定额管理等直接涉及劳动者切身利益的规章制度或者重大事项时，应当经职工代表大会或者全体职工讨论，提出方案和意见，与工会或者职工代表平等协商确定。在规章制度和重大事项决定实施过程中，工会或者职工认为不适当的，有权向用人单位提出，通过协商予以修改完善。用人单位应当将直接涉及劳动者切身利益的规章制度和重大事项决定公示，或者告知劳动者。因此，公司在制定《员

---

① 陆士华：《“员工手册”挑战〈劳动法〉》，载《中国劳动保障报》2004年4月。

工手册》等规章制度时，必须切实履行如下程序：手册草案应组织召开会议，进行民主讨论，广泛征求意见，然后形成定稿，并将定稿进行公示，可以在公司宣传栏或公司显眼位置公示 3~5 天（留影保存），将电子版（PDF）和纸质版员工手册下发到员工，全体员工在签收单上签字确认（留存该签收单）。

需要注意的事项主要是：首先，务必重视民主讨论程序的重要性。由于员工手册是公司管理员工、处理劳动争议的重要依据，属于涉及员工利益的重大规章制度，《劳动合同法》明确规定该类制度在制定过程中，需要履行民主制定程序，否则即被视为无效。因此，公司请务必重视，切勿因程序复杂、过程漫长而草草敷衍了事。其次，注意在修订的民主程序中保存相关证据。特别是对会议纪要、员工签字（收）文件、电子邮件的留存和保管。

条款设计示例[①]

第【×】条 劳动合同制：为确立公司与员工劳动关系，明确公司与职工权利义务，公司依据《劳动法》《劳动合同法》等相关法律、法规规定实行劳动合同制管理，与全体职工签订书面劳动合同。

第【×】条 试用期考核：职工在试用期内，由所在部门对其进行考评评估，填写试用期考核表，对试用期内职工表现不符合岗位录用要求的，公司有权解除劳动合同。

第【×】条 解聘、离职：公司实行劳动合同制度，所有员工均以《劳动法》《劳动合同法》等相关法律、法规规定以及劳动合同约定为依据，按公司规定流程办理劳动合同终止、解除等手续。

终止劳动合同手续：职工与公司签订的劳动合同期满，职工或公司提出终止，经人事部门审核备案并报职工所在主管部门领导审批后，办理相关离职手续后离岗。

解除劳动合同手续：在劳动合同有效期内，因各种原因造成无岗位安排、严重违反公司规定或不能胜任本职工作，公司提出解除劳动合同的，经人事部门审核备案并报职工所在主管部门领导审批后，办理相关离职手续后离岗。

【设计指引】

1. 公司在与职工签订劳动合同时，为防止劳动合同到期后，公司因客观

---

① 以有限责任公司为例。

原因延迟、延误与职工续订劳动合同，最好在合同中加上："劳动合同到期后，双方如无异议，劳动合同自动顺延一年"的条款，以免以后发生争议。

2. 试用期考核作为评判职工是否留用的依据，公司应当具体明确试用期考核的具体内容、考核流程以及考核标准等。

3. 职工严重违反公司规定的，公司有权解除劳动合同。为避免争议，公司可在章程或《员工手册》中列举严重违反公司规定的一些行为。

4. 对违纪职工的处罚，条款设计上要注意把握的原则：应明确处理流程文书送达方式，在处理违纪员工时，至少有书面处理通知。一是对事实掌握要清楚，一定要有证据；二是法律运用要准确，要有法律依据；三是程序执行要合法，规章制度中一定要写明处罚的流程；四是如果公司有工会组织的，根据《劳动合同法》第43条，公司单方面解除职工劳动合同时，要告知工会，处理通知必须提前送达工会。

5. 聘用外籍职工，首先，用人单位聘用须为其申请就业许可，经获准并取得就业许可证后方可聘用，持旅游签证不得聘用。其次，用人单位与外籍职工的劳动合同的期限最长不得超过五年，且劳动合同期限届满即行终止，原劳动合同不得自动延续，要重新办理就业许可证后重新签订。最后，外籍员工也应当依法参加社会保险，包括职工基本养老保险、职工基本医疗保险、工伤保险、失业保险和生育保险，参照《社会保险法》有关规定缴纳。但根据我国与德国、韩国的两个双边协定，德国公民和韩国公民在我国境内就业的，提供相应参保证明，可以分别不参加失业保险（德国）和基本养老保险（德国、韩国），但应参加基本医疗保险、生育险和工伤保险。

6. 劳动仲裁的不公开审理可以通过用人单位和劳动者之间协议决定。对公司而言，虽然双方在争议的过程中协商一致不公开的可能性较少，但其可在劳动合同的条款中设计有关发生劳动争议不公开审理的内容，这样就可以避免某一员工申请仲裁，公司其他员工旁听的情形了。

实务问题

1. 如何设置试用期录用相关条件

试用期是用人单位与劳动者在劳动合同中约定的期限，双方均可在此期间内考察对方是否符合自己的要求。由于劳动者在试用期间被证明不符合录用条件的，用人单位可以解除劳动合同，且无须支付经济补偿。因此，劳动者与用人单位间常常就录用条件以及自身是否符合录用条件产生异议。那么，如何设置合理的录用条件并证明劳动者不符合录用条件就是关键。

首先，录用条件要尽量变得可以衡量。一般情况下，用人单位对录用条件作出的约定略显模糊，以文员为例，录用条件多是能够熟练掌握办公软件，具备较好的文字组织及语言表达能力等。这样的约定看似无可厚非，可一旦发生争议，熟练、较好这样的描述性字眼将难以衡量。建议一些可以量化的岗位，如销售员、操作工等，应当在录用条件中列明具体的量化要求。而那些难以量化的岗位，如文员岗可将熟练掌握办公软件改为不低于每分钟多少字，较好的文字组织及语言表达可改为上传下达容错数不多于多少次。

其次，公司要注意告知问题。一份未告知的录用条件是无效的条件，公示方式有多种，如招聘广告、岗位说明、入职登记表、劳动合同、规章制度、专门协议约定等。用人单位最好能以书面形式向劳动者公示并要求其签收，告知劳动者岗位职责、具体要求等。此外，对员工进行入职培训时，也可进行有关录用条件等内容的培训并要求员工培训签到，将录用条件写入员工守则并要求员工签收。

最后，公司应证明不符合录用条件。试用期考核是试用期员工管理的核心所在，考核结果是用人单位决定是否以“不符合录用条件”为由而解除合同的证据。用人单位在试用期内解除劳动合同，需要向劳动者说明理由，举证责任在用人单位一方；举证不能，则劳动者可要求仲裁部门撤销用人单位的解除决定或者要求用人单位支付违法解除劳动合同的赔偿金。可见，试用期员工管理除要设计完善的录用条件外，还要加强对试用期考核制度的建设，如考核组织的设立，考核程序、内容、方式等，整个考核要围绕录用条件进行。

2. 如何制定公司《员工手册》才是合法有效的

公司为了有效管理员工，往往会制定各种各样的规章制度，来规范、约束员工的行为，同时还会伴有奖惩措施。对于这样的《员工手册》和规章制度等的效力应如何认定？

典型案例

案例 1：李某为甲公司的员工，一贯表现良好，按时上下班，某日李某因突发事件上班迟到 1 小时，月底结算工资时，李某发现甲公司扣除其工资 150 元，原因是李某上班迟到应罚款。按照甲公司的规章制度，迟到员工应依据其迟到时间不同罚款不同数额。李某认为甲公司无权因其迟到而罚款，因此与甲公司发生争执。后甲公司以李某不仅迟到，而且不服从公司管理规定为由，提出解除与李某的劳动合同。甲公司对李某采取罚款措施，并因李某不服从公司罚款决定而解除与李某的劳动合同是否合法?

【律师剖析】

首先，公司有权对职工罚款的依据是国务院1982年发布施行的《企业职工奖惩条例》，但是该条例已于2008年被国务院废止，自此，公司对员工采取罚款措施并无法律依据，因此，甲公司因李某迟到而对其进行罚款违反法律规定。《劳动合同法》第39条及第40条对用人单位有权解除劳动合同的情形进行了具体规定，依据该规定，甲公司无权因李某不服从甲公司的罚款决定而解除与李某的劳动合同。

其次，为了避免上述法律风险，建议公司：针对职工的违纪行为，公司可以制定有效的内部规章制度进行规范。第一，针对考勤问题，可在工资构成中设置全勤奖进行有效管理。职工当月满勤，则可享受全勤奖，若职工当月缺勤（如迟到、早退、旷工），则扣除当月全部或部分全勤奖。第二，针对职工迟到、早退、旷工次数和时间以及其他违纪行为具体情况，可设置绩效考核制度进行管理。以绩效考核结果作为员工晋升、工资、奖励以及是否违反公司规章制度的标准。

最后，由于劳动争议事项涉及用人单位规章制度的，用人单位应当提供规章制度通过程序和公示程序的相关证据。因此，公司应在劳动合同中明确员工已了解公司员工手册或相关规章制度，避免在发生争议时产生举证不能。

案例2：试用期满不与员工签订劳动合同的，双倍支付工资，员工手册违法无效。2013年7月底，35岁的单某应聘到长沙市一家科技公司工作，任职公司办公室主任。单某和公司签订的《员工试用合同》约定，试用期为2013年8月1日至9月30日，每月工资8000元。入职第一天，公司发给单某一本《员工手册》，其中有一条载明：试用期届满后，如公司与员工未能就劳动合同条款完全达成一致，员工也愿意继续为公司服务的，双方暂时继续按试用合同履行，直至双方完全协商一致为止。单某工作很卖力，很快便得到了公司领导的赏识。试用期满后，被留任，并从同年10月1日起转正，月工资也调整为每月10000元。单某转正后，公司并没有与她签订书面劳动合同，也没有给她缴纳社会保险费。为此，单某对公司的相关管理制度及管理方式颇有微词，引发公司领导的不满。公司今年1月无故克扣单某的部分工资，今年2月，公司向单某出具一份《离职证明》，称其因个人原因申请辞职，离职手续已办理完结，从次日起，要求单某正式离开公司。

单某对此不服，向长沙市劳动争议仲裁委员会申请仲裁。要求裁决公司为其补缴养老、医疗、工伤、生育保险等，支付双倍工资以及违法解除劳动合同赔偿金。其诉求全部获得了支持。公司对此裁决不满，认为不需向单某支付双倍工资及经济赔偿金，认为公司的《员工手册》中有规定，且是经过民主讨论后公布试行的，遂起诉至法院。法院审理后认为：单某的主张合理有据，应予支持，驳回了公司全部诉讼请求。

【律师剖析】

首先，根据我国《劳动合同法》的规定，试用期包含在劳动合同期限内，劳动合同仅约定试用期的，试用期不成立，该期限为劳动合同期限。《员工试用合同》仅约定了试用期，违反了法律规定，该合同约定的试用期，应直接认定为合同期限，故《员工试用合同》应视为双方签订的为期2个月的固定期限书面劳动合同。在该合同期限届满后，双方的劳动关系继续履行至今年2月，此期间双方虽未再签订书面劳动合同，但双方在事实上存在劳动关系。公司应根据《劳动合同法》的规定，至迟于2013年9月30日前与单某签订新的书面劳动合同。但公司违反上述规定，未与单某签订新的书面劳动合同，亦不与单某终止劳动关系，故应在2013年10月1日（2013年10月为宽限期）至今年2月的无劳动合同的用工期间，每月向单某支付二倍工资。

其次，《员工手册》是否可作为公司免责的事由呢？《员工试用合同》期限为2个月，即使《员工手册》关于试用合同继续履行的条款能合法生效，亦欠缺劳动合同的期限要素，违反《劳动合同法》关于劳动合同必备条款的规定，难以证明双方已经存在书面劳动合同关系。公司不能举证证明其属于合法终止或解除与单某的劳动关系，依照《劳动合同法》的规定，单某主张的违法解除劳动关系赔偿金的诉讼请求，合理有据。

3. 医疗期困境

对于在医疗期内的员工，公司不但不得解除和终止劳动合同，还必须支付工资。而现实中却存在很多员工利用病假外出旅游或培训，甚至故意在重要工作日缺勤，滥用医疗期回避上班、延长劳动合同终止期限，规避解除劳动合同的情形。

案例3：员工陈某于2015年到乙公司工作，2017年3月因与公司主管发生矛盾，遂消极怠工。陈某于2017年4月3日至2017年5月19日全部缺勤，但每周一都来公司提供病假单，共计7份病假条，每份病假单上诊断的病症都不相同，但载明的建议休息时间都涵盖该周的工作时间，也均有医师签字及医院医务科的印章。根据乙公司的规章制度，病假需要由员工提出申请，领导进行批准后方可请假。陈某的病假只提供了病假单，并无病假申请手续，而在此期间乙公司也多次与陈某交涉，要求其补办手续，均无结果。因此2017年5月22日，乙公司因陈某长期缺勤为由，要求解除与陈某的劳动合同。

【律师剖析】

首先，在上述案例中，乙公司并不能与陈某解除劳动合同。依据陈某实际参加工作年限和在乙公司的工作时间，陈某享有三个月的医疗期，而陈某实际病假时间并没有超过医疗期期限，手续上的瑕疵也不影响其仍享有医疗期的保障。

其次，现实中，公司对病假的真伪很难进行举证，因为医师出具病假单有很大的自由裁量权，病人的病到底是否需要休息、需要怎么休息、休息多长时间，应当是医疗机构的专业范围，公司无法进行质疑。因此，公司只能针对病假单是否造假、医师执业资格的真实性等进行调查举证，加大了举证的难度和成本。

最后，医疗期的规定是为了在劳动者患病或非因工负伤时提供一种保障，但现在却成为某些员工的保护伞，造成了公司的成本浪费和效率低下。公司可以通过要求开具指定医院的病假单等方式，限制其滥用医疗期的可能，但更需要的是进一步的法律完善。

第二节　工资制度

一、工资制度的概念与意义

公司通常在章程或员工手册等规定中规范职工的工资制度，包括工资发放时间、奖金和补贴等。工资制度也称薪酬制度，薪酬是公司向职工提供的各种报酬，用以吸引、保留和激励职工。其本质是劳动者向公司提供有效劳动后得到的劳动报酬，是劳动者出卖劳动力后得到的劳动报酬。

广义的工资制度，是为了贯彻按劳分配的原则、计量劳动消耗和计付劳动报酬而建立的一整套完整、系统的准则和方法。包括工资等级制度、定级制度、升级制度、各种工资形式以及工资管理体制等。狭义的工资制度，仅指工资等级制度，既根据劳动复杂程度、繁重程度、责任大小等因素划分等级，按等级规定工资标准的制度。

《劳动法》第50条规定，工资应当以货币形式按月支付给劳动者。劳动部《关于贯彻执行〈中华人民共和国劳动法〉若干问题的意见》第53条规定，《劳动法》中的“工资”指用人单位依据国家规定或劳动合同约定，以货币形式直接支付给本单位劳动者的劳动报酬，一般包括计时工资、计件工资、奖金、津贴和补贴、延长工作时间的工资报酬以及特殊情况下支付的工资等。《工资支付暂行规定》第3条、第5条、第7条分别对工资问题作出了列举性规定，工资是指用人单位依据劳动合同的约定，以各种形式支付给劳动者的工作报酬；工资应当以法定货币支付，不得以实物或有价证券代货币支付；工资必须在用人单位与劳动者约定的日期支付，工资至少每月支付1次，实行周、日、小时工资制的可按周、日、小时支付。《关于工资总额组成的规定》第3条规定，工资总额是指各用人单位在一定时间内直接支付给本单位全部职工的劳动报酬总额。《关于工资总额组成规定的若干具体范围的解释》第4条规定，工资总额不包括的项目有：有关劳动保险和职工福利方面的费用，劳动保护的各项支出。

工资制度是连接公司与职工的纽带，是公司战略的重要组成部分，其重要意义为：

1. 工资制度决定着人力资源的合理配置与使用。工资一方面代表着劳动者可以提供的不同劳动能力的数量与质量，反映着劳动力供给方面的基本特征，另一方面代表着用人单位对人力资源需要的种类、数量和程度，反映着劳动力需求方面的特征。

2. 工资制度直接决定着劳动效率。现代工资制度将工资视为激励劳动效率的主要杠杆，不仅注重利用工资、奖金、福利等物质报酬从外部激励劳动者，而且注重利用岗位的多样性、工作的挑战性、取得成就、得到认可、承担责任、获取新技巧和事业发展机会等精神报酬从内部激励劳动者。

3. 良好的工资制度有助于降低公司人员流失、吸引高级人才、减少公司内部矛盾、增强公司凝聚力、提高公司员工综合素质，为公司带来更好的效益。

二、工资构成与工资标准的规定

（一）工资构成

工资构成是指工资总额的组成部分，工资结构是对公司内部的不同职位或者是技能所得到的工资进行的各种安排。

通常工资由固定工资和浮动工资两部分构成。固定工资如基本工资、岗位或技术工资、工龄工资等，浮动工资如绩效工资、提成工资、奖金、津贴、加班加点工资等。

1. 固定工资：基本工资，通常是公司依据当地水平，并综合考虑公司实际情况制定的。是工资中保障劳动者基本生活的部分，是维持劳动者劳动力再生产所必需的部分；岗位工资是按照各个不同岗位的业务或技术要求、劳动条件、责任等因素确定的；工龄工资通常是公司按照职工在本公司的工作年数，即职工的工作经验和劳动贡献的积累给予的经济补偿。

2. 浮动工资：绩效工资是公司以对职工绩效的有效考核为基础，将工资与考核结果挂钩的工资制度。公司根据各部门工作内容不同，制定不同的业绩考核标准，对职工履职情况进行考核；提成工资是将公司盈利按照一定的比例在公司和职工之间分成的方式，具有一定的激励性。实行提成制首先要确定合适的提成指标；奖金是公司对劳动者在创造超过正常劳动定额以外的社会所需要的劳动成果时，所给予的物质补偿；津贴是对劳动者在特殊条件下的额外劳动消耗或额外费用支出给予补偿的一种工资形式。津贴分配的唯一依据是劳动所处的环境和条件的优劣，而不与劳动者劳动的技术业务水平及劳动成果直接对应和联系。津贴的主要形式有：野外作业津贴、井下津贴、夜班津贴、流动施工津贴、高温津贴、放射性或有毒气体津贴、交通津贴、伙食津贴、住房津贴等；加班工资多少是指劳动者按照用人单位生产和工作的需要，在规定工作时间之外继续生产劳动或者工作所获得的劳动报酬。《劳动法》第 44 条规定：安排劳动者延长工作时间的，支付不低于工资的 150% 的工资报酬；休息日安排劳动者工作又不能安排补休的，支付不低于工资的

200% 的工资报酬；法定休假日安排劳动者工作的，支付不低于工资的 300% 的工资报酬。

3. 其他补贴：伴随经济的快速发展，工资构成出现了许多新内容，如期权、股权、分红等。这种新型的工资构成主要发生于收入较高的人群，作为公司留住人才、激励人才的重要方式和手段。期权、股权、分红主要是结合公司自身情况以及员工表现、工作年限等核算后再确定发放，其具体发放金额浮动较大。证监会发布的《上市公司股权激励管理办法（试行）》规定，上市公司可以采取的股权激励办法有限制性股票、股票期权等。限制性股票是指上市公司激励对象按照股权激励计划规定的条件，给予一定数量的本公司股票。股票期权是上市公司给予激励对象的一种权力，激励对象在规定的年限内可以以某个固定价格购买一定数量的公司股票，在规定年限内的任何时间，按事先规定的价格买进公司股票，也可以放弃这一权利。分红是指股份公司在盈利中每年按股票份额的一定比例支付给投资者的红利，是上市公司对股东的投资回报，在公司与员工之间则可以表现为奖金分红。

实践中，也有公司会以实物的形式向员工发放报酬作为员工付出劳动的对价，但是公司不能以向员工发放了实物报酬为由而拒绝向员工发放货币工资。

（二）工资标准的规定

公司可以根据自身情况与职工约定工资总额、工资构成等，但是公司与职工协商约定的工资受以下规定限制：

1. 当地最低工资标准。公司支付给劳动者的工资包括试用期期间的工资不得低于所在地最低工资标准。《劳动法》第 48 条第 1 款规定，国家实行最低工资保障制度。最低工资的具体标准由省、自治区、直辖市人民政府规定，报国务院备案。依据 2004 年劳动与社会保障部门发布的《最低工资规定》，最低工资指劳动者在法定工作时间或依法签订的劳动合同约定的工作时间内提供了正常劳动的前提下，用人单位依法应支付的最低劳动报酬。最低工资不包括加班加点工资，中班、夜班、高温、低温、井下、有毒有害等特殊工作环境或条件下的津贴以及国家规定的社会保险福利以及公司通过补贴伙食、住房等支付给劳动者的非货币性收入等。《劳动合同法》第 20 条规定，劳动者在试用期的工资不得低于本单位相同岗位最低档工资或者劳动合同约定工资的 80%，并不得低于用人单位所在地的最低工资标准。

2. 受集体合同或工资协议限制。如果公司与职工签订了集体合同或工资协议的，公司与职工签订的劳动合同约定的工资还不得低于集体合同或工资协议规定的最低标准。依据《工资集体协商试行办法》第 3 条规定，工资集体协商是指职工代表与公司代表依法就公司内部工资分配制度、工资分配形式、工资收入水平等事项进行平等协商，在协商一致的基础上签订工资协议的行为。工资协议是指专门就工资事项签订的专项集体合同。已订立集体合同的，工资协议作为集体合同的附件，与集体合同具有同等效力。公司采取何种工资结构形式可以与员工进行协商，并通过签订工资协议的方式确定下来。依据《工资集体协商试行办法》第 5 条规定，职工个人与公司订立的劳动合同中关于工资报酬的标准，不得低于工资协议规定的最低标准。

3. 派遣劳动者工资限制。依据《劳动合同法》第 63 条规定，被派遣劳动者享有与用工单位的劳动者同工同酬的权利，用工单位无同类岗位劳动者的，参照用工单位所在地相同或者相近岗位劳动者的劳动报酬确定。

三、工资发放

公司发放给职工的工资总额除双方劳动合同中约定的工资、奖金或津贴外，若职工有加班的还应计算加班工资，特殊情况下支付的工资数额需要依据相关法律法规的规定计算。另外，公司发放给职工的工资可以扣除法律规定允许扣除的部分。

（一）加班费的计算

加班费的计算基数为劳动者所在岗位相对应的正常出勤月工资，不包括年终奖、交通补贴、餐补贴、住房补贴、夜班津贴、高温津贴、低温补贴以及加班工资等特殊情况下支付的工资，但是不得低于公司所在地规定的最低工资标准。若劳动者所得月工资中无法界定以上这些福利待遇具体金额的，则加班费计算基数为劳动者实际全部所得月工资的 70%。一般情况下，加班费按照以下标准计算：

节假日加班工资 = 加班工资的计算基数 ÷ 21.75 × 300% × 加班天数

休息日加班工资 = 加班工资的计算基数 ÷ 21.75 × 200% × 加班天数

正常工作日加班工资 = 加班工资的计算基数 ÷ 21.75 × 150% ÷ 8 × 加班小时

但是不同岗位可能采取不同的工时制度，不同工时制度加班时间计算方法不同。

1. 标准工时制：劳动者每天工作的最长工时为 8 小时，每周最长工时为 40 小时，用人单位应保证劳动者每周至少休息 1 日，因生产经营需要经与工会和劳动者协商后一般每天延长工作时间不得超过 1 小时，特殊原因每天延长工作时间不得超过 3 小时，每月延长工作时间不得超过 36 小时。工作日延长工作时间的，支付不低于工资的 150% 的工资报酬；休息日安排劳动者工作又不能安排补休的，支付不低于工资的 200% 的工资报酬；法定休假日安排劳动者工作的，支付不低于工资的 300% 的工资报酬。

2. 综合计算工时制：实行这种工时制度的用人单位，计算工作时间的周期不再是以天为单位，而是可以周、月、季、年为单位。这就意味着在一个综合计算周期内某一具体日（或周）的实际工作时间超过 8 小时（或 40 小时），但是综合计算周期内的总实际工作时间不超过总法定标准工作时间的，不算加班。只有在该周期内的工作总时间超过核定的标准时间，才叫加班，支付不低于工资 150% 的工资报酬；法定节假日工作的，算加班，支付不低于工资的 300% 的工资报酬。

3. 不定时工作制：在这种工作制下，劳动者每一个工作日没有固定的上下班时间限制。经批准实行不定时工作制的劳动者延长工作时间，不受《劳动法》第 41 条规定的日延长工作时间标准和月延长工作时间标准的限制。实行不定时工作制的劳动者，一般情况下，除法定节假日工作外，其他时间工作不存在加班。法定节假日工作的，按照地方法规规定。如果地方规定要支付加班工资的，支付不低于工资的 300% 的工资报酬。

（二）可扣减的费用

一般情况下，公司不得克扣劳动者工资，但是有下列情况之一的，公司可以代扣劳动者工资①：

1. 用人单位代扣代缴的个人所得税；

---

①《工资支付暂行规定》第 15 条规定，用人单位不得克扣劳动者工资。有下列情况之一的，用人单位可以代扣劳动者工资：（1）用人单位代扣代缴的个人所得税；（2）用人单位代扣代缴的应由劳动者个人负担的各项社会保险费用；（3）法院判决、裁定中要求代扣的抚养费、赡养费；（4）法律、法规规定可以从劳动者工资中扣除的其他费用。

2. 用人单位代扣代缴的应由劳动者个人负担的各项社会保险费用；

3. 法院判决、裁定中要求代扣的抚养费、赡养费；

4. 法律、法规规定可以从劳动者工资中扣除的其他费用。

因劳动者本人原因给用人单位造成经济损失的，每月可以从劳动者当月工资中扣除不得超过 20% 的部分[①]，且不得低于最低工资标准。

（三）特殊情况下工资支付

1. 医疗期工资支付

所谓病假，是指劳动者非因工患病或非因工负伤，经医疗机构检查、出具证明并获本单位主管部门或领导的批准，停止工作治疗疾病或休息的假期。依据《企业职工患病或非因工负伤医疗期规定》第 2 条规定，医疗期间是指公司职工因患病或非因工负伤停止工作治病休息不得解除劳动合同的时限。

若病假未超过医疗期规定时间，则用人单位不得解除与员工的劳动合同并按照相关规定发放工资；若病假超过医疗期规定，则用人单位有权依据相关规定解除劳动合同。

公司职工根据本人工作年限和在本单位工作年限，享受以下医疗期[②]：

实际工作年限	在本单位工作年限	享受医疗期
小于十年	小于等于五年	三个月
	大于等于五年	六个月
大于等于十年	小于五年	六个月
	大于等于五年小于十年	九个月
	大于等于十年小于十五年	十二个月
	大于等于十五年小于二十年	十八个月
	大于等于二十年	二十四个月

① 《工资支付暂行规定》第16条规定，因劳动者本人原因给用人单位造成经济损失的，用人单位可按照劳动合同的约定要求其赔偿经济损失。经济损失的赔偿，可从劳动者本人的工资中扣除。但每月扣除的部分不得超过劳动者当月工资20%。若扣除后的剩余工资部分低于当地月最低工资标准，则按最低工资标准支付。

② 《企业职工患病或非因工负伤医疗期规定》第3条规定，企业职工因患病或非因工负伤，需要停止工作医疗时，根据实际参加工作年限和在本单位工作年限，给予三个月到二十四个月的医疗期。

但是上海市关于医疗期有特殊规定，上海市人民政府印发修订后的《关于本市劳动者在履行劳动合同期间患病或者非因工负伤的医疗期标准的规定的通知》第 2 条规定，医疗期按照劳动者在本用人单位的工作年限设置。劳动者在本单位工作第 1 年，医疗期为 3 个月；以后工作每满 1 年，医疗期增加 1 个月，但不超过 24 个月。

医疗期期间，劳动者工资按照以下标准发放：医疗期内公司给员工发放病假工资或疾病救济费可以低于当地最低工资标准支付，但不能低于最低工资标准的 80%。[①] 但是各地区关于医疗期工资的规定有所不同，如《上海市劳动保障局关于病假工资计算的公告》明确规定：职工疾病或非因工负伤连续休假在 6 个月以内的，公司应按下列标准支付疾病休假工资：连续工龄不满 2 年的，按本人工资的 60%计发；连续工龄满 2 年不满 4 年的，按本人工资的 70%计发；连续工龄满 4 年不满 6 年的，按本人工资的 80%计发；连续工龄满 6 年不满 8 年的，按本人工资的 90%计发；连续工龄满 8 年及以上的，按本人工资的 100%计发。职工疾病或非因工负伤连续休假超过 6 个月的，由公司支付疾病救济费：连续工龄不满 1 年的，按本人工资的 40%计发；连续工龄满 1 年不满 3 年的，按本人工资的 50%计发；连续工龄满 3 年及以上的，按本人工资的 60%计发。

2. 产假期间工资支付

若用人单位为女职工缴纳生育保险的，女职工产假期间可享受生育津贴，即视为产假工资。生育津贴按照用人单位上年度职工月平均工资的标准由生育保险基金支付，一般由公司先逐月垫付，再由社会保险经办机构拨付给公司。若用人单位未给女职工缴纳生育保险的，则由用人单位按照女职工产假前工资的标准向女职工发放工资。[②]

3. 工伤期间工资支付

工伤期内，用人单位应当每月按照职工原工资福利待遇发放工资，停工留薪期一般不超过 12 个月，伤情严重或特殊情况的，经鉴定可以延长，但不

---

① 《劳动部关于印发关于贯彻执行〈中华人民共和国劳动法〉若干问题的意见》第 59 条。

② 《女职工劳动保护特别规定》第 8 条规定，女职工产假期间的生育津贴，对已经参加生育保险的，按照用人单位上年度职工月平均工资的标准由生育保险基金支付；对未参加生育保险的，按照女职工产假前工资的标准由用人单位支付。女职工生育或者流产的医疗费用，按照生育保险规定的项目和标准，对已经参加生育保险的，由生育保险基金支付；对未参加生育保险的，由用人单位支付。

得超过 12 个月，工伤伤残等级评定后，停止发放原待遇，职工按照有关规定享受伤残待遇。[①]

（四）工资发放时间与形式

公司应当每月至少支付一次工资，具体发放时间由公司与职工在劳动合同中约定，如遇节假日或休息日，则应提前在最近的工作日支付。工资至少每月支付一次，实行周、日、小时工资制的可按周、日、小时支付工资。但是公司与劳动者解除劳动合同的情形，公司应当在员工退工时将工资结算给员工。

工资通常以现金或者转账的形式发放，不得以实物及有价证券替代货币支付。用人单位应将工资支付给劳动者本人，劳动者本人因故不能领取工资时，可由其亲属或委托他人代理。

四、工资制度设计流程和设计方法

国家已明确提出公司自主确定基本工资制度、工资分配形式和内部分配关系以及工资正常调整机制，不再搞统一的工资模式。现行的职工养老金、住房公积金、医疗保险金和失业保险金缴纳制度是以职工本人上年度月平均工资收入作为基数，与职工本人的基本工资无关。现行的离退休（职）人员基本养老金计算只与职工本人基本养老金缴费额度有关，与职工本人的基本工资无关。因此，公司可以自主制定适合自己公司发展的工资制度。

首先，HR 在确立公司薪酬总额之时，首先应该考虑公司实际承受能力，同时也要对职工基本的生活费用、人力资源市场的行情加以考虑。同时，应该从利用薪酬来提高职工工作效率、降低管理费用、降低成本费用和提高销售额等几方面进行计算和考虑。

其次，职工生活的基本费用，在确定这方面薪酬比重时，需要考虑政府发布的物价指数、当地最低生活标准、当地平均生活水平、同行业其他公司职工基本生活水平等。

最后，人力资源市场行情，需要通过对同行业其他公司薪酬水平进行分

① 《工伤保险条例》第 33 条。

析，根据人力资源市场行情和供需关系进行测算。

条款设计示例

第【×】条 工资制度：公司应依法建立健全的劳动工资制度。

第【×】条 工资支付：职工每月工资按实际出勤天数计算，公司于次月××日前将上月工资发放或存入员工在内部银行的账户。新进人员从报到之日起薪，离职人员自离职之日停薪，按日计算。

【设计指引】

1. 注意年薪制与工资制的区别。年薪的特点是：工资按年计算按月支付，劳动合同一年以上。工资制的特点：（1）按小时或按计件方式计算劳动工时；（2）小时工最长15天发放一次工资。

2. 工资制度中可明确奖惩制度、加班以及请假流程等。

典型案例

案例1：用人单位未按时支付加班费应支付经济补偿金

任某与A公司于2010年签订劳动合同，约定劳动合同期限自2010年4月1日起至2013年3月31日，采用标准工时制，每周工作不超过40小时，月工资6000元，另外每月发放交通补贴、饭补以及住房补贴共1000元。2012年10月底，任某向仲裁委员会申请仲裁，要求A公司向其支付2011年6月至2012年10月的加班费共计5000元（其中延长工作时间加班费2000元，法定节假日加班费3000元），另外要求A公司向其支付未按时支付加班费的经济补偿共计1250元。任某提供了其加班打卡记录等证明其加班事实，A公司认为任某加班后A公司均给予任某相应的调休，但是A公司并未提供相应的证据证明。

【律师剖析】

依据《劳动法》第44条规定，有下列情形之一的，用人单位应当按照下列标准支付高于劳动者正常工作时间工资的工资报酬：安排劳动者延长工作时间的，支付不低于工资的150%的工资报酬；休息日安排劳动者工作又不能安排补休的，支付不低于工资的200%的工资报酬；法定休假日安排劳动者工作的，支付不低于工资的300%的工资报酬。本案任某已提供证据证明其加班行为，而A公司虽然主张已安排任某调休，但是并未提供任何相应证据证明。且根据《劳动法》的规定，用人单位节假日安排劳动者加班的，用人单位不能通过调休的形式而拒绝给劳动者支付加班费。因此A公司应当向任某支付加班费。

在此，需要提醒的是，若用人单位聘用退休人员的，依据《最高人民法院关于审理劳动争议案件适用法律若干问题的解释（三）》第7条规定，“用人单位与其招用的已经依法享受养老保险待遇或领取退休金的人员发生用工争议，向人民法院提起诉讼的，人民法院应当按劳务关系处理”。双方之间形成的是劳务关系，因报酬发生争议的应当适用《民法典》规定而非《劳动合同法》规定，是否支付加班工资以及加班工资如何发放均需依据双方劳务合同的约定。

案例2：奖金发放依据应规定明确

李某为B公司员工，在B公司工作5年，之前B公司每年效益不错，年底均向李某等在内的员工发放相当于3个月工资的奖金。2016年，B公司因效益下降决定年底不给员工发放奖金。李某认为B公司应当向其发放相当于3个月工资的奖金，因B公司拒绝发放，李某向劳动仲裁委员会申请仲裁。李某向仲裁委提供了B公司往年向其发放奖金的相关凭据，但是李某与B公司签订的劳动合同并未约定年终奖，不过B公司的《员工手册》中有这样一条规定“公司每年向员工发放相应于一个月工资的奖金，若公司效益佳，公司将根据具体情况增加奖金”。

【律师剖析】

1.奖金发放一般依据员工与用人单位劳动合同约定，没有约定的用人单位有权不发放。本案例中，虽然B公司往年均向李某发放了相当于3个月工资的奖金，但是李某与B公司的劳动合同并未约定年终奖，因此李某无权要求B公司发放相应奖金。

2.若劳动合同没有约定，而公司规章制度或者《员工手册》规定或承诺给予的奖金，则用人单位应当履行相应的承诺向员工发放奖金，虽然本案中李某无权要求B公司向其支付相当于3个月工资的奖金，但是李某有权依据《员工手册》规定要求B公司向其支付相当于1个月工资的奖金。

第三节　设立工会

一、工会组织

公司根据《工会法》设立工会。公司职工依照《工会法》组织工会，开展工会活动、维护职工合法权益。公司为本公司工会提供必要的活动条件。

工会作为公司职工与公司沟通的桥梁，在公司的日常治理中有着举足轻重的作用。公司工会代表职工就职工的劳动报酬、工作时间、福利、保险和劳动安全卫生等事项依法与公司签订集体合同。公司依照宪法和有关法律的规定，通过职工代表大会或者其他形式，实行民主管理。公司研究决定改制以及经营方面的重大问题、制定重要的规章制度时，应当听取公司工会的意见，并通过职工代表大会或者其他形式听取职工的意见和建议。

（一）工会的定义

工会，也称劳工总会、工人联合会，是职工自愿结合的工人阶级的群众组织。中国工会是中国共产党领导的职工自愿结合的工人阶级群众组织，是我党联系群众的桥梁和纽带，是国家政权的重要社会支柱，是会员和职工利益的代表。按照中华全国总工会的要求，在全国范围内统一建立工会组织。

在我国，工会可以分为中华全国总工会、产业工会、地方总工会、基层工会等。同一行业或者性质相近的几个行业，可以根据需要建立全国的或地方的产业工会；地方总工会，县级以上地方建立地方各级总工会；基层工会，企业、事业单位、机关和其他社会组织等基层单位，依法建立基层工会组织。

关于加入工会组织的条件，中华全国总工会章程规定，凡在中国境内的企业、事业、机关单位中以工资收入为主要生活来源的体力劳动者和脑力劳动者，不分民族、种族、性别、职业、宗教信仰、教育程度，承认工会章程，都有依法参加和组织工会的权利，成为工会会员，任何组织和个人不得阻挠和限制。

（二）工会法律地位和职责

工会组织的法律地位，中华全国总工会、地方总工会、产业工会具有社会团体法人资格；基层工会组织具备《民法典》规定的法人条件的，依法取得社会团体法人资格。

《公司法》第 18 条规定，公司职工依照《工会法》组织工会，开展工会活动，维护职工合法权益。公司应当为本公司工会提供必要的活动条件。公司工会代表职工就职工的劳动报酬、工作时间、福利、保险和劳动安全卫生等事项依法与公司签订集体合同。公司研究决定改制以及经营方面的重大问题、制定重要的规章制度时，应当听取工会的意见，并通过职工代表大会或者其他形式听取职工的意见和建议。

发动和组织职工完成生产和工作任务，调动广大劳动者的积极性，维护职工的合法权益是工会的基本职责。

（三）工会设立的必要性和注意事项

广大职工需要通过工会组织表达和维护自己的具体利益，参加公司的民主管理，而党和政府也需要借助工会组织经常了解群众的意见和要求。因此，设立工会组织非常有必要。近年来，各地工会组织建设不断完善。公司在设立工会组织时应注意：

1. 设立基层工会的程序要合法。设立前，首先必须征得同级党委和上级工会的同意，并报上级工会审查批准。实践中，一些公司职工（代表）大会没有将公司工会委员会作为工作机构，导致职工（代表）大会召开无效。如遇公司的关停并转或涉及职工利益的重大改革，职工（代表）大会会议决议被认定无效，不但危及公司发展，影响职工重大切身利益，甚至危及社会和谐稳定。

2. 注意工会委员、工会主席劳动合同的特殊规定。（1）工会主席、副主席任期未满时，不得随意调动其工作。因工作需要调动时，应当征得本级工会委员会和上一级工会的同意。（2）工会专职主席、副主席或者委员自任职之日起，其劳动合同期限自动延长，延长期限相当于其任职期间；非专职主席、副主席或者委员自任职之日起，其尚未履行的劳动合同期限短于任期的，劳动合同期限自动延长至任期期满。任职期间个人严重过失或者达到法定退休年龄的除外。

二、工会组织结构

工会组织结构，是指工会各级组织的构成、工会组织内部组织机构的设置和工会组织领导关系确立的总称。一切生产经营组织都属于《工会法》中的公司范畴。本书主要是公司法视角下的工会组织基于公司章程中如何规范架构，因此工会组织仅指企业工会组织不涉及其他机关、团体、事业单位的工会组织。

公司工会组织结构：工会主席、会员大会或会员代表大会、公司工会委员会、经费审查委员会、女职工委员会（俗称“三会”）、工会专门工作委员会、工会分会、工会小组等。

三、工会与职工（代表）大会的关系

1.《工会法》规定，工会委员会是职工代表大会的工作机构，负责职工代表大会的日常工作，检查督促职工代表大会决议的执行。工会是职工代表大会的工作机构，而不是常设机构。工会作为职工代表大会的工作机构的工作内容包括：建立、健全职工代表大会制度和做好职工代表大会的宣传教育工作；提出关于召开职工代表大会的中心议题和议程的建议，会同有关部门准备会议文件和做好会议的筹备工作；组织选举职工代表，审查代表资格；组织职工代表活动，检查大会决议、提案的落实情况；组织与支持各专门工作委员会开展活动；培训职工代表，等等。由于职工对公司的民主管理工作，始终与工会紧密相连，工会在代表和组织职工参加民主管理的过程中，积累了许多经验，有能力充任职工代表大会的工作机构。此外，工会和职工代表大会在民主管理方面的任务和作用有很多一致的方面。因此，由工会承担职工代表大会的日常工作，作为职工代表大会的工作机构是适宜的。

2. 职工（代表）大会，是公司实行民主管理的基本形式，是职工行使民主管理权力的机构。工会依照法律规定通过职工代表大会或者其他形式，组织职工参与本单位的民主决策、民主管理和民主监督。设立：经职工民主选举产生。职工代表大会中的一线职工代表一般不少于职工代表总数的 50%。女职工、少数民族职工代表的比例一般不低于本公司女职工、少数民族职工所占比例，农民工比较集中的公司要有相应的代表，公司制公司不得以股东（代表）大会取代职工（代表）大会。

3. 职权：

国有公司、国有控股公司	集体公司	私营公司、外商投资公司和港澳台商投资公司
听取审议公司生产经营、安全生产、重组改制等重大决策以及实行厂务公开、履行集体合同情况报告，提出意见和建议。 审议通过集体合同草案、公司改制职工安置方案。审查同意或否决涉及职工切身利益的重要事项和公司规章制度。 审议决定职工生活福利方面的重大事项。 民主评议监督公司中层以上管理人员，提出奖惩任免建议。 依法行使选举权。 法律、法规规定的其他权利。	（1）制定、修改公司章程。 （2）选举、罢免公司经营管理人员。 （3）审议决定经营管理以及公司合并、分立、变更、破产等重大事项。 （4）监督公司贯彻执行国家有关劳动安全卫生等法律法规、实行厂务公开、执行职代会决议等情况。 （5）审议决定有关职工福利的重大事项。	（1）听取公司发展规划和年度计划、生产经营等方面的报告，提出意见和建议。 （2）审议通过涉及职工切身利益重大问题的方案和公司重要规章制度、集体合同草案等。 （3）监督公司贯彻执行国家有关劳动安全卫生等法律法规、实行厂务公开、履行集体合同和执行职代会决议、缴纳职工社会保险、处分和辞退职工的情况。 （4）法律法规、政策和公司规章制度规定及公司授权和集体协商议定的其他权利。

4. 程序：职工代表大会或职工大会应有全体职工代表或全体职工三分之二以上参加方可召开。职工代表大会或职工大会进行选举和作出重要决议、决定，须采用无记名投票方式进行表决，经全体职工代表或全体职工过半数通过。

第四节 听取工会、职工意见

公司研究决定改制以及经营方面的重大问题、制定重要的规章制度及其他与职工切身利益有关的事宜时，应当听取公司工会的意见，并积极通过各种形式听取职工的意见和建议，实行民主管理。若公司违反职工代表大会制度或其他制度的，工会有权要求公司予以纠正。

1. 工会应对公司经济性裁员事先提出同意或否决的意见。代表职工与公司协商确定劳动合同的主要内容和条件，为职工签订劳动合同提供法律、技术等方面的咨询和服务。

2. 监督公司与所有职工签订劳动合同。

3. 工会代表职工与公司进行平等协商，签订集体合同。集体合同草案应当提交职工代表大会或者全体职工讨论通过，听取工会意见。

4. 依法与公司进行平等协商，签订劳动报酬、劳动安全卫生、女职工特殊权益保护等专项集体合同。

第五节　保护职工合法权益

公司积极保护职工的合法权益，依法与职工签订劳动合同，参加社会保险，加强劳动保护，实现安全生产。公司采用多种形式，加强公司职工的职业教育和岗位培训，提高职工素质。涉及职工的福利计划和薪酬方案，应当听取工会的意见，并通过职工代表大会或者其他形式听取公司职工的意见和建议。

公司违反劳动合同，侵犯职工劳动权益的，工会可以依法要求公司承担责任；因履行集体合同发生争议，经协商解决不成的，工会可以向劳动争议仲裁机构提请仲裁。

1. 公司处分职工，工会认为不适当的，有权提出意见：

（1）工会对公司违反法律法规和有关合同规定解除职工劳动合同的，应提出意见并要求公司将处理结果书面通知工会。

（2）职工认为公司侵犯其劳动权益而申请劳动争议仲裁或者向人民法院提起诉讼的，工会应当给予支持和帮助。

（3）工会有权对公司侵犯职工合法权益的问题进行调查，有关单位应当予以协助。

2. 工会发现公司违章指挥、强令工人冒险作业，或者生产过程中发现明显重大事故隐患和职业危害，有权提出解决的建议，公司应当及时研究答复；发现危及职工生命安全的情况时，工会有权向公司建议组织职工撤离危险现场，公司必须及时作出处理决定。

3. 职工因工伤亡事故和其他严重危害职工健康问题的调查处理，必须有工会参加。工会应当向有关部门提出处理意见，并有权要求追究直接负责的主管人员和有关责任人员的责任。对工会提出的意见，应当及时研究，给予答复。

4. 公司发生停工、怠工事件，工会应当代表职工同公司或者有关方面协商，反映职工的意见和要求并提出解决意见。对于职工的合理要求，公司应当予以解决。工会协助公司做好工作，尽快恢复生产、工作秩序。

5. 工会有权参加公司的劳动争议调解工作。

条款设计示例

第【×】条 为维护职工合法权益，本公司根据《工会法》以及相关法律、法规规定设立工会。

第【×】条 工会的职责是：代表职工就职工的劳动报酬、工作时间、福利、保险和劳动安全卫生等事项依法与公司签订集体合同；为公司研究决定改制以及经营方面的重大问题、制定重要的规章制度提出意见和建议。

【设计指引】

1. 工会是劳动者利益的代表者和合法权益的维护者，基本职责是维护职工合法权益；在设计本节内容时应当尽可能体现、保障工会的相应权利。

2. 在设立工会时应明确工会组织构架以及相应的职责。

典型案例

案例：用人单位未通知工会单方解除劳动合同的法律责任

严某在C学校从事保安工作，双方于2016年5月签订了劳动合同，合同期限为两年。2017年3月起，严某利用学校的停车场，私自允许校外车辆进行临时停放并收取费用，C学校认为其放车行为严重违反了学校的规章制度，并影响到了校园的安全，故书面通知解除与严某的劳动合同。严某认为学校设有工会组织，但没有事先通知工会就解除劳动合同属于违法解除，遂提起劳动仲裁。

【律师剖析】

1. 在我国，工会是劳动者利益的代表者和合法权益的维护者，基本职责是维护职工合法权益。用人单位在解除与劳动者的劳动合同前应当事先通知工会。本案中，严某存在过错，学校实际上解除劳动合同合法，但违反了通知工会的必经程序性要件，同样构成违法解除劳动合同。但通知工会的法定程序也可以通过起诉前进行补正[①]，因此学校应立即就解除劳动合同的事项通知学校工会，否则就可能承担违法解除劳动合同的法律责任。

2. 在上述案例中，学校设有工会组织，而很多的公司可能并没有设立工会，但这并不意味着公司就无须履行通知工会的法定程序。在公司未依法成立工会组织，也没有证据证明依法不需要成立工会组织的情形下，可以采取听取职工代表意见或者征求当地工会组织意见的变通方式履行通知工会的法定程序，否则如果公司以未成立工会组织为由免除履行解除劳动合同的法定程序，不仅对已经成立工会组织的用人单位不公平，而且还会导致《工会法》和《劳动合同法》的规定无法得到贯彻落实。

① 《最高人民法院关于审理劳动争议案件适用法律若干问题的解释（四）》第12条明确规定，用人单位依据劳动合同法的相关规定单方解除劳动合同的，应当依据《劳动合同法》第43条的规定事先通知工会，否则构成违法解除劳动合同，但起诉前补正的除外。

第十章　公司社会责任和突发事件处理

社会责任和公司突发事件处理，在目前我国通常版的公司章程中大多不作规定，为此许多公司章程也没有这方面的相关内容。但近来不少公司特别是大型公司、集团公司、国有公司越来越重视这一部分内容，并从公司内部一般制度逐渐上升至公司章程之中，这对于公司而言具有重要的意义。该部分内容主要包括社会责任、安全生产、突发事件三个部分内容。笔者认为，公司社会责任与突发事件处理是公司章程非常重要的内容。这是因为虽然公司是商事主体，但是任何商事主体都离不开社会责任的承担和突发事件的处理，特别是本次改版的时间节点，正值 2020 年 2 月全国人民共同应对新冠肺炎防控时期，感触就更为深刻。

第一节　公司社会责任

一、公司社会责任概念与性质

我国《公司法》第 5 条明确规定："公司从事经营活动，必须遵守法律、行政法规，遵守社会公德、商业道德，诚实守信，接受政府和社会公众的监督，承担社会责任……"目前通常从责任管理、市场责任、社会责任和环境责任四个方面评价公司社会责任发展水平。

所谓公司社会责任，简言之，是指一家公司对社会应负的责任。有观点认为，公司社会责任通常是指公司承担的高于公司自己目标的社会义务，超越了法律与经济对公司所要求的义务；公司社会责任是公司管理道德的要求，完全是公司出于义务的自愿行为。这种观点看到了社会责任道德的一面，但具有片面性。由于《公司法》第 5 条的上述规定明确规定了公司从事经营活动不仅需要"遵守法律、行政法规，遵守社会公德、商业道德，诚实守信，接受政府和社会公众的监督”，还明确规定应“承担社会责任”，这就是属于“法定责任”了。

因此，公司承担社会责任，一家公司应以一种有利于社会的方式进行经营和管理，这不仅是一种道德义务，还是一种法定义务、法律责任。特别是公司社会责任规定到公司章程中后更是如此。

公司社会责任包括但不限于企业环境保护、安全生产、社会道德以及公共利益等方面，由经济责任、法律责任和道德责任等构成。因分类方式不同，还可分为内部责任与外部责任、积极责任与消极责任等。

二、公司社会责任的基本特征

从不同的角度，可以归纳出公司社会责任的不同特征，但笔者认为公司社会责任有两大基本特征：

1. 公司社会责任是公司的法律义务和道德义务的统一体。

法律义务是以国家强制力作为其履行现实和潜在保证的义务。这种义务在法律中不仅有具体的内容和履行上的要求，而且对于其怠于或拒不履行也有否定性的法律评价和相应的责任追究。因此，公司社会责任实际上是对公司的“强制性约束”。

道德义务是由义务人自愿履行且以国家强制力以外的其他手段作为其履行保障的义务。由于这种义务不以国家强制力为其履行保障，而只能通过义务人的责任感以及教育、鼓劝、舆论评判等非法律手段的促使来确保其承担。

公司社会责任作为公司对社会负有的一种义务，并非单纯的法律义务或道德义务，而是这两者的有机统一体。从总体上看，公司社会责任是一种综合性的义务，它包括了公司对社会的法律义务和道德义务，或者说是公司对社会的法律义务和道德义务的有机统一。

2. 公司社会责任是对传统的股东利润最大化原则的修正和补充。

有观点认为公司是以股东利益为中心，认为实现股东利润最大化是公司最高乃至唯一的目标。当下《公司法》强调公司社会责任则是注重股东利益、公司利益、债权人利益、社会利益等平衡，认为公司的目标除实现股东利润最大化及维护公司、债权人利益外，还应尽可能地维护和承担社会责任，维护社会利益。因此，对于公司而言增加公司利润和承担社会责任都是公司的目标，二者相互制衡、相互约束。

三、公司社会责任记载于章程的意义

（一）有利于健全完善公司的经营目标与宗旨，拓展公司生产要素，提升提高开拓能力。除经营业绩、管理业绩等公司的主要指标外，增加公司社会责任指标并作为一种激励机制，可以构建更为完整的公司经营目标和宗旨，促使企业更注重遵守法律法规、遵守公德和诚实守信、主动接受监督，在合规经营的同时拓展市场、提升发展动力。笔者认为，社会责任是间接的、潜在的生产力。

（二）有利于树立公司形象，增强竞争力。公司承担一定的社会责任，虽会在短期内增加经营成本，但无疑有利于公司自身良好形象的树立，形成公司的无形资产，进而形成公司的竞争优势，最终给公司带来长期潜在的利益。

（三）有利于促进公司创新。对社会责任的关注将促使公司转向对产品、设计、流程、管理和制度等环节进行创新，促进其盈利方式和增长方式的转变。通过提高生产效率、改变生产方式、拓宽创新领域、改善经营环境和发展循环经济，从而获得更大的利润。

（四）有利于为公司的可持续发展赢得良好外部环境。社会责任是公司利益和社会利益的统一，公司承担社会责任的行为，是维护公司长远利益、符合社会发展要求的一种“互利”行为，可以为自身创造更为广阔的生存空间。

（五）有利于推动优秀公司文化建设。公司社会责任作为公司文化的新内容，重新塑造和创新了公司文化的价值观念，推进了公司文化的相关建设。而公司文化作为公司的一种价值体系，又将公司社会责任建设提升到新的理论高度和较高的文化层次。

条款设计示例

第【×】条　社会责任

公司从事经营活动应当遵守法律、行政法规、规章以及相关规范性文件的规定，加强经营管理，提高经济效益，接受人民政府及其有关部门、机构依法实施的管理和监督，接受社会公众的监督，承担社会责任。

公司在实现企业自身经济发展目标的同时，将自身发展与社会协调发展相结合，积极承担社会责任，重视公司与利益相关者、社会、环境保护、资源利用等方面的非商业贡献，致力于创造良好的社会效益，实现公司与社会可持续发展。

公司深化社会责任意识，健全社会责任管理体系，不定期发布社会责任报告（或可持续发展报告）。

公司致力于开展各种形式的企业社会责任公共活动，持续关注企业自身社会责任建设，推动企业积极参与社会公益事业。

【设计指引】

1. 在进行公司社会责任章程条款设计时，关键在于对公司社会责任承担原则、责任范围、责任体系、责任报告、公共活动、安全生产等内容进行规定。

2. 作为公司章程条款要虚实结合，所谓“虚”，即明确公司社会责任既是道德义务又是法律责任，明确经济效益与社会效益的统一性；所谓“实”，就是要明确本公司的社会责任范围，明确要将自身发展与社会协调发展相结合，重视公司与利益相关者、社会、环境保护、资源利用等方面的非商业贡献，实现公司与社会可持续发展。

3. 同时条款的设计要注意承上启下、内外结合，所谓“上”与“外”，指法律、行政法规、规章以及相关规范性文件的规定，政府主管部门、机构的管理和监督，社会公众的监督及对股东；所谓“下”与“内”，是指社会责任意识、社会责任管理体系，不定期发布社会责任报告（或可持续发展报告），同时致力于开展各种形式的企业社会责任公共活动，持续关注企业自身社会责任建设，推动企业积极参与社会公益事业。

典型案例

案例：积极承担社会责任促进公司快速发展

A 公司成立于 1999 年，长期以来是中国产牛奶、酸奶和乳制品的领头企业之一。A 公司积极承担社会责任，致力于公益事业，从抗击非典捐款到为全国教师捐奶以及向全国贫困地区 1000 所小学捐赠牛奶，再到为南方雪灾和汶川、玉树地震、雅安地震、定西地震、西南旱灾捐款以及捐助“母亲水窖”“爱心井”建设等,12 年来 A 公司在公益事业方面的投入累计超过 5 亿元，荣膺“最佳企业社会责任贡献奖”。A 公司还与中国奶业协会、中国教育发展基金会、国家学生奶办公室等 7 家单位，联合启动了以“每天一斤奶，强壮中国人”为主题的“中国饮奶运动”，并会同国家体育总局训练局、利乐中国等十几家企事业单位联合发起了“中国牛奶爱心行动”，为增进国人饮奶意识、提升国人身体素质做着自己不懈的努力。2013年，A公司深度参与央视大型公益活动“寻找最美乡村教师”，并联合合作伙伴，累计捐款239万元，与22所乡村学校现场结成帮扶对子，承诺为乡村教育贡献自己的一份力量。另外，A公司通过“交换卡路里”公益活动，让广大网友亲身参与其中，为山里的孩子们捐赠10万双过冬手套。此外，A公司还携手中华环保基金会，成立“蓝天绿地”基金，已经启动的第一个项目聚焦湿地保护，号召消费者一起做环保，A公司向中华环保基金会捐出第一个百万。“蓝天绿地”基金聚焦湿地保护，在微博上同步发起了“壹块扫霾”公益活动，邀网友一起参与，关注大气环境，为环保贡献一份力量。

【律师剖析】

A公司的社会责任建设是比较典型的。A公司积极承担社会责任，采取了一系列措施，如为灾区捐款，开展大型公益活动，设立环保基金等都是在落实公司社会责任。

该公司在落实社会责任的同时也推动了企业内部经济效益的提升及丰富企业文化，较好地实现了经济效益与社会效益的有效统一、互动共赢。

第二节　安全生产

一、安全生产概念

所谓安全生产，是指在生产经营活动中，为了避免造成人员伤害和财产损失的事故而采取相应的事故预防和控制措施，使生产过程在符合规定的条件下进行，以保证从业人员的人身安全与健康，设备和设施免受损坏，环境免遭破坏，保证生产经营活动得以顺利进行的相关活动。

安全生产是安全与生产的统一，其宗旨是安全促进生产，生产必须安全。搞好安全工作，改善劳动条件，可以调动职工的生产积极性；减少职工伤亡，可以减少劳动力的损失；减少财产损失，可以增加公司效益，无疑会促进生产的发展；而生产必须安全，则是因为安全是生产的前提条件，没有安全就无法生产。因此安全就是生产力。

第一，职工的安全素质就是生产力。围绕劳动安全素质提高的安全活动（安全教育、安全管理等）具有生产力意义。第二，安全装置与设施是生产资料（物的生产力）的重要组成部分，生产资料是生产力，而安全装置与设施是生产资料不可缺少的组成部分，因此，安全装置与设施是生产力的组成部分。第三，安全环境和条件保护生产力作用的发挥，体现了安全间接的生产力作用。

二、安全生产的基本原则

（一）"以人为本"的原则。要求在生产过程中，必须坚持"以人为本"的原则。在生产与安全的关系中，一切以安全为重，安全必须排在第一位。必须预先分析危险源，预测和评价危险、有害因素，掌握危险出现的规律和变化，采取相应的预防措施，将危险和安全隐患消灭在萌芽状态。

（二）"谁主管、谁负责"原则。安全生产的重要性要求主管者也必须是责任人，要全面履行安全生产责任。

（三）"管生产必须管安全"原则。指工程项目各级领导和全体员工在生产过程中必须坚持在抓生产的同时抓好安全工作。这实现了安全与生产的统一；生产和安全是一个有机的整体，两者不能分割更不能对立起来，应将安全寓于生产之中。

（四）"安全具有否决权"原则。指安全生产工作是衡量工程项目管理的一项基本内容，它要求对各项指标进行考核，评优创先时首先必须考虑安全指标的完成情况。安全指标没有实现，即使其他指标顺利完成，仍无法实现项目的最优化，安全具有一票否决的作用。

（五）"三同时"原则。基本建设项目中的职业安全、卫生技术和环境保护等措施和设施，必须与主体工程同时设计、同时施工、同时投产使用的法律制度的简称。

（六）"四不放过"原则。事故原因未查清不放过，当事人和群众没有受到教育不放过，事故责任人未受到处理不放过，没有制定切实可行的预防措施不放过。"四不放过"原则来源于《国务院关于特大安全事故行政责任追究的规定》（国务院令第 302 号）。

（七）"三个同步"原则。安全生产与经济建设、深化改革、技术改造同步规划、同步发展、同步实施。

（八）“五同时”原则。公司的生产组织及领导者在计划、布置、检查、总结、评比生产工作的同时，计划、布置、检查、总结、评比安全工作。

条款设计示例

第【×】条 安全生产

公司作为全面落实安全生产的责任主体，建立安全生产长效机制，防止和减少生产安全事故，保障公司职工和公众的生命财产安全。

【设计指引】

该条款可以明确公司安全生产的责任主体，并推动公司建立关于安全生产的风险管理制度，同时可以加强公司安全生产意识与企业文化，从而为公司长远发展打下良好基础。

典型案例

案例：忽视安全生产最终被追究法律责任

2013年8月31日10时50分左右，位于宝山城市工业园区内的上海某某冷藏公司，发生氨泄漏事故，造成15人死亡，7人重伤，18人轻伤，造成直接经济损失约2510万元。究其原因，竟是某某公司长期以来忽视生产安全而一步步造成的恶果。经调查，某某公司存在违规设计、违规施工和违规生产；主体建筑竣工验收后，擅自改变功能布局；氨调节站布局不合理；安全生产责任制、安全生产规章制度及安全技术操作规程不健全；未按有关法规和国家标准对重大危险源进行辨识；擅自安排临时用工；未设置安全警示标识和配备必要的应急救援设备；公司管理人员及特种作业人员未取证上岗，未对员工进行有针对性的安全教育和培训等行为。最终公司中的直接责任人员和其他责任人员依法受到了法律的制裁。

【律师剖析】

上述案例是典型的没有安全生产制度而引发的事故，公司存在违规设计、违规施工、违规生产、擅自改变功能布局、安全生产责任制与安全生产规章制度不健全、未对员工进行有针对性的安全教育和培训等安全风险。若该公司能够梳理安全生产意识、建立安全制度、加强安全教育等措施，是可以预防或者降低风险的。需要特别提出的是，在已有安全生产制度的情况下，若再发生了安全事故也可以进行风险分担与转移。

第三节　公司突发事件处理

关于突发事件及突发事件处理，我国专门制定了《突发事件应对法》及其他相应的规定，可以说突发事件处理对于政府、社会及公司等都是必须面对与重视的问题。目前不少企业都规定了公司突发事件处理办法、流程管理、预警制度及其他相关文件，因此公司突发事件处理内容规定到公司章程中具有重要的意义。

一、公司突发事件概念与突发事件处理

我国《突发事件应对法》所称突发事件，是指突然发生，造成或者可能造成严重社会危害，需要采取应急处置措施予以应对的自然灾害、事故灾难、公共卫生事件和社会安全事件。

公司突发事件，主要是指突然发生的、有别于日常经营的，已经或可能会对公司的经营、财产、声誉、股价等产生严重影响的、需要采取应急处理措施予以应对的偶发性事件。如经营业绩大幅下滑、负面报道或分析、司法行政处罚、诉讼仲裁、遭受自然灾害、重大事故、重大重组、重大合同、主要负责人变更、股价大幅波动、不利传言等。突发事件的进一步恶化就会转变成为“危机”，给公司造成严重危害、损失或影响。

所谓公司突发事件处理，是指对公司突发事件的应急管理，包括快速反应和应急处理机制以及报告制度，目的在于消除突发事件的负面影响。

突发事件处理应遵循的基本原则：及时、有效，最大限度地减少对公司经营和形象的影响，维护社会公共利益和公司利益的统一。

二、公司突发事件特征

公司突发事件一般属于偶然事件，但是一旦爆发其破坏性则相当大。

首先，影响公司市场营销战略的整体运作。公司的市场营销是一个整体化行为，从营销战略的制定到销售网点的选择，从广告宣传模式到营销实施

程序，都有严谨的设计。一旦爆发突发事件，就会破坏市场营销战略的整体运作，使市场活动瞬间坠入无序状态。

其次，降低公司信誉。在大众传媒几乎无时不在、无处不在的今天，突发事件一经曝光，会大大降低公司信誉，公众可能因此而拒绝公司提供的产品和服务，从而大大影响公司的市场营销能力。

最后，破坏公司形象。如果说突发事件对市场营销活动的影响局限于一次活动、一个市场，其后果相对有限的话，那么它对公司形象的影响却是整体性的，其破坏性则更大、更深远。

三、突发事件的预防和应对

对于公司来说，应对突发事件应当建立完善的公司突发事件处理制度、处理流程、预警机制、报告制度等。公司突发事件处理程序一般包括预防、应急准备、应急响应、恢复与处理四个环节。

（一）预防：预防是指消除公司生产经营过程中突发事件出现的机会或减少事故造成的影响的一切活动。针对突发事件，公司应制定财务、质量、安全、物资方面的预警标准及管理制度，并确定相应的部门实施，其基本的出发点在于预警标准的制定与预防管理制度的完善与实施。

（二）应急准备：应急准备是指制订出计划，以确定在生产经营突发事件出现的时候如何有效地应对。包括突发事件应急预案的制订、资源（资金和设备）的分配和调度、应急救援组织建设、组织协调与沟通的平台建设、宣教培训的实施。主要措施有：利用现代信息技术建立信息收集网络，加强信息分析整理，咨询专家，依靠技术和知识提高风险信息分析能力，以争取早期预警和正确决策；组织制订应急预案，并根据情况变化随时对预案加以修改完善；就应急预案组织模拟演习和人员培训；建立设立风险类别和等级，预警系统；与相关行政部门、社会专业应急组织和有关咨询公司等订立联动应急计划，以落实应急技术支持、物资设备供应、应急人员等事项，为应对突发事件做好准备。

（三）应急响应：应急响应是指公司突发事件出现以后，通过各种措施控制和降低损害的一系列行为。这一阶段包括许多重要环节，如事故评估、危机警报、紧急措施、应急对策、媒体沟通，等等。及时进行应急响应是应对突发事件的一项主要原则。主要措施包括：进行预警提示，启动应急计划，采取紧急措施，评估事件等级，与内部员工报告危机状况以及所采取的应对措施，提供基本的应急保障等一系列工作。

（四）恢复与处理：恢复是指通过各种措施，恢复公司正常的运作和秩序。包括事件评价、事件处理、追究责任等。在突发事件得到有效控制之后，应积极开展各项善后工作以尽快恢复正常的状态和秩序。主要措施包括：启动恢复计划，重建生产秩序，尽快恢复经营活动，进行事故与应急管理评估等。这个阶段的工作重点：一是要协调好担保及保险等相关部门的介入，尽快做好事后处理工作；二是要进行客观的事后评估，分析总结应急管理的经验教训，这不仅可以为今后应对类似突发事件奠定新的基础，而且也有助于促进制度和管理创新，化危机为转机。

四、突发事件处理条款进入章程规定的意义

（一）有利于公司建立突发事件处理意识。公司处于利润高速增长期、长期处于优势地位、处于有利发展环境中会让公司忽视潜在的危机，而将突发事件处理条款放入章程中可以加强公司突发事件处理意识，提高公司对于突发事件的重视。

（二）有利于公司建立突发事件应急处理长效机制。在平时关注公司良好形象声誉的建立和宣传，及时总结相关经验，提出合理规划，预防危机发生；在紧急时有序排定事件处理的先后顺序，协调公司内部各部门开展行之有效的工作，为决策者提供第一手资料和相应的处理方案，把公司与事件相关各个方面有效地联系起来，信息发布准确及时，引导公众和媒体正确看待事件的发生和处理机制、处理结果。

（三）有利于突发事件处理的风险管理。应急管理是指当面对突发事件时，甚至在损失已经造成的情况下进行的管理，应急管理往往面对的是一个无法挽回的损失或事故，只能努力减少损失或终止损失事件的蔓延，而无法在成本不增加的情况下使状态恢复到损失之前。所以，应急管理应该是公司风险管理中的重要内容之一，建立一个良好的公司应急管理理念并形成科学的程序，对公司摆脱困境、进行可持续发展具有极其重要的意义。

条款设计示例

第【×】条 突发事件

突发事件是指突然发生的、有别于日常经营的、已经或者可能会对公司

的经营、财务状况，以及对公司声誉产生严重影响的、需要采取应急处理措施予以应对的偶发性事件。

对突发事件的应急管理，应建立快速反应和应急处理机制以及报告制度。

突发事件处理应遵循的基本原则：及时、有效，最大限度地减少对公司经营和形象的影响，维护社会公共利益和公司利益的统一。

公司为应对突发事件，应制定第一处理人和发言人制度等各项制度。公司发生突发事件应立即向股东及相关部门进行报告。

处理突发事件，必要时，公司可以邀请公正、权威、专业的机构协助解决突发事件，以确保公司处理突发事件时的公众信誉度及准确度。

【设计指引】

1. 由于突发事件及其处理往往是公司最容易忽视的，因此在章程中对于公司突发事件定义、处理原则与措施、处理与预警制度建立等进行规定，有利于防患于未然，于事前、事中防范风险，正所谓“不治已病治未病”。

2. 公司章程中规定突发事件条款为公司法律风险管理体系建设提供了该部分的依据。公司章程是公司的“宪章”，公司内控制度都是据此而展开，因此突发事件条款为突发事件处理风险管理制度的建立提供了“立法依据”。

典型案例

案例：“美国强生泰诺有毒事件”对突发事件处理的启发

“泰诺”是强生公司生产的用于治疗头痛的止痛胶囊。作为强生公司主打产品之一，年销售额达 4.5 亿美元。1982 年 9 月 29 日至 30 日，芝加哥地区有人因服用“泰诺”止痛胶囊而死于氰中毒，开始是死亡 3 人，后增至 7 人，随后又传说在美国各地有 25 人因氰中毒死亡或致病。后来，这一数字增至 2000 人（实际死亡人数为 7 人）。一时舆论大哗。由于强生公司的信条是：第一条，在任何情况下，都要对我们的病人，对我们病人的家属负责；第二条，在任何情况下，我们都要对我们的母亲负责，我们的信条不是写在墙上的、不是粘在墙上的，而是在我们的行为当中。面对这一危急局面，强生时任前 CEO 伯克召集由公司董事长为首的七人危机管理委员会果断地提出了四条解决办法：第一，召回市场上所有的泰诺，尽管相信自己的产品没问题，但是不能让消费者有任何的风险；第二，让全国所有的销售经理全部回来开会，开会的目的是让他们到全世界各地的医院和药店去，告诉他们泰诺不能再销售了，并收集近期买过泰诺的消费者的信息，由公司给他们出钱去医院做检查；第三，配合有关部门进行调查；第四，开发更安全的包装产品，现在吃的药都是用锡箔把它封好的，这就是泰诺率先开发出来的，这是强生公司因为这个事件给全世界食品药品安全做出的最重要的贡献。后来，通过联邦调查局调查发现，泰诺总共只有75粒受到了污染，但是它花了一亿美元收回，而这75粒是因为有人向它的产品里面注射氰化钾。正是由于强生公司在“泰诺”事件发生后采取了一系列有条不紊的危机应对措施，从而赢得了公众和舆论的支持与理解。在一年的时间内，“泰诺”止痛药又重振山河，占据市场的领先地位，再次赢得了公众的信任，树立强生公司为社会和公众负责的企业形象。事实上，强生的这种魄力来自两个方面，正如伯克所谈到的：“我不认为危机是可以准备的，如何处理危机根植在企业的价值体系中。”“危机发生后，无论谁是谁非，企业应该承担责任，从而赢得公众的理解和信任。”而实际上，伯克还有一句话没说：“处理危机实际上是做两个选择，是选择眼前还是选择未来，是选择金钱还是选择形象。”这其实就是一种趋利避害的选择。

【律师剖析】

上述案例表明强生公司一方面有着比较成熟的突发事件处理意识，另一方面建立了比较完善的公司突发事件处理制度、原则与机制，使得其在突发事件发生时可以趋利避害、妥善化解。

第十一章　公司的解散事由与清算办法

公司的解散和清算，是指公司的市场退出机制，是公司终止的必经程序。公司股东通过章程规定解散事由和清算办法，以达到理性地退出市场的目的，保护各股东的利益和债权人利益。公司解散清算制度主要包括公司解散的事由、清算组的成立和职权、债权申报通知和公告、清算方案、清算期间对公司财产分配的限制、清算报告和公司终止程序以及清算程序与破产程序的衔接等内容。

第一节　公司的解散事由

一、公司解散、清算与终止

公司从设立到终止，如同人的生命，会经历从出生到长大直至死亡的过程，也会面临优胜劣汰的竞争场面，因此在市场经济中，我们会看到不断有公司新设、不断有公司关门歇业。正常及理性的退出机制可以促进市场经济保持活力和正常秩序。公司的市场退出机制包括公司解散、清算与终止三个层面。公司只有发生了解散事由，经过清算程序，才会产生终止的法律效果。解散和清算是公司终止的必经程序。

（一）公司解散是公司终止的原因

有学者将公司解散定义为“公司因法律或章程规定的解散事由出现而停止营业活动并逐渐终止其法人资格的行为，它是公司主体资格消灭的必经程序”。[①] 公司解散是能够引起公司人格消灭的法律事实。除公司因合并、分立需要解散外，公司因本身不能存续的事由或者法定事由导致的解散也是公司

---

① 石少侠主编:《公司法教程》，中国政法大学出版社1999年版，第266页。

终止的原因，是公司终止程序启动的第一环节。公司解散既包括自行解散（任意解散），也包括强制解散。①

（二）公司清算程序是公司终止的必经程序

公司解散事由的出现并不直接达到公司注销的结果。已经出现解散事由的公司，其在尚未完成清算程序和目的之前仍视为继续存续，出现解散事由前的公司和进入清算阶段的公司在法律上仍为同一民事主体。公司清算的目的主要体现在两个方面，一方面公司应当停止日常的经营活动，另一方面是要清理公司在解散事由出现前既有的法律关系，包括但不限于债权债务的清理、劳动人员的安置等。公司清算程序是公司终止的必经程序，是公司有序退出市场机制的重要保证。只有经过清算程序的公司才能依法办理注销登记手续。我国的公司清算程序既包括破产清算，也包括非破产清算。非破产清算程序又区分为普通清算（公司的自行清算）和特别清算（指法院的强制清算）。因为我国的破产清算由专门的《企业破产法》规范，因此，我们这里所述的公司清算是指由《公司法》所调整的非破产清算。

（三）公司的终止即公司法律人格的消灭

公司的终止是指公司经过法定的程序结束经营活动，使公司丧失法人资格，不再具有民事权利能力和民事行为能力的事实状态和法律结果。公司终止后，公司丧失民事主体资格，不再具备市场经营主体资格，围绕公司这一主体发生的法律关系原则上亦应归于消灭。

公司终止以公司注销登记为标志。公司注销登记办理完结后，公司即告终止。实务中，企业法人营业执照的吊销并非公司终止的标志，而是公司解散的事由。

二、公司解散的事由

公司解散的事由即公司解散的条件。

《公司法》第 180 条列举了公司解散的五大事由：（1）公司章程规定的营业期限届满或者公司章程规定的其他解散事由出现；（2）股东会或者股东大会决议解散；（3）因公司合并或者分立需要解散；（4）依法被吊销营业执照、责

---

① 刘俊海：《现代公司法》（第三版），法律出版社 2015 年版，第 1128 页。

令关闭或者被撤销；（5）人民法院依照本法第 182 条的规定予以解散。

（一）公司章程规定的营业期限届满或者公司章程规定的其他解散事由出现

该解散事由属于公司自行解散（任意解散）的范畴。公司股东作为公司的投资人，享有解散公司的权利，当公司章程规定的营业期限届满时，公司股东可以决议解散公司。但是，公司股东同样有权自由决定公司的存续期间。根据法律规定，公司章程约定的经营期限届满，公司可以通过章程约定的决议程序延长公司的经营期限并修改章程，以维持公司的继续经营，而不进入解散程序。《公司法》第 181 条规定，“公司有本法第一百八十条第（一）项情形的，可以通过修改公司章程而存续。依照前款规定修改公司章程，有限责任公司须经持有三分之二以上表决权的股东通过，股份有限公司须经出席股东大会会议的股东所持表决权的三分之二以上通过”，从而避免公司不必要的解散。“其他解散事由”泛指公司章程自由约定的其他可解散公司的情形，包括但不限于公司经营恶化、丧失重大客户等。虽然公司可以自由约定解散公司的事由，但是，公司章程应慎重约定公司解散事由，比如，有些公司将“任何股东有要求解散公司”作为公司解散事由，导致公司可被任意解散，这既不利于公司经营的稳定性，也不利于股东利益的保护。

（二）公司决议解散

公司决议解散也属于公司自行解散的范畴，体现了公司自治原则。与公司设立一致，公司也可基于公司股东的一致意见表示而解散。比如，公司的成立通常是基于某种经营目标，当这一目标无法实现，或者经营目标已实现，公司股东都可能通过决议解散公司。又如，随着我国劳动力用工成本的提升以及其他市场因素的影响，外商投资企业进行战略调整，整合资源，缩紧国内的投资规模，解散部分外商投资企业，转而向其他国家或地区投资兴业。

对于公司解散的决议，法律规定股东会决议为绝对多数决的特别决议，而非简单多数决的普通决议。我国《公司法》第 43 条第 2 款规定，股东会会议作出公司解散的决议，必须经代表三分之二以上表决权的股东通过。第 66 条规定，国有独资公司的解散必须由国资监管机构决定；其中，重要的国有独资公司合并、分立、解散、申请破产的，应当由国资监管机构审核后，报本级人民政府批准。第 103 条第 2 款规定，股份公司股东大会作出公司解散的决议，必须经出席会议的股东所持表决权的三分之二以上通过。《公司登记管理条例》第 42 条第 3 项除列举股东会、股东大会决议解散的情形外，还增加了“一人有限责任公司的股东、外商投资的公司董事会决议解散”的特殊情形。

（三）因公司合并或者分立需要解散

公司因合并或分立解散，属于法定解散事由。公司合并时，不论是新设合并还是吸收合并，都会导致一个或几个公司的解散。在新设合并情形下，原来的公司因合并而解散；吸收合并的场合，被吸收的公司因合并而解散。

（四）依法被吊销营业执照、责令关闭或者被撤销

被吊销营业执照系基于公权力作出的行政处罚所导致的结果，属于强制解散的范畴。虽然公司及其投资方没有解散意愿，但公司违反了法律或行政法规的强制性规定（如从事违法经营活动，不具备经营许可证等），就会被处以行政处罚，结果就会导致公司解散，使得公司的法人资格归于消灭。例如，《公司登记管理条例》第 32 条第 2 款规定：“公司的经营范围中属于法律、行政法规或者国务院决定必须经批准的项目被吊销、撤销许可证或者其他批准文件，或者许可证、其他批准文件有效期届满的，应当自吊销、撤销许可证、其他批准文件或者许可证、其他批准文件有效期届满之日起 30 日内申请变更登记或者依照本条例第六章的规定办理注销登记。”再如，《公司登记管理条例》第 68 条规定：“公司成立后无正当理由超过 6 个月未开业的，或者开业后自行停业连续 6 个月以上的，可以由公司登记机关吊销营业执照。”

（五）公司被责令关闭或者被撤销也属强制解散范畴，其与被吊销企业法人营业执照的不同之处在于处罚机关不同

此类处罚作出机关往往是市场监督管理机关之外的享有市场监管权限的业务监管机构（如食品药品监管部门、质监部门、银保监会、证监会等）。

（六）司法解散

《公司法》第 182 条确立了司法解散制度，该条规定，公司经营管理发生严重困难，继续存续会使股东利益受到重大损失，通过其他途径不能解决的，持有公司全部股东表决权 10% 的股东，可以请求人民法院解散公司。司法解散是在法定条件下，公司股东向法院起诉以寻求救济的法定解散公司事由。

对此,《公司法司法解释二》第 1 条对于“公司经营管理发生严重困难”从四个方面进行了细化，增加了可操作性。

典型案例

案例：公司解散事由的约定[①]

2014 年 12 月 6 日，世知公司与北京众鑫融昌公司签订《出资协议书》，约定：世知公司以土地使用权的评估值的 30% 作为实物出资，北京众鑫公司以货币出资，共同成立海南众鑫融昌公司。同时,《出资协议书》约定,“作为实物出资的土地使用权无法转让过户至目标公司的，本协议终止”。协议签订后，因未能提交地上建筑物合法产权手续，涉案两块土地及地上建筑物未能办理至海南众鑫融昌公司名下。2015 年 7 月 13 日，世知公司向海口市中级人民法院提起诉讼，请求判令解散海南众鑫融昌公司。

一审法院认为，根据《公司法》第 182 条的规定，解散公司必须具备以下条件：公司经营管理发生严重困难，继续存续会使股东利益受到重大损失，通过其他途径不能解决的，持有公司全部股东表决权 10% 以上的股东提出。本案工商档案资料、海南众鑫融昌公司章程及其修正案、股东会决议等证据反映，海南众鑫融昌公司的经营范围为房地产投资开发，但海南众鑫融昌公司成立至今未满一年，且该公司因世知公司用于出资的土地尚未过户至其公司名下而无法开展房地产经营活动，该公司实际未开始运营，并非经营管理发生严重困难，陷入僵局。此外，本案证据不足以证明海南众鑫融昌公司的继续存续会使股东世知公司与北京众鑫融昌公司的利益受到重大损失，同时，海南众鑫融昌公司的股东之间可以通过召开股东会行使表决权或通过转让股权等合理方式来维护权利，双方并未穷尽各种途径。因此，解散海南众鑫融昌公司的条件尚未具备。世知公司要求解散海南众鑫融昌公司的诉讼请求，缺乏事实和法律依据，该院不予支持。

本案二审过程中，世知公司主张海南众鑫融昌公司出现了公司章程即《出资协议书》第 4 条第 5 项之“作为实物出资的土地使用权无法转让过户至目标公司的，本协议终止”约定的解散事由，应予解散。二审法院认为,《出资协议书》并非公司章程，双方在《出资人协议》中亦没有关于该协议作为公

---

① 世知公司与海南众鑫融昌公司解散纠纷案［海南省高级人民法院（2016）琼民终55号判决书］，来源于中国裁判文书网。

司章程的约定，从海南众鑫融昌公司的公司章程载明的内容来看，《出资协议书》终止也不是公司解散的事由，故世知公司依据《公司法》第 180 条第 1 项的规定主张解散海南众鑫融昌公司的理由亦不能成立，本院不予支持。

【律师剖析】

1. 世知公司与北京众鑫融昌公司签署的《出资协议书》是股东之间就合作事宜作出的真实意思表示，对出资人具有法律约束力，但出资人协议并非公司章程，亦不能取代公司章程，从而出资人协议中的约定并不必然成为股东据以向法院请求解散公司的依据。2. 根据法律规定，公司可自由设计的其他解散事由只有明确记载于公司章程时，方能在相应事由出现时达到解散公司之目的，所以股东对于其他解散事由的约定应当在公司章程中予以明确。

条款设计示例[①]

第【×】条　公司因下列原因解散：

1. 本章程规定的营业期限届满；
2. 股东会决议解散；
3. 因公司合并或者分立需要解散；
4. 公司依法被吊销营业执照、责令关闭或者被撤销；
5. 人民法院依照《公司法》第 182 条的规定解散公司；
6. 本章程规定的其他解散事由出现。

【设计指引】

1. 第 1 项至第 5 项是总括性表述法律所规定的公司解散事由。

2. 第 6 项是法律赋予公司可以通过章程自由约定解散公司的事由，公司股东可以根据事前的约定以及公司经营的实际情况，自由设计公司可解散的事由，比如，公司经营状况发生重大变化、公司经营目的无法实现、公司亏损达一定时间或一定数额等。但公司章程也应慎重约定解散事由，避免公司陷入可任意解散的窘境。

---

① 以有限责任公司为例。

实务问题

公司经营期满可否直接进入清算程序

实务中存在一些公司在章程规定的营业期限届满时，既不修改公司章程延长公司经营期限，又不及时按照法律规定进行清算以解散公司的现象。这个时候小股东比较容易处于被动状态，有赖于大股东启动相关的程序。这也是小股东权益保护实务问题之一，第一种观点认为，这种时候公司应当进入解散程序，小股东可以请求法院强制清算，行使剩余财产分配请求权；第二种观点则认为，公司视为自动延续存在，小股东可以据此请求公司购买其所持有的股份。笔者赞同第一种观点，在公司经营期限届满时，不修改公司章程延长公司营业期限的，应视为股东未就延续公司作出一致意见表示，公司应当根据相关法律规定，进入解散清算程序。

第二节　清算组的成立

一、公司清算程序

公司的清算程序指整理、终结被解散公司所发生的法律关系，并依法定条件和顺序分配其财产的法律程序。[①]公司清算程序一方面是为清理债权债务，终结公司事务，消灭公司的法律人格。依照《公司法》第十章规定，公司出现解散事由，或经公司债权人申请、法院受理公司破产申请或被公权力机关决定解散公司，并非直接就此消灭公司的法人资格，仍需经过清算程序，依法向原公司登记机关完成注销登记后，才最终实现公司法人人格消灭的目的。清算程序是消灭公司人格的必经程序。清算程序另一方面在于保护股东权益。依法履行公司清算程序，既是股东所负义务，也是股东享有的权利，即请求清算公司的权利。股东的清算请求权受法律保护，如公司部分股东怠于履行清算义务，势必会侵害其他股东清算公司的权利，该等股东可以向法院申请要求清算公司。如果公司登记机关在公司未经清算的情况下，直接办理公司的注销登记手续，也是违法侵害了公司股东的合法权益。而公司清算程序最

① 刘俊海：《现代公司法》（第三版），法律出版社2015年版，第1146页。

为重要的还是保护债权人的合法权益。清算制度本身是一种程序制度，如果公司可以未经清算办理注销登记，势必损害债权人利益。公司在解散时，会存在资产的处置、债务的清偿、员工的安置和剩余利润的分配等诸多问题，如果要达到各方面的平衡，使债权人公平受偿，必须通过法定的程序。清算程序的重要意义就是程序本身，通过清算程序，厘清公司的债权债务关系，进而及时清偿公司对外债务。同时，我国公司制度是有限责任制度，出资人以其出资额承担有限责任，而无须在出资额以外承担公司的债务，这一制度最大程度保护了股东利益，但会对债权人的利益造成损害，当公司的财产不足以清偿其债务时，债权人不可以要求出资人清偿，除非出资人存在法定的特殊情况。那么，为了平衡各方面利益，法律设计了清算制度，清算程序可以在某种程度上弥补对债权人的利益保护。《公司法》《公司登记管理条例》和《公司法司法解释二》均对公司解散程序作出了相应规定。

在公司普通清算程序中，以清算程序的启动主体为准，公司清算程序可以区分为自行清算程序与强制清算程序。自行清算程序是指公司在其发生解散事由后自行启动的清算程序；强制清算程序是指公司逾期不成立清算组进行清算，债权人和股东依据《公司法》第183条的规定诉请人民法院指定有关人员组成清算组对公司进行的清算。

二、清算组的职权

公司进入清算程序后，法人的权利能力和行为能力受到极大限制，应当停止一切与清算活动无关的其他商事行为。在这个阶段，公司只能开展清算活动，包括清理债权债务、清缴公司所欠税款、处置公司资产、办理公司注销登记手续等。鉴于经营活动与清算活动的差异以及清算活动的复杂性、专业性，法律将清算职权交由依法设立的清算组履行。

按照国际通例，清算组与公司解散前的董事会地位相仿，因此，一旦公司进入清算程序，清算组便取代公司原有的经营管理机关（董事会）。清算组在清算目的范围内，拥有相应的权利和承担相应的义务。具体来说，清算组行使“清算中公司的代表及执行机关的职能，对内执行清算事务，履行对内的决策和管理行为；对外代表公司了结债权债务，参与民事诉讼活动”。[①]

---

① 刘俊海：《现代公司法》（第三版），法律出版社2015年版，第1146页。

《公司法》第184条将清算组在清算期间行使的职权概括为七个方面：（1）清理公司财产，分别编制资产负债表和财产清单；（2）通知、公告债权人；（3）处理与清算有关的公司未了结的业务；（4）清缴所欠税款以及清算过程中产生的税款；（5）清理债权、债务；（6）处理公司偿债后的剩余财产；（7）代表公司参与民事诉讼活动。

《公司法》第184条列举的前六项职权既是清算组的职权，也是清算组的义务，更直接是法律所规定的公司清算内容。清算组必须诚实守信，勤勉履职，严格执行法定的清算程序。虽然清算组取代公司董事会而成立，但清算组履行职权时仍然要接受公司章程与股东会决议的约束。

（一）清算组的成立时间

《民法典》第70条第1款规定，法人解散的，除合并或者分立的情形外，清算义务人应当及时组成清算组进行清算。但该条规定并没有明确限定清算组的成立时间。

另根据《公司法》第183条规定，公司因《公司法》第180条第1项、第2项、第4项、第5项规定而解散的，应当在解散事由出现之日起15日内成立清算组，开始清算。这里，15日的时间起算点为"解散事由出现之日起"，从而明确了清算组的成立时间。同时根据《公司登记管理条例》第41条之规定，公司解散，依法应当清算的，清算组应当自成立之日起10日内将清算组成员、清算组负责人名单向公司登记机关备案。

虽然以上规定明确了清算组的成立时限，但是我国立法层面对于清算主体恶意不清算，即公司解散事由已发生，公司以各种理由和原因，迟迟未能按照法律规定成立清算组对公司进行清算的法律责任并没有明确的法律规定。因此，目前实践中，常常会出现所谓的"皮包公司"，无法清偿债务时便人走楼空，留下的仅是公司的空壳。

（二）清算组的组成

《公司法》第183条区分了有限责任公司与股份公司两种情况，分别确定了清算组的组成人员：（1）有限责任公司解散的，清算组由股东组成，有限责任公司股东为法定的清算组成员。（2）股份公司解散的，清算组由董事或者股东大会确定的人员组成。清算组组成人员的范围主要包括：（1）有限责任公司股东和股份公司的董事；（2）公司章程预先确定或股东会选定的清算人；

（3）人民法院根据利害关系人申请指定的清算人。

《公司法司法解释二》第8条规定，人民法院受理公司清算案件，应当及时指定有关人员组成清算组。清算组成员可以从下列人员或者机构中产生：（1）公司股东、董事、监事、高管；（2）依法设立的律师事务所、会计师事务所、破产清算事务所等社会中介机构；（3）依法设立的律师事务所、会计师事务所、破产清算事务所等社会中介机构中具备相关专业知识并取得执业资格的人员。

清算组由数人组成时，按照目前的公司清算实践，原公司注册登记机关要求指定一名清算组负责人代表公司和清算组的工作。清算组就清算事务作出决策时，采取类似于董事会的议事规则，包括一人一票、少数服从多数，等等。

三、清算组成员的义务

如前所述，清算组成员如同公司的董监高，与公司之间存在有偿的委托关系。也有人从信托法角度，认为清算组成员与公司及其债权人之间存在信托关系，如果公司在普通清算程序的情况下，公司尚能有足够的剩余财产清偿债权人的债务，则公司、公司股东及其公司债权人均享有信托受益权。基于此理论，清算组成员应当与公司董监高一样负有忠实和勤勉义务、注意义务。

清算实务中，不乏存在清算组成员违反清算义务，损害公司或债权人利益的行为，如未尽职尽责造成公司财产贬值、流失、灭失等损失；恶意处置公司财产；出具虚假报告或证明；侵占、私分、转移公司财产；违法清算，遗漏债权人或故意使债权人不能获得受偿，等等。这些行为都违反了忠实和勤勉义务。

《公司法》第189条第1款规定，“清算组成员应当忠于职守，依法履行清算义务”。该条第2款又明文禁止清算组成员利用职权收受贿赂或者其他非法收入，不得侵占公司财产。与忠诚义务相对应的则是勤勉义务。勤勉义务的衡量标准是要求清算组成员能够尽到理性的审慎和注意程度。法律从作为和不作为两个方面对清算组成员的忠实勤勉义务作出了明确的规定。

四、清算组成员的法律责任

清算组成员的责任包括民事责任、行政责任和刑事责任。清算组成员从事清算事务时，违反法律、行政法规或者公司章程给公司或者债权人造成损失时，应当对公司、股东和债权人承担连带民事责任。

《公司法》第 189 条第 3 款规定了清算组成员对公司或公司的债权人的民事赔偿责任，“清算组成员因故意或者重大过失给公司或者债权人造成损失的，应当承担赔偿责任”。

《公司法司法解释二》第 23 条规定，清算组成员从事清算事务时，违反法律、行政法规或者公司章程给公司或者债权人造成损失，公司或者债权人主张其承担赔偿责任的，人民法院应依法予以支持。有限责任公司的股东、股份有限公司连续 180 日以上单独或者合计持有公司 1% 以上股份的股东，依据《公司法》第 151 条第 3 款的规定，以清算组成员有前款所述行为为由向人民法院提起诉讼的，人民法院应予受理。由此可见，清算组成员未尽忠实勤勉义务的，公司和债权人都可以向清算组成员提起诉讼，股东也有权对其提起股东代表诉讼。

对于清算组成员应承担的行政责任，我们可以看到《公司登记管理条例》第 70 条第 2 款规定，“清算组成员利用职权徇私舞弊、谋取非法收入或者侵占公司财产的，由公司登记机关责令退还公司财产，没收违法所得，并可以处以违法所得 1 倍以上 5 倍以下的罚款”。《刑法》第 162 条则规定了清算组的刑事责任，“公司、企业进行清算时，隐匿财产、对资产负债表或者财产清单作虚假记载或者在未清偿债务前分配公司、企业财产，严重损害债权人或者其他人利益的，对其直接负责的主管人员或其他直接责任人员处五年以下有期徒刑或者拘役，并处或者单处二万元以上二十万元以下罚金”。

条款设计示例[①]

第【×】条　清算组的成立

公司因《公司法》第 180 条第 1 项、第 2 项、第 4 项规定而解散的，应当在解散事由出现之日起 15 日内成立成员不少于三人的清算组，开始清算。清算组由出资人指定，清算组负责人由清算组成员过半数选举产生。

第【×】条　清算组的职权

清算组在清算期间行使下列职权：

（一）清理公司财产，分别编制资产负债表和财产清单；

（二）通知、公告债权人；

（三）处理与清算有关的公司未了结的业务；

① 以有限责任公司为例。

（四）清缴所欠税款以及清算过程中产生的税款；

（五）清理债权、债务；

（六）处理公司清偿债务后的剩余财产；

（七）代表公司参与民事诉讼活动。

第【×】条 清算组成员的义务、责任

（一）清算组成员应当忠于职守，依法履行清算义务。

（二）清算组成员不得利用职权收受贿赂或者其他非法收入，不得侵占公司财产。

（三）清算组成员因故意或者重大过失给公司或者债权人造成损失的，应当承担赔偿责任。

【设计指引】

1. 公司清算期间，清算组履行的职责与公司董事会职权重叠，为避免产生冲突，公司章程有必要明确清算组的职权，由清算组接管董事会及高管等经营管理层的职能。

2. 公司法没有明确规定清算负责人的产生办法，因此，公司可通过章程自主决定。由于清算组的工作对公司及股东具有直接的利害关系，为平衡各股东的利益保护，清算组负责人的人选不建议采取资本多数决，而是可以参照类似于董事会的议事规则，如少数服从多数的规则，由清算组成员过半数选举产生，由此，清算组成员人数建议不少于三人。

典型案例

案例：清算组成员违反法定义务应承担连带责任[①]

D公司，股东为B和C。2008年10月6日，D公司召开临时股东会，形成同意解散公司的决议，决议作出后15日内成立清算组，清算组成员由B、C、E三人组成，B担任清算组负责人。清算组在成立之日起10日内通知所有债权人，于60日内在报纸上刊登注销公告，在清理公司财产、编制资产负债表和财产清单后及时制订清算方案，报股东会确认；清算结束后，清算组应制作清算报告，报股东会确认。该决议上由B和C进行了签字确认。D公司于同日向市场监管部门进行了备案。

---

① 来源于无讼网，上海市浦东新区人民法院（2010）浦民二（商）初字第3490号判决。

2010年11月，原告A向法院起诉，要求B和C赔偿D公司应支付的工资差额及经济补偿金。经法院审理查明，D公司虽成立清算组，但未将公司解散清算事宜书面通知原告，也未对外进行公告，至庭审日，也未将清算报告报送市场监管部门。法院认为，清算组成员违反了法律限定其进行清算的义务，应当认定其与原告作为债权人的债权不能实现之间存在因果关系，应当对债权人的债权承担连带责任。

【律师剖析】

1.该案例是典型的清算组成员未依法履行清算义务而导致的赔偿责任。根据法律规定，清算组成员应当按照法定的程序进行清算工作，通知及公告债权人进行债权申报。在清算过程中，应尽到忠实和勤勉义务，清理公司债权债务和资产，形成清算报告，报公司股东或法院确认，并及时向公司原登记机关报送清算报告，办理注销登记手续。如有违反，应当按照法律规定承担相应的赔偿责任。

2.本案中D公司在形成解散公司决议并成立清算组之后，经工商备案的清算组成员并未按照法律规定及时开展清算工作，存在怠于清算的事实，在没有证据证明其未及时进行清算工作未造成D公司财产损失的情况下，法院认定其怠于清算的事实与债权人不能实现D公司债权之间存在因果关系并无不妥。

第三节 债权申报通知及公告

一、通知、公告程序

通知、公告债权是清算程序的关键，也可以称为债权人保护程序。《公司法》第185条规定，清算组自成立之日起10日内通知债权人，并于60日内在报纸上公告。通知债权人的程序与公告债权人的程序是并行不悖的。既不能以通知程序代替公告程序，也不能以公告程序取代通知程序。《公司法》第185条第3款规定，在申报债权期间，清算组不得对债权人进行个别清偿。这种对特定债权人的个别清偿违背了立法追求债权人公平受偿的目标。因此，通知、公告程序的设置是为了保护每一位债权人能够及时申报对公司享有的债权，进而达到公平受偿的目的。

为增强《公司法》第185条规定的可诉性，《公司法司法解释二》第11条规定，公司清算时，清算组应按照《公司法》第185条的规定将公司解散清算事宜书面通知全体已知债权人，并根据公司规模和营业地域范围在全国或者公司注册登记地省级有影响力的报纸上进行公告。清算组未按照前款规定履行通知和公告义务，导致债权人未及时申报债权而未获清偿，债权人主张清算组成员对因此造成的损失承担赔偿责任的，人民法院应依法予以支持。

二、申报债权

为确保债权人债权的公平受偿，《公司法》第185条规定，债权人应当自接到通知书之日起30日内，未接到通知书的自公告之日起45日内，向清算组申报其债权。债权人申报债权，应当说明债权的有关事项，并提供证明材料。清算组应当对债权进行登记。在申报债权期间，清算组不得对债权人进行清偿。

虽然债权人有权申报债权，但债权人的申报应当提供相应的证明材料以得到清算组的确认与核定。《公司法司法解释二》第12条规定，"公司清算时，债权人对清算组核定的债权有异议的，可以要求清算组重新核定。清算组不予重新核定，或者债权人对重新核定的债权仍有异议，债权人以公司为被告向人民法院提起诉讼请求确认的，人民法院应予受理"。通过法律的规定，规范债权人申报债权及确认债权程序，其目的也是促进债权人之间的公平受偿。

在公司启动清算程序后，未到期的债权视为已到期可以进行申报，附条件、附期限的债权和诉讼、仲裁未决的债权，债权人都可以申报。债权人申报债权时，应当提供证据说明债权的数额和有无财产担保，是否为连带债权。债务人的保证人或者其他连带债务人已经代替债务人清偿债务的，以其对债务人的求偿权申报债权。债务人的保证人或者其他连带债务人尚未代替债务人清偿债务的，还可以以其对债务人的将来求偿权申报债权，但是，债权人已经向清算组申报全部债权的除外。债务人所欠的工资和医疗、伤残补助、抚恤费用，所欠的应当划入职工个人账户的基本养老保险、基本医疗保险费用，以及法律、行政法规规定应当支付给职工的补偿金，当然列入清偿范围而不必申报。职工对清单记载有异议的，可以要求清算组更正，否则，职工可以申请重新核定或提起劳动仲裁或向人民法院提起诉讼。

三、补充申报债权

在实践中，碍于未及时收到通知或未留意到清算公告，债权人往往未能及时进行债权申报或错过债权申报时间，虽然《公司法》对于债权补充申报及其受偿并未作出明确规定，但为了加强对债权人的保护力度，《公司法司法解释二》第 13 条规定，“债权人在规定的期限内未申报债权，在公司清算程序终结前补充申报的，清算组应予登记”。这里的公司清算程序终结是指清算报告经股东会、股东大会或者人民法院确认完毕。

《公司法司法解释二》第 14 条第 1 款明确规定，债权人补充申报的债权，可以在公司尚未分配财产中依法清偿。公司尚未分配财产不能全额清偿，债权人可以主张股东以其在剩余财产分配中已经取得的财产予以清偿的，人民法院应予支持，但债权人因重大过错未在规定期限内申报债权的除外。

但为了确保正常的清算程序，法律对于补充申报的债权和及时申报的债权还是作出了不同的对待，依据《公司法司法解释二》第 14 条第 2 款规定，“债权人或者清算组，以公司尚未分配财产和股东在剩余财产分配中已经取得的财产，不能全额清偿补充申报的债权为由，向人民法院提出破产清算申请的，人民法院不予受理”。

条款设计示例①

第【×】条　债权申报通知和公告

清算组应当自成立之日起 10 日内通知债权人，并于 60 日内在报纸上公告。债权人应当自接到通知书之日起 30 日内，未接到通知书的自公告之日起 45 日内，向清算组申报其债权。

债权人申报债权，应当说明债权的有关事项，并提供证明材料。清算组应当对债权进行登记。

在申报债权期间，清算组不得对债权人进行清偿。

---

① 以有限责任公司为例。

【设计指引】

1. 通知和公告是公司清算的必经程序，也是清算组的法定义务。未履行通知和公告义务，给公司债权人造成损失的，清算组成员应承担赔偿责任，因此，公司章程中应当明确记载债权申报和公告条款。

2. 为平等保护公司债权人的合法权益，清算组应当依据法定的程序开展清算工作，在申报债权期间，清算组对个别债权人的清偿行为无效，因此，清算组在申报债权期间，不得对债权人进行清偿。

典型案例

案例：清算组未按规定履行通知和公告义务的损失赔偿责任[①]

A公司成立于2008年7月16日，股东为叶某波、叶某航。A公司因拖欠朗豪公司货款，分别于2010年4月20日和2014年7月22日，经法院审理判决支付朗豪公司价款4896000元、484000元及其逾期付款违约金。2014年10月25日，A公司召开临时股东会，决议解散公司并成立清算组，清算组成员为叶某波、案外人余某，叶某波为清算组负责人。2014年10月31日，A公司两股东叶某波、叶某航向上海市普陀区市场监管部门提交公司登记（备案）申请书，备案A公司清算组负责人、清算组成员，并出具承诺书。2015年3月16日，A公司向上海市普陀区市场监管部门提交公司注销登记申请书，在该申请书中A公司在债权债务清理情况一栏勾选了已清理完毕选项。申请人声明（本公司依照《公司法》《公司登记惯例条例》申请注销登记，提交材料真实有效。）一栏由叶某波签字，并加盖了A公司公章。2015年3月20日，上海市普陀区市场监管部门出具准予注销登记通知书，载明：经审查，提交A公司的注销登记材料齐全，符合法定形式，我局准予注销登记。

后朗豪公司以A公司明知对朗豪公司所负债务但在清算组成立后未在10日内通知朗豪公司为由诉至法院，要求判令叶某波、叶某航对A公司的付款义务承担连带赔偿责任。

法院判决A公司的两股东对该公司注销前所负债务向债权人朗豪公司承担连带赔偿责任。

---

① 来源于中国裁判文书网，上海市第一中级人民法院（2017）沪01民终1887号判决书，叶某波诉朗豪公司清算责任纠纷案。

【律师剖析】

1.《公司法》第 185 条规定，清算组应当自成立之日起 10 日内通知债权人，并于 60 日内在报纸上公告。《公司法司法解释二》第 11 条规定，公司清算时，清算组应当将公司解散清算事宜书面通知全体已知债权人……清算组未按规定履行通知和公告义务，导致债权人未及时申报债权而未获清偿，债权人主张清算组成员对因此造成的损失承担赔偿责任的，人民法院应依法予以支持。故通知是清算的必经程序，清算组未按规定履行通知应承担赔偿责任。本案中，A 公司在清算组成立后并未在 10 日内通知其已知债权人朗豪公司，仅于 2014 年 11 月 4 日在上海商报上刊登了注销公告，客观上剥夺了债权人参与清理的权利。但是，本案 A 公司的清算组成员为叶某波和案外人余某，叶某航并非清算组成员。《公司法司法解释二》第 11 条明确的责任主体仅限于清算组成员，故朗豪公司依据该条要求叶某航承担连带赔偿责任，缺乏法律依据。

2. 但是，根据《公司法司法解释二》第 19 条规定，有限责任公司的股东、股份有限公司的董事和控股股东，以及公司的实际控制人在公司解散后，恶意处置公司财产给债权人造成损失，或者未经依法清算，以虚假的清算报告骗取公司登记机关办理法人注销登记，债权人主张其对公司债务承担相应赔偿责任的，人民法院应依法予以支持。本案中，A 公司虽组成清算组进行了清算，并出具了清算报告，但是并未经通知债权人、申报债权、分配财产等清算程序。A 公司于 2014 年 12 月 22 日作出的注销清算报告中却称，清算组已在成立之日起 10 日内通知了所有债权人，清算结果为：公司债务已全部清偿，该清算报告明显存在虚假陈述。所以，法院可据此支持朗豪公司的主张。

实务问题

公司自行成立清算组后可否转入强制清算

根据《最高人民法院关于审理公司强制清算案件工作座谈会纪要》规定，公司已经自行成立清算组进行清算，但债权人有证据证明公司故意拖延清算，或者有证据证明公司存在其他违法清算行为可能严重损害其利益的，债权人有权向法院申请对公司进行强制清算。债权人向公司住所地的人民法院提交清算申请书，提交公司拖延清算或违法清算的证据材料，由有管辖权的法院审查决定是否予以受理。

人民法院受理强制清算案件后，指定公司股东、董事、监事、高级管理人员和/或《人民法院中介机构管理人名册》和《人民法院个人管理人名册》中的中介机构或者个人组成清算组对公司进行清算。公司依法清算结束，清算组制作清算报告并报人民法院确认后，人民法院裁定终结清算程序，公司登记机关依清算组的申请注销公司登记，公司终止。

第四节　清算方案、清算期间对财产分配的限制

一、清算方案

清算方案是指清算人在清查公司财产、确认公司债权人后依法制作的据以处分公司财产、清偿公司债务等清算事务的基本法律文件。[①]《公司法》第186条规定，清算组在清理公司财产、编制资产负债表和财产清单后，应当制定清算方案，并报股东会、股东大会或者人民法院确认。《公司法司法解释二》第15条第1款进一步细化为，公司自行清算的，清算方案应当报股东会或者股东大会决议确认；人民法院组织清算的，清算方案应当报人民法院确认。这里我们可以看到，“人民法院确认”仅适用于《公司法》第183条规定的情形，即公司逾期不成立清算组进行清算，债权人可以申请人民法院指定有关人员组成清算组进行清算的情形。

为确保清算方案的正当性与合法性，该条又规定了执行未经确认的清算方案的清算行为的法律后果，即未经确认的清算方案，清算组不得执行。执行未经确认的清算方案给公司或者债权人造成损失，公司、股东或者债权人主张清算组成员承担赔偿责任的，人民法院应予以支持。

二、分配剩余财产

《公司法》第186条第2款规定了分配公司剩余财产的顺序：（1）支付清算费用；（2）支付职工的工资、社会保险费用和法定补偿金；（3）缴纳所欠税款；（4）清偿公司债务；（5）向股东分配剩余财产。其中，有限责任公司按照

---

① 刘敏：《公司解散清算制度》（修订版），北京大学出版社2012年版，第12页。

股东的出资比例分配，股份有限公司按照股东持有的股份比例分配。但在清偿公司债务之前，清算组不得将公司财产分配给股东。

典型案例

案例：公司清算注销后股东的剩余财产分配权[①]

2003年8月7日，吴某波与金某共同出资设立了鑫帮公司，约定双方各出资30万元，各占50%股权，公司所得利润平均分配。2006年7月，金某和吴某波作出鑫帮公司第二届第一次股东会决议，决定金某和吴某波成立清算组，金某为清算组负责人对公司进行清算解散。同年11月27日，鑫帮公司作出清算报告，内容为：已结清全部工人工资和全部应交税款及全部债权债务，已在《中国工商报》公告注销三次。同日，鑫帮公司作出股东会决议，金某和吴某波同意清算结果并同意注销鑫帮公司。同日，鑫帮公司以“股东会议决议解散”为由向北京市工商行政管理局大兴分局提交注销申请，后鑫帮公司被核准注销。后吴某波以公司注销时未对剩余财产进行分配为由诉至法院，要求金某支付被其占有的相应未分配利润及实收资本。金某辩称，鑫帮公司已于2006年11月27日注销，吴某波在公司注销时已经签字确认公司无债权、债务，故公司注销后吴某波无权再以股东身份要求分配利润。

法院认为，公司的债权债务，是指公司对外所享有的债权或承担的义务，而公司对于利润所进行的分配，是公司的内部行为，两者在法律上并非同一概念，故金某关于吴某波确认公司无债权债务，故不应再要求分配利润的主张，没有事实及法律依据，法院不予采信。判决金某向吴某波支付公司剩余未分配财产。

【律师剖析】

鑫帮公司系依法设立的有限责任公司，解散和清算应当依照《公司法》和公司章程的规定处理。《公司法》第186条第2款规定，“公司财产在分别支付清算费用、职工的工资、社会保险费用和法定补偿金，缴纳所欠税款，清偿公司债务后的剩余财产，有限责任公司按照股东的出资比例分配，股份有限公司按照股东持有的股份比例分配”。因此，本案股东吴某波有权按照出资比例分配公司剩余财产。

---

① 来源于无讼网，北京市第三中级人民法院（2016）京03民再32号。

条款设计示例①

第【×】条 清算方案、清算期间对公司财产分配的限制

清算组在清理公司财产、编制资产负债表和财产清单后，应当制订清算方案，并报出资人及/或人民法院确认。

公司财产在分别支付清算费用、职工的工资、社会保险费用和法定补偿金，缴纳所欠税款，清偿公司债务后的剩余财产归出资人所有。

清算期间，公司存续，但不得开展与清算无关的经营活动。公司财产在未按前款规定清偿前，不得分配给出资人。

【设计指引】

1. 基于清算组与公司之间的有偿委托关系，清算组的清算工作，除了公司债权人之外，对于公司和股东来讲，都存在利益期待。因此，清算组应当确保清算工作的有效性和准确性，在清理公司财产后，应当制订清算方案。未经确认的清算方案，清算组不得执行。

2. 法律对公司剩余财产分配顺序有明确规定，公司章程不得违反法律的规定。

第五节　清算报告与公司终止程序

一、制作清算报告，报请股东会或人民法院确认

《公司法》第188条规定，公司清算结束后，清算组应当制作清算报告，报请股东会或人民法院确认。清算报告是公司完成注销登记手续的必备条件之一。基于清算组与公司成立的委托关系理论，清算报告也可以理解为清算组向委托人提交的委托事务成果，就公司解散原因及日期，清算组的组成，清算过程，债权债务的处理，清算方案的执行情况以及清算组成员的履职情况等工作内容和成果作出说明。清算报告也是清算组履职的证据材料，可以作为判断清算组有无尽职尽责的依据。

---

① 以有限责任公司为例。

二、办理注销登记手续

清算程序的最后环节就是办理公司注销登记手续。公司清算结束后，清算组应当制作清算报告，报股东会、股东大会或者人民法院确认，并报送公司登记机关，申请注销公司登记，公告公司终止。根据《公司登记管理条例》第 42 条的规定，清算组应当自公司清算结束之日起 30 日内向原公司登记机关申请注销登记。

条款设计示例[①]

第【×】条　清算报告和公司终止程序

公司清算结束后，清算组应当制作清算报告，报出资人及/或人民法院确认，并报送公司登记机关，申请注销公司登记，公告公司终止。

【设计指引】

清算报告是公司申请注销登记的必备文件。清算组在清算结束后应制作清算报告，就公司解散原因及日期，清算组的组成，清算过程，债权债务的处理，清算方案的执行情况以及清算组成员的履职情况等作出说明。

实务问题

公司申请注销登记需要提交哪些材料（以内资企业为例）

（1）公司清算组负责人签署的公司注销登记申请书；

（2）公司清算组负责人签署的指定代表或者共同委托代理人授权委托书；

（3）人民法院的破产裁定、解散裁判文书，公司依照《公司法》作出解散的决议或者决定，行政机关责令关闭或者公司被撤销的文件；

（4）股东会、股东大会、一人有限责任公司的股东或者人民法院、公司批准机关备案、确认的清算报告的确认文件；

（5）经确认的清算报告；

（6）清算组成员备案通知书；

---

① 以有限责任公司为例。

（7）《企业法人营业执照》；

（8）法律、行政法规规定应当提交的其他文件。国有独资公司申请注销登记，还应当提交国资监管机构的决定，其中，国务院确定的重要的国有独资公司，还应当提交本级人民政府的批文。

第六节　宣告破产

依据前文所述，公司出现解散事由后，应依法进行清算，而随着公司清算进程的推进，倘若公司出现财产不足以偿还债务时，则会出现与公司破产程序的交叉情形。公司清算与破产程序的衔接便具有了重要的现实意义。我国《民法典》第68条将依法宣告破产作为企业法人解散的原因之一。1993年制定的《公司法》第189条也曾规定："公司因不能清偿到期债务，被依法宣告破产的，由人民法院依照有关法律的规定，组织股东、有关机关及有关专业人员成立清算组，对公司进行破产清算。"后来，为适应社会经济体制改革的需要，促进企业自主经营，保护债权人和债务人的合法权益，立法者在《公司法》之外另行制定了专门规范企业破产程序的《企业破产法》，破产清算程序由《企业破产法》予以专门调整。这样既可充实《公司法》，又在条款上做到《公司法》与《企业破产法》的衔接。

在大多数情况下，公司清算并不会转向破产清算程序，经过既定的清算程序完成公司的注销登记手续。但是，倘若清算组在清理公司财产、编制资产负债表和财产清单后，发现公司财产不足以偿还债务，就应当转向人民法院申请宣告破产。《公司法》第187条规定公司经人民法院裁定宣告破产后，清算组应当将清算事务移交给人民法院。公司被依法宣告破产的，依照有关企业破产的法律实施破产清算（《公司法》第190条）。

规定普通清算程序向破产清算程序的转化意在实现公平清理债权债务的目的。破产程序是在法院的主持下对债务人的财产进行清理分配，或者对其进行重整，或者由债务人与债权人就债权清偿达成和解，使全体债权人获得公平受偿的机会。破产以公平清偿债务为宗旨，债务人不能清偿到期债务时，通过破产程序可以合理地协调众多债权人之间就债务人的有限财产如何受偿的利益冲突。公平是破产法追求的最为重要的目标，同时也是破产程序贯穿始终的基本原则。公司清算转向破产清算程序后，法院与债权人可以积极干预公司清算程序。

与《企业破产法》所追求的公平清理债权债务的目的一脉相承，《公司法司法解释二》第 17 条规定，人民法院指定的清算组在清理公司财产、编制资产负债表和财产清单时，发现公司财产不足清偿债务的，可以与债权人协商制作有关债务清偿方案。债务清偿方案经全体债权人确认且不损害其他利害关系人利益的，人民法院可依清算组的申请裁定予以认可。清算组依据该清偿方案清偿债务后，应当向人民法院申请裁定终结清算程序。债权人对债务清偿方案不予确认或者人民法院不予认可的，清算组应当依法向人民法院申请宣告破产。以此，债权人可以实现通过较低成本获得公平受偿债权的结果，最大限度地提高了债权人的受偿比例，同时也缩短了公司破产清算进程，公司可达到尽快解散的目的。

条款设计示例[①]

第【×】条　宣告破产

清算组在清理公司财产、编制资产负债表和财产清单后，发现公司财产不足清偿债务的，应当依法向人民法院申请宣告破产。

人民法院受理破产申请，指定管理人后，清算组应当将清算事务移交给人民法院。

公司被依法宣告破产的，依照有关企业破产的法律实施破产清算。

【设计指引】

本条款涉及公司清算程序和破产程序的衔接事宜，我国《公司法》第 187 条和《企业破产法》第 7 条第 3 款对公司清算程序与破产程序的衔接作出了规定。根据前述法律规定，在公司由清算程序转向破产程序时，公司清算组有向法院移交清算事务的义务。《公司法》第 187 条规定，“公司经人民法院裁定宣告破产后，清算组应当将清算实务移交给人民法院”，而《企业破产法》第 13 条规定，“人民法院裁定受理破产申请的，应当同时指定管理人”，意味着，法院在受理破产申请后到裁定宣告破产期间，由破产管理人负责清算事务。鉴于此，按照《公司法》的规定，清算组需法院宣告公司破产后再移交清算事务，与《企业破产法》规定的受理破产申请到宣告破产期间由破产管

① 以有限责任公司为例。

理人负责清算事务的规定存在矛盾。根据特别法优于一般法的原则，笔者建议清算组向法院移交清算事务的时间应提至“人民法院受理破产申请，指定管理人后”的一定时间。

实务问题

清算程序可否直接转为破产程序

根据最高人民法院2017年1月20日发布的《最高人民法院关于执行案件移送破产审查若干问题的指导意见》，为有利于健全市场主体救治和退出机制，有利于完善司法工作机制，有利于化解执行积案，人民法院贯彻中央供给侧结构性改革部署，对于执行案件移送破产审查工作作出具体的规定。这一重要举措，保障了执行程序与破产程序的有序衔接。结合我们的公司解散和清算，如果清算过程中，经债权人申报债权，公司不能清偿债务，且资产不足以清偿全部债务或者明显缺乏清偿能力的，债权人通过法院诉讼或仲裁，申请法院强制执行后，可以通过法院将执行程序转为破产审查程序，进而可能直接将公司清算程序转为公司破产程序。

第十二章　其他事项

所谓“其他事项”，是指《公司法》第 25 条、第 81 条规定的有限责任公司、股份有限公司章程法定载明条款以外所约定的事项。第 25 条规定第 1 项至第 7 项为法定必须载明的事项，第 8 项为股东会会议认为需要规定的其他事项。第 81 条第 1 项至第 11 项为股份有限公司章程必须载明的条款，第 12 项股东大会会议认为需要规定的其他事项。

此处立法采用了列举式加兜底条款的方式，允许商事主体在法定条款之外另行约定。需要注意的是：

1. 确实重要的问题，需要在章程中记载；
2. 必须经过股东会或股东大会决议通过；
3. 创始股东协商一致约定在章程中。

作为任意性条款，章程中的其他事项可以根据不同公司的类型和具体需求进行定制化约定，股东之间的特别约定也可放在这个章节。为了更具实用性，本章选取了公司章程“其他事项中”具有代表性和通用性的几类典型事项进行讨论：不同类型公司信息披露要求在章程条款中的体现；公司章程修改的要点；公司章程的解释与生效；公司章程的用语释义；公司章程未尽事宜的处理。

第一节　信息披露

一、信息披露的含义、作用和方式

（一）信息披露的含义

公司信息披露是利益相关者知悉公司经营信息和财务信息的主要途径，

信息披露的内容主要包括财务信息、公司基本信息等，既有基于监管要求由会计准则或法律规范强制披露的信息，也有因外在资本市场压力与内部决策需求而自愿披露的信息。

对于人合性和封闭性更强的有限责任公司来说，以自愿信息披露为主，强制信息披露监管要求较少，主要是根据《企业信息公示暂行条例》的要求通过企业信用信息公示系统披露企业基本信息和规定的重大信息。

对于上市公司、非上市公众公司及公司型基金等主体类型而言，公司信息披露的意义更为重大，通常具有严格的强制信息披露监管要求和内容格式具体要求，并且违反这些强制信息披露监管要求往往会造成严重后果。基于信息披露的监管要求和公司治理的内部要求，将公司信息披露相关的管理制度的制定和董事、监事、高管的信息披露职责在公司章程中予以明确，具有重要意义。

（二）信息披露的作用

信息披露对于公司治理和监管来说都至关重要，既是实现公司治理的基础，也是主管部门监管介入的起点。

上市公司和非上市公众公司主要由证监会监管，公司型私募基金主要由中国证券投资基金业协会监管。因为针对的对象和管理方式不同，这些监管要求侧重点有所不同，但对公司信息披露监管的根本出发点都在于尽量消除投资者的信息不对称。

信息披露对公司资源的分配具有引导作用。通过高水平的信息披露让投资者、小股东接触到更多公司信息从而发挥监督作用，使得公司管理层将更多资源投入公司价值最大化的方向，抑制公司内部人对资源的侵占行为。

成熟证券市场对上市公司的监管核心就在于信息披露。证券市场的资源配置作用在于，通过市场追求高投资回报的特征推动资源向高回报领域流动，而证券投资的高回报直接与证券市场价格和预期价格相关。信息披露是证券市场价格发现功能的基础，证券价格是否能够全面、准确、高效地反映证券发行人和上市公司的实际运营状况和盈利能力，直接决定了证券市场的效率。当投资者总是可以借助公开信息进行证券投资时，新信息的公布就会及时影响投资者对公司股票价值的判断从而形成围绕价值波动的价格。监管部门制定信息披露监管规则以保护投资者利益，投资者基于对利益的关注则会对影响股票价值判断的信息披露高度关注，自发地对信息披露的真实性、准确性、全面性、及时性予以监督[①]，从而形成全方位的信息披露监管体系。

（三）信息披露的方式

从信息披露的阶段和时点来看，可分为发行披露、定期披露和临时披露。

1. 发行披露

上市公司在公开发行股票时涉及发行披露的法律法规和监管规则主要包括:《证券法》《上市公司信息披露管理办法》;《公开发行证券的公司信息披露内容与格式准则》中关于首次公开发行股票上市的相关信息披露，关于公开发行债券、优先股的信息披露等。

非上市公众公司在定向发行股票时涉及发行披露的法律法规和监管规则主要包括:《非上市公众公司监督管理办法》;《非上市公众公司信息披露内容与格式准则》中关于定向发行优先股的相关信息披露等。

公司型私募基金类似于发行披露的监管规则主要包括:《私募投资基金信息披露管理办法》《私募投资基金合同指引》;《私募投资基金信息披露内容与格式指引》中关于基金产品备案信息披露的要求等。

发行披露通常要求披露公司基本信息、股本和股东情况、公司治理情况；公司主要业务、产品或者服务及公司所属行业；报告期内的财务报表、审计报告；相关风险提示信息等。

2. 定期披露

上市公司信息定期披露要求主要包括年报、半年报、季报等，均有相应的《公开发行证券的公司信息披露内容与格式准则》相关指引作为监管规则。

非上市公众公司信息定期披露要求主要包括年报、半年报，监管规则主要体现在《非上市公众公司监督管理办法》中，总体上看比上市公司定期信息披露要求更为灵活。

公司型私募基金的信息定期披露主要包括私募基金运行期间的季度信息披露和年度信息披露，单只私募证券投资基金管理规模金额达到5000万元以上的还应进行月度信息披露，监管规则主要体现在《私募投资基金信息披露管理办法》中。

3. 临时披露

信息临时披露主要是针对发生的重大事件及时进行披露，有时也称为重

---

① 万国华:《证券法学》，清华大学出版社2010年版，第356页。

大事件信息披露，核心在于认定重大事件，从而确定临时披露范围。总体来说，重大事件的认定标准通常定义为对投资者作出投资决策有重大影响的信息，或者对股票交易价格产生较大影响的信息，上市公司和非上市公众公司信息临时披露的重大事件认定范围都遵循这一原则。

公司型私募基金的信息临时披露主要是针对基金风险变化和费率变化等影响投资者决策和投资者利益的重大事件，如投资范围和投资策略重大变化、管理人变更或重大变化、费率变化、收益分配事项变更、存续期变更、重大关联交易事项、涉诉风险等。

二、信息披露制度要求及在章程中的体现

（一）上市公司信息披露要求及在章程中的体现

证券市场信息披露制度的价值在于两方面：一是促使信息披露义务主体按照信息披露义务规则做出准确完整的信息披露；二是让投资者和公众能及时获得充分完整的上市公司信息，作为证券投资判断决策的依据。在《证券法》《上市公司信息披露管理办法》等法律规范中规定了股票发行时发行人必须披露相关信息，并规定上市公司应通过定期报告和临时报告持续进行信息披露。

就市场有效性而言，我国证券市场显然还达不到经济学定义上的完全有效市场[①]，尚处于弱势有效市场向半强势有效市场过渡的阶段。而衡量证券市场有效性的关键指标就是价格是否能自由地随信息而变动，以及信息是否能充分和公平地披露。

从影响证券价格的信息到达市场的时间和难易程度来划分，可分为历史信息、公开信息和内幕信息三类。其中，历史信息是指证券历史价格、收益率、成交量等技术分析指标，公开信息是指上市公司向所有公众公布的反映公司经营状况的信息，内幕信息是指内部知情人所掌握的尚未公开且极可能影响证券价格的信息。对于提高市场有效性的管理手段来说，最符合经济学规律的做法不是政府直接行政干预，而是通过信息披露管理制度体系的完善来控

① 证券市场有效性理论（Efficient Market Hypothesis）最早见于美国经济学家法玛（Fama）于1970年发表的《有效资本市场：对理论和实证工作的评价》一文，将有效市场定义为：额外信息不能在市场上被用来获取利益，证券价格对新信息的反应迅速而准确，证券价格完全反映了所有可以获得的信息。

制信息这一影响市场价格的决定因素。

我国证券市场的信息披露规范体系正在日趋完善，从法律法规到证监会部门规章和规范性文件，再到上交所和深交所的行业规定，已经形成了数量众多、层次复杂的信息披露规范要求。法律层级主要包括《证券法》，行政法规层级主要包括《股票发行与交易管理暂行条例》等。证监会制定了大量部门规章和规范性文件，涉及首次公开发行、上市公司收购、日常信息披露、资产重组、债权发行等各方面的监管要求，主要包括《首次公开发行股票并上市管理办法》《首次公开发行股票并在创业板上市管理暂行办法》《上市公司信息披露管理办法》《禁止证券欺诈行为暂行办法》《股份有限公司境内上市外资股规定的实施细则》《证券交易所管理办法》《上市公司收购管理办法》《公开发行证券的公司信息披露的内容与格式准则》系列、《公开发行证券公司信息披露编报规则》系列、《公开发行证券的公司信息披露规范问答》系列等。行业自律性规则主要是证券交易所层面的规范要求，更多体现在区分行业和上市公司类型的信息披露指引具体要求等。

证监会对上市公司信息披露情况的常见监管手段主要包括：证券交易所对上市公司定期报告、临时报告进行审核，证监局对上市公司信息披露情况进行现场检查，结合公众投诉举报和新闻媒体报道等渠道及时对上市公司信息披露的情况进行动态监管等。

我国上市公司信息披露的内容大体可分为三类：证券发行文件、定期报告和临时报告。证券发行文件包括招股说明书、募集说明书和上市公告书。定期报告主要包括年度报告、中期报告、季度报告。临时报告是指上市公司按照有关规定发布的除定期报告外的公告。

定期报告均有固定披露时点和详细的披露格式要求，对于上市公司来说最容易在信息披露上出现问题的是临时报告的信息披露。

从临时报告披露的内容上来看，上市公司发生可能对其股票交易价格产生较大影响、而投资者尚未得知的重大事件时，都应当立即进行披露。常见的重大事件：如公司的经营方针和经营范围的重大变化；公司的重大投资行为和重大资产购置决定；公司订立可能对资产、负债、权益和经营成果产生重要影响的重大合同；公司发生重大债务和未能清偿到期重大债务的违约情况，或发生大额赔偿责任等。

从临时报告披露时点来看，以下任一时点最先发生的为触发披露时点：董事会或监事会就重大事件形成决议时；相关各方就重大事件签署意向协议时；

董事、监事或高管知悉重大事件发生并报告时。上市公司应在触发披露时点后两个工作日内及时进行信息披露。重大事件处于筹划阶段尚未触及前述规定时点，但若出现下列三种情形之一的：（1）重大事件难以保密；（2）重大事件已经泄露或者市场出现传闻；（3）公司证券及其衍生品种出现异常交易情况。上市公司也应当及时披露相关事项的现状、可能影响事件进展的风险因素等。

上市公司的信息披露义务人包括发行人、收购人、上市公司董事、监事、高级管理人员等，以及对上市公司重大事项有重要影响的控股股东、实际控制人。《上市公司信息披露管理办法》第37条规定了上市公司应当制定信息披露事务管理制度，并且应当经公司董事会审议通过，报注册地证监局和证券交易所备案。信息披露事务管理制度要求涉及应披露信息及标准，未公开信息的流程及保密，管理部门及负责人的职责，董事、监事、高管的职责和履职要求，财务会计内控监督机制，信息发布与沟通流程及制度，相关档案管理，子公司披露及报告制度，追责机制等。第38条、第40条和第43条至第45条详细规定了上市公司董事、监事、高管、董事长、董秘在信息披露管理中的职责和义务。第46条至第49条规定了持股5%以上股东或实际控制人在信息披露中的义务，以及关联交易相关的信息披露。第50条规定了保荐人和证券服务机构发现信息披露义务人的信息披露违法行为时向监管机构报告。

《证券法》第70条规定，“依法必须披露的信息，应当在国务院证券监督管理机构指定的媒体发布，同时将其置备于公司住所、证券交易所，供公众查阅”。上市公司应在指定媒体披露法律法规规定必须披露的信息，也可在其他媒体披露，但在其他媒体披露的时间不得早于指定媒体，披露内容不得多于指定媒体，否则将构成信息披露违规行为，也不得以新闻发布或者回答记者问题等任何形式替代应当履行的报告、公告义务。社交媒体发布、传播上市公司未公开信息导致股价异常波动的，证券交易所将依法核查是否涉嫌内幕交易、操纵市场、证券欺诈等违法违规行为，依法予以查处。

在上市公司章程中加入制定和实施信息披露事务管理制度的相关条款，有助于厘清责任和信息披露义务的履行，并且《上市公司章程指引》中也对信息披露有相关要求，主要体现在以下条目：

1. 董事、董事会、董秘对信息披露的职责

第98条 董事应当遵守法律、行政法规和本章程，对公司负有下列勤勉义务：（四）应当对公司定期报告签署书面确认意见。保证公司所披露的信息

真实、准确、完整；

第 107 条　董事会行使下列职权……（十三）管理公司信息披露事项；

第 133 条　公司设董事会秘书，负责公司股东大会和董事会会议的筹备、文件保管以及公司股东资料管理，办理信息披露事务等事宜。董事会秘书应遵守法律、行政法规、部门规章及本章程的有关规定。

2. 监事对信息披露的职责

第 139 条　监事应当保证公司披露的信息真实、准确、完整。

3. 信息披露渠道

第 170 条　公司指定【媒体名称】为刊登公司公告和其他需要披露信息的媒体。

注释：公司应当在中国证监会指定的媒体范围内，在章程中确定一份或者多份报纸和一个网站作为公司披露信息的媒体。

4. 信息披露事项

第 191 条　章程修改事项属于法律、法规要求披露的信息，按规定予以公告。

条款设计示例

上市公司对于信息披露渠道指定的章程条款，通常会设置在“公告”这一章节，条款设计示例如下：

第【×】条　公司指定中国证监会创业板指定信息披露网站和《中国证券报》或《证券时报》为刊登公司公告和其他需要披露信息的媒体。（以创业板上市公司为例）

第【×】条　公司指定《证券时报》、深圳证券交易所网站为刊登公司公告和其他需要披露信息的媒体。（以中小板上市公司为例）

第【×】条　本公司将在证监会指定披露信息的报刊《中国证券报》《上海证券报》《证券时报》和本公司股票交易的证券交易所的网站为刊登本公司公告和其他需要披露信息的媒体。（以主板上市公司为例）

第【×】条　本行指定《中国证券报》《上海证券报》《证券时报》《金融时报》和上海证券交易所网站为刊登本行公告和其他需要披露信息的媒体。（以主板上市公司为例）

第【×】条　公司指定《中国证券报》、巨潮网及香港或境外一家英文媒体为刊登公司公告和其他需要披露信息渠道。（以 A+H 股上市公司为例）

【设计指引】

1. 证监会指定报刊目前主要包括七报一刊：《中国证券报》《上海证券报》《证券时报》《金融时报》《证券日报》《中国改革报》《中国日报》和《证券市场周刊》，其中最常用的是“三报一刊”：《中国证券报》《上海证券报》《证券时报》《证券市场周刊》。

2. 证监会指定网站最常用的是上海证券交易所网站、深圳证券交易所网站、巨潮资讯网，通常指定相应证券交易所网站（主板沪深两交易所皆有，中小板和创业板在深交所）。证监会在创业板信息披露方式上进一步推进电子化披露，减轻公司披露成本和方便投资者获取，规定创业板公司招股说明书全文、定期报告和临时报告全文在中国证监会指定网站和公司网站披露，在指定报刊仅需刊登发行或上市公告、定期报告提示性公告，为创业板明确指定了五家信息披露网站：巨潮资讯网、中证网、中国证券网、证券时报网、中国资本证券网。

3. 对于 A+H 股上市公司，考虑到《香港上市规则》的监管要求，通常也会在章程中约定有关 H 股股东的处理方式，并同时指定英文媒体进行英文版信息披露。

（二）非上市公众公司信息披露要求及在章程中的体现

根据《非上市公众公司监督管理办法》（以下简称《非公监管办法》）第 2 条，凡未在证券交易所上市的股份公司，只要股东人数超过 200 人，或者股票在全国股份转让系统挂牌公开转让，均属于非上市公众公司。由于非上市公众公司与上市公司相比较，公司规模和风险负担能力通常要低于上市公司，低成本融资需求更迫切，股票发行与转让市场在全国股份转让系统中进行具有半公开特点，合格投资者具有较高投资能力和风险识别能力，因此在信息披露要求上既要考虑到公众利益进行强制性信息披露规范，又要考虑到实际情况，尽量降低非上市公众公司的信息披露成本，形成差异化信息披露制度体系。例如，《非公监管办法》在颁布之初曾对半年报和年报的披露时间要求与上市公司一致，证监会修订后删除了披露时间的具体规定，要求公开转让的非上市公众公司执行全国股份转让系统的相关规定，而其他非上市公众公司则可以在公司章程中自行规定披露时间；《全国中小企业股份转让系统公开转让说明书信息披露指引（试行）1–6 号》分别对证券公司、私募基金管理机构、期货公司、保险公司、商业银行、非银行支付机构分别进行了差异化信息披露规定等。

非上市公众公司的信息披露要求及章程要求主要体现在下列文件中：证监会制定的部门规章《非公监管办法》、规范性文件《非上市公众公司监管指引第 1 号——信息披露》（以下简称《非公信息披露指引》）、《非上市公众公司监管指引第 3 号——章程必备条款》（以下简称《非公章程必备条款》）、《非上市公众公司信息披露内容与格式准则》系列等。全国股份转让系统制定的行业规定《全国中小企业股份转让系统业务规则（试行）》（以下简称《股转系统业务规则》）、《全国中小企业股份转让系统挂牌公司信息披露细则（试行）》（以下简称《挂牌公司信息披露细则》）、《全国中小企业股份转让系统公开转让说明书内容与格式指引（试行）》系列等，《内容与格式指引》《全国中小企业股份转让系统公开转让说明书信息披露指引（试行）》系列等，以及在《全国中小企业股份转让系统挂牌条件适用基本标准指引（试行）》（以下简称《挂牌基本标准指引》）中明确规定了挂牌公司信息披露和章程的要求。

《非公监管办法》规定了非上市公众公司信息披露的基本要求：在定期报告的披露上，挂牌公司要求披露半年度报告和年度报告，并应遵守股转系统制定的具体规则；非挂牌公众公司应披露年度报告（第 22 条）。在董事、监事、高管、董秘等信息披露义务人的职责要求上与上市公司信息披露义务人的要求原则一致，都需要就真实、准确、完整、及时地履行信息披露义务完成相应职责。公众公司应当制定信息披露实务管理制度，并指定具有相关专业知识的人员负责信息披露事务；除监事会公告外披露信息均应采取董事会公告形式发布；挂牌公司信息披露渠道应在证监会指定的信息披露平台，公司网站或其他媒体披露信息不得早于指定信息披露渠道，非挂牌公众公司可在章程中约定其他信息披露方式（第 27 条至第 29 条）。

《非公信息披露指引》进一步规定了公开转让说明书、定向发行 / 转让说明书的信息披露内容（第 1 条）；非上市公众公司应自主选择一种或多种信息披露平台，如非上市公众公司信息披露网站（nlpc.csrc.gov.cn）、公共媒体或公司网站，也可选择公司章程约定的方式或股东认可的其他方式，但无论何种方式均应经股东大会审议通过，此外挂牌公司应在股转系统要求的信息披露平台按照股转系统规定披露信息（第 3 条）。

《股转系统业务规则》规定：全国股份转让系统指定信息披露平台为（www.neeq.com.cn 或 www.neeq.cc）（第 1.5 条）。挂牌公司应当制定并执行信息披露事务管理制度，有董秘的由董秘负责信息披露管理事务，没有董秘的指定具有专业知识的人员负责信息披露管理事务并向股转系统报备，负责信息披露管理事务人员应列席董事会和股东大会（第 4.2.3 条）。规定违反信息披露义务的，股转系统公司将给予处分并记入证券期货市场诚信档案数据库（简称诚信档案）（第 6.2 条）。

《挂牌公司信息披露细则》规定：董秘或信息披露事务负责人离职无人接替期间，董事会应及时指定一名高管负责信息披露事务并披露（第 5 条）。挂牌公司定期报告需经董事会审议通过并由董事会确保按时披露（第 14 条），披露期限为半年报在会计年度上半年结束之日起两个月内披露，年报在会计年度结束之日起四个月内披露（第 11 条）。临时报告的首次披露义务时点规定与上市公司类似，在其他重大事件中具体规定了涉案金额占公司最近一期经审计净资产绝对值 10%以上的重大诉讼、仲裁事项应当及时披露（第 37 条），对利润分配、股价异常、股权激励、限售股解禁、5% 以上股东及其实际控制人持股变动、警示或终止挂牌决定等情形的信息披露都作出了规定（第 37 条至第 45 条），并详细规定了应自事实发生之日起两个转让日内披露的十二种情形，主要涉及控股股东 / 实际控制人变更，占用资金，法院裁定禁止有控制权的大股东转让股份，5% 以上股份质押、冻结、司法拍卖、托管、设定信托或被依法限制表决权，董监高人员变动、董事长总经理无法履职，以及减资、合并、分立、解散、破产、并购重组等几类重大事件董事会决议形成，变更会计师事务所或会计政策、会计估计，对外提供担保，被有权机关调查稽查、采取相应措施、处罚等，责令改正或董事会决定更正已披露信息，主办券商或股转系统认定的其他情形等，并规定有违规对外担保或资金占用情形的每月发布公告披露解决进展情况（第 45 条）。

关于章程必备条款，《非公监管办法》规定，公众公司章程必备条款应依照证监会规定执行（第 7 条）。《非公章程必备条款》规定，章程应当载明公司依法披露定期报告和临时报告（第 9 条）；应当载明公司信息披露负责机构及负责人，且设董秘的应由董秘负责信息披露事务（第 10 条）；应当载明投资者关系管理工作的内容和方式（第 12 条）；并规定非挂牌公众公司应在章程中规定“公司股东应当以非公开方式协议转让股份，不得采取公开方式向社会公众转让股份，并明确股东协议转让股份后，应当及时告知公司，同时在登记存管机构办理登记过户”（第 13 条）。同时，《挂牌条件适用基本标准指引》也明确规定申请挂牌公司应当按照《非公章程必备条款》的要求制定公司章程。

条款设计示例①

既可将信息披露单独成章，也可将信息披露与投资者关系管理事项合并在一章中，条款设计示例如下：

第【×】条 公司应当按照法律、法规及监管机构的要求履行信息披露义务。董事会应当建立信息披露制度。公司重视投资者关系管理，董事会应当建立投资者关系管理制度。公司董事会秘书负责公司股东大会和董事会会议的筹备、文件保管以及公司股东资料管理，负责公司投资者关系管理实务、完善公司与投资者的沟通、接待和服务工作机制等事宜，并承担公司信息披露管理事务。

公司董事会秘书的信息披露管理事务职责包括：

（一）负责公司信息对外发布；

（二）督促公司相关信息披露义务人遵守信息披露相关规定，协助相关各方及有关人员履行信息披露义务；

（三）负责公司未公开重大信息的保密工作；

（四）负责公司内幕知情人登记报备工作；

（五）关注媒体报道，主动向公司及相关信息披露义务人求证，督促董事会及时披露或者澄清。

第【×】条 董事会秘书负责公司信息披露事务。

公司指定全国中小企业股份转让系统指定信息披露平台（www.neeq.com.cn 或 www.neeq.cc）为刊登公司公告和其他需要披露信息的媒体。

公司依法披露定期报告和临时报告。

第【×】条 根据法律、法规和证券监管部门、证券交易所规定应进行披露的信息必须于第一时间在公司信息披露指定报纸或指定网站公布。

第【×】条 公司在其他公共传媒披露的信息不得先于指定报纸或指定网站，不得以新闻发布或答记者问等其他形式代替公司公告。

公司应明确区分宣传广告与媒体的报道，不应以宣传广告材料以及有偿手段影响媒体的客观独立报道。

第【×】条 在进行业绩说明会、分析师会议、路演前，公司应事先确定提问可回答范围。若回答的问题涉及未公开重大信息，或者回答的问题可以

① 以股转系统挂牌公司为例。

推理出未公开重大信息的，公司应拒绝回答，不得泄露未公开重大信息。

第【×】条 公司在定期报告披露前30日内应尽量避免进行投资者关系活动，防止泄露未公开重大信息。

不设置董秘的公司信息披露事务负责人条款示例：

第【×】条 公司办公室作为信息披露事务职能部门，负责公司信息披露具体事务。公司指定公司办公室负责人为信息披露事务负责人

【设计指引】

1. 挂牌公司应在章程中指定全国中小企业股份转让系统指定的信息披露平台为公司选定的信息披露平台，在公司网站或其他媒体上的信息披露均不得先于该平台。

2. 应把握好投资者关系管理中投资者沟通和信息披露之间的关系，通过完善的章程条款尽量规避在投资者沟通中可能出现的信息披露违规问题。

（三）公司型私募基金信息披露要求及在章程中的体现

公司型私募基金是指投资者依据《公司法》，通过出资形成独立的公司法人实体，由公司自我管理或者通过委托专门的基金管理人机构进行受托管理的私募投资基金。公司型私募基金的投资者既是基金份额持有者又是公司股东，以其出资额为限承担有限责任，并共同参与公司治理，按照公司章程行使相应权利、承担相应义务和责任。

公司型私募基金若采用公司董事会自聘管理团队进行管理的自我管理方式，应按照中国基金业协会登记备案相关规定，由该自我管理的公司型私募基金首先作为私募基金管理人登记，再履行私募基金备案手续。若采用委托专业基金管理机构作为受托人具体负责投资运作，采取受托管理的，管理机构须先登记为私募基金管理人，再由已登记的私募基金管理人履行公司型私募基金备案手续。

公司型私募基金虽非上市公司或公众公司，但鉴于私募投资行业特点和投资者保护需求，证监会和中国基金业协会也制定了相应的强制性信息披露要求，并需要在公司章程中体现。

公司型私募基金信息披露制度体系中法律法规层级的主要包括《证券投资基金法》《公司法》《公司登记管理条例》，部门规章层级的主要包括证监会制定的《私募投资基金监督管理暂行办法》（以下简称《私募监管暂行办法》）

《证券投资基金信息披露管理办法》，行业规定层级的主要包括基金业协会制定的《私募基金管理人登记和基金备案办法（试行）》（以下简称《私募登记备案办法》）《中国基金业协会关于进一步规范私募基金管理人登记若干事项的公告》《私募投资基金信息披露管理办法》《私募投资基金募集行为管理办法》《私募投资基金合同指引2号（公司章程必备条款指引）》等。

《私募监管暂行办法》规定，私募基金管理人、私募基金托管人应当按照合同约定，如实向投资者披露基金投资、资产负债、投资收益分配、基金承担的费用和业绩报酬、可能存在的利益冲突情况以及可能影响投资者合法权益的其他重大信息，不得隐瞒或者提供虚假信息。信息披露规则由基金业协会另行制定（第24条）。《证券投资基金信息披露管理办法》规定，基金管理人、基金托管人应当建立健全信息披露管理制度，指定专人负责管理信息披露事务（第26条）。

《私募投资基金信息披露管理办法》规定了以下信息披露规则：

1. 私募基金管理人和托管人为信息披露义务人，存在多个信息披露义务人的应在协议中约定信息披露事项和责任义务，托管人应对披露的基金信息进行复核确认（第2条、第10条）；公司型私募基金应按照基金业协会规定和公司章程规定向投资者信息披露（第3条）；相关各方均应对获取的私募基金非公开披露的信息保密，不得公开披露或定向公开披露（第7条、第11条）。

2. 应当向投资者披露的信息主要包括：基金合同、宣传推介文件、销售协议主要权利义务条款、基金投资情况、资产负债情况、投资收益分配情况、费用和业绩报酬安排、可能利益冲突、重大诉讼仲裁、其他证监会和基金业协会规定影响投资者合法权益的重大信息（第9条）。

3. 基金募集期间宣传推介材料应当如实披露：与基金合同一致的基金产品基本信息、基金管理人基本信息、基金投资信息、基金募集期限、基金估值政策、基金合同主要条款、基金申购与赎回安排、基金管理人近三年诚信情况等。

4. 基金运行期间应当于每季度结束10个工作日内向投资者披露基金净值、主要财务指标及组合投资情况，单只私募证券投资基金规模5000万元以上的每月接收后5个工作日内向投资者披露基金净值（第16条）；每年结束4个月内向投资者披露期末基金净值和份额总额、财务情况、投资运作和杠杆情况、投资者账户信息、收益分配和损失承担情况、管理费和业绩报酬、基金合同约定信息等（第17条）；发生十四类重大事项时按照基金合同约定及时向投资者披露，重大事项包括：（1）基金名称、注册地址、组织形式变更；（2）投资范围投资策略重大变化；（3）基金管理人或托管人变更；（4）基金管理人法定代表人、执行事务合伙人（委派代表）、实际控制人变更；（5）触及基金止损线或预警线；（6）管理费率、托管费率变化；（7）基金收益分配事项变更；（8）触发巨额赎回；（9）基金存续期变更或展期；（10）基金清盘清算；（11）重大关联交易；（12）基金管理人、实际控制人、高管人员涉嫌重大违法违规或接受调查；（13）涉及私募基金管理业务、基金财产、基金托管业务的重大诉讼、仲裁；（14）基金合同约定的影响投资者利益的其他重大事项（第 18 条）。

5. 信息披露义务人应当建立健全信息披露管理制度，指定专人负责管理信息披露事务，并在私募基金登记备案系统中上传信息披露相关制度文件（第 19 条）。信息披露事务管理制度应包括向投资者信息披露的内容、披露频度、披露方式、披露责任及信息披露渠道；包括信息披露相关文件、资料的档案管理，且保存期限自基金清算终止之日起不得少于 10 年；信息披露管理部门、流程、渠道、应急预案及责任；未按规定披露信息的追责机制（第 20 条、第 21 条）。

《私募投资基金信息披露管理办法》规定，基金合同中应当明确信息披露义务人向投资者进行信息披露的内容、披露频度、披露方式、披露责任以及信息披露渠道等事项（第 15 条）。

《私募投资基金合同指引 2 号（公司章程必备条款指引）》规定，公司型基金的章程应对基金信息披露的内容、方式、频度等内容作出规定；并应订明全体股东同意按基金业协会规定对基金信息披露信息进行备份。

条款设计示例

第【×】条 信息披露内容

公司应当向股东披露的信息包括：

（1）公司章程；

（2）招募说明书等宣传推介文件；

（3）公司的投资情况；

（4）公司的资产负债情况；

（5）公司的投资收益分配情况；

（6）公司承担的费用和业绩报酬安排；

（7）可能存在的利益冲突；

（8）涉及基金财产的重大诉讼、仲裁；

（9）中国证监会及基金业协会规定的影响股东合法权益的其他重大信息。

第【×】条　信息披露方式

公司信息披露包括以下两种方式：

（1）以书面方式向全体股东提供包括但不限于有关公司运行的财务状况以及投资企业的发展情况、发展前景等信息；

（2）通过基金业协会制定的私募基金信息披露备份平台报送信息。

第【×】条　信息披露频度

（1）书面方式：公司应于每年4月30日前向全体股东提交年度报告，于每半年度后的2个月内向全体股东提交半年度报告，临时报告最迟不得超过重大事项发生或得知可能发生之日起3个工作日。

（2）基金业协会平台报送：根据《基金法》《登记备案办法》《私募办法》和《私募投资基金信息披露管理办法》的规定，在基金业协会规定的时间内完成公司的信息报送。

【设计指引】

1. 根据章程必备条款的最低要求，至少应规定信息披露内容、披露方式和披露频度。

2. 重大事项信息披露的及时性要求应在章程中进行约定。

第二节　公司章程修改

一、公司章程修改的法律程序

（一）公司章程修改的缘由及意义

公司章程的修改，是指公司成立后对章程内容的变更。公司章程作为公司宪章，体现了公司组织活动的基本准则，记载了公司组织机构、经营管理、权利义务等方方面面的基本内容。由于公司运营所处的社会经济环境和法律政策环境都处在变化过程中，公司自身的经营战略、管理模式、发展方向、资本构成、组织形态等也会发生变化，外部环境改变和内部因素驱动都会产生公司章程修改的需求。

由于公司章程是以书面形式固定下来的股东共同意志的体现，公司章程的修改往往关系到公司经营管理的重大事项，因此需要对公司章程的修改进行法律规制，既要适应公司发展变化需求，又要避免公司组织与运营基本规则的随意变动，防止通过章程修改的方式侵害股东利益，保持公司经营的稳定性。

公司章程修改的缘由通常包括以下三类：1.《公司法》等相关法律法规修改后，章程规定事项与法律法规相抵触的，公司章程须进行相应修改。2. 公司情况发生重大变化，需要对公司章程记载事项进行变更的，如存续期间届满后通过修改章程继续经营等情形。3. 公司最高权力机关决定修改章程的。

（二）公司章程修改的限制

由于公司章程的重要性，需要保持内容的相对稳定，公司章程的修改受到《公司法》等法律法规从修改程序到修改内容的严格限制，程序违法或内容违法的公司章程修改，股东可提起决议撤销之诉或决议无效之诉。若已就该章程修改事项办理变更登记的，法院宣告决议无效或撤销后，公司应向登记机关申请撤销变更登记。

从公司章程修改内容上来说，首先，与章程制定一样，章程修改内容不得违反法律、法规强制性规定，只能在法律法规允许的公司自治范围内进行修改。其次，章程修改内容还受到《公司法》基本原则的限制，章程修改不得损害股东的基本权利，如侵害股东知情权、过度限制股权转让变相禁止股权转让自由等。

二、公司章程修改要点

（一）公司章程修改权归属

公司章程是在公司设立时由最高权力机关制定的，修改权也归属于公司最高权力机关。

《公司法》规定，有限责任公司章程修改权归属于股东会，股份有限公司章程修改权归属于股东大会（第 37 条、第 99 条）。

《公司法》对于章程修改职权的规定为强制性规定，股东会 / 股东大会无权将章程修改职权授权给董事会。章程修改的合法有效依据只能是股东会决议 / 股东大会决议，若董事会作出章程修改决议，则属于董事会无权处分行为效力待定，需通过股东会 / 股东大会再进行审议是否通过，或股东可自该决议作出之日起 60 日内对该董事会决议提起决议撤销之诉。

（二）公司章程修改形式

公司章程的修改应通过章程修正案的形式来形成正式的章程修改决议，对公司章程相关条款进行增、删、改。

在实践中如果有公司股东会决议对某些章程条款进行临时限制或个别调整，或作出的股东会决议直接突破章程相关规定，均不具有对章程修改的合法效力。公司章程的修改本身属于必须进行登记备案的事项，章程修改内容具有公示性，将作为第三人与公司进行商业活动做出商业判断的重要依据。而前述突破或调整公司章程的股东会决议属于公司内部文件，不能作为第三人做出对公司商业判断的依据，不能替代章程修改决议。在作出正式有效的章程修改决议之前，均不能认为前述与原章程规定不符的股东会决议对章程进行了修改，该等股东会决议也因为违反公司章程规定而应被认定为无效。

（三）公司章程修改条件及程序

1. 公司章程修改条件

（1）公司章程的修改为特别决议事项，根据《公司法》规定，有限责任公司必须经代表三分之二以上表决权的股东通过，股份有限公司必须经出席股东大会的股东所持表决权的三分之二以上通过（第 37 条第 2 款、第 103 条）。

鉴于封闭性和人合性更强，《公司法》第 43 条规定有限责任公司章程修改若股东以书面形式一致表示同意的，也可以不召开股东会会议，直接作出决定，并由全体股东在决定文件上签名、盖章。

（2）外商独资企业、中外合资企业、中外合作企业的章程修改需依照经批准的章程进行表决。一人有限责任公司的章程修改决议由股东签署。国有独资公司的章程修改由国有资产监督管理机构代行股东会职权。

（3）《公司法》第 71 条规定了有限责任公司股东之间股权转让、向股东以外的人股权转让，第 72 条规定了强制执行程序下的股权转让。对于股东之间股权转让，是股东的合法权利，无须股东会表决，可直接修改章程。对于向股东以外的人股权转让，若已通过第 71 条规定的法定程序取得股东书面同意，也无须就因股权转让本身修改章程再进行股东会表决，在实践中也可以把取得其他股东同意放弃优先受让权并修改章程合并在一个股东会决议中完成。对于强制执行程序下的股权转让，也无须股东会表决，可直接修改章程。

根据《公司法》第 73 条规定，在依据第 71 条、第 72 条完成合法的股权转让后，根据股东及其股权的变化相应修改公司章程和股东名册中有关股东及其出资额的记载，是股权转让后公司应当履行的程序义务，对公司章程的该项修改无须再由股东会表决。

2. 公司章程修改程序

公司章程修改程序一般包括以下步骤：

（1）提出章程修改提案

公司章程的修改要通过股东会 / 股东大会表决，应按法定程序召开股东会 / 股东大会并提出章程修改提案，股东会 / 股东大会的定期会议和临时会议上都可以依法进行章程修改提案的表决。

《公司法》规定，有限责任公司的股东会会议首先由董事会或执行董事召集，其次可由监事会或监事召集，最后可由代表十分之一以上表决权的股东召集。除前述股东会会议召集者可提议召开临时股东会外，三分之一以上的董事也可提议召开临时股东会。召开股东会会议的召集者应于会议召开 15 日前通知全体股东，公司章程修改提案也应按《公司法》规定及章程约定的召开股东会的通知方式和时间书面通知股东（第 40 条至第 42 条）。

《公司法》规定，股份有限公司的股东大会首先由董事会召集，其次可由监事会召集，最后可由连续 90 日以上单独或合计持有公司 10% 以上股份的股东召集。召开股东大会会议的召集者应将会议召开的时间、地点和审议的事项于会议召开 20 日前通知各股东；临时股东大会应当于会议召开 15 日前通知各股东。此外，单独或合计持有公司 3% 以上股份的股东，可以在股东大会召开 10 日前提出临时提案并书面提交董事会；董事会应当在收到提案后 2 日内通知其他股东，并将该临时提案提交股东大会审议（第 101 条至第 103 条）。

前述公司股东会 / 股东大会的会议召集者和临时提案者都可以提出章程修改提案。

（2）就章程修改表决通过形成决议

股东会的议事方式和表决程序是股东会行使权力的具体途径，除《公司法》明确规定外，议事方式和表决程序可在公司章程中针对具体问题进行规定，但对于《公司法》明确规定应以股东会特别决议形式作出决定的，是强制性规定，不能通过公司章程或其他股东协商一致的形式进行改变。

《公司法》规定，有限责任公司股东会会议作出修改公司章程的决议，必须经代表三分之二以上表决权的股东通过；股份有限公司股东大会作出修改公司章程的决议，必须经出席会议的股东所持表决权的三分之二以上通过（第44条、第104条）。

（3）依法办理登记、备案、报批、公告等事项

《公司登记管理条例》规定，公司章程修改涉及公司变更登记事项的，应当向原公司登记机关申请变更登记，并提交法定代表人签署的修改后的公司章程或公司章程修正案；公司章程修改未涉及登记事项的，应将修改后的公司章程或公司章程修正案送原公司登记机关备案（第26条、第27条、第36条）。

公司章程修改涉及需要公告事项的，还应依法进行公告。

（四）公司章程修改准则

法律法规对公司章程修改的规制是为了使公司章程内容相对稳定的同时具有一定可变性，并且不会因为随意修改章程而损害相关方的合法利益。从总体上来看，公司章程的修改应把握如下原则：

1. 不违反原则

公司章程的修改内容既不得违反法律、行政法规的强制性规定，也不得规避相关法律义务，通常还应遵循《公司法》的基本原则。章程修改若违反法律、行政法规的强制性规定，则可能被认定为无效。反之，如果公司章程的条款不违反法律法规，则在法律适用上章程条款应优先于公司法规定。

2. 不损害股东利益原则

公司的经营目的应为股东利益最大化，公司章程的诸多条款设置也体现了公司法对股东利益的保护。公司章程修改在程序上应体现资本多数决原则，但同时在章程修改内容上也不得违反股东平等原则，损害股东的合法权利。

对于有限责任公司章程修改的资本多数决可能会影响中小股东利益的情形，《公司法》本身也作出了部分保护性规定，如异议股东请求回购权：《公司

法》第 74 条第 1 款规定了在特殊情况下有限责任公司股东可请求公司回购股权而退出公司的情形，具体包括：(1) 连续五年公司有可分配利润但不分配利润的特定情形，(2) 合并、分立或转让主要财产的情形，(3) 章程规定经营期限届满或其他解散事由出现，股东会会议决议通过章程修改使公司存续的情形。在该等情形下，对股东会该项决议投反对票的股东可以请求公司按照合理价格收购其股权，甚至向人民法院提起诉讼。这是因为持有公司多数表决权的股东通过股东会决议修改公司章程来决定公司存续，已与公司章程制定时股东的意愿发生重大差异，因此允许对此决议投反对票的股东退出公司，避免因违背自己意愿而被迫面对公司继续经营的风险。

再如，公司利润分配比例的规定：《公司法》第 34 条、第 166 条规定，有限责任公司的股东按照实缴出资比例分配利润，只有全体股东约定不按照该出资比例分配的除外；而股份有限公司按照股东持有的股份比例分配利润，章程规定不按持股比例分配的除外。即股份有限公司只需通过章程修改即可另行规定公司利润分配比例，无须全体股东一致同意；而有限责任公司仅通过章程修改的方式是不能调整按照实缴出资比例分配利润的原则的，除非该章程修改决议本身获得股东会 100% 表决权通过。

3. 不损害债权人利益原则

公司经营过程中只要与第三人发生业务往来就会形成债权债务关系，而公司章程的修改如果涉及公司形式变更、合并分立、减资、经营期限变化等情形，都会对公司偿债能力产生影响。如果在修改公司章程时在涉及债权人通知事项没有履行合法程序的，或者章程修改内容侵害了债权人利益的，债权人也可对公司章程的修改提出异议。

条款设计示例

示例一：以股份有限公司形式的商业银行公司章程为例

第【×】条 有下列情形之一的，本行应当修改章程：

（一）《公司法》《商业银行法》《银行业监督管理法》或有关法律、行政法规修改后，章程规定的事项与修改后的法律、行政法规的规定相抵触；

（二）本行的情况发生变化，与章程记载的事项不一致；

（三）股东大会决定修改章程。

第【×】条 股东大会决议通过的章程修改事项应经主管机关审批的，须报主管机关批准；涉及公司登记事项的，依法办理变更登记。

第【×】条 董事会依照股东大会修改章程的决议和有关主管机关的审批意见修改本章程。

第【×】条 章程修改事项属于法律、法规要求披露的信息，按规定予以公告。

示例二：以股份有限公司形式的证券公司章程为例

第【×】条 股东大会决议通过的章程修改事项应经主管机关审批的，须报原审批的主管机关批准；涉及公司登记事项的，依法办理变更登记。本章程中规定下列事项的条款是重要条款，公司变更该等条款应当经中国证监会批准：

（一）公司的名称、住所；

（二）公司的组织机构及其产生办法、职权、议事规则；

（三）公司对外投资、对外担保的类型、金额和内部审批程序；

（四）公司的解散事由与清算办法；

（五）中国证监会要求公司章程规定的其他事项。

第【×】条 董事会依照股东大会修改章程的决议和有关主管机关的审批意见修改公司章程。

第【×】条 章程修改事项属于法律、法规要求披露的信息，按规定予以公告。

【设计指引】

1. 可以在章程条款中根据章程修改缘由，结合公司实际情况列示应当修改章程的情形，并对章程修改程序作出细化规定。

2. 在《公司法》等法律法规中对于公司章程修改表决程序的规定为法律法规强制性规定，不得在公司章程中违反。

3. 由于公司章程制定时经全体股东一致同意，而章程修改时按照特别决议事项进行表决，可以在章程中加入章程修改若无正当理由非经股东同意不得损害该股东权利或增加义务等相关保护性条款，对于公司章程的修改作出比法律法规更严格的限制规定。

4. 章程修改后相关登记、备案、报批、公告等事项建议在相应公司章程条款中予以明确。对于有信息披露要求的公司类型应就章程修改事宜进行相应公告。

典型案例

案例：章程修改未经法定程序无效[①]

D公司为有限责任公司，设立于2002年9月4日，注册资金100万元，工商登记股东为自然人H、L及S。持股比例为：H及L各持股40%，S持股20%。D公司设立时章程载明的注册资金、股东及持股比例与前述一致。公司的营业期限为：自营业执照签发之日起10年。

2008年8月26日的《验资报告》中载明：截至2002年8月26日，H、L、S已分别以货币形式完成实缴出资40万元、40万元、20万元。

2011年6月18日，D公司股东会形成《股东会决议及章程修改案》，决议记载已于股东会召开15日前以电话通知全体股东，应到、实到股东3人，形成决议将公司营业期限从10年变更为20年，并通过修改营业期限的公司章程修正案。股东签名栏有H、L、S的名字，但实际参加本次股东会会议的仅为S一人，并由其在股东签名一栏签署了H、L、S三个署名，此后D公司进行了工商变更，将营业期限变更登记为20年，并取得了新的企业法人营业执照。

形成于2002年8月20日的《协议》载明：甲方自然人Z，并加盖了印文为H的印章；乙方自然人L，并加盖了印文为L的印章，其右侧记载为实际出资人W。丙方S。内容为：甲、乙、丙三方共同设立D公司，注册资本100万元，其中甲方占40%份额，乙方占40%份额，丙方占20%份额。100万元中，甲方实际出资50万元，乙方实际出资50万元（乙方实际出资人为W），丙方以智力入股，不实际资金出资，此协议自签字之日起生效。右下方签名为甲方：Z，乙方（实际出资人）：W，丙方：S。

落款日期为2002年8月20日的《出资证明书》载明：甲方股东H，实际出资50万元，占D公司40%份额，右下方签名处有D公司印章、甲方Z、乙方L、丙方S。落款日期为2002年9月12日的《出资证明书》载明：股东姓名S，不以资金出资，以智力入股占D公司股份20%，右下方签名处有D公司印章、甲方Z、乙方（实际出资人）W、S。

H和L认为D公司法定代表人S一人召开公司股东会及作出《股东会决议及章程修改案》无效。

---

① 案号：（2014）沪二中民四（商）终字第976号。

S认为自己具有D公司全部表决权，称H和L为D公司挂名股东，实际出资人为Z及W，而S已出资收购了Z及W的全部股权，成了D公司唯一的股东。对此，H和L均表示否认，Z也表示否认；W表示支持。

【律师剖析】

1. D公司《股东会决议及章程修改案》涉及对有限责任公司公司章程的修改，根据《公司法》规定，公司章程的修改必须经过代表三分之二以上表决权的股东通过。即使不考虑L或W的40%股权是否被S真实取得，H名下的40%股权也并未转让给S，S不可能代表三分之二以上的表决权。

2. 并且，D公司并未按照法定程序召开股东会，根据《公司法》第37条规定，不召开股东会而直接作出决定的，需要股东书面形式一致表示同意。

3. 此外，D公司《股东会决议及章程修改案》修改了公司经营期限使公司继续存续，根据《公司法》第74条规定，即使股东会会议超过三分之二表决权通过，异议股东也可以请求公司回购股权。

实务问题

1. 章程修改涉及哪些事项需要办理变更登记，未及时登记有什么后果

根据《公司登记管理条例》的规定，章程修改涉及变更登记事项的，应及时办理变更登记：

（1）公司变更名称的，应当自变更决议或者决定作出之日起30日内申请变更登记。

（2）公司变更住所的，应当在迁入新住所前申请变更登记，并提交新住所使用证明。公司变更住所跨公司登记机关辖区的，应当在迁入新住所前向迁入地公司登记机关申请变更登记；迁入地公司登记机关受理的，由原公司登记机关将公司登记档案移送迁入地公司登记机关。

（3）公司变更法定代表人的，应当自变更决议或者决定作出之日起30日内申请变更登记。

（4）公司变更注册资本的，应当提交具有法定资格的验资机构出具的验资证明。公司增加注册资本的，应当自股款缴足之日起30日内申请变更登记。股份有限公司增加注册资本的，应当提交国务院授权部门或者省、自治区、直辖市人民政府的批准文件；以募集方式增加注册资本的，还应当提交国务院证券管理部门的批准文件。公司减少注册资本的，应当自公告之日起45日内申请变更登记，并应当提交公司在报纸上登载公司减少注册资本公告至少三次的有关证明和公司债务清偿或者债务担保情况的说明。

（5）公司变更经营范围的，应当自变更决议或者决定作出之日起30日内申请变更登记；变更经营范围涉及法律、行政法规规定必须报经审批的项目的，应当自国家有关部门批准之日起30日内申请变更登记。

（6）公司变更类型的，应当按照拟变更的公司类型的设立条件，在规定的期限内向公司登记机关申请变更登记，并提交有关文件。

（7）有限责任公司变更股东的，应当自股东发生变动之日起30日内申请变更登记，并应当提交新股东的法人资格证明或者自然人的身份证明。

（8）有限责任公司的股东或者股份有限公司的发起人改变姓名或者名称的，应当自改变姓名或者名称之日起30日内申请变更登记。

对未及时变更登记的行为，工商管理部门首先可以责令其限期登记，逾期仍不登记的，可处以1万元以上10万元以下的罚款。

2. 公司对外担保的决议与章程冲突如何处理

《公司法》第16条规定："公司向其他企业投资或者为他人提供担保，依照公司章程的规定，由董事会或者股东会、股东大会决议；公司章程对投资或者担保的总额及单项投资或者担保的数额有限额规定的，不得超过规定的限额。公司为公司股东或者实际控制人提供担保的，必须经股东会或者股东大会决议。前款规定的股东或者受前款规定的实际控制人支配的股东，不得参加前款规定事项的表决。该项表决由出席会议的其他股东所持表决权的过半数通过。"

第121条规定："上市公司在一年内购买、出售重大资产或者担保金额超过公司资产总额百分之三十的，应当由股东大会作出决议，并经出席会议的股东所持表决权的三分之二以上通过。"

因此，当公司章程对投资或者担保的总额及单项投资或者担保的数额有限额规定，又未将公司对外担保事项的表决权设定为三分之二以上特别表决事项的，则在章程限定限额内按担保事项的表决权处理，在章程限定限额外的担保事项要作出有效决议须先按合法程序修改公司章程。

第三节 公司章程解释与生效、用语释义、未尽事宜

一、公司章程解释与生效

（一）公司章程解释

《公司法》对公司章程的解释权没有明确规定。章程的制定和修改权归属于公司最高权力机关股东会或股东大会，章程的解释是对章程具体理解和执行层面的问题，章程解释和根据章程制定相关细则等职权通常赋予董事会行使。

应当注意的是，由于公司章程具有自治性和契约性的双重性质，还受到《公司法》等法律法规的规制，公司章程条款中的规定因《公司法》对公司章程授权的不同而可分为补充性规定、细化性规定、变更性规定；从章程记载事项上分类可分为绝对必要记载事项、相对必要记载事项、任意记载事项。从公司章程的解释权空间来看，补充性规定和细化性规定应在不突破《公司法》现有规定的范围内进行解释；变更性规定虽可对《公司法》现有规定进行排除适用，但在涉及股东基本权利等《公司法》总则规定的基本原则上也不能突破底线；当章程条款解释出现争议时，司法实践中对于绝对必要记载事项和相对必要记载事项更多地从公司法自治角度进行解释，对于任意记载事项更多地从合同解释规则角度进行解释。

1. 补充性规定和细化性规定

补充性规定是公司章程根据《公司法》的授权，对《公司法》现有规定的补充，章程规定的内容与《公司法》的规定并列。《公司法》对有限责任公司股东会、董事会、监事会议事方式和表决程序的规定（第 43 条、第 48 条、第 55 条），对股份有限公司监事会议事方式和表决程序的规定（第 119 条），就属于授权章程进行补充性规定的情形，通常采用“除本法有规定的外，由公司章程规定”的表述。

细化性规定是公司章程根据《公司法》的授权，对《公司法》的规定进行细化，在不违反法律规定的情形下具有法律效力。《公司法》对有限责任公司董事长、副董事长的产生办法的规定（第 44 条），董事任期的规

定（第 45 条），执行董事职权的规定（第 50 条），监事会职工代表具体比例的规定（第 51 条）；对国有独资公司监事会职工代表具体比例的规定（第 70 条）；对股份有限公司监事会职工代表具体比例的规定（第 171 条），就属于授权章程进行细化性规定的情形，通常采用“……由公司章程规定”的表述。

在解释公司章程补充性规定和细化性规定时，还需参照《公司法》的规定进行解释和适用，违反《公司法》的章程规定及解释无效。

2. 变更性规定

变更性规定是公司章程根据《公司法》的授权，对《公司法》相同规定的排除适用。《公司法》对有限责任公司股东行使表决权的规定、经理职权的规定、股权转让的规定（第 42 条、第 49 条、第 71 条），就属于授权章程进行变更性规定的情形，通常采用“公司章程另有规定的除外”“公司章程对……另有规定的，从其规定”的表述。

在解释公司章程变更性规定时，由于属于股东根据《公司法》分则授权进行的个性化规定，首先不得违背《公司法》总则规定的基本原则，并且当变更性规定表述不明产生歧义时，若股东之间就条款解释出现争议，司法实践中就可能排除变更性规定的适用，而采用《公司法》总则规定的基本原则进行解释。

3. 记载事项

绝对必要记载事项已由《公司法》进行明确规定，主要体现在《公司法》对有限责任公司章程和股份有限公司章程法定事项的规定（第 25 条、第 81 条），不记载或违法记载则章程无效。

相对必要记载事项《公司法》中列举了一般规定，是否记载在章程中不做要求，章程中可进行变更性规定，但一旦记载于章程中就产生约束力，且效力高于《公司法》一般性规定。

任意记载事项是指《公司法》没有明确规定和进行列举，但是股东可以在不违反法律法规强制性规定和公共利益的前提下，将经协商认为需要记载的事项记载于公司章程。

当公司章程条款解释出现争议时，司法实践中对于绝对必要记载事项和相对必要记载事项更多地从公司法自治的角度进行解释，对于任意记载事项更多地从合同解释规则的角度进行解释。

（二）公司章程生效

《公司法》对于一般公司的章程生效时间没有明确规定，有几种不同观点：观点一：将公司章程视为股东或发起人之前的契约，自股东同意并签字时生效。观点二：将公司章程视为约束公司和公司相关当事人的协议，自公司成立时生效。观点三：公司章程中调整发起人和投资者之间关系的条款视同设立协议，自发起人签字时成立并生效；公司章程中调整公司、董事、监事、高管及未来加入公司的股东关系的条款，自公司成立时生效。观点四：有限责任公司和发起设立的股份有限公司，公司章程自全体股东或发起人签名、盖章时生效；募集设立的股份有限公司，在创立大会上通过时生效。

笔者认同第四种观点，即以公司章程的正式制定为标准，界定公司章程的生效时间。

（1）有限责任公司章程生效时间

《公司法》规定，设立有限责任公司应当由股东共同制定公司章程，且股东应当在公司章程上签名、盖章（第 23 条、第 25 条）。将有限责任公司的章程的生效时间设定为自全体股东在公司章程上签名、盖章时生效，意义在于自股东签名、盖章之时起公司章程就对股东发生拘束力，公司章程规定的股东之间权利义务处于确定状态，有利于公司设立。

《公司法》第 11 条规定，设立公司必须依法制定公司章程，公司章程对公司、股东、董事、监事、高级管理人员具有约束力。公司尚未成立时，公司章程对公司的效力也尚未成立，但公司成立后，在公司设立过程中的行为后果将被公司所继受，已生效的公司章程此时将对公司产生效力。董事、监事、高管等公司管理者加入公司的前提即认同已生效的公司章程，并且事实上公司成立的条件本身就包括按照《公司法》的要求建立公司组织机构，意味着董事、监事、高管确实是在公司成立之前就已经认同了公司章程。

（2）股份有限公司章程生效时间

《公司法》规定，设立股份有限公司可采取发起设立和募集设立两种方式，发起设立的应当由发起人制定股份有限公司章程；募集设立的公司章程应经过创立大会的通过（第 76 条、第 77 条）。因此，发起设立的股份有限公司在发起人签名、盖章时公司章程正式制定，章程生效；募集设立的股份有限公司在创立大会通过时公司章程正式制定，章程生效。

从公司章程的对内效力和对外效力上看，可以将公司章程的效力分为三个阶段：

（1）发起各方之间生效阶段

在公司创立的初始阶段，发起人或股东共同制定初始公司章程，最终协商一致并在公司章程上签字、盖章，这种发起各方的签章行为已使公司章程具有法律效力，在发起各方之间已经生效。

（2）公司范围内生效阶段

在公司章程经股东会或创立大会通过后，公司章程的法律效力就从发起各方之间扩大到了发起人之外的整个公司范围内。

（3）产生对外效力阶段

在公司完成设立登记后，公司正式成立，公司章程也具有了对外效力。

条款设计示例

示例一：以股份有限公司形式的股转系统挂牌公司章程为例

第【×】条 本章程由公司董事会负责解释。

第【×】条 本章程自公司股东大会通过且完成股份公司工商登记备案之日起生效，其中涉及公司申请股票在全国中小企业股份转让系统挂牌并转让的条款，在公司股票于全国中小企业股份转让系统挂牌转让之日起适用。公司原章程自本章程生效之日起效力终止。

示例二：以股份有限公司形式的商业银行章程为例

第【×】条 本章程由本行股东大会审议通过，经中国银行保险监督管理委员会核准后生效；其中涉及优先股的条款，自本行首次优先股发行完成之日起生效。自本章程生效之日起，本行原章程同时废止。

第【×】条 本章程由本行董事会负责解释。

【设计指引】

1. 公司章程的制定、修改权归于最高权力机关，但章程解释权通常赋予常设机构，以董事会为主。

2. 公司章程的生效可约定为股东大会通过之日起生效并实施，法律法规有批准生效要求的经批准后生效。也可就优先股发行等特别事项约定其中相关内容章程条款的独立生效时间，股转系统挂牌公司也可将部分条款生效时间与股转系统相关联。

典型案例

案例 1：在公司章程中对章程生效时间的约定前后不一致情形下，对章程的生效判定应按法律法规和法理来判定[①]

H 公司为有限责任公司，设立于 2004 年 5 月 27 日。H 公司设立时有甲公司、乙公司两法人股东和丙、丁两自然人股东，其中甲公司出资 40 万元持股 40%，乙公司出资 32 万元持股 32%，丙、丁各出资 14 万元即各持股 14%。

2007 年 4 月 26 日，H 公司增资为 1200 万元并完成了工商变更登记，甲公司、乙公司、丙、丁四股东持股比例不变。

在 H 公司运营中，经法定代表人授权，由股东丙全权处理公司日常事务，丙并有权代表甲公司行使股东权利。

2008 年 8 月 10 日，丙、丁与自然人 W 签署《H 公司章程》，载明 W 于 2008 年 8 月 10 日认缴出资 510 万元，占公司注册资本的 30%，增加自然人股东 W 后，H 公司注册资本为 1700 万元。

《H 公司章程》第六十四条规定，“本章程经公司登记机关登记后生效”，第六十六条规定，“本章程于二 OO 八年八月十日订立生效”。

该《H 公司章程》未进行工商登记，也未就 W 成为 H 公司股东进行工商变更。

2008 年 8 月 4 日，W 将 510 万元打入 H 公司账户，汇款用途记载为“借款”，H 公司会计凭证记载为“实收资本”。510 万元款项来源为 W 以个人名义向信用合作社贷款 530 万元，H 公司股东丁及乙公司以资产做抵押担保，股东丙作为 H 公司授权代理人在贷款合同上签字，贷款用途为“电站投资”。

2010 年 11 月 20 日，丙代表 H 公司给 W 补写《借条》，内容为“借到 W 人民币 510 万元，此款已于 2008 年 8 月 4 日打入公司账户，由公司承担信用社利息和本金归还，期限为一年半，若到期未能偿还作为资本债转为公司股金”。

《借条》出具之前，丙于 2009 年 7 月 26 日、2010 年 5 月 18 日分两次向 W 的账户共汇入 110 万元，《借条》出具之后，丙于 2011 年 3 月 3 日再次向 W 的账户汇入 400 万元，合计 510 万元。

---

① 案号：(2014) 民提字第 00054 号。

其后，W与H公司之间发生争议，W主张已取得H公司股东身份，H公司主张2008年8月10日签订的《H公司章程》因未经工商登记而未生效，H公司并未增加注册资本，也没有新增股东。

【律师剖析】

1. W与H公司之间的510万元款项究竟界定为W对H公司的股东出资款，还是W对公司的借款是关键问题。如果W已取得H公司股东身份，则在H公司没有合法减资的情形下，无论是否达成合意都不能通过向W退款的形式把股东出资转换为债权，这属于违反《公司法》基本原则的股东抽逃出资行为。

2. 在界定W是否取得股东身份上双方各执一词且均有不同证据支持的情形下，未经工商登记的2008年8月10日《H公司章程》所记载的W通过增资成为H公司股东事项是否生效就极为关键，因为公司章程对于公司内部是否认可股东身份具有重要作用。

3. 有限责任公司章程出现对章程生效时间的规定前后不一致的情形时，根据章程本身已无法确定生效时间，司法实践中将根据相关法律规定和法理来判定。经法定程序修改后的章程，自股东达成修改章程的合意后即发生法律效力，工商登记并非公司章程的生效要件，只是不具有对抗第三人的法律效力。2008年8月10日《H公司章程》上签字的丙和丁除自身持股合计28%外，由于丙还代表甲公司的持股40%行使股东权利，合计已达68%，超过三分之二以上表决权通过，已经形成了对公司章程的有效修改，《H公司章程》已于2008年8月10日生效。

案例2：公司章程约定章程修改经工商登记生效，则未经登记的章程未生效[①]

2005年5月18日，A公司全体股东签订公司章程，明确约定：

（1）A公司注册资本为人民币1600万元，股东为五方，其中股东戊出资135万元，占注册资本的8.4375%；股东丙出资480万元，占注册资本的30%。

（2）股东会拥有修改公司章程等十三项权利；股东会作出的特别决议，除有另行规定外，必须经代表四分之三以上表决权的股东通过；特别决议是指就公司增加或减少注册资本、分立、合并、解散、清算、变更公司形式、修改

① 案号：（2007）浦民二（商）初字第4896号。

章程等事项作出决议；章程经公司股东会通过并经公司登记机关核准登记之日起生效，公司股东应在章程上签名盖章，修改时亦同。

该公司章程进行了工商登记备案。

2006年1月27日，股东丙将其在A公司的30%股权转让给了新股东丙（新）。为此，A公司全体股东形成决议，内容为：成立新一届股东会；通过公司章程修正案；公司由于股东发生变动，选举新的董事、监事。为此，A公司全体股东签订了《章程修正案》，该《章程修正案》仅对股东名称进行了变更。该股东会决议及《章程修正案》于2006年9月在工商部门进行了备案登记。

2006年9月，A公司全体股东又签订章程一份，该公司章程对2005年5月18日公司章程的第二十条、第二十九条、第三十四条、第三十六条第五项、第三十七条进行了修改。2005年5月18日公司章程第二十条规定的“股东会作出的普通决议，必须经代表三分之二以上表决权的股东通过”修改为“股东会作出的普通决议，必须经代表二分之一以上表决权的股东通过”；第二十九条规定的“董事会会议实行一人一票的表决制度，决议以出席会议的全体董事五分之四（含）以上的多数通过即为有效”修改为“董事会会议实行一人一票的表决制度，决议以出席会议的全体董事二分之一以上的多数通过即为有效”；第三十四条规定的“公司首届设监事一名，由丙方委派出任”修改为“公司设监事会，有三名监事组成，监事由股东代表和员工代表出任，其中甲方和乙方各委派一名，公司员工大会推选一名代表出任监事，监事长由乙方委派的监事出任”；第三十六条规定的监事行使四项职权增加了第五项“公司章程规定的其他职权”；第三十七条规定的“监事列席董事会会议”修改为“监事会会议在至少二分之一以上的监事成员出席时方可召开。每一监事有一表决权。监事会作出决议，应由全体监事的二分之一以上表决通过”。全体股东签订该章程没有召开股东会，该章程也没有在工商部门备案登记。

现股东丙（新）和股东戊主张2006年9月公司章程无效，仅2006年1月27日关于股东变更的章程修正案有效。

【律师剖析】

1.根据《公司法》第43条规定，通过股东会会议决议修改公司章程应三分之二以上表决权股东通过；《公司法》第37条规定，修改公司章程也可不召开股东会会议而全体股东直接在决定文件上签名、盖章。

2.2006年9月章程是对A公司原有章程的修改，且具备了全体股东在章程上的签章。但由于A公司原有章程明确约定公司章程的修改应经工商登记生效，因此2006年9月章程对原章程的修改内容未生效，即2006年9月章程中第二十条、第二十九条、第三十四条、第三十六条第五项、第三十七条无效。

3. 2006年1月27日的《章程修正案》具备有效股东会决议，且已进行工商登记备案，已经生效。

二、公司章程用语释义

公司章程条款中还可对章程用语进行定义和说明，有利于消除歧义和减少争议。

条款设计示例

示例：以股份有限公司形式的商业银行章程为例

第【×】条 本章程中的“资本净额”是指上季末资本净额。

本章程中关联方、关联交易、关联董事和关联股东的认定按照有关监管部门的规定。

第【×】条 本章程中“控股股东”“主要股东”“实际控制人”“关联关系”分别是指：

（一）控股股东，是指其持有的股份占本行股本总额50%以上的股东；持有股份的比例虽然不足50%，但依其持有的股份所享有的表决权已足以对股东大会的决议产生重大影响的股东。

（二）主要股东，是指能够直接、间接、共同持有或控制本行5%以上股份或表决权以及对本行决策有重大影响的股东。

（三）实际控制人，是指虽不是本行的股东，但通过投资关系、协议或者其他安排，能够实际支配公司行为的人。

（四）关联关系，是指本行控股股东、实际控制人、董事、监事、高级管理人员与其直接或者间接控制的企业之间的关系，以及可能导致本行利益转移的其他关系。但是，国家控股的企业之间不仅因为同受国家控股而具有关联关系。

第【×】条 本章程所称“以上”“以内”“以下”，都含本数；“不满”“以外”“大于”“多于”“低于”不含本数。

第【×】条　本章程所称“董事”，除非上下文义另有所指或具有特别说明，包括董事长、副董事长、独立董事等全部董事会成员。

第【×】条　本章程所称“法律、法规”或“法律法规”包括但不限于法律、行政法规、部门规章和其他本行适用的监管规范。

【设计指引】

1. 通常需要对控股股东、实际控制人和关联关系等重要用语进行释义。
2. 结合公司及行业的特点可对一些有理解歧义的商业词汇定义进行明确。
3. 包含范围需要进行明确。
4. 章程用语释义应以法律规定为准，不得违反法律法规。

三、公司章程未尽事宜

公司章程的未尽事宜，是指在章程中没有明确规定的具体事项。

公司章程未尽事宜的执行，通常有三种处理方式：

（1）可通过股东会决议制定补充协议或补充条款对章程进行完善。

（2）可根据公司章程的规定由股东会 / 董事会指定章程细则，来对章程规定进行细化。

（3）既没有补充协议也没有章程细则规定的具体事项，则应按照《公司法》等相关法律法规来执行。

条款设计示例

示例一：以股份有限公司为例

第【×】条　本章程未尽事宜，依照有关法律、法规办理。董事会可以依照章程的规定，制定章程细则。章程细则不得与章程的规定相抵触。

第【×】条　本章程附件包括股东大会议事规则、董事会议事规则和监事会议事规则。股东大会议事规则、董事会议事规则和监事会议事规则不得与章程的规定相抵触。股东大会议事规则、董事会议事规则、监事会议事规则的条款如与章程存有不一致之处，应以章程规定为准。

示例二：以有限责任公司为例

第【×】条　本章程未尽事宜，由股东会决议加以补充。股东会通过的有关本章程的修改、补充条款、均为本章程的组成部分。

【设计指引】

1. 对于未尽事宜，可在章程中规定通过章程细则来进行明确，重要的章程细则如议事规则等可作为章程附件予以明确。章程细则只能在章程框架下进行细化规定，既不能突破公司章程，更不能违反《公司法》等法律法规。

2. 股东会制定的补充协议或补充条款若涉及章程新增事项，则视同对章程的修改，符合法定章程修改程序的股东会决议方为有效。

3. 公司章程细则和公司章程不一致之处，均应按照公司章程规定为准；股东会制定的补充协议或补充条款若有对章程条款的除外规定，则应根据股东会决议是否符合法定章程修改程序来判定有效性，达成有效修改则以后者为准，未达成有效修改则仍以原公司章程为准。

4. 既没有补充协议也没有章程细则规定的具体事项，则应按照《公司法》等相关法律法规来执行。

典型案例

案例：中外合资企业合同约定为章程未尽事宜的补充①

S公司为中外合资企业，设立于2006年12月8日。由外方股东自然人Y和中方股东C公司于当日签订《S公司章程》及《S公司合同》。根据合同及章程的约定，自然人Y兼任S公司的董事长和法定代表人，自然人Y1担任S的总经理。自然人Y、Z1、Z2为外方委派的董事，Y1、Y2为中方委派的董事。

《S公司章程》第三十条规定，“合营公司设总经理一名，副总经理一名，正副总经理由董事会聘请。首届总经理由甲方（中方）推荐，副总经理由乙方（外方）推荐”。第二十一条规定，“董事会是公司的最高权力机构，决定公司的一切重大事宜，其职权主要如下……决定聘用或解聘总经理、副总经理、中工程师、总会计师、审计师等高级职员……”。

《S公司合同》第三十四条规定，“经营管理机构设总经理一名，由甲方（中方）推荐；副总经理一名，由乙方（外方）推荐。总经理、副总经理由董事会聘请，任期三年”。

2012年10月25日，S公司召开董事会，5名董事全部出席董事会会议，会议中董事长Y询问了全部董事关于新任总经理人选，其中外方董事Y、Z1、

① 案号：（2014）榕民终字第19号。

Z2 表示推荐 Y 担任总经理，中方董事 Y1、Y2 表示推荐 Y1 继续担任总经理。经董事成员投票，Y 以 3 票当选为总经理。

董事会作出《董事会决议》，决定：免去 Y1 的 S 公司总经理职务，由公司董事长 Y 兼任公司总经理，新旧总经理应于 2012 年 10 月 31 日前完成工作交接；公司全体董事、总经理自 2012 年 11 月 1 日起不再在公司领取报酬；公司所有开支应严格按照财务规范进行，禁止公司任何款项以私人名义保管，否则公司有权依法追究相关责任人员职务侵占等法律责任。《董事会决议》上同意全部决议并签字的董事为 3 名外方董事，2 名中方董事未在决议上签字。

Y1 与 S 公司之间因该《董事会决议》的效力和执行而发生争议。

【律师剖析】

1.《S 公司章程》和《S 公司合同》签订于同一日，《S 公司章程》第三十条仅约定了首届总经理由中方推荐，但《S 公司合同》第三十四条的约定是“经营管理机构设总经理一名，由中方推荐”。《S 公司合同》约定内容与《S 公司章程》约定内容并不冲突，且应视为对《S 公司章程》未尽适宜的补充，因此无论是否首届，S 公司总经理均应由中方推荐。

2. S 公司的外方股东是 Y，中方股东是 C 公司，S 公司总经理人选应先由 C 公司推荐，再经 S 公司董事会决定聘用。但 2012 年 10 月 25 日董事会上外方股东 Y 推荐了总经理人选 Y，但中方股东 C 公司并未正式行使推荐权明确推荐总经理人选，《董事会决议》在没有中方股东推荐人选的情况下决定了总经理，违反了《S 公司章程》和《S 公司合同》的约定，不具有法律效力。

下篇 各类公司章程设计指引

第十三章　有限责任公司的章程设计

前文已经对于有限责任公司章程设计分章节进行了介绍，主要从条款设计、设计指引及实务问题三个方面进行阐述，本章主要是对于有限责任公司章程中有一定特点的内容进行补充介绍。

第一节　公司注册资本

公司资本是公司从事经营活动的必要物质基础。《公司法》第 26 条、第 80 条规定，有限责任公司和股份有限公司的注册资本分别为登记的全体股东或发起人认缴认购的出资额或股本总额。同时，《公司法》还将注册资本规定为营业执照和章程的必要记载事项。2014 年施行的《公司法》取消了股东出资的门槛，除法律、行政法规以及国务院决定对有限责任公司注册资本实缴、注册资本最低限额另有规定的外，允许实行“零首付”，但股东出资义务仍然存在。

在认缴资本制度下，合理安排公司注册资本，变得非常有意义。一方面，当交易对手看到营业执照标明的注册资本，会以此作为公司履约能力与偿债能力的象征。为此，很多企业会在注册资本一栏填写一个巨大的数字，意图以此表明公司有实力。另一方面，注册资本金代表了股东愿意为公司承担的出资责任范围。于是，当公司存续期产生巨额债务的情况下，有股东纷纷开始办理减资手续，意图逃避债务。

公司注册资本的风险与责任并存，当公司设立时，从事什么业务，风险、责任应在事前已有充分、客观地评估，尤其是评估自身对于公司运营能够承担的出资范围，从而填写合适的注册资本金数额，既能够从容获得业务，也能避免增加股东出资的风险。

第二节　股东转让出资的条件

股东转让出资，即股权转让，是指公司股东将其对公司所持有的出资份额转让给他人，使他人成为公司股东，或者增加其持有份额的行为。

有限责任公司的人合性特点，决定了公司章程可以对股东转让出资进行限制。而有限责任公司的资合性特点又决定了股权具有可转让性，即流动性。所以，《公司法》规定，股东之间可以相互转让其全部或者部分出资。如果向股东以外的人转让出资，必须经其他股东过半数同意。不同意转让的股东应购买其转让的出资，如果不购买该转让的出资，视为同意转让。经股东同意转让的出资，在同等条件下，其他股东对该出资有优先受让权。股东依法转让其出资，应办理转让手续。

（一）有限责任公司股东之间可以相互转让其全部出资或者部分出资。也就是说，股东有权转让出资，至于全部转让还是部分转让则不受限制。

（二）股东向股东以外的人转让其出资时，必须经全体股东过半数同意；不同意转让的股东应当购买该转让的出资，如果不购买该转让的出资视为同意转让。此处需明确两点：一是在公司股东之间转让出资是完全自由的；二是如果股东向股东以外的人转让，则要经过其他股东同意，但也不是要经过每一个股东的同意，而只要全体股东的过半数同意，不同意转让的股东不仅有否决权，他们还有购买该转让出资的义务，如果不购买的，就要被视为同意转让。此处的制度安排是，既加以限制，又使股东出资在一定条件下得以转让，实质上从根本上肯定了股东转让出资的权利。

（三）经股东同意转让的出资，在同等条件下，其他股东对该出资有优先购买权。赋予本公司股东有优先受让权，有利于维护公司的人合性，有益于公司稳定。优先购买权的行使条件和前提为同等条件，而非绝对的优先受让。

这里需要特别提出的是，《公司法司法解释四》第 17 条至第 21 条对于股东的优先购买权的享有和行使期间、同等条件、股权转让反悔制度等进行了明确规定，这是有限责任公司股权转让需要特别注意的地方之一。

同时，目前频频发生的通过收购股东的股东所持有的股权（特别是 100%）方式从而“规避”其他股东的优先购买权，这种不同阶梯股权转让是否侵权引发了不少争议。这种情况到底存不存在侵害股东的优先购买权呢，笔者认为就目前《公司法》第 71 条及《公司法司法解释四》规定来看，不能直接认定为侵权，但的确存在伤害公司人合性的可能性。对此方面的问题及责任等，笔者认为，可以通过公司章程规定予以明确和规制，从而提前预防法律风险和争议。

典型案例

案例：公司章程规定不得侵害股东或第三人合法权益

老友计公司于2011年3月21日经上海市工商行政管理局杨浦分局注册成立，成立之时公司的注册及实收资本为人民币100000元（以下所涉币种均为人民币），其中：胡某认缴并实缴60000元、李某认缴并实缴40000元，公司法定代表人为胡某。

同年6月，奇虎三六零公司作为甲方、老友计公司作为乙方、胡某及案外人李某作为丙方，三方共同签订《投资协议书》，约定：协议各方一致同意并确认，奇虎三六零公司以现金方式出资3500000元认购公司新增注册资本，占增资后公司注册资本的38%，其中61290元进入公司注册资本，其余进入公司资本公积金；增资扩股完成后，公司注册资本为161290元；各方一致同意，增资后乙方设董事会，董事会由3名董事组成，甲方有权委派一名董事，丙方有权委派两名董事；各方一致同意，增资后乙方不设监事会，由甲方委派一名监事；甲方对乙方从事以下行为享有一票否决权：（a）公司的经营方针和投资计划，包括但不限于变更、调整、中止或终止主营业务方向；（b）选举和更换非由职工代表担任的董事长、监事，决定有关董事长、监事的报酬事项；（c）公司股份结构或公司形式发生变更，包括但不限于：公司的融资计划、重组、上市计划、对外投资、期权计划、公司及其子公司的收购、合并、变更注册资本或股本，以及任何股份的出售、转让、质押或股东以任何方式处置其持有的公司股权的部分或全部……

嗣后，老友计公司办理了工商变更登记手续，公司的注册及实收资本均为161290元，现公司的登记股东及持股情况为：胡某（持股37.2%）、奇虎三六零公司（持股38%）、李某（持股24.8%）。

老友计公司2011年6月13日的《老友计公司章程》（以下简称《章程》）第十六条规定：董事会对所议事项作出的决定由二分之一以上的董事表决通过方为有效，并应做成会议记录，出席会议的董事应当在会议记录上签名；但以下事项的表决还需取得股东奇虎三六零公司委派的董事的书面同意方能通过：（根据协议添加至此处）……

在奇虎360于2011年完成对老友计公司的投资后，老友计公司的创始股东于2013年对外出售和转让了其所持有的公司股权。而就该次股权转让，奇虎360公司认为公司创始人是在投资资金使用完毕后欲转让持有股权并退出公司，所以对其股权转让既不认可也不同意，双方就此发生了争议，并围绕上述“一票否决权”条款进行了争辩。

法院认为，关于《章程》能否对股权转让设定限制条款的问题，我国《公司法》对有限责任公司和股份有限公司作了不同规定，其中，涉及有限责任公司股权转让部分的《公司法》第71条第4款规定：“公司章程对股权转让另有规定的，从其规定”，即有限责任公司的章程可以约定对股份转让的限制。为维护股东之间的关系及公司自身的稳定性，《章程》可以对有限公司的股权转让作出相应的限制和要求，这是公司自治及人合性的重要体现，同时也是诚实信用原则和当事人意思自治原则的体现。故公司《章程》中对股权转让所作的特别规定，各方均应遵守。本案中，赋予奇虎三六零公司对一些事项，包括股权转让的一票否决权，系奇虎三六零公司认购新增资本的重要条件，这种限制是各方出于各自利益需求协商的结果，符合当时股东的真实意思表示，未违反《公司法》的强制性规定，应认定符合公司股东意思自治的精神，其效力应得到认可。

法院判决支持了原告胡某办理股权变更登记至蒋某文名下的工商变更登记手续，并要求胡某及奇虎三六零公司应予协助。

【律师剖析】

根据《公司法》第48条和第11条第2款规定，对于有限公司和股份有限公司董事会的表决规则，均为董事会决议的表决，实行一人一票。而本案中“一票否决制”与一般董事会表决机制不同。但是，《公司法》第48条中“除本法有规定的外，由公司章程规定”这一规定，有限公司通过公司章程赋予了投资人委派的董事在董事会上享有“一票否决权”符合《公司法》的规定。

同时，在上述判决书中，法院也谈到基于奇虎三六零公司采用了一票否决权，就将股东胡某捆绑在公司，致使胡某的股权无法退出的同时也缺乏其他救济渠道。此种方式是法律不鼓励的。同时法院认为，对于《章程》条款的效力，应遵循商事外观主义原则，对善意第三人的信赖利益应予保护，老友计公司股东之间的内部约定不能对抗善意第三人。

条款设计示例

第【×】章 股权转让

第【×】条 股东之间可以相互转让其全部或者部分股权。

在合格上市前，未经AA公司事先书面同意，创始人股东不得以任何形式直接或间接转让其股权或将所持公司股权进行质押、担保等。合格上市是指公司股票在上海证券交易所、深圳证券交易所，以及纽约交易所、纳斯达克或其他各投资人认可的交易所上市交易。

除法律有禁止性或限制性规定外，AA股东所持有的股权的转让不受限制。

当创始人股东在IPO前转让股权时（如果获得AA公司的同意和董事会的批准），必须首先通知并给予AA公司认购的权力，AA公司有权按照各自在公司持有的股权比例优先于任意第三方受让原股东和其他股东转让的任何类别的股权。其中，原始股东之间、原始股东和公司员工之间、公司员工之间进行股权转让不受限制。

第【×】条　股东之间转让其全部股权或部分股权时应当书面通知其他股东，该书面通知应当包含股权转让价格，以及股权转让价格之外对该股权转让行为存在影响的其他所有因素。其他股东应当在接到通知转让之日起【　】日内给予是否也要求购买的答复，逾期未答复者视为放弃。

多个股东要求购买的，应按各自的持股比例受让。经全体股东半数以上股东表决权的股东同意，可以不受出资比例限制，其他股东应在请求答复期限届满之日起【　】日与拟转让股东签订股权转让合同，该期限届满未签订合同的，拟转让股权的股东有在其他股东中选择转让对象的权利。

第【×】条　股东向股东以外的人转让股权，应当经其他股东过半数同意。其他股东半数以上不同意转让的，不同意的股东应当购买该转让的股权；不购买的，则公司应回购该部分股权。

股东向股东以外的人转让股权，该股东应就其股权转让事项书面通知其他股东征求意见和公司征求意见。该书面通知应包含股权转让价格、拟转让数量及履行方式等股权转让合同的主要内容，以及股权转让价格之外对该股权转让存在影响的其他所有因素。

第【×】条　股东向股东以外的人转让股权，其他股东半数以上不同意转让，不同意的股东购买该转让股权因价格问题与转让股东发生争议的，公司应委托有资质的中介机构以公司净资产为基础评估确定股权价格。

第【×】条　公司依据前款规定购买（回购）股权后，应当参照《公司法》第一百四十三条的规定作减资注销或者转让等方式安排股权。

第【×】条　转让股权后，公司应当注销原股东的出资证明书，向新股东签发出资证明书，并相应修改公司章程和股东名册中有关股东及其出资额的记载。

第三节 其他事项

一、管理者及其章程选择

（一）管理者的范围

股东的权利之一是选择管理者的权利。所选择的管理者，包括董事、监事和高管等。其中高管的范围，《公司法》第216条规定，高级管理人员，是指公司的经理、副经理、财务负责人，上市公司董事会秘书和公司章程规定的其他人员。由此可见，公司高管的范围可以通过章程进行规定，如目前很多企业会有CEO（Chief executive officer）首席执行官；COO（Chief operating officer）首席运营官；CFO（Chief financial officer）首席财务官；CTO（Chief technology officer）首席技术官；CIO（Chief information officer）首席信息官，公司章程中可以将这些管理职位纳入高管的范围，则他们不仅仅需要根据与公司之间的劳动合同等约定承担合同义务，还需根据公司章程和《公司法》履行高管对公司的忠实勤勉义务。

（二）管理者的产生方式

《公司法》第37条第1款第2项规定，股东会的权限包括选举和更换非由职工代表担任的董事、监事，决定有关董事、监事的报酬事项。

就此规定，司法实践中有人认为，此条款是强制性规范，理由是该条款是为了防止出现严重的信息不对称现象或股东、董事和高管从事机会主义行为危害公司整体利益和公司其他股东的合法利益的情形，使得当事人的合理预期落空。设想，如果公司董事、监事的选举和更换可不经股东会审议表决，而直接由特定股东委派产生，公司本身、公司其他股东、高管、员工和其他利害关系方将可能对新产生的董事和监事背景信息一无所知，其是否具备相应法定的任职条件？其个人的职业操守和职业能力是否能够胜任上述岗位？这都将是疑问。而如果特定股东或因有不良企图或因主观过失将不具备法定任职条件或不具有相应能力的人员委派到公司担任董事或监事，其后果不仅是损害股东利益，还将损害公司整体利益。更何况，一个由特定股东委派产生的董事或监事，其获得上述职务完全取决于某一特定股东。因此，其在任职期间能否基于公司整体利益考量正常履行董事职责，是否会在任职期间出于维护特定股东利益而损害公司整体利益将有很大的不确定性。这也将严重影响公司的人合性。

确实也有案例支持。童某芳诉康达公司股东权案[①]，该篇案例研究文章认为，公司章程自治并非绝对的自治，只有在强行法规范的范围内自治才是有效的自治。公司监事必须经法定程序选任，不能由章程约定直接指任。

实践中也确有案例支持股东根据公司章程直接委派董事、监事。就实践中存在的此类矛盾，有论者认为，股东根据公司章程的规定，直接委派董事、监事，或者选择以股东会会议、董事会会议表决方式产生董事、监事，甚至高管，是股东根据公司法所做的选择。《公司法》规定的原则是股东享有选择管理者的权利。同时，股东行使权利时不得侵犯他人的合法权益。有证据证明侵犯他人权利，或者违反法律强制性效力性规定的可能被确认无效，其他对董事、监事高管的任免方式，都应当认定为有效。

条款设计示例

第【×】条　法定代表人行使下列职权：

（一）检查股东决定的落实情况，并向股东报告；

（二）代表公司签署有关文件；

（三）在发生战争、特大自然灾害等紧急情况下，对公司事务行使特别裁决权和处置权，但这类裁决权和处置权须符合公司利益，并在事后向股东报告。

（四）公司注销后，其财务账册、财务资料等公司文件由法定代表人保存。

公司董事会由【　】名董事（以下称为“董事”，包括董事长在内）组成，董事长和其他董事均由股东委派任命，董事每届任期三年，经股东委派，可以连任。

股东在董事任期内有权自主决定撤换任何一名董事。董事的所有任命和撤职都要以书面通知的方式送达或递交公司董事会；任何空缺将由股东随时按本章程规定任命的人选填补。

不在公司经营管理机构任职的董事，不可在公司领取薪金。除与举行董

---

① 张恋华、胡铁红、沙询：《与公司法强制性规范冲突的公司章程条款无效》，载《人民司法》2008年第8期。

事会会议有关的全部费用由公司承担外，董事及其代理人在履行董事责任期间，发生的其他费用均由投资方自行承担。

第【×】条 财务负责人由【 】委派。财务负责人独立对本公司的财务管理、会计核算、物管监督及审计负责，在接受经理或经理以书面形式委托之人书面批准后方可对外支出非经常性开销（由经理书面确定）之款项。

二、董事及其相关规则

在目前投资人进入各企业帮助企业发展的同时，董事会的席位，以及董事的职责范围，成了投资人保护自己的一种常见途径。

（一）董事会（董事）的权力范围

以下是投资人在章程和投资协议中设定的一种规则，挤占了创始人股东几乎所有的管理权限：

除法律规定需董事会一致通过事项外，下列事项需由包括AA股东委派的董事在内的董事通过：

（1）对任何有关AA公司的权利、优先权、特权或权力的规定的修改、变更，或增加不利于AA公司的条款；

（2）公司章程及其他设立文件的变更；

（3）公司增加或减少注册资本；

（4）公司任何证券的发行（包括但不限于股权和债权类证券），不包括银行贷款；

（5）公司法定代表人的变更；

（6）对公司全部或实质性财产（包括但不限于房产、设备、商标、专利、版权等知识产权）或子公司、分公司全部或者实质性财产的出售、转让、抵押或其他处置；

（7）公司合并、分立、清算、解散、收购、兼并或重组及/或变更公司形式；

（8）公司成立子公司、分公司，或成立任何非全资拥有的合资企业、合伙制企业；

（9）公司利润分配方案和弥补亏损方案；

（10）公司首次公开发行债券，包括时间、价格、地点和承销商的选择；

（11）在（a）超出普通业务往来范围或（b）在任何一个完整财务年度中

经董事会批准的财务预算外的交易总额超过 500 万元人民币的资产购买、租赁、租借、售卖、抵押、典当、转移、处置等；

（12）基于普通业务需要，公司向银行及其他金融机构借款，单次超过人民币 100 万元，年度超过人民币 500 万元；

（13）公司参与任何与现有业务计划完全不同的行业领域或终止公司任何核心业务；

（14）公司对其董事、高级管理人员及职员的任何贷款；

（15）除公司已披露的预算内协议外，公司与公司原股东和 / 或公司原股东的关联企业签订、修改或废止任何协议；

（16）公司在 12 个月内购买任何其他公司的证券或股权超过 100 万元人民币；

（17）除公司已披露的交易外，公司与任何股东、董事、高级管理人员或职员之间，及存在关联关系的企业或者其他关联方之间的交易或一系列交易总额超过 5 万元人民币；

（18）对公司经营计划的实质性改变；对公司业务经营产生重大影响的决定；或对其下属任何合资 / 独资企业董事的任命；

（19）公司发生任何债务，承担任何金融义务，或者为余额总和超过 100 万元人民币的借款承担担保责任；

（20）公司与任何第三方或者相关团体达成实质协议，根据协议公司对协议对方所承诺、抵押或承担的任务义务；

（21）公司的总经理、财务总监以及其他高级管理人员薪酬待遇（副总经理级及以上）；

（22）公司董事会组成人数的改变，增加或减少董事会的权力；

（23）公司批准、修改和管理职工股票期权激励计划；

（24）对公司的财务会计制度做出重大变更，聘请或变更审计师；

（25）进行任何有关停业、清算或者解散的事宜，或者申请聘请接管人等类似人员；

（26）公司的详细年度预算及决算方案（包括利润表、资产负债表及现金流量表预算）、资本支出计划、贷款额度和业务年度计划书等；

（27）对股东股权转让作出决议；

（28）提起将改变或变更任何股东的权利、义务或责任，或稀释任何股东股权比例的任何诉讼或仲裁；

（29）处分（包括但不限于出售、转让、赠与、放弃、损害、抵押、质押及设置任何权利障碍等）单笔金额超过人民币 100 万元的公司资产。

（二）董事会议事规则

条款设计示例

第【×】条 董事会会议每年至少召开一次。经三分之一以上的董事提议，董事长应当召开董事会会议。

第【×】条 董事会会议由董事长召集和主持，董事长可授权任何其他董事召集并主持会议。

第【×】条 召开董事会会议应至少提前【 】天以书面形式通知董事。经所有董事书面同意，召开会议的通知时间可少于【 】天。召开董事会会议的通知应包括会议时间和地点、议事日程。董事会会议的议程由董事长或董事长授权的负责召集会议的任何其他董事决定。

第【×】条 董事会会议应在公司的住所或董事长指定的其他地点举行。

第【×】条 公司董事可以通过电话会议或者其他类似通信设备参加公司董事会议，只要参加该董事会会议的所有与会者可以彼此听到，并以这一方式参与董事会会议的，应当被认定为出席该会议，并且计入出席会议的法定人数和投票人数。

第【×】条 董事应当出席董事会会议，董事因故不能出席董事会会议的，应当出具委托书，委托其他董事代表其出席和表决。

第【×】条 董事亲自出席或由其代理人代表出席董事会会议的所有人数应不少于【 】人，每名董事享有一票表决权。董事长没有一票否决权。如会议开始后【 】分钟，法定的与会人数未能达到，则会议应当被推迟到下一周的同一日，同一时间，无须另外通知。在原会议议程中涉及的需要表决的事项应当在被推迟的董事会会议中讨论。该推迟的会议中出席董事人数应不少于【 】人。

第【×】条 董事会应按照会议议程讨论需要表决的事项，并通过表决形成决议。经董事长或董事长授权的负责召集会议的任何其他董事，或经【 】名以上出席董事会会议的董事提议，出席董事会会议的董事可以对未列入董事会会议议程的事项进行表决并形成决议。

第【×】条 董事会决议的表决，实行一人一票。任何由董事会决定的事项，由出席董事会会议的董事简单多数通过方可作出决议。

第【×】条　董事会每次会议，须作详细的书面记录，并由全体出席会议的董事签字，代理人出席时，由代理人签字。记录文字应使用中文，由公司存档。

第【×】条　如果一个经过简单多数通过做出的董事会决议是以传真方式签署的，则签字的董事应尽快将该签署原件存档于公司；如该决议系多份文件组成，则每份文件上均须有董事的签名。经符合本章程规定的董事签署的书面决议与在召开的董事会会议上作出的决议有同等效力。

第【×】条　经公司董事会批准，审计师、顾问或公司管理人员也可列席董事会会议，并根据公司董事会的要求在会议中发言，但没有表决权。

三、公司僵局的解决路径

公司僵局是指，公司在运行过程中，由于公司股东、董事之间矛盾激化处于僵持状况，导致股东会、董事会等公司机关不能按照法定程序作出决策，从而使公司陷入无法正常运转，甚至瘫痪的状况。

导致公司僵局，主要源于《公司法》第43条、第71条、第103条规定：若公司欲通过股东会/股东大会作出一般事项的决议，须通过出席会议的股东所持表决权过半数通过。如果公司作出关于修改公司章程、增加或者减少注册资本的决议，以及公司合并、分立、解散或者变更公司形式等重大决议事项，必须经代表三分之二以上表决权的股东通过。

很多企业只有两个股东，股权比例相等：分别持股二分之一，若两个股东产生分歧矛盾，即使是一般事项，也可能无法达成共识，公司的经营管理必将发生困难，难以良性发展。还有的企业，股权比例比较分散，某个股东或某几个股东的持股比例共计超过三分之一，在这种情况下，公司的重大决议事项必须得征得该股东的同意，若不能达成一致，将会导致公司僵局。

解决公司僵局，可以通过在公司章程中加以制度设计，以下几种方式是常用途径：

（一）强制回购异议股东的股权

条款设计示例

第【×】条　若股东在公司重大事项【须进行定义】产生争议，经充分协商仍无法达成共识，并且争议持续将可能会影响公司利益和运营时，持有多数股权的股东（及一致行动人）可以强制收购持异议之少数股东股权，收购价格之计算方法由本章程确定。

第【×】条 股东之间因分歧较大，连续两次召开股东会均无法形成股东会决议时，公司应按照市场公允价值（或上浮 15%）收购公司的股权，并在评估基准日 60 日内完成交易和支付对价。

（二）公司分立

当公司僵局无法解决，而股东之间尚可进行协商的情况下，采取公司分立的方式也可以解决僵局的矛盾。公司分立，需要根据《公司法》第 175 条和第 176 条的规定，通知债权人，并在报纸公告。公司分立前的债务由分立后的公司承担连带责任。公司分立的优点在于可以完整地继承原有的债权债务，且根据中立的中介机构对财产进行评估并按股权进行分配，避免更大的争议。

（三）公司解散

《公司法》第 180 条和《公司法司法解释二》对于股东提起司法解散公司的事由进行了列举式规定，对于股东之间存在僵局严重到一定程度时，股东可以向法院申请解散公司。

公司股东也可在章程中设定公司解散的相关条件，在操作中还应有一定的量化指标，并具有可执行性。

条款设计示例

第【×】条 若股东之间发生争议，经两次股东会／股东大会审议仍无法达成共识，股东之间争议不下，无法协调达成一致，且已对股东利益及公司运营造成损害，则双方任一方可以依据本条之约定强制解散公司。

（四）第三方调和机制

为避免公司僵局，若股东在双方约定之特定事项上发生争议，不能达成一致，则可启动以下机制：由某个机构或者人员（如特定人士组成的委员会、独立董事、仲裁机构、行业协会或者行政主管部门）来居中调解或裁决，也可以由特定机构或人员暂时接管公司事务，以防公司经营因决策僵局而遭受破坏。

（五）约定特殊事项免于按出资比例行使表决权

公司在设立之初应当尽量避免持股比例对等的情况，而实在无法避免时，有限责任公司则可以考虑在章程中事先约定特殊事项中免于按出资比例行使表决权。

可在章程中约定“甲在公司决议【×】事项时视为拥有67%的股权，乙在公司决议【×】事项时视为拥有67%的股权”。具体何种事项可在拟定章程时由各个股东协商确定。

附录：

章程参考样本 1：

北京市工商行政管理局

BEIJING ADMINISTRATION FOR INDUSTRY AND COMMERCE

（2014 年第 1 版）

________________有限（责任）公司章程

第一章　总则

第一条　依据《公司法》及有关法律、法规的规定，由各方共同出资，设立有限（责任）公司（以下简称公司），特制定本章程。

第二条　本章程中的各项条款与法律、法规、规章不符的，以法律、法规、规章的规定为准。

第二章　公司名称和住所

第三条　公司名称：____。

第四条　住所：____。

第三章　公司经营范围

第五条　公司经营范围：____。

（注：根据实际情况具体填写。最后应注明"以市场监督管理机关核定的经营范围为准。"）

第四章　公司注册资本及股东的姓名（名称）、出资额、出资时间、出资方式

第六条　公司注册资本：万元人民币。

第七条　股东的姓名（名称）、认缴的出资额、出资时间、出资方式如下：

股东姓名或名称	认缴情况		
	认缴出资额（万元）	出资时间	出资方式
合计			

第五章 公司的机构及其产生办法、职权、议事规则

第八条 股东会由全体股东组成，是公司的权力机构，行使下列职权：

（一）决定公司的经营方针和投资计划；

（二）选举和更换非由职工代表担任的董事、监事，决定有关董事、监事的报酬事项；

（三）审议批准董事会（或执行董事）的报告；

（四）审议批准监事会（或监事）的报告；

（五）审议批准公司的年度财务预算方案、决算方案；

（六）审议批准公司的利润分配方案和弥补亏损的方案；

（七）对公司增加或者减少注册资本作出决议；

（八）对发行公司债券作出决议；

（九）对公司合并、分立、解散、清算或者变更公司形式作出决议；

（十）修改公司章程；

（十一）其他职权。（注：由股东自行确定，如股东不作具体规定应将此条删除）

第九条 股东会的首次会议由出资最多的股东召集和主持。

第十条 股东会会议由股东按照出资比例行使表决权。（注：此条可由股东自行确定按照何种方式行使表决权）

第十一条 股东会会议分为定期会议和临时会议。

召开股东会会议，应当于会议召开15日以前通知全体股东。（注：此条可由股东自行确定时间）

定期会议（注：由股东自行确定）定时召开。代表十分之一以上表决权的股东，三分之一以上的董事，监事会或者监事（不设监事会时）提议召开临时会议的，应当召开临时会议。

第十二条 股东会会议由董事会召集，董事长主持；董事长不能履行职务或者不履行职务的，由副董事长主持；副董事长不能履行职务或者不履行职务的，由半数以上董事共同推举一名董事主持。

（注：有限责任公司不设董事会的，股东会会议由执行董事召集和主持。）

董事会或者执行董事不能履行或者不履行召集股东会会议职责的，由监事会或者不设监事会的公司的监事召集和主持；监事会或者监事不召集和主持的，代表十分之一以上表决权的股东可以自行召集和主持。

第十三条 股东会会议作出修改公司章程、增加或者减少注册资本的决议，

以及公司合并、分立、解散或者变更公司形式的决议，必须经代表三分之二以上表决权的股东通过。（注：股东会的其他议事方式和表决程序可由股东自行确定）

第十四条 公司设董事会，成员为____人，由____产生。董事任期年（注：每届不得超过三年），任期届满，可连选连任。

董事会设董事长一人，副董事长____人，由____产生。（注：股东自行确定董事长、副董事长的产生方式）

（注：有限公司不设董事会的，此条应改为：公司不设董事会，设执行董事一人，由股东会选举产生。执行董事任期年，任期届满，可连选连任。）

第十五条 董事会行使下列职权：

（一）负责召集股东会，并向股东会议报告工作；

（二）执行股东会的决议；

（三）审定公司的经营计划和投资方案；

（四）制订公司的年度财务预算方案、决算方案；

（五）制订公司的利润分配方案和弥补亏损方案；

（六）制订公司增加或者减少注册资本以及发行公司债券的方案；

（七）制订公司合并、分立、变更公司形式、解散的方案；

（八）决定公司内部管理机构的设置；

（九）决定聘任或者解聘公司经理及其报酬事项，并根据经理的提名决定聘任或者解聘公司副经理、财务负责人及其报酬事项；

（十）制定公司的基本管理制度；

（十一）其他职权。（注：由股东自行确定，如股东不作具体规定应将此条删除）

（注：股东人数较少或者规模较小的有限责任公司，可以设一名执行董事，不设董事会。执行董事的职权由股东自行确定。）

第十六条 董事会会议由董事长召集和主持；董事长不能履行职务或者不履行职务的，由副董事长召集和主持；副董事长不能履行职务或者不履行职务的，由半数以上董事共同推举一名董事召集和主持。

第十七条 董事会决议的表决，实行一人一票。

董事会的议事方式和表决程序。（注：由股东自行确定）

第十八条 公司设经理，由董事会决定聘任或者解聘。经理对董事会负责，行使下列职权：

（一）主持公司的生产经营管理工作，组织实施董事会决议；

（二）组织实施公司年度经营计划和投资方案；

（三）拟订公司内部管理机构设置方案；

（四）拟订公司的基本管理制度；

（五）制定公司的具体规章；

（六）提请聘任或者解聘公司副经理、财务负责人；

（七）决定聘任或者解聘除应由董事会决定聘任或者解聘外的负责管理人员；

（八）董事会授予的其他职权。

（注：以上内容也可由股东自行确定）

经理列席董事会会议。

第十九条　公司设监事会，成员____人，监事会设主席一人，由全体监事过半数选举产生。监事会中股东代表监事与职工代表监事的比例为：____。（注：由股东自行确定，但其中职工代表的比例不得低于三分之一）

监事的任期每届为三年，任期届满，可连选连任。

（注：股东人数较少规格较小的公司可以设一名至二名监事，此条应改为：公司不设监事会，设监事____人，由股东会选举产生。监事的任期每届为三年，任期届满，可连选连任。）

第二十条　监事会或者监事行使下列职权：

（一）检查公司财务；

（二）对董事、高级管理人员执行公司职务的行为进行监督，对违反法律、行政法规、公司章程或者股东会决议的董事、高级管理人员提出罢免的建议；

（三）当董事、高级管理人员的行为损害公司的利益时，要求董事、高级管理人员予以纠正；

（四）提议召开临时股东会会议，在董事会不履行本法规定的召集和主持股东会会议职责时召集和主持股东会会议；

（五）向股东会会议提出提案；

（六）依照《公司法》第152条的规定，对董事、高级管理人员提起诉讼；

（七）其他职权。（注：由股东自行确定，如股东不作具体规定应将此条删除）

监事可以列席董事会会议。

第二十一条　监事会每年度至少召开一次会议，监事可以提议召开临时监事会会议。

第二十二条　监事会决议应当经半数以上监事通过。

监事会的议事方式和表决程序：________。（注：由股东自行确定）

第六章　公司的法定代表人

第二十三条　董事长为公司的法定代表人。（注：也可是执行董事或经理，由股东自行确定）

第七章　股东会会议认为需要规定的其他事项

第二十四条　股东之间可以相互转让其部分或全部出资。

第二十五条　股东向股东以外的人转让股权，应当经其他股东过半数同意。股东应就其股权转让事项书面通知其他股东征求同意，其他股东自接到书面通知之日起满30日未答复的，视为同意转让。其他股东半数以上不同意转让的，不同意的股东应当购买该转让的股权；不购买的，视为同意转让。

经股东同意转让的股权，在同等条件下，其他股东有优先购买权。两个以上股东主张行使优先购买权的，协商确定各自的购买比例；协商不成的，按照转让时各自的出资比例行使优先购买权。

（注：以上内容亦可由股东另行确定股权转让的办法。）

第二十六条　公司的营业期限年，自公司营业执照签发之日起计算。

第二十七条　有下列情形之一的，公司清算组应当自公司清算结束之日起30日内向原公司登记机关申请注销登记：

（一）公司被依法宣告破产；

（二）公司章程规定的营业期限届满或者公司章程规定的其他解散事由出现，但公司通过修改公司章程而存续的除外；

（三）股东会决议解散或者一人有限责任公司的股东决议解散；

（四）依法被吊销营业执照、责令关闭或者被撤销；

（五）人民法院依法予以解散；

（六）法律、行政法规规定的其他解散情形。

（注：本章节内容除上述条款外，股东可根据《公司法》的有关规定，将认为需要记载的其他内容一并列明。）

第八章　附则

第二十八条　公司登记事项以公司登记机关核定的为准。

第二十九条　本章程一式份，并报公司登记机关一份。

全体股东亲笔签字、盖公章：

年　月　日

章程参考样本 2：设董事会、监事会的有限责任公司

重庆【　】公司章程

第一章　总则

第一条　为维护公司、股东的合法权益，规范公司的组织和行为，根据《公司法》和其他有关法律、行政法规的规定，制定本章程。

第二条　公司名称：______________________。（以下简称公司）

第三条　公司住所：____________________________。

第四条　公司营业期限：永久存续（或：自公司设立登记之日起至　年　月　日）。

第五条　董事长为公司的法定代表人（或：经理为公司的法定代表人）。

第六条　公司是企业法人，有独立的法人财产，享有法人财产权。股东以其认缴的出资额为限对公司承担责任。公司以全部财产对公司的债务承担责任。

第七条　本章程自生效之日起，即对公司、股东、董事、监事、高级管理人员具有约束力。

第二章　经营范围

第八条　公司的经营范围：____________________________。

（以上经营范围以公司登记机关核定为准）。

第九条　公司根据实际情况，可改变经营范围，但须经公司登记机关核准登记。

第三章　公司注册资本

第十条　公司由【　】个股东共同出资设立，注册资本为人民币【　】万元。

股东姓名或名称	认缴出资额（万元）	出资方式	出资比例（%）

（注：出资比例是指占注册资本总额的百分比；出资方式应注明为货币、实物、知识产权、土地使用权等）

股东以货币出资的，应当将货币出资足额存入公司在银行开设的账户；以非货币财产出资的，应当评估作价并依法办理其财产权的转移手续。

第十一条 股东应当按期足额缴纳各自所认缴的出资额，股东缴纳出资计划如下：

（一）首次缴纳出资情况：

股东姓名或名称	缴纳出资额（万元）	出资方式	出资时间

（二）第二次缴纳出资情况：

股东姓名或名称	缴纳出资额（万元）	出资方式	出资时间

……

（注：出资比例是指占注册资本总额的百分比；出资方式应注明为货币、实物、知识产权、土地使用权等）

第十二条 公司可以增加或减少注册资本。公司增加或减少注册资本，按照《公司法》以及其他有关法律、行政法规的规定和公司章程规定的程序办理。

第十三条 公司成立后，应当向股东签发出资证明书。

第四章 股东

第十四条 公司置备股东名册，记载下列事项：

（一）股东的姓名或者名称及住所；

（二）股东的出资额；

（三）出资证明书编号。

记载于股东名册的股东，可以依股东名册主张行使股东权利。

第十五条 股东享有如下权利：

（一）按照其实缴的出资比例分取红利；公司新增资本时，优先按照其实缴的出资比例认缴出资；

（二）参加或委托代理人参加股东会，按照认缴出资比例行使表决权；

（三）优先购买其他股东转让的股权；

（四）对公司的经营行为进行监督，提出建议或者质询；

（五）选举和被选举为公司董事或监事；

（六）查阅公司会计账簿，查阅、复制公司章程、股东会会议记录、董事会会议决议、监事会会议决议和财务会计报告；

（七）公司终止后，按其实缴的出资比例分得公司的剩余财产；

（八）法律、行政法规或公司章程规定的其他权利。

第十六条　股东承担如下义务：

（一）遵守法律、行政法规和公司章程，不得滥用股东权利损害公司或者其他股东的利益；

（二）按期足额缴纳所认缴的出资；

（三）在公司成立后，不得抽逃出资；

（四）法律、行政法规或公司章程规定的其他义务。

第十七条　自然人股东死亡后，由合法继承人继承其股东资格，其他股东不得对抗或妨碍其行使股东权利。（注：公司无自然人股东的，无须保留此条）

第五章　股权转让

第十八条　股东之间可以相互转让其全部或部分股权，无须征得其他股东同意。

第十九条　股东向股东以外的人转让股权，应当经其他股东过半数同意。股东应就其股权转让事项书面通知其他股东征求同意，其他股东自接到书面通知之日起 30 日内未答复的，视为同意转让。其他股东半数以上不同意转让的，不同意的股东应当购买该转让的股权；不购买的，视为同意转让。

第二十条　经股东同意转让的股权，在同等条件下，其他股东有优先购买权。两个以上股东主张行使优先购买权的，协商确定各自的购买比例；协商不成的，按照各自认缴的出资比例行使优先购买权。

第二十一条　依本章程第十八条、第十九条、第二十条的规定转让股权后，公司应当注销原股东的出资证明书，向新股东签发出资证明书，并相应修改公司章程和股东名册中有关股东及其出资额的记载。对公司章程该项修改无须再由股东会决议。

第六章　股东会

第二十二条　股东会由全体股东组成，是公司的权力机构，行使下列职权：

（一）决定公司的经营方针和投资计划；

（二）选举和更换非由职工代表担任的董事、监事，决定有关董事、监事的报酬事项；

（三）审议批准董事会的报告；

（四）审议批准监事会的报告；

（五）审议批准公司年度财务预算方案、决算方案；

（六）审议批准公司年度利润分配方案和弥补亏损方案；

（七）对公司增加或者减少注册资本作出决议；

（八）对发行公司债券作出决议；

（九）对公司的合并、分立、解散、清算或者变更公司形式作出决议；

（十）修改公司章程；

（十一）对公司向其他企业投资或者为他人提供担保作出决议；

（十二）决定聘用或解聘承办公司审计业务的会计师事务所；

（十三）法律、行政法规和本章程规定的其他职权。

第二十三条 股东可以自行出席股东会，也可以委托代理人出席股东会并代为行使表决权。委托代理人出席会议的，代理人应出示股东的书面委托书。

第二十四条 首次股东会会议由出资最多的股东召集和主持。

第二十五条 股东会会议分为定期会议和临时会议。

定期会议每年召开一次，并于上一会计年度完结之后三个月之内举行。经代表十分之一以上表决权的股东，三分之一以上董事，监事会提议，应当召开临时会议。

第二十六条 召开股东会会议，应当于会议召开 15 日前通知全体股东。经全体股东一致同意，可以调整通知时间。

股东或者其合法代理人按期参加会议的，视为已接到了会议通知。该股东不得仅以此主张股东会程序违法。

第二十七条 股东会会议由董事会召集，董事长主持；董事长不能履行职务或者不履行职务的，副董事长主持；副董事长不能履行职务或者不履行职务的，由半数以上董事共同推举一名董事主持。

董事会不能履行或者不履行召集股东会会议职责的，由监事会召集和主持；监事会不召集和主持的，代表十分之一以上表决权的股东可以自行召集和主持。

第二十八条 股东会会议由股东按照认缴出资比例行使表决权。

第二十九条 股东会会议对所议事项作出决议，须经代表过半数以上表决权的股东通过。但是对公司修改章程、增加或者减少注册资本以及公司合并、分立、解散或者变更公司形式作出决议，须经代表三分之二以上表决权的股东通过。

第七章 董事会、经理、监事会

第三十条 公司设董事会，由____人组成。非职工代表出任的，由股东会选举产生或罢免；职工代表出任的，由公司职工通过职工大会（或：职工代表大会）民主选举产生或罢免。

董事任期每届三年（注：不得超过三年），任期届满，可连选连任。

第三十一条 董事会设董事长一名，副董事长______名，由董事会选举产生或罢免。（注：也可由股东会在董事会成员中指定或罢免）

第三十二条 董事会对股东会负责，行使下列职权：

（一）召集股东会会议，并向股东会报告工作；

（二）执行股东会的决议；

（三）决定公司的经营计划和投资方案；

（四）制订公司的年度财务预算方案、决算方案；

（五）制订公司的利润分配方案和弥补亏损方案；

（六）制订公司增加或减少注册资本以及发行公司债券的方案；

（七）制订公司分立、合并、解散或者变更公司形式的方案；

（八）决定公司的内部管理机构的设置；

（九）决定聘任或解聘公司经理及其报酬事项，根据经理的提名，决定聘任或者解聘公司副经理、财务负责人及其报酬事项；

（十）制定公司的基本管理制度；

（十一）本章程规定或股东会授予的其他职权。

第三十三条 董事会会议由董事长召集和主持，董事长不能履行职务或者不履行职务的，由副董事长召集和主持；副董事长不能履行职务或者不履行职务的，由半数以上董事共同推举一名董事召集和主持。

第三十四条 董事会每年至少召开一次。经三分之一以上的董事、经理提议，应当召开临时董事会议。

第三十五条 董事会决议的表决，实行一人一票。董事会应当对所议事项的决定作成会议记录，由出席会议的董事在会议记录上签名。

第三十六条 董事会会议应当有过半数的董事出席方可举行。董事会作出决议，必须经全体董事的过半数通过。

第三十七条 公司设经理，由董事会决定聘任或者解聘。经理对董事会负责，行使以下职权：

（一）主持公司的生产经营管理工作，组织实施董事会决议；

（二）组织实施公司年度经营计划和投资方案；

（三）拟订公司内部管理机构设置方案；

（四）拟订公司的基本管理制度；

（五）制定公司的具体规章；

（六）提请聘任或者解聘公司副经理、财务负责人；

（七）决定聘任或者解聘除应由董事会决定聘任或者解聘外的负责管理人员。

（八）股东会或董事会授予的其他职权。

第三十八条 公司设监事会，由____人组成。非职工代表出任的，由股东会选举产生或更换；职工代表出任的，由公司职工通过职工大会（或：职工代表大会）民主选举产生或更换。每届监事会中的职工代表的比例由股东会决定，但不得低于监事人数的三分之一。

监事任期每届为三年。监事任期届满，可连选连任。

董事、高级管理人员不得兼任监事。

第三十九条 监事会设主席一人，由全体监事过半数选举产生或罢免。监事会主席召集和主持监事会会议；监事会主席不能履行职务或者不履行职务的，由半数以上监事共同推举一名监事召集和主持监事会会议。

第四十条 监事会行使下列职权：

（一）检查公司财务；

（二）对董事、高级管理人员执行公司职务的行为进行监督，对违反法律、行政法规、公司章程或者股东会决议的董事、高级管理人员提出罢免的建议；

（三）当董事、高级管理人员的行为损害公司的利益时，要求董事、高级管理人员予以纠正；

（四）提议召开临时股东会会议，在董事会不依职权召集和主持股东会会议时负责召集和主持股东会会议。

（五）向股东会提出议案；

（六）法律、行政法规、公司章程规定或股东会授予的其他职权。

第四十一条 监事会会议每年度至少召开一次。经三分之一以上的监事提议，应当召开临时监事会会议。

第四十二条 监事会会议应当有过半数的监事出席方可举行。监事会按其职权作出的决议，须经半数以上的监事通过方为有效。

第四十三条 监事会决议的表决实行一人一票。监事会应当对所议事项的决定作出会议纪录，由出席会议的监事在会议记录上签名。

第八章　公司财务、会计

第四十四条　公司应当依照法律、行政法规和国务院财政部门的规定建立本公司的财务、会计制度，并应当在每一会计年度终了时编制财务会计报告，并依法经会计师事务所审计。财务会计报告应当于每一会计年度终了后的三个月内送交各股东。

第四十五条　公司分配当年税后利润时，应当提取利润的10%列入公司法定公积金。公司法定公积金累计额为公司注册资本的50%以上的，可以不再提取。

公司的法定公积金不足以弥补以前年度亏损的，在依照前款规定提取法定公积金之前，应当先用当年利润弥补亏损。

公司从税后利润中提取法定公积金后，经股东会决议，还可以从税后利润中提取任意公积金。

公司弥补亏损和提取公积金后所余税后利润，按照股东的实缴出资比例分配红利。

第九章　公司解散和清算

第四十六条　公司有下列情形之一的，可以解散：

（一）公司章程规定的营业期限届满；

（二）股东会决议解散；

（三）因公司合并或者分立需要解散；

（四）依法被吊销营业执照、责令关闭或者被撤消；

（五）人民法院依据《公司法》的相关规定予以解散。

公司有前款第（一）项情形的，可以通过修改公司章程而存续。

第四十七条　公司因前条第（一）项、第（二）项、第（四）项、第（五）项的规定而解散的，应当依法组建清算组并进行清算；公司清算结束后，清算组制作清算报告，报股东会确认，并报送公司登记机关，申请注销公司登记，公告公司终止。

第四十八条　清算组由股东组成，依照《公司法》及相关法律、行政法规的规定行使职权和承担义务。

第十章　附则

第四十九条　本章程所称公司高级管理人员是指公司经理、副经理、财务负责人。

第五十条 公司章程的解释权属股东会。本章程如与法律、行政法规相抵触的，以法律、行政法规为准。

第五十一条 本章程所称“以上”含本数；“过半数”不含本数。

第五十二条 公司根据需要或因公司登记事项变更的而修改公司章程的，修改后的公司章程应送公司原登记机关备案。

全体股东签名（盖章）：

年　月　日

章程参考样本 3：

上海________有限公司章程

依据《公司法》及其他有关法律、行政法规的规定，由____________和____________共同出资设立有限公司（以下简称公司），经全体股东讨论，共同制定本章程。

第一章　公司的名称和住所

第一条 公司名称：________________________________。

第二条 公司住所：________________________________。

第二章　公司经营范围

第三条 公司经营范围：____________________________。

【企业经营涉及行政许可的，凭许可证件经营】

公司经营范围中属于法律、行政法规或者国务院决定规定在登记前须经批准的项目，应当在申请登记前报经国家有关部门批准。

第三章　公司注册资本

第四条 公司注册资本：人民币________万元。

第四章　股东的姓名或者名称、出资方式、出资额和出资时间

第五条 股东的姓名或者名称、出资方式、出资额和出资时间如下：

股东姓名或者名称	认缴出资额（万元）	出资方式	出资时间

第六条 公司成立后，应向股东签发出资证明书并置备股东名册。

第五章 公司的机构及其产生办法、职权、议事规则

第七条 公司股东会由全体股东组成，是公司的权力机构，行使下列职权：

（一）决定公司的经营方针和投资计划；

（二）选举和更换非由职工代表担任的董事、监事，决定有关董事、监事的报酬事项；

（三）审议批准董事会的报告；

（四）审议批准监事会的报告；

（五）审议批准公司的年度财务预算方案、决算方案；

（六）审议批准公司的利润分配方案和弥补亏损方案；

（七）对公司增加或者减少注册资本作出决议；

（八）对发行公司债券作出决议；

（九）对公司合并、分立、解散、清算或者变更公司形式作出决议；

（十）修改公司章程；

（十一）为公司股东或者实际控制人提供担保作出决议。

（注：可以约定其他不违反公司法的职责）

对前款所列事项股东以书面形式一致表示同意的，可以不召开股东会会议，直接作出决定，并由全体股东在决定文件上签名、盖章（自然人股东签名、法人股东盖章）。

第八条 首次股东会会议由出资最多的股东召集和主持，依照《公司法》规定行使职权。

第九条 股东会会议分为定期会议和临时会议，并应当于会议召开 15 日（注：可由股东自行约定）以前通知全体股东。定期会议每年召开一次（注：会议召开时间可由股东自行约定）。代表十分之一以上表决权的股东，三分之一以上的董事，监事会提议召开临时会议的，应当召开临时会议。

第十条 股东会会议由董事会召集，董事长主持；董事长不能履行职务或者不履行职务的，由副董事长主持；副董事长不能履行职务或者不履行职务的，由半数以上董事共同推举一名董事主持。

董事会不能履行或者不履行召集股东会会议职责的，由监事会召集和主持；监事会不召集和主持的，代表十分之一以上表决权的股东可以自行召集和主持。

第十一条 股东会应当对所议事项的决定作出会议记录，出席会议的股东应当在会议记录上签名。

股东会会议由股东按照出资比例（注：可由股东自行约定）行使表决权。

股东会会议作出修改公司章程、增加或者减少注册资本的决议，以及公司合并、分立、解散或者变更公司形式的决议，必须经代表全体股东三分之二以上表决权的股东通过。

股东会会议作出除前款外事项的决议，须经代表全体股东二分之一（注：可由股东自行约定）以上表决权的股东通过。

第十二条 股东不能出席股东会会议的，可以书面委托他人参加，由被委托人依法行使委托书中载明的权力。

第十三条 公司向其他企业投资或者为他人提供担保，由（注：此处填写董事会或者股东会）作出决定。（此处还可以约定对投资或者担保的总额及单项投资或者担保的数额的限额）

其中为公司股东或者实际控制人提供担保的，必须经股东会决议。该项表决由出席会议的其他股东所持表决权的过半数通过，该股东或者实际控制人支配的股东不得参加。

第十四条 公司设董事会，其成员为________人（注：三人至十三人），任期三年（注：可约定，不超过三年）。董事任期届满，可以连任。

董事任期届满未及时改选，或者董事在任期内辞职导致董事会成员低于法定人数的，在改选出的董事就任前，原董事仍应当依照法律、行政法规和公司章程的规定，履行董事职务。

董事会设董事长一人，董事长由______产生（注：股东可以约定产生方式，如董事会选举、股东会选举、股东委派等）。

第十五条 董事会对股东会负责，行使下列职权：

（一）召集股东会会议，并向股东会报告工作；

（二）执行股东会的决议；

（三）决定公司的经营计划和投资方案；

（四）制订公司的年度财务预算方案、决算方案；

（五）制订公司的利润分配方案和弥补亏损方案；

（六）制订公司增加或者减少注册资本以及发行公司债券的方案；

（七）制订公司合并、分立、解散或者变更公司形式的方案；

（八）决定公司内部管理机构的设置；

（九）决定聘任或者解聘公司经理及其报酬事项，并根据经理的提名决定聘任或者解聘副经理、财务负责人及其报酬事项；

（十）制定公司的基本管理制度。

（注：可以约定其他不违反《公司法》的职责）

第十六条　董事会会议由董事长召集和主持；董事长不能履行职务或者不履行职务的，由副董事长召集和主持；副董事长不能履行或者不履行职务的，由半数以上董事共同推举一名董事召集和主持。

第十七条　董事会会议须由过半数董事（注：具体比例可约定）出席方可举行。董事如不能出席董事会会议的，可以书面委托其他董事代为出席，由被委托人依法行使委托书中载明的权力。

第十八条　董事会对所议事项作出的决定由全体董事人数二分之一以上（注：可由股东自行约定）的董事表决通过方为有效，并应作出会议记录，出席会议的董事应当在会议记录上签名。

董事会决议的表决，实行一人一票。

第十九条　公司股东会、董事会的决议内容违反法律、行政法规的无效。

股东会、董事会的会议召集程序、表决方式违反法律、行政法规或者公司章程，或者决议内容违反公司章程的，股东可以自决议作出之日起60日内，请求人民法院撤销。

公司根据股东会、董事会决议已办理变更登记的，人民法院宣告该决议无效或者撤销该决议后，公司应当向公司登记机关申请撤销变更登记。

第二十条　公司设经理一名，由董事会决定聘任或者解聘。经理每届任期为____年，任期届满，可以连任。经理对董事会负责，行使下列职权：

（一）主持公司的生产经营管理工作，组织实施董事会决议；

（二）组织实施公司年度经营计划和投资方案；

（三）拟订公司内部管理机构设置方案；

（四）拟订公司的基本管理制度；

（五）制定公司的具体规章；

（六）提请聘任或者解聘公司副经理、财务负责人；

（七）决定聘任或者解聘除应由董事会决定聘任或者解聘外的负责管理人员；

（八）董事会授予的其他职权。

（注：股东对于上述八项职权可另行约定）

经理列席董事会会议。

（注：经理非公司必备机构，不设经理的此条不写入章程）

第二十一条 公司设监事会，其成员为______人（注：三人以上），监事任期每届三年，任期届满，可以连任。

监事会中有职工代表人（注：股东约定，比例不得低于三分之一），由公司职工通过职工代表大会、职工大会或者其他形式民主选举产生。

监事任期届满未及时改选，或者监事在任期内辞职导致监事会成员低于法定人数的，在改选出的监事就任前，原监事仍应当依照法律、行政法规和公司章程的规定，履行监事职务。

监事会设主席一人，由全体监事过半数选举产生。监事会会议由监事会主席召集和主持；监事会主席不能履行职务或者不履行职务的，由半数以上监事共同推举一名监事召集和主持监事会会议。

董事、高级管理人员不得兼任监事。

第二十二条 监事会行使下列职权：

（一）检查公司财务；

（二）对董事、高级管理人员执行公司职务的行为进行监督，对违反法律、行政法规、公司章程或者股东会决议的董事、高级管理人员提出罢免的建议；

（三）当董事、高级管理人员的行为损害公司的利益时，要求董事、高级管理人员予以纠正；

（四）提议召开临时股东会会议，在董事会不履行《公司法》规定的召集和主持股东会会议职责时召集和主持股东会会议；

（五）向股东会会议提出草案；

（六）依法对董事、高级管理人员提起诉讼。

（注：可以约定其他不违反公司法的职责）

第二十三条 监事可以列席董事会会议，并对董事会决议事项提出质询或者建议。监事发现公司经营情况异常，可以进行调查；必要时，可以聘请会计师事务所等协助其工作，费用由公司承担。

第二十四条 监事会每年度至少召开一次会议，监事可以提议召开临时监事会会议。

监事会决议的表决，实行一人一票。监事会决议应当经半数以上监事通过，监事会应当对所议事项的决定作成会议记录，出席会议的监事应当在会议记录上签名。

第二十五条 监事会行使职权所必需的费用，由公司承担。

第六章　公司的法定代表人

第二十六条　公司的法定代表人由担任（注：由董事长或经理担任）。

第七章　股权转让

第二十七条　股东之间可以相互转让其全部或者部分股权。

股东向股东以外的人转让股权，应当经其他股东过半数同意。股东应就其股权转让事项书面通知其他股东征求同意，其他股东自接到书面通知之日起满 30 日未答复的，视为同意转让。其他股东半数以上不同意转让的，不同意的股东应当购买该转让的股权；不购买的，视为同意转让。

经股东同意转让的股权，在同等条件下，其他股东有优先购买权。两个以上股东主张行使优先购买权的，协商确定各自的购买比例；协商不成的，按照转让时各自的出资比例行使优先购买权。（注：此条内容股东可另作约定）

第二十八条　转让股权后，公司应当注销原股东的出资证明书，向新股东签发出资证明书，并相应修改公司章程和股东名册中有关股东及其出资额的记载。对公司章程的该项修改无须再由股东会表决。

第二十九条　有下列情形之一的，对股东会该项决议投反对票的股东可以请求公司按照合理的价格收购其股权：

（一）公司连续五年不向股东分配利润，而公司该五年连续盈利，并且符合本法规定的分配利润条件的；

（二）公司合并、分立、转让主要财产的；

（三）公司章程规定的营业期限届满或者章程规定的其他解散事由出现，股东会会议通过决议修改章程使公司存续的。

自股东会会议决议通过之日起 60 日内，股东与公司不能达成股权收购协议的，股东可以自股东会会议决议通过之日起 90 日内向人民法院提起诉讼。

第三十条　自然人股东死亡后，其合法继承人可以（注：股东可约定）继承股东资格。

第八章　财务、会计、利润分配及劳动用工制度

第三十一条　公司应当依照法律、行政法规和国务院财政主管部门的规定建立本公司的财务、会计制度，并应在每个会计年度终了时制作财务会计报告，委托国家承认的会计师事务所审计并出具书面报告。

第三十二条　公司利润分配按照《公司法》及有关法律、法规，国务院财政主管部门的规定执行。股东按照实缴的出资比例（注：股东可约定）分取红利。

第三十三条 公司聘用、解聘承办公司审计业务的会计师事务所由（注：选填股东会或董事会）决定。

第三十四条 劳动用工制度按国家法律、法规及国务院劳动部门的有关规定执行。

第九章 公司的解散事由与清算办法

第三十五条 公司的营业期限为年，从《企业法人营业执照》签发之日起计算。

第三十六条 公司有下列情形之一，可以解散：

（一）公司营业期限届满；

（二）股东会决议解散；

（三）因公司合并或者分立需要解散；

（四）依法被吊销营业执照、责令关闭或者被撤销；

（五）人民法院依照公司法的规定予以解散。

公司营业期限届满时，可以通过修改公司章程而存续。

第三十七条 公司经营管理发生严重困难，继续存续会使股东利益受到重大损失，通过其他途径不能解决的，持有公司全部股东表决权 10% 以上的股东，可以请求人民法院解散公司。

第三十八条 公司因本章程第三十七条第一款第（一）项、第（二）项、第（四）项、第（五）项规定解散时，应当在解散事由出现起 15 日内成立清算组对公司进行清算。清算组应当自成立之日起 10 日内向登记机关申请清算组成员及负责人备案、通知债权人，并于 60 日内在报纸公告。清算结束后，清算组应当制作清算报告，报股东会或者人民法院确认，并报送公司登记机关，申请注销公司登记，公告公司终止。

第三十九条 清算组由股东组成，具体成员由股东会决议产生。

第十章 董事、监事、高级管理人员的义务

第四十条 高级管理人员是指本公司的经理、副经理、财务负责人。

第四十一条 董事、监事、高级管理人员应当遵守法律、行政法规和公司章程，对公司负有忠实义务和勤勉义务，不得利用职权收受贿赂或者其他非法收入，不得侵占公司的财产。

第四十二条 董事、高级管理人员不得有下列行为：

（一）挪用公司资金；（二）将公司资金以其个人名义或者以其他个人名义开立账户存储；（三）未经股东会同意，将公司资金借贷给他人或者以公司财

产为他人提供担保；（四）未经股东会同意，与本公司订立合同或者进行交易；（五）未经股东会同意，利用职务便利为自己或者他人谋取属于公司的商业机会，自营或者为他人经营与所任职公司同类的业务；（六）将他人与公司交易的佣金归为己有；（七）擅自披露公司秘密；（八）违反对公司忠实义务的其他行为。

第四十三条 董事、监事、高级管理人员执行公司职务时违反法律、行政法规或者公司章程的规定，给公司造成损失的，应当承担赔偿责任。

第十一章 股东会认为需要规定的其他事项

第四十四条 本章程中的各项条款与法律、法规、规章不符的，以法律、法规、规章的规定为准。

第四十五条 公司登记事项以公司登记机关核定的为准。公司根据需要修改公司章程而未涉及变更登记事项的，公司应将修改后的公司章程送公司登记机关备案；涉及变更登记事项的，同时应向公司登记机关作变更登记。

第四十六条 本章程自全体股东盖章、签字之日起生效。

第四十七条 本章程一式____份，公司留存____份，并报公司登记机关备案一份。

全体股东签字（法人股东盖章）：

年 月 日

注：本章程中股东自行约定的事项不得违反有关法律、行政法规的规定。

第十四章　股份有限公司的章程设计

第一节　股份公司概述

一、股份有限公司的概念及特征

（一）股份有限公司的概念

根据《公司法》的规定，公司法意义项下的公司包括在中国境内设立的有限责任公司和股份有限公司。股份有限公司作为公司的一种重要类型，是典型的资合公司，其将公司资本划分为等额股份，通过发行股票的方式筹集资金。股份有限公司股东数量一般较多，但绝大多数股东并不实际参与公司经营活动，而是通过股东大会，以决议方式对公司经营活动产生影响。股份有限公司的股东以其认购的股份为限对公司承担责任，公司以其全部资产对公司债务承担责任。

（二）股份有限公司具有以下特征

1. 股份有限公司是典型的资合性公司。这是股份有限公司区别于有限责任公司最为重要的特征。股份有限公司是以资本作为信用基础的公司，股东间通过出资相结合，并不强调相互之间的人合性。

2. 公司股份一般可自由转让。该特征是资合性的又一体现。股份有限公司的股份可自由转让，并不需要其他股东同意。当然，对于特定主体如发起人、董事、监事以及高级管理人员等所持股票的转让仍有一定的限制。

3. 股份有限公司是具有公开性的公司。股份有限公司可以向社会公开募集或者向特定对象募集资金。股份体现为股票形式，股票持有者可以在市场上自由转让股票，任何人购买股票都可以成为公司的股东。

4. 股份有限公司设立需履行相对严格的程序。股份有限公司设立需要有一定数量的发起人以及健全的内部组织机构，同时，在公司设立过程中也需要履行更加严格的程序。

二、设立股份有限公司的条件

《公司法》对于设立股份有限公司的条件进行了如下规定：

（一）发起人符合法定人数

股份有限公司的设立活动是由发起人进行的，《公司法》规定设立股份有限公司，应当有二人以上二百人以下为发起人，发起人既可以是自然人，也可以是法人，其中须有过半数的发起人在中国境内有住所。

（二）有符合公司章程规定的全体发起人认购的股本总额或者募集的实收股本总额

股份有限公司的注册资本应为在公司登记机关登记的实收股本。股本总额为公司股票面值与股份总数的乘积。股份有限公司注册资本的最低限额为人民币500万元，公司全体发起人的首次出资额不得低于注册资本的20%，其余部分由发起人自公司成立之日起两年内缴足；其中，投资公司可以在五年内缴足。在缴足前，不得向他人募集股份。以募集设立方式设立股份有限公司的，发起人认购的股份不得少于公司股份总数的35%。

（三）股份发行、筹办事项符合法律规定

为了保护社会公众的利益，我国《公司法》对股份有限公司发行的条件、程序作了严格规定，股份有限公司设立时，公司股份发行、筹办事项必须符合法律规定。

（四）发起人制定公司章程，采用募集方式设立的经创立大会通过

由于股份有限公司的设立可以采用发起设立和募集设立两种方式进行，因此在发起设立情况下，公司章程由发起人共同制定；在募集设立情况下，公司章程由发起人制定，必须经创立大会通过。

（五）有公司名称，设立符合股份有限公司要求的组织机构

相对于有限责任公司，股份有限公司设立要求更加完整的组织机构。其中，股份有限公司须设立公司董事会，且至少需要 5 名以上董事（5~19 名董事）；同时，股份有限公司必须设立监事会，需要至少 3 名以上监事，等等。

（六）有公司住所

公司住所在确定诉讼管辖、确定诉讼文书收受的处所、确定债务履行地、确定公司登记管辖等方面具有重要意义，《公司法》规定，有公司住所是股份有限公司设立的条件之一。

三、股份有限公司章程需载明的事项

根据《公司法》规定，股份有限公司章程应当载明下列事项：

（一）公司名称和住所；

（二）公司经营范围；

（三）公司设立方式；

（四）公司股份总数、每股金额和注册资本；

（五）发起人的姓名或者名称、认购的股份数、出资方式和出资时间；

（六）董事会的组成、职权和议事规则；

（七）公司法定代表人；

（八）监事会的组成、职权和议事规则；

（九）公司利润分配办法；

（十）公司的解散事由与清算办法；

（十一）公司的通知和公告办法；

（十二）股东大会会议认为需要规定的其他事项。

四、股份有限公司章程章节目录

在制定股份有限公司章程时，首先会将整个章程的体例以“目录”方式加以罗列。整个章程通常有以下章节：

1. 总则

2. 经营宗旨和范围

3. 股份:（1）股份发行;（2）股份增减和回购;（3）股份转让

4. 股东和股东大会:（1）股东;（2）股东大会的一般规定;（3）股东大会的召集;（4）股东大会的提案与通知;（5）股东大会的召开;（6）股东大会的表决和决议

5. 董事会:（1）董事;（2）董事会

6. 总经理及其他高级管理人员

7. 监事会:（1）监事;（2）监事会

8. 财务会计制度、利润分配和审计:（1）财务会计制度;（2）利润分配;（3）会计师事务所的聘任

9. 通知

10. 合并、分立、增资、减资、解散和清算:（1）合并、分立、增资和减资;（2）解散和清算

11. 修改章程

12. 附则

第二节　总则

总则作为整个章程正文的第一部分内容，一般简明扼要地介绍公司的设立依据、组织形式、设立方式以及企业名称、住所、注册资本、法定代表人等基本信息。同时，章程会载明"公司全部资产分为等额股份，股东以其认购的股份为限对公司承担责任，公司以其全部资产对公司的债务承担责任"等内容。

对于章程的效力问题，一般也会表述在总则部分，通常表述内容为"本章程自生效之日起，即成为规范公司的组织与行为、公司与股东、股东与股东之间权利义务关系的具有法律约束力的文件，对公司、股东、董事、监事、总经理和其他高级管理人员具有法律约束力的文件"。由此，确立章程在整个公司中的至高地位。

第三节　经营宗旨和范围

公司经营宗旨通常表述为：依据有关法律法规，充分运用股份制经济组织的优良机制，发挥优势资源，自主开展各项经营活动，提供企业效益，实现公司价值，为全体股东创造丰厚的投资回报。

而公司的经营范围则由股东自行约定，通常也会注明“依法须经批准的项目，经相关部门批准后方可开展经营活动”字样。股东对于经营范围的确定，一般根据《公司登记管理条例》第 15 条规定的“公司的经营范围由公司章程规定，并依法登记。公司的经营范围用语应当参照国民经济行业分类标准”。公司经营范围用语规范参照《国民经济行业分类（GB/T 4754–2011）》确定。

第四节　股份

根据《公司法》的规定，股份有限公司的资本划分为股份，每一股的金额相等。公司的股份采取股票的形式，股票是股份有限公司签发的证明股东所持股份的凭证。同种类的每一股份应当具有同等权利。

一、股份是股份公司均分其资本的基本计量单位

股份有限公司的资本被划分为股份，每一股金额相等，且具有同等权利。股份有限公司章程应当载明公司股份总数、每股金额和注册资本以及发起人认购的股份数。发起设立的股份有限公司，由发起人认购公司应发行的全部股份；而募集设立的股份有限公司，则由发起人认购公司应发行股份的一部分，其余股份向社会公开募集或者向特定对象募集。

二、股份是股东的出资份额，代表相应的股权权益

股份有限公司的股份采取股票的形式，股票是公司签发的证明股东所持股份的凭证。对于股东而言，股份表示其在公司资本中所占的出资份额。股

东持有的股份可以依法转让，股份代表着相应的股东权益。

对股份有限公司而言，我国大陆地区所遵从的是“同股同权”的基本理念。相较于有限责任公司的“出资额”“股权”的概念，股份有限公司则称为“股份”。股份的概念更加强调资合性和流通性，更加强调份额和权利平等。

三、公司设立方式、股份发行及认购情况

根据《公司法》的规定，股份有限公司的设立，可以采取发起设立或者募集设立的方式。在实践操作中，还有直接以有限责任公司改制为股份有限公司的情形。对于股份有限公司的具体设立方式，在章程中应予明确。

股份有限公司的股份总数须在章程中载明。通常而言，公司发行的股票为记名式普通股票，每股面值人民币壹元（RMB1.00）。因而，公司的注册资本也就是公司发行的股份总数。此外，公司发起人的姓名或者名称、认购的股份数和出资方式也应在章程中予以明确。

四、股份增减和回购

股份有限公司股份的增减，一般均须经由股东大会决议程序决定。股份有限公司可以采用下列方式增加资本：

（一）非公开发行股份；

（二）向现有股东派送红股；

（三）以公积金转增股本；

（四）经有关监管机关核准，公开发行股份；

（五）法律、行政法规规定及相关主管部门批准的其他方式。

股份有限公司减少注册资本，则应当按照《公司法》以及其他有关规定和公司章程规定的程序办理。

根据《公司法》第142条规定，股份有限公司除特定情形之外，不得收购本公司股份。根据该部分规定，一般将股份有限公司的股份回购在公司章程中予以明确为公司在下列情况下，可以依照法律、行政法规、部门规章和本章程的规定，收购本公司的股份：

（一）减少公司注册资本；

（二）与持有本公司股票的其他公司合并；

（三）将股份奖励给本公司职工；

（四）股东因对股东大会作出的公司合并、分立决议持异议，要求公司收购其股份的。

除上述情形外，公司不进行买卖本公司股份的活动。

同时，股份有限公司章程应对上述几种特定情形下的股份回购后续处理事宜作出规定，如收购资金的支出、回购股份的处理等。

五、股份转让

公司章程对于股份有限公司股份转让的约定，应当区分不同持股主体，相应地作出规范要求。

对于股份有限公司发起人，一般要求“发起人持有的本公司股份，自公司成立之日起一年内不得转让；公司公开发行股份前已发行的股份，自公司股票在证券交易所上市交易之日起一年内不得转让”。对于一般股东，则明确“公司的股份可以依法转让”，从而充分体现出股份有限公司的资合性和流动性。

对于股份有限公司股权转让的限制，主要体现在对公司董监高的规制方面。股份有限公司的章程通常会规定“公司董事、监事、总经理和其他高级管理人员应当向公司申报所持有的本公司的股份及其变动情况，在任职期间每年转让的股份不得超过其所持有本公司股份总数的25%；所持本公司股份自公司股票上市交易之日起一年内不得转让。上述人员离职后半年内，不得转让其所持有的本公司股份”。同时，章程还会规定“公司董事、监事、总经理和其他高级管理人员、持有本公司股份5%以上的股东，将其持有的本公司股票在买入后6个月内卖出，或者在卖出后6个月内又买入，由此所得收益归本公司所有，本公司董事会将收回其所得收益”。

典型案例

案例：非上市公司不得擅自发行股票

安基公司成立于1997年4月，注册资金为人民币3400万元，股东包括2家单位和16名自然人。被告人郑某担任安基公司的董事长、法定代表人，持股比例为44%。安基公司经工商管理部门核准的经营范围为：生物制品加工，化工原料、建筑材料、金属材料销售，本企业自产生物制品和技术出口，本企业进料加工及三来一补业务。

2001年12月，被告单位安基公司为筹集研发资金，由被告人郑某提议经股东会集体同意后，委托中介公司及个人向社会不特定公众转让自然人股东的股权。此后直到2007年8月，由郑某负责联系并先后委托新世纪公司、天成公司、王某国、周某平、黄某等个人，以随机拨打电话的方式，对外谎称安基公司的股票短期内将在美国纳斯达克上市并能获取高额回报，向不特定社会公众推销郑某及其他自然人股东的股权。郑某和中介人员具体商定每股转让价格为人民币2~4元不等。安基公司与受让人分别签订《股权转让协议书》和《回购承诺书》(承诺如果三年内公司不能上市就回购股权)，并发放自然人股东缴款凭证卡和收款收据。

经审计，被告单位安基公司向社会公众260余人发行股票计322万股，筹集资金人民币1109万余元，其中有157人在股权托管中心托管，被列入公司股东名册，并在工商行政管理部门备案。上述募集资金全部用于安基公司的经营活动和支付中介代理费。

被告单位安基公司成立后主要从事艾滋病药物的研发，一直处于研发阶段，没有任何生产和销售行为。案发后不能回购股票，不能退还钱款，仅有土地及房产被查封。

【律师剖析】

国家禁止擅自进行非上市公司的股权交易。《关于严厉打击非法发行股票和非法经营证券业务有关问题的通知》规定，第一，严禁擅自公开发行股票，向不特定对象发行股票或向特定对象发行股票后股东累计超过200人的，为公开发行，应依法报经证监会核准。第二，严禁变相公开发行股票。非公开发行股票及其股权转让，不得采用广告、公告、广播、电话、传真、信函、推介会、说明会、网络、短信、公开劝诱等公开方式或变相公开方式向社会公众发行。严禁任何公司股东自行或委托他人以公开方式向社会公众转让股票。

第五节　股东与股东大会

一、股东

股份有限公司的股东通常分为两类：发起人股东和一般股东。

所谓发起人股东，是指签署公司章程，筹办公司设立的股东。设立股份有限公司，要求有二人以上二百人以下的发起人。发起人在筹办公司设立过程中，应签署发起人协议，明确各自在公司设立过程中的权利和义务。发起人的姓名或者名称、认购的股份数、出资方式和出资时间均须记载于公司章程，并依法进行登记。对于发起人股东而言，“发起人”犹如一个荣誉称号，即便发起人股东转让了全部所持股份，不再作为公司股东，但其仍作为“发起人”登记于公司相关登记内容中，发起人的地位并不发生变化。股份有限公司的股东中，除发起人外，还包括以增资扩股或股权受让方式进入公司的其他股东。

另外需要说明的一点是，除公司发起人股东外，公司其他股东并不登记在公司相关登记内容中。换言之，股份有限公司股东转让其股份，应当在依法设立的证券交易场所进行，或者按照国务院规定的其他方式进行。通常在工商部门或者市场监督管理部门的登记中，无法查询除发起人股东外的其他股东信息。公司章程中通常会明确诸如“公司建立股东名册，股东名册是证明股东持有公司股份的充分证据”之类的内容。也正是由于此种原因，股份有限公司股东身份的确认也成为一项十分重要的内容。对此，公司章程一般规定“公司召开股东大会、分配股利、清算及从事其他需要确认股东身份的行为时，由董事会决定某一日为股权登记日，股权登记日结束时的在册股东为公司股东”。

公司章程通常还会载明“同股同权”的内容，如“股东按其所持有股份的种类享有权利，承担义务；持有同一种类股份的股东，享有同等权利，承担同种义务”。

股东权利义务是该章节最为核心且重要的内容。公司股东通常享有下列权利：

（一）依照其所持有的股份份额获得股利及其他形式的利益分配；

（二）依法请求、召集、主持、参加或者委派股东代理人参加股东大会，并行使相应的表决权；

（三）对公司的经营进行监督，提出建议或者质询；

（四）依照法律、行政法规及本章程的规定转让、赠与或质押其所持有的股份；

（五）查阅本章程、股东名册、公司债券存根、股东大会会议记录、董事会会议决议、监事会会议决议、财务会计报告；

（六）公司终止或者清算时，按其所持有的股份份额参加公司剩余财产的分配；

（七）对股东大会作出的公司合并、分立决议持异议的股东，要求公司收购其股份；

（八）法律、行政法规、部门规章及本章程规定的其他权利。

与此相对应的，公司股东一般承担下列义务：

（一）遵守法律、行政法规和本章程；

（二）依其所认购的股份和入股方式缴纳股金；

（三）除法律、行政法规规定的情形外，不得退股；

（四）不得滥用股东权利损害公司或者其他股东的利益，不得滥用公司法人独立地位和股东有限责任损害公司债权人的利益；公司股东滥用股东权利给公司或者其他股东造成损失的，应当依法承担赔偿责任；公司股东滥用公司法人独立地位和股东有限责任，逃避债务，严重损害公司债权人利益的，应当对公司债务承担连带责任；

（五）法律、行政法规及本章程规定应当承担的其他义务。

二、股东大会

（一）股东大会法定职能

与有限责任公司不同，股份有限公司的权力机构称为股东大会，依法由公司全体股东组成。股东大会的职权与有限责任公司股东会完全相同，主要包括以下内容：

1. 决定公司的经营方针和投资计划；

2. 选举和更换非由职工代表担任的董事、监事，决定有关董事、监事的报酬事项；

3. 审议批准董事会的报告；

4. 审议批准监事会或者监事的报告；

5. 审议批准公司的年度财务预算方案、决算方案；

6. 审议批准公司的利润分配方案和弥补亏损方案；

7. 对公司增加或者减少注册资本作出决议；

8. 对发行公司债券作出决议；

9. 对公司合并、分立、解散、清算或者变更公司形式作出决议；

10. 修改公司章程；

11. 公司章程规定的其他职权。

（二）股东大会约定职能

除以上法定事项外，公司章程还可以为股东大会增添以下职能：

1. 对公司聘用、解聘会计师事务所作出决议；

2. 审议批准公司的担保事项；

3. 审议公司在一年内购买、出售重大资产超过公司最近一期经审计总资产 30% 的事项；

4. 审议批准变更募集资金用途事项；

5. 审议股权激励计划；

6. 审议法律、行政法规、部门规章或本章程规定应当由股东大会决定的其他事项。

股东大会的职权范围中包含“修改公司章程”事项。根据《公司法》的规定，股东大会作出修改公司章程、增加或者减少注册资本的决议，以及公司合并、分立、解散或者变更公司形式的决议，必须经出席会议的股东所持表决权的三分之二以上通过。这也就是我们通常所说的特别决议事项。与此同时，公司章程可以规定股东大会的其他职权，通过在公司章程中设置部分特殊职权条款，使得股东大会更能体现出股东意思自治的元素。

（三）对外担保事项

对于股份有限公司的对外担保事项，由于《公司法》作了授权性的规定，因此一般建议公司章程中对此加以明确规定，建议内容可表述为：公司下列对外担保行为，须经股东大会审议通过：

1. 本公司及本公司控股子公司的对外担保总额，达到或超过最近一期经审计净资产的 50% 以后提供的任何担保；

2. 公司的对外担保总额，达到或超过最近一期经审计总资产的 30% 以后提供的任何担保；

3. 为资产负债率超过 70% 的担保对象提供的担保；

4. 单笔担保额超过公司最近一期经审计净资产 10% 的担保；

5. 对股东、实际控制人及其关联方提供的担保；

6. 按照法律、行政法规、部门规章、规范性文件和本章程规定，须经股东大会审议通过的其他对外担保。

对于上述公司对外担保交易事项，按照前款所规定的所有计算标准均未达到上述标准的，由董事会审批决定或授权总经理办公会决定。

（四）股东大会会议流程

股东大会作为股份有限公司的权力机构，由与会股东以召开会议形成决议的方式来实现对公司的经营管理。股东大会的会议流程，在章程中通常体现为：召集、主持、提案以及召开、表决和决议。

1. 召集、主持和提案

股东大会会议由董事会召集，董事长主持；董事长不能履行职务或者不履行职务的，由副董事长主持；副董事长不能履行职务或者不履行职务的，由半数以上董事共同推举一名董事主持。董事会不能履行或者不履行召集股东大会会议职责的，监事会应当及时召集和主持；监事会不召集和主持的，连续 90 日以上单独或者合计持有公司 10% 以上股份的股东可以自行召集和主持。

召开股东大会会议，应当将会议召开的时间、地点和审议的事项于会议召开 20 日前通知各股东；临时股东大会应当于会议召开 15 日前通知各股东；发行无记名股票的，应当于会议召开 30 日前公告会议召开的时间、地点和审议事项。股东大会的会议通知一般包括以下内容：

（一）会议的时间、地点和会议期限；

（二）提交会议审议的事项和提案；

（三）以明显的文字说明：全体股东均有权出席股东大会，并可以书面委托代理人出席会议和参加表决，该股东代理人不必是公司的股东；

（四）有权出席股东大会股东的股权登记日；

（五）会务常设联系人姓名、联系方式。

单独或者合计持有公司 3% 以上股份的股东，可以在股东大会召开 10 日前提出临时提案并书面提交董事会；董事会应当在收到提案后 2 日内通知其他股东，并将该临时提案提交股东大会审议。临时提案的内容应当属于股东大会职权范围，并有明确议题和具体决议事项。如果股东大会拟讨论董事、监事选举事项的，股东大会通知中应当充分披露董事、监事候选人的详细资料，至少包括以下内容：

（一）教育背景、工作经历、兼职等个人情况；

（二）与本公司或本公司的控股股东及实际控制人是否存在关联关系；

（三）披露持有本公司股份数量；

（四）是否存在《公司法》第146条规定的任何情形；

（五）是否受过中国证监会及其他有关部门的处罚和证券交易所惩戒。

每位董事、监事候选人应当以单项提案提出。

2. 召开

股东大会的开会频率也是一项十分重要的内容，特别是临时股东大会召开的具体情形。

股权登记日登记在册的公司所有股东或其代理人均有权出席股东大会，并依照有关法律、法规及本章程行使表决权。股东可以亲自出席股东大会，也可以委托代理人代为出席和表决。如果股东委托代理人代为出席和表决的，股东出具的委托他人出席股东大会的授权委托书应当载明下列内容：

（一）代理人的姓名；

（二）是否具有表决权；

（三）分别对列入股东大会议程的每一审议事项投赞成、反对或弃权票的指示；

（四）对可能纳入股东大会议程的临时提案是否有表决权，如果有表决权应行使何种表决权的具体指示；

（五）委托书的签发日期和有效期限；

（六）委托人签名（或盖章）；委托人为法人股东的，应加盖法人单位印章。

股份公司章程应当对股东大会的出席人员以及会议的主持人作出规定，同时，公司章程也可以规定公司制定股东大会议事规则的具体程序要求。

《公司法》规定，股东大会应当每年召开一次年会。有特定情形的，应当在两个月内召开临时股东大会。在规定具体特定情形时，除明确列举的几种情形外，《公司法》特别授权公司章程有权规定其他情形。其他情形一般可在公司章程中加以明确，如有下列情形之一的，公司在事实发生之日起二个月以内召开临时股东大会：

1. 董事人数不足《公司法》规定人数或者本章程所定人数的三分之二时；

2. 公司未弥补的亏损达实收股本总额三分之一时；

3. 单独或者合计持有公司10%以上股份的股东请求时；

4. 董事会认为必要时；

5. 监事会提议召开时；

6. 法律、行政法规、部门规章或本章程规定的其他情形。

股东大会应有会议记录，由董事会秘书负责。会议记录记载以下内容：

（一）会议时间、地点、议程和召集人姓名或名称；

（二）会议主持人以及出席或列席会议的董事、监事、总经理和其他高级管理人员姓名；

（三）出席会议的股东和代理人人数、所持有表决权的股份总数及占公司股份总数的比例；

（四）对每一提案的审议经过、发言要点和表决结果；

（五）股东的质询意见或建议以及相应的答复或说明；

（六）律师（如有）及计票人、监票人姓名；

（七）公司章程规定应当载入会议记录的其他内容。

3. 表决和决议

根据“同股同权”的基本理论，股东出席股东大会会议，所持每一股份有一表决权。股东大会作出决议，必须经出席会议的股东所持表决权过半数通过。特别决议事项，则须经出席会议的股东所持表决权的三分之二以上通过。

股东大会决议的签署与有限责任公司也不相同。有限责任公司的股东会决议由全体股东签署，而股份有限公司的股东大会则是将所议事项的决定作成会议记录，由主持人、出席会议的董事在会议记录上签名确认。

在股份有限公司的股东大会表决内容中，有两个事项较为特殊：

（1）除公司法规定外，股份有限公司章程可以规定公司转让、受让重大资产或者对外提供担保等事项必须经股东大会作出决议。如果公司章程对此明确规定，则董事会应当及时召集股东大会会议，由股东大会就上述事项进行表决。

（2）股东大会选举董事、监事，可以依照公司章程的规定或者股东大会的决议，实行累积投票制。

这是我国《公司法》比较特殊的一处规定，旨在保护广大中小股东的合法权益。根据《公司法》的规定，如果章程未作特别规定，股份有限公司选举董事、监事属于一般表决事项，经出席会议的股东所持表决权过半数即可通过。为保障小股东合法权益，股份有限公司章程可以赋予小股东累积投票权，在股东大会选举董事或者监事时，每一股份拥有与应选董事或者监事人数相同的表决权，股东拥有的表决权可以集中使用，通过投票数的累积计算，扩大小股东的表决权数量。当广大小股东将其所持表决权叠加使用时，即可实现对大股东在选举董事、监事过程中绝对控制力的限制。

公司股东大会选举董事、监事，如实行累积投票制的，应当在章程中对相关具体安排作出明确规定。

此外，公司章程还可以对关联股东的回避事宜作出特别约定。例如，股东大会审议有关关联交易事项时，关联股东不应当参与投票表决，其所代表的有表决权的股份数不计入有效表决总数。

关联股东的回避和表决程序为：

（一）关联股东应当在股东大会召开日前向董事会披露其与关联交易各方的关联关系；

（二）股东大会在审议有关关联交易事项时，会议主持人宣布有关联关系的股东，并解释和说明关联股东与关联交易各方的关联关系；

（三）关联股东可以参加审议涉及自己的关联交易，并可就该关联交易是否公平、合法及产生的原因等向股东大会作出解释和说明，但该股东无权就该事项参与表决；股东大会进行表决前，会议主持人应当向与会股东宣告关联股东不参与投票表决；

（四）股东大会对关联交易事项作出的决议必须经出席股东大会的非关联股东所持表决权的二分之一以上通过方为有效。但是，该关联交易事项涉及本章程规定的特别决议事项时，股东大会决议必须经出席股东大会的非关联股东所持表决权的三分之二以上通过方为有效。

典型案例

案例：法定代表人职务行为约束公司

2006年4月30日，招行东港支行与振邦集团公司签订编号为2006年连贷字第SL006号借款合同，约定：借款金额为1496.5万元人民币，借款期限自2006年4月30日至2006年6月30日，如贷款放出的实际日期与上述起始日期不一致，则贷款起止日期以借款借据确定的起止日期为准，借款用途为债权转化（借新还旧），贷款利率为年利6.435%，振邦集团公司未按期偿还贷款的，对其未偿还部分从逾期之日起按在原利率基础上加50%计收，贷款期间，若遇中国人民银行调整贷款利率，则按中国人民银行调整贷款利率的有关规定执行。

2006 年 6 月 8 日，振邦股份公司出具了编号为 2006 年连保字第 S1002 号《不可撤销担保书》，承诺对上述贷款承担连带保证责任，保证范围包括借款本金、利息、罚息、违约金及其他一切相关费用。保证期间为自本保证书生效之日起至借款合同履行期限届满另加两年。2006 年 4 月 30 日，招行东港支行与振邦股份公司分别签订了两份抵押合同，该合同规定以振邦股份公司所有的位于大连市甘井子区管城子镇郭家沟村 182559 平方米的国有土地使用权及大连市甘井子区管泰街 17 套计 24361.09 平方米的房产作抵押。同年 6 月 6 日，在大连市国土资源和房屋局甘井子分局对位于大连市甘井子区营城子镇郭家沟村 182559 平方米的土地办妥了抵押登记，同年 6 月 8 日在大连市房地产登记发证中心对位于大连市甘井子区营泰街 8 号 17 套计 24361.09 平方米的房产办理了抵押登记，担保范围包括但不限于借款本金、利息、罚息、违约金、损害赔偿金及实现债权的费用。招行东港支行在中国银行之后为第二抵押权人。

2006 年 6 月 8 日，招行东港支行按照合同约定将 1496.5 万元贷款如数转入振邦集团公司账户内。贷款到期后，振邦集团公司未能偿还借款本息。振邦股份公司也没有履行担保义务。

振邦股份公司的股东共有 8 个，分别为振邦集团公司、环渤海公司、中绿公司、科技创业公司、泰山公司、科技风险公司、王某刚、张某忠。振邦股份公司的股东之一科技风险公司在 2003 年 5 月 23 日变更为现名称。《股东会担保决议》的决议事项并未经过振邦股份公司股东会的同意，振邦股份公司也未就此事召开过股东大会。

2008 年 6 月 18 日，招行东港支行以振邦集团公司和振邦股份公司为被告，向大连市中级人民法院提起诉讼，请求判令振邦集团公司偿还贷款本金 1496.5 万元及至给付之日的利息（包括逾期利息）；要求振邦股份公司对上述债务承担连带责任；要求两被告承担诉讼费、保全费等。

本案经最高院提审后，对二审判决予以改判，判决担保有效。

【律师剖析】

《公司法》第 16 条第 2 款规定，公司为公司股东或者实际控制人提供担保的，必须经股东会或者股东大会决议。该条款是关于公司内部控制管理的规定，不应以此作为评价合同效力的依据。担保人抗辩认为其法定代表人订立抵押合同的行为超越代表权，债权人以其对相关股东会决议履行了形式审查义务，主张担保人的法定代表人构成表见代理的，人民法院应予支持。因此，公司未经股东大会决议对外担保的行为不必然无效。

第六节 董事会

一、董事

股份有限公司章程可以约定董事的任职条件、产生方式等。董事可以由总经理或者其他高级管理人员兼任，但兼任总经理或者其他高级管理人员职务的董事，总计不得超过公司董事总数的二分之一。公司董事为自然人，有下列情形之一的，不能担任公司的董事：

（一）无民事行为能力或者限制民事行为能力；

（二）因贪污、贿赂、侵占财产、挪用财产或者破坏社会主义市场经济秩序，被判处刑罚，执行期满未逾五年，或者因犯罪被剥夺政治权利，执行期满未逾五年；

（三）担任破产清算的公司、企业的董事或者厂长、总经理，对该公司、企业的破产负有个人责任的，自该公司、企业破产清算完结之日起未逾三年；

（四）担任因违法被吊销营业执照、责令关闭的公司、企业的法定代表人，并负有个人责任的，自该公司、企业被吊销营业执照之日起未逾三年；

（五）个人所负数额较大的债务到期未清偿；

（六）被中国证监会处以证券市场禁入处罚，期限未满的；

（七）法律、行政法规或部门规章规定的其他内容。

董事对公司负有忠实义务，对于董事的忠实义务，章程一般可作出如下约定：董事应当遵守法律、行政法规和本章程的规定，对公司负有下列忠实义务：

（一）不得利用职权收受贿赂或者其他非法收入，不得侵占公司的财产；

（二）不得挪用公司资金；

（三）不得将公司资产或者资金以其个人名义或者其他个人名义开立账户存储；

（四）不得违反本章程的规定，未经股东大会或董事会同意，将公司资金借贷给他人或者以公司财产为他人提供担保；

（五）不得违反本章程的规定或未经股东大会同意，与本公司订立合同或者进行交易；

（六）未经股东大会同意，不得利用职务便利，为自己或他人谋取本应属于公司的商业机会，自营或者为他人经营与本公司同类的业务；

（七）不得将与公司交易的佣金归为己有；

（八）不得擅自披露公司秘密；

（九）不得利用其关联关系损害公司利益；

（十）法律、行政法规、部门规章及本章程规定的其他忠实义务。

董事对公司负有勤勉义务，对于董事的勤勉义务，章程一般可作出如下约定：董事应当遵守法律、行政法规和本章程的规定，对公司负有下列勤勉义务：

（一）应谨慎、认真、勤勉地行使公司赋予的权利，以保证公司的商业行为符合国家法律、行政法规以及国家各项经济政策的要求，商业活动不超过营业执照规定的业务范围；

（二）应公平对待所有股东；

（三）及时了解公司业务经营管理状况；

（四）应当对公司定期报告签署书面确认意见。保证公司所披露的信息真实、准确、完整；

（五）应当如实向监事会提供有关情况和资料，不得妨碍监事会或者监事行使职权；

（六）法律、行政法规、部门规章及本章程规定的其他勤勉义务。

独立董事是指独立于公司股东且不在公司内部任职，与公司或公司经营管理者没有重要的业务联系或专业联系，并对公司事务作出独立判断的董事。中国证监会在《关于在上市公司建立独立董事制度的指导意见》中指出："上市公司独立董事是指不在公司担任除董事外的其他职务，并与其所受聘的上市公司及其主要股东不存在可能妨碍其进行独立客观判断的关系的董事。"同时，《关于在上市公司建立独立董事制度的指导意见》中规定："上市公司应当建立独立董事制度。"为此，在非上市的股份公司中，独立董事不是必须设立的职务。独立董事必须具有独立性，《关于在上市公司建立独立董事制度的指导意见》中规定下列人员不得担任独立董事：

（一）在上市公司或者其附属企业任职的人员及其直系亲属、主要社会关系（直系亲属是指配偶、父母、子女等；主要社会关系是指兄弟姐妹、岳父母、儿媳女婿、兄弟姐妹的配偶、配偶的兄弟姐妹等）；

（二）直接或间接持有上市公司已发行股份1%以上或者是上市公司前十名股东中的自然人股东及其直系亲属；

（三）在直接或间接持有上市公司已发行股份5%以上的股东单位或者在上市公司前五名股东单位任职的人员及其直系亲属；

（四）最近一年内曾经具有前三项所列举情形的人员；

（五）为上市公司或者其附属企业提供财务、法律、咨询等服务的人员；

（六）公司章程规定的其他人员；

（七）中国证监会认定的其他人员。

二、董事会的组成

根据《公司法》的规定，股份有限公司设董事会，其成员为5人至19人。董事会成员中可以有公司职工代表。董事会中的职工代表由公司职工通过职工代表大会、职工大会或者其他形式民主选举产生。

由此可见，股份有限公司必须设立董事会，由五名至十九名董事组成公司董事会。至于实际有多少名公司董事，则以公司章程记载为准。此处规定是董事会成员中“可以”有职工代表，而非必须，与监事会组成有所不同。

董事会设董事长一人，可以设副董事长。董事长和副董事长由董事会以全体董事的过半数选举产生。与有限责任公司规定“董事长、副董事长的产生办法由公司章程规定”不同，股份有限公司的董事长和副董事长由董事会以全体董事的过半数选举产生。

三、董事的任期及其职权

股份有限公司中，董事的任期和职权与有限责任公司相同，适用相同的法律规定。

董事任期由公司章程规定，但每届任期不得超过三年。任期届满，可连选连任。对于董事具体任期，在法定最长期限内，由股份有限公司章程加以确定。

董事会对股东大会负责，行使下列职权：

1. 召集股东大会会议，并向股东大会报告工作；

2. 执行股东大会的决议；

3. 决定公司的经营计划和投资方案；

4. 制订公司的年度财务预算方案、决算方案；

5. 制订公司的利润分配方案和弥补亏损方案；

6. 制订公司增加或者减少注册资本以及发行公司债券的方案；

7. 制订公司合并、分立、解散或者变更公司形式的方案；

8. 决定公司内部管理机构的设置；

9. 决定聘任或者解聘公司经理及其报酬事项，并根据经理的提名决定聘任或者解聘公司副经理、财务负责人及其报酬事项；

10. 制定公司的基本管理制度；

11. 公司章程规定的其他职权。

对于股份有限公司的董事会职权，由于《公司法》明确授权董事会可行使“公司章程规定的其他职权”，于是，在实践过程中，部分股份有限公司通过在公司章程中置入自治性条款，赋予公司董事会更加广泛的职权。

股份公司可以在章程上自主约定重大事项如关于对外投资、收购或出售资产委托理财、资产抵押等交易的审批权限，并根据一定标准划分是由股东大会还是董事会来审批。如章程对于董事会的审批权限可以约定如下：

公司对外投资、收购或出售资产、资产抵押等交易事项，按照以下规定的所有计算标准均未达到标准的，由董事会审批决定或授权总经理办公会决定：

（一）交易涉及的资产总额占公司最近一期经审计总资产的 50% 以上，该交易涉及的资产总额同时存在账面值和评估值的，以较高者作为计算数据；

（二）交易标的（如股权）在最近一个会计年度相关的营业收入占公司最近一个会计年度经审计营业收入的 50% 以上，且绝对金额超过三千万元；

（三）交易的成交金额（含承担债务和费用）占公司最近一期经审计净资产的 50% 以上，且绝对金额超过三千万元。

四、董事会会议

关于董事会会议的频率，《公司法》要求董事会每年度至少召开两次定期会议，每次会议应当于会议召开 10 日前通知全体董事和监事。代表十分之一以上表决权的股东、三分之一以上董事或者监事会，则可以提议召开董事会临时会议。

与有限责任公司相同，股份有限公司董事会决议的表决，也是实行一人一票的“人头决”表决方式。但与有限责任公司将董事会的议事方式和表决程序全部交由公司章程规定不同的是，股份有限公司应明确规定“董事会会议应有过半数的董事出席方可举行。董事会作出决议，必须经全体董事的过半数通过”。而这正是股份有限公司公众公司特征的体现。

此外，公司如建立独立董事制度的，应当在章程中明确独立董事的权利义务、职责及履职程序。公司如实施关联股东、董事回避制度，应当在章程中列明需要回避的事项。

第七节　经理及其他高级管理人员

《公司法》规定，高级管理人员是指公司的经理（或称总经理）、副经理、财务负责人，上市公司董事会秘书和公司章程规定的其他人员。股份有限公司章程通常会对总经理、副总经理、财务总监及董事会秘书的产生方式和职责范围作出约定。同时，对于公司董事所负有的忠实、勤勉义务，部分也适用于公司总经理和其他高级管理人员，这些均可在公司章程中加以明确。

对于总经理的职权，公司章程通常约定为：总经理对董事会负责，行使下列职权：

（一）主持公司的生产经营管理工作，组织实施董事会决议，并向董事会报告工作；

（二）组织实施公司年度经营计划和投资方案；

（三）拟订公司内部管理机构设置方案；

（四）拟订公司的基本管理制度；

（五）制定公司的具体规章；

（六）提请董事会聘任或者解聘公司副总经理、财务总监；

（七）决定聘任或者解聘除应由董事会决定聘任或者解聘外的负责管理人员；

（八）拟定公司职工的工资、福利、奖惩，决定公司员工的聘用和解聘；

（九）提议召开临时董事会；

（十）本章程或董事会授予的其他职权。

总经理列席董事会会议。

董事会秘书为上市公司高级管理人员，由董事会聘任并对董事会负责。我国《公司法》第 123 条规定："上市公司设董事会秘书，负责公司股东大会和董事会会议的筹备、文件保管以及公司股东资料的管理，办理信息披露事务等事宜。"对于非上市的股份公司而言，董事会秘书并不是公司必须设置的职务。董事会秘书由董事长提名，经董事会聘任或者解聘。

董事会秘书的主要职责是：

（一）董事会秘书为公司与监管机构的指定联络人，负责准备和提交监管机构要求的文件，组织完成监管机构布置的任务；

（二）准备和提交董事会和股东大会的报告和文件；

（三）按照法定程序筹备董事会会议和股东大会，列席董事会会议并作会议记录，保证记录的准确性，并在会议记录上签字，负责保管会议文件和记录；

（四）负责处理公司信息披露事务，督促公司制定并执行信息披露管理制度和重大信息的内部报告制度，促使公司和相关当事人依法履行信息披露义务，并按规定向监管机构办理定期报告和临时报告的披露工作；

（五）负责信息的保密工作，制定保密措施。内幕信息泄露时，及时采取补救措施加以解释和澄清；

（六）负责保管公司股东名册资料、董事和董事会秘书名册、大股东及董事持股资料以及董事会印章；

（七）帮助公司董事、监事、高级管理人员了解法律法规、公司章程、证券交易所股票上市规则；

（八）协助董事会依法行使职权，在董事会作出违反法律法规、公司章程有关规定的决议时，及时提醒董事会，如果董事会坚持作出上述决议的，应当把情况记录在会议纪要上，并将会议纪要立即提交股份公司全体董事和监事；

（九）为公司重大决策提供咨询和建议；

（十）负责处理公司与股东之间的相关事务及股东访问公司的日常接待工作；

（十一）《公司法》《公司章程》所要求履行的其他职责。

第八节 监事会

一、监事

通常不得担任董事情形的有关规定也同样适用于监事。需要特别注意的是，董事、总经理和其他高级管理人员不得兼任监事。换言之，公司在有五名董事的情况下，董事可以兼任总经理和其他高级管理人员，但选任的监事必须是董事以外的其他人，不得与董事人选重叠。

监事的任期由公司章程加以确认。同时，监事的职权范围亦可由公司章程予以明确。

二、监事会

根据《公司法》的规定，股份有限公司设监事会，其成员不得少于三人。通常，公司章程会确定监事会具体人数以及产生方式。需要注意的是，监事会应当包括股东代表和适当比例的公司职工代表，其中职工代表的比例不得低于三分之一，具体比例则由公司章程规定。监事会中的职工代表由公司职工通过职工代表大会、职工大会或者其他形式民主选举产生，亦应在公司章程中加以确定。

监事会的职权通过章程加以确定，一般包括以下职权内容：

（一）应当对董事会编制的公司定期报告进行审核并提出书面审核意见；

（二）检查公司财务；

（三）对董事、总经理和其他高级管理人员执行公司职务的行为进行监督，对违反法律、行政法规、本章程或者股东大会决议的董事、总经理和其他高级管理人员提出罢免的建议；

（四）当董事、总经理和其他高级管理人员的行为损害公司的利益时，要求董事、总经理和其他高级管理人员予以纠正；

（五）提议召开临时股东大会，在董事会不履行《公司法》规定的召集和主持股东大会职责时召集和主持股东大会；

（六）向股东大会提出提案；

（七）依照《公司法》第 151 条的规定，对董事、总经理和其他高级管理人员提起诉讼；

（八）发现公司经营情况异常，可以进行调查；必要时，可以聘请会计师事务所、律师事务所等专业机构协助其工作，费用由公司承担。

三、监事会会议

关于监事会会议的召开频率，《公司法》规定，监事会每 6 个月至少召开一次。监事可以提议召开临时监事会会议。监事会决议应当经半数以上监事通过。监事会应当将所议事项的决定作成会议记录，出席会议的监事应当在会议记录上签名。

不同于《公司法》对股东大会和董事会会议的议事方式和表决程序有具体规定，《公司法》对监事会的议事方式和表决程序并没有作出明确规定。《公司法》第 119 条第 2 款规定："监事会的议事方式和表决程序，除本法有规定的外，由公司章程规定。"

因此，这给章程如何约定监事会的议事方式和表决程序留下了可操作的空间。如章程关于监事会议事方式和表决程序可约定如下：

条款设计示例

第【×】条　监事会每 6 个月至少召开一次，并应提前 10 日通知全体监事。监事可以提议召开临时监事会会议，并应提前五日通知全体监事。遇有紧急事项，可以通过电话等其他口头方式通知全体监事等相关人员，并于监事会召开时以书面方式确认。

第【×】条　监事会会议通知包括以下内容：

（一）会议时间、地点和会议期限；

（二）事由及议题；

（三）发出通知的日期。

第【×】条　监事会会议应当有过半数的监事出席方可举行。相关监事拒不出席或者怠于出席会议导致无法满足会议召开的最低人数要求的，其他监事应当及时向股东大会报告。

第【×】条　监事会会议以记名投票方式、举手方式或法律法规规定的其他方式表决，每一监事享有一票表决权，表决意向分为同意、反对和弃权。

第【×】条 监事会决议应当经半数以上监事通过，并应当经与会监事签字确认。

第【×】条 监事会应当将所议事项的决定做成会议记录，出席会议的监事应当在会议记录上签名。会议记录应当包括以下内容：

（一）会议届次和召开的时间、地点及方式；

（二）会议通知的发出情况；

（三）会议召集人和主持人；

（四）会议出席情况；

（五）会议审议的提案、每位监事对有关事项的发言要点和主要意见；

（六）每项提案的表决方式和表决结果，并说明具体的同意、反对、弃权票数；

（七）与会监事认为应当记载的其他事项。

监事有权要求在会议记录上对其在会议上的发言作出某种说明性记载。监事会会议记录作为公司档案至少应保存10年。

【设计指引】

公司监事会会议的召开频率有最低频次的要求，即每6个月至少召开一次会议，公司章程可以在此基础上对会议召开频率进行规定。公司章程可以对监事会会议召集程序进行细化，同时对监事会的议事方式和表决程序作出个性化规定。

第九节　财务会计制度、利润分配和审计

一、会计制度

我国《会计法》对公司的会计制度有严格的规定。公司应当依照法律、行政法规和国务院财政部门的规定建立本公司的财务会计制度。公司会计年度采用公历日历年制，即每年公历一月一日起至十二月三十一日止为一会计年度。公司采用人民币为记账本位币，账目用中文书写。公司应当在每一会计年度终了时编制年度财务会计报告，并依法经会计师事务所审计。财务会计报告应当依照法律、行政法规和国家有关部门的规定制作。公司的年度财

务会计报告应当在召开年度股东大会的 20 日以前置备于公司，供股东查阅。公司的每个股东都有权得到本章中所提及的年度财务会计报告。公司除法定的会计账簿外，不得另立会计账簿。公司的资产，不以任何个人名义开立账户存储。

二、利润分配

股东取得利润是股东之所以愿意成为公司股东的最直接原因和动力。公司在弥补亏损和提取公积金后所余税后的盈余即为股东的利润。利润如何分配是股东最为关心的问题，我国《公司法》规定，股东可按照其持有的股份比例分配利润，但公司章程规定不按持股比例分配的除外。即我国《公司法》赋予了股东可在章程上自主约定利润分配的方案的权利，利润分配方案应由股东大会作出。公司股东大会对利润分配方案作出决议后，公司董事会须在股东大会召开后两个月内完成股利（或股份）的派发事项。公司可以采取现金或股票形式进行利润分配。在保证正常生产经营及发展所需资金的前提下，由公司股东大会决定是否进行当期利润分配。

公积金是公司为了巩固自身的财产基础，提高公司的信用和预防意外亏损，依照法律和公司章程的规定，在公司资本以外积存的资金。法定公积金是公司必须提取的。《公司法》规定公司分配当年税后利润时，应当提取利润的 10% 列入公司法定公积金。公司法定公积金累计额为公司注册资本的 50% 以上的，可以不再提取。公司的法定公积金不足以弥补以前年度亏损的，在依照前款规定提取法定公积金之前，应当先用当年利润弥补亏损。公司从税后利润中提取法定公积金后，经股东大会决议，还可以从税后利润中提取任意公积金。

三、审计

我国《公司法》第 169 条第 1 款规定："公司聘用、解聘承办公司审计业务的会计师事务所，依照公司章程的规定，由股东会、股东大会或者董事会决定。"在审计制度的安排上，公司章程可自行对于聘任的会计师事务所作出约定，如要求"公司聘用取得从事证券相关业务资格的会计师事务所进行会计报表审计、净资产验证及其他相关的咨询服务等业务"，公司章程同时可自主约定聘请会计师事务所的审批权限由股东大会或者董事会决定。

第十节　通知

有效通知不仅是保证股东大会、董事会、监事会会议合法有效召开的前提，也是保证每个股东、董事、监事充分行使权利的前提。《公司法》赋予了章程自主约定以何种形式发出通知的权利。如公司章程可以约定包括但不限于以下方式发出通知：

（一）以专人送出；

（二）以邮件方式送出；

（三）以传真方式进行；

（四）以电话方式进行；

（五）以公告方式进行。

同时，章程可进一步约定，通知发出后的送达生效时间，防止通知是否送达处于不确定状态。例如，公司通知以专人送出的，由被送达人在送达回执上签名（或盖章），被送达人签收日期为送达日期；公司通知以邮件送出的，自交付邮局之日起第三个工作日为送达日期；公司通知以传真方式送出的，发出传真之日为送达日期；公司通知以电话方式送出的，对方接到电话之日为送达日期。对于公告方式送出的，章程可约定由指定省级以上公开发行报纸为本公司刊登公告的载体。

第十一节　合并、分立、增资、减资、解散和清算

一、合并、分立

我国《公司法》规定，公司的合并可分为吸收合并和新设合并两类。一个公司吸收其他公司为吸收合并，被吸收的公司解散。两个以上公司合并设立一个新的公司为新设合并，合并各方解散。

公司合并是一个系统工程，对内涉及合并各方的股权、股东权利义务、公司劳动人员的安置等问题，对外涉及合同履行、债权债务承担等问题。章

程一般仅对合并所涉的基本程序作出约定，公司合并属于特别事项，须经出席股东大会会议的股东所持表决权的三分之二以上通过。我国《公司法》规定：（一）公司合并，应当由合并各方签订合并协议，并编制资产负债表及财产清单。公司应当自作出合并决议之日起 10 日内通知债权人，并于 30 日内在报纸上公告。债权人自接到通知书之日起 30 日内，未接到通知书的债权人自公告之日起 45 日内，可以要求公司清偿债务或者提供相应的担保。（二）公司合并时，合并各方的债权、债务，由合并后存续的公司或者新设的公司承继。

公司分立是和公司合并相反的行为，它是指原有的一个公司分成两个或两个以上独立公司的法律行为。公司的分立可以分为新设分立和派生分立。新设分立的，原来的公司法人资格消灭，办理注销登记，分立出去的公司办理设立登记。派生分立的，原来的公司办理变更登记，派生的公司应当办理设立登记。公司分立时，其财产应作相应的分割。公司分立属于特别事项，须经出席股东大会会议的股东所持表决权的三分之二以上通过。公司章程一般仅对分立所涉的基本程序作出约定。我国《公司法》规定：公司分立，应当编制资产负债表及财产清单；公司应当自作出分立决议之日起 10 日内通知债权人，并于 30 日内在报纸上公告；公司分立前的债务由分立后的公司承担连带责任。但是，公司在分立前与债权人就债务清偿达成的书面协议另有约定的除外。

二、增资、减资

注册资本，是公司设立时全体股东或发起人认缴的出资额或认购的、并在公司登记机关依法登记的股本总额。随着企业的持续经营，公司的注册资本可以减少或者增加。公司的增资、减资都属于股东大会特别决议事项，须经出席股东大会会议的股东所持表决权的三分之二以上通过。

公司增资，意味着公司的对外偿付能力更强，《公司法》对于增资程序除规定为特别决议事项外，并没有对增资程序有特别约定。而公司减资，意味着公司的对外偿付能力变弱，会影响外部债权人的利益，为此《公司法》对减资程序有严格的限制，公司章程并不能以自主约定来对抗法律对于减资的规定。公司章程一般约定："公司需要减少注册资本时，必须编制资产负债表及财产清单。公司应当自作出减少注册资本决议之日起 10 日内通知债权人，并于30日内在公司指定的报纸上公告。债权人自接到通知书之日起30日内，未接到通知书的债权人自公告之日起45日内，有权要求公司清偿债务或者提供相应的担保。”

三、解散、清算

公司解散，是指已经成立的公司，因法定事由出现而停止公司的经营活动。公司解散并不代表法人资格消灭，公司在解散后应开始清算，使公司的法人资格消灭。纵观我国《公司法》的规定，解散有两种类型，一种是主动型，另一种是被动型。公司解散是股东大会的特别决议事项，须经出席股东大会会议的股东所持表决权的三分之二以上通过。

主动型解散是根据股东的自愿行为而停止公司的经营活动：（1）章程规定的营业期限届满或者本章程规定的其他解散事由出现；（2）股东大会决议解散；（3）因公司合并或者分立需要解散。被动型解散是不因股东的意愿而由于客观事实导致公司停止经营活动：（1）公司依法被吊销营业执照、责令关闭或者被撤销；（2）公司经营管理发生严重困难，继续存续会使股东利益受到重大损失，通过其他途径不能解决的，持有公司全部股东表决权10%以上的股东，可以请求人民法院解散公司。

为此，股东之间通过章程可自主约定公司的解散情形，在解散条件成就时可触发公司解散。例如，章程可约定“公司设立之初的经营目的无法实现”“公司的重要资质已经失效”等解散条件。

解散伴随着清算，我国《公司法》对公司的清算程序有具体的规定，需要根据法律规定来执行。为此，公司章程不能对清算程序作出自行的安排。

条款设计示例

第【×】条 公司因本章程第×条规定而解散的，应当在解散事由出现之日起15日内成立清算组，开始清算。清算组由董事或者股东大会确定的人员组成。逾期不成立清算组进行清算的，债权人可以申请人民法院指定有关人员组成清算组进行清算。

第【×】条 清算组在清算期间行使下列职权：

（一）清理公司财产，分别编制资产负债表和财产清单；

（二）通知、公告债权人；

（三）处理与清算有关的公司未了结的业务；

（四）清缴所欠税款以及清算过程中产生的税款；

（五）清理债权、债务；

（六）处理公司清偿债务后的剩余财产；

（七）代表公司参与民事诉讼活动。

第【×】条　清算组应当自成立之日起10日内通知债权人并于60日内在报纸上公告。债权人应当自接到通知书之日起30日内，未接到通知书的债权人自公告之日起45日内，向清算组申报其债权。

债权人申报债权，应当说明债权的有关事项并提供证明材料。清算组应当对债权进行登记。

在申报债权期间，清算组不得对债权人进行清偿。

第【×】条　清算组在清理公司财产、编制资产负债表和财产清单后，应当制订清算方案，并报股东大会或者人民法院确认。

公司财产在分别支付清算费用、职工的工资、社会保险费用和法定补偿金，缴纳所欠税款，清偿公司债务后的剩余财产，公司按照股东持有的股份比例分配。

清算期间，公司存续，但不能开展与清算无关的经营活动。公司财产在未按前款规定清偿前，将不会分配给股东。

第【×】条　清算组在清理公司财产、编制资产负债表和财产清单后，发现公司财产不足清偿债务的，应当依法向人民法院申请宣告破产。

公司经人民法院裁定宣告破产后，清算组应当将清算事务移交给人民法院。

第【×】条　公司清算结束后，清算组应当制作清算报告，报股东大会或者人民法院确认，并报送公司登记机关，申请注销公司登记，公告公司终止。

第【×】条　清算组成员应当忠于职守，依法履行清算义务。

清算组成员不得利用职权收受贿赂或者其他非法收入，不得侵占公司财产。

清算组成员因故意或者重大过失给公司或者债权人造成损失的，应当承担赔偿责任。

第【×】条　公司被依法宣告破产的，依照有关企业破产的法律实施破产清算。

【设计指引】

《公司法》对于公司清算程序的规定相对清晰完整，公司章程可在《公司法》规定的范围内，对清算流程加以细化。

第十二节　修改章程

公司章程不是亘古不变的，公司章程记载的事项发生变更时，需要同时修订公司章程的相关条款。章程可就某个条款进行修订，以章程修正案的形式呈现，也可以通过修订后的章程，以新章程的形式呈现。公司章程可约定发生以下情形之一的，公司应当修改章程：

（一）《公司法》或有关法律、行政法规修改后，章程规定的事项与修改后的法律、行政法规的规定相抵触；

（二）公司的情况发生变化，与章程记载的事项不一致；

（三）股东大会决定修改章程。

我国《公司法》第 103 条第 2 款规定股东大会作出决议，必须经出席会议的股东所持表决权过半数通过。但是，股东大会作出修改公司章程、增加或者减少注册资本的决议，以及公司合并、分立、解散或者变更公司形式的决议，必须经出席会议的股东所持表决权的三分之二以上通过。为此，公司章程的修订属于特别事项，需要股东所持表决权的三分之二以上通过。股东大会决议通过的章程修改事项应经主管机关审批的，须报主管机关批准；涉及公司登记事项的，依法办理变更登记。

第十三节　附则

章程的附则是对章程中的一些定义作出说明与解释，保证公司的股东、董事、监事、高级管理人员可以准确地理解和适用章程。公司章程一般会对以下定义作出解释与说明：

第【×】条　控股股东，是指其持有的股份占公司股本总额百分之五十（50%）以上的股东；持有股份的比例虽然不足百分之五十（50%），但依其持有的股份所享有的表决权已足以对股东大会的决议产生重大影响的股东。

第【×】条　实际控制人，是指虽不是公司的股东，但通过投资关系、协议或者其他安排，能够实际支配公司行为的人。

第【×】条　关联关系，是指公司控股股东、实际控制人、董事、监事、高级管理人员与其直接或者间接控制的企业之间的关系，以及可能导致公司利益转移的其他关系。但是，国家控股的企业之间不仅因为同受国家控股而具有关联关系。

第【×】条　本章程所称“以上”“以内”“以下”，都含本数；“不满”“以外”“低于”“多于”不含本数。

附录：【章程条款设计示例】股份有限公司章程

上海________股份有限公司章程

依据《公司法》及其他有关法律、行政法规的规定，由______、______和______出资，发起设立________股份有限公司（以下简称公司），并制定本章程。

第一章 公司的名称和住所

第一条 公司名称：________________________________股份有限公司

第二条 公司住所：____

第二章 公司经营范围

第三条 公司经营范围：____

【企业经营涉及行政许可的，凭许可证件经营】

公司经营范围中属于法律、行政法规或者国务院决定规定在登记前须经批准的项目，应当在申请登记前报经国家有关部门批准。

第三章 公司设立方式

第四条 本公司系依照《公司法》和其他有关法律、行政法规的规定以发起方式设立的股份有限公司。

第四章 公司股份总数、每股金额和注册资本

第五条 公司注册资本：人民币______万元

第六条 公司的股份总数为______万股，每股金额为______元人民币。

第五章 发起人的姓名或者名称、认购的股份数、出资方式和出资时间

第七条 公司发起人的姓名或者名称、认购的股份数、出资方式和出资时间如下：

发起人姓名或者名称	认购的股份数	出资方式	出资时间
	万股		
	万股		
	万股		
	万股		
	万股		

第八条 发起人认足公司章程规定的出资后，应当选举董事会和监事会，由董事会向公司登记机关提交公司章程以及法律、行政法规规定的其他文件，申请设立登记。

第六章　股东大会、董事会的组成、职权和议事规则

第九条　公司股东大会由全体股东组成。

第十条　股东大会是公司的权力机构，依法行使下列职权：

（一）决定公司的经营方针和投资计划；

（二）选举和更换非由职工代表担任的董事、监事，决定有关董事、监事的报酬事项；

（三）审议批准董事会的报告；

（四）审议批准监事会的报告；

（五）审议批准公司的年度财务预算方案、决算方案；

（六）审议批准公司的利润分配方案和弥补亏损方案；

（七）对公司增加或者减少注册资本作出决议；

（八）对发行公司债券作出决议；

（九）对公司合并、分立、解散、清算或者变更公司形式作出决议；

（十）修改公司章程；

（十一）为公司股东或实际控制人提供担保作出决议。

第十一条　股东大会分为股东大会年会和临时股东大会。股东年会每年召开一次。

有下列情形之一的，应当在两个月内召开临时股东大会：

（一）董事人数不足法律规定人数或者公司章程所定人数的三分之二时；

（二）公司未弥补的亏损达实收股本总额三分之一时；

（三）单独或者合计持有公司 10% 以上股份的股东请求时；

（四）董事会认为必要时；

（五）监事会提议召开时。

第十二条　股东大会会议由董事会召集，董事长主持；董事长不能履行职务或者不履行职务的，由副董事长主持；副董事长不能履行职务或者不履行职务的，由半数以上董事共同推举一名董事主持。

董事会不能履行或者不履行召集股东大会会议职责的，监事会应当及时召集和主持；监事会不召集和主持的，连续 90 日以上单独或者合计持有公司 10% 以上股份的股东可以自行召集和主持。

第十三条　召开股东大会会议，应当将会议召开的时间、地点和审议的事项于会议召开 20 日前通知各股东；临时股东大会应当于会议召开 15 日前通知各股东。

单独或者合计持有公司3%以上股份的股东，可以在股东大会召开10日前提出临时提案并书面提交董事会；董事会应当在收到提案后2日内通知其他股东，并将该临时提案提交股东大会审议。临时提案的内容应当属于股东大会职权范围，并有明确议题和具体决议事项。

股东大会不得对前两款通知中未列明的事项作出决议。

第十四条 股东出席股东大会会议，所持每一股份有一表决权。但是，公司持有的本公司股份没有表决权。股东大会作出决议，必须经出席会议的股东所持表决权过半数通过。

但是，股东大会作出修改公司章程、增加或者减少注册资本的决议，以及公司合并、分立、解散或者变更公司形式的决议，必须经出席会议的股东所持表决权的三分之二以上通过。

第十五条 股东大会选举董事、监事，可以实行累积投票制，即每一股份拥有与应选董事或者监事人数相同的表决权，股东拥有的表决权可以集中使用。

股东可以委托代理人出席股东大会会议，代理人应当向公司提交股东授权委托书，并在授权范围内行使表决权。

股东大会应当将所议事项的决定作成会议记录，主持人、出席会议的董事应当在会议记录上签名。会议记录应当与出席股东的签名册及代理出席的委托书一并保存。

第十六条 公司向其他企业投资或者为他人提供担保，由____________作出决定。其中为公司股东或者实际控制人提供担保的，必须经股东大会决议。该项表决由出席会议的其他股东所持表决权的过半数通过，该股东或者实际控制人支配的股东不得参加表决。

第十七条 公司设董事会，其成员为____人，任期三年，由股东大会选举产生。董事任期届满，可以连任。

董事任期届满未及时改选，或者董事在任期内辞职导致董事会成员低于法定人数的，在改选出的董事就任前，原董事仍应当依照法律、行政法规和公司章程的规定，履行董事职务。

第十八条 董事会对股东大会负责，行使下列职权：

（一）召集股东大会会议，并向股东大会报告工作；

（二）执行股东大会的决议；

（三）决定公司的经营计划和投资方案；

（四）制订公司的年度财务预算方案、决算方案；

（五）制订公司的利润分配方案和弥补亏损方案；

（六）制订公司增加或者减少注册资本以及发行公司债券的方案；

（七）制订公司合并、分立、解散或者变更公司形式的方案；

（八）决定公司内部管理机构的设置；

（九）决定聘任或者解聘公司经理及其报酬事项，并根据经理的提名决定聘任或者解聘副经理《财务负责人及其报酬事项》；

（十）制定公司的基本管理制度。

第十九条 董事会设董事长一人，副董事长____人。董事长和副董事长由董事会以全体董事的过半数产生。

董事长召集和主持董事会会议。检查董事会决议的实施情况。副董事长协助董事长工作，董事长不能履行职务或不履行职务的，由副董事长履行职务；副董事长不能履行职务或者不履行职务的，由半数以上董事共同推举一名董事履行职务。

第二十条 董事会每年度至少召开两次会议，每次会议应当于会议召开十日前通知全体董事和监事。

第二十一条 代表十分之一以上表决权的股东、三分之一以上董事或者监事会，可以提议召开董事会临时会议。董事长应当自接到提议后10日内，召集和主持董事会会议。

董事会召开临时会议，应当于会议召开____日（注：可约定）前通知全体董事和监事。

第二十二条 董事会会议应有过半数的董事出席方可举行。董事会作出决议，必须经全体董事的过半数通过。

董事会决议的表决，实行一人一票。

第二十三条 董事会会议，应由董事本人出席；董事因故不能出席，可以书面委托其他董事代为出席，委托书中应载明授权范围。

董事会应当对会议所议事项的决定作出会议记录，出席会议的董事应当在会议记录上签名。

第二十四条 公司股东大会、董事会的决议内容违反法律、行政法规的无效。

股东大会、董事会的会议召集程序、表决方式违反法律、行政法规或者公司章程，或者决议内容违反公司章程的，股东可以自决议作出之日起60日内，请求人民法院撤销。

公司根据股东大会、董事会决议已办理变更登记的，人民法院宣告该决议无效或者撤销该决议后，公司应当向公司登记机关申请撤销变更登记。

第七章　经理

第二十五条　公司设经理，由董事会决定聘任或解聘。

第二十六条　经理对董事会负责，行使下列职权：

（一）主持公司的生产经营管理工作，组织实施董事会决议；

（二）组织实施公司年度经营计划和投资方案；

（三）拟订公司内部管理机构设置方案；

（四）拟订公司的基本管理制度；

（五）制定公司的具体规章；

（六）提请聘任或者解聘公司副经理、财务负责人；

（七）决定聘任或者解聘除应由董事会决定聘任或者解聘以外的负责管理人员；

（八）董事会授予的其他职权。

经理列席董事会会议。

第八章　公司法定代表人

第二十七条　公司法定代表人由__________担任。

第九章　监事会的组成、职权和议事规则

第二十八条　公司设监事会，其成员为____人（注：不少于三人），其中职工代表____人。监事会中的职工代表由公司职工通过职工大会选举产生。监事任期每届三年，任期届满，可以连任。

第二十九条　监事会设主席一人。由全体监事过半数选举产生。监事会主席召集和主持监事会会议；监事会主席不能履行职务或者不履行职务的，由监事会副主席召集和主持监事会会议；监事会副主席不能履行职务或者不履行职务的，由半数以上监事共同推举一名监事召集和主持监事会会议。

董事、高级管理人员不得兼任监事。

第三十条　监事会行使下列职权：

（一）检查公司财务；

（二）对董事、高级管理人员执行公司职务的行为进行监督，对违反法律、行政法规、公司章程或者股东大会决议的董事、高级管理人员提出罢免的建议；

（三）当董事、高级管理人员的行为损害公司的利益时，要求董事、高级管理人员予以纠正；

（四）提议召开临时股东大会会议，在董事会不履行《公司法》规定的召集和主持股东大会会议职责时召集和主持股东会会议；

（五）向股东大会会议提出草案；

（六）依法对董事、高级管理人员提起诉讼。

第三十一条　监事可以列席董事会会议，并对董事会决议事项提出质询或者建议。

第三十二条　监事会发现公司经营情况异常，可以进行调查；必要时，可以聘请会计师事务所等协助其工作，费用由公司承担。

第三十三条　监事会每6个月至少召开一次会议。监事可以提议召开临时监事会会议。

监事会决议的表决，实行一人一票。监事会决议应当经半数以上监事通过，监事会应当将所议事项的决定作成会议记录，出席会议的监事应当在会议记录上签名。

第十章　公司的财务、会计及利润分配办法

第三十四条　公司应当依照法律、行政法规和国务院财政部门的规定建立本公司的财务、会计制度。

第三十五条　公司应当在每一会计年度终了时编制财务会计报告，并依法经会计师事务所审计。

第三十六条　财务会计报告应当在召开股东大会年会的20日前置备于本公司，供股东查阅。

第三十七条　公司分配当年税后利润时，应当提取利润的10%列入公司法定公积金。公司法定公积金累计额为公司注册资本的50%以上的，可以不再提取。

公司的法定公积金不足以弥补上年度亏损的，在依照前款规定提取法定公积金之前，应当先用当年利润弥补亏损。

第三十八条　公司从税后利润中提取法定公积金后，经股东大会决议，还可以从税后利润中提取任意公积金。

第三十九条　公司按照股东持有的股份比例分配利润。

第四十条　法定公积金转为资本时，所留存的该项公积金不得少于转增前公司注册资本的25%。

公司聘用、解聘承办公司审计业务的会计师事务所，由__________决定。

第十一章 公司的解散事由与清算办法

第四十一条 公司的营业期限为______年，从《企业法人营业执照》签发之日起计算。

第四十二条 公司有下列情形之一，可以解散：

（一）公司营业期限届满；

（二）股东大会决议解散；

（三）因公司合并或者分立需要解散；

（四）依法被吊销营业执照、责令关闭或者被撤销；

（五）人民法院依照公司法的规定予以解散。

公司营业期限届满时，可以通过修改公司章程而存续。

第四十三条 公司经营管理发生严重困难，继续存续会使股东利益受到重大损失，通过其他途径不能解决的，持有公司全部股东表决权10%以上的股东，可以请求人民法院解散公司。

第四十四条 公司因本章程第四十二条第（一）项、第（二）项、第（四）项、第（五）项之规定解散时，应依《公司法》的规定成立清算组对公司进行清算。清算组应当自成立之日起10日内向登记机关申请清算组成员及负责人备案、通知债权人，并于60日内在报纸上公告。清算结束后，清算组应当制作清算报告：报股东大会或者人民法院确认，并报送公司登记机关，申请注销公司登记，公告公司终止。

第四十五条 清算组由__________确定的人员组成。

第十二章 公司的通知和公告办法

第四十六条 公司的可采用以下通知方式：

（一）直接送达；

（二）邮寄送达；

（三）法律、行政法规允许的其他送达方式。

第四十七条 公司召开股东大会、董事会、监事会的会议通知，以书面方式进行。

第四十八条 公司通知以直接送达方式送达的，由被送达人在送达回执上签名（或盖章），被送达人签收日期为送达日期；公司通知以邮寄送达的，以回执上注明的收件日期为送达日期。

第四十九条 公司指定________报纸为刊登公司公告和其他需要披露信

息的报刊。

第十三章　股东大会会议认为需要规定的其他事项

第五十条　本章程中的各项条款与法律、法规、规章不符的，以法律、法规、规章的规定为准。

第五十一条　公司登记事项以公司登记机关核定的为准。公司根据需要修改公司章程而未涉及变更登记事项的，公司应将修改后的公司章程送公司登记机关备案；涉及变更登记事项的，同时应向公司登记机关作变更登记。

第五十二条　本章程自全体发起人盖章、签字之日起生效。

第五十三条　本章程一式______份，公司留存______份，并报公司登记机关备案一份。

全体发起人签字（法人盖章）：

年　月　日

第十五章　国有独资公司的章程设计

国有独资公司是一种的较为特殊的有限责任公司，而且它在我国公司类别中的地位也非常特殊，其章程通常较为完善，其“三会一层”“两委”（党委、纪委）的设置、内部控制制度等都具有自身的特点，因此国有独资公司章程设计需要特别注意。

第一节　国有独资公司概述

《公司法》第64条第2款给出了国有独资公司的定义，是指国家单独出资、由国务院或者地方人民政府授权本级人民政府国有资产监督管理机构履行出资人职责的有限责任公司。

通过该定义可以看出，国有独资公司究其本质属于有限责任公司，因此它具备一般有限责任公司的普遍特征，诸如股东以其出资额为限对公司承担责任，公司以其全部法人财产对公司的债务承担责任。故，国有独资公司全部资产来自国有资本投资，国家作为出资人以其出资额为限承担有限责任，公司以其全部法人财产对公司的债务承担责任。[①] 国有独资公司在组织形式、治理结构等方面，也同样由权力机构、决策机构、执行机构、监督机构及其间的多层委托代理关系所构成。[②]

除上述一般有限责任公司的普遍特征外，国有独资公司也具有其特殊性，诸如在对于某些特种行业或企业，由于其性质或产品特殊，必须由国家独资

---

① 史正保、解读新：《〈公司法〉对国有独资公司制度的完善》，载《经济研究参考》2007年第59期。

② 李佳薇：《国有独资公司治理结构问题探究》，载《沈阳工业大学学报（社会科学版）》2008年第1期。

经营，不宜由其他经济成分参股。同时，国有独资公司的权力机构、决策机构和监督机构也与一般有限责任公司存在较大差异。国有独资公司多层委托代理模式亦与一般有限责任公司存在很大的不同，因为国有资产归属于全体人民，所以国有独资公司的权利是通过层层授权，从各级人民代表大会及其常委会，到国务院和地方各级政府，从各级政府国有资产监督管理机构，最终落到公司董事会和管理层的多层委托代理模式。

第二节　总则

国有独资公司章程的总则部分通常包括：目的和效力、公司的设立和开展经营活动、法人财产权和公司、出资人的有限责任、对外投资及限制、分支机构的设立和责任承担等。

一、目的和效力

国有独资公司的章程是为了规范其组织和行为，保护公司、出资人和债权人的合法权益而制定，章程应严格遵守《公司法》《企业国有资产法》及其他有关的法律法规、规章及规范性文件的有关规定。公司章程系规范公司组织和行为的法律文件，好比是“公司的宪法”，对于国有独资公司、出资人、董事、监事以及高级管理人员均具有约束力。

二、开展经营活动

国有独资公司应依据地方人民政府及本级人民政府国有资产监督管理机构（即出资人）的监管，依法开展经营活动。国有独资公司应切实维护国有资产出资人的利益，实现国有资产的保值增值。

三、对外投资及限制

《公司法》第 15 条规定，公司可以向其他企业投资，但是，除法律另有规定外，不得成为对所投资企业的债务承担连带责任的出资人。该条款系对于一般有限责任公司的普遍性规定，然而，出于对国有资产的保护，建议在章程中进一步对国有独资公司对外投资进行规定和限制，如国有独资公司投资应符合国家发展规划和产业政策，符合国有经济布局和结构调整方向，符合企业发展战略和规划，符合公司投资决策程序和管理制度；公司投资规模应当与公司资产经营规模、资产负债率水平和实际筹资能力相适应，不得超过国家法律、法规的规定；公司投资要充分进行科学论证，预期投资效益不应低于国内同行业同期平均水平。

第三节　出资人

根据《公司法》之规定，国有独资公司的出资主体单一，只能由国家单独出资。其出资人职责则由国务院或者地方人民政府授权本级人民政府国有资产监督管理机构履行。

出资人的职责主要体现在代表本级人民政府对公司依法享有资产收益，并履行参与重大决策和选择管理者等出资人权利。国有资产监督管理机构在享有上述国有独资公司出资人权利的同时，应依照法律、行政法规及公司章程履行出资人职责，保障出资人权益，承担依法规范行权，防止国有资产损失，推进国有资产保值增值等相应义务。

2017 年 5 月 3 日，国务院办公厅发布了《国务院办公厅关于进一步完善国有企业法人治理结构的指导意见》（国办发〔2017〕36 号），该意见进一步明确了出资人在国有独资公司中的地位：国有独资公司不设股东会，由出资人机构依法行使股东会职权。以管资本为主改革国有资本授权经营体制，对直接出资的国有独资公司，出资人机构重点管好国有资本布局、规范资本运作、强化资本约束、提高资本回报、维护资本安全。

典型案例

案例：国有独资公司以名下土地出资应事先获得国有资产监督管理部门的批准

佳施丰公司与宜城供销社公司股东出资纠纷上诉案［（2015）鄂襄阳中民三终字第 00453 号］：2006 年 8 月 9 日，宜城供销社作为土地使用权人，在宜城市国土资源局办理了一宗土地使用权证。该宗土地位于宜城市鄢城办事处窑湾居委会5组，地类（用途）为仓储，使用权类型为出让。2011年11月11日，陈某霖与宜城供销社经协商共同出资组建佳施丰公司。为此双方签订了一份《股份合作协议》，约定陈某霖以货币出资132万元，宜城供销社以上宗土地及附属物等实物出资，作价68万元。为便于注册，尽快开展公司运作，宜城供销社先以货币68万元出资注册，待上宗土地过户到新公司后，宜城供销社的货币出资转化为实物出资成立。佳施丰公司成立后，宜城供销社一直未按协议将上宗土地使用权过户至施佳丰公司名下。2014年施佳丰公司将宜城供销社起诉至宜城法院，要求其将上宗土地过户。

一审法院认为：宜城供销社系国有独资公司，所有资产为国有资产。根据《企业国有资产法》第35条、第38条规定应当报经有关政府部门审批。佳施丰公司要求过户该宗土地，截至起诉前，佳施丰公司并没有办理过户所必须的相关行政许可审批手续。在审理过程中，原审法院行使释明权以书面方式通知佳施丰公司到相关行政许可单位办理行政审批手续，但经明示和催告，佳施丰公司仍没能办成相关行政审批和许可。

一审法院对佳施丰公司要求将宜城供销社享有的土地使用权及附属物过户到佳施丰公司名下的诉讼请求不予支持，其可在取得行政许可后再另行向人民法院主张权利。

佳施丰公司不服一审法院判决，上诉至二审法院。二审亦认为宜城供销社即为国有独资公司，本案诉争的土地使用权及地上附属物因属国有资产，在履行出资义务上应当依法获得行政审批的前置程序，驳回了佳施丰公司的上诉，维持一审判决。

【律师剖析】

《企业国有资产法》第35条规定："国家出资企业发行债券、投资等事项，有关法律、行政法规规定应当报经人民政府或者人民政府有关部门、机构批准、核准或者备案的，依照其规定。"本案诉争的土地使用权及地上附属物属国有资产，在履行出资义务上应当依法获得行政审批的前置程序，获得国有资产监督管理部门的批准。

此外，国有独资公司出资时亦应遵守相关法律法规之规定。如以名下土地使用权出资，则应当注意土地使用权的性质，如出资将引起土地用途发生变化，国有独资公司应于土地过户前遵照相关规定向国土资源局等部门申请变更土地用途。故佳施丰公司首先应确认宜城供销社的投资行为已获得国有资产监督管理部门的批准，并且土地用途经审批可以变更后，请求法院判令宜城供销社按约以其名下土地作价入股。

实务问题

修改章程时该盖上级主管部门的章还是出资人的章

根据对上海市部分国有独资公司章程的分析，笔者发现一些公司混淆了国有独资公司和国有独资企业这两个概念。这些公司本身为国有独资公司，却未依据《公司法》制定章程，而是按照国有独资企业、参照《全民所有制企业法》来制定章程，甚至连章程制定或修改时的用印都是错误的。如上海某影视公司于2014年10月对章程进行了修订，出资人盖章处被错误表述为“股东（盖章）”，所加盖的也并非实际出资人上海市国有资产监督管理委员会的印章，而是其上级主管部门的印章。该影视公司发生的错误绝非个例，混淆国有独资公司与国有独资企业的现象较为普遍、突出，应当引起关注，及时修正。

第四节　公司的机构及其产生办法、职权、议事规则

国有独资公司的设立和组织机构适用《公司法》第二章第四节的相关特别规定；特别规定未涉及的，则适用第二章第一节、第二节的一般规定。鉴于国有独资公司不设股东会，章程中关于“公司的机构及其产生办法、职权、议事规则”的章节，应当明确规定国有资产监督管理机构的职权，并设置“出资人（国有资产监督管理机构）的职权”一条，以代替“股东会的职权”。

一、出资人职权

（一）出资人的职权

国有独资公司不设股东会，即国有资产监督管理机构是国有独资公司唯一的股东代表，其职权范围应涵盖一般公司股东会的职权，并考虑国有独资

公司的特殊情况（如分红等事项）作出相应安排。不过，由于我国经济政治体制较为特殊，对于某些垄断央企（如负责人为副部级以上干部的央企），人事任免、工资薪酬等方面的管理权并非归属于出资人，而是直接由国务院和中央组织部掌控。

条款设计示例

第【×】条［出资人的职权］

公司不设股东会，由出资人依法单独行使以下职权：

（一）审议批准公司的经营方针和年度投资计划；

（二）任免非由职工代表担任的董事、监事，决定有关董事、监事的报酬及奖惩事项；

（三）任免公司董事长、副董事长、监事会主席，监督董事会、监事会行使职权；

（四）提名公司总裁（总经理）；

（五）审议批准董事会报告；

（六）审议批准监事会报告；

（七）审议批准公司的年度财务预算方案、决算方案；

（八）审议批准公司的利润分配方案和弥补亏损方案；

（九）决定公司的增加或者减少注册资本；

（十）决定发行公司债券或其他具有债券性质的证券；

（十一）决定公司出资转让、合并、分立、变更公司形式、解散和清算事宜；

（十二）制定和修改公司章程；

（十三）决定公司超过公司最近一期经审计净资产____%或单笔金额超过公司最近一期经审计的净资产____%的对外投资、资产处置、重大对外担保以及融资事项；决定为资产负债率超过____%的担保对象提供的担保事项；决定公司境外投资项目和主业以外的投资项目；（注：在设置本条款时需结合公司实际情况，考虑合理性及可操作性。本条款亦可根据实际情况，将“净资产____%”改为具体金额，通过明确金额增加可操作性。）

（十四）批准董事会提交的公司内部改革重组、股份制改造方案、重要子公司重大事项；

（十五）决定聘任或解聘会计师事务所，必要时决定对公司重要经济活动和重大财务事项进行审计；

（十六）重大会计政策和会计估计变更方案；

（十七）公司章程其他条款规定应当由出资人行使的职权。

出资人行使上述职权应采用书面形式并及时通知公司，保障决策的透明度和时效性。

【设计指引】

除上述示例外，审议、批准、决定国有独资公司的非主业、境外、金融类投资事项、对外担保事项等，同样值得高度关注，亦可将该等事项纳入出资人职权。建议结合具体国有独资公司的经营范围及实际情况，为章程量身定制出资人职权相关条款。

（二）出资人对董事会的授权、授权的撤回和修改及补救措施

1. 国有资产监督管理机构作为出资人可以授权公司董事会行使股东会的部分职权，决定公司的重大事项。依据国有独资公司法人治理结构完善程度、董事会及其专门委员会的制度健全、规范运作程度及公司经营管理水平等情况，出资人可以书面方式授予董事会行使出资人的部分职权，包括但不限于：制订公司的主业投资计划，并在正式实施前报出资人备案；制订公司的年度财务预算方案，并在正式实施前报出资人备案；决定公司内部改革重组事项；决定公司重要子公司的重大事项等。

但是根据《公司法》第66条之规定，国有独资公司的合并、分立、解散、增加或者减少注册资本和发行公司债券的权利不可授权，必须由出资人决定。其中，按照国务院的规定重要的国有独资公司合并、分立、解散、申请破产的，除由国有资产监督管理机构审核外，还须报本级人民政府批准。

除此之外，国有资产监督管理机构在制定或批准章程时，也可考虑保留对董事会关于变更公司形式、申请破产、清算、分配利润、决定发行公司债券或其他具有债券性质的证券等事项的授权，将这些事项的决定权控制在出资人之手。

2.《民法典》第933条赋予了委托人随时撤销委托的权利，由于国有独资公司董事会行使的股东会部分职权（即决定公司重大事项的权利）源自出资人的委托授权。因此，委托人享有单方撤销权。对于已经作出的授权，出资人可以根据董事会执行情况、社会经济情况、企业发展状况或其他原因决定撤回或修改授权内容。

3. 董事会有及时汇报义务，对于董事会在授权范围内进行的具体行为，董事会应及时向出资人作出报告及说明。出资人亦可视情况主动核查，如认为该等具体行为不适当，出资人有权要求董事会立即停止实施、变更或撤销该等行为，并采取相应的补救措施。

二、董事会

董事会是国有独资公司的决策机构，应执行出资人决定、对出资人负责；对于法定程序和公司章程授权董事会决定的公司重大事项，董事会应接受出资人以及监事会的监督。此外，董事会还应履行审慎决策、强化公司内部管理、增强风险意识和防范措施、深化国企改革等重要职责。由于国有独资公司的董事会同时还享有出资人授予的部分职权，因此其董事会职权比一般有限责任公司的董事会更为广泛，且其董事会的产生机制、内部结构决策机制、激励机制也都具有特殊性。

同时，国有独资公司的独立性和权威性也应得到尊重。董事会重大决策、选人用人、薪酬分配等权利应依法维护；董事会年度工作报告制度应予以落实；董事会还应与党组织充分沟通，有序开展国有独资公司董事会选聘经理层试点，加强对经理层的管理和监督。

（一）董事会的组成

《公司法》第 67 条规定，国有独资公司设董事会，董事会成员中应当有公司职工代表。董事会成员由国有资产监督管理机构委派，但是，董事会成员中的职工代表应由公司职工代表大会选举产生。董事会设董事长一人，可以设副董事长。董事长、副董事长由国有资产监督管理机构从董事会成员中指定。就董事会的组成而言，国有独资公司较有限责任公司主要有下列特点：

1. 国有独资公司设立董事会是强制性规定。而根据《公司法》第 50 条之规定，股东人数较少或者规模较小的一般有限责任公司，可以设一名执行董事，不设董事会；

2. 国有独资公司董事会成员中应当有公司职工代表也是强制性规定。而《公司法》第 44 条只规定了两个以上的国有企业或者两个以上的其他国有投资主体投资设立的有限责任公司的董事会成员中应当有公司职工代表，至于其他有限责任公司董事会成员中是否有公司职工代表，系任意性条款；

3. 为了保证国有独资公司董事会独立性，还应从外部聘请一定比例的外部董事；

4. 董事会下实行专业委员会制度，包括战略委员会、审计委员会、提名委员会、薪酬与考核委员会等。

（二）董事长

董事长通常是公司的最高负责人，统领公司董事会工作，其职责具有组织、协调、代表的性质。董事长的权力限于董事会的职责范围，董事长不对公司具体业务进行管理，一般也不对某一事项进行个人决策，通常只在董事会或董事会专门委员会会议上享有与其他董事同等的投票权。原则上董事长和总经理不兼任，且应均作为内部执行董事，定期向董事会报告工作。目前多数国有独资公司的董事长兼任公司法定代表人、党委书记，对公司改革发展负首要责任，应及时向董事会和出资人报告重大经营问题和经营风险。

考虑到国有独资公司的特殊性，《公司法》加强了对国有独资公司董事长及高级管理人员兼职方面的限制。一般有限责任公司的董事、高级管理人员未经股东会或者股东大会同意，不得利用职务便利为自己或者他人谋取属于公司的商业机会，自营或者为他人经营与所任职公司同类的业务；而国有独资公司的限制较一般有限责任公司更为严格，其董事长、副董事长、董事、高级管理人员，未经国有资产监督管理机构同意，不得在其他有限责任公司、股份有限公司或者其他经济组织兼职。

（三）董事会的职权

国有独资公司董事会应代表并保护出资人的利益，发挥重大决策和战略监控职责，维护各方利益主体的合法权益，确保国有资产保值增值。因此，合理安排、规范董事会职权，是董事会高效运行的前提条件。国有独资公司关于董事会的职权的设计，应结合其自身特点，进行个性化定制，不可简单照搬《公司法》赋予一般有限责任公司董事会的 11 项职权。

条款设计示例

第【×】条 ［董事会的职权］

董事会的职权如下：

（一）向出资人报告工作；

（二）执行出资人的决定；

（三）制订公司年度财务预算方案、决算方案；

（四）制订公司经营方针和投资计划；

（五）制订公司的利润分配方案和弥补亏损方案；

（六）确定应由董事会决定的对外投资、融资事项额度，批准对管理层授权额度以上的对外投资、资产处置、对外担保以及融资等事项，并批准出资人规定限额或条件以下应由董事会决定的对外投资、资产处置、对外担保以及融资等事项；

（七）确定对公司所投资企业重大事项的管理原则，审议应由董事会决定的下属企业的投资、担保等项目；

（八）制订公司增加或者减少注册资本以及发行公司债券或其他证券的方案；

（九）制订公司合并、分立、变更公司形式、解散的方案；

（十）决定公司内部管理机构的设置；

（十一）决定聘任或者解聘公司总裁（或总经理）及其报酬事项，并根据总裁（或总经理）的提名决定聘任或者解聘公司高级管理人员及其报酬事项，并对高级管理人员进行检查和考核；

（十二）制定公司的基本管理制度以及董事会认为必要的其他规章制度；

（十三）公司章程其他条款规定的职权；

（十四）出资人依据法律法规、规章、规范性文件规定授予的职权。

（四）外部董事的职权

外部董事是指由非本公司员工的外部人员担任的董事。外部董事不在公司担任除董事和董事会专门委员会有关职务外的其他职务，不负责执行具体事务。我国非上市国有企业的外部董事制度与上市公司的独立董事制度较为相似，如都不能是该公司的员工，都不能负责该公司的执行性事务，都不能在经理层担任职务，都是非执行董事，等等。

国有独资公司的外部董事应是公司主营业务投资、企业经营管理、财务会计、金融、法律、人力资源管理等某一方面的专家或具有实践经验的人士。国有独资公司的外部董事与其担任董事的公司不应存在任何可能影响其公正履行外部董事职务的关系。本人及其直系亲属近两年内未曾在公司和公司的全资、控股子企业任职，未曾从事与公司有关的商业活动，不持有公司所投资企业的股权，不在与公司同行业的企业或与公司有业务关系的单位兼职等。

国有独资公司应开展董事任前和任期培训，做好董事派出和任期管理工作。建立完善外部董事选聘和管理制度，外部董事人选应由出资人向有关部门提名，并按照法定程序任命。应严格遵照资格认定和考试考察程序，拓宽外部董事来源渠道，扩大专职外部董事队伍。选聘一批现任职于国有企业的负责人转任专职外部董事，定期报告外部董事履职情况。国有独资公司还应健全外部董事召集人制度，召集人由外部董事定期推选产生。外部董事应与出资人机构加强沟通。

（五）董事会专门委员会

董事会专门委员会是董事会下设的专门工作机构，对董事会审议的重要事项进行基础性研究，并向董事会提供专业咨询和建议。专门委员会应对董事会负责，但不得以董事会的名义作出任何决议。设立董事会专门委员会对国有独资公司有着重要意义，在增强董事会独立、高效履职，降低决策风险，提高决策质量等方面均有着积极作用。

国办发〔2017〕36号指导意见提出，国有独资公司董事会应当设立提名委员会、薪酬与考核委员会、审计委员会等专门委员会，为董事会决策提供咨询，其中薪酬与考核委员会、审计委员会应由外部董事组成。国有独资公司应改进董事会和董事评价办法，完善年度和任期考核制度，逐步形成符合企业特点的考核评价体系及激励机制。

国有独资公司董事会应当充分发挥各专门委员会的作用。拟由董事会审议的重要事项，一般应先由董事会提交相应专门委员会进行讨论研究，待专门委员会形成专业意见后提交董事会审议决定。同时，董事会应当为各专门委员会制定具体工作制度，包括人员构成、职责分配、议事规程、工作细则等内容，应提供基本的办公条件和运行经费，以便专门委员会研究开展工作。

条款设计示例

第【×】条 ［董事会专门委员会］

董事会设以下专门委员会作为董事会的专门工作机构，对董事会负责，为董事会决策提供意见和建议：

（一）战略投资委员会主要由董事组成，其成员不少于【　　　】名，设主任委员一名，由董事长兼任，其他成员由董事长提出人选建议，董事会通过后生效。主要职责是对公司发展战略、中长期发展规划、投融资等重大决策事项进行研究，并向董事会提交建议。

（二）审计与风险控制委员会，主要由董事组成，其成员不少于【　　　】名，设主任委员一名，由外部董事担任。委员会主任委员和成员由董事长提出人选建议，董事会通过后生效。其主要职责是审核公司的财务信息及其披露，提出聘请和更换外部审计机构的建议；审查公司的内控制度，对企业风险管理制度及状况进行定期评估，提出完善风险管理的建议。

（三）薪酬与考核委员会，主要由董事组成，其成员不少于【　　　】名，设主任委员一名，由外部董事担任。委员会主任委员和成员由董事长提出人选建议，董事会通过后生效。其主要职责是研究制订经理人员的薪酬方案、业绩考核标准及考核方案，并向董事会提出考核与奖惩建议。

（四）提名委员会，主要由董事组成，其成员不少于【　　　】名，设主任委员一名，由董事长担任，其他成员由董事长提出人选建议，董事会通过后生效。其主要职责是研究公司经理人员的选聘标准、程序和方法；向董事会提出经理人员选聘建议。

董事会可以根据需要设立其他专门委员会，其职责由董事会根据公司具体情况确定，并在公司章程中明确。各专门委员会履行职权时应尽量使其成员达成一致意见；难以达成一致意见时，应向董事会提交各项不同意见并作说明。

公司各业务部门有义务为董事会及其下设的各专门委员会提供工作服务。经董事会同意，公司业务部门负责人可参加专门委员会的有关工作。各专门委员会经董事会授权可聘请中介机构为其提供专业意见，费用由公司承担。

三、日常经营管理机构

国有独资公司的日常经营管理机构主要由经理层、财务部门组成，总裁（总经理）、副总裁（副总经理）、财务负责人为公司高级管理人员。同时，出资人也可以决定公司其他人员为高级管理人员，如总工程师、总法律顾问等。

国有独资公司应对经理层授权管理制度进行规范化建设。经理层成员的薪酬应参考其选任方式、企业性质、经营业绩等因素进行差异化分配。国有独资公司经理层应逐步实行任期制和契约化管理。国有独资公司应结合其产权结构、市场化程度等特点，稳步推进职业经理人制度建设，有序实行市场化薪酬，完善中长期激励机制。推行职业经理人制度是发展国有独资公司的大势所趋，应实行内部培养和外部引进相结合，畅通企业经理层成员与职业经理人的身份转换通道。

四、“三重一大”决策制度

“三重一大”是指重大问题决策、重要干部任免、重大项目安排、大额资金使用必须经集体讨论作出决定的制度。国有独资公司实施“三重一大”制度就是要充分发挥民主集中制，做到依法决策、科学决策和民主决策，避免个人决策带来的错误和风险。

2005 年中共中央颁布的《建立健全教育、制度、监督并重的惩治和预防腐败体系实施纲要》（中发〔2005〕3 号）第 6 款第 13 条规定：加强对领导机关、领导干部特别是各级领导班子主要负责人的监督。要认真检查党的路线、方针、政策和决议的执行情况，监督民主集中制及领导班子议事规则落实情况，凡属重大决策、重要干部任免、重大项目安排和大额度资金的使用，必须由领导班子集体作出决定。

2010 年，中共中央办公厅、国务院办公厅颁布了《关于进一步推进国有企业贯彻落实“三重一大”决策制度的意见》。为全面贯彻党的十七大和十七届四中全会精神，切实加强国有企业反腐倡廉建设，进一步促进国有企业领导人员廉洁从业，规范决策行为，提高决策水平，防范决策风险，保证国有企业科学发展，按照中央关于凡属重大决策、重要干部任免、重大项目安排和大额度资金运作（以下简称“三重一大”）事项必须由领导班子集体作出决定的要求。

（一）重大决策事项

重大决策事项是指依照《公司法》《全民所有制工业企业法》《企业国有资产法》《商业银行法》《证券法》《保险法》以及其他有关法律法规和党内法规规定的应当由股东大会（股东会）、董事会、未设董事会的经理班子、职工代表大会和党委（党组）决定的事项。主要包括企业贯彻执行党和国家的路线方针政策、法律法规和上级重要决定的重大措施，企业发展战略、破产、改制、兼并重组、资产调整、产权转让、对外投资、利益调配、机构调整等方面的重大决策，企业党的建设和安全稳定的重大决策，以及其他重大决策事项。

（二）重大项目安排事项

重大项目安排事项是指对企业资产规模、资本结构、盈利能力以及生产装备、技术状况等产生重要影响的项目的设立和安排。主要包括年度投资计划，融资、担保项目，期权、期货等金融衍生业务，重要设备和技术引进，采购大宗物资和购买服务，重大工程建设项目，以及其他重大项目安排事项。

（三）重要干部任免

重要干部任免事项是指企业直接管理的领导人员以及其他经营管理人员的职务调整事项。主要包括企业中层以上经营管理人员和下属企业、单位领导班子成员的任免、聘用、解除聘用和后备人选的确定，向控股和参股企业委派股东代表，推荐董事会、监事会成员和经理、财务负责人，以及其他重要人事任免事项。

（四）大额度资金

大额度资金运作事项是指超过由企业或者履行国有资产出资人职责的机构所规定的企业领导人员有权调动、使用的资金限额的资金调动和使用。主要包括年度预算内大额度资金调动和使用，超预算的资金调动和使用，对外大额捐赠、赞助，以及其他大额度资金运作事项。

五、监事会

监事会是公司的监督机构，依照有关法律法规和公司章程设立，应以维护出资人合法权益为根本，以过程监督、及时有效为原则，以财务监督为核心，根据有关法律法规和政策制度的规定履行职责。对董事会、经理层成员的职务行为进行监督。国有独资公司关于监事会设立及其成员的人数要求比一般有限责任公司更为严格。《公司法》规定，股东人数较少或者规模较小的一般有限责任公司可不设监事会，而国有独资公司则必须设监事会；并且一般有限责任公司监事会成员不得少于三人，而国有独资公司监事会成员不得少于五人。

此外，国有独资公司监事会还具有"外派"的特征。一般有限责任公司的监事会由股东会产生，其职责是代表股东对董事会、经理层进行监督。而针对国有独资公司产权的特殊性，国有独资公司监事会大部分监事则是由出资人国有资产监督管理机构派出，部分监事是由员工选举产生的职工监事（该比例不得低于三分之一）。外派监事负责监督检查公司贯彻执行国家法律法规、政策和公司章程的情况，监督检查公司国有资产运行和保值增值情况，监督检查公司财务情况，监督检查公司董事、高级管理人员执行企业职务行为等，但不参与、不干预公司经营决策和经营活动。

（一）监事会职权

监事会主要行使以下职权：

1. 检查公司贯彻有关法律、行政法规、国有资产监督管理规定和制度以及其他规章制度的情况；

2. 检查公司财务，包括查阅公司的财务会计报告及其相关资料，检查财务状况、资产质量、经营效益、利润分配等情况，对公司重大风险、重大问题提出预警和报告；

3. 检查公司的战略规划、经营预算、经营效益、利润分配、国有资产保值增值、资产运营、经营责任合同的执行情况；

4. 监督公司内部控制制度、风险防范体系、产权监督网络的建设及运行情况；

5. 对董事、高级管理人员执行公司职务的行为进行监督，对违反法律、行政法规、公司章程或者出资人决定的董事、高级管理人员提出惩处和罢免的建议；

6. 当董事、高级管理人员的行为损害公司的利益时，要求董事、高级管理人员予以纠正；

7. 提请召开董事会会议；

8. 向出资人报告其认为出资人有必要知晓的事项；

9. 法律、法规、公司章程规定及出资人交办的其他事项。

监事可以列席董事会和各专门委员会会议，并对会议决议事项提出质询或者建议。

监事会发现公司经营情况异常，可以进行调查并在必要时聘请会计、法律专业中介机构协助其工作。监事会行使职权所必需的费用，由公司承担。

（二）监事会汇报制度

监事会就其行使职权情况向出资人以书面方式作如下汇报：

1. 监事会需每年向出资人提交监事会工作报告，该报告应详细说明监事会在当年度的工作情况以及公司各方面运作的合法性；

2. 对公司重大事项形成的董事会决议，监事会应依据出资人或董事会要求及时进行审核并向出资人提交审核报告；

3. 监事会在监督检查或行使职权过程中发现公司经营行为有可能危及国有资产安全、造成国有资产流失或者侵害国有资产所有者权益以及监事会认为应当立即报告的其他紧急情况，应及时向出资人提出专项报告，实行一事一报制度。出资人应根据监事会的意见决定是否根据公司章程的规定行使职权。

典型案例

案例：国有独资公司应当完善内部监督管理制度和责任追究制度，加强对高级管理人员的分权和权力监督

被告人刘某原系国有独资公司天保世纪公司经理。2014 年 5 月 25 日，刘某违反公司规定的审批程序，超越职权，擅自以天保世纪公司的名义和天山红公司签订虚假的《番茄酱购销协议》，并签收《货物收妥证明》，制造天保世纪公司已收到天山红公司价值人民币 2254 万元的货物、天山红公司对天保世纪公司享有 2254 万元应收账款权益的假象。之后天山红公司向汇融保理公司进行保理融资，被告人刘某擅自以天保世纪公司的名义签订《应收账款转让通知确认书》，同意将上述 2254 万元应收账款的债权转让给汇融保理公司。2014 年 11 月底，该笔融资借款到期后，天山红公司无力偿还。2015 年 3 月，汇融保理公司将天保世纪公司诉至天津市第二中级人民法院，后法院判决天保世纪公司偿还汇融保理公司 2254 万元，经过协商，天保世纪公司最终支付给汇融保理公司人民币 2015.95 万元。

2015 年 7 月 22 日，公安机关接到匿名举报，2015 年 7 月 24 日，公安机关对本案立案侦查，2015 年 7 月 30 日，公安机关将刘某传唤到案。之后本案经过侦查、审查起诉至天津滨海新区人民法院。经过法院审理，法官认为被告人刘某作为国有公司工作人员，滥用职权造成国有公司严重损失，致使国家利益遭受特别重大损失，其行为已构成国有公司人员滥用职权罪，应当依法予以惩处。

【律师剖析】

本案之所以出现被告人刘某作为国有独资公司经理能够虚构《番茄酱购销协议》《货物收妥证明》《应收账款转让通知确认书》而完全没有受到任何制约，其根源有两点：

第一，董事会、监事会及其他高级管理人员均怠于履行勤勉、监督义务。

董事会应对高级管理人员进行检查和考核。监事会应对董事、高级管理人员执行公司职务的行为进行监督，对违反法律、行政法规、公司章程或者出资人决定的董事、高级管理人员提出惩处和罢免的建议；当董事、高级管理人员的行为损害公司的利益时，监事会应要求董事、高级管理人员予以纠正。财务负责人负责财务管理、会计核算与监督工作。董事会、监事会及财务负责人居然均对公司巨额债务的产生及支付无动于衷，既没有阻止损失扩大，也没有向出资人报告，该案最终因公安机关接到匿名举报才案发，董、监、高因怠于履行勤勉、监督义务，对公司的巨额损失的发生也应承担相应责任。由于种种原因，公司高层（特别是监事会）之监管浮于表面、流于形式，已成为国有独资公司的沉疴宿疾，急需正视并彻底整改。

第二，该国有独资公司章程制定及内部管理制度存在问题，公司不同业务部门之间不能形成有效监督。

1. 国有独资公司应当完善印章和文书管理。公司签订合同时应当由有权限的人员进行审批，同时加盖公章应当进行用印记录。签订完毕的合同应当交由相应的业务部门进行执行。货物收妥证明应当由仓储部门或其他专设的接收部门出具。

2. 完善公司权责制度。明确国有独资公司不同岗位、不同业务部门的职权，同时加强流程管理，便于相互监督，出现问题可以追究到位，减少包庇行为。

3. 在公司章程中应当对高级管理人员的职务进行明确，通过对不同高级管理人员的分权，实现相互监督，防止越权行为。

六、公司党组织

在2016年10月召开的全国国有企业党的建设工作会议上，习近平主席强调，坚持党对国有企业的领导是重大政治原则；要把党的领导融入公司治理的各环节，把企业党组织内嵌到公司治理结构之中，明确和落实党组织在公司法人治理结构中的法定地位，做到组织落实、干部到位、职责明确、监督严格。正确处理党建与公司治理之间的关系，如何在政治经济“新常态”下提升和强化党建工作是当前国有企业所面临的一项重要课题。

目前，中央企业集团层面全部完成了章程修订，正在陆续审核发布，另有3076家中央企业二、三级单位实现了党建工作要求进章程，至2017年年底，所有中央企业二、三级单位都应实现党建工作要求进章程。

党建工作纳入国有独资公司章程应注意以下几个重要方面：（一）党建与董事会运行的保障机制建设；（二）党建纳入章程与公司治理体系的运行设计；（三）现代企业制度下如何把握党组织在公司法人治理结构中的定位；（四）如何完善党建工作，确保党建体系与决策体系的协调兼容；（五）如何在监督保障上，做到党委定向把关与监事会独立监督有机融合；（六）建立健全党建工作责任制，将从严治党与依法治企相结合。

在制定、修改章程关于国有独资公司党组织的规定时，应主要围绕以下几部分：（一）公司定位的确认；（二）公司与国资委权责义务的确认；（三）党组织的机构设置；（四）公司党委、纪委的职权；（五）“三会一层”职权的相应修改；（六）议事规则的修改。

（一）党组织机构设置

1. 公司党委和公司纪委的书记、副书记、委员的职数按上级党组织批复设置，并按照《党章》等有关规定选举或任命产生；

2. 公司党委和公司纪委设专门工作机构，并配备专职工作人员；

3. 公司党委、纪委工作机构及其人员编制纳入公司管理机构框架和编制总额，党组织工作经费纳入公司预算，从公司管理费中列支。

（二）公司党委职权

坚持党的领导、加强党的建设是国有企业的独特优势。国有独资公司要明确党组织在公司法人治理结构中的法定地位，将党建工作总体要求纳入国有独资公司章程，明确党组织在公司决策、执行、监督各环节的权责和工作方式，使党组织成为公司法人治理结构的有机组成部分。国有独资公司应充分发挥党组织的领导核心和政治核心作用，领导公司思想政治工作，支持董事会、监事会、经理层依法履行职责，保证党和国家方针政策的贯彻执行。

国有独资公司应根据《党章》的规定，在公司设立党委，开展党组织活动。党组织机构设置、人员编制纳入公司管理机构和编制，公司应当为党组织活动提供必要条件和经费保障。

条款设计示例

第【×】条 ［公司党委职权］

根据《党章》，公司党委要发挥政治核心作用，落实基层党建工作责任制、党风廉政建设责任制和意识形态责任制。公司党委的职权如下：

（一）保证监督党和国家的方针政策以及市委、区委工作部署在公司的贯彻执行；

（二）对公司“三重一大”事项等重大问题提出建议，通过法定程序参与董事会、监事会和日常经营管理机构决策，并对执行情况加强监督；

（三）围绕公司改革发展和生产经营，制订公司党委、纪委年度计划，并在公司开展党的各项工作；

（四）支持出资人、董事会、监事会、经理层依法行使职权，公司党委书记一般被推荐为董事长人选或副董事长人选，公司纪委书记应被推荐为监事人选，并按照法定程序选举产生或任命；

（五）遵循党管干部和党管人才的原则，日常经营管理机构依法行使用人权。对公司中层及以上和其他重要岗位人员的任免按照管理权限确定标准、规范程序、提名推荐、组织考察，依照法定程序参与公司人事任命；

（六）加强公司领导人员尤其是党员领导人员的监督，加强教育管理，严格执行履职待遇及业务支出的相关规定，整合运用党内监督、监事会、职代会和经济审计等监督资源，健全完善公司权力运行监督机制；

（七）加强党组织自身建设，监督党内各项基本制度的执行，领导公司思想政治工作、精神文明建设、企业文化建设和工会、共青团等群众组织；

（八）研究布置公司党的建设各项工作，指导和监督所属基层党组织开展工作；

（九）全心全意依靠公司职工群众，支持职工代表大会开展工作，推动工资集体协商和职工工资增长机制，维护职工群众合法权益。

（三）公司党委参与决策程序及议事规则

对于公司“三重一大”事项以及其他需要公司党委参与决策讨论的重大问题与事项，应先由公司党委依照议事规则召开党委会，讨论研究形成一致决定。进入董事会、监事会和日常经营管理机构的党委成员和党员要按照党委一致决定的内容以个人名义分别在董事会、监事会、经理层相关会议上发表并报告落实情况。

公司党委可以根据党章、党内法规规章、规范性文件和上级党组织规定制定、修改议事规则，对公司党委参与公司决策的内容、程序和方式予以明确。公司董事会、监事会、经理层和日常经营管理机构应在相关议事规则等文件中对公司党委参与公司决策的具体程序予以明确，并可根据公司自身情况制定相应配套实施办法。

（四）公司纪委职权

国有独资公司应充分发挥纪检监察、巡视、审计等监督作用，董事、监事、经理层中的党员每年应定期向党组（党委）报告个人履职和廉洁自律情况。上级党组织对国有独资公司纪检组组长（纪委书记）实行委派制度和定期轮岗制度，纪检组组长（纪委书记）应当坚持原则、强化监督。纪检组组长（纪委书记）可列席董事会和董事会专门委员会的会议。

公司纪委的主要职责包括：维护《党章》和其他党内法规规章，检查党和国家方针政策以及市委、区委工作部署在公司的执行情况；协助公司党委按照从严管党治党主体责任内容，督促党委书记和领导班子其他成员按照第一责任人和“一岗双责”的要求，切实落实好各项党纪党规的执纪和监督；协助公司党委建立落实从严治党主体责任和纪委监督责任的责任体系，督促本级及下级公司党组织按照要求严格落实两个责任并建立年度报告制度等。

附录：国有独资公司的章程标准模板

该模板系笔者以上海市国有资产监督管理委员会于 2013 年 2 月 20 日印发的《上海市国有独资公司章程指引（2012 版）》为基础进行修改，并结合国务院办公厅《关于进一步完善国有企业法人治理结构的指导意见》（国办发〔2017〕36 号）及上海市委、市政府《关于进一步深化上海国资改革促进企业发展的意见》（沪委发〔2013〕20 号）等相关意见制定。

国有独资公司章程指引

（目录）

第一章　总则 ×
第二章　名称、住所和经营期限 ×
第三章　宗旨和经营范围 ×
第四章　公司的注册资本、出资方式和出资时间 ×
第五章　出资人 ×
第六章　公司的法定代表人 ×
第七章　公司的机构及其产生办法、职权、议事规则 ×
第一节　出资人职权 ×
第二节　董事会 ×
第三节　日常经营管理机构 ×
第四节　监事会 ×
第五节　公司党组织 ×
第八章　董事、监事及高级管理人员的资格、义务及法律责任 ×
第一节　任职资格以及忠实勤勉义务 ×
第二节　法律责任及追究 ×
第九章　财务制度 ×
第十章　劳动人事 ×
第十一章　社会责任和突发事件处理 ×
第十二章　解散与清算 ×
第十三章　其他事项 ×

国有独资公司章程指引

（正文）

第一章　总则

第一条　[目的和效力]

为规范【公司名称】（以下简称公司）的组织和行为，保护公司、出资人和债权人的合法权益，【　　　】国有资产监督管理委员会（以下简称出资人）根据《公司法》《企业国有资产法》、其他法律法规、规章、规范性文件的有关规定，制定本章程。

公司章程系规范公司组织与行为的法律文件，对于公司、出资人、董事、监事以及高级管理人员等均具有约束力。

第二条　[公司的设立和开展经营活动]

公司系国有独资公司。根据《公司法》《企业国有资产法》及其他有关法律法规、规章、规范性文件和公司章程的规定，依据【　　】人民政府及出资人的监管依法开展经营活动。

公司依法接受【　　】国资委、出资人的相关规范性文件和制度的约束，确保国家的法律法规、规章、规范性文件和【　　】国资委、出资人的各项监管制度的有效执行，严格执行【　　】政府以及【　　】国资委、出资人下发的各项决议文件，切实维护国有资产出资人的利益，实现国有资产的保值增值。

公司根据《党章》规定，设立中国共产党的组织，党委围绕企业生产经营开展工作，发挥领导核心和政治核心作用，把方向、管大局、保落实；公司建立党的工作机构，配备足够数量的党务工作人员，保障党组织的工作经费。

第三条　[法人财产权和公司、出资人的有限责任]

公司是公司法人，自企业法人营业执照签发之日起取得法人资格，有独立的法人财产，享有法人财产权。

公司以其全部财产对公司的债务承担责任，出资人以其认缴的出资额为限对公司承担责任。

第四条　[对外投资及限制]

公司可以向其他企业投资，但是，除法律另有规定外，不得成为对所投资企业的债务承担连带责任的出资人。

公司投资活动要符合国家及地区的区域发展规划和产业发展政策，符合国有资产总体布局和产业结构调整要求；符合企业发展战略规划和企业类别定位，突出主业，有利于提高企业核心竞争力，严格控制非主业投资规模，非主业投资不得影响主业的发展；符合公司投资决策程序和管理制度。

公司投资规模应当与公司资产经营规模、资产负债率水平和实际筹资能力相适应，不得违反国家法律法规、规章及相关规范性文件的规定。

第五条 ［分支机构的设立和责任承担］

公司可以设立非公司分支机构。非公司分支机构不具有法人资格，其民事责任由公司承担。

第二章 名称、住所和经营期限

第六条 ［公司名称］

公司名称为：

英文名称为：

第七条 ［公司住所］

公司住所为：

第八条 ［公司经营期限］

公司的经营期限为永续经营或【　　　　】。

第三章 宗旨和经营范围

第九条 ［公司的宗旨］

公司的宗旨是：

第十条 ［公司的经营范围］

公司的经营范围是：

上述经营范围以经公司登记机关核准并记载于企业法人营业执照上的经营范围为准。

公司的主业是：

第十一条 ［经营范围的变更程序］

经出资人同意，上述经营范围可以变更，但是应当办理变更登记，其中属法律法规、规章、规范性文件规定为须经批准的项目，应当依法经过批准。

第四章 公司的注册资本、出资方式和出资时间

第十二条 ［注册资本及出资方式］

公司的注册资本为人民币［　　］元，以［　　］出资。

第十三条 ［注册资本的缴纳方式、期限］

股东名称	认缴出资额（万元）	出资方式	出资期限

第五章　出资人

第十四条　［出资人享有权利、行使职权、履行义务的依据］

【　　】国有资产监督管理委员会根据【　　】人民政府授权，依照《公司法》《企业国有资产法》等法律法规、规章、规范性文件以及本章程之规定，履行出资人职责。

第十五条　［出资人的职责］

出资人代表【　　】人民政府对公司依法享有资产收益、参与重大决策和选择管理者等出资人权利。

出资人依照法律法规、规章、规范性文件以及公司章程履行出资人职责，保障出资人权益，依法规范行权，防止国有资产损失，推进国有资产保值增值。

第六章　公司的法定代表人

第十六条　［法定代表人］

董事长是公司的法定代表人。

第十七条　［法定代表人职权］

法定代表人对外代表公司签订合同等文件，进行民商事活动，参与诉讼和仲裁等程序。

第十八条　［约束和管理］

法定代表人对外代表公司的行为受董事会及出资人的约束和管理。

法定代表人履行经济责任的情况，应当依法依规接受审计监督。根据相关法律法规及党组织和政府、干部管理监督部门的要求，审计机关可以对公司法定代表人或不担任公司法定代表人但实际行使相应职权的董事长、总裁（总经理）、党委书记等主要领导人员进行经济责任审计。经济责任审计包括任中审计与离任审计。

第七章　公司的机构及其产生办法、职权、议事规则

第一节　出资人职权

第十九条　［出资人的职权］

公司不设股东会，由出资人依法单独行使以下职权：

（一）审议批准公司的经营方针和年度投资计划；

（二）任免非由职工代表担任的董事、监事，决定有关董事、监事的报酬及奖惩事项；任免公司董事长、副董事长、监事会主席，监督董事会、监事会行使职权；提名公司总裁（总经理）；

（三）审议批准董事会报告；

（四）审议批准监事会报告；

（五）审议批准公司的年度财务预算方案、决算方案；

（六）审议批准公司的利润分配方案和弥补亏损方案；

（七）决定公司增加或者减少注册资本；

（八）决定发行公司债券或其他具有债券性质的证券；

（九）决定公司股权转让、合并、分立、变更公司形式、解散和清算事宜；

（十）制定和修改公司章程；

（十一）根据出资人发布的相关文件规定审议、批准、决定公司非主业、境外、金融类投资事项；

（十二）根据出资人发布的相关文件规定审议、批准、决定公司对外担保事项；

（十三）批准董事会提交的公司内部改革重组、股份制改造方案、重要子公司重大事项；

（十四）决定聘任或解聘会计师事务所，必要时决定对公司重要经济活动和重大财务事项进行审计；

（十五）审议批准公司会计制度、重大会计政策和会计估计变更方案；

（十六）根据法律法规、规章、规范性文件以及公司章程其他条款的规定审议公司融资、资产处置、重大决策、重要人事任免、重大项目安排和大额度资金运作事项以及其他应当由出资人行使的职权。

出资人行使上述职权应采用书面形式并及时通知公司，以保障决策的透明度和时效性。

第二十条 ［出资人对董事会的授权、授权的撤回和修改及补救措施］

根据公司法人治理结构的完善程度、董事会及其专门委员会的制度健全、规范运作程度及公司的经营管理等情况，出资人可以通过书面方式授予董事会行使第十九条规定的相应职权，决定公司的重大事项；但决定公司增加或者减少注册资本、决定发行公司债券或其他具有债券性质的证券、决定公司股权转让、合并、分立、变更公司形式、解散和清算事宜，必须由出资人决定。

对于已经作出的授权，出资人可以根据董事会的执行情况、社会经济情况、企业发展状况决定撤回或修改授权内容。

对于董事会在授权范围内进行的具体行为，董事会应及时向出资人作出报告及说明，出资人可根据情况主动核查，如认为该等具体行为不适当，出资人有权要求董事会停止实施、变更或撤销该等行为及采取相应的补救措施。

第二十一条 ［出资人职权的行使］

出资人依据法律法规、规章、规范性文件及公司章程独立行使职权，不受公司、董事会、监事会及高级管理人员的干涉。出资人行使职权的程序及形式应符合法律法规、规章、规范性文件及公司章程的相关规定。

第二十二条 ［出资人的决定］

出资人可根据董事会的报告、应董事会的要求、监事会的报告或主动行使出资人的职权，决定公司的有关事项。

第二十三条 ［出资人行使职权时可要求董事会书面意见］

出资人在行使职权或决定有关事项时，可以要求董事会提供书面意见，董事会应根据出资人的要求提供书面意见。

第二节　董事会

第二十四条 ［董事会的组成］

公司设董事会，由【　　　】名董事组成，其中董事会成员中应包括由出资人委派的外部董事，并且至少包括职工代表一名。董事由出资人委派，但董事中的职工代表由公司职工代表大会选举产生，并报出资人备案。

第二十五条 ［董事的委派方式、考评和职务解除］

出资人以书面形式委派董事，并有权对董事进行考评。在委派董事考评未达标或者符合其他解除条件的情形下，出资人有权解除其委派董事的职务。

第二十六条 ［董事的任期］

董事每届任期为三年，获得连续委派或者连续当选可以连任。外部董事的任期根据有关法律法规、规章、规范性文件的规定执行。

董事任期届满未及时委派或改选，或者董事在任期内辞职导致董事会成员低于法定人数的，在另行委派或改选出的董事就任前，原董事仍应当依照法律法规、规章、规范性文件和公司章程的规定，履行董事职务。

第二十七条 ［董事的任职要求］

董事应具有与董事职位相适合的教育背景，应具有在公司主要业务领域的经营或行业管理经验，或具有财务、法律等专业技能。

董事在履职过程中应积极维护国资权益，保障国资安全，推进国资保值增值。

第二十八条［董事长及职权］

董事会设董事长一名，可以设副董事长，由出资人在董事会成员中指定。

董事长行使下列职权：

（一）召集、主持董事会会议；

（二）督促、检查董事会决议的执行情况，并向董事会报告；

（三）签署董事会重要文件和其他应由公司法定代表人签署的文件；

（四）在发生特大自然灾害等不可抗力的紧急情况下，对公司事务行使符合法律规定和公司利益的特别处置权，并在事后及时向董事会报告；

（五）法律法规、规章、规范性文件和公司章程其他条款规定的其他职权。

第二十九条［董事会的职权］

董事会的职权如下：

（一）向出资人报告工作；

（二）执行出资人的决定；

（三）制订公司年度财务预算方案、决算方案；

（四）制订公司经营方针和投资计划；

（五）制订公司的利润分配方案和弥补亏损方案；

（六）批准在出资人规定限额或条件以下应由董事会决定的对外投资、融资、资产处置、对外担保等事项，审议对管理层授权额度以上的应由董事会决定的对外投资、融资、资产处置、对外担保等事项；

（七）确定对公司所投资企业重大事项的管理原则，审议应由董事会决定的下属企业的投资、担保等项目；

（八）制订公司增加或者减少注册资本以及发行公司债券或其他证券的方案；

（九）制订公司合并、分立、变更公司形式、解散的方案；

（十）决定公司内部管理机构的设置；

（十一）根据出资人提名，决定聘任或者解聘公司总裁（总经理）等高级管理人员。公司治理结构健全且有业务发展需求的集团，经出资人同意，可采用市场化方式，决定聘任或者解聘除总裁（总经理）以外的部分高级管理人员；

（十二）根据公司党委意见，对总裁（总经理）等高级管理人员进行考核，并决定其报酬事项；

（十三）制定公司的基本管理制度以及董事会认为必要的其他规章制度；

（十四）公司章程其他条款规定的职权；

（十五）出资人依据法律法规、规章、规范性文件规定授予的职权。

第三十条 ［对外投资事项决定权］

董事会应根据出资人颁布的有关规定、公司章程决定公司的对外投资行为；对于法律法规、规章、规范性文件和公司章程明确规定应由出资人决定的投资事项以外的公司其他对外投资行为，董事会有权决定。

出资人对公司相关对外投资事项实行核准或备案管理的，应根据相关规定及时报出资人核准或备案。

第三十一条 ［融资事项决定权］

董事会应根据出资人颁布的有关规定、公司章程决定公司的融资行为；对于法律法规、规章、规范性文件和公司章程明确规定应由出资人决定的融资事项以外的公司其他融资行为，董事会有权决定。

公司以发行债券或其他具有债券性质的证券方式融资的，不适用本条规定。

第三十二条 ［担保事项决定权］

董事会应根据出资人颁布的有关规定、公司章程决定公司的担保行为，对于法律法规、规章、规范性文件和公司章程明确规定应由出资人决定的担保事项以外的公司其他担保行为，董事会有权决定。

出资人对公司相关对外担保事项实行核准或备案管理的，应根据相关规定及时报出资人核准或备案。

第三十三条 ［董事会权限范围］

董事会应当确定对外投融资、收购出售资产、资产抵押、对外担保事项、委托理财、关联交易的权限，建立严格审查的决策程序；重大投资项目应当组织有关专家、专业人员进行评审，并报出资人批准。

第三十四条 ［不得越权与听取党委意见］

董事会应在出资人颁布的有关规定、公司章程及出资人另行授予的职权范围内行事，不得越权。

董事会决定公司重大问题，应事先听取党委的意见。

第三十五条 ［外部董事的委派及职责］

外部董事是指由出资人委派任职公司以外的人员至任职公司担任的董事。

外部董事应履行以下职责：

（一）贯彻执行国家、市、区关于国有企业改革发展的方针、政策、决议和规定；

（二）接受出资人的委托，履行受托责任，促进公司加强战略决策，完善经营管理，规范公司运营；

（三）依法参加公司董事会会议，就会议讨论决定事项发表意见，并为此承担责任；

（四）根据出资人要求，及时就公司相关事项向出资人进行汇报；

（五）法律法规、规章、规范性文件以及公司章程其他条款规定的其他职责。

第三十六条　［外部董事的职权］

外部董事行使以下职权：

（一）有权在董事会会议上独立发表意见，独立履行职责，对公司事务作出自己的独立判断，不受其他董事、监事、高级管理人员及其他单位或个人的影响；

（二）两名以上外部董事认为董事会待议议题未经必备程序、会议资料不充分或论证不明确时，可联名提出缓开董事会会议或缓议董事会会议议题，董事会应予采纳；

（三）根据履行职责需要，有权了解和掌握公司的基本信息和各项业务情况，公司应予配合。公司相关职能部门和人员应为外部董事行使职权提供必要的工作条件，定期向外部董事提供相关资料，就外部董事的问询进行如实答复，及时向外部董事通报公司经营管理层确定的重大事项，不得限制或者阻碍外部董事了解公司经营运作情况；

（四）履行职务的办公、出差等费用，由公司承担。对公司相关事项作出独立判断前，可聘请第三方社会中介机构提供专业意见，由此而产生的费用由公司承担；

（五）有权对公司决策或经营中违反法律法规、规章、规范性文件或公司章程、不执行董事会决议的行为以及其他损害公司利益的行为提出动议，提请董事会或经营管理层予以纠正；

（六）有权就可能损害出资人或公司合法权益的情况，直接向出资人报告；

（七）保证投入足够的时间和精力履行外部董事职责。外部董事一年内在同一任职公司履行职责时间未达到出资人的要求或一年内其本人未亲自出席（包括现场出席与通讯方式出席）董事会会议次数少于当年董事会会议次数四分之三的，且无疾病、境外工作或境外学习等特别理由的，即视为不再适合担任公司外部董事，出资人可以将其解聘；

（八）每年须向出资人书面报告本人履行职责的详细情况。内容包括：本人履行职责的简要情况；参加董事会会议的主要情况，本人提出的保留、反对意见及其原因，无法发表意见的障碍；主持或参与董事会专门委员会工作的情况；加强公司改革发展与董事会建设的意见或建议。外部董事日常工作时，认为有必要向出资人报告的，可以书面或通信方式向出资人报告。

（九）法律法规、规章、规范性文件或公司章程其他条款规定的其他职权。

第三十七条 ［外部董事参加会议及表决］

外部董事应出席董事会会议并作出表决。确因故不能出席董事会会议的，可委托其他外部董事代为出席。

外部董事对表决事项的责任不因委托其他外部董事出席而免除。

一名外部董事不得在一次董事会会议上接受二名（含）以上外部董事的委托代为出席会议。在与董事会决议事项存在利害关系时，外部董事既不得对该项决议行使表决权，也不得代理其他董事行使表决权。

第三十八条 ［董事会专门委员会］

董事会设以下专门委员会作为董事会的专门工作机构，对董事会负责，为董事会决策提供意见和建议：

（一）战略投资委员会，主要由董事组成，其成员不少于【　　　】名，设主任委员一名，由董事长兼任，其他成员由董事长提出人选建议，董事会通过后生效。主要职责是对公司发展战略、中长期发展规划、投融资等重大决策事项进行研究，并向董事会提交建议。

（二）审计与风险控制委员会，主要由董事组成，其成员不少于【　　　】名，设主任委员一名，由外部董事担任。委员会主任委员和成员由董事长提出人选建议，董事会通过后生效。其主要职责是审核公司的财务信息及其披露，提出聘请和更换外部审计机构的建议；审查公司的内控制度，对企业风险管理制度及状况进行定期评估，提出完善风险管理的建议。

（三）薪酬与考核委员会，主要由董事组成，其成员不少于【　　　】名，设主任委员一名，由外部董事担任。委员会主任委员和成员由董事长提出人选建议，董事会通过后生效。其主要职责是研究制订经理人员的薪酬方案、业绩考核标准及考核方案，并向董事会提出考核与奖惩建议。

（四）提名委员会，主要由董事组成，其成员不少于【　　　】名，设主任委员一名，由董事长兼任，其他成员由董事长提出人选建议，董事会通过后生效。其主要职责是研究公司经理人员的选聘标准、程序和方法；向董事会提出经理人员选聘建议。

董事会可以根据需要设立其他专门委员会，其职责由董事会根据公司具体情况确定，并在公司章程中明确。各专门委员会履行职权时应尽量使其成员达成一致意见；难以达成一致意见时，应向董事会提交各项不同意见并作说明。

公司各业务部门有义务为董事会及其下设的各专门委员会提供工作服务。经董事会同意，公司业务部门负责人可参加专门委员会的有关工作。各专门委员会经董事会授权可聘请中介机构为其提供专业意见，费用由公司承担。

第三十九条［专门委员会工作细则］

董事会可以根据公司章程的规定制定专门委员会工作细则并报出资人备案。

第四十条［董事会办公室］

公司设立董事会办公室作为董事会常设工作机构，负责筹备董事会会议，办理董事会日常事务，与董事沟通信息，为董事工作提供服务等事项。

董事会秘书主持董事会办公室的工作。公司可以根据实际情况确定董事会办公室与其他部门合署办公。

第四十一条［董事会秘书的聘任、解职和职权］

公司设董事会秘书，对董事会负责，由董事长提名，董事会决定聘任或解聘。董事会秘书负责董事会办公室工作，列席董事会会议。

董事会秘书应配合董事长严格依照本章程进行董事会会议材料提供、会议记录、决议整理、董事会报告提交等工作。

第四十二条［董事会定期会议及年度会议］

董事会每年至少召开两次定期会议，其中每年第一次定期会议为年度董事会会议。

第四十三条［董事会临时会议的召开］

有以下情况之一时，应召开董事会临时会议：

（一）三分之一以上董事提议时；

（二）监事会提议时；

（三）董事长认为必要时；

（四）出资人认为必要时。

第四十四条［董事会会议的召集和主持］

董事会会议由董事长召集和主持；董事长不能履行职务或者不履行职务

的，由副董事长召集和主持；副董事长不能履行职务或者不履行职务的，由半数以上董事共同推举或由出资人指定一名董事召集和主持。

第四十五条 ［董事会会议通知和资料提供］

董事长或董事会会议的其他召集者应在董事会会议召开10个工作日之前，将会议的时间、地点、期限、议程、事由、议题以及所议事项的详细资料（包括背景资料和有助于董事理解公司所议事项的信息和数据）通知全体董事以及其他与会及列席人员。对于紧急情况下召开的董事会会议，上述通知时限可以缩短，但必须保证在开会之前董事能够收到足以使其作出正确判断的所议事项的详细资料，并对上述资料进行阅读、理解以及研究的合理时间，不迟于董事会召开之日前的2个工作日。

任何董事认为资料不充分的，可提出董事会延期至其获取了充分的资料，董事会应予准许，但出资人认为董事会应如期召开的情况除外。

第四十六条 ［董事会召开的条件］

董事会会议应由过半数董事出席方可召开。

第四十七条 ［董事的出席和委托］

董事应亲自出席董事会会议，不能亲自出席的，可以委托其他董事代为出席，但必须向受托人出具有效的委托书，委托书上必须载明对于各项列入表决程序议案的明确意见或授权受托人行使表决权，否则视为委托人对有关的议案未投票。

第四十八条 ［董事会会议召开的方式］

董事会会议召开形式及议程应保证给予所有董事充分发表意见和真实表达意思的机会。

董事会会议以现场会的形式举行，在保证与会董事能充分发表意见并真实表达意思的前提下，也可以通信方式或者书面材料审议方式举行。但是，年度董事会会议以及三分之一以上董事认为应当以现场会形式举行的其他董事会会议，必须以现场会形式举行。

第四十九条 ［董事会会议议案的提出和表决］

任何董事均可在年度会议上提出进行表决的议案，年度会议应予以表决，但提出议案的董事应事先向其他所有董事提供足以使其作出正确判断的所议事项的详细资料，且确保给予其对上述资料进行阅读、理解以及研究的合理时间。

任何董事提议在其他董事会会议上进行讨论或表决的议案，应在会前得到董事长的同意；如董事长不同意的，应首先由会议对是否对该议案进行讨论或表决进行表决。

对公司重大决策、重要人事任免、重大项目安排和大额度资金运作（以下简称三重一大事项）等需要董事会讨论审议的事项，必须以现场会形式进行表决。

第五十条 ［董事会会议表决方式］

董事会会议表决程序应以记名方式进行。

第五十一条 ［董事会会议的表决］

董事会会议进行表决时，每名董事享有一票表决权，表决的内容包括同意、反对及弃权三种。

董事会对公司章程第二十九条第（八）项、第（九）项所涉及事项进行表决时，或者全体外部董事认为必要时，议案经全体董事三分之二以上同意方可通过。

其他议案经全体董事过半数同意即可通过。

第五十二条 ［董事会会议记录］

无论是否采取现场会形式召开，董事会会议均应对所议事项做成详细的书面会议记录。该记录至少应包括会议召开的日期、地点、主持人姓名、出席董事姓名、会议议程、董事发言要点、决议的表决方式和结果并载明赞成、反对或弃权的票数及投票人姓名。出席会议的董事和列席会议的董事会秘书应在会议记录上签名。会议记录应妥善保存于公司并存档备查。

第五十三条 ［董事会议事规则］

董事会可以根据公司章程制定具体的董事会议事规则，以确保董事会落实出资人的决定，提高工作效率，保证科学决策。

董事会议事规则应规定董事会的召开和表决程序，具体文件内容由董事会制定后报出资人备案。

第五十四条 ［董事会提交书面报告］

董事会须在以下情况发生之日起的十个工作日内向出资人就有关事项提交书面报告：

（一）董事会定期会议召开；

（二）董事会认为公司发生了任何超越其权限的事宜，需提请出资人决定；

（三）三分之一以上董事认为必要时；

（四）出资人要求时；

（五）公司章程其他条款规定的情况。

第五十五条 ［董事会建议和意见］

出资人行使职权时，董事会有权主动或应出资人的要求提出建议，但上述建议不妨碍出资人行使职权。出资人依据公司章程行使职权时，董事会或董事有不同意见的，可将不同意见以书面形式报送出资人并妥善保存于公司。

第三节 日常经营管理机构

第五十六条 ［高级管理人员的组成］

总裁（总经理）、副总裁（副总经理）、财务负责人为公司高级管理人员。根据公司运营的需要，也可设总法律顾问等其他高级管理人员。

第五十七条 ［任职要求和董事兼任高级管理人员］

高级管理人员应具有与其所担任职务相适应的专业知识和工作经验。经出资人同意，董事可以受聘兼任高级管理人员。

第五十八条 ［总裁（总经理）的聘任、解聘和任期］

根据出资人的提名，总裁（总经理）由董事会决定聘任或解聘，可由董事兼任，聘任期每届三年，获连续受聘可以连任。

第五十九条 ［总裁（总经理）的职权］

总裁（总经理）对董事会负责，行使以下职权：

（一）主持公司的生产经营管理工作，组织实施董事会决议；

（二）组织实施公司年度经营计划和投资方案；

（三）拟订公司内部管理机构设置方案；

（四）拟订公司的基本管理制度；

（五）制定公司基本管理制度之外的其他规章制度，制定公司基本管理制度的实施细则；

（六）决定聘任或者解聘除应由董事会决定聘任或者解聘以外的公司管理人员；

（七）决定公司员工的工资、福利、奖惩、录用和辞退；

（八）在法律法规、规章、规范性文件、公司章程规定的以及董事会授权的范围内代表公司对外处理日常经营中的事务；

（九）董事会授予的其他职权。

总裁（总经理）须按照其职责要求定期向董事会报告其工作情况，接受董事会的监督和指导。

第六十条 ［总裁（总经理）工作细则］

总裁（总经理）应制定总裁（总经理）工作细则，报董事会批准后实施。

总裁（总经理）工作细则包括下列内容：

（一）总裁（总经理）办公会议召开的条件、程序和参加的人员；

（二）总裁（总经理）及其他高级管理人员各自具体的职责及其分工；

（三）公司资金、资产运用、签订重大合同的权限，以及向董事会、监事会的报告制度；

（四）董事会认为必要的其他事项。

第六十一条　［董事会对总裁（总经理）的授权和责任承担］

董事会可依法将其部分职权以书面方式授予总裁（总经理）行使，但董事会在作出上述授权时应根据法律法规、规章、规范性文件以及公司章程的规定，不得超越自身的权限，严格控制风险。

董事会应将授权情况向出资人报告，根据相关规定履行报批或备案手续，并对上述授权及授权范围内发生的具体事项承担责任。

董事会可以根据公司章程的规定制定总裁（总经理）工作细则并报出资人备案。

第六十二条　［副总裁（副总经理）的职权］

副总裁（副总经理）协助总裁（总经理）工作并对总裁（总经理）负责，其职权由公司管理制度确定。

第六十三条　［财务负责人的职权］

财务负责人主管公司财务会计工作，并对总裁（总经理）负责，其履行职权时应遵守法律、行政法规和国务院财政部门以及出资人发布的规定。财务负责人行使下列职权：

（一）对公司重大经营活动的方案制订、执行及过程进行财务管控和监督；

（二）组织拟订与完善公司财务管理制度并确保其有效执行；推进公司建立完善内部控制与风险管控体系；

（三）组织编制公司财务预算与资金预算，并对预算执行情况进行监控；持续推进和完善全面预算管理；

（四）组织拟订与实施公司投融资方案，改进和优化公司资金管理体系，推进公司资金集约化管理；

（五）组织实施公司财务会计工作。开展公司经营情况动态监测，实施公司年度财务决算工作，审核公司的财务报表、报告，确认其准确性，评价公司财务状况和经营成果，提出加强和改进经营管理的措施；

（六）组织建立完善公司财务信息化系统，推动财务信息系统与业务信息系统的融合；

（七）拟订公司财务机构的设置方案，对财务人员队伍建设提出建议；负责对下属公司财务会计管理工作进行指导、监督；

（八）及时发现和制止公司违反国家财务管理法律、法规和可能造成国有资产损失的经营行为；

（九）出资人、相关政府主管部门以及公司要求财务负责人履行的其他职责。

第六十四条 ［总法律顾问的职权］

总法律顾问对总裁（总经理）负责，行使下列职权：

（一）全面负责公司法律事务工作，统一协调处理公司决策、经营和管理中的法律事务；

（二）参与公司重大经营决策，保证决策的合法性，并对相关法律风险提出防范意见；

（三）参与公司重要规章制度的制定和实施，建立健全公司法律事务机构；

（四）负责公司的法制宣传教育和培训工作，组织建立公司法律顾问业务培训制度；

（五）对公司及子公司（子企业）违反法律、法规的行为提出纠正意见，监督或者协助有关部门予以整改；

（六）指导子公司（子企业）法律事务工作，对子公司（子企业）法律事务负责人的任免提出建议；

（七）法律法规、规章、规范性文件或公司章程其他条款规定应当由总法律顾问行使的职权。

第六十五条 ［其他高级管理人员的职务］

公司设【　　】，主管公司【　　】事务，依法履行职权。

第六十六条 ［高级管理人员的考核、奖惩及方案的制订］

董事会应对高级管理人员设定工作绩效目标，并根据公司党委意见对总裁（总经理）等高级管理人员进行考核，决定其报酬事项。

第四节　监事会

第六十七条 ［监事会的组成］

公司设监事会，由【　　】名监事组成，其中职工代表的比例不得低于三分之一。

监事会主席和外派监事由公司外部人员担任，由出资人委派。公司内部监事一般由公司纪委、审计、工会部门负责人担任，具体人选由公司推荐并经出资人书面批复同意。其中监事会中的职工代表由公司职工代表大会选举产生，并报出资人备案。

在监事会人数不足章程规定的情况下，已经委派或选举产生的监事会主席、监事单独或共同行使本节规定的监事会职权。

第六十八　［监事的委派方式］

出资人以书面方式委派监事。出资人有权对其委派的监事进行考评。在委派的监事考评未达标或者符合其他解除条件的情形下，出资人有权解除其委派监事的职务。

第六十九条　［监事的身份限制］

董事、高级管理人员、财务人员及与其相关的人员（指与其相关的第九十六条中规定的自然人）不得兼任监事。

第七十条　［监事任期］

监事每届任期为三年。监事任期届满，连聘（选）可以连任。

第七十一条　［监事会主席］

监事会设监事会主席一名，由出资人在监事中指定，行使以下职权：

（一）全面负责和主持监事会的日常工作和重大决策；

（二）召集、主持监事会会议，决定是否召开临时监事会会议；

（三）检查监事会决议的实施情况，并向监事会报告决议的执行结果；

（四）代表监事会向出资人报告工作；

（五）审定、签署监事会的决议、报告和其他重要文件；

（六）根据法律法规、规章、规范性文件以及公司章程其他条款规定授予的职权。

第七十二条　［监事会办事机构和监事会秘书］

监事会可以设办事机构或在不影响其行使监督职能的前提下与公司其他部门合署办公。监事会可以设专职或兼职秘书，负责监事会日常事务，筹备监事会会议，与监事沟通信息提供服务等事项。监事会秘书由监事会主席提名，监事会决定聘任或解聘。

第七十三条　［监事会职权］

监事会行使以下职权：

（一）监督公司贯彻有关法律、行政法规、国有资产监督管理规定和制度以及其他规章制度的情况；

（二）监督公司建立和执行公司章程情况，监督公司内部控制制度和风险防控体系的建设及执行情况；

（三）监督公司财务，包括查阅公司的财务会计报告及其相关资料，检查财务状况、资产质量、经营效益、利润分配等情况，对公司重大风险、重大问题提出预警和报告；

（四）监督公司国有资产运行和保值增值情况，检查公司战略规划、经营预算、经营责任合同的执行情况；检查公司维护出资人合法权益的情况；

（五）对董事、高级管理人员等公司领导人员执行公司职务的行为进行监督和评价，对违反法律法规、规章、规范性文件以及公司章程或者出资人决定的董事、高级管理人员等公司领导人员提出惩处和罢免的建议；

（六）当董事、高级管理人员等公司领导人员的行为损害公司的利益时，要求其予以纠正；

（七）提请召开董事会会议；

（八）向出资人报告其认为出资人有必要知晓的事项；

（九）指导子公司监事会工作，建立和形成监督管理的工作网络；

（十）法律法规、规章、规范性文件以及公司章程规定及出资人交办的其他事项。

监事可以列席董事会、各专门委员会会议、经理办公会、年度经济工作会议及与公司经济工作相关的有关专题会议，并对会议决议事项提出质询或者建议。

监事会发现公司经营情况异常，可以进行调查并在必要时聘请会计、法律专业中介机构协助其工作。监事会行使职权所必需的费用，由公司承担。

第七十四条 ［监事会的知情权］

监事会在行使职权时，可以进行必要的调查工作，除有权向财政、工商、税务、审计、海关等有关部门和银行、重要客户调查了解公司的情况外，有权要求董事会、总裁（总经理）及其他高级管理人员、公司业务部门向其提供必要的资料，董事会、总裁（总经理）及其他高级管理人员、公司业务部门必须配合监事会工作，按照监事会的要求及时提供真实、充分的资料。除总裁（总经理）外的其他高级管理人员或公司业务部门不予以配合的，监事会有权要求总裁（总经理）责令其配合；总裁（总经理）不予以配合的，监事会有权要求董事会责令其配合；董事会不予以配合的，监事会有权将有关情况提交出资人。

第七十五条［监事会汇报制度］

监事会就其行使职权情况向出资人以书面方式汇报。汇报包括：

（一）监事会需每季度分析公司的大额资金运作、对外投融资、担保、资产重组、企业改制及产权转让等重大事项，各项内控制度的执行情况以及公司领导人员经营行为的合法性、合规性情况，揭示问题，提出建议，并向出资人提交季度监督分析报告；

（二）监事会需每年向出资人提交监事会工作报告，该报告应详细说明监事会在当年度的具体工作情况以及对公司董事会工作的监督评价情况；

（三）对公司重大事项形成的董事会决议，监事会应依据出资人的要求提交相关书面报告；

（四）监事会在监督检查或行使职权过程中发现公司经营行为有可能危及国有资产安全、造成国有资产流失或者侵害国有资产所有者权益以及监事会认为应当立即报告的其他紧急情况，应及时向出资人提出专项报告，实行一事一报制度。出资人应根据监事会的意见决定是否根据公司章程第二十二条的规定行使职权。

（五）法律法规、规章、规范性文件以及公司章程其他条款规定需监事会书面汇报的其他事项。

第七十六条［监事会定期会议和年度会议］

监事会每年应至少召开四次定期会议，其中在年度董事会会议举行后应适时召开年度监事会会议。

第七十七条［监事会临时会议的召开］

有以下情况之一时，应召开监事会会议：

（一）三分之一以上监事提议时；

（二）监事会主席认为必要时；

（三）董事会召开并通过重大事项时；

（四）出资人认为必要时。

第七十八条［监事会会议的召开和主持］

监事会会议由监事会主席召集和主持；监事会主席不能履行职务或者不履行职务的，由半数以上监事共同推举或由出资人指定一名监事召集和主持。

第七十九条［监事会会议召开的条件］

监事会会议在过半数监事出席时方可召开。

第八十条 ［委托其他监事出席］

监事应亲自出席监事会会议，不能亲自出席的，可以委托其他监事出席，但必须向受托人出具有效的委托书，委托书上必须载明对于各项列入表决程序议案的明确意见或授权受托人行使表决权，否则视为委托人对有关的议案未投票。

第八十一条 ［监事会会议召开的方式］

监事会会议的召开形式及议程应保证给予所有监事充分发表意见和真实表达意思的机会。

监事会会议以现场会的形式举行，在保证与会监事能充分发表意见并真实表达意思的前提下，也可以通信方式或者书面材料审议方式举行。但是，年度监事会会议以及三分之一以上监事认为应当以现场会形式举行的其他监事会会议，必须以现场会形式举行。

第八十二条 ［监事会会议表决方式］

监事会会议表决程序应以记名方式进行。

第八十三条 ［监事会会议的表决］

监事会会议进行表决时，每名监事享有一票表决权，表决的内容包括同意、反对及弃权三种。表决事项应得到全体监事过半数同意方可通过。

第八十四条 ［监事会会议记录］

无论是否采取现场会形式召开，监事会会议应对所议事项的决定做出会议记录。出席会议的监事应在会议记录上签名。会议记录应妥善保存于公司并存档备查。

第八十五条 ［监事会议事规则的制定］

监事会应根据公司章程制定具体的监事会议事规则，监事会议事规则应报出资人备案。

第五节　公司党组织

第八十六条 ［党团组织的设立及活动依据］

根据《党章》《中国共产主义青年团章程》（以下简称《团章》）的规定，分别在公司设立党委、纪委和共青团组织，开展党团活动。公司应当为党团活动提供必要条件。

第八十七条 ［党组织机构设置］

（一）公司党委和公司纪委的书记、副书记、委员的职数按上级党组织批复设置，并按照《党章》等有关规定选举或任命产生；

（二）公司党委和公司纪委设专门工作机构，并配备专职工作人员；

（三）公司党委、纪委工作机构及其人员编制纳入公司管理机构框架和编制总额，党组织工作经费纳入公司预算，从公司管理费中列支。

第八十八条 ［公司党委职权］

根据《党章》，公司党委发挥领导核心和政治核心作用，把方向、管大局、保落实；党委围绕公司生产经营开展工作，落实基层党建工作责任制、党风廉政建设责任制和意识形态责任制。公司党委的职权如下：

（一）保证监督党和国家的方针政策在公司的贯彻执行，落实市委重大决策部署和区委重要工作部署；

（二）通过制定《公司党委议事规则》（以下简称《议事规则》）等工作制度，对公司党委参与公司决策的原则、内容、程序和方式予以明确。按照《议事规则》对公司“三重一大”事项等重大问题作出决定或提出意见建议；

（三）根据上级党组织工作部署，结合公司改革发展和生产经营实际，制订公司党委、纪委年度计划，并在公司开展党的各项工作；

（四）支持出资人、董事会、监事会、经理层依法行使职权，公司党委书记一般推荐为董事长或副董事长人选，公司纪委书记应推荐为监事人选，并按照法定程序选举产生或任命；

（五）遵循党管干部和党管人才的原则，在选人用人中承担领导和把关职责。支持董事会依法选择经营管理者和日常经营管理机构依法行使用人权，对董事会或总经理拟提名的人选进行酝酿并提出意见或建议；或者向董事会、总经理推荐提名人选，会同董事会对拟任人选进行考察，集体研究提出意见建议；

（六）加强公司领导人员尤其是党员领导人员的监督，加强教育管理，严格执行履职待遇及业务支出相关规定，整合运用党内监督、监事会、职代会和经济审计等监督资源，健全完善公司权力运行监督机制；

（七）担负全面从严治党主体责任，领导公司党风廉政建设，支持纪委切实履行监督责任；领导公司思想政治工作、统战工作、精神文明建设、企业文化建设和工会、共青团等群团工作；

（八）研究布置公司党的建设各项工作，指导和监督所属基层党组织开展工作；

（九）全心全意依靠公司职工群众，支持职工代表大会开展工作，推动工资集体协商和职工工资增长机制，维护职工群众合法权益。

第八章 董事、监事及高级管理人员的资格、义务及法律责任

第一节 任职资格以及忠实勤勉义务

第八十九条 ［董事、监事、高级管理人员的任职条件］

董事、监事、高级管理人员，应当具备下列条件：

（一）有良好的品行；

（二）有符合职位要求的专业知识和工作能力；

（三）有能够正常履行职责的身体条件；

（四）法律法规、规章、规范性文件和公司章程规定的其他条件。

第九十条 ［董事、监事、高级管理人员的任职限制］

有下列情形之一的，不得担任公司的董事、监事、高级管理人员：

（一）无民事行为能力或者限制民事行为能力；

（二）因贪污、贿赂、侵占财产、挪用财产或者破坏社会主义市场经济秩序，被判处刑罚，执行期满未逾五年，或者因犯罪被剥夺政治权利，执行期满未逾五年；

（三）担任破产清算的公司、企业的董事或者厂长、经理，对该公司、企业的破产负有个人责任的，自该公司、企业破产清算完结之日起未逾三年；

（四）担任因违法被吊销企业法人营业执照、责令关闭的公司、企业的法定代表人，并负有个人责任的，自该公司、企业被吊销企业法人营业执照之日起未逾三年；

（五）个人所负数额较大的债务到期未清偿。

已获得委派或选举的董事、监事或者聘任的高级管理人员不符合上述规定的，对其委派、选举或者聘任的决定无效。

董事、监事、高级管理人员在任职期间出现本条第一款所列情形的，出资人或公司应当解除其职务。

第九十一条 ［外部董事的任职限制］

外部董事不得与公司存在任何可能影响其公正履行外部董事职务的关系。下列人员不得担任公司的外部董事：

（一）本人及其直系亲属、主要社会关系两年内曾在拟任职公司或拟任职公司的全资、控股子公司担任中层以上职务的人员；

（二）两年内曾与拟任职公司有直接商业交往的人员；

（三）持有拟任职公司及所投资企业股权的人员；

（四）在与拟任职公司有竞争或潜在竞争关系的企业任职的人员；

（五）法律法规、规章、规范性文件和公司章程其他条款规定的不得担任外部董事的其他人员。

第九十二条［忠实义务和诚信原则］

董事、监事和高级管理人员应当遵守法律法规、规章、规范性文件和公司章程的相关规定，对公司负有忠实义务，不得利用职权收受贿赂或者其他非法收入，不得侵占或损害公司的财产、利益及对公司有利的商业机会。

董事、监事、高级管理人员在履行职责时，必须遵守诚信原则，以公司最大利益为出发点行事，且应在其职权范围内行使权力，不得越权。

董事、监事、高级管理人员对公司承担的忠实义务不因其任期结束而当然解除，忠实义务的持续期间应根据公平原则，并视事件的性质、董事、监事、高级管理人员任期结束的原因，以及事件与董事、监事、高级管理人员离任前的关系确定。

董事、监事、高级管理人员对公司的保密义务，应至相关信息被依法公开披露为止。

第九十三条［不得从事的行为］

董事、监事及高级管理人员不得有以下行为：

（一）挪用公司资金；

（二）将公司资金以其个人名义或者以其他个人名义开立账户存储；

（三）违反公司章程的规定，未经出资人或者董事会同意，将公司资金借贷给他人或者以公司财产为他人提供担保；

（四）未经出资人同意，与公司订立合同或者进行交易；

（五）未经出资人同意，利用职务便利为自己或者他人谋取属于公司的商业机会，自营或者为他人经营与所任职公司同类的业务（经适当程序决定在由公司投资的控股、参股公司任职的除外）；

（六）将他人与公司交易的佣金归为己有；

（七）擅自披露，或非以公司利益为目的使用公司秘密；

（八）违反对公司忠实义务的其他行为。

董事、监事及高级管理人员违反前款规定所得的收入应当归公司所有。

第九十四条［不得指使他人从事相关行为］

董事、监事及高级管理人员，不得指使下列人员或者机构从事公司章程第九十三条所禁止其本身从事的事宜：

（一）董事、监事及高级管理人员的配偶或者未成年子女；

（二）董事、监事及高级管理人员或者本条第（一）项所述人员的受托人；

（三）董事、监事及高级管理人员或者本条第（一）项、第（二）项所述人员的合伙人；

（四）由董事、监事及高级管理人员在事实上单独控制的公司，或者与本条第（一）项、第（二）项、第（三）项所提及的人员或者公司其他董事、监事及高级管理人员在事实上共同控制的公司；

（五）本条第（四）项所指被控制的公司的董事、监事及高级管理人员。

（六）董事、监事及高级管理人员违反本条规定，视同其本人违反了第九十三条。

第九十五条 ［勤勉义务］

董事、监事及高级管理人员对公司负有勤勉义务，应当投入足够的时间和精力，独立、谨慎地行使职权。

第二节　法律责任及追究

第九十六条 ［赔偿责任］

董事、监事、高级管理人员执行公司职务时违反法律法规、规章、规范性文件或者公司章程的规定，给公司造成损失的，应当承担赔偿责任。

第九十七条 ［公司内部处分］

当出资人发现董事、监事、高级管理人员违反第九十三条或有第九十四条规定的情形的，无论是否依据第九十六条的规定处理，其均可以对相关的董事、监事、高级管理人员提出警告、责令其限期停止相关行为或予以改正。

第九十八条 ［出资人要求诉讼和代表诉讼］

董事、高级管理人员有第九十六条规定的情形的，出资人可以书面要求监事会向人民法院提起诉讼；监事有第九十六条规定的情形的，出资人可以要求董事会向人民法院提起诉讼。

监事会或董事会收到前款规定的出资人书面请求后拒绝提起诉讼，或者自收到请求之日起30日内未提起诉讼，或者情况紧急、不立即提起诉讼将会使公司利益受到难以弥补的损害的，出资人有权为了公司的利益以自己的名义直接向人民法院提起诉讼。

他人侵犯公司合法权益，给公司造成损失的，出资人可以依照前两款的规定向人民法院提起诉讼。

第九十九条 ［出资人直接诉讼］

董事、监事及高级管理人员违反法律法规、规章、规范性文件或者公司章程的规定，损害出资人利益的，出资人可以向人民法院提起诉讼。

第一百条 ［其他责任］

如董事、监事、高级管理人员违反第九十二条或者出现第九十三条规定的情况或从事法律法规、规章、规范性文件或者公司章程的规定所禁止的行为，除按照公司章程的相关规定追究其民事赔偿责任外，出资人还有权：

（一）在其认为董事、监事、高级管理人员的行为构成犯罪时，要求公安或检察机关进行调查并追究其刑事责任；

（二）立即撤销或建议其他机构撤销行为人的董事、监事职务或要求董事会解聘行为人的高级管理人员职务；

（三）依照董事、监事、高级管理人员的行政、人事隶属关系对行为人进行相关处分；

（四）依照董事、监事、高级管理人员党籍隶属关系，通过中国共产党相关组织对行为人进行党内处分。

第九章　财务制度

第一百零一条 ［财务会计制度的建立］

公司应当依照法律、行政法规和国务院财政部门的规定建立本公司的财务、会计制度。除法定的会计账簿外，不得另立会计账簿。对公司资产，不得以任何个人名义开立账户存储。

第一百零二条 ［财务会计报告、公司审计和聘用会计师事务所］

公司应当在每一会计年度终了时编制符合法律、行政法规和国务院财政部门规定的财务会计报告，并依法经有相应从业资格的会计师事务所审计。公司应当向聘用的会计师事务所提供真实、完整的会计凭证、会计账簿、财务会计报告及其他会计资料，不得拒绝、隐匿、谎报。

上述会计师事务所的聘用和解聘由出资人决定。

第一百零三条 ［法定公积金的提取］

公司分配当年税后利润时，应当提取利润的百分之十列入公司法定公积金。公司法定公积金累计额为公司注册资本的百分之五十以上的，可以不再提取。公司的法定公积金不足以弥补上年度亏损的，在依照前款规定提取法定公积金之前，应当先用当年利润弥补亏损。

第一百零四条 ［任意公积金的提取］

公司从税后利润中提取法定公积金后，出资人可以决定从税后利润中提取任意公积金。

第一百零五条 ［财务风险控制制度］

公司应建立科学的财务风险控制制度，上述制度应包括需向出资人报告重大事项的财务指标。

第一百零六条 ［分红制度］

公司依照企业国有资产经营收益管理的相关规定进行分红。

公司按照一定的比例上缴净利润。具体上缴比例由出资人会同相关部门报【　　】人民政府确定。

对于公司控股、参股的企业，公司必须通过董事会等内设决策机构，区分确定该企业的分红水平，决定该企业的利润分配方案：对于公司控股企业，通过该企业内设决策机构，决定其利润分配方案；对于公司参股企业，属新设企业的，应在制定新设企业章程时，明确该企业的分红水平；属存续企业的，应在每一会计年度末向公司决策机构提出分红建议。

公司通过实施上述措施，提高公司的控制力和资本优化配置效率，确保公司向出资人利润分配的资金来源。

第一百零七条 ［内部审计］

公司实行内部审计制度，设立独立的审计部门并配备专职审计人员，对公司财务收支、经济活动以及公司控股企业的法定代表人离任进行内部审计监督。公司内部审计制度和审计人员的职责，应当经董事会批准后实施。审计负责人向董事会负责并报告工作。

第十章　劳动人事

第一百零八条 ［劳动合同制］

公司实行全员劳动合同制，根据《劳动法》与职工建立劳动关系。

第一百零九条 ［工资制度］

公司应依法建立健全的劳动工资制度。

第一百一十条 ［设立工会］

公司根据《工会法》设立工会。

公司职工依照《工会法》组织工会，开展工会活动，维护职工合法权益。公司为本公司工会提供必要的活动条件。

第一百一十一条 ［听取工会、职工意见］

公司研究决定改制以及经营方面的重大问题、制定重要的规章制度及其他与职工切身利益有关的事宜时，应当听取公司工会的意见，并积极通过各种形式听取职工的意见和建议，实行民主管理。

第一百一十二条［社会保险的缴纳］

公司依法为职工缴纳社会保险。

第一百一十三条［保护职工合法权益］

公司积极保护职工的合法权益，依法与职工签订劳动合同，参加社会保险，加强劳动保护，实现安全生产。公司采用多种形式，加强公司职工的职业教育和岗位培训，提高职工素质。涉及职工的福利计划和薪酬方案，应当听取工会的意见，并通过职工代表大会或者其他形式听取公司职工的意见和建议。

第十一章　社会责任和突发事件处理

第一百一十四条［社会责任］

公司从事经营活动应当遵守法律、行政法规、规章以及相关规范性文件的规定，加强经营管理，提高经济效益，接受人民政府及其有关部门、机构依法实施的管理和监督，接受社会公众的监督，承担社会责任，对出资人负责。

公司在实现企业自身经济发展目标的同时，将自身发展与社会协调发展相结合，积极承担社会责任，重视公司与利益相关者、社会、环境保护、资源利用等方面的非商业贡献，致力于创造良好的社会效益，实现公司与社会可持续发展。

公司深化社会责任意识，健全社会责任管理体系，不定期发布社会责任报告（或可持续发展报告）。

公司致力于开展各种形式的企业社会责任公共活动，持续关注企业自身社会责任建设，推动企业积极参与社会公益事业。

第一百一十五条［安全生产］

公司作为全面落实安全生产的责任主体，建立安全生产长效机制，防止和减少生产安全事故，保障公司职工和公众的生命财产安全。

第一百一十六条［突发事件］

突发事件是指突然发生的、有别于日常经营的、已经或者可能会对公司的经营、财务状况，以及对公司声誉产生严重影响的、需要采取应急处理措施予以应对的偶发性事件。

对突发事件的应急管理，应建立快速反应和应急处理机制以及报告制度。

突发事件处理应遵循的基本原则：及时、有效，最大限度地减少对公司经营和形象的影响，维护社会公共利益和公司利益的统一。

公司为应对突发事件，应制定第一处理人和发言人制度等各项制度。

公司发生突发事件应立即向出资人进行报告。

处理突发事件必要时，公司可以邀请公正、权威、专业的机构协助解决突发事件，以确保公司处理突发事件时的公众信誉度及准确度。

第十二章　解散与清算

第一百一十七条　［公司解散的事由］

公司因下列原因解散：

（一）公司章程规定的营业期限届满或者公司章程其他条款规定的解散事由出现；

（二）出资人决定并经【　　】人民政府批准解散；

（三）因公司合并或者分立需要解散；

（四）依法被吊销企业法人营业执照、责令关闭或者被撤销。

第一百一十八条　［清算组的成立］

公司因第一百一十七条第（一）项、第（二）项、第（四）项规定而解散的，应当在解散事由出现之日起十五日内成立成员不少于三人的清算组，开始清算。清算组由出资人指定。

第一百一十九条　［清算组的职权］

清算组在清算期间行使下列职权：

（一）清理公司财产，分别编制资产负债表和财产清单；

（二）通知、公告债权人；

（三）处理与清算有关的公司未了结的业务；

（四）清缴所欠税款以及清算过程中产生的税款；

（五）清理债权、债务；

（六）处理公司清偿债务后的剩余财产；

（七）代表公司参与民事诉讼活动。

第一百二十条　［债权申报通知和公告］

清算组应当自成立之日起 10 日内通知债权人，并于 60 日内在报纸上公告。债权人应当自接到通知书之日起 30 日内，未接到通知书的自公告之日起 45 日内，向清算组申报其债权。

债权人申报债权，应当说明债权的有关事项，并提供证明材料。清算组应当对债权进行登记。

在申报债权期间，清算组不得对债权人进行清偿。

第一百二十一条 ［清算方案、清算期间对公司财产分配的限制］

清算组在清理公司财产、编制资产负债表和财产清单后，应当制订清算方案，并报出资人及人民法院确认。

公司财产在分别支付清算费用、职工的工资、社会保险费用和法定补偿金，缴纳所欠税款，清偿公司债务后的剩余财产归出资人所有。

清算期间，公司存续，但不得开展与清算无关的经营活动。公司财产在未按前款规定清偿前，不得分配给出资人。

第一百二十二条 ［清算报告和公司终止程序］

公司清算结束后，清算组应当制作清算报告，报出资人及人民法院确认，并报送公司登记机关，申请注销公司登记，公告公司终止。

第一百二十三条 ［清算组成员的义务、责任］

清算组成员应当忠于职守，依法履行清算义务。

清算组成员不得利用职权收受贿赂或者其他非法收入，不得侵占公司财产。

清算组成员因故意或者重大过失给公司或者债权人造成损失的，应当承担赔偿责任。

第一百二十四条 ［宣告破产］

清算组在清理公司财产、编制资产负债表和财产清单后，发现公司财产不足清偿债务的，应当依法向人民法院申请宣告破产。

公司经人民法院裁定宣告破产后，清算组应当将清算事务移交给人民法院。

公司被依法宣告破产的，依照有关企业破产的法律实施破产清算。

第十三章 其他事项

第一百二十五条 ［信息披露制度的衔接］

公司应当制定信息披露事务管理制度。公司的董事、监事、高级管理人员应当忠实、勤勉地履行职责，保证披露信息的真实、准确、完整、及时、公平。

如公司对外投资参股、控股上市公司的，行使股东权涉及信息披露时，应与上市公司信息披露制度衔接。

第一百二十六条 ［章程修改］

有下列情形之一的，公司应当修改章程：

（一）《公司法》或有关法律法规、规章、规范性文件修改后，章程规定的事项与修改后的法律法规、规章、规范性文件的规定相抵触；

（二）公司的情况发生变化，与章程记载的事项不一致；

（三）出资人决定修改公司章程。

第一百二十七条 ［用语解释］

公司章程中“以上”“以下”的表述均包含本数。

第一百二十八条 ［未尽事宜的执行］

公司章程未尽事宜根据相关法律法规、规章、规范性文件的规定执行。

第一百二十九条 ［章程的生效和解释］

公司章程由出资人签署批准后生效，由出资人负责解释。

第十六章　国有控股公司的章程设计

国有控股公司是指通过持有其公司达到决定性表决权的股份，而对该公司进行经营控制，并主要从事资本经营及其他生产经营的国有企业，是较为特殊的一类公司。国有控股公司的规定主要依据《公司法》，但也要依据《企业国有资产法》等相关法律法规，故其章程的撰写有其特殊性，特专章予以阐述。

第一节　概述

一、概念与分类

国有控股公司是专司国有资产所有者职能和经营管理职能的一种特殊企业法人，它不仅承担着行业调整和产业调整的任务，还承担着经济目标外的社会公益目标。国有控股公司可以分为纯粹型控股公司和混合型控股公司。纯粹型控股不直接从事股权，而对其他公司或企业实行控制。混合型控股主要通过股份持有控制子公司，又直接进行一部分生产经营活动。这种控股公司投入全资子公司、控股子公司、参股子公司的资本总额，必须超过注册资本金的 50% 以上，用于直接生产经营的资本总额只能小于公司注册资本金的 50%。在对子公司的关系上，它行使的是出资者权利，而在直接生产经营活动中，它还享有法人财产权。在授权一些企业集团的核心公司作为国有控股公司时，为了保持生产经营的稳定，可以设立混合型控股公司。但要通过制定章程，防止母子公司之间发生不规范的竞争。

国有控股公司一般应包括四种情况，即国家控股公司、国家投资公司、大型国有集团控股公司和地区国有控股公司。

1. 国家控股公司：国家控股公司应是国家单独投资设立，经国务院批准对授权范围内国有资产行使所有者权利，主要以控股方式从事资产经营活动，并依法登记注册的特殊企业法人，它一般应是纯粹性控股公司。这种公司不得宣告破产。遇公司清算，其净资产不足以清偿债务的，其不足部分由国务院承担。换句话说，一般来说，这种公司国家是不能让其破产的。这种公司除依照国家的产业政策开展经营活动外，还要完成国家要求完成社会公益任务。这种公司的设立条件是比较严格的，除一般规定外，应该要求其主要经营业务要符合国家的产业政策，所在行业在国民经济中要占有非常重要地位；其净资产和总资产要达到一定的规模。除此之外，对其报批的文件，包括公司章程、经营范围等要有明确的要求和规定。公司的法人治理结构也与一般公司不同，可以实行总经理负责制，设立党组，国务院对其派出监事会等。

2. 国家投资公司：国家投资公司应是国务院特别批准和授权，主要以控股方式从事国有资本投资活动，并经登记注册的特殊企业法人。其主要职能是依国家产业政策和市场需要，负责从事特定行业经营性项目的国有固定资产投资活动。它的设立也要符合国家产业政策，经国务院特别批准。对其注册资本、净资产及总投资要有一定的下限的规定，其法人治理结构的规定等与国家控股公司类似。

3. 大型公司：是指大型国有集团公司或大型国有企业，一般又被称为央企或特大型国企，是按照《公司法》的规定，经国务院授权而改组成为国有控股公司的，都可以适用有关国有控股公司的法律规定。这类集团公司是国有控股的一般形式与国家控股公司有一定的区别，区别之一，这类公司是混合型控股公司，即在主要从事生产经营的同时，也可以以控股方式进行国有资产的经营；区别之二，这类控股公司可以不是国家独资公司，其组织和行为一般受《公司法》调整。改组为这样的国有控股公司一般应具备这样一些条件：（1）经营管理制度健全、经营状况较好；（2）有完善的公司章程；（3）注册资本、净资产和总资产达到法律法规规定的最低限额；（4）有符合《公司法》规定的组织机构；（5）经国务院授权。

4. 地区性公司：地区性国有控股公司是指经省级人民政府批准和授权，主要以控股方式从事资产经营活动，并经登记注册的特殊企业法人。其职能主要是依法对授权范围内的国有资产行使经营管理权，通过国有资产的积极高效运作，盘活存量，优化增量，促进产品结构、产业结构和企业组织结构调整，增强国有资本的经营能力、控制能力和渗透能力，壮大优势企业、重点行业和支柱产业，搞活国有经济并负责完成当地政府要求的社会公益任务。对这类国有控股公司要坚持公平竞争，禁止行业垄断和地区封锁。在设立条件上要比国家级的控股公司宽泛一些，在符合国家产业政策和地区经济发展要求的前提下，其注册资本、净资产的限额要低一些，但比一般性公司要高，建议其注册资本不得低于 20 亿元人民币。

第二节　出资人

《企业国有资产法》第 5 条规定："本法所称国家出资企业，是指国家出资的国有独资企业、国有独资公司，以及国有资本控股公司、国有资本参股公司。"因此，国有控股公司的出资人分为国家和其他出资人，国务院和地方人民政府依照法律、行政法规的规定，分别代表国家对国家出资企业履行出资人职责，享有出资人权益。其中国务院确定的关系国民经济命脉和国家安全的大型国家出资企业，重要基础设施和重要自然资源等领域的国家出资企业，由国务院代表国家履行出资人职责。其他的国家出资企业，由地方人民政府代表国家履行出资人职责。

一、履行出资人职责的机构

国有控股公司的资本金是国家直接出资，而其子公司中的资本金是国家授权其出资的。因此，它是国家授权投资的机构，是国有资产直接运营主体和投资主体，是独立行使国有资产出资者所有权的特殊法人。国有资产出资人长期以来大多是政府机构担任，主要有：财政部门、国有资产管理部门、经济贸易委员会、专业经济管理部门等经营活动中的国有资产产权主体，是被授权代表国家履行国有资产所有权权能并且自己有独立产权权能的市场行为主体，是与其他市场主体地位相同、权责对等的市场行为主体。

国务院国有资产监督管理机构和地方人民政府按照国务院的规定设立的国有资产监督管理机构，根据本级人民政府的授权，代表本级人民政府对国家出资企业履行出资人职责。国务院和地方人民政府根据需要，可以授权其他部门、机构代表本级人民政府对国家出资企业履行出资人职责。

履行出资人职责的机构代表本级人民政府对国家出资企业依法享有资产

收益、参与重大决策和选择管理者等出资人权利；依照法律、行政法规的规定，制定或者参与制定国家出资企业的章程；对法律、行政法规和本级人民政府规定须经本级人民政府批准的履行出资人职责的重大事项，应当报请本级人民政府批准。

二、出资人的权利和义务

（一）出资人的权利

国有资产出资人作为国有控股公司的控股股东，有议案提出权和表决权。国家出资企业合并、分立、改制、上市，增加或者减少注册资本，发行债券，进行重大投资，为他人提供大额担保，转让重大财产，进行大额捐赠，分配利润，以及解散、申请破产等重大事项，国有资本控股公司、国有资本参股公司依照法律、行政法规以及公司章程的规定，履行出资人职责的机构委派的股东代表参加国有资本控股公司、国有资本参股公司召开的股东会会议、股东大会会议，应当按照委派机构的指示提出提案、发表意见、行使表决权，并将其履行职责的情况和结果及时报告委派机构。

（二）出资人的义务

首先，出资人应该接受监督。履行出资人职责的机构对本级人民政府负责，向本级人民政府报告履行出资人职责的情况，接受本级人民政府的监督和考核，对国有资产的保值增值负责。国有资产监督管理机构依照《公司法》等法律、法规，对所出资企业履行出资人职责，维护所有者权益；指导推进国有及国有控股企业的改革和重组。其次，出资人有定期报告的义务。履行出资人职责的机构应当按照国家有关规定，定期向本级人民政府报告有关国有资产总量、结构、变动、收益等汇总分析的情况。再次，出资人应当履行及时出资的义务。履行出资人职责的机构应当依照法律、行政法规以及企业章程履行出资人职责，保障出资人权益，防止国有资产损失。这不仅是国有资产出资人应当承担的义务，也是普通出资人应承担的义务。最后，履行出资人职责的机构应当维护企业作为市场主体依法享有的权利，除依法履行出资人职责外，不得干预企业经营活动。

第三节　股东的出资方式、出资额和出资时间

一、出资方式

《公司法》第 27 条第 1 款规定："股东可以用货币出资，也可以用实物、知识产权、土地使用权等可以用货币估价并可以依法转让的非货币财产作价出资；但是，法律、行政法规规定不得作为出资的财产除外。"需要说明的是，国有控股公司作为公司设立的一种特殊形式，一方面在出资方式上同样受《公司法》的规范，但另一方面由于属于国有控股公司在实践中也存在一定的特殊性。

1. 货币出资。这里所说的货币，通常是指我国的法定货币，即人民币。设立公司必然需要一定数量的货币，用以支付创建公司的开支和公司设立后的生产经营费用。新《公司法》取消了货币出资的数额要求，所以股东可以用任意金额的货币进行出资，但是实践中，国有控股公司往往需要发挥特殊的作用，其出资额往往巨大，而且国有控股公司的出资程序较为严格。债转股等方式也是国有控股企业的常用的出资方式。

2. 实物出资。实物是指有形物，法律上把财产区分为有形财产和无形财产两大类，实物属于有形财产的一部分。有形财产又可以分为动产和不动产。所谓不动产，是指不能自由移动或一旦移动会破坏其物质形态或经济价值的财产。动产则是指不动产以外，可以移动并且不因移动而破坏其原有经济价值和物质形态的财产。研究国有控股公司章程可以发现，国有控股公司根据不同的功能定位、企业类别，其实物出资的内容具有明显的区别，如都属于国有控股企业，但有的属于公益类，有的属于功能类，有的属于竞争类，因此实物出资方式也有不同。

3. 知识产权出资。知识产权包括著作权和工业产权。知识产权是指民事主体对智力劳动成果依法享有的财产权利。知识产权上不断扩张的开放体系，其范围主要包括著作权和邻接权、专利权、商标权、商业秘密权、植物新品种权、集成电路布图设计权、商号权，这在科创类企业、设计类国有控股公司中经常作为出资方式。

4. 土地使用权出资。公司特别是国有控股公司开展生产经营活动，往往

需要固定的场所。因此，股东往往以土地使用权作价出资。一般来说，公司取得土地使用权的方式有两种：一是股东以土地使用权作价后向公司出资而使公司取得土地使用权；二是公司向所在地的市（县）级土地管理部门提出申请，经过审查批准后，通过订立合同而取得土地使用权，公司则依法交纳场地使用费。前者为股东出资方式，后者则是公司设立后的经营行为。股东以土地使用权出资，必须符合国家有关法律、行政法规的规定，并要履行有关法律手续，这在比较多的以房地产、建工工程等国有控股公司中较为常见。

二、出资额

《公司法》第216条规定："……控股股东，是指其出资额占有限责任公司资本总额百分之五十以上或者其持有的股份占股份有限公司股本总额百分之五十以上的股东；出资额或者持有股份的比例虽然不足百分之五十，但依其出资额或者持有的股份所享有的表决权已足以对股东会、股东大会的决议产生重大影响的股东……"因此，国有控股公司的国有资本往往持有相对固定的出资的比例，如67%以上、51%以上或者虽然低于50%但是仍然是最大股东。

三、出资时间

根据我国《公司法》的规定，股东的出资方式、出资额和出资时间可以在公司章程中自主约定。因此，在国有控股公司中，在设立前可以根据实际情况在公司章程中约定出资缴纳的时间，但该时间的约定应当以维护公司利益为基准。

第四节　法定代表人

《公司法》第13条规定："公司法定代表人依照公司章程的规定，由董事长、执行董事或者经理担任，并依法登记。公司法定代表人变更，应当办理变更登记。"而且国有控股公司的法定代表人往往是国有股东方委派人员，而且其应当遵守国有企业及参照国家公务员独有的相关法律规定。

一、不得担任公司法定代表人的情况

在国有控股公司中，有下列情形之一的，不得担任公司的董事、高级管理人员及公司的法定代表人：

1. 无民事行为能力或者限制民事行为能力；

2. 因贪污、贿赂、侵占财产、挪用财产或者破坏社会主义市场经济秩序，被判处刑罚，执行期满未逾五年，或者因犯罪被剥夺政治权利，执行期满未逾五年；

3. 担任破产清算的公司、企业的董事或者厂长、经理，对该公司、企业的破产负有个人责任的，自该公司、企业破产清算完结之日起未逾三年；

4. 担任因违法被吊销营业执照、责令关闭的公司、企业的法定代表人，并负有个人责任的，自该公司、企业被吊销营业执照之日起未逾三年；

5. 个人所负数额较大的债务到期未清偿。

公司违反前款规定选举、委派董事或者聘任高级管理人员的，该选举、委派或者聘任无效。董事、高级管理人员在任职期间出现上述所列情形的，公司应当解除其职务。

二、法定代表人的产生

《公司法》第 109 条第 1 款规定："董事会设董事长一人，可以设副董事长。董事长和副董事长由董事会以全体董事的过半数选举产生。"因此，公司的法定代表人是由公司的股东推选出董事人选组成公司的董事会，然后由董事会选举产生董事长。在国有控股公司中，国家为其主要股东（由国资委负责监管和代理职责），所以由国资委来推举董事，组成董事会，董事会成员推选董事长。

三、法定代表人的职权和禁止行为

（一）法定代表人的权利和义务

根据我国相关法律法规的规定，国有控股公司的董事长行使下列职权，总经理是公司法定代表人的，应增加相应职权：

1. 召集、主持董事会会议，主持董事会日常工作，在董事会休会期间，根据董事会的授权，行使董事会的部分职权；

2. 督促、检查董事会决议的执行；

3. 根据董事会授权，与所出资的全资、控股企业法定代表人签订年度经营责任书；

4. 签署公司发行债券及其他有价证券，签署重要合同和董事会重要文件，根据董事会决议签发各种聘任或解聘文件，签署应由公司法定代表人签署的其他文件；

5. 在发生特大自然灾害等不可抗力的紧急情况下，对公司事务行使符合法律、法规和公司利益的特别处置权，并在事后向公司董事会和股东会报告；

6. 法律法规和公司章程规定应由法定代表人行使的其他职权和董事会授权的其他职权。

公司的法定代表人应当列席股东会或者股东大会，并接受股东的质询。还应当如实向监事会或者不设监事会的有限责任公司的监事提供有关情况和资料，不得妨碍监事会或者监事行使职权。

典型案例

案例：国有控股企业负责人贪污、侵占、挪用的应承担刑事责任与民事责任

某国有控股企业A公司董事长周某利用职务之便，与他人合伙贪污公款6100余万元，另外还挪用资金和侵占公司财产。经法院审理查明，2001年至2005年，周某在任A公司董事长期间，伙同何某利用职务之便，采取收入、支出不入账、隐匿公司债权、账外资金不纳入审计评估等手段，贪污公款6100余万元；企业改制后，周某伙同何某私自将公司资金800万元，借给他人注册验资使用。此外，两人采取不记账的手段，将公司账外资金人民币66万余元兑换成美元存入个人账户予以侵占。

大连市中级人民法院近日一审认定周某构成贪污罪、职务侵占罪、挪用资金罪，数罪并罚，一审判处其死刑，缓期两年执行。

大连市中级人民法院认定，被告人周某身为国有控股企业人员，其行为已经构成贪污罪、职务侵占罪、挪用资金罪。为此，数罪并罚，决定执行死刑，缓期两年执行，剥夺政治权利终身，并处没收个人全部财产。同案的另一被告人何某犯贪污罪，判处有期徒刑 15 年，还构成职务侵占罪、挪用资金罪，数罪并罚，决定执行有期徒刑 20 年，剥夺政治权利 3 年，并处没收财产人民币 400 万元。

【律师剖析】

周某作为国有控股公司的董事长，即该公司的法定代表人，利用职务之便侵害公司利益，给公司造成巨大损失。根据我国《公司法》的规定，在承担刑事责任的同时，还应当对公司承担相应的赔偿责任。

第五节　国有控股公司股权转让与清产核资

该部分内容也是国有控股公司章程的重要部分，因“国有独资公司”等章节已经阐述，在此不予重复。

附件一

国有控股公司章程条款设计示例

第一章　总则

第一条　为规范 ××××（股份）有限公司（以下简称公司）的组织和经营行为，保障股东和债权人的合法权益，根据《公司法》《企业国有资产监督管理暂行条例》和国家有关法律法规的有关规定，制定本章程。

第二条　公司注册名称：××××。

公司登记地址：××××，邮政编码：×××。

第三条　公司的经营行为和其他活动遵守中华人民共和国的法律法规，接受有关部门依法实施的监督管理，不得损害股东的合法权益。

第四条　公司是 ××× 有限公司，有独立的法人财产，享有法人财产权，并以其全部财产对公司债务承担责任。股东以其认缴的出资额为限对公司承担责任。

第五条　本章程对公司、公司董事、监事、总经理、副总经理及其他高级管理人员和法律法规规定的其他组织和个人具有约束力。

第六条　董事长（或总经理）是公司的法定代表人。

第七条　公司根据业务发展需要，按照有关法律法规的规定，经有关部门批准后，可在境内外设立子公司或分支机构。

第八条 公司根据《党章》的规定成立党组织。党组织在公司中处于政治核心地位，发挥政治领导作用，保证、监督党和国家的路线、方针、政策在公司的贯彻执行。

第九条 公司应建立完善职工代表大会制度，实行民主管理，保障职工的合法权益。

第十条 公司应服从各行业主管部门依法进行的管理活动，接受有关管理部门依法进行的指导、协调、监督和检查。

第二章 经营宗旨和范围

第十一条 公司经营宗旨：××××××。

第十二条 公司经营范围：××××××。

上述经营范围以经公司登记机关核准并记载于企业法人营业执照上的经营范围为准。

第三章 公司注册资本、股东

第十三条 公司的注册资本为人民币×××亿元，以×××出资。公司由×个股东组成：

股东一：（法人股东全称）

法定代表人姓名：×××

法定地址：××××

以×××方式出资××万元……共计出资×××万元，合占注册资本的××%，在×年×月×日前一次足额缴纳（或以×××方式出资××万元，其中首期出资××万元，于×年×月×日前到位，第二期出资××万元，于×年×月×日前到位……以×××方式出资××万元……共计出资×××万元，合占注册资本的××%）。

股东×：（自然人姓名）家庭住址：××××身份证号码：××××

以×××方式出资××万元……共计出资×××万元，合占注册资本的××%，在×年×月×日前一次足额缴纳（或以×××方式出资××万元，其中首期出资××万元，于×年×月×日前到位，第二期出资××万元，于×年×月×日前到位……以×××方式出资××万元……共计出资×××万元，合占注册资本的××%）。

第十四条 公司股东享有如下权利：

（一）委派股东代表参加股东会并按照其出资比例行使表决权；

（二）查阅、复制公司财务会计报告，了解公司经营状况和财务状况；

（三）向股东会提出董事会和监事会成员的推荐人选；

（四）依照其出资比例获得红利和其他形式的利益分配；

（五）依照法律、法规和公司章程的规定转让或质押其所持股权；

（六）优先购买其他股东转让的出资；

（七）优先认缴公司新增资本；

（八）对公司的经营行为进行监督，提出建议或质询；

（九）对法律、行政法规和公司章程规定的公司重大事项，享有知情权；

（十）公司终止或者清算时，依照其出资比例参加公司剩余财产的分配；

（十一）根据《公司法》之相关规定对公司、董事、监事、高级管理人员提起诉讼；

（十二）股东有权查阅、复制公司章程、股东名册、公司债券存根、股东会会议记录、董事会会议决议、监事会会议决议、财务会计报告，可以要求查阅公司会计账簿。

第四章　股东会

第十五条　公司设股东会。股东会由全体股东组成，是公司的最高权力机构。

第十六条　股东会依法行使下列职权：

（一）审核公司发展战略规划，决定公司的经营方针和投资计划；

（二）选举和更换非由职工代表担任的董事、监事，决定有关董事、监事的报酬事项；

（三）审议批准董事会的报告；

（四）审议批准监事会的报告；

（五）审议批准公司的年度财务预算方案、决算方案；

（六）审议批准公司的利润分配方案和弥补亏损方案；

（七）对公司增加或者减少注册资本做出决议；

（八）对发行公司债券做出决议；

（九）对公司合并、分立、解散、清算或者变更公司形式作出决议；

（十）对公司的合并、分立、解散、清算和股权转让等的重大资产转让以及对外投资、对外担保等重大事项，市国资委所派股东代表应当事先根据市国资委印发的管理办法执行，依法履行报批手续。

（十一）审议批准修改公司章程；

（十二）法律法规规定的其他职权。

第十七条 股东会会议分为定期会议和临时会议。定期会议应于上一个会计年度完结之后的六个月之内举行。经代表十分之一以上表决权的股东或三分之一以上的董事或监事会提议，应当召开临时股东会会议。

第十八条 股东会会议程序：

（一）股东会会议由董事会召集，董事长主持；董事长不能履行职务或者不履行职务的，由副董事长主持；副董事长不能履行职务或者不履行职务的，由半数以上董事共同推举一名董事主持。

（二）董事会不能履行或者不履行召集股东会会议职责的，由监事会召集和主持；监事会不召集和主持的，代表十分之一以上表决权的股东可以自行召集和主持。

（三）召开股东会会议，应当于会议召开 15 日前通知全体股东代表。

股东会应当将所议事项的决定作成会议记录，出席会议的股东代表应当在会议记录上签名。

第十九条 股东会表决方式：

（一）股东会会议由股东按照出资比例行使表决权（或作其他特殊规定）。

（二）股东会会议作出修改公司章程、增加或者减少注册资本的决议，以及合并、分立、解散或者变更公司形式的决议，必须经代表三分之二以上表决权的股东通过。股东会会议作出关于其他事项的决议，必须经代表二分之一以上表决权的股东通过。

第二十条 股东应保证公司注册资本到位，并以出资额为限对公司承担有限责任，不得抽逃出资。

第二十一条 公司股东应当遵守法律、行政法规和公司章程，依法行使股东权利，不得滥用股东权利损害公司或者其他股东的利益；不得滥用公司法人独立地位和股东有限责任损害债权人的利益。

公司股东滥用股东权利给公司或者其他股东造成损失的，应当依法承担赔偿责任。

公司股东滥用公司法人独立地位和股东有限责任，逃避债务，严重损害债权人利益的，应当对公司债务承担连带责任。

第二十二条 公司股东会决议内容违反法律、行政法规的无效。

股东会的会议召集程序、表决方式违反法律、行政法规或者公司章程，或者决议内容违反公司章程的，股东可以自决议作出之日起 60 日内，请求人民法院撤销。

公司根据股东会决议已办理变更登记的，人民法院宣告该决议无效或者撤销该决议后，公司应当向公司登记机关申请撤销变更登记。

第五章　董事会

第二十三条　公司设董事会，经股东会选举产生，对股东会负责。

第二十四条　公司董事会由 × 名董事成员组成，其中职工董事 × 名。董事由股东提名的，由股东会选举产生；董事由职工代表出任的，通过职工代表大会（或职工大会）民主选举产生。

董事会设董事长 1 人、副董事长 × 人。公司董事长、副董事长由全体董事选举产生。

董事会每届任期为三年，董事任期届满，连选（派）可以连任。董事任期届满未及时改选，或者董事在任期内辞职导致董事会成员低于法定人数的，在改选出的董事就任前，

原董事仍应当依照法律、行政法规和公司章程的规定，履行董事职务。

第二十五条　董事依法享有以下权利：

（一）出席董事会并依照有关规定行使表决权；

（二）根据公司章程规定或董事会的委托，代表公司执行有关业务；

（三）法律法规和公司章程规定的其他权利。

第二十六条　公司董事应承担以下义务：

（一）遵守法律法规和公司章程规定，执行董事会决议，忠实履行职责，依法维护公司和股东的合法权益；

（二）不得自营或为他人经营与公司同类的业务或从事损害公司利益的活动；

（三）不得泄露公司的商业秘密，不得利用职权为自己或他人谋取本应属于公司的商业机会；

（四）按照有关规定向股东提供公司的重大决策、重大财务事项及资产状况的报告；

（五）接受监事会对其履行职责的合法监督和合理建议；

（六）依法应承担的其他义务。

第二十七条　董事会对股东会负责，在法律、法规规定和股东会授权范围内行使以下职权：

（一）召集股东会会议，执行股东会的决议，并向其报告工作；

（二）拟订公司章程及章程修改方案；

（三）制订公司发展战略规划；

（四）按照公司发展战略规划，制订年度投资计划；

（五）决定公司经营计划和投资方案；

（六）审议公司所属子公司调整、合并、分立、解散方案，报股东会批准；

（七）决定授权范围内公司的投资、资本运营及融资方案；

（八）审议公司年度财务预算方案、决算方案，并报股东会批准；

（九）审议公司利润分配方案和亏损弥补方案，并报股东会批准；

（十）制订公司增减注册资本、发行公司债券的方案，报股东会批准；

（十一）决定公司内部管理机构设置方案；

（十二）制定公司各项基本规章制度；

（十三）依照有关规定程序，聘任或解聘公司总经理及其他高级管理人员，根据总经理的提名决定聘任或解聘财务负责人及其报酬事项；

（十四）法律法规规定和股东会授权的其他职权。

第二十八条（总经理是公司法定代表人的，本条作相应调整）董事长行使下列职权：

（一）召集、主持董事会会议，主持董事会日常工作，在董事会休会期间，根据董事会的授权，行使董事会的部分职权；

（二）督促、检查董事会决议的执行；

（三）根据董事会授权，与所出资的全资、控股企业法定代表人签订年度经营责任书；

（四）签署公司发行债券及其他有价证券，签署重要合同和董事会重要文件，根据董事会决议签发各种聘任或解聘文件，签署应由公司法定代表人签署的其他文件；

（五）在发生特大自然灾害等不可抗力的紧急情况下，对公司事务行使符合法律、法规和公司利益的特别处置权，并在事后向公司董事会和股东会报告；

（六）法律法规和公司章程规定应由法定代表人行使的其他职权和董事会授权的其他职权。

第二十九条 公司董事会每年度至少召开二次，并应于会议召开 10 日前通知全体董事。

公司董事会会议应有过半数的董事出席方可举行。公司董事会会议由董事长召集和主持。董事长不能履行职务或者不履行职务的，由副董事长履行职务；副董事长不能履行职务或者不履行职务的，由半数以上董事共同推举一名董事召集和主持。

下列情况下应当于 10 日内召开董事会临时会议：

（一）代表十分之一以上表决权的股东要求召开的；

（二）三分之一以上的董事提议召开的；

（三）监事会提议召开。

第三十条　董事会会议应由董事本人出席，因故不能出席的可以书面形式委托其他董事代为出席，委托书应载明授权范围。

第三十一条　董事会决议的表决，实行一人一票。董事会对所议事项作出的决议应由二分之一以上的董事表决通过方为有效，其中对某些重要事项作出的决议应由三分之二以上的董事表决通过方为有效。董事会的表决方式既可以采取举手投票表决，也可以采取其他具有法律效力的方式进行。

第三十二条　董事会会议应制成会议记录，由出席会议的董事在会议记录上签字。董事会决议应向股东报告和备案。

第三十三条　董事应当对董事会的决议承担责任。董事会的决议违反国家法律、法规或公司章程，致使公司遭受严重损失的，参与决策的董事对公司负有赔偿责任，但经证明在表决时曾表示异议并记载于会议记录的，该董事可以免除责任。对既未出席会议，又未委托代表出席董事会的董事应视为未表示异议，不免除其责任。

第三十四条　本章有关董事义务的规定，除具体职责外，适用于公司经营班子成员及其他高级管理人员。

第六章　总经理和经营层

第三十五条　公司设总经理 1 名，按有关规定程序由董事会聘任或解聘。

公司设副总经理 × 名，根据业务发展需要经董事会批准可设总经理助理、总工程师、总经济师、总会计师等其他高级管理职位，协助总经理开展工作。

总经理、副总经理任期三年，经考核合格可续聘。总经理和副总经理等组成公司的经营班子。

【设计指引：公司章程可设定公司其他人员为高级管理人员。如总工程师、总法律顾问等。】

第三十六条　总经理对董事会负责，行使以下职权（总经理是公司法定代表人的，应增加相应职权）：

（一）主持并向董事会报告公司生产经营管理工作，组织实施董事会决议；

（二）拟订公司重大投资、资本运营及融资方案，提交董事会审议；

（三）拟订公司战略发展规划和年度经营计划，提交董事会审议；

（四）拟订公司年度财务预算、决算、利润分配及亏损弥补方案，提交董事会审议；

（五）拟定公司内部管理机构设置和基本管理制度，提交董事会审议；

（六）制定公司具体规章；

（七）拟订公司薪酬、福利、奖惩制度及人力资源发展规划，提交董事会审议；

（八）聘任或解聘除应由股东会、董事会聘任或者解聘外的负责管理的人员；

（九）根据董事会或董事长的委托，代表公司签署合同等法律文件或者其他业务文件；

（十）总经理列席董事会会议；

（十一）公司章程或者董事会授予的其他职权。

第三十七条 总经理履行职权时，应严格遵守国家的法律法规，不得变更董事会决议或超越授权范围。

第三十八条 公司建立总经理办公会议制度。总经理办公会议分为例会和临时会议，例会每月不少于一次。

第七章 监事会

第三十九条 公司设监事会，由×名监事组成。监事会中×名成员由股东提名，并经股东会选举产生，×名成员由公司职工民主选举产生。监事会设主席一名，由全体监事选举，并过半数通过产生。

【设计指引：应分别写清监事人员，以及是否已报工商部门备案。】

本公司董事和总经理、副总经理、财务负责人等高级管理人员不得兼任监事。

监事任期每届三年。监事任期届满，连选可以连任。

第四十条 监事会行使下列职权：

（一）检查公司财务；

（二）对董事、高级管理人员执行公司职务的行为进行监督，对违反法律、行政法规、公司章程或者股东会决议的董事、高级管理人员提出罢免的建议；

（三）当董事、高级管理人员的行为损害公司的利益时，要求董事、高级管理人员予以纠正；

（四）提议召开临时董事会会议；

（五）提议召开临时股东会会议，在董事会不履行本章程规定的召集和主持股东会会议职责时召集和主持股东会会议；

（六）向股东会会议提出提案；

（七）依照《公司法》的有关规定，对董事、高级管理人员提起诉讼；

（八）列席董事会会议，并对董事会决议事项提出质询或者建议；

（九）法律法规和公司章程规定的其他职权。

第四十一条 监事会会议程序：

（一）监事会会议每年至少召开二次。监事可以提议召开临时监事会会议。

（二）监事会会议应当由全体监事参加；监事若不能参加会议，应当向会议召集人请假并委托其他监事行使表决权。监事会决议必须经全体监事过半数同意方为有效。

（三）监事会主席召集和主持监事会会议；监事会主席不能履行职务或者不履行职务的，由半数以上监事共同推举一名监事召集和主持监事会会议。

（四）监事会应当对所议事项的决定作出会议记录，出席会议的监事应当在会议记录上签名，监事有不同意见应在会议记录中予以记载。

第四十二条 监事会行使职权所必需的费用纳入公司年度财务预算，由公司承担。

第四十三条 监事会发现公司经营情况异常，可以进行调查；必要时可以聘请按有关程序确定的中介机构协助其工作，费用纳入公司财务预算，由公司承担。

第八章 公司的股权和产权转让

第四十四条 本条仅适用于有限责任公司。

公司的股东之间可以相互转让其全部或者部分股权。股东向股东以外的人转让股权，应当经其他股东过半数同意。股东应就其股权转让事项书面通知其他股东征求同意，其他股东自接到书面通知之日起满30日未答复的，视为同意转让。其他股东半数以上不同意转让的，不同意的股东应当购买该转让的股权；不购买的，视为同意转让。经股东同意转让的股权，在同等条件下，其他股东有优先购买权。

两个以上股东主张行使优先购买权的，协商确定各自的购买比例；协商不成的，按照转让时各自的出资比例行使优先购买权。

第四十五条 本条仅适用于有限责任公司。

人民法院依照法律规定的强制执行程序转让股东的股权时，应当通知公司及全体股东，其他股东在同等条件下有优先购买权。其他股东自人民法院通知之日起满20日不行使优先购买权的，视为放弃优先购买权。

第四十六条 在公司国有产权转让中，除省国资委、【 】市政府批准的协议转让项目外，其他产权转让都必须进场交易。在转让方确定转让产权的挂牌价格时，应当符合资产评估结果及其使用有效期的相关规定。

第四十七条 转让股权后，公司应当注销原股东的出资证明书，向新股东签发出资证明书，并相应修改公司章程和股东名册中有关股东及其出资额的记载。对公司章程的该项修改无须再由股东会表决。

第四十八条 本条仅适用于有限责任公司。

有下列情形之一的，对股东会该项决议投反对票的股东可以请求公司按照合理的价格收购其股权：

（一）公司连续五年不向股东分配利润，而公司该五年连续盈利，并且符合本章程规定的分配利润条件的；

（二）公司合并、分立、转让主要财产的；

（三）公司章程规定的营业期限届满或者章程规定的其他解散事由出现，股东会会议通过决议修改章程使公司存续的。

自股东会会议决议通过之日起60日内，股东与公司不能达成股权收购协议的，股东可以自股东会会议决议通过之日起90日内向人民法院提起诉讼。

第九章 财务、会计、审计、利润分配及劳动用工制度

第四十九条 公司依照法律法规和财政部的有关规定建立本公司的财务、会计制度。公司财务和会计工作应接受股东会或其委托机构的监督和指导。

第五十条 公司除法定的会计账册外，不得另立会计账册。对公司资产，不得以个人名义开立账户存储。

第五十一条 公司会计年度采用公历年制，自公历每年1月1日起至12月31日止为一个会计年度；每一会计年度结束后90日以内编制公司年度财务会计报告，并依法经会计师事务所审计后报送股东。财务会计报告应当依照法律、法规和国务院财政部门的规定制作。

第五十二条 公司利润分配按照《公司法》和有关法律法规及国务院、省、市政府及其财政主管部门的规定执行。

第五十三条 公司获得的当年税后利润，应提取10%列入公司法定公积金。法定公积金累计额超过公司注册资本金50%以上的，可以不再提取。

公司从税后利润中提取法定公积金后，经股东会决议，可提取任意公积金。

第五十四条　公司的公积金用于弥补公司的亏损、扩大公司生产经营或转为增加公司资本。但是，资本公积金不得用于弥补公司的亏损。法定公积金转为资本时，所留存的该项公积金不得少于转增前公司注册资本的25%。

第五十五条　公司依照有关法律的规定建立内部审计制度，对公司所属企业的财务收支和经济活动进行内部审计监督。公司内部审计制度和审计人员的职责，应当经董事会批准后实施。

第五十六条　公司劳动用工制度按国家有关法律法规及国务院、省、市政府及其劳动部门的有关规定执行。

第十章　公司合并、分立、解散和清算

第五十七条　公司可以依法进行合并或者分立。

第五十八条　公司合并时，合并各方的债权、债务，应当由合并后存续的公司或者新设的公司承继。

第五十九条　公司分立前的债务由分立后的公司承担连带责任。但是，公司在分立前与债权人就债务清偿达成的书面协议另有约定的除外。

第六十条　公司有下列情形之一时，应予以解散：

（一）公司章程规定的营业期限届满或者公司章程规定的其他解散事由出现；

（二）股东会决议解散的；

（三）因公司合并、分立或者重组需要解散的；

（四）公司依法被吊销营业执照、责令关闭或者被撤销的；

（五）公司经营管理发生严重困难，继续存续会使股东利益受到重大损失，通过其他途经不能解决，持有公司全部股东表决权10%以上的股东可以向人民法院请求解散。

第六十一条　公司依照前条第（一）项、第（二）项、第（四）项、第（五）项规定解散的，应当依法进行清算，应在自公司作出解散决议之时起15日内成立清算组，清算组由股东会指定人员组成。

清算组在清算期间行使法律规定的职权，并应严格依照法律规定的程序行事，维护公司股东和债权人的合法权益。

第六十二条　公司合并或者分立，登记事项发生变更的，应当依法向公司登记机关办理变更登记；公司解散的，应当依法办理公司注销登记；设立新公司的，应当依法办理公司设立登记。

第六十三条　股东接到重大事项报告和备案后，对应当通过股东会程序做出决定的事项及时召开股东会作出决定。

第十一章　章程修改

第六十四条　有下列情形之一的，公司应当修改章程：

（一）《公司法》等法律法规、省、市政府有关规定修改，或出台新的法律法规及规定，公司章程与之相抵触的；

（二）公司的实际情况发生变化，与章程记载的事项不一致的；

（三）股东会决议修改公司章程的；

（四）公司董事会提议修改章程并经股东会批准的；

（五）法律法规规定需要修改章程的其他情形。

第六十五条　章程修改方案经董事会通过后报股东会批准。章程经批准后生效，公司应及时向工商登记管理部门办理工商手续。

第十二章　附则

第六十六条　公司的营业期限为年，自公司营业执照签发之日起计算。

第六十七条　除特别说明外，本章程所称“以上”“超过”“以下”均含本数。

第六十八条　本章程所称控股子公司是指本公司按法律规定或章程约定拥有 50% 以上（不含 50%）表决权或其他实际控制权的公司。

第六十九条　本章程自股东会通过之日起生效。本章程未尽事宜，依照有关法律法规和政策处理。公司各项管理制度应依照本章程制定。

第七十条　本章程一式【　　】份，并报公司登记机关一份。公司登记事项以公司登记机关核定的为准。

第十七章　上市公司的章程设计

所谓“上市公司”，是指《公司法》第120条规定的股票在证券交易所上市交易的股份有限公司。本章节详细阐明了上市公司章程中必须载明的几大条款，包括股份、股东和股东大会、董事会、高级管理人员以及监事会，对一些章程指引中未明确的部分也做了相应的举例和阐述，突出了上市公司的特点。需要特别强调的是，上市公司章程也需要遵守《证券法》《上市公司章程指引》的相关规定。我国新《证券法》将于2020年3月1日起施行，新《证券法》共十四章，基本保持了现行《证券法》的框架结构。主要包括证券发行、证券交易、上市公司的收购、信息披露、投资者保护、证券交易场所、证券公司、证券登记结算机构、证券服务机构、证券业协会、证券监督管理机构等内容。由于落实注册制、删除上市条件等相关规定，条文总数由240条精简为226条，新增信息披露和投资者保护专章。本次修订主要从发行制度、民事赔偿诉讼、提高违法成本等方面，对证券市场基础制度进行了系统完善。具体而言，一是拓展证券适用范围，统一监管标准。将存托凭证（CDR）明确规定为法定证券，为海外独角兽企业A股上市奠定法律基础。将资产支持证券和资产管理产品写入《证券法》，在保持现有多头监管格局下，统一各类资管产品的监管原则。同时为期货法统一规范各类期货及期权产品奠定坚实基础。二是全面确定，分步实施证券发行注册制度。证券发行审查制度从实质审查转向形式审查，以信息披露为核心（第五章）。三是加强监管，显著提高证券违法违规成本。完善交易行为监管规定，细化操纵行为规定，新增虚假申报、跨市场操纵等行为类型。同时大幅提高证券违法违规成本。四是全面加强投资者保护，引入中国特色的“集团诉讼”制度。新《证券法》设专章（第六章）规定投资者保护制度，并作出了系列制度安排，等等。这在上市公司章程设计时需要特别注意。

第一节　股份

《公司法》第 125 条规定："股份有限公司的资本划分为股份，每一股的金额相等。公司的股份采取股票的形式。股票是公司签发的证明股东所持股份的凭证。"股份是股份有限公司股东持有的、公司资本的基本构成单位，也是划分股东权利义务的基本构成单位。

股份的主要法律特征可以概括如下：

（1）股份是公司资本构成的最小单位，具有不可分性。

（2）股份是公司资本的等额划分，具有金额的等额性。

（3）股份是股权的基础，具有权力上的平等性。

（4）股份表现为有价证券，具有自由转让性。

一、股份发行

上市公司股份发行是指公司依法对外发行股票的行为。

1. 股份发行的原则

《公司法》第 126 条规定："股份的发行，实行公平、公正的原则，同种类的每一股份应当具有同等权利。同次发行的同种类股票，每股的发行条件和价格应当相同；任何单位或者个人所认购的股份，每股应当支付相同价额。"因此，上市公司股份发行的原则概括如下：

（1）公开是要求对投资者充分披露募集股份的信息，使投资者了解发行人真实的、全面的情况，支持投资者在掌握最全面、最真实投资信息的基础上选择投资机会和估量投资风险，作出投资决策。股份发行活动，应当是规范的，有透明度的，禁止虚假信息和欺诈蒙骗投资者的行为。

（2）公平是股份发行的基本原则，要求参与股份发行的当事人在相同的条件下，地位是平等的，相同的投资者有相同的权利，相同的发行人在法律上负有相同的责任，不应当在相同的投资者之间有不公平的待遇，或者发行人中享有法律中不允许的特殊权利。

（3）公正也就是在股权发行中必须遵守统一制定的规则，当事人受到的法律保护是相同的，股份发行活动应当做到客观公正，依法办事，维护社会正义，保证有关公正原则的各项规范得以实施。

（4）同股同权，这是指相同的股份在相同的条件下应当具有平等性。同一个公司，相同的股份，在享有的权利上是平等的，在股票上所体现的权利也应当是平等的，按持有股份的多少行使表决权，股利的分配也取决于持股的多少，不应当是相同的股份有不相同的权利和股利分配。

2. 股份发行的基本要求

公司发行的股份，应当在证券登记机构名称集中存管；公司发行的股票，应当以人民币标明面值；公司的股本结构为普通股和其他种类股，发行优先股等其他种类股份的，应作出说明。

3. 上市公司优先股的发行

发行优先股的公司，应当在章程中明确优先股股息率采用固定股息率或浮动股息率，并相应明确固定股息率水平或浮动股息率的计算方法；公司在有可分配税后利润的情况下是否必须分配利润；如果公司因本会计年度可分配利润不足而未向优先股股东足额派发股息，差额部分是否累积到下一会计年度；优先股股东按照约定的股息率分配股息后，是否有权同普通股股东一起参加剩余利润分配，以及参与剩余利润分配的比例、条件等事项；其他涉及优先股股东参与公司利润分配的事项；除利润分配和剩余财产分配外，优先股是否在其他条款上具有不同的设置；优先股表决权恢复时，每股优先股股份享有表决权的具体计算方法。其中，公开发行优先股的，应当在公司章程中明确以下事项：采取固定股息率；在有可分配税后利润的情况下必须向优先股股东分配股息；未向优先股股东足额派发股息的差额部分应当累积到下一会计年度；优先股股东按照约定的股息率分配股息后，不再同普通股股东一起参加剩余利润分配。

条款设计示例

以股份有限公司形式的商业银行公司章程为例

第【×】条　优先股是指依照《公司法》，在一般规定的普通种类股份之外，另行规定的其他种类股份，其股份持有人优先于普通股股东分配本行利润和剩余财产，但参与本行决策管理等权利受到限制。

本行已发行的优先股不得超过本行普通股股份总数的50%，且筹资金额不得超过发行前净资产的50%，已购回、转换的优先股不纳入计算。

本行根据商业银行资本监管规定，设置将优先股强制转换为普通股的条款，即当触发事件发生时，本行按合约约定将优先股转换为普通股。本行发生优先股强制转换为普通股的情形时，应当报中国银行保险监督管理委员会审查并决定。优先股的强制转股价格如下：初始强制转股价格为审议优先股发行的董事会决议公告日前20个交易日本行普通股股票交易均价；在优先股发行之后，当本行普通股发生送红股、转增股本、低于市价增发新股（不包括因本行发行的带有可转为普通股条款的融资工具转股而增加的股本）、配股等情况时，本行将按上述情况出现的先后顺序，依次对强制转股价格进行累积调整，但不因本行派发普通股现金股利的行为而进行调整。

二、股份增减和回购

公司根据经营和发展的需要，依照法律、法规的规定，经股东大会分别作出决议，可以决定增减或者回购公司股份。

1. 上市公司股份的增减

在经股东大会决议后，上市公司可以采取公开发行股份；非公开发行股份；向现有股东派送红股；以公积金转增股本等法律、行政法规规定以及中国证监会批准的其他方式增加资本。

发行优先股的公司，应当在章程中对发行优先股的以下事项作出规定：公司已发行的优先股不得超过公司普通股股份总数的50%，且筹资金额不得超过发行前净资产的50%，已回购、转换的优先股不纳入计算。发行可转换公司债的公司，还应当在章程中对可转换公司债的发行、转股程序和安排以及转股所导致的公司股本变更等事项作出具体规定。

《公司法》第177条第1款规定："公司需要减少注册资本时，必须编制资产负债表及财产清单。"因此公司减少注册资本，应当按照《公司法》以及其他有关规定的程序办理。

2. 上市公司股份的回购

股份回购是指上市公司利用盈余所得后的积累资金或债务融资以一定的价格购回公司本身已经发行在外的普通股，将其作为库藏股或进行注销。股份回购是西方国家上市公司经常使用的资本运营手段和公司理财方式，其初始动机是为了规避法律对公司现金股利的限制，随着证券市场的发展，已逐步发展成一种调整公司资本结构和控制结构的公司重组方式，并成为成熟资本市场中广大投资者普遍接受的一种重要金融工具。

公司在下列情况下，可以依照法律、行政法规、部门规章和本章程的规定，收购本公司的股份：

（1）减少公司注册资本；

（2）与持有本公司股票的其他公司合并；

（3）将股份奖励给本公司职工；

（4）股东因对股东大会作出的公司合并、分立决议持异议；

（5）要求公司收购其股份的。

除上述情形外，公司不进行买卖本公司股份的活动。

公司因上述第 1 项至第 3 项的原因收购本公司股份的，应当经股东大会决议。公司收购本公司股份后，属于第 1 项情形的，应当自收购之日起 10 日内注销；属于第 2 项、第 4 项情形的，应当在 6 个月内转让或者注销。公司依第 3 项规定收购的本公司股份，将不超过本公司已发行股份总额的 5%；用于收购的资金应当从公司的税后利润中支出；所收购的股份应当 1 年内转让给职工。公司按此规定回购优先股后，应当相应减记发行在外的优先股股份总数。

需要特别提示的是，发行优先股的公司，还应当在公司章程中对回购优先股的选择权由发行人或股东行使、回购的条件、价格和比例等作出具体规定。发行人按章程规定要求回购优先股的，必须完全支付所欠股息，但商业银行发行优先股补充资本的除外。

条款设计示例

以股份有限公司形式的商业银行公司章程为例

第【×】条　自每批次优先股发行之日起 5 年后，本行有权以优先股的票面金额加当期应付股息的价格于每年的优先股派息日赎回全部或部分该等优先股。本行优先股的赎回权为本行所有，并以得到中国银行保险监督管理委员会的批准为前提，优先股股东无权要求本行赎回优先股。本行行使赎回权需要符合以下要求：本行使用同等或更高质量的资本工具替换被赎回的优先股，并且只有在收入能力具备可持续性的条件下才能实施资本工具的替换；或者，本行行使赎回权后的资本水平仍明显高于中国银行保险监督管理委员会规定的监管资本要求。

上市公司可以采取证券交易所集中竞价交易方式、要约方式，或者中国证监会认可的其他方式收购本公司的股份。

三、股份转让

股份转让，是指股份有限公司的股份持有人依法定程序将自己的股份出让给他人，使他人因此取得股份并成为公司股东的行为。《公司法》第 137 条规定：“股东持有的股份可以依法转让。”股份以自由转让为原则，即股东在一般情况下可以完全按自己的意愿转让自己所持有的股份。但这并非绝对的自由，为了维护公司股东和其他利害关系人的利益，防止利用转让活动进行不当行为，对有些股份的转让进行必要的限制。股东转让自己所持有的股份必须依法进行，这就对股份的自由转让原则予以一些限制性规定，其中股东转让股份必须在依法设立的证券交易场所进行。转让股份的场所便是法定要求和限制性规定之一。

1. 股份转让的限制

《公司法》第 144 条规定：“上市公司的股票，依照有关法律、行政法规及证券交易所交易规则上市交易。”依我国相关法律规定，发起人持有的本公司股份，自公司成立之日起 1 年内不得转让。公司公开发行股份前已发行的股份，自公司股票在证券交易所上市交易之日起 1 年内不得转让。

2. 公司董、监、高的股份转让

公司董事、监事、高级管理人员应当向公司申报所持有的本公司的股份（含优先股股份）及其变动情况，在任职期间每年转让的股份不得超过其所持有本公司同一种类股份总数的 25%；所持本公司股份自公司股票上市交易之日起 1 年内不得转让。上述人员离职后半年内，不得转让其所持有的本公司股份。若公司章程对公司董事、监事、高级管理人员转让其所持有的本公司股份（含优先股股份）作出其他限制性规定的，应当进行说明。

公司董事、监事、高级管理人员、持有本公司股份 5% 以上的股东，将其持有的本公司股票在买入后 6 个月内卖出，或者在卖出后 6 个月内又买入，由此所得收益归本公司所有，本公司董事会将收回其所得收益。但是，证券公司因包销购入售后剩余股票而持有 5% 以上股份的，卖出该股票不受 6 个月时间限制。公司董事会不按照前款规定执行的，股东有权要求董事会在 30 日内执行。公司董事会未在上述期限内执行的，股东有权为了公司的利益以自己的名义直接向人民法院提起诉讼。公司董事会违反上述规定的，负有责任的董事依法承担连带责任。

典型案例

案例：应办理而未办理批准手续的股份转让协议无效

2009年1月4日，中烟总公司作出《关于红塔有限公司转让持有的云南白药集团股份事项的批复》，同意红塔有限公司有偿转让其持有的云南白药集团无限售条件的流通国有法人股份65813912股，要求云南中烟公司依该批复指导红塔有限公司按《国有股东转让所持上市公司股份管理暂行办法》和《上市公司解除限售存量股份转让指导意见》的规定进行股份转让。2009年8月13日、14日，云南白药集团先后刊登了《关于云南红塔集团有限公司拟整体协议转让所持云南白药股权的提示性公告》《关于云南红塔集团有限公司拟整体协议转让所持云南白药股权公开征集受让方的公告》。

2009年9月10日，红塔有限公司与陈某树签订了《股份转让协议》，约定红塔有限公司将其持有的占云南白药集团总股本12.32%的本案争议股份全部转让给陈某树，对价为每股33.543元，总价款2207596050.22元，在转让协议签订后5个工作日内一次性付清。该协议第十二条约定红塔有限公司在转让协议生效并收到全部价款后，应当及时办理所有与本次目标股份转让有关的报批、信息披露等法律手续，陈某树应当配合红塔有限公司的上述工作。该协议第三十条约定，转让协议自签订之日起生效，但须获得有权国资监管机构的批准同意后方能实施。协议还对其他相关股权转让事宜进行了约定。2009年9月11日，云南白药集团刊登了《关于云南红塔集团有限公司拟整体协议转让所持云南白药股权进展情况的公告》，对本次股份转让交易进行了初次信息披露。2009年9月14日，云南白药集团发布公告，公告2009年9月11日陈某树和红塔有限公司签订的《云南红塔集团有限公司简式权益变动报告书》和《陈某树简式权益变动报告书》，对股份变动再次进行了信息披露。《股份转让协议》签订后，陈某树按约将2207596050.22元（含之前交付的竞聘保证金）支付到红塔有限公司指定账户。红塔有限公司收款后，向陈某树开具了收款专用发票，并于2011年4月19日再次就其上述收款情况出具书面说明，确认收到了上述款项。

2009年9月11日，红塔有限公司向其上级机构红塔集团公司上报了《云南红塔集团有限公司关于将所持云南白药集团股份有限公司的股份整体协议转让给自然人陈某树的请示》[云红司（2009）47号]，并附上了相应的附件。

2010年5月28日，云南白药集团召开2009年度股东大会通过决议，以公司现有总股本534051138股为基数，向全体股东每10股派2元现金（扣税后实际每10股1.8元），同时以资本公积金向全体股东每10股转增3股。

2011年4月27日，陈某树向红塔有限公司发出《办理股份过户登记催促函》，要求红塔有限公司自接函之日起10个工作日内将转让协议项下股份办理过户登记至陈某树名下。红塔有限公司于2011年5月10日回函称，本次股份转让事宜必须获得有权国资监管机构的批准后方能实施，其积极向上级主管机构进行了相关报批工作，现并未收到任何书面批复意见，本次股份转让事宜存在批复同意或被否决的可能性，若有任何变化或进展，将及时予以通知。

2012年1月17日，中烟总公司作出《关于不同意云南红塔集团有限公司转让所持云南白药集团股份有限公司股份事项的批复》[中烟办（2012）7号]，该批复载明“不同意本次股份转让”。依据该批复意见，云南中烟公司和红塔集团公司也作出了不同意本次股份转让的相关批复。

2011年12月21日，陈某树向云南高院起诉，请求：1.确认《股份转让协议》合法有效，判令红塔有限公司全面继续履行；2.确认红塔有限公司未恰当履行合同义务，致使本案争议股份不能在合理期限内过户给陈某树，已构成违约，判令红塔有限公司立即采取完善申报材料、催请审批等补救措施。此案一方面有一定的争议，但另一方面也有很大的研究价值。

【律师剖析】

本案所涉《股份转让协议》依法属于应当办理批准手续的合同，需经财政部批准才能生效，但因红塔有限公司上级主管部门中烟总公司不同意本次股权转让，报批程序已经结束，《股份转让协议》已确定无法得到有权机关批准，故应依法认定为不生效合同。值得注意的是，《民法典》第502条和《最高人民法院关于适用〈中华人民共和国合同法〉若干问题的解释（一）》第9条对合同生效的要求，是合同的法定生效条件，属于强制性规定，不允许当事人通过约定的方式予以变更，故尽管当事人对合同生效有相关约定，仍应依据以上法律规定来判断合同的效力。因《股份转让协议》不生效，陈某树要求红塔有限公司继续履行《股份转让协议》并承担违约责任的主张缺乏合同依据。

第二节　股东和股东大会

一、股东

上市公司股东是指在证券交易所上市的股份制公司的出资人或投资人，即持有股份的人或机构，有权出席股东大会并有表决权。公司依据证券登记机构提供的凭证建立股东名册，股东名册是证明股东持有公司股份的充分证据，也是确认股东身份的形式标准。

1. 股东的构成

公司可由下列三类股东构成：

（1）参与公司设立或者认购公司首次发行股份或出资的原始股东；

（2）公司成立后的继受股东；

（3）公司成立后因公司增资而加入的股东。

2. 股东的法律地位

股东的法律地位既表现在股东和公司之间的法律关系中，又表现在股东相互之间的法律关系中。离开对公司具体的法律关系的分析，股东的法律地位就无从谈起。

（1）股东与公司的关系上，股东享有股权。这是股东与公司之间的法律关系和股东法律地位的集中体现。股东作为出资者按其出资数额（股东另有约定的除外），享有所有者的分享收益、重大决策和选择管理者等权利。

（2）股东之间关系上，股东地位一律平等。原则上，股东按其所持有股份的种类享有权利，承担义务；持有同一种类股份的股东，享有同等权利，承担同种义务。股东平等原则有两层含义：第一，只要具有股东身份，不论股东有何个体差异，均可以该身份在公司中享有平等的原则，从这个意义上说，股东平等原则具有绝对性。第二，股东平等原则并不排除股权具体内容的不同，但这绝对不是股东平等原则的违背，更不是对股东平等原则的否定。从这个意义上看，股东平等原则具有相对性。

3. 股东的权利和义务

股东权利简称股权，是指股东基于在公司中所持有的股份或者出资，依照法律或者公司章程规定，参与公司事务并在公司中享有财产利益的法定权利。投资者购买了上市公司股票后，无论股票数量多少，都是上市公司的股东，享有法律赋予的股东权利。上市公司股东按其所持有股份比例享有以下基本权利：

（1）依照其所持有的股份份额获得股利和其他形式的利益分配。投资者购买上市公司股票的重要目的之一，就在于获得收益。股东获得资产收益的方式主要包括公司分配股利、转让所持有的公司股票以获得差价收益（即资本利得，也就是在二级市场买卖股票的收益）和参与公司解散结算清算后的剩余财产分配等。

（2）依法请求、召集、主持、参加或者委派股东代理人参加股东大会，并行使相应的表决权。但发行优先股的公司，应当在章程中明确优先股股东不出席股东大会会议，所持股份没有表决权，但以下情况除外：修改公司章程中与优先股相关的内容；一次或累计减少公司注册资本超过10%；公司合并、分立、解散或变更公司形式；发行优先股；公司章程规定的其他情形。发行优先股的公司，还应当在章程中明确规定：公司累计3个会计年度或者连续2个会计年度未按约定支付优先股股息的，优先股股东有权出席股东大会，每股优先股股份享有公司章程规定的表决权。对于股息可以累积到下一会计年度的优先股，表决权恢复直至公司全额支付所欠股息。对于股息不可累积的优先股，表决权恢复直至公司全额支付当年股息。公司章程可以规定优先股表决权恢复的其他情形。

（3）对公司的经营进行监督，提出建议或者质询。《公司法》第150条第1款规定："股东会或者股东大会要求董事、监事、高级管理人员列席会议的，董事、监事、高级管理人员应当列席并接受股东的质询。"

（4）依照法律、行政法规及本章程的规定转让、赠与或质押其所持有的股份。持有公司5%以上有表决权股份的股东，将其持有的股份进行质押的，应当自该事实发生当日，向公司作出书面报告。

（5）查阅公司章程、股东名册、公司债券存根、股东大会会议记录、董事会会议决议、监事会会议决议、财务会计报告。股东提出查阅前条所述有关信息或者索取资料的，应当向公司提供证明其持有公司股份的种类以及持股数量的书面文件，公司经核实股东身份后按照股东的要求予以提供。

（6）公司终止或者清算时，按其所持有的股份份额参加公司剩余财产的分配。股东投资的目的就在于盈利，即通过公司盈余分配获得股利。股利分配请求权实质上是股东对自己的投资期望得到回报的一种权利。因此，股利分配请求权是股东权的核心。

（7）对股东大会作出的公司合并、分立决议持异议的股东，要求公司收购其股份。异议股东股份收买请求权，是指股东会作出对股东利害关系产生实质影响的决定时，对该决定持有异议的股东由要求公司以公平的价格回购他们手中的股份，从而退出该公司的权利。公司是股东投资获取收益的工具，股东投资后，有权依照自己的合理判断对公司的经营过程中的重大事件尤其是影响自己实际利益的事项作出决定。

（8）法律、行政法规、部门规章或本章程规定的其他权利。

权利和义务总是相对的，股东享有权利，也要承担义务。公司股东承担下列义务：

（1）遵守法律、行政法规和公司章程。公司章程对股东有约束力，股东依照公司章程的规定享有权利和承担义务。因此，遵守公司章程应是股东最基本的义务。

（2）依其所认购的股份和入股方式缴纳股金。股东认购出资或股份后，就负有缴纳股款的义务，并按照规定的方式、条件、比例和期限缴纳。股东认购出资或股份后，不履行缴纳股款的义务给公司造成损失的应当承担赔偿责任，包括利息责任。

（3）除法律、法规规定的情形外，不得退股。

（4）不得滥用股东权利损害公司或者其他股东的利益；不得滥用公司法人独立地位和股东有限责任损害公司债权人的利益；公司股东滥用股东权利给公司或者其他股东造成损失的，应当依法承担赔偿责任。公司股东滥用公司法人独立地位和股东有限责任，逃避债务，严重损害公司债权人利益的，应当对公司债务承担连带责任。

（5）法律、行政法规及本章程规定应当承担的其他义务。

公司的控股股东、实际控制人不得利用其关联关系损害公司利益。违反规定的，给公司造成损失的，应当承担赔偿责任。公司控股股东及实际控制人对公司和公司社会公众股股东负有诚信义务。控股股东应严格依法行使出资人的权利，控股股东不得利用利润分配、资产重组、对外投资、资金占用、借款担保等方式损害公司和社会公众股股东的合法权益，不得利用其控制地位损害公司和社会公众股股东的利益。

二、股东大会的一般规定

股东大会是指依法由全体股东组成的公司权力机构。这一定义具有三重含义，股东大会是公司的最高权力机关；股东大会是公司依法必须设立的公司组织机构；股东大会须由全体股东组成。上市公司应当严格按照《公司法》《证券法》等法律法规、《上市公司股东大会规则》及公司章程的相关规定召开股东大会，保证股东能够依法行使权利。公司董事会应当切实履行职责，认真、按时组织股东大会。公司全体董事应当勤勉尽责，确保股东大会正常召开和依法行使职权。股东大会应当在《公司法》《证券法》和公司章程规定的范围内行使职权。

1. 股东大会会议的种类

由于股东大会是由人数众多的全体股东组成，而股东大会作为组织机构又必须形成自己统一的意志，所以股东大会只能采取会议的方式来形成决议，这也是股东大会的表现形式，正是通过这种形式，股东得以形成对公司的控制权。股东大会的会议方式一般分为定期会议和临时会议两类。

定期股东大会每年召开一次，应当于上一会计年度结束后的 6 个月内举行。

临时股东大会不定期召开。当出现下列应当召开临时股东大会的情形时，临时股东大会应当在 2 个月内召开：

（1）董事人数不足《公司法》规定人数或者本章程所定人数的三分之二时；

（2）公司未弥补的亏损达实收股本总额三分之一时；

（3）单独或者合计持有公司 10% 以上股份的股东请求时；

（4）董事会认为必要时；

（5）监事会提议召开时；

（6）法律、行政法规、部门规章或本章程规定的其他情形。

公司在上述期限内不能召开股东大会的，应当报告公司所在地中国证监会派出机构和公司股票挂牌交易的证券交易所，说明原因并公告。

2. 股东大会的地点

本公司召开股东大会的地点为：【具体地点】。股东大会将设置会场，以现场会议形式召开。公司还将提供【网络或其他方式】为股东参加股东大会提供便利。股东通过上述方式参加股东大会的，视为出席。

这里需要特别说明的是，公司章程可以规定召开股东大会的地点为公司住所地或其他明确地点。召开股东大会公司采用其他参加股东大会方式的，必须在公司章程中予以明确，并明确合法有效的股东身份确认方式。

条款设计示例

上市公司对于股东大会地点确认的章程条款，通常会设置在“股东大会的一般规定”这一章节，条款设计示例如下：

示例一：**第【×】条**　公司召开股东大会的地点为：股东大会会议通知中确定的地点。股东大会将设置会场，以现场会议形式召开。公司还将按照法律、行政法规、中国证监会或本章程的规定，采用安全、经济、便捷的网络方式为股东参加股东大会提供便利。股东通过网络方式参加股东大会的，视为出席，其股东身份按照本章程第三十四条由证券交易所系统或互联网投票系统确认。

示例二：**第【×】条**　本公司召开股东大会的地点为：本公司住所地或董事会在召开股东大会的会议通知中指定的地点。股东大会将设置会场，以现场会议形式召开。公司还将视需要提供网络或其他方式为股东参加股东大会提供便利。股东通过上述方式参加股东大会的，视为出席。公司为股东大会提供网络投票时以召开股东大会的通知中列明的方式确认股东身份。

3. 股东大会的职权

股东大会为公司最高权力机构。因此，股东大会行使的职权一般是针对公司的重大事项，股东大会的职权不得通过授权的形式由董事会或其他机构和个人代为行使，股东大会的法定职权如下：

（1）决定公司的经营方针和投资计划。经营方针是指公司进行经营活动的方向和最终达到的目标。投资计划是指公司为了期望能在未来获得更多的收益而将现有收入变换为某种资产并持有的投资计划。

（2）选举和更换非由职工代表担任的董事、监事，决定有关董事、监事的报酬事项；

（3）审议批准董事会的报告；

（4）审议批准监事会报告；

（5）审议批准公司的年度财务预算方案、决算方案；

（6）审议批准公司的利润分配方案和弥补亏损方案；

（7）对公司增加或者减少注册资本作出决议；

（8）对发行公司债券作出决议；

（9）对公司合并、分立、解散、清算或者变更公司形式作出决议；

（10）对公司聘用、解聘会计师事务所作出决议；

（11）审议批准以下担保事项时，须得到股东会的批准：本公司及本公司控股子公司的对外担保总额，达到或超过最近一期经审计净资产的50%以后提供的任何担保；公司的对外担保总额，达到或超过最近一期经审计总资产的30%以后提供的任何担保；为资产负债率超过70%的担保对象提供的担保；单笔担保额超过最近一期经审计净资产10%的担保；以及对股东、实际控制人及其关联方提供的担保。

（12）审议公司在一年内购买、出售重大资产超过公司最近一期经审计总资产30%的事项；

（13）审议批准变更募集资金用途事项；

（14）审议股权激励计划；

（15）审议法律、行政法规、部门规章或本章程规定应当由股东大会决定的其他事项。

三、股东大会的召集

1. 召集人

（1）独立董事有权向董事会提议召开临时股东大会。对独立董事要求召开临时股东大会的提议，董事会应当根据法律、行政法规和本章程的规定，在收到提议后10日内提出同意或不同意召开临时股东大会的书面反馈意见。董事会同意召开临时股东大会的，将在作出董事会决议后的5日内发出召开股东大会的通知；董事会不同意召开临时股东大会的，将说明理由并公告。

（2）监事会有权向董事会提议召开临时股东大会，并应当以书面形式向董事会提出。董事会应当根据法律、行政法规和本章程的规定，在收到提案后10日内提出同意或不同意召开临时股东大会的书面反馈意见。董事会同意召开临时股东大会的，将在作出董事会决议后的5日内发出召开股东大会的通知，通知中对原提议的变更，应征得监事会的同意。董事会不同意召开临时股东大会，或者在收到提案后10日内未作出反馈的，视为董事会不能履行或者不履行召集股东大会会议职责，监事会可以自行召集和主持。

（3）单独或者合计持有公司 10% 以上股份的股东有权向董事会请求召开临时股东大会，并应当以书面形式向董事会提出。董事会应当根据法律、行政法规和本章程的规定，在收到请求后 10 日内提出同意或不同意召开临时股东大会的书面反馈意见。董事会同意召开临时股东大会的，应当在作出董事会决议后的 5 日内发出召开股东大会的通知，通知中对原请求的变更，应当征得相关股东的同意。董事会不同意召开临时股东大会，或者在收到请求后 10 日内未作出反馈的，单独或者合计持有公司 10% 以上股份的股东有权向监事会提议召开临时股东大会，并应当以书面形式向监事会提出请求。监事会同意召开临时股东大会的，应在收到请求 5 日内发出召开股东大会的通知，通知中对原提案的变更，应当征得相关股东的同意。监事会未在规定期限内发出股东大会通知的，视为监事会不召集和主持股东大会，连续 90 日以上单独或者合计持有公司 10% 以上股份的股东可以自行召集和主持。

（4）监事会或股东决定自行召集股东大会的，须书面通知董事会，同时向公司所在地中国证监会派出机构和证券交易所备案。在股东大会决议公告前，召集股东持股比例不得低于 10%。召集股东应在发出股东大会通知及股东大会决议公告时，向公司所在地中国证监会派出机构和证券交易所提交有关证明材料。对于监事会或股东自行召集的股东大会，董事会和董事会秘书将予以配合。董事会应当提供股权登记日的股东名册。监事会或股东自行召集的股东大会，会议所必需的费用由本公司承担。

对于监事会或股东自行召集的股东大会，董事会和董事会秘书将予以配合。董事会应当提供股权登记日的股东名册。监事会或股东自行召集的股东大会，会议所必需的费用由本公司承担。

2. 召集时间

我国《公司法》规定股份有限公司定期会议按章程规定的时间召集，但临时会议需要在法律规定情形发生后 2 个月内召集。

3. 召集通知

《公司法》第 102 条第 1 款规定："召开股东大会会议，应当将会议召开的时间、地点和审议的事项于会议召开二十日前通知各股东；临时股东大会应当于会议召开十五日前通知各股东；发行无记名股票的，应当于会议召开三十日前公告会议召开的时间、地点和审议事项。"

四、股东大会的提案与通知

1. 股东大会的提案

股东可以对公司的经营进行监督，提出建议，提案的内容应当属于股东大会职权范围，有明确议题和具体决议事项，并且符合法律、行政法规和公司章程的有关规定。

公司召开股东大会，董事会、监事会以及单独或者合并持有公司 3% 以上股份的股东，有权向公司提出提案。单独或者合计持有公司 3% 以上股份的股东，可以在股东大会召开 10 日前提出临时提案并书面提交召集人。召集人应当在收到提案后 2 日内发出股东大会补充通知，公告临时提案的内容。除前述情形外，召集人在发出股东大会通知公告后，不得修改股东大会通知中已列明的提案或增加新的提案。提案的内容应当属于股东大会职权范围，有明确议题和具体决议事项，并且符合法律、行政法规和本章程的有关规定。股东大会通知中未列明或不符合规定的提案，股东大会不得进行表决并作出决议。

2. 股东大会的通知

召集人将在年度股东大会召开 20 日前、临时股东大会将于会议召开 15 日前以公告方式将会议的时间、地点和会议期限；提交会议审议的事项和提案；以明显的文字说明：全体普通股股东（含表决权恢复的优先股股东）均有权出席股东大会，并可以书面委托代理人出席会议和参加表决，该股东代理人不必是公司的股东；有权出席股东大会股东的股权登记日以及会务常设联系人姓名、电话号码通知各股东。发出股东大会通知后，无正当理由，股东大会不应延期或取消，股东大会通知中列明的提案不应取消。一旦出现延期或取消的情形，召集人应当在原定召开日前至少 2 个工作日公告并说明原因。

股东大会采用网络或其他方式的，应当在股东大会通知中明确载明网络或其他方式的表决时间及表决程序。股东大会网络或其他方式投票的开始时间，不得早于现场股东大会召开前一日下午 3:00，并不得迟于现场股东大会召开当日上午 9:30，其结束时间不得早于现场股东大会结束当日下午 3:00。

股东大会通知和补充通知中应当充分、完整披露所有提案的全部具体内容。拟讨论的事项需要独立董事发表意见的，发布股东大会通知或补充通知时将同时披露独立董事的意见及理由。股东大会拟讨论董事、监事选举事项的，股东大会通知中将充分披露董事、监事候选人的详细资料，至少包括教育背景、工作经历、兼职等个人情况；与本公司或本公司的控股股东及实际控制人是否存在关联关系；披露持有本公司股份数量；是否受过中国证监会及其他有关部门的处罚和证券交易所惩戒。除采取累积投票制选举董事、监事外，每位董事、监事候选人应当以单项提案提出。

五、股东大会的召开

1. 股东的出席

股权登记日登记在册的所有普通股股东（含表决权恢复的优先股股东）或其代理人，均有权出席股东大会，并依照有关法律、法规及本章程行使表决权。

股东既可以亲自出席股东大会，也可以委托代理人代为出席和表决。个人股东亲自出席会议的，应出示本人身份证或其他能够表明其身份的有效证件或证明、股票账户卡；委托代理他人出席会议的，应出示本人有效身份证件、股东授权委托书。法人股东应由法定代表人或者法定代表人委托的代理人出席会议。法定代表人出席会议的，应出示本人身份证、能证明其具有法定代表人资格的有效证明；委托代理人出席会议的，代理人应出示本人身份证、法人股东单位的法定代表人依法出具的书面授权委托书。授权委托书应当载明代理人的姓名；是否具有表决权；分别对列入股东大会议程的每一审议事项投赞成、反对或弃权票的指示；委托书签发日期和有效期限；委托人签名（或盖章）。委托人为法人股东的，应加盖法人单位印章。委托书应当注明如果股东不作具体指示，股东代理人是否可以按自己的意思表决。

代理投票授权委托书由委托人授权他人签署的，授权签署的授权书或者其他授权文件应当经过公证。经公证的授权书或者其他授权文件，和投票代理委托书均需备置于公司住所或者召集会议的通知中指定的其他地方。委托人为法人的，由其法定代表人或者董事会、其他决策机构决议授权的人作为代表出席公司的股东大会。

股东大会召开时，本公司全体董事、监事和董事会秘书应当出席会议，经理和其他高级管理人员应当列席会议。

2. 股东大会的主持

股东大会由董事长主持。董事长不能履行职务或不履行职务时，由副董事长（公司有两位或两位以上副董事长的，由半数以上董事共同推举的副董事长主持）主持，副董事长不能履行职务或者不履行职务时，由半数以上董事共同推举的一名董事主持。

监事会自行召集的股东大会，由监事会主席主持。监事会主席不能履行职务或不履行职务时，由监事会副主席主持，监事会副主席不能履行职务或者不履行职务时，由半数以上监事共同推举的一名监事主持。

股东自行召集的股东大会，由召集人推举代表主持。召开股东大会时，会议主持人违反议事规则使股东大会无法继续进行的，经现场出席股东大会有表决权过半数的股东同意，股东大会可推举一人担任会议主持人，继续开会。

股东大会应有会议记录，由董事会秘书负责。

3. 股东大会议事规则

公司制定股东大会议事规则，详细规定股东大会的召开和表决程序，包括通知、登记、提案的审议、投票、计票、表决结果的宣布、会议决议的形成、会议记录及其签署、公告等内容，以及股东大会对董事会的授权原则，授权内容应明确具体。股东大会议事规则应作为章程的附件，由董事会拟定，股东大会批准。

4. 股东大会的内容

在年度股东大会上，董事会、监事会应当就其过去一年的工作向股东大会作出报告。每名独立董事也应作出述职报告。董事、监事、高级管理人员在股东大会上就股东的质询和建议作出解释和说明。

会议主持人应当在表决前宣布现场出席会议的股东和代理人人数及所持有表决权的股份总数，现场出席会议的股东和代理人人数及所持有表决权的股份总数以会议登记为准。

5. 股东大会的会议记录

《公司法》第107条规定："股东大会应当对所议事项的决定作成会议记录，主持人、出席会议的董事应当在会议记录上签名。会议记录应当与出席股东的签名册及代理出席的委托书一并保存。"在召开股东大会时，应当将下列事项记入会议记录：

（1）会议时间、地点、议程和召集人姓名或名称；

（2）会议主持人以及出席或列席会议的董事、监事、经理和其他高级管理人员姓名；

（3）出席会议的股东和代理人人数、所持有表决权的股份总数及占公司股份总数的比例；

（4）对每一提案的审议经过、发言要点和表决结果；

（5）股东的质询意见或建议以及相应的答复或说明；

（6）律师及计票人、监票人姓名；

（7）本章程规定应当载入会议记录的其他内容。

既发行内资股又发行境内上市外资股的公司，会议记录的内容还应当包括：出席股东大会的内资股股东（包括股东代理人）和境内上市外资股股东（包括股东代理人）所持有表决权的股份数，各占公司总股份的比例；在记载表决结果时，还应当记载内资股股东和境内上市外资股股东对每一决议事项的表决情况。

未完成股权分置改革的公司，会议记录还应该包括：出席股东大会的流通股股东（包括股东代理人）和非流通股股东（包括股东代理人）所持有表决权的股份数，各占公司总股份的比例；在记载表决结果时，还应当记载流通股股东和非流通股股东对每一决议事项的表决情况。公司应当根据实际情况，在章程中规定股东大会会议记录需要记载的其他内容。

召集人应当保证会议记录的内容真实、准确和完整。出席会议的董事、监事、董事会秘书、召集人或其代表、会议主持人应当在会议记录上签名。会议记录应当与现场出席股东的签名册及代理出席的委托书、网络及其他方式表决情况的有效资料一并保存，保存期限不少于10年。公司应当根据具体情况，在章程中规定股东大会会议记录的保管期限。

六、股东大会的表决和决议

股东会会议的一系列程序包括通知、登记、提案的审议、投票、计票、表决结果的宣布、会议决议的形成及其签署、公告等，而这其中最重要的便是表决程序。为了使股东会形成公平、有效的决议，提高中小股东参与公司治理的积极性，同时防止大股东利用控股地位侵害中小股东的权利，一个有效的表决决议必须是在法定比例的股东出席下，通过法律规定的投票方式，达到符合法定比例要求的支持率的决议。

1. 决议的分类和内容

股东大会决议分为普通决议和特别决议。下列事项由股东大会以普通决议通过：

（1）董事会和监事会的工作报告；

（2）董事会拟订的利润分配方案和弥补亏损方案；

（3）董事会和监事会成员的任免及其报酬和支付方法；

（4）公司年度预算方案、决算方案；

（5）公司年度报告；

（6）除法律、行政法规规定或者本章程规定应当以特别决议通过外的其他事项。

下列事项由股东大会以特别决议通过：

（1）公司增加或者减少注册资本；

（2）公司的分立、合并、解散和清算；

（3）公司章程的修改；

（4）公司在一年内购买、出售重大资产或者担保金额超过公司最近一期经审计总资产30%的；

（5）股权激励计划；

（6）法律、行政法规或本章程规定的，以及股东大会以普通决议认定会对公司产生重大影响的、需要以特别决议通过的其他事项。

2. 投票方式

股东（包括股东代理人）以其所代表的有表决权的股份数额行使表决权，每一股份享有一票表决权。股东大会审议影响中小投资者利益的重大事项时，对中小投资者表决应当单独计票。单独计票结果应当及时公开披露。公司持有的本公司股份没有表决权，且该部分股份不计入出席股东大会有表决权的股份总数。

公司董事会、独立董事和符合相关规定条件的股东可以公开征集股东投票权。征集股东投票权应当向被征集人充分披露具体投票意向等信息。禁止以有偿或者变相有偿的方式征集股东投票权。公司不得对征集投票权提出最低持股比例限制。若公司有发行在外的其他股份，应当说明是否享有表决权。优先股表决权恢复的，应当根据章程规定的具体计算方法确定每股优先股股份享有的表决权。

股东大会审议有关关联交易事项时，关联股东不应当参与投票表决，其所代表的有表决权的股份数不计入有效表决总数；股东大会决议的公告应当充分披露非关联股东的表决情况。公司应当根据具体情况，在章程中制定有关联关系股东的回避和表决程序。

（1）现场投票制与通信投票制

公司应在保证股东大会合法、有效的前提下，通过各种方式和途径，优先提供网络形式的投票平台等现代信息技术手段，为股东参加股东大会提供便利。公司就发行优先股事项召开股东大会的，应当提供网络投票，并可以通过中国证监会认可的其他方式为股东参加股东大会提供便利。

同一表决权只能选择现场、网络或其他表决方式中的一种。同一表决权出现重复表决的以第一次投票结果为准。通过网络或其他方式投票的公司股东或其代理人，有权通过相应的投票系统查验自己的投票结果。

股东大会现场结束时间不得早于网络或其他方式，会议主持人应当宣布每一提案的表决情况和结果，并根据表决结果宣布提案是否通过。在正式公布表决结果前，股东大会现场、网络及其他表决方式中所涉及的公司、计票人、监票人、主要股东、网络服务方等相关各方对表决情况均负有保密义务。

（2）直接投票制与累积投票制

直接投票制是指在行使股东会表决权时，针对某一项决议，股东只能将其持有股份代表的表决票数一次性直接投在这些决议上，它体现的是一种由大股东控制公司的权利义务对等的理念。

累积投票制是指股东大会选举两名以上的董事时，股东所持的每一股份拥有与待选董事总人数相等的投票权，股东既可用所有的投票权集中投票选举一人，也可分散投票选举数人，按得票多少依次决定董事入选的表决权制度。《公司法》第105条规定："股东大会选举董事、监事，可以依照公司章程的规定或者股东大会的决议，实行累积投票制。本法所称累积投票制，是指股东大会选举董事或者监事时，每一股份拥有与应选董事或者监事人数相同的表决权，股东拥有的表决权可以集中使用。"

1）累积投票制的特点

累积投票权是一种表决权，这种权利的特别之处主要表现在：表决权的数额。在实行累积投票时，股东的表决权票数是按照股东所持有的股票数与所选举的董事或监事人数的乘积计算，而不是直接按照股东所持有的股票数计算。简单地说，股东的表决权票数等于股东所持有的股票数乘所选举的董事或监事人数。

2）累积投票制的作用

a. 它通过投票数的累积计算，扩大了股东的表决权的数量。累积投票制的目的就在于防止大股东利用表决权优势操纵董事的选举，矫正“一股一票”表决制度存在的弊端。按这种投票制度，选举董事时每一股份代表的表决权数不是一个，而是与待选董事的人数相同。股东在选举董事时拥有的表决权总数，等于其所持有的股份数与待选董事人数的乘积。

b. 它通过限制表决权的重复使用，限制了大股东对董事、监事选举过程的绝对控制力。投票时，股东可以将其表决权集中投给一个或几个董事候选人，通过这种局部集中的投票方法，能够使中小股东选出代表自己利益的董事，避免大股东垄断全部董事的选任。

条款设计示例

以某上市公司的公司章程为例

第【×】条 股东大会就选举董事、监事进行表决时，根据本章程的规定或者股东大会的决议，可以实行累积投票制。

前款所称累积投票制是指股东大会选举董事或者监事时，每一股份拥有与应选董事或者监事人数相同的表决权，股东拥有的表决权可以集中使用。董事会应当向股东公示候选董事、监事的简历和基本情况。

公司采用累积投票制选举董事或监事时，每位股东有一张选票；该选票应当列出该股东持有的股份数、拟选任的董事或监事人数，以及所有候选人的名单，并足以满足累积投票制的功能。股东可以自由地在董事（或者监事）候选人之间分配其表决权，既可以分散投于多人，也可集中投于一人，对单个董事（或者监事）候选人所投的票数可以高于或低于其持有的有表决权的股份数，并且不必是该股份数的整数倍，但其对所有董事（或者监事）候选人所投的票数累计不得超过其拥有的有效表决权总数。投票结束后，根据全部董事（或者监事）候选人各自得票的数量并以拟选举的董事（或者监事）人数为限，在获得选票的候选人中从高到低依次产生当选的董事（或者监事）。

股东大会选举两名以上董事或监事时，应当实行累积投票制度。股东大会以累积投票方式选举董事的，独立董事和非独立董事的表决应当分别进行。除前款规定的情形以及法律法规、证券监管机构另有明确要求的情形外，董事或非由职工代表担任的监事的选举采取直接投票制，即每个股东对每个董事或监事候选人可以投的总票数等于其持有的有表决权的股份数。

【设计指引】

采用累积投票制度的上市公司应在公司章程里规定该制度的实施细则，2005年3月30日，上海证券交易所上市公司部起草了一份累积投票制实施细则建议稿，供相关上市公司在修订《公司章程》时参考，具体如下：

第【×】条　公司董事（含独立董事）、监事（指非由职工代表担任的监事）的选举实行累积投票制。

每一有表决权的股份享有与拟选出的董事、监事人数相同的表决权，股东可以自由地在董事、监事候选人之间分配其表决权，既可分散投于多人，也可集中投于一人，按照董事、监事候选人得票多少的顺序，从前往后根据拟选出的董事、监事人数，由得票较多者当选。

第【×】条　通过累积投票制选举董事、监事时实行差额选举，董事、监事候选人的人数应当多于拟选出的董事、监事人数。

第【×】条　公司在确定董事、监事候选人之前，董事会、监事会应当以书面形式征求公司前十大流通股股东的意见。

第【×】条　公司在发出关于选举董事、监事的股东大会会议通知后，持有或者合计持有公司有表决权股份1%以上的股东可以在股东大会召开之前提出董事、监事候选人，由董事会按照修改股东大会提案的程序审核后提交股东大会审议。

第【×】条　在累积投票制下，独立董事应当与董事会其他成员分别选举。

3. 决议的通过

出席股东大会的股东，应当对提交表决的提案发表以下意见之一：同意、反对或弃权。证券登记结算机构作为内地与香港股票市场交易互联互通机制股票的名义持有人，按照实际持有人意思表示进行申报的除外。未填、错填、字迹无法辨认的表决票、未投的表决票均视为投票人放弃表决权利，其所持股份数的表决结果应计为“弃权”。

股东大会作出普通决议，应当由出席股东大会的股东（包括股东代理人）所持表决权的二分之一以上通过。

股东大会作出特别决议，应当由出席股东大会的股东（包括股东代理人）所持表决权的三分之二以上通过。股东大会就以下事项作出特别决议，除须经出席会议的普通股股东（含表决权恢复的优先股股东，包括股东代理人）所持表决权的三分之二以上通过外，还须经出席会议的优先股股东（不含表决权恢复的优先股股东，包括股东代理人）所持表决权的三分之二以上通过：（1）修改公司章程中与优先股相关的内容；（2）一次或累计减少公司注册资本超过10%；（3）公司合并、分立、解散或变更公司形式；（4）发行优先股；（5）公司章程规定的其他情形。

4. 决议的公告

股东大会决议应当及时公告，公告中应列明出席会议的股东和代理人人数、所持有表决权的股份总数及占公司有表决权股份总数的比例、表决方式、每项提案的表决结果和通过的各项决议的详细内容。发行境内上市外资股的公司，应当对内资股股东和外资股股东出席会议及表决情况分别统计并公告。

提案未获通过，或者本次股东大会变更前次股东大会决议的，应当在股东大会决议公告中作特别提示。

典型案例

案例：公司越权担保各相关主体均有责任

2006年4月30日，招行东港支行与振邦集团公司签订编号为2006年连贷字第SL006号借款合同，约定：借款金额为1496.5万元人民币，借款期限自2006年4月30日至2006年6月30日，如贷款放出的实际日期与上述起始日期不一致，则贷款起止日期以借款借据确定的起止日期为准，借款用途为债权转化（借新还旧），贷款利率为年利率6.435%，振邦集团公司未按期偿还贷款的，对其未偿还部分从逾期之日起按在原利率基础上加收50%计收，贷款期间，若遇中国人民银行调整贷款利率，则按中国人民银行调整贷款利率的有关规定执行。2006年6月8日，振邦股份公司出具了编号为2006年连保字第SL002号《不可撤销担保书》，承诺对上述贷款承担连带保证责任，保证范围包括借款本金、利息、罚息、违约金及其他一切相关费用。保证期间为自本保证书生效之日起至借款合同履行期限届满另加两年。2006年4月30日，招行东港支行与振邦股份公司分别签订了两份《抵押合同》，该合同规定以振邦股份公司所有的位于大连市甘井子区管城子镇郭家沟村182559平方米的国有土地使用权（土地证号为大甘国用2005第04038号）及大连市甘井子区管泰街17套计24361.09平方米的房产作抵押。同年6月6日在大连市国土资源和房屋局甘井子分局对位于大连市甘井子区营城子镇郭家沟村182559平方米的土地办妥了抵押登记，同年6月8日在大连市房地产登记发证中心对位于大连市甘井子区营泰街8号17套计24361.09平方米的房产办理了抵押登记，担保范围包括但不限于借款本金、利息、罚息、违约金、损害赔偿金及实现债权的费用。招行东港支行在中国银行之后为第二抵押权人。

2006年6月8日，招行东港支行按照合同约定将1496.5万元贷款如数转入振邦集团公司账户内。贷款到期后，振邦集团公司未能偿还借款本息。振邦股份公司也没有履行担保义务。

振邦股份公司的股东共有8个，分别为振邦集团公司、环渤海公司、中绿公司、科技创业公司、泰山绿色公司、科技风险公司、王某刚、张某忠。振邦股份公司的股东之一科技风险公司在2003年5月23日变更为现名称。《股东会担保决议》的决议事项并未经过振邦股份公司股东会的同意，振邦股份公司也未就此事召开过股东大会。

2008年6月18日，招行东港支行以振邦集团公司和振邦股份公司为被告，向大连市中级人民法院提起诉讼，请求判令振邦集团公司偿还贷款本金1496.5万元及至给付之日的利息（包括逾期利息）；要求振邦股份公司对上述债务承担连带责任；要求两被告承担诉讼费、保全费等。

【律师剖析】

招行东港支行与振邦集团公司所签订的借款合同是真实意思表示，合法有效。振邦集团公司未按合同约定履行义务，应当承担违约责任。振邦股份公司为振邦集团公司的借款提供了连带责任保证和抵押担保，由于该担保行为属于股份公司为其股东提供担保，故对其效力的认定应适用公司法的有关规定。《公司法》第16条第2款规定："公司为公司股东或者实际控制人提供担保的，必须经股东或者股东大会决议。"第3款规定："前款规定的股东或者受前款规定的实际控制人支配的股东，不得参加前款规定事项的表决。该项表决由出席会议的其他股东所持表决权的半数通过。"据此，作为债权人招行东港支行应对借款人提供的借款抵押合同及《股东会担保决议》等相关资料的真实性从程序上、形式上进行审查。《股东会担保决议》中共盖有5枚印章，除振邦集团公司外所盖印章均不是真实的。《股东会担保决议》中盖有的股东天津环渤海创业投资管理有限公司和中绿实业有限公司印章，经司法鉴定均不是真实的，招行东港支行应当审查出来。另外，振邦集团公司是振邦股份公司的股东和实际控制人，在《股东会担保决议》上也加盖公司印章，违背《公司法》的规定，招行东港支行应是明知的。综上，《股东会担保决议》所盖5枚印章均无效，该案中，招行东港支行和振邦股份公司对担保合同无效均存在过错。

第三节　董事会

董事会是指依法由股东大会选举产生，对股东大会负责，执行股东大会的决议，代表公司并行使经营决策权的公司常设机关，它对外代表公司，董事会的活动具有对外效力。

一、董事

1. 董事的任职资格

董事为董事会的成员，一般为自然人，董事与股东不同，任何人只要拥有公司股份即为股东，便有权参加股东会。董事是由股东会选举进入董事会，负责对公司的经营管理事务进行决策、集体或单独代表公司执行业务的人，有下列情形之一的，不能担任公司的董事：

（1）无民事行为能力或者限制民事行为能力；

（2）因贪污、贿赂、侵占财产、挪用财产或者破坏社会主义市场经济秩序，被判处刑罚，执行期满未逾 5 年，或者因犯罪被剥夺政治权利，执行期满未逾 5 年；

（3）担任破产清算的公司、企业的董事或者厂长、经理，对该公司、企业的破产负有个人责任的，自该公司、企业破产清算完结之日起未逾 3 年；

（4）担任因违法被吊销营业执照、责令关闭的公司、企业的法定代表人，并负有个人责任的，自该公司、企业被吊销营业执照之日起未逾 3 年；

（5）个人所负数额较大的债务到期未清偿；

（6）被中国证监会处以证券市场禁入处罚，期限未满的；

（7）法律、行政法规或部门规章规定的其他内容。违反本条规定选举、委派董事的，该选举、委派或者聘任无效。董事在任职期间出现本条情形的，公司解除其职务。

2. 董事的任免

《公司法》第 108 条第 1 款规定："股份有限公司设董事会，其成员为五人至十九人。" 公司章程应规定规范、透明的董事选聘程序。董事会成员中可以有公司职工代表，公司章程应明确本公司董事会是否可以由职工代表担任董事，以及职工代表担任董事的名额。董事会中的职工代表由公司职工通过职工代表大会、职工大会或者其他形式民主选举产生后，直接进入董事会。

董事由股东大会选举或更换，董事任期届满，可连选连任。董事在任期届满以前，股东大会不能无故解除其职务。董事任期从就任之日起计算，至本届董事会任期届满时为止。董事任期届满未及时改选，在改选出的董事就任前，原董事仍应当依照法律、行政法规、部门规章和本章程的规定，履行董事职务。董事可以由经理或者其他高级管理人员兼任，但兼任经理或者其他高级管理人员职务的董事以及由职工代表担任的董事，总计不得超过公司董事总数的二分之一。

董事连续两次未能亲自出席，也不委托其他董事出席董事会会议，视为不能履行职责，董事会应当建议股东大会予以撤换。

董事可以在任期届满以前提出辞职。董事辞职应向董事会提交书面辞职报告。董事会将在 2 日内披露有关情况。如因董事的辞职导致公司董事会低于法定最低人数时，在改选出的董事就任前，原董事仍应当依照法律、行政法规、部门规章和本章程规定，履行董事职务。除此之外，董事辞职自辞职报告送达董事会时生效。

董事辞职生效或者任期届满，应向董事会办妥所有移交手续，其对公司和股东承担的忠实义务，在任期结束后并不当然解除，在本章程规定的合理期限内仍然有效。董事辞职生效或者任期届满后承担忠实义务的具体期限由公司章程规定。

3. 董事的义务

董事应当遵守法律、行政法规和本章程，对公司负有忠实义务和勤勉义务。忠实义务主要体现为：

（1）不得利用职权收受贿赂或者其他非法收入，不得侵占公司的财产；

（2）不得挪用公司资金；

（3）不得将公司资产或者资金以其个人名义或者其他个人名义开立账户存储；

（4）不得违反本章程的规定，未经股东大会或董事会同意，将公司资金借贷给他人或者以公司财产为他人提供担保；

（5）不得违反本章程的规定或未经股东大会同意，与本公司订立合同或者进行交易；

（6）未经股东大会同意，不得利用职务便利，为自己或他人谋取本应属于公司的商业机会，自营或者为他人经营与本公司同类的业务；

（7）不得将与公司交易的佣金归为己有；

（8）不得擅自披露公司秘密；

（9）不得利用其关联关系损害公司利益；

（10）法律、行政法规、部门规章及本章程规定的其他忠实义务。

董事违反本条规定所得的收入，应当归公司所有；给公司造成损失的，应当承担赔偿责任。

勤勉义务主要体现为：

（1）应谨慎、认真、勤勉地行使公司赋予的权利，以保证公司的商业行为符合国家法律、行政法规以及国家各项经济政策的要求，商业活动不超过营业执照规定的业务范围；

（2）应公平对待所有股东；

（3）及时了解公司业务经营管理状况；

（4）应当对公司定期报告签署书面确认意见。保证公司所披露的信息真实、准确、完整；

（5）应当如实向监事会提供有关情况和资料，不得妨碍监事会或者监事行使职权；

（6）法律、行政法规、部门规章及本章程规定的其他勤勉义务。

除以上各项义务要求外，公司可以根据具体情况，在章程中增加对本公司董事其他义务的要求。

二、董事会

1. 董事会的职权

我国《公司法》对董事会的职权采取了列举式的规定。根据《公司法》第 46 条和第 108 条的规定，董事对股东会负责，行使下列职权：

（1）召集股东大会，并向股东大会报告工作；

（2）执行股东大会的决议；

（3）决定公司的经营计划和投资方案；

（4）制订公司的年度财务预算方案、决算方案；

（5）制订公司的利润分配方案和弥补亏损方案；

（6）制订公司增加或者减少注册资本、发行债券或其他证券及上市方案；

（7）拟订公司重大收购、收购本公司股票或者合并、分立、解散及变更公司形式的方案；

（8）在股东大会授权范围内，决定公司对外投资、收购出售资产、资产抵押、对外担保事项、委托理财、关联交易等事项；

（9）决定公司内部管理机构的设置；

（10）聘任或者解聘公司经理、董事会秘书；根据经理的提名，聘任或者解聘公司副经理、财务负责人等高级管理人员，并决定其报酬事项和奖惩事项；

（11）制定公司的基本管理制度；

（12）制订本章程的修改方案；

（13）管理公司信息披露事项；

（14）向股东大会提请聘请或更换为公司审计的会计师事务所；

（15）听取公司经理的工作汇报并检查经理的工作；

（16）法律、行政法规、部门规章或本章程授予的其他职权。

董事会应当确定对外投资、收购出售资产、资产抵押、对外担保事项、委托理财、关联交易的权限，建立严格的审查和决策程序；重大投资项目应当组织有关专家、专业人员进行评审，并报股东大会批准。

公司董事会还应当根据相关的法律、法规及公司实际情况，在章程中确定符合公司具体要求的权限范围，以及涉及资金占公司资产的具体比例。

2. 董事长的地位和职权

董事会设董事长 1 人，可以设副董事长。董事长和副董事长由董事会以全体董事的过半数选举产生。公司副董事长协助董事长工作，董事长不能履行职务或者不履行职务的，由副董事长履行职务（公司有两位或两位以上副董事长的，由半数以上董事共同推举的副董事长履行职务）；副董事长不能履行职务或者不履行职务的，由半数以上董事共同推举一名董事履行职务。

董事长的职权主要体现在以下几个方面：主持股东大会和召集、主持董事会会议；督促、检查董事会决议的执行以及董事会授予的其他职权。董事会应谨慎授予董事长职权，例行或长期授权须在章程中明确规定。

3. 董事会的召开

董事会会议应有过半数的董事出席方可举行，董事会每年至少召开两次会议，由董事长召集，于会议召开 10 日以前书面通知全体董事和监事。代表十分之一以上表决权的股东、三分之一以上董事或者监事会，可以提议召开董事会临时会议。董事长应当自接到提议后10日内，召集和主持董事会会议。

公司召开董事会的，应当提前通知会议日期和地点、会议期限和事由及议题。董事会应当将会议所议事项的决定做成会议记录，董事会会议记录应当包括以下内容：会议召开的日期、地点和召集人姓名；出席董事的姓名以及受他人委托出席董事会的董事（代理人）姓名；会议议程；董事发言要点和每一决议事项的表决方式和结果。出席会议的董事应当在会议记录上签名。董事会会议记录作为公司档案保存，保存期限不少于10年。

4. 董事会的决议

董事会决议的表决，实行一人一票。董事会作出决议，必须经全体董事的过半数通过。董事未出席董事会会议，亦未委托代表出席的，视为放弃在该次会议上的投票权。

董事与董事会会议决议事项所涉及的企业有关联关系的，不得对该项决议行使表决权，也不得代理其他董事行使表决权。该董事会会议由过半数的无关联关系董事出席即可举行，董事会会议所作决议须经无关联关系董事过半数通过。出席董事会的无关联董事人数不足3人的，应将该事项提交股东大会审议。

第四节　经理及其他高级管理人员

经理是由董事会聘任的，负责组织公司日常经营管理活动的常设业务执行机关。与股东会、董事会、监事会不同，经理机关并非会议形式的机关，其行为不需要通过会议以多数原则形成意志和决议，而是以担任总经理的高级管理者的最终意志为准。

一、经理的设立

公司设经理1名，由董事会聘任或解聘。公司经理、副经理、财务负责人、董事会秘书为公司高级管理人员。有下列情形之一的，不得担任上市公司的高级管理人员：

（1）无民事行为能力或者限制民事行为能力；

（2）因贪污、贿赂、侵占财产、挪用财产或者破坏社会主义市场经济秩序，被判处刑罚，执行期满未逾5年，或者因犯罪被剥夺政治权利，执行期满未逾5年；

（3）担任破产清算的公司、企业的董事或者厂长、经理，对该公司、企业的破产负有个人责任的，自该公司、企业破产清算完结之日起未逾3年；

（4）担任因违法被吊销营业执照、责令关闭的公司、企业的法定代表人，并负有个人责任的，自该公司、企业被吊销营业执照之日起未逾3年；

（5）个人所负数额较大的债务到期未清偿；

（6）被中国证监会处以证券市场禁入处罚，期限未满的；

（7）法律、行政法规或部门规章规定的其他内容。

在公司控股股东、实际控制人单位担任除董事外其他职务的人员，不得担任公司的高级管理人员。

二、经理的职权

经理对董事会负责，行使下列职权：

（1）主持公司的生产经营管理工作，组织实施董事会决议，并向董事会报告工作；

（2）组织实施公司年度经营计划和投资方案；

（3）拟订公司内部管理机构设置方案；

（4）拟定公司的基本管理制度；

（5）制定公司的具体规章；

（6）提请董事会聘任或者解聘公司副经理、财务负责人；

（7）决定聘任或者解聘除应由董事会决定聘任或者解聘以外的负责管理人员；

（8）本章程或董事会授予的其他职权。

经理应制定经理工作细则，报董事会批准后实施。经理工作细则主要包括经理会议召开的条件、程序和参加的人员；经理及其他高级管理人员各自具体的职责及其分工；公司资金、资产运用，签订重大合同的权限，以及向董事会、监事会的报告制度；以及董事会认为必要的其他事项。

高级管理人员执行公司职务时违反法律、行政法规、部门规章或本章程的规定，给公司造成损失的，应当承担赔偿责任。

第五节　监事会

监事会是由依法产生的监事组成的、对董事和经理的经营管理行为及公司财务进行监督的常设机构。监事会独立行使职权，保持充分的独立性是进行有效监督的前提。

一、监事的任免

有下列情形之一的，不得担任上市公司的监事：

（1）无民事行为能力或者限制民事行为能力；

（2）因贪污、贿赂、侵占财产、挪用财产或者破坏社会主义市场经济秩序，被判处刑罚，执行期满未逾 5 年，或者因犯罪被剥夺政治权利，执行期满未逾 5 年；

（3）担任破产清算的公司、企业的董事或者厂长、经理，对该公司、企业的破产负有个人责任的，自该公司、企业破产清算完结之日起未逾 3 年；

（4）担任因违法被吊销营业执照、责令关闭的公司、企业的法定代表人，并负有个人责任的，自该公司、企业被吊销营业执照之日起未逾 3 年；

（5）个人所负数额较大的债务到期未清偿；

（6）被中国证监会处以证券市场禁入处罚，期限未满的；

（7）法律、行政法规或部门规章规定的其他内容。

董事、经理和其他高级管理人员不得兼任监事。

监事的任期每届为 3 年。监事任期届满，连选可以连任。监事任期届满未及时改选，或者监事在任期内辞职导致监事会成员低于法定人数的，在改选出的监事就任前，原监事仍应当依照法律、行政法规和本章程的规定，履行监事职务。

二、监事会的组成

公司设监事会，监事会成员不得少于 3 人。监事会设主席 1 人，可以设副主席。监事会主席和副主席由全体监事过半数选举产生。监事会主席召集和主持监事会会议；监事会主席不能履行职务或者不履行职务的，由监事会副主席召集和主持监事会会议；监事会副主席不能履行职务或者不履行职务的，由半数以上监事共同推举一名监事召集和主持监事会会议。

监事会应当包括股东代表和适当比例的公司职工代表，其中职工代表的比例不低于三分之一。监事会中的职工代表由公司职工通过职工代表大会、职工大会或者其他形式民主选举产生。

三、监事会的职权

监事会行使下列职权：

（1）应当对董事会编制的公司定期报告进行审核并提出书面审核意见；

（2）检查公司财务；

（3）对董事、高级管理人员执行公司职务的行为进行监督，对违反法律、行政法规或者股东大会决议的董事、高级管理人员提出罢免的建议；

（4）当董事、高级管理人员的行为损害公司的利益时，要求董事、高级管理人员予以纠正；

（5）提议召开临时股东大会，在董事会不履行《公司法》规定的召集和主持股东大会职责时召集和主持股东大会；

（6）向股东大会提出提案；

（7）依照《公司法》第151条[①]的规定，对董事、高级管理人员提起诉讼；

（8）发现公司经营情况异常，可以进行调查；必要时，可以聘请会计师事务所、律师事务所等专业机构协助其工作，费用由公司承担。

---

① 《公司法》第151条规定："董事、高级管理人员有本法第一百四十九条规定的情形的，有限责任公司的股东、股份有限公司连续一百八十日以上单独或者合计持有公司百分之一以上股份的股东，可以书面请求监事会或者不设监事会的有限责任公司的监事向人民法院提起诉讼；监事有本法第一百四十九条规定的情形的，前述股东可以书面请求董事会或者不设董事会的有限责任公司的执行董事向人民法院提起诉讼。监事会、不设监事会的有限责任公司的监事，或者董事会、执行董事收到前款规定的股东书面请求后拒绝提起诉讼，或者自收到请求之日起三十日内未提起诉讼，或者情况紧急、不立即提起诉讼将会使公司利益受到难以弥补的损害的，前款规定的股东有权为了公司的利益以自己的名义直接向人民法院提起诉讼。他人侵犯公司合法权益，给公司造成损失的，本条第一款规定的股东可以依照前两款的规定向人民法院提起诉讼。"

四、监事会的召开

监事会每6个月至少召开一次会议。监事可以提议召开临时监事会会议。在召开会议之前，应当通知举行会议的日期、地点、会议期限和事由及议题。

监事会应当将所议事项的决定做成会议记录，出席会议的监事应当在会议记录上签名。监事有权要求在记录上对其在会议上的发言作出某种说明性记载。监事会会议记录作为公司档案至少保存10年。

第十八章　三资企业的章程设计

外商投资企业是指依照我国法律规定，在中国境内设立的，由中国投资者和外国投资者共同举办或者仅由外国投资者举办的企业，依照外国投资者在企业注册资本和资产中所占股份和份额的比例不同以及其他法律特征的不同，分为中外合资经营企业、中外合作经营企业和外商独资企业，又称为“三资企业”。原三资企业法主要包括《中外合资经营企业法》《中外合作经营企业法》《外资企业法》三部法律以及各部法律相关的实施细则或实施条例，主要对外商投资企业在华设立、管理、经营和终止的过程进行规范管理。

为优化外商投资环境，提高外国投资者的投资便利度，目前我国对一般性三资企业的设立和变更采取备案管理的模式，但对于涉及国家规定实施准入特别管理措施的三资企业的设立及变更事项实施审批管理。备案管理属于告知性备案，不是企业办理其他手续的前置条件，备案机关在备案阶段仅对填报信息进行形式审查，企业领取备案回执也不是强制性要求。而审批管理则属于公司登记的前置条件，必须取得审批机关的批准后，才能进行后续的登记手续。

三资企业法是我国改革开放的产物，旨在打开国门吸引外资并对引进的外资进行管理，其中包含诸多有别于《公司法》的特殊规定。

本章需重点说明的是，自 2020 年 1 月 1 日起三资企业法因《外商投资法》的施行而废止，但在《外商投资法》施行前依照《中外合资经营企业法》《中外合作经营企业法》《外资企业法》设立的外商投资企业，在《外商投资法》施行后五年内可以继续保留原企业组织形式等。故本章仍有保留的现实意义，本章节以原《中外合资经营企业法》《中外合作经营企业法》《外资企业法》作为依据，同时借鉴了《公司法》等相关法律的规定，对三资企业具体章程内容展开设计。因此，在制定三资企业章程时不能完全适用通用版公司章程，必须对特殊规定予以注意。其中包括以下几个方面：

一、投资总额和注册资本

三资企业的投资总额是指按照三资企业合同、章程规定的生产规模需要投入的基本建设资金和生产流动资金的总和。三资企业的注册资本是指为设立三资企业在登记管理机构登记的资本总额，应为合营各方认缴的出资额之和。投资总额与注册资本应当符合一定的比例，如国家工商行政管理局（机构已撤销）1987 年 3 月 1 日发布的《国家工商行政管理局关于中外合资经营企业注册资本与投资总额比例的暂行规定》（工商企字〔1987〕第 38 号）第三条　中外合资经营企业的注册资本与投资总额的比例，应当遵守如下规定：

（一）中外合资经营企业的投资总额在300万美元以下（含300万美元）的，其注册资本至少应占投资总额的 7/10。

（二）中外合资经营企业的投资总额在 300 万美元以上至 1000 万美元（含 1000 万美元）的，其注册资本至少应占投资总额的 1/2，其中投资总额在 420 万美元以下的，注册资本不得低于 210 万美元。

（三）中外合资经营企业的投资总额在 1000 万美元以上至 3000 万美元（含 3000 万美元）的，其注册资本至少应占投资总额的 2/5，其中投资总额在 1250 万美元以下的，注册资本不得低于 500 万美元。

（四）中外合资经营企业的投资总额在 3000 万美元以上的，其注册资本至少应占投资总额的 1/3，其中投资总额在 3600 万美元以下的，注册资本不得低于 1200 万美元。

因此，在制定三资企业公司章程时，除根据公司的发展规模和经营需要确定公司的注册资本和投资总额外，还需特别注意所确定的公司注册资本和投资总额符合上述规定中的比例关系。

二、权力机构

根据《公司法》的规定，股东会是公司的权力机构。而对于中外合资经营企业和中外合作经营企业，公司的权力机构有着不同规定。

根据《中外合资经营企业法》和《中外合资经营企业法实施条例》的规定，董事会是合营企业的最高权力机构，其职权按合营企业章程规定，讨论决定合营企业的一切重大问题。董事会成员不得少于 3 人，董事名额的分配由合营各方参照出资比例协商确定；董事由合营各方委派和撤换，董事的任期为4年，经合营各方继续委派可以连任。董事长和副董事长由合营各方协商确定或由董事会选举产生。中外各方均可担任董事长，一方担任董事长的，由他方担任副董事长。董事长是合营企业的法定代表人。

根据《中外合作经营企业法》和《中外合作经营企业法实施细则》的规定，合作企业应当设立董事会或者联合管理机构，决定合作企业的重大问题。董事会或者联合管理委员会成员不得少于3人，董事会董事或者联合管理委员会委员由合作各方自行委派或者撤换。董事会董事长、副董事长或者联合管理委员会主任、副主任的产生办法由合作企业章程规定；中外合作者的一方担任董事长、主任的，副董事长、副主任由他方担任。董事或者委员的任期由合作企业章程规定；但是，每届任期不得超过3年。董事或者委员任期届满，委派方继续委派的，可以连任。董事长或者主任是合作企业的法定代表人。

因此，在制定中外合资经营企业和中外合作经营企业的章程时，需特别注意上述法规中与《公司法》的差异性规定，以符合相关法规的规定。

三、投资和利润分配

相关法规中对于中外合资经营企业和外资企业的投资和利润分配的规定，与公司法的规定基本一致。但有关中外合作经营企业在投资和利润分配方面有着一些特殊规定。

根据《中外合作经营企业法》和《中外合作经营企业法实施细则》的规定，合作各方向合作企业的投资或者提供的合作条件既可以是货币，也可以是实物或者工业产权、专有技术、土地使用权等财产权利。中外合作者应当依照法律、法规的规定和合作企业合同的约定，如期履行缴足投资、提供合作条件的义务。中外合作者的投资或者提供的合作条件，由中国注册会计师或者有关机构验证并出具证明。

合作企业不是严格按照其“出资比例”来分享利润、承担亏损，中外合作者可以采用分配利润、分配产品或者合作各方共同商定的其他方式分配收益。中外合作者在合作企业合同中约定合作期限届满时，合作企业的全部固定资产无偿归中国合作者所有的，外国合作者在合作期限内，可以在按照投资或者提供合作条件进行分配的基础上，在合作企业合同中约定扩大外国合作者的收益分配比例，先行回收其投资。

因此，在制定中外合作经营企业的章程中，也需考虑上述特殊规定，根据中外合作方的实际情况，设计和规定相应的投资方式和利润分配方式。

综上所述，基于三资企业法中有别于《公司法》的特殊规定，故三资企业制定公司章程时需要在考虑企业具体情况的基础上，为企业“量体裁衣”，设计出合法、合规且具有企业特色的公司章程。

第一节　中外合资经营企业的章程设计

一、中外合资经营企业的概述

中外合资经营企业是指依照中国有关法律在中国境内设立的由外国公司、企业和其他经济组织或个人与中国公司、企业或其他经济组织共同举办的合营企业，即两个以上不同国籍的投资者，根据《公司法》《企业法人登记管理条例》《中外合资经营企业法》以及《中外合资经营企业法实施条例》等法律、法规的规定，共同投资设立，共同经营，共负盈亏，共担风险的有限责任公司，受中国的管辖和保护，是中国法人。中外合资经营企业的组织形式仅能为有限责任公司。合营各方遵照平等互利原则，共同出资、共同经营、按各方注册资本比例分享利润、分担风险和亏损。另外，根据《中外合资经营企业法》规定，国家对合营企业不实行国有化和征收；在特殊情况下，根据社会公共利益的需要，对合营企业可以依照法律程序实行征收，并给予相应的补偿。合营企业获得的毛利润，按我国《企业所得税法》规定缴纳合营企业所得税后，扣除合营企业章程规定的储备基金、职工奖励及福利基金、企业发展基金，净利润根据合营各方注册资本的比例进行分配。

二、中外合资经营企业的设立

（一）设立审批

设立中外合资经营企业，必须经中华人民共和国商务主管部门（以下简称审查批准机关）审查批准（或备案）。批准（或备案）后，由审查批准机关发给批准证书（或备案证明）。《中外合资经营企业法》第15条规定：举办合营企业不涉及国家规定实施准入特别管理措施的，对本法第 3 条、第 13 条、第 14 条规定的审批事项，适用备案管理。国家规定的准入特别管理措施由国务院发布或者批准发布。因此，除实施准入特别管理措施的，设立中外合资经营企业，应当向国家商务主管部门备案，审查批准机关通过外商投资综合管理信息系统（以下简称综合管理系统）开展审批工作。《中外合资经营企业法实施条例》第 4 条规定：申请设立合营企业有下列情况之一的，不予批准：（一）有损中国主权的；（二）违反中国法律的；（三）不符合中国国民经济发展要求的；（四）造成环境污染的；（五）签订的协议、合同、章程显属不公平，损害合营一方权益的。凡投资总额在国务院规定的投资审批权限以内，中国合营者的资金来源已落实的，且不需要国家增拨原材料，不影响燃料、动力、交通运输、外贸出口配额等的全国平衡的，国务院授权省、自治区、直辖市人民政府或国务院有关部门审批，授权的审批机构批准设立的合营企业，应当报国家商务主管部门备案。

关于国家规定实施准入特别管理措施的范围，经国务院批准，外商投资准入特别管理措施范围按《外商投资产业指导目录（2017 年修订）》（以下简称《目录》）中限制类和禁止类，以及鼓励类中有股权要求、高管要求的有关规定执行。涉及外资并购设立企业及变更的，按现行有关规定执行。据此，就外商投资准入特别管理措施范围内的投资，对于涉及《目录》限制类和禁止类以及鼓励类中有股权要求、高管要求的领域，不论金额大小或投资方式（新设、并购）均将继续实行审批管理；对于外国投资者并购境内非外商投资企业，适用《关于外国投资者并购境内企业的规定》（商务部令 2009 年第 6 号），其中涉及上市公司的，适用《外国投资者对上市公司战略投资管理办法》（商务部、证监会、税务总局、工商总局、外汇局令 2005 年第 28 号）。对于外国投资者投资其他领域或采取其他方式投资的，一律实行备案管理。

另外，对于实施准入特别管理措施的行业，国务院发布的《自由贸易试验区外商投资准入特别管理措施（负面清单）（2017 年版）》中作出了相应规定。

（二）设立程序

1. 实行备案管理的中外合资经营企业的设立程序

（1）设立中外合资经营企业，属于《外商投资企业设立及变更备案管理暂行办法》规定的备案范围的，在取得企业名称预核准后，应由全体投资者（或外商投资股份有限公司的全体发起人，以下简称全体发起人）指定的代表或共同委托的代理人在营业执照签发前，或由中外合资经营企业指定的代表或委托的代理人在营业执照签发后30日内，通过综合管理系统，在线填报和提交《外商投资企业设立备案申报表》(以下简称《设立申报表》)及相关文件，办理设立备案手续。

（2）设立中外合资经营企业，办理中外合资经营企业设立备案手续，需通过综合管理系统上传提交以下文件：

①外商投资企业名称预先核准材料或外商投资企业营业执照；

②外商投资企业全体投资者（或全体发起人）或其授权代表签署的《外商投资企业设立备案申报承诺书》；

③全体投资者（或全体发起人）或外商投资企业指定代表或者共同委托代理人的证明，包括授权委托书及被委托人的身份证明；

④外商投资企业投资者或法定代表人委托他人签署相关文件的证明，包括授权委托书及被委托人的身份证明（未委托他人签署相关文件的，无须提供）；

⑤投资者主体资格证明或自然人身份证明；

⑥法定代表人自然人身份证明。

前述文件原件为外文的，应同时上传提交中文翻译件，中外合资经营企业或其投资者应确保中文翻译件内容与外文原件内容保持一致。

此外，中外合资经营企业的投资者在营业执照签发前已提交备案信息的，如投资的实际情况发生变化，应在营业执照签发后30日内向备案机构就变化情况履行变更备案手续。

（3）中外合资经营企业或其投资者在线提交《设立申报表》或《变更申报表》及相关文件后，备案机构对填报信息形式上的完整性和准确性进行核对，并对申报事项是否属于备案范围进行甄别。属于规定的备案范围的，备案机构应在3个工作日内完成备案。不属于备案范围的，备案机构应在3个工作日内在线通知中外合资经营企业或其投资者按有关规定办理，并通知相关部门依法处理。

2. 采取审批制的中外合资经营企业的设立程序

（1）《中外合资经营企业法实施条例》第7条规定：申请设立合营企业，由中外合营者共同向审批机构报送下列文件：

①设立合营企业的申请书；

②合营各方共同编制的可行性研究报告；

③由合营各方授予权代表签署的合营企业协议、合同和章程；

④由合营各方委派的合营企业董事长、副董事长、董事人选名单；

⑤审批机构规定的其他文件。

上列各项文件必须用中文书写，其中第②项、第③项、第④项文件可同时用合营各方商定的一种外文书写。两种文字书写的文件具有同等效力。

（2）审批机构自接到上述全部文件之日起，3个月内决定批准或不批准。审批机构如发现文件有不当之处，应当要求限期修改。否则不予批准。

（3）申请者应当自收到批准证书之日起1个月内，按照国家有关规定，向市场监督管理机关（以下简称登记管理机构）办理登记手续。合营企业的营业执照签发日期，即为该合营企业的成立日期。

以上须由中外合营者共同向审批机构报送的正式文件，都是为设立中外合资企业所必需的，其中，合营企业合同和章程涉及的问题相对多些。

需要说明的是，按照2002年4月1日起施行的《指导外商投资方向规定》的要求，除法律、行政法规对外商投资项目的审批程序和办法另有规定外，对其中限制类限额以下的外商投资项目，即限制类外商投资项目：（一）技术水平落后的；（二）不利于节约资源和改善生态环境的；（三）从事国家规定实行保护性开采的特定矿种勘探、开采的；（四）属于国家逐步开放的产业的；（五）法律、行政法规规定的其他情形，由省、自治区、直辖市及计划单列市人民政府的相应主管部门审批，同时报上级主管部门和行业主管部门备案，此类项目的审批权不得下放。涉及配额、许可证的外商投资项目，须先向外经贸主管部门申请配额、许可证。

三、中外合资经营企业合同

（一）合同概述

中外合资经营企业合同（以下简称合营企业合同），是指外国公司、企业和其他经济组织和个人，按照平等互利的原则，在中华人民共和国境内，同中国的公司、企业或其他经济组织所签订的共同举办合营企业的合同。需要指出的是，合营企业合同与合营企业协议有所不同，合营企业协议是指中外合营各方对设立合营企业的某些要点和原则达成一致意见而订立的文件，是签订合营企业合同的指导性文件，合营企业合同是对合营企业协议的具体化，当合营企业协议与合营企业合同有抵触时应以合营企业合同为准。此外，合营企业合同是中外合资经营各方投资建立中外合资经营企业必须签订的法律文书。但是，经中外合营各方同意，可以不订立合营企业协议。合营企业合同是一项非常重要的法律文书，是设立中外合资经营企业的直接依据，且合营合同中直接涉及中外合营各方在合营企业中的权利和义务，对于日后合营企业的生产经营将产生重大影响。合营企业合同的附件与合营企业合同具有同等效力。举办合营企业不涉及国家规定实施准入特别管理措施的，合营合同应向商务主管部门备案，合营合同发生变更的，也应当向商务主管部门备案。

（二）合同内容

根据《中外合资经营企业法》及《中外合资经营企业法实施条例》和有关法规的规定，中外合资经营企业合同应当包括下列主要内容：

1. 合营各方的名称、注册国家、法定地址和法定代表人的姓名、职务、国籍；

2. 合营企业名称、法定地址、宗旨、经营范围和规模；

3. 合营企业的投资总额、注册资本、合营各方的出资额、出资比例、出资方式、出资的缴付期限以及出资额欠缴、股权转让的规定；

4. 合营各方利润分配和亏损分担的比例；

5. 合营企业董事会的组成、董事会名额的分配以及总经理、副总经理以及其他高级管理人员的职责、权限和聘用办法；

6. 采用的主要生产设备、生产技术及其来源；

7. 原材料购买和产品销售方式，产品在中国境外和境内得销售比例；

8. 外汇资金收支的安排；

9. 财务、会计、审计的处理原则；

10. 有关劳动管理、工资、福利、劳动保险等事项的规定；

11. 合营企业期限、解散及清算程序；

12. 违反合同的责任；

13. 解决合营各方之间争议的方式和程序；

14. 合同文本采用的方案和合同生效的条件。

（三）合同中应予注意的问题

在中外合资经营企业合同中，中外合营者依约缴付了自己的出资额后，合营企业的各项业务才刚刚开始，运营若干年后，合同关系才有可能宣告结束，其复杂性要远超一般的合同。因而，在签订中外合资经营企业合同时要格外慎重，为此，必须明确应予注意的几个问题：

1. 关于合营合同的订立的合法性

根据中国关于中外合资经营企业的有关法律、法规规定，合营企业合同的订立、效力、解释、执行及其争议的解决，均应适用中国的法律。中国关于合营企业的法律、法规，除《中外合资经营企业法》及《中外合资经营企业法实施条例》外，还有大量其他可供遵循的法规，如《中外合资经营企业合营期限暂行规定》《关于中外合资经营企业注册资本和投资总额比例的暂行规定》等。在具体签订合营合同时，首先要搞清法律的强制性要求，所拟合同条款是否符合相关法律的规定，只有这样，才能保证合营合同的有效性，并发挥合营合同应有的作用，从而为合营企业的健康运营奠定一个良好的基础。实践证明，合营企业订立的合营合同不完善，将严重影响合营企业的稳定运行。

2. 要注意外国合营者的资信

从我国举办的中外合资经营企业暴露出的问题来看，选择合作伙伴极为重要。合作伙伴的好坏是关系到合营企业兴衰成败的决定性因素。因此，找到外方合营对象后，必须对他们的资信进行严格的调查。特别是对初次与中方交往、资信情况不明的外方合营者更要做好资信调查工作。所以，中方当事人在与外商签订合营合同时，一定要认真了解其资信状况。

3. 合同订立者不得超越法律权限为外商设置优惠条件

尽管中外合资经营企业合同是约束合营各方的法律文书，但它本身不是法律，相反，它要受法律的规范和调整。在实践中，有的中方当事人为了吸引外商，往往许诺给外商以各种优惠条件，如税收比现行税率更优惠等。这种在合营合同中超载中国法律的规定的行为构成违法。合营各方只有在遵守法律规定的前提下，才享有“自由订立合同”的权利，一旦越位，就构成违法。

4. 善于利用合同的附件

合营企业合同的附件由按照合营合同规定的各项原则订立一些附属协议，如工程协议、技术转让协议、销售协议等构成，这些附件与合营企业合同共同作为开展合营企业生产经营活动的依据和准则，并使合营企业得以稳定运营。根据法律规定，合营企业合同的附件，与合营企业合同具有同等效力。因此，在签订合营企业合同附件时，既要遵守合营企业合同确定的一般原则，又要根据具体情况将有关的专门问题具体化。合营企业合同的附件在合同的履行过程中，既要按照合营企业合同的规定行使权利，也要严格执行为履行合营企业合同而签订的各种附属文件。一个成功的合资经营企业，一方面要善于用好合营企业合同，另一方面也要善于利用合营企业合同的附件。

四、中外合资经营企业章程

（一）章程概述

中外合资经营企业章程是合营企业除合营合同外的又一重要法律文书，它是中外合营者依据中国有关法律、法规和中外合资企业合同所制定的条款，是规定合资企业宗旨、机构设置、组织原则及经营管理方法等事项，并取得中外合资各方一致赞同的法规性文件。它是合资企业的行为规范，对于合营企业的运营起着纲领性作用。举办合营企业不涉及国家规定实施准入特别管理措施的，对于章程，适用备案管理，章程发生变更的，也须向商务主管部门备案。

（二）章程与合同的区别

合营企业章程的内容与合营合同既有联系，又有区别。它们都是合营的中外当事人意思表示一致的结果，章程与合同的内容有些重合，但它们的区别也是明显的：

一是内容上的区别。某些事项，如企业组织机构的建设、职责、管理人员的委派等，在合营合同中只做原则性规定，而在章程中会作出较为具体的规定；有些事项，在合同中有规定，但在章程中并不规定，如中外双方有关合营争议的解决方式、中外合营各方出资的验资方式等；有些事项，在合同中不做规定，在章程中要做具体规定，如合营企业董事会的开会日期、议事规则等。

二是效力范围的区别。合营合同只涉及中外合营者之间的权利义务，对签署合营合同以外的任何第三人无约束力；而章程在设置合营各方的权利义务的同时，规定了合营企业的组织机构及活动规则，既对合营的中外合营者有约束力，又对合营企业的从业人员有法律效力，而且合营企业一经批准成立，作为独立经营实体的合营企业，章程就成为其开展生产经营活动的准则，而合营合同一般在中外合营各方签字、盖章之日起对合同当事方产生约束力。

三是性质上的区别。合营合同是中外合营者制定的内部文件，属于商业秘密，一般不对外公开；而企业章程则是合营中外当事人制定的规范企业经营管理的公开“宣言”，除约束企业内部人员外，还要向与其有业务往来的第三人出示，不属商业秘密的范畴。

（三）章程所包括的内容

依照法律规定，中外合资经营企业章程应包括下列主要内容：

1. 合营企业名称及法定地址；
2. 合营企业的宗旨、经营范围和合营期限；
3. 合营各方的名称、注册国家、法定地址、法定代表人的姓名、职务、国籍；
4. 合营企业的投资总额、注册资本、合营各方的出资额、出资比例、股权转让的规定，利润分配和亏损分担的比例；
5. 董事会的组成、职权和议事规则，董事的任期，董事长、副董事长的职责；
6. 管理机构的设置，办事规则，总经理、副总经理及其他高级管理人员的职责和任免方法；
7. 财务、会计、审计制度的原则；
8. 解散和清算；
9. 章程修改的程序。

以上大部分内容，合营合同都有原则性规定，在合营企业章程中要将其具体化，特别是关于第 5 项、第 6 项内容。不涉及实施特别管理措施的合营企业章程订立后须报备案机关备案。涉及实施特别管理措施的合营企业章程则需在经审批机构批准后，产生法律约束力。中外合资经营企业的经营管理活动，必须以企业的章程为准则。

（四）章程内容的特别注意事项

1. 注册资本与投资总额

合营企业的注册资本是指记载在合营企业合同、章程上并经有关主管机关核准登记的合营各方认缴的出资额之和。在合营企业的注册资本中，外国合营者的投资比例一般不低于 25%，无上限规定。不涉及实施特别管理措施的合营企业注册资本的增加、减少，应当由董事会会议通过，并报备案机构备案，向登记管理机构办理变更登记手续。合营各方按注册资本比例分享利润和分担风险及亏损。合营者的注册资本的转让必须经合营各方同意。

合营者既可以用货币出资，也可以用建筑物、厂房、机器设备或者其他物料、工业产权、专有技术、场地使用权等作价出资。以建筑物、厂房、机器设备或者其他物料、工业产权、专有技术作为出资的，其作价由合营各方按照公平合理的原则协商确定，或者聘请合营各方同意的资产评估机构评定。外国合营者以工业产权或者专有技术作为出资，应当提交该工业产权或者专有技术的有关资料，包括专利证书或者商标注册证书的复制件、有效状况及其技术特性、实用价值、作价的计算根据、与中国合营者签订的作价协议等有关文件，作为合营合同的附件。外国合营者作为出资的机器设备或者其他物料、工业产权或者专有技术，应当报备案机关备案。合营各方应当按照合同规定的期限缴清各自的出资额。逾期未缴或者未缴清的，应当按合同规定支付迟延利息或者赔偿损失。合营各方缴付出资额后，应当由中国的注册会计师验证，出具验资报告后，由合营企业据以发给出资证明书。

合营企业的投资总额（含企业借款），是指按照合营企业合同、章程规定的生产规模需要投入的基本建设资金和生产流动资金的总和。合营企业的注册资本，是指为设立合营企业在登记管理机构登记的资本总额，应为合营各方认缴的出资额之和。注册资本和投资总额可以不一致，如合营各方认缴的出资额之和达不到投资总额，可以在投资总额与注册资本的差额范围内，以合营企业的名义向包括境外银行、境外股东在内的境外机构、人员等以外汇引进的资金。因此，投资总额既包括注册资本，也可包括合营企业除注册资本外可在将来通过多种方式引进使用的境外资本。注册资本和投资总额的具体比例根据《关于中外合资经营企业注册资本与投资总额比例的暂行规定》确定。

2. 董事会

董事会是合营企业的最高权力机构，其职权按合营企业章程规定，讨论决定合营企业的一切重大问题，主要包括企业发展规划、生产经营活动方案、收支预算、利润分配、劳动工资计划、停业，以及总经理、副总经理、总工程师、总会计师、审计师的任命或聘请及其职权和待遇等。

董事会成员不得少于 3 人，具体组成人数由合营各方协商确定，董事名额的分配由合营各方参照出资比例协商确定；董事由合营各方委派和撤换，董事的任期为 4 年，经合营各方继续委派可以连任。

董事长和副董事长由合营各方协商确定或由董事会选举产生。中外各方均可担任董事长，一方担任董事长的，由他方担任副董事长。董事长是合营企业的法定代表人，董事长不能履行职责时，应当授权副董事长或者其他董事代表合营企业。

《中外合资经营企业法实施条例》第 33 条第 1 款规定，下列事项由出席董事会会议的董事一致通过方可作出决议：①合营企业章程的修改；②合营企业的中止、解散；③合营企业注册资本的增加、减少；④合营企业的合并、分立。

《中外合资经营企业法实施条例》第 32 条第 1 款、第 2 款规定，董事会会议每年至少召开 1 次，由董事长负责召集并主持。董事长不能召集时，由董事长委托副董事长或者其他董事负责召集并主持董事会会议。经三分之一以上董事提议，可以由董事长召开董事会临时会议。董事会会议应当有三分之二以上董事出席方能举行。董事不能出席的，可以出具委托书委托他人代表其出席和表决。

《中外合资经营企业法》及《中外合资经营企业法实施条例》对董事会议议事程序未作出明确规定的，适用《公司法》的相关规定。

3. 总经理

根据《中外合资经营企业法实施条例》第 35 条“合资企业设经营管理机构，负责企业的日常经营管理工作。经营管理机构设总经理 1 人，副总经理若干人。副总经理协助总经理工作”之规定，总经理是中外合资经营企业中的必设机构。而根据《公司法》第 49 条第 1 款之规定，总经理不是内资公司的必设机构。总经理由董事长聘请，也可由董事长兼任，负责组织领导日常经营管理工作。

正副总经理由合营各方分别担任。总经理负责执行董事会会议的各项决议，组织领导合营企业的日常经营管理工作。在董事会授权范围内，总经理对外代表合营企业，对内任免下属人员，行使董事会授予的其他职权。总经理、副总经理由合营企业董事会聘请，既可以由中国公民担任，也可以由外国公民担任。

4. 利润分配

根据《中外合资经营企业法》第 8 条及《中外合资经营企业法实施条例》第 76 条之规定，可分配利润经董事会确定分配的，应当按合营各方的出资比例进行分配。

中外合资经营企业章程条款设计示例详见附件一。

第二节 中外合作企业的章程设计

一、中外合作经营企业概述

中外合作经营企业是由外国公司、企业和其他经济组织或个人同中国的公司、企业或其他经济组织在中国境内根据中外方提供的合作条件共同举办的企业，通常是以确立和完成一个项目而签订契约进行合作生产经营的企业。未经合作他方书面同意并报审查批准机关批准或者备案，合作各方之间不得相互转让，并且合作一方也不得向合作他方以外的他人转让属于其在合作企业合同中全部或者部分权利。合作各方的权利和义务，包括投资或者合作条件、收益或者产品分配、风险和亏损的分担、经营管理的方式和合作企业终止时财产的归属等事项，均由中外合作者共同协商，制定合作协议、合同，并在合作企业合同中加以约定。中外合作经营企业在享受外商投资者各项优惠的同时，也受中国法律、法规的制约，相关法律、法规对中外合作经营企业在境内的活动也作出了一定限制，如《中外合作经营企业法》第18条规定：合作企业的各项保险应当向中国境内的保险机构投保。

通常来说，中外合作经营企业的举办模式为：由外国合作者提供全部或大部分资金、技术、关键设备等，中方负责提供土地使用权、现有厂房设施或部分资金等。国家鼓励举办两种类型的合作企业：一种是产品出口的生产型合作企业，另一种是技术先进的生产型合作企业。合作经营企业既可以是具有法人资格的企业，也可以是不具有法人资格的企业。它与国际上的“契约式合营”有相同的地方，即合作企业因契约而合营，它的设立、投资方式、收益分配的方式和比例，以及风险承担、终止等完全以契约意志为转移。合作企业的经营，实际上就是对合作经营合同的实际履行。因此，从这个意义上可以说中外合作经营企业是“契约式合营”。但是事实上，在我国利用外资的实践中，诸如存在中外合作生产、合作销售、合作开发技术等形式。虽然中外合作经营企业的运营模式与国际上的契约式合营基本相同，但二者仍然存在一定区别：中外合作经营企业不仅可以组成新的经济实体（合作式联营），甚至可组成法人。合作关系受《公司法》的调整，这是与国际通行的做法存在差异的地方。因此，中外合作经营企业完全是在中国的实际条件下产生的中外合作模式，而不是按照某种模式举办的。

二、中外合作经营企业的设立

（一）实行备案管理的合作企业的设立

1. 设立中外合作经营企业，属于《外商投资企业设立及变更备案管理暂行办法》规定的备案范围的，在取得企业名称预核准后，应由全体投资者（或中外合作企业的全体发起人，以下简称全体发起人）指定的代表或共同委托的代理人在营业执照签发前，或由中外合作经营企业指定的代表或委托的代理人在营业执照签发后 30 日内，通过综合管理系统，在线填报和提交《设立申报表》及相关文件，办理设立备案手续。

2. 设立中外合作经营企业，办理中外合作经营企业设立备案手续，需通过综合管理系统上传提交以下文件：

（1）外商投资企业名称预先核准材料或外商投资企业营业执照；

（2）外商投资企业全体投资者（或全体发起人）或其授权代表签署的《外商投资企业设立备案申报承诺书》；

（3）全体投资者（或全体发起人）或外商投资企业指定代表或者共同委托代理人的证明，包括授权委托书及被委托人的身份证明；

（4）外商投资企业投资者或法定代表人委托他人签署相关文件的证明，包括授权委托书及被委托人的身份证明（未委托他人签署相关文件的，无须提供）；

（5）投资者主体资格证明或自然人身份证明；

（6）法定代表人自然人身份证明。

前述文件原件为外文的，应同时上传提交中文翻译件，中外合作经营企业或其投资者应确保中文翻译件内容与外文原件内容保持一致。

此外，中外合作经营企业的投资者在营业执照签发前已提交备案信息的，如投资的实际情况发生变化，应在营业执照签发后 30 日内向备案机构就变化情况履行变更备案手续。

3. 中外合作经营企业或其投资者在线提交《设立申报表》或《变更申报表》及相关文件后，备案机构对填报信息形式上的完整性和准确性进行核对，并对申报事项是否属于备案范围进行甄别。属于规定的备案范围的，备案机构应在 3 个工作日内完成备案。不属于备案范围的，备案机构应在 3 个工作日内在线通知中外合作经营企业或其投资者按有关规定办理，并通知相关部门依法处理。

（二）采取审批制的合作企业的设立

设立合作企业由商务主管部门或者国务院授权的部门或地方人民政府审查批准。下列情况下，由授权部门审查批准：投资总额在国务院规定的投资限额以内的；自筹资金，并且不需要国家平衡建设、生产条件的；产品出口不需要国家有关主管部门发放的出口配额、许可证，或者虽需要领取，但在报送项目建议书前已征得国家有关主管部门同意的；有法律、行政法规规定由国务院授权的部门或者地方人民政府审查批准的其他情形的。由于中外合作经营企业的设立需利于中国国民经济的发展，因此为保证上述目的的实现，我国法律对中外合作经营企业的经营活动作出了一定的限制，《中外合作经营企业法实施细则》第 9 条规定：申请设立合作企业，有下列情形之一的，不予批准：（一）损害国家主权或者社会公共利益的；（二）危害国家安全的；（三）对环境造成污染损害的；（四）有违反法律、行政法规或者国家产业政策的其他情形的。

此外，依照《中外合作经营企业法》及其《中外合作经营企业法实施细则》的规定，设立合作企业，应当由中国合作者向审查批准机关报送下列文件：

1. 设立合作企业的项目建议书，并附送主管部门审查同意的文件；

2. 合作各方共同编制的可行性研究报告，并附送主管部门审查同意的文件；

3. 由合作各方的法定代表人或其授权的代表签署的合作企业协议、合同、章程；

4. 合作各方的营业执照登记证明、资信证明及法定代表人的有效证明文件，外国合作者是自然人的，应当提供其身份、履历和资信情况的有效证明文件；

5. 合作各方协商确定的合作企业董事长、副董事长、董事或者联合管理委员会主任、副主任、委员的人选名单；

6. 审查批准相关要求报送的其他文件；

上述所列文件，除第 4 项中所列外国合作者提供的文件外，必须报送中文本，第 2 项、第 3 项和第 5 项所列文件可以同时报送合作各方商定的一种外文本。

审查批准机关自收到规定的全部文件之日起45日内决定批准或者不批准；审查批准机关认为报送的文件不全或者有不当之处的，有权要求合作各方在指定期间内补全或者修正。

商务主管部门和国家授权的部门批准设立的合作企业，由商务主管部门颁发批准证书。国务院授权的地方人民政府批准设立的合作企业，由有关地方人民政府颁发批准证书，并自批准之日起30日内将有关批准文件报送商务主管部门备案。

设立合作企业的申请经批准后，应当自接到批准证书之日起30日内向市场监督管理机关申请登记，领取营业执照。合作企业的营业执照签发日期，为该企业成立日期。

三、中外合作经营企业合同

（一）合同概述

中外合作经营企业合同是指中外合作者为设立中外合作经营企业并明确相互权利义务关系而达成的书面文件。合作合同是中外合作经营企业合作的基础，是中外合作各方相互合作和解决纠纷和争议的依据，合作企业经登记注册后均应严格遵守合同的约定并开展经营活动。

合作合同的成立必须具备以下条件：第一，合同的主体必须合法；第二，合同的内容不能违反我国法律或损害社会公共利益；第三，合同必须采取书面形式。不涉及国家规定实施准入特别管理措施合作企业的合作合同须向商务主管部门备案。在合作期限内，合作合同有重大变更的，须向商务主管部门备案。

（二）合同内容

与中外合资经营企业合同是中外合资经营企业设立的依据一样，中外合作企业合同，不仅关系到合作企业的成立，还直接影响着企业日后的生产和经营，非同小可。中外合作企业合同，是指合作各方为设立合作企业就相互之间的权利、义务关系达成一致意见后形成的书面文件。其内容应包括：

1. 合作各方的名称、注册地、住所及法定代表人的姓名、职务、国籍（外国合作者是自然人的，其姓名、国籍和住所）；

2. 合作企业的名称、住所、经营范围；

3. 合作企业的投资总额，注册资本，合作各方投资或者提供合作条件的方式、期限；

4. 合作各方投资或者提供的合作条件的转让；

5. 合作各方收益或者产品的分配风险或者亏损的分担；

6. 合作企业董事会或者联合管理委员会的组成以及董事或者联合管理委员会委员名额的分配，总经理及其他高级管理人员的职责和聘任、解聘办法；

7. 采用的主要生产设备、生产技术及其来源；

8. 产品在中国境内销售和境外销售的安排；

9. 合作企业外汇收支的安排；

10. 合作企业的期限、解散和清算；

11. 合作各方其他义务以及违反合同的责任；

12. 财务、会计、审计的处理原则；

13. 合作各方之间争议的处理；

14. 合作企业合同的修改程序。

（三）合同相关问题

中外合作经营企业合同的主要内容有许多与中外合资经营企业合同相似，特别是组建具有法人资格的合作企业，此处只说明其中需要注意的几个问题：

1. 合作企业采用具备法人资格的组织形式与采用不具备法人资格的组织形式，投资者将承担不同的责任

合作企业采用具备法人资格的组织形式，即合作企业作为以公司形式开展合作的，其依据中国现行的法律，是可以取得企业法人资格的。此时，中外各方合作者以其向合作企业提供的投资或者合作条件为限、对企业债务承担有限的责任。如果合作企业不采用公司的形式，而采取合伙的形式，则中外合作者需对企业的债务承担无限连带的责任，即当中外合作企业的财产无法清偿企业债务时，中外各方合作者将以其各自的所有财产对企业债务承担无限连带责任，而非仅以各自向合作企业提供的投资或合作条件为限承担相应责任。

2. 注意列明中外合作者提供的投资或者合作条件

合作企业不是严格按照其“出资比例”来分享利润、承担亏损，在确定各方利润分配的原则时，也要衡量其与合作各方提供的投资或合作条件是否

大体相称。因而，在订立合作企业合同时，一定要将各方提供的投资或合作条件详细列明，具体写明各方投资或者合作条件的时间及其他要求。同时，为了确保各方的利益，在制作合作合同的过程中，一定要考虑到企业的产品或服务占有市场的前景，要预测在整个合作期内企业的盈利走势，不能仅着眼于眼前的利益。

3. 要明确合作企业的注册资本和投资总额

在订立合作企业合同时，要订有注册资本和投资总额的条款。实行有限责任制的企业，注册资本是相当于其对外承担责任的承诺，是衡量其对外经济交往的民事行为能力的一个重要依据。在实践中，有的合作合同仅仅注明投资额，而不列明注册资本，这是为市场经济体制下的企业行为所在地不允许的，注册资本和投资总额均应在合作合同中作出明确规定。注册资本不属商业秘密的范畴，与企业的经营范围一样，都要公之于众。只有这样，才便于与其交往的当事人了解其经营情况和责任能力。合作企业的投资总额与注册资本存在一定区别，注册资本不能随意变更，而投资总额则随合作企业经营状况的不同可以变化。

4. 组织机构要明确

《中外合作经营企业法》对合作企业的管理机构未作硬性规定，仅要求中外合作者应根据合作企业组织形式的不同而设置对应的组织机构。在采取公司的形式时，合作企业采取董事会管理制，设立董事会为企业的最高权力机构，中外合作者的一方担任董事会的董事长的，则由他方担任副董事长。设董事会时，要在其下设经营管理机构，以负责合作企业的日常经营管理工作。合作企业采用合伙的形式时，采用联合管理制，可以设联合管理机构来决定合作企业重大问题。中外合作者的一方担任联合管理机构的主任的，由他方担任副主任。联合管理机构既可以直接管理企业，也可以决定任命或聘请总经理负责合作企业的日常经营管理工作，总经理对联合管理机构负责。

四、中外合作经营企业章程

（一）章程概述

中外合作企业章程，是指中外合作者以中外合作经营企业合同为依据制定的企业宗旨、组织原则、活动原则等的法律文件。合作企业章程是合作企业开展经营活动的纲领性文件，有极强的法律约束力，其除对具体经营的内容必须予以明确外，还应明确一系列确保完成经营内容的活动规则和议事规则，是实施合作合同的保障。不涉及国家规定实施准入特别管理措施合作企业的章程须向商务主管部门备案。在合作期限内，合作企业章程有重大变更的，须向商务主管部门备案。

（二）章程内容

设立具备法人资格的中外合作经营企业，中外合作的当事人必须协商制定合作企业章程，作为合作企业组织机构设置、管理制度建立、经营活动原则的准则，其主要内容与中外合资经营企业的章程类似，可参照前述合资企业的章程制作，经国家审查批准机关审查批准后生效。不涉及实施特别管理措施的合作企业章程须报备案机关备案。其内容应当包括：

1. 合作企业名称及住所；

2. 合作企业的经营范围和合作期限；

3. 合作各方的名称、注册地、住所在地及法定代表人的姓名、职务和国籍（外国合作者是自然人的，其姓名、国籍和住所）；

4. 合作企业的投资总额，注册资本，合作各方投资或者提供合作条件的方式、期限；

5. 合作各方收益或者产品的分配、风险或者亏损的分担；

6. 合作企业董事会或者联合管理委员会的组成、职权和议事规则，董事会董事或者联合管理委员会委员的任期，董事长、副董事长或者联合管理委员会主任、副主任的职责；

7. 经营管理机构的设置、职权、办事规则，总经理及其他高级管理人员的职责和聘任、解聘办法；

8. 有关职工招聘、培训、劳动合同、工资、社会保险、福利、职业安全卫生等劳动管理事项的规定；

9. 合作企业财务、会计和审计制度；

10. 合作企业解散和清算办法；

11. 合作企业章程的修改程序。

合作企业协议、章程的内容与合作企业合同不一致的，以合作企业合同为准。合作各方可以协商不订立合作企业协议。

（三）章程内容的特别注意事项

1. 注册资本与投资总额

合作企业的投资总额，是指按照合作企业合同、章程规定的生产经营规模，需要投入的资金总和。合作企业的注册资本，是指为设立合作企业，在市场监督管理机关登记的合作各方认缴的出资额之和。在依法取得中国法人资格的合作企业中，外国合作者的投资一般不低于合作企业注册资本的25%。中外合作企业注册资本在合作期限内不得减少。但是，因投资总额和生产经营规模等变化，确需减少的，须经审查批准机关批准。不涉及实施特别管理措施的合作企业，减少注册资本，须通过综合管理系统在线填报和提交《变更申报表》报备案机关备案。

合作各方向合作企业的投资或者提供的合作条件既可以是货币，也可以是实物或者工业产权、专有技术、土地使用权等财产权利。中国合作者的投资或者提供的合作条件，属于国有资产的，应当依照有关法律、行政法规的规定进行资产评估。合作各方应当以其自有的财产或者财产权利作为投资或者合作条件，对作为投资或者合作条件的财产以及财产权利不得设置抵押权或者其他形式的担保。中外合作者应当依照法律、法规的规定和合作企业合同的约定，如期履行缴足投资、提供合作条件的义务。逾期不履行的，由市场监督管理机关限期履行；限期届满仍未履行的，由审查批准机关和市场监督管理机关依照国家有关规定处理。中外合作者的投资或者提供的合作条件，由中国注册会计师或者有关机构验证并出具证明。

2. 公司权力机构

合作企业应当设立董事会或者联合管理机构，依照合作企业合同或者章程的规定，决定合作企业的重大问题。董事会或者联合管理委员会成员不得少于3人，其名额的分配由中外合作者参照其投资或者提供的合作条件协商确定。董事会董事或者联合管理委员会委员由合作各方自行委派或者撤换。董事会董事长、副董事长或者联合管理委员会主任、副主任的产生办法由合作企业章程规定；中外合作者的一方担任董事长、主任的，副董事长、副主任由他方担任。董事或者委员的任期由合作企业章程规定；但是，每届任期不得超过3年。董事或者委员任期届满，委派方继续委派的，可以连任。董事长或者主任是合作企业的法定代表人。董事长或者主任因特殊原因不能履行职务时，应当授权副董事长、副主任或者其他董事、委员对外代表合作企业。

董事会会议或者联合管理委员会会议每年至少召开 1 次，由董事长或者主任召集并主持。董事长或者主任因特殊原因不能履行职务时，由董事长或者主任指定副董事长、副主任或者其他董事、委员召集并主持。三分之一以上董事或者委员可以提议召开董事会会议或者联合管理委员会会议。董事会会议或者联合管理委员会会议应当有三分之二以上董事或者委员出席方能举行，不能出席董事会会议或者联合管理委员会会议的董事或者委员应当书面委托他人代表其出席和表决。董事会会议或者联合管理委员会会议作出决议，须经全体董事或者委员的过半数通过。董事或者委员无正当理由不参加又不委托他人代表其参加董事会会议或者联合管理委员会会议的，视为出席董事会会议或者联合管理委员会会议并在表决中弃权。召开董事会会议或者联合管理委员会会议，应当在会议召开 10 日前通知全体董事或者委员。董事会或者联合管理委员会也可以用通信的方式作出决议。且《中外合作经营企业法实施细则》第 29 条规定：下列事项由出席董事会会议或者联合管理委员会会议的董事或者委员一致通过，方可作出决议：（一）合作企业章程的修改；（二）合作企业注册资本的增加或者减少；（三）合作企业的解散；（四）合作企业的资产抵押；（五）合作企业合并、分立和变更组织形式；（六）合作各方约定由董事会会议或者联合管理委员会会议一致通过方可作出决议的其他事项。

合作企业设总经理 1 人，负责合作企业的日常经营管理工作，对董事会或者联合管理委员会负责，合作企业的总经理由董事会或者联合管理委员会聘任、解聘。总经理对董事会或者联合管理机构负责。合作企业成立后改为委托中外合作者以外的他人经营管理的，必须经董事会或者联合管理机构一致同意，报审查批准机关批准，并向市场监督管理机关办理变更登记手续。

合作企业应当将董事会或者联合管理委员会的决议、签订的委托经营管理合同，连同被委托人的资信证明等文件，一并报送审批机关批准。

不涉及实施特别管理措施的合作企业，上述事项应报备案机关备案。符合备案范围的，备案机关应当自收到有关文件之日起 3 个工作日内完成备案。

3. 利润分配

中外合作者可以采用分配利润、分配产品或者合作各方共同商定的其他方式分配收益。采用分配产品或者其他方式分配收益的，应当按照税法的有关规定，计算应纳税额。中外合作者在合作企业合同中约定合作期限届满时，合作企业的全部固定资产无偿归中国合作者所有的，外国合作者在合作期限内，可以在按照投资或者提供合作条件进行分配的基础上，在合作企业合同中约定扩大外国合作者的收益分配比例，先行回收其投资。

中外合作企业章程条款设计示例详见附件二。

第三节　外资企业章程设计

一、外资企业概述及特点

（一）概述

外资企业是指外国的公司、企业、其他经济组织或者个人，依照中国法律在中国境内设立的全部资本由外国投资者投资的企业。外资企业的组织形式一般为有限责任公司，经批准也可以为其他责任形式。

（二）特点

外资企业的特点是：

1. 外资企业是在中国注册登记，其法定地址在中国，大部分经营活动在中国境内进行。因此，凡符合中国法规关于法人条件的，可依法取得中国法人资格，受中国法律的管辖和保护。

2. 我国目前的外资企业仅是相对中外合资企业和中外合作企业而言，其投资者既可以是一个外国投资者，也可以是多个外国投资者，但是没有中国投资者参股，除土地外，企业的投资百分之百为外国投资者所有。

3. 外资企业的最主要特点是：自投资金，自主经营，自负盈亏，自享其利。

二、外资企业的设立

（一）政策原则

外国投资者在中国境内设立外商独资企业的基本政策和原则是：

1. 扩大对外经济合作和技术交流，外国投资者在中国境内设立的外资企业需能利于中国国民经济的发展，在引进资金以补充中国建设资金的不足的同时，引进先进技术、设备、人才和企业经营管理经验，并能提供或扩大就业机会，锻炼培养职工和管理人员；或者可以增加产品出口。

2. 中国将保护外国投资者在中国境内设立的外资企业的合法权益，其在中国境内的投资、获得的利润和其他合法权益，受中国法律保护。

3. 外资企业必须遵守中国的法律、法规，不得损害中国的社会公共利益。《外资企业法》还规定，中国对外资企业不实行国有化和征收；在特殊情况下，根据社会公共利益的需要，对外资企业依照法律程序实行征收时，给予相应的补偿。

4. 设立外资企业的申请，由国务院商务主管部门或者国务院授权的机关审查批准。不涉及国家规定实施准入特别管理措施的外资企业，其设立实行备案管理。外资企业须在审查批准机关核准的期限内在中国境内投资；逾期不投资的，市场监督管理机关有权吊销其营业执照。外资企业的投资情况，由市场监督管理机关进行检查和监督。

5. 外资企业的生产经营计划，应当报其主管部门备案。

6. 外资企业必须在中国境内设置会计账簿，进行独立核算，按照规定报送会计报表，并接受财政税务机关的监督。拒绝在中国境内设置会计账簿的，财政税务机关可以处以罚款，市场监督管理机关可以责令其停止营业，或者吊销其营业执照。

（二）设立程序

1. 采取备案管理的外资企业的设立程序

（1）设立外资企业，属于《外商投资企业设立及变更备案管理暂行办法》规定的备案范围的，在取得企业名称预核准后，应由全体投资者（或外商投资股份有限公司的全体发起人，以下简称全体发起人）指定的代表或共同委托的代理人在营业执照签发前，或由外资企业指定的代表或委托的代理人在营业执照签发后 30 日内，通过综合管理系统，在线填报和提交《设立申报表》及相关文件，办理设立备案手续。

（2）设立外资企业，办理外资企业设立备案手续，需通过综合管理系统上传提交以下文件：

①外商投资企业名称预先核准材料或外商投资企业营业执照；

②外商投资企业全体投资者（或全体发起人）或其授权代表签署的《外商投资企业设立备案申报承诺书》；

③全体投资者（或全体发起人）或外商投资企业指定代表或者共同委托代理人的证明，包括授权委托书及被委托人的身份证明；

④外商投资企业投资者或法定代表人委托他人签署相关文件的证明，包括授权委托书及被委托人的身份证明（未委托他人签署相关文件的，无须提供）；

⑤投资者主体资格证明或自然人身份证明；

⑥法定代表人自然人身份证明。

前述文件原件为外文的，应同时上传提交中文翻译件，外资企业或其投资者应确保中文翻译件内容与外文原件内容保持一致。

此外，外资企业的投资者在营业执照签发前已提交备案信息的，如投资的实际情况发生变化，应在营业执照签发后30日内向备案机构就变化情况履行变更备案手续。

（3）外资企业或其投资者在线提交《设立申报表》或《变更申报表》及相关文件后，备案机构对填报信息形式上的完整性和准确性进行核对，并对申报事项是否属于备案范围进行甄别。属于规定的备案范围的，备案机构应在3个工作日内完成备案。不属于备案范围的，备案机构应在3个工作日内在线通知中外合资经营企业或其投资者按有关规定办理，并通知相关部门依法处理。

2. 采取审批制的外资企业的设立

需要采取审批制的外资企业，由商务主管部门或者国务院授权的省、自治区、直辖市和计划单列市、经济特区人民政府审查批准。设立的具体程序为：

（1）外国投资者在提出设立外资企业的申请前，要自行或委托中国的外商投资企业服务机构或者其他经济组织（通过签订委托合同的形式）向拟设立外资企业所在地在地的县级或者县级以上地方人民政府提交报告。报告内容包括：设立外资企业的宗旨；经营范围、规模；生产的产品；使用的技术设备；产品在中国和国外市场的销售比例；用地面积及要求；需要用水、电、煤、煤气或者其他能源的条件及数量；对公共设施的要求等。县级或者县级以上地方人民政府在收到外国投资者提交的报告之日起30日内以书面形式作出答复。

（2）外国投资者或其委托的机构通过上述地方人民政府向审批机关提出申请，并报送下列文件：

①设立外资企业申请书；

②可行性研究报告；

③外资企业章程；

④外资企业法定代表人（或者董事会人选）名单；

⑤外国投资者的法律证明文件和资信证明文件；

⑥拟设立外资企业所在地在地的县级或者县级以上地方人民政府的书面答复；

⑦需要进口的物资清单；

⑧其他需要报送的文件。

前款第①项、第③项文件必须用中文书写；第②项、第④项、第⑤项文件可以用外文书写，但应当附中文译文。两个或者两个以上外国投资者共同申请设立外资企业，应当将其签订的合同副本报送审批机关备案。

申请设立的外资企业，其产品涉及出口许可证、出口配额、进口许可证或者属于国家限制进口的，应当依照有关法律法规征得商务主管部门的同意。外国投资者可以委托中国的外商投资企业服务机构或者其他经济组织代为办理。另外，对向拟设立外资企业所在地的县级或者县级以上地方人民政府提交的报告、向审批机关提出的申请，外国投资者都可以委托中国的外商投资企业服务机构或者其他经济组织代为办理。

（3）审批机关在收到上述全部文件之日起 90 日内决定批准或者不批准；审批机关如果发现上述文件不齐备或者有不当之处，可以要求限期补报或者修改。

经批准后，外国投资者要在收到批准证书之日起 30 日内向市场监督管理机关申请登记，营业执照签发日期，为该企业成立日期。外国投资者在收到批准证书之日起 30 日内未向市场监督管理机关申请登记的，外资企业批准证书自动失效。

此外，《企业名称登记管理规定》第 17 条规定：外商投资企业应当在项目建议书和可行性研究报告批准后，合同、章程批准之前，预先单独申请企业名称登记注册。外商投资企业预先单独申请企业名称登记注册时，应当提交企业组建负责人签署的申请书、项目建议书、可行性研究报告的批准文件，以及投资者所在国（地区）主管当局出具的合法开业证明。

三、外资企业的章程

（一）外资企业章程的内容

《外资企业法实施细则》第 15 条规定，外资企业章程应当包括下列内容：

1. 外资企业名称及住所；

2. 外资企业的宗旨、经营范围；

3. 投资总额、注册资本、认缴出资额、出资方式、出资期限；

4. 组织形式；

5. 外资企业内部组织机构及其职权和议事规则，法定代表人以及总经理、总工程师、总会计师等人员的职责、权限；

6. 财务、会计及审计的原则和制度；

7. 劳动管理；

8. 经营期限、终止及清算；

9. 章程的修改程序。

（二）章程内容的特别注意事项

1. 企业名称

《企业名称登记管理规定》第 7 条规定，企业名称应当由以下部分依次组成：字号（或者商号，下同）、行业或者经营特点、组织形式。企业名称应当冠以企业所在地省（包括自治区、直辖市，下同）或者市（包括州，下同）或者县（包括市辖区，下同）行政区划名称。经国家工商行政管理局核准，下列企业的企业名称可以不冠以企业所在地行政区划名称：（一）本规定第 13 条所列企业；（二）历史悠久、字号驰名的企业；（三）外商投资企业。因此，外资企业的名称应当包含其字号（或者商号，下同）、行业或者经营特点、组织形式，经审批机关批准，可以不冠以企业所在地行政区划名称。

2. 投资总额、注册资本

外资企业的投资总额，是指开办外资企业所需资金总额，即按其生产规模需要投入的基本建设资金和生产流动资金的总和。注册资本，是指为设立外资企业在市场监督管理机关登记的资本总额，即外国投资者认缴的全部出资额。外资企业在经营期内不得减少其注册资本。但是，因投资总额和生产经营规模等发生变化，确需减少的，须报审批机关批准。外资企业注册资本的增加、转让，须报审批机关批准，并向市场监督管理机关办理变更登记手续。外资企业将其财产或者权益对外抵押、转让，须报审批机关批准并向市场监督管理机关备案。

不涉及实施特别管理措施的外资企业，上述事项应当在作出变更决议之日起 30 日内，通过综合管理系统在线填报和提交《变更申报表》报备案机关备案。

3. 出资方式与出资期限

根据相关法律法规规定，外国投资者既可以用可自由兑换的外币出资，也可以用机器设备、工业产权、专有技术等作价出资。获审查批准机关批准，外国投资者也可以用其从中国境内举办的其他外商投资企业所获得的人民币利润出资。对于外国投资者以机器设备和工业产权、专有技术作为其出资方式需要注意的事项如下：

（1）外国投资者以机器设备作价出资的，该机器设备须满足以下条件：该机器设备是外资企业生产所必需的设备，且该机器设备的作价不得高于同类机器设备当时的国际市场正常价格。作价出资的机器设备运抵中国口岸时，外资企业应当报请中国的商检机构进行检验，由该商检机构出具检验报告。作价出资的机器设备的品种、质量和数量与外国投资者报送审批机关的作价出资清单列出的机器设备的品种、质量和数量不符的，审批机关有权要求外国投资者限期改正。对作价出资的机器设备，应当列出详细的作价出资清单，包括名称、种类、数量、作价等，作为设立外资企业申请书的附件一并报送审批机关。

（2）外国投资者以工业产权、专有技术作价出资的，该工业产权、专有技术应当为外国投资者所有，同时对作价出资的工业产权、专有技术，应当备有详细资料，包括所有权证书的复制件、有效状况及其技术性能、实用价值，作价的计算根据和标准等，作为设立外资企业申请书的附件一并报送审批机关。作价出资的工业产权、专有技术实施后，审批机关有权进行检查。该工业产权、专有技术与外国投资者原提供的资料不符的，审批机关有权要求外国投资者限期改正。不涉及实施特别管理措施的外资企业，上述事项应当通过综合管理系统在线填报和提交《变更申报表》报备案机关备案。

外国投资者缴付出资的期限应当在设立外资企业申请书和外资企业章程中载明。

4. 组织形式

外资企业的组织形式为有限责任公司。经批准也可以为其他责任形式。外资企业为有限责任公司的，外国投资者对企业的责任以其认缴的出资额为限。外资企业为其他责任形式的，外国投资者对企业的责任适用中国法律、法规的规定。

5. 经营期限与终止

不涉及实施特别管理措施的外资企业的经营期限由外国投资者申报，报备案机关备案，经营期满需要延长经营期限的，应当在作出延长经营期限的决议之日起30日内通过综合管理系统在线填报和提交《变更申报表》，向备案机关备案。符合备案条件的，备案机关应当在3个工作日内完成备案。外资企业经批准延长经营期限的，应当自收到批准延长期限文件之日起30日内，向市场监督管理机关办理变更登记手续。

《外资企业法实施细则》第70条规定：外资企业有下列情形之一的，应予终止：（一）经营期限届满；（二）经营不善，严重亏损，外国投资者决定解散；（三）因自然灾害、战争等不可抗力而遭受严重损失，无法继续经营；（四）破产；（五）违反中国法律、法规，危害社会公共利益被依法撤销；（六）外资企业章程规定的其他解散事由已经出现。外资企业如存在前款第（二）项、第（三）项、第（四）项所列情形，应当自行提交终止申请书，报审批机关核准。不涉及实施特别管理措施的外资企业应当自作出终止决议之日起，通过综合管理系统在线填报和提交《外商投资企业变更备案申报表》，向备案机关备案。

外资企业章程条款设计示例详见附件三。

实务问题

1. 实行备案管理的范围是什么

《外商投资企业设立及变更备案管理暂行办法》第2条规定，外商投资企业的设立及变更，不涉及国家规定实施准入特别管理措施的，适用本办法。

关于国家规定实施准入特别管理措施的范围为经国务院批准，外商投资准入特别管理措施范围按《外商投资产业指导目录（2017年修订）》（以下简称《目录》）中限制类和禁止类，以及鼓励类中有股权要求、高管要求的有关规定执行。涉及外资并购设立企业及变更的，按现行有关规定执行。

据此，就外商投资准入特别管理措施范围内的投资，对于涉及《目录》限制类和禁止类以及鼓励类中有股权要求、高管要求的领域，不论金额大小或投资方式（新设、并购）均将继续实行审批管理；对于外国投资者并购境内非外商投资企业，适用《关于外国投资者并购境内企业的规定》（商务部令2009年第6号），其中涉及上市公司的，适用《外国投资者对上市公司战略投资管理办法》（商务部、证监会、税务总局、工商总局、外汇局令2005年第28号）。对于外国投资者投资其他领域或采取其他方式投资的，一律实行备案管理。

需要说明的是，外国投资者并购境内非外商投资企业完成后，外商投资企业发生的变更事项，如不涉及国家规定实施准入特别管理措施的，也将实行备案管理。

此外，针对外商投资的上市公司及在全国中小企业股份转让系统挂牌的公司这一特殊类型，《外商投资企业设立及变更备案管理暂行办法》结合目前外资管理实践，在第6条中明确，外国投资者可仅在其持股比例变化累计超过5%或（相对）控股地位发生变化时，就投资者基本信息或股份变更事项办理备案手续，进一步减轻了企业申报负担。

2. 备案程序是怎样的，属于备案范围的外商投资企业或其投资者应如何进行备案

《外商投资企业设立及变更备案管理暂行办法》规定的外商投资企业设立及变更备案主要分为三步：一是外商投资企业或其投资者通过备案系统在线填报和提交备案申请材料；二是备案机构对填报信息形式上的完整性和准确性进行核对，并对申报事项是否属于备案范围进行甄别，在3个工作日内完成备案；三是由备案人自行选择是否领取备案回执。

属于备案范围的外商投资企业设立备案需在营业执照签发前或营业执照签发后30日内办理，外商投资企业变更备案需在变更事项发生后30日内办理。对申报事项属于备案范围的，备案机构应在3个工作日内完成备案，并通过外商投资综合管理信息系统发布备案结果并在线通知外商投资企业或其投资者；不属于备案范围的，备案机构应在线通知外商投资企业或其投资者按有关规定办理。

此外，对于备案人自行选择是否领取备案回执的问题，建议外商投资企业在时间允许的情况下，选择领取备案回执，备案回执载有如下内容：（1）外商投资企业或其投资者已提交设立或变更备案申报材料，且符合形式要求；（2）备案的外商投资企业设立或变更事项；（3）该外商投资企业设立或变更事项属于备案范围；（4）是否属于国家规定的进口设备减免税范围。备案回执是外商投资企业根据相关规定进行备案的有效证明。

3. 关于境内自然人作为外商投资企业的中方投资者的问题

（1）关于境内自然人作为新设的外商投资企业的中方投资者的问题

2016年修订的《中外合资经营企业法》第1条规定："中华人民共和国为了扩大国际经济合作和技术交流，允许外国公司、企业和其它经济组织或个人（以下简称外国合营者），按照平等互利的原则，经中国政府批准，在中华人民共和国境内，同中国的公司、企业或其它经济组织（以下简称中国合营者）共同举办合营企业。"也就是说，自《中外合资经营企业法》于1979年7月8日颁布实施以来，中国境内自然人作为中外合资经营企业的中国合营者，仍然存在法律法规层面的限制，即作为中外合资经营企业中国合营者的主体应当是中国的公司、企业或其他经济组织，并未包括境内自然人。

尽管在法律法规层面如此规定，但是在实际操作中，多个省市已经突破了《中外合资经营企业法》的上述规定。例如：

《重庆市工商行政管理局关于鼓励外商来渝投资若干政策措施的意见》（渝工商发〔2006〕39号）规定："允许自然人作为中方投资者，投资设立中外合资、合作企业。自然人作为中方投资者应于设立登记前缴付不低于认缴出资额20%的出资。"

《中关村科技园区条例》（2001年1月1日实施，2010年12月23日失效）第56条第1款规定："境外经济组织或者个人可以与境内组织或者个人在中关村科技园区兴办合资、合作的高新技术企业。"

取代《中关村科技园区条例》的《中关村国家自主创新示范区条例》（2010年12月23日颁布实施）第12条第3款规定："中国公民以自然人身份在示范区出资兴办中外合资、合作企业，经审批机关批准后，工商行政管理部门予以登记注册。"

上海市浦东新区人民政府发布的《境内自然人在浦东新区投资设立中外合资、中外合作经营企业试行办法》（浦政综改〔2010〕1号，自2010年5月1日实施）第3条规定："境内自然人在浦东新区与外国公司、企业、其他经济组织或个人共同投资设立中外合资、中外合作经营企业的审批登记，适用本试行办法。"上海市浦东新区人民政府于2014年4月10日发布，于2014年5月1日实施的《境内自然人在浦东新区投资设立中外合资、中外合作经营企业管理办法》（浦府综改〔2014〕1号）沿袭了前述《境内自然人在浦东新区投资设立中外合资、中外合作经营企业试行办法》的规定，即符合条件的境内自然人在浦东新区可以与外国公司、企业、其他经济组织或个人共同投资设立中外合资、中外合作经营企业。

此外，浙江、天津、河南、福建、贵州、湖北、湖南、山东、四川等省市也都先后出台了自然人与外国公司、企业、其他经济组织或个人共同投资设立中外合资、中外合作经营企业的规定，但至今也还有部分省市未出台取消自然人作为外商投资企业的中方投资者的限制性规定。

（2）关于通过并购的方式，境内自然人成为外商投资企业的中方投资者的问题

对于通过并购的方式，境内自然人成为中外合资企业的中方投资者，有

两种方式：一种方式是外国投资者并购内资企业，另一种方式是境内自然人并购外商投资企业。

对于第一种方式，外国投资者并购内资企业，原对外贸易经济合作部、国家税务总局、国家工商行政管理总局、国家外汇管理局《关于加强外商投资企业审批、登记、外汇及税收管理有关问题的通知》（外经贸法发〔2002〕575号）第5条规定："外国投资者收购境内各种性质、类型企业的股权，该境内企业应当按照国家有关法律、法规的规定，依现行的外商投资企业审批程序，经审批机关批准后变更设立为外商投资企业，并应符合外商投资产业政策。批准后，由审批机关颁发外商投资企业批准证书，市场监督管理机关颁发外商投资企业营业执照。原境内公司中国自然人股东在原公司享有股东地位一年以上的，经批准，可继续作为变更后所设外商投资企业的中方投资者。暂不允许境内中国自然人以新设或收购方式与外国的公司、企业、其他经济组织或个人成立外商投资企业。"即该规定允许境内公司中国自然人股东基于股权并购的原因而"被动"成为外商投资企业的中方投资者，但前提条件是该中国自然人股东在原公司享有股东地位一年以上。

原对外贸易经济合作部、国家税务总局、国家工商行政管理总局、国家外汇管理局联合发布的《外国投资者并购境内企业暂行规定》[①]（2003年第3号令，2003年3月4日发布，2006年9月8日失效）第10条第3款也作了相应的规定："被股权并购境内公司中国自然人股东在原公司享有股东地位一年以上的，经批准，可继续作为变更后所设外商投资企业的中方投资者。"此后，前述《外国投资者并购境内企业暂行规定》被修订后而发布实施的《关于外国投资者并购境内企业的规定》[②]（商务部、国务院国有资产监督管理委员会、国家税务总局、国家工商行政管理总局、中国证券监督管理委员会、国家外汇管理局令2006年第10号，2006年9月8日实施）第57条规定："被股权并购境内公司的中国自然人股东，经批准，可继续作为变更后所设外商投资企业的中方投资者。"该规定实质取消了对于中国自然人股东在原公司享有股东地位一年以上的限制规定。

对于第二种方式，境内自然人并购外资企业，原对外贸易经济合作部　国家工商行政管理局关于印发《外商投资企业投资者股权变更的若干规

① 已失效。

② 已被修改。

定》的通知（外经贸法发〔1997〕267号）第4条第1款规定："企业投资者股权变更必须符合中国法律、法规对投资者资格的规定和产业政策要求。"据此，外商投资企业股权转让的受让人应符合法律法规对投资者资格的认定。如前所述，在法律法规层面，境内自然人作为外商投资企业的投资者受到限制，则《外商投资企业投资者股权变更的若干规定》的该第4条第1款可以理解为外商投资企业投资者不得向境内自然人转让股权。但是在实际操作中，相关政府主管部门对于境内自然人通过增资扩股或受让股权的方式成为外商投资股份公司的股东则作出了突破性的批复。例如，2009年6月18日，某股份有限公司作为外商投资股份公司，向俞某等71名自然人定向发行5000万股，注册资本变更为45800万元，2009年6月23日得到浙江省商务厅的批复。2009年7月3日，商务部办公厅就前述浙江省商务厅批准事项出具了《商务部办公厅关于答复浙江向日葵光能科技股份有限公司向境内管理层人员增发股份问题的函》（商办资函〔2009〕173号），答复意见为："现行外商投资企业法律法规和规章对已设立的外商投资股份公司向境内自然人定向增发股份无禁止性规定。"

尽管对于境内自然人向外商投资股份公司进行增资得到了商务部门的认可，但是在具体实务操作中，除部分省市基于改革试点或对高新技术等企业的扶持鼓励外，对于境内自然人受让外商投资企业中的普通有限公司的投资方的股权或进行增资还有待相关地方商务部门根据所在省市地方性法规以及相关政策确定是否获批。

典型案例

作者在撰写本章内容时，在中国裁判文书网以及无讼网查询与三资企业章程相关的案例，遗憾的是只有很少的案件是与外商投资企业的章程直接或间接相关，并且部分案件基于外商投资企业审批制度的变化，在现今显得已经不合时宜。基于此，只能摘取个别案例进行剖析。

一、即墨市商务局与董某军行政许可一案

1. 案件情况概述

即墨市商务局不服即墨市人民法院（2016）鲁0282行初42号行政判决，向山东省青岛市中级人民法院提起上诉。在该案的一审中，即墨市法院认为即墨市商务局未对于中外合资经营企业新美公司提交的董事会决议只有董事张某娟、于某霞的签字，与新美公司章程中约定的"出席董事会会议的法定人数为全体董事”，以及《中外合资经营企业法实施条例》规定的合营企业章程的修改应由出席董事会会议的董事一致通过方可作出决议的规定明显相悖，故一审法院认为即墨市商务局所作出的对新美公司章程修改的批复的行政行为明显违法，应确认无效。

二审中，青岛市中级人民法院认为，上诉人即墨市商务局作为中外合资经营企业的审批机构，依据行政许可法等有关规定作出行政许可行为（即墨市商务局作出上述批复的时间为2009年7月23日，且于当日向中外合资经营企业新美公司送达），其主体资格和法律依据两个条件都是具备的，原审法院以上诉人未尽到审慎的审查义务为由，径行判决上诉人作出的行政许可无效，显然适用法律不当。《行政诉讼法》第46条规定：“公民、法人或者其他组织直接向人民法院提起诉讼的，应当自知道或者知道作出行政行为之日起六个月内提出。法律另有规定除外。因不动产提起诉讼的案件自行政行为作出之日起超过二十年，其他案件自行政行为作出之日起超过五年提起诉讼的，人民法院不予受理。”鉴于被上诉人原审所提诉讼请求不适用该法第75条的规定，根据上述诉讼时效的规定，被上诉人的原审诉讼请求已经超过法律规定的起诉期限，依法不应予以受理。上诉人的上诉理由成立，予以采纳。原审法院认定基本事实清楚，但适用法律错误，依法应予纠正。最终，青岛市中级人民法院依照《行政诉讼法》第89条第1款第3项、第46条，《最高人民法院关于适用〈中华人民共和国行政诉讼法〉若干问题的解释》第3条第2项之规定，裁定撤销即墨市人民法院（2016）鲁0282行初42号行政判决，并驳回被上诉人董某军的起诉。

2. 案件剖析

中外合资经营企业新美公司在未按照公司章程规定提前30日通知董事董某军，且在董某军对召开董事会完全不知情未出席董事会的情况下，于2009年7月9日召开董事会，作出了通过公司章程修正案及变更法定代表人的决议，将公司法定代表人由董某军变更为张某娟。2009年7月23日，即墨市商务局以《关于对新美公司章程修正案的批复》[即外经贸审字（2009）187号]批准了公司的章程修正案，导致原即墨市市场监管部门对公司章程、法定代表人进行了变更登记。

就该案件，由于当事人董某军提起诉讼时时间已经距即墨市商务局作出批复过去多年，由于诉讼时效等原因，故二审法院作出了维持即墨市商务局的具体行政行为的判决。但是，按照即墨市商务局作出具体批复时的外商投资企业审批制度，即墨市商务局在具体行政行为中的确存在审核纰漏。《中外合资经营企业法实施条例》第 4 条：申请设立合营企业有下列情况之一的，不予批准……（五）签订的协议、合同、章程显属不公平，损害合营一方权益的。第 5 条：在中国法律、法规和合营企业协议、合同、章程规定的范围内，合营企业有权自主地进行经营管理。各有关部门应当给予支持和帮助。第 14 条：合营企业协议、合同和章程经审批机构批准后生效，其修改时同。第 33 条：下列事项由出席董事会会议的董事一致通过方可作出决议：合营企业章程的修改……从上述规定看，即墨市商务局对青岛新美林业发展有限公司提交的申请材料不仅应从形式上审查是否完整、符合法定形式，也要从实质内容上审查其合法性，对不符合法律法规、企业合同、章程的且显失公平的等事项应不予批准。但即墨市商务局显然没有尽到相应的审查义务。

鉴于目前对于外商投资企业中非涉及国家规定实施准入特别管理措施的实施备案管理，故对于类似于上述案件的非特别管理类的外商投资企业的章程的修改，由外商投资企业直接前往工商登记部门办理章程变更登记手续，不需要商务部门进行审批，外商投资企业只需要之后向商务部门做备案即可。

二、新景源公司与戴某云新增资本认购纠纷一案

1. 案件情况概述

2013 年 2 月，樊某光与新景源公司法定代表人颜某锟协商戴某云出资入股新景源公司事宜。后樊某光邀请戴某云一起投资入股新景源公司。2013 年 8 月 20 日，新景源公司出具承诺书一份，载明："樊某光、戴某云二位先生，有意投资参股到新景源公司。在正式入股前，樊某光先生交新景源公司承兑汇票壹张，金额贰拾万元整，另现汇壹拾万元整；戴某云先生现汇叁拾万元整，共计陆拾万元整。如果投资参股事落实，这陆拾万元作为第一期参股资本；如果合作不成功，这六十万投资款（含承兑汇票）即日悉数退还。退还以入账后起算，最迟不超过三十天为止。现汇以银行进、出账单为准。"2013 年 8 月 22 日，戴某云通过银行转账方式向新景源公司支付 30 万元作为投资款。2014 年 4 月 15 日，戴某云再次通过银行转账方式向新景源公司支付 10 万元作为投资款，新景源公司出具收据一张，收款事由载明"合伙"。

新景源公司系外资企业，于 2007 年 3 月 13 日注册成立，注册资本金 100 万美元，股东仅为外国公民苗某一人。庭审中，新景源公司法定代表人颜某锟辩称新景源公司的实际股东为自己，苗某仅是挂名股东。

一审法院认为：法律、行政法规规定采用书面形式订立合同，当事人未采

用书面形式但一方已经履行主要义务，对方接受的，该合同成立。虽然戴某云未与新景源公司签订书面增资合同，但戴某云已于2013年8月和2014年4月分两次将40万元投资款交付新景源公司，故认定戴某云已履行支付投资款的主要义务，新景源公司也已接受该笔投资款，戴某云与新景源公司之间约定的增资合同成立。法律规定应当办理批准、登记等手续生效的，合同自办理批准、登记等手续后生效。外资企业分立、合并或者其他重要事项变更，应当报审批机关批准，并向市场监督管理机关办理变更登记手续，外资企业增加注册资本属于重要事项变更。新景源公司并未就戴某云增资事项到审批和登记机关办理批准、登记手续，故认定戴某云、新景源公司之间约定的增资合同并未生效。合同无效，因该合同取得的财产，应当予以返还；双方都有过错的，应当各自承担相应的责任。戴某云在增资合同未生效的前提下向新景源公司出资的40万元应予返还，故对戴某云请求新景源公司返还投资款40万元的请求，予以支持；戴某云也存在一定过错，故对戴某云要求新景源公司支付逾期付款利息损失的请求，不予支持。依照《合同法》第36条、第44条第2款[①]，《公司法》第178条第1款、第179条第2款，《外资企业法》第10条和《民事诉讼法》第64条、第142条之规定，镇江经济开发区人民法院作出（2016）苏1191民初2348号民事判决：一、新景源公司于判决生效之日起十日内返还戴某云投资款40万元；二、驳回戴某云的其他诉讼请求。

新景源公司不服一审判决，向镇江市中级人民法院提起上诉。上诉人新景源公司上诉请求：撤销一审判决，依法改判或发回重审。事实与理由：1.自2013年2月双方约定加盟，被上诉人与樊某光共投资80万元，而上诉人总共合理使用超过200万元，被上诉人单方面突然要求退出给上诉人造成巨大损失；合同成立但未生效的责任在于被上诉人，上诉人2013年年末就把三方合作意向书草稿交给了被上诉人，被上诉人一直推诿拖延，不提供申报变更所需要的材料，对承诺的200万元投资也迟迟不能兑现；一审法院适用法律错误，合同未生效并不必然导致合同无效，只要被上诉人能够提供申报工商变更的材料并配合办理相关手续，合同完全具备生效条件。二审期间，各方当事人均未提供新证据。

二审法院认为，当事人意思表示一致合同成立，依法成立的合同，自成立时生效。可见，合同成立必须以当事人就合同的主要条款协商一致为前提。

---

① 对应《民法典》第490条第2款、第502条第2款。

本案中，上诉人与被上诉人既未签订书面协议，亦未就投资金额、投资方式、持股比例等主要事项达成合意，故双方之间的投资协议并不成立，上诉人因此取得的财产应予返还。此外，因上诉人系外商独资企业，根据《中外合资经营企业法》的规定，中外合资经营企业的中国合营者只能是中国的公司、企业或者其他经济组织，而不包括中国公民，故在现有的制度框架下，被上诉人无法登记为合资企业的股东，双方之间的合作不具备法律上的可能性。基于此，二审法院认为，一审判决认定事实清楚，适用法律正确，应予维持。依照《民事诉讼法》第 170 条第 1 款第 1 项之规定，判决驳回上诉，维持原判。

【律师剖析】

该案件虽然没有直接涉及三资企业的章程事项，但是涉及境内自然人是否能够成为外商投资企业的投资者的问题，也就涉及境内自然人能否被载入外商投资企业的章程，成为合法的投资方的事宜。

在前述实务问题三中，笔者就境内自然人作为外商投资企业的中方投资者的问题已经做了阐述。尽管对于境内自然人向外商投资股份公司进行增资得到了商务部门的认可，但是在具体实务操作中，除部分省市基于改革试点或对高新技术等企业的扶持鼓励外，对于境内自然人受让外商投资企业中的普通有限公司的投资方的股权或进行增资还有待相关地方商务部门根据所在省市地方性法规以及相关政策确定是否获批。也就是说，对于境内自然人受让外商投资企业中的普通有限公司的投资方的股权或进行增资，在实务操作中，除部分省市基于改革试点或对高新技术等企业的扶持鼓励外有突破外，对于大多数的地方，无论是在实务操作中还是在司法实践中，就如镇江市中级人民法院所作的判决，会认为根据法律规定，中外合资经营企业的中国合营者只能是中国的公司、企业或者其他经济组织，而不包括中国公民，在现有的制度框架下，境内自然人无法登记为中外合资企业的股东，境内自然人与境外的公司、企业、其他组织或个人之间在有限公司形式层面的合作不具备法律上的可能性。

附件一

中外合资经营企业章程条款设计示例

第一章　总则

第一条　根据《公司法》及中国相关法律、法规的规定，中国公司（以下简称甲方）与＿＿＿＿＿国公司（以下简称乙方）于＿＿年＿＿月＿＿日在中国签订了合资经营（企业名称）公司（以下简称合营公司）合同，特制定本公司章程。

第二条　合营公司的名称：＿＿＿＿＿＿＿＿＿＿＿＿＿＿＿＿＿＿＿＿。

合营公司的法定地址：＿＿＿＿＿＿＿＿＿＿＿＿＿＿＿＿＿＿＿＿＿＿。

第三条　甲、乙双方的名称、法定地址、法定代表人情况：

甲方：中国公司＿＿＿＿＿＿＿＿＿＿＿＿＿＿＿＿＿＿＿＿＿＿＿。

法定地址：＿＿＿＿＿＿＿＿＿＿＿＿＿＿＿＿＿＿＿＿＿＿＿＿＿＿。

法定代表人：＿＿＿＿，职务：＿＿＿＿＿＿＿＿，国籍：＿＿＿＿＿＿。

乙方：＿＿＿国公司。

法定地址：＿＿＿＿＿＿＿＿＿＿＿＿＿＿＿＿＿＿＿＿＿＿＿＿＿＿。

法定代表人：＿＿＿＿，职务：＿＿＿＿＿＿＿＿，国籍：＿＿＿＿＿＿。

第四条　本合营公司为有限责任公司。合营公司以其全部资产对其债务承担责任。合营各方以其认缴的出资额为限对合营公司承担责任。

【设计指引：根据相关法律法规规定，中外合资经营企业的组织形式仅能为有限责任公司，公司章程中应当对合营公司组织形式作出规定。】

第五条　合营公司为中国法人，受中国法律管辖和保护。合营公司从事经营活动，必须遵守中国的法律、行政法规，遵守社会公德、商业道德，诚实守信，接受政府和社会公众的监督，承担社会责任。

【设计指引：合营公司在中国境内成立，为中国法人，应当遵守中国的法律、行政法规以及规章的规定。】

第二章　宗旨、经营范围

第六条　合营公司的宗旨：＿＿＿＿＿＿＿＿＿＿＿＿＿＿＿＿＿＿＿＿。

【设计指引：合营公司的宗旨中一般应包含加强经济合作和技术交流的内容，合营公司再根据具体情况对合营公司的宗旨进行确立。】

第七条 合营公司的经营范围：________________________________。

【设计指引：合营公司的经营范围应当符合法律、法规以及规章的规定，且根据批准文件填写，最后可注明"以市场监督管理机关核定的经营范围为准"。】

第八条 合营公司的生产规模：________________________________。

第三章 投资总额和注册资本

第九条 合营公司的投资总额为______万元。

合营公司的注册资本为______万元。

乙方出资的外币，按缴款当日中国人民银行公布的基准汇率折算成人民币或者套算成约定的外币。

甲方出资的人民币现金，需要折算成外币的，按缴款当日中国人民银行公布的基准汇率折算。

【设计指引：投资总额和注册资本既可以人民币表示，也可为其他可自由兑换币种，根据实际情况填写。注册资本和投资总额的比例要遵循《关于中外合资经营企业注册资本与投资总额比例的暂行规定》①第3条的规定，具体如下：

（一）中外合资经营企业的投资总额在三百万美元以下（含三百万美元）的，其注册资本至少应占投资总额的十分之七。

（二）中外合资经营企业的投资总额在三百万美元至一千万美元（含一千万美元）的，其注册资本至少应占投资总额的二分之一，其中投资总额在四百二十万美元以下的，注册资本不得低于二百一十万美元。

（三）中外合资经营企业的投资总额在一千万美元至三千万美元（含三千万美元）的，其注册资本至少应占投资总额的五分之二，其中投资总额在一千二百五十万美元以下的，注册资本不得低于五百万美元。

（四）中外合资经营企业的投资总额在三千万美元以上的，其注册资本至少应占投资总额的三分之一，其中投资总额在三千六百万美元以下的，注册资本不得低于一千二百万美元。】

第十条 合营各方出资如下：

---

① 已失效。

股东姓名或名称	认缴情况			
	认缴出资数额（万元）	占注册资本百分比	出资方式	出资期限
合计				

【设计指引：投资者根据实际情况，可以不填写上述表格，以文字叙述方式约定认缴情况。同时，合营各方的出资比例必须符合法律、法规、规章规定的比例。】

第十一条 合营各方应当按照合同规定的期限缴清各自的出资额。逾期未缴或者未缴清的，应当按合同规定支付迟延利息或者赔偿损失。

【设计指引：具体出资期限与逾期出资应承担的责任可在合营合同中规定，也可合营双方协商后在章程中作出明确规定。】

第十二条 合营各方缴付出资额后，经合营公司聘请在中国注册的会计师验资，出具验资报告后，由合营公司据以发给出资证明书。

第十三条 合营一方转让其全部或部分股权的，须经合营他方同意，并通过综合管理系统在线填报和提交《外商投资企业变更备案申报表》报备案机关备案，并向登记机关办理变更登记手续。一方转让时，他方有优先购买权。

第十四条 合营公司注册资本的调整，应由董事会会议通过，并在决议作出之日起30日内通过综合管理系统在线填报和提交《外商投资企业变更备案申报表》报备案机关备案，并向登记机关办理变更登记手续。

【设计指引：相关法律、法规规定，合营公司的公司注册资本要进行调整时，必须报备案机关备案，建议在公司章程中加入相关规定，并在实务操作中严格按照规定办理备案手续。】

第四章　董事会

第十五条 本公司营业执照签发之日，为董事会成立之日。

第十六条 董事会由____名董事组成，其中甲方委派____名，乙方委派____名。董事长一名，由方委派，副董事长____名，分别由____方委派。董事任期为四年，经委派可以连任。合营各方在委派和更换董事人选时，应书面通知董事会。

【设计指引：董事会成员不得少于3人。董事名额的分配由合营各方参照出资比例协商确定。董事长和副董事长由合营各方协商确定或由董事会选举产生。一方担任董事长的，由他方担任副董事长。董事任期为四年，经合营各方继续委派可以连任。】

第十七条 董事会是合营公司的最高权力机构，决定合营公司的一切重大事宜。

下列事项须经出席董事会会议的董事一致通过方可作出决议：

1. 修改公司章程；
2. 解散公司；
3. 调整公司注册资本；
4. 一方或数方转让其在本公司的股权；
5. 公司合并或分立；
6. 其他应由董事会决定的重大事宜。

【设计指引：对于须经董事一致通过方可作出决定的事项，合营公司章程中可以作出兜底性规定，如规定除列举事项外的其他重大事宜应由董事一致通过方可作出决议。如果公司有议事规则的，则可以在公司章程中载明，根据公司的议事规则作出决议。】

第十八条 董事长是公司的法定代表人。董事长不能履行其职责时，应当授权副董事长或其他董事代表合营企业。

第十九条 董事会会议每年至少召开一次，由董事长召集并主持会议。董事长不能召集时，由董事长委托副董事长或者其他董事负责召集并主持董事会会议。经三分之一以上的董事提议，可以由董事长召开董事会临时会议。会议记录归档保存。

第二十条 董事会会议应当有三分之二以上董事出席方能举行。

第二十一条 各方有义务确保其委派的董事出席董事会年会和临时会议；董事因故不能出席董事会会议，应出具委托书，委托他人代表其出席会议。

第五章 监事会（监事）

第二十二条 公司设监事会，成员______人，由______产生。监事会设主席一人，由全体监事过半数选举产生。监事会中股东代表与职工代表的比例为________。

监事的任期每届为三年，任期届满，可连选连任。

【设计指引：1. 由投资者自行确定职工代表的比例，但其中职工代表的比例不得低于三分之一。

2. 合资公司也可以设一名至二名监事，如两名，分别由中外方委派，则此条可以表述为：公司不设监事会，设监事____人，由双方各委派一名。监事的任期每届为三年，任期届满，可连选连任。】

第二十三条 监事会（或者监事）行使下列职权：

（一）检查公司财务；

（二）对董事、高级管理人员执行公司职务的行为进行监督，对违反法律、行政法规、公司章程或者董事会决议的董事、高级管理人员提出罢免的建议；

（三）当董事、高级管理人员的行为损害公司的利益时，要求董事、高级管理人员予以纠正；

（四）依照《公司法》第152条的规定，对董事、高级管理人员提起诉讼；

（五）其他职权。

监事可以列席董事会会议。

第二十四条 监事会每年度至少召开一次会议，监事可以提议召开临时监事会会议。

第二十五条 监事会决议应当经半数以上监事通过。

【设计指引：监事会具体的议事方式和表决程序由投资者自行确定，并在章程中作出规定。】

第六章 经营管理机构

第二十六条 合营公司设经营管理机构，负责企业日常经营管理工作。

【设计指引：具体日常经营管理工作的范围可根据该企业的具体情况确定，也可在公司章程中作出界定。】

第二十七条 合营公司设总经理一人，副总经理____人，正副总经理由董事会聘请，既可以由中国公民担任，也可以由外国公民担任。

第二十八条 总经理直接对董事会负责，执行董事会的各项决定，组织领导合营公司的日常生产、技术和经营管理工作。副总经理协助总经理工作，必要时经总经理或董事会授权，代理行使总经理的职责。

第二十九条 总经理、副总经理的任期为______年。经董事会聘请，可以连任。

第三十条 董事长或副董事长、董事经董事会聘请，可以兼任合营公司总经理、副总经理及其他高级职员。

第三十一条 总经理、副总经理不得兼任其他经济组织的总经理或副总经理，不得参与其他经济组织对本合营公司的商业竞争活动。总经理、副总经理及其他高级管理人员有营私舞弊或者严重失职行为的，经董事会决议可以随时解聘。

【设计指引：该条款相当于对总经理、副总经理及其他高级管理人员的忠实、勤勉义务作出规定，合营公司根据具体情况，可以在章程中对相关营私舞弊或者严重失职行为作出详细规定。】

第七章　税务、外汇管理、财务与会计

第三十二条　合营公司根据中华人民共和国有关法律、法规、规章，办理税务、外汇事宜，制定财务与会计制度，并依法向政府主管部门备案。

【设计指引：合营各方也可结合实际，依法对上述事项在章程中作细化表述。】

第八章　利润分配

第三十三条　合营公司从缴纳所得税后的利润中提取储备基金、企业发展基金和职工奖励及福利基金。提取的比例由董事会确定。

第三十四条　合营公司依法缴纳所得税和提取各项基金后的可分配利润，董事会确定分配的，按照合营各方在注册资本中的出资比例进行分配。

第九章　职工

第三十五条　合营公司职工的招聘、解聘、辞退、工资、福利、劳动保险、劳动保护、劳动纪律等事宜，按照国家有关劳动和社会保障的规定办理。

第三十六条　正副总经理、正副总工程师、正副总会计师、审计师等高级管理人员的工资待遇，由董事会决定。

第十章　工会组织

第三十七条　合营公司职工有权按照《工会法》的规定，建立工会组织，开展工会活动。

第三十八条　合营公司每月按企业职工实际工资总额的 2% 拨交工会经费，由本企业工会按照中华全国总工会制定的有关工会经费管理办法使用。

第十一章　期限、终止、清算

第三十九条　合营公司的经营期限为______年，自营业执照签发之日起计算。

第四十条　合营各方如一致同意延长经营期限，应当在作出延长经营期限之日起 30 日内，通过综合管理系统在线填报和提交《外商投资企业变更备案申报表》，向备案机关备案，并向登记机关办理变更登记手续。

第四十一条 合营各方如一致认为终止合营符合各方最大利益时，可提前终止合营。

合营公司提前终止合营，需经合营各方协商同意并由董事会召开全体会议作出决定，并报备案机关备案。

第四十二条 发生下列情况之一，任一合营方有权依法申请终止合营。

……

【设计指引：企业可根据自己的情况依法作出规定。】

第四十三条 合营期满或提前终止合营时，合营公司董事会应组织成立清算委员会，对合营公司进行清算。

第四十四条 清算委员会的任务是对合营公司的财产、债权、债务进行全面清查，编制资产负债表和财产目录，制订清算方案，提请董事会会议通过后执行。

第四十五条 清算期间，清算委员会代表合营公司起诉和应诉。

第四十六条 合营公司清偿债务后的剩余财产按照合营各方的出资比例进行分配。

第四十七条 清算结束后，合营公司应向原备案机关备案，并向原登记机构办理注销登记手续，缴销营业执照，同时对外公告。

第四十八条 合营公司解散后，其各项账册及文件应当由原中国合营者保存。

第十二章 附则

第四十九条 本章程的修改需由合营公司董事会作出决议，同时需经合营各方同意并签署书面协议。

第五十条 本章程须向商务主管部门备案，其修改时同。

第五十一条 本章程用中文和英文书写，两种文本具有同等效力。

第五十二条 本章程于____年____月____日，由合营各方（或授权代表）在中国签署。

附件二

中外合作企业章程条款设计示例

第一章　总则

第一条　根据《公司法》及中国相关法律、法规的规定，中国公司（以下简称甲方）与________国公司（以下简称乙方）于____年____月____日在中国签订了合作经营（企业名称）（以下简称合作企业）合同，特制定本公司章程。

第二条　合作企业的名称：____。

合作企业的法定地址：____。

第三条　甲、乙双方的名称、法定地址、法定代表人情况：

甲方：中国公司____。

法定地址：____。

法定代表人：__________，职务：____________________，国籍：______。

乙方：______国公司____。

法定地址：____。

法定代表人：__________，职务：____________________，国籍：______。

【设计指引：合作方为两个以上的应按顺序填写。】

第四条　合作企业为有限责任公司。合作企业以其全部资产对其债务承担责任。合作各方以其投资或提供的合作条件为限对合作企业承担责任。

【设计指引：合作企业既可以是法人，也可以不具有法人资格，本章程适用于具有法人资格的合作企业。】

第五条　合作企业为中国法人，受中国法律管辖和保护。合作企业从事经营活动，必须遵守中国的法律、行政法规，遵守社会公德、商业道德，诚实守信，接受政府和社会公众的监督，承担社会责任。

【设计指引：合作企业在中国境内成立，为中国法人，应当遵守中国的法律、行政法规以及规章的规定。】

第二章　宗旨、经营范围

第六条　合作企业的宗旨：________________________________。

第七条　合作企业的经营范围：____________________________。

【设计指引：合作企业的经营范围应当符合法律、法规以及规章的规定，且根据批准文件填写，最后应注明“以市场监督管理机关核定的经营范围为准”。】

第八条　合作企业的生产规模：____________________________。

第三章　投资、合作条件

第九条　合作企业的投资总额为____万元，注册资本为____万元。

【设计指引：投资总额和注册资本既可以人民币表示，也可为其他可自由兑换币种，根据实际情况填写。】

第十条　合作条件如下：__________________________________。

甲方投资及提供的合作条件为：____________________________。

乙方投资及提供的合作条件为：____________________________。

【设计指引：根据具体情况写明双方分别提供的合作条件，且各方提供的合作条件，如双方的出资比例等，应当符合法律、法规的规定】

第十一条　合作各方缴纳投资或提供合作条件后，经合作企业聘请在中国注册的会计师验资，出具验资报告后，由合作企业据以发给出资证明书。

第十二条　合作一方转让其在合作企业的全部或部分合作条件或权益的，须经合作他方书面同意，并报备案机关备案，向登记机关办理变更登记手续。一方转让时，他方有优先购买权。

第十三条　合作企业注册资本的调整，应由董事会会议通过，并报备案机关备案，向登记机关办理变更登记手续。

第四章　董事会

第十四条　合作企业营业执照签发之日，为董事会成立之日。

【设计指引：合作企业如不设董事会，应成立联合管理委员会，相应内容可以做修改。】

第十五条　董事会由____名董事组成，其中甲方委派______名，乙方委派______名。董事长一名，由______方委派，副董事长______名，分别由______方委派。董事任期为______年，经委派可以连任。合作各方在委派和更换董事人选时，应书面通知董事会。

【设计指引：董事会或者联合管理委员会的成员不得少于3人。董事名额的分配由合作各方参照出资比例协商确定。董事长和副董事长由合作各方协商确定或由董事会选举产生。一方担任董事长的，由他方担任副董事长。】

第十六条　董事会是合作企业的权力机构，决定合作企业的重大事宜。

下列事项由出席董事会会议的董事一致通过方可作出决议：

1. 修改合作企业章程；
2. 解散合作企业；
3. 调整合作企业注册资本；
4. 合作企业的资产抵押；
5. 一方或数方转让其在合作企业的合作条件或权益；
6. 合作企业合并、分立和变更组织形式；
7. 其他应由董事会决定的重大事宜。

【设计指引：对于须经董事一致通过方可作出决定的事项，合作企业章程中可以作出兜底性规定，如规定除列举事项外的其他重大事宜应由董事一致通过方可作出决议。】

第十七条　董事长是合作企业的法定代表人。董事长不能履行其职责时，应当授权副董事长。董事会每年至少召开一次，由董事长召集并主持会议。董事长不能召集时，由董事长指定副董事长或其他董事召集并主持，经三分之一以上的董事可以提议召开董事会会议。

董事会会议应当有三分之二以上董事出席方能举行，不能出席董事会会议的董事应当书面委托他人代表其出席和表决；董事会会议作出决议，须经全体董事的过半数通过；董事无正当理由不参加又不委托他人代表其参加董事会会议的，视为出席董事会会议并在表决中弃权。

召开董事会会议应当在会议召开的10天前通知全体董事。董事会也可通过通讯的方式作出决议。

会议记录归档保存。

第五章　监事会

第十八条　公司设监事会，成员______人，由______产生。监事会设主席一人，由全体监事过半数选举产生。监事会中投资方代表与职工代表的比例为：______。

监事的任期每届为三年，任期届满，可连选连任。

【设计指引：1. 由合作方自行确定职工代表的比例，但其中职工代表的比例不得低于三分之一。

2. 如投资方投资者人数较少、规模较小的合作公司可以设一名至二名监事，如两名监事，中外合作方各委派一名，则此条可以表述为：公司不设监事会，设监事二人，由中外合作方分别委派一名。监事的任期每届为三年，任期届满，可连选连任。】

第十九条 监事会（或者监事）行使下列职权：

（一）检查公司财务；

（二）对董事、高级管理人员执行公司职务的行为进行监督，对违反法律、行政法规、公司章程或者董事会决议的董事、高级管理人员提出罢免的建议；

（三）当董事、高级管理人员的行为损害公司的利益时，要求董事、高级管理人员予以纠正；

（四）依照《公司法》第 152 条的规定，对董事、高级管理人员提起诉讼；

（五）其他职权。

监事可以列席董事会会议。

【设计指引：对于监事的其他职权，可以由合作方在公司章程中作出其他规定。】

第二十条 监事会每年度至少召开一次会议，监事可以提议召开临时监事会会议。

第二十一条 监事会决议应当经半数以上监事通过。

【设计指引：监事会具体的议事方式和表决程序由合作方自行确定，并在章程中作出规定。】

第六章 经营管理机构

第二十二条 合作企业设经营管理机构，负责企业的日常经营管理工作。

【设计指引：具体日常经营管理工作的范围可根据该企业的具体情况确定，也可在公司章程中作出界定。】

第二十三条 合作企业设总经理______人，副总经理______人，正副总经理由董事会聘请。

第二十四条 总经理直接对董事会负责，执行董事会的各项决定，组织领导合作企业的日常生产、技术和经营管理工作。副总经理协助总经理工作，必要时经总经理或董事会授权，代理行使总经理的职责。

第二十五条 总经理、副总经理的任期为______年。经董事会聘请，可以连任。

第二十六条 总经理、副总经理不得兼任其他经济组织的总经理或副总经理，不得参与其他经济组织对本合作企业的商业竞争活动。总经理、副总经理及其他高级管理人员有营私舞弊或者严重失职行为的，经董事会决议，可以解聘。

【设计指引：该条款相当于对总经理、副总经理及其他高级管理人员的忠实、勤勉义务作出规定，合作企业根据具体情况，可以在章程中对相关营私舞弊或者严重失职行为作出详细规定。】

第七章　税务、外汇管理、财务与会计

第二十七条　合作企业根据中华人民共和国有关法律、法规、规章，办理税务、外汇事宜，制定财务与会计制度，并依法向政府主管部门备案。

【设计指引：合作各方也可结合实际，依法对上述事项在章程中作细化表述。】

第八章　利润分配与回收投资

第二十八条　合作企业从缴纳所得税后的利润中提取储备基金、企业发展基金和职工奖励及福利基金，提取的比例由董事会确定。

第二十九条　合作企业依法缴纳所得税和提取各项基金后的利润，按照合同约定的分配比例进行分配。

第三十条　中外合作者在合作企业合同中约定合作期限届满时，合作企业的全部固定资产无偿归中国合作者所有的，乙方在合作期限内可以申请按照下列方式先行回收其投资：

（一）在按照投资或者提供合作条件进行分配的基础上，在合作企业合同中约定扩大外国合作者的收益分配比例；

（二）经财政税务机关按照国家有关税收的规定审查批准，外国合作者在合作企业缴纳所得税前回收投资；

（三）经财政税务机关和审查批准机关批准的其他回收投资方式。

乙方依照前款规定在合作期限内先行回收投资的，甲方应当依照有关法律的规定和合作企业合同的约定，对合作企业的债务承担责任。

乙方提出先行回收投资的申请，应当具体说明先行回收投资的总额、期限和方式，经财政税务机关审查同意后，报备案机关备案。

合作企业的亏损未弥补前，乙方不得先行回收投资。

【设计指引：由于在外国合作者先行收回投资后，债务将由中国合作者承担，为了减少中国合作者在外国合作者收回投资后承担的风险，建议在公司章程或者合作合同中对外国合作者先行收回投资的情形作出明确规定。】

第九章 职工

第三十一条 合作公司职工的招聘、解聘、辞退、工资、福利、劳动保险、劳动保护、劳动纪律等事宜，按照国家有关劳动和社会保障的规定办理。

第十章 工会组织

第三十二条 合作公司职工有权按照《工会法》的规定，建立工会组织，开展工会活动。

第三十三条 合作公司每月按企业职工实际工资总额的 2% 拨交工会经费，由本企业工会按照中华全国总工会制定的有关工会经费管理办法使用。

第十一章 期限、终止、清算

第三十四条 合作企业经营期限为______年，自营业执照签发之日起计算。

第三十五条 合作各方如一致同意延长经营期限，应当在作出延长经营期限决议之日起 30 日内，向备案机关备案，并向登记机关办理变更登记手续。

第三十六条 合作各方如一致认为终止合作符合各方最大利益时，可提前终止合作。

合作企业提前终止合作，需经合作各方协商同意并由董事会召开全体会议作出决定，并报备案机关备案。

第三十七条 发生下列情况之一，任一合作方有权依法申请终止合作。

……

【设计指引：企业可根据自己的情况依法作出规定。】

第三十八条 合作企业因下列情形之一出现时解散：

（一）合作期限届满；

（二）合作企业发生严重亏损，或者因不可抗力遭受严重损失，无力继续经营；

（三）中外合作者一方或者数方不履行合作企业合同、章程规定的义务，致使合作企业无法继续经营；

（四）合作企业合同、章程中规定的其他解散原因已经出现；

（五）合作企业违反法律、行政法规，被依法责令关闭。

前款第二项、第四项所列情形发生，应当由合作企业的董事会或者联合管理委员会做出决定，报备案机关备案。在前款第三项所列情形下，不履行合作企业合同、章程规定的义务的中外合作者一方或者数方，应当对履行合同的他方因此遭受的损失承担赔偿责任；履行合同的一方或者数方有权向备案机关提出备案申请，解散合作企业。

【设计指引：合作企业可以根据具体情况在章程中规定上述条款以外的其他解散事由。】

第三十九条　经营期满或提前终止合作时，合作企业董事会应组织成立清算委员会，对合作企业进行清算。

第四十条　清算委员会的任务是对合营公司的财产、债权、债务进行全面清查，编制资产负债表和财产目录，制订清算方案，提请董事会会议通过后执行。

第四十一条　清算期间，清算委员会代表合作企业起诉和应诉。

第四十二条　合作企业清偿债务后的剩余财产按合作各方在合同中约定的比例进行分配。

第四十三条　清算结束后，合作企业应通过综合管理系统在线填报和提交《外商投资企业变更备案申报表》向备案机关备案，并向登记机关办理注销登记手续，缴销营业执照，同时对外公告。

第十二章　附则

第四十四条　本章程的修改需由合作企业董事会作出决议，同时需经合作各方同意并签署书面协议。

第四十五条　本章程须向商务主管部门备案，其修改时同。

第四十六条　本章程用中文和文书写，两种文本具有同等效力。

第四十七条　本章程于____年____月____日，由合作各方（或授权代表）在中国签署。

附件三

外资企业章程条款设计示例

第一章　总则

第一条　根据《公司法》及中国相关法律、法规的规定，公司决定在中国北京设立公司（以下简称公司），特制定本章程。本章程中的各项条款与法律、法规、规章不符的，以法律、法规、规章的规定为准。

第二条　公司名称：____。

法定地址：____。

第三条　股东名称（姓名）：__________________________________。

法定地址（住所）：______________________________________。

法定代表人：________。职务：____________________。国籍：________。

【设计指引：投资方为两个以上的应按顺序填写。】

第四条　公司为有限责任公司。公司以其全部财产对公司的债务承担责任。股东以其认缴的出资额为限对公司承担责任。

【设计指引：根据相关法律、法规规定，外资企业的组织形式不限于有限责任公司，本章程以有限责任公司为例制作。】

第五条　公司为中国法人，受中国法律管辖和保护。公司从事经营活动，必须遵守中国的法律、行政法规，遵守社会公德、商业道德，诚实守信，接受政府和社会公众的监督，承担社会责任。

【设计指引：外资企业在中国境内成立，为中国法人，应当遵守中国的法律、行政法规以及规章的规定。】

第二章　宗旨、经营范围

第六条　公司的宗旨：____。

【设计指引：国家鼓励外资企业采用先进技术和设备，从事新产品开发，实现产品升级换代，节约能源和原材料，并鼓励举办产品出口的外资企业。因此，如果公司的经营宗旨与上述内容相关的，建议在章程中加以确定。】

第七条　公司的经营范围:________________________________。

【设计指引:公司的经营范围应当符合法律、法规以及规章的规定,且根据批准文件填写,最后应注明"以市场监督管理机关核定的经营范围为准"。】

第八条　公司的生产规模:________________________________。

第三章　投资总额与注册资本

第九条　公司的投资总额为______万美元,注册资本为______万美元。其中:货币______万美元。

实物______万美元。

知识产权______万美元。

【设计指引:外资企业的投资额以及注册资本须符合法律、法规等规定的标准。】

第十条　投资者出资如下:

股东姓名或名称	认缴情况		
	认缴出资数额(万元)	出资方式	出资期限
合计			

【设计指引:投资者根据实际情况,可以不填写上述表格,以文字叙述方式约定认缴情况。】

第四章　公司的机构及其产生办法、职权、议事规则

第十一条　股东(会)行使下列职权:

(一)决定公司的经营方针和投资计划;

(二)选举和更换非由职工代表担任的董事、监事,决定有关董事、监事的报酬事项;

(三)审议批准董事会的报告;

(四)审议批准监事会或监事的报告;

(五)审议批准公司的年度财务预算方案、决算方案;

(六)审议批准公司的利润分配方案和弥补亏损的方案;

(七)对公司增加或者减少注册资本作出决议;

（八）对发行公司债券作出决议；

（九）对公司合并、分立、解散、清算或者变更公司形式作出决议；

（十）修改公司章程；

（十一）其他职权。

【设计指引：公司根据具体情况，可对股东（会）职权作出其他规定。】

第十二条 股东会的首次会议由出资最多的股东召集和主持。

第十三条 股东会会议由股东按照出资比例行使表决权。

【设计指引：股东（会）决议表决权的行使可由公司根据章程作出其他规定，不一定要按照股东出资比例行使表决权。】

第十四条 股东会会议分为定期会议和临时会议。

召开股东会会议，应当于会议召开十五日前通知全体股东。

定期会议定时召开。代表十分之一以上表决权的股东，三分之一以上的董事，监事会或者监事提议召开临时会议的，应当召开临时会议。

【设计指引：股东会会议召开的时间公司可作出其他规定。股东会会议的召集和议事规则依照《公司法》等有关规定制定。】

第十五条 股东会会议作出修改公司章程、增加或者减少注册资本的决议，以及公司合并、分立、解散或者变更公司形式的决议，必须经全体股东表决通过。

【设计指引：股东会的其他议事方式和表决程序可由股东自行确定。股东之间的权利义务应依照等有关规定签署协议并报备案机关备案。】

第十六条 公司设董事会，成员为______人，由______产生。董事任期______年，任期届满，可连选连任。

董事会设董事长一人，副董事长______人，由______产生。

【设计指引：1. 董事会的职权、议事方式和表决程序章程可自行确定。

2. 如股东人数较少的，可以设一名执行董事，不设董事会，执行董事的职权由股东自行确定。不设董事会的，此条可以表述为：公司不设董事会，设执行董事一人，由股东委派或股东会选举产生。执行董事任期______年，任期届满，可连选连任。】

第十七条 公司设监事会，成员______人，由______产生。监事会设主席一人，由全体监事过半数选举产生。监事会中股东代表与职工代表的比例为：______。监事的任期每届为三年，任期届满，可连选连任。

【设计指引：如股东人数较少规格较小的公司可以设一名至二名监事，则

此条可以表述为：公司不设监事会，设监事______人，由股东会选举产生。监事的任期每届为三年，任期届满，可连选连任。】

第十八条　监事会（或者监事）行使下列职权：

（一）检查公司财务；

（二）对董事、高级管理人员执行公司职务的行为进行监督，对违反法律、行政法规、公司章程或者股东会决议的董事、高级管理人员提出罢免的建议；

（三）当董事、高级管理人员的行为损害公司的利益时，要求董事、高级管理人员予以纠正；

（四）提议召开临时股东会会议，在董事会不履行本法规定的召集和主持股东会会议职责时召集和主持股东会会议；

（五）向股东会会议提出提案；

（六）依照《公司法》第152条的规定，对董事、高级管理人员提起诉讼；

（七）其他职权。

监事可以列席董事会会议。

【设计指引：公司根据具体情况，可对监事会（监事）的职权作出其他规定。】

第十九条　监事会每年度至少召开一次会议，监事可以提议召开临时监事会会议。

第二十条　监事会决议应当经半数以上监事通过。

监事会的议事方式和表决程序。

【设计指引：公司根据具体情况，可决定监事会的议事方式与表决程序，并记录在章程中。】

第二十一条　公司设经营管理机构________，下设________等部门。

第二十二条　公司设总经理一名，任期______年，由董事会（或股东、执行董事）决定聘任或者解聘。总经理对董事会（或股东、执行董事）负责，行使下列职权：

（一）主持公司的生产经营管理工作，组织实施董事会决议；

（二）组织实施公司年度经营计划和投资方案；

（三）拟订公司内部管理机构设置方案；

（四）拟定公司的基本管理制度；

（五）制定公司的具体规章；

（六）提请聘任或者解聘公司副经理、财务负责人；

（七）决定聘任或者解聘除应由董事会决定聘任或者解聘以外的负责管理人员；

（八）董事会授予的其他职权。

总经理列席董事会会议。

【设计指引：总经理享有的职权，公司可自行确定，并在章程中记录。】

第二十三条 公司实行董事会领导下的总经理负责制，总经理对董事会负责，主持领导公司日常经营管理工作。副总经理协助总经理工作。

第二十四条 董事长、董事经董事会聘请可兼任公司的总经理、副总经理和其他高级职务。

第五章 公司的法定代表人

第二十五条 董事长为公司的法定代表人。

法定代表人无法履行其职权时，应当以书面形式委托代理人，代其行使职权。

【设计指引：外资企业的法定代表人是依照其章程规定的，董事长、执行董事或者总经理等都能成为外资企业的法定代表人。公司可视具体情况确定公司法定代表人人选。】

第六章 税务、外汇、财务与会计、劳动管理、工会

第二十六条 公司根据中华人民共和国有关法律、法规、规章，办理税务、外汇事宜，制定财务与会计制度，并依法向政府主管部门备案。

第二十七条 公司职工的招聘、解聘、辞退、工资、福利、劳动保险、劳动保护、劳动纪律等事宜，按照国家有关劳动和社会保障的规定办理。

第二十八条 公司职工有权按照《工会法》的规定，建立工会组织，开展工会活动；公司每月按职工实际工资总额的 2% 拨交工会经费由工会按照中华全国总工会制定的有关工会经费管理办法使用。

【设计指引：公司也可结合实际，依法对上述事项在章程中作细化表述。】

第七章 期限、终止、清算

第二十九条 公司经营期限为________年，自营业执照签发之日起计算。

第三十条 公司如需延长经营期限，应当在作出股东会决议之日起 30 日内向备案机关备案，并向登记机关办理变更手续。

第三十一条 公司如提前终止经营，应经股东会决定，自股东作出终止经营的决议之日起 30 日内报备案机关备案。

第三十二条 公司有下列情形之一的，应予终止：

（一）经营期限届满；

（二）经营不善，严重亏损，投资者决定解散；

（三）因自然灾害、战争等不可抗力而遭受严重损失，无法继续经营；

（四）破产；

（五）违反中国法律、法规，危害社会公共利益被依法撤销；

（六）公司章程规定的其他解散事由已经出现。

公司如存在前款第（二）项、第（三）项、第（四）项所列情形，应当自行通过综合管理系统在线填报和提交《外商投资企业变更备案申报表》，报备案机关备案。

第三十三条 发生下列情形之一时，公司有权依法申请提前终止经营：

1. 发生不可抗力事件，无法再继续经营；

2. 公司连年亏损，无力继续经营；

3. 股东未按规定期限缴付出资额。

【设计指引：除上述事由外，公司可以在章程中载入其他可提前终止经营的事由。】

第三十四条 公司经营期满或提前终止经营时，股东会应依法组成清算委员会，对公司进行清算。

第三十五条 清算结束后，公司应通过综合管理系统在线填报和提交《外商投资企业变更备案申报表》报备案机关备案，并向原登记机关办理注销登记手续，缴回营业执照，同时对外公告。公司解散后，其各种账册由股东保存。

第八章 适用法律

第三十六条 本章程的订立、效力、解释、履行和争议的解决均受中华人民共和国法律的管辖。

第九章 附则

第三十七条 公司的各项保险，应当向中国境内的保险公司投保。

第三十八条 本章程的修改须经股东和公司的法定代表人签署并加盖公章。

第三十九条 本章程须提交商务主管部门备案，修改时同。

第四十条 本章程用中文和文书写，两种文本具有同等效力。

第四十一条 本章程于____年____月____日，由公司股东（或授权代表）在中国签署。

图书在版编目(CIP)数据

公司章程设计指引：条款剖析与关键细节 / 曹志龙编著 .—2 版 .—北京：中国法制出版社，2020.12

ISBN 978-7-5216-1497-8

Ⅰ.①公… Ⅱ.①曹… Ⅲ.①公司—章程—研究—中国
Ⅳ.① D922.291.914

中国版本图书馆 CIP 数据核字(2020)第 240093 号

策划编辑：韩璐玮
责任编辑：韩璐玮 王紫晶 封面设计：李 宁

公司章程设计指引：条款剖析与关键细节

GONGSI ZHANGCHENG SHEJI ZHIYIN：TIAOKUAN POUXI YU GUANJIAN XIJIE

编著 / 曹志龙

经销 / 新华书店

印刷 / 三河市紫恒印装有限公司

开本 / 710 毫米 ×1000 毫米 16 开 印张 / 41 字数 / 693 千

版次 / 2020 年 12 月第 2 版 2020 年 12 月第 1 次印刷

中国法制出版社出版

书号 ISBN 978-7-5216-1497-8 定价：128.00 元

北京西单横二条 2 号 邮政编码 100031 传真：010-66031119

网址：http://www.zgfzs.com **编辑部电话：010-66070084**

市场营销部电话：010-66033393 **邮购部电话：010-66033288**

(如有印装质量问题，请与本社印务部联系调换。电话：010-66032926)